公司治理投融资热点

类案精解与实操指引

康欣 李金通 冯凯丽 金松 著

北京

图书在版编目(CIP)数据

公司治理、投融资热点类案精解与实操指引 / 康欣等著. -- 北京：法律出版社，2023

ISBN 978-7-5197-8409-6

Ⅰ. ①公… Ⅱ. ①康… Ⅲ. ①公司法－案例－中国②企业－投资－经济法－案例－中国③企业－融资－经济法－案例－中国 Ⅳ. ①D922.291.915

中国国家版本馆 CIP 数据核字（2023）第 190330 号

公司治理、投融资热点类案精解与实操指引
GONGSI ZHILI、TOURONGZI REDIAN LEIAN JINGJIE YU SHICAO ZHIYIN

康 欣 等 著

策划编辑 陈 妮
责任编辑 陈 妮
装帧设计 汪奇峰

出版发行	法律出版社	开本	787 毫米×1092 毫米 1/16
编辑统筹	法治与经济出版分社	印张	31　字数 676 千
责任校对	李慧艳　王晓萍	版本	2023 年 11 月第 1 版
责任印制	吕亚莉	印次	2023 年 11 月第 1 次印刷
经　　销	新华书店	印刷	固安华明印业有限公司

地址：北京市丰台区莲花池西里 7 号（100073）
网址：www.lawpress.com.cn　　　　　　　　销售电话：010-83938349
投稿邮箱：info@lawpress.com.cn　　　　　　客服电话：010-83938350
举报盗版邮箱：jbwq@lawpress.com.cn　　　　咨询电话：010-63939796
版权所有·侵权必究

书号：ISBN 978-7-5197-8409-6　　　　　　　定价：180.00 元

凡购买本社图书，如有印装错误，我社负责退换。电话：010-83938349

康 欣

　　北京大学民商法学博士、民商法学硕士,南开大学法学学士。北京德恒律师事务所合伙人、德恒律所争议解决专委会执委、仲裁员。

　　主要执业领域为公司股权、公司治理、金融、保险等商事争议解决。出版个人专著《供应链金融疑难法律问题全解》。

李金通

  法学硕士，北京市京师律师事务所律师、北京市债法学研究会刑民交叉专业委员会主任、中国政法大学东亚企业并购与重组法制研究中心研究员，国有上市公司独立董事。曾任中国政法大学金融法研究中心研究员、国有上市公司独立董事。

  长期专注于公司法律风险防范和企业刑事合规体系建设、刑民交叉领域的经济犯罪和疑难复杂民商事合同案件，为多家政府机关、大型国有企业、高新技术企业提供专项法律服务。

冯凯丽

  中国政法大学硕士，北京德恒律师事务所合伙人，朝阳区人民法院调解员，沙丘学堂、万法通学堂特聘讲师，北京市西城区青工委委员、北京比较法学会会员。

  长期专注于投融资、私募基金、并购重组、公司治理及衍生的争议解决等业务领域，服务的客户包括上市公司、私募股权投资机构、大型央企、互联网企业等。

金 松

  法学博士，河北大学法学院讲师，民商法专业硕士生导师，天津市眼科医院伦理委员会委员。

  主要从事民商法、数据法、知识产权法学研究，在《情报理论与实践》《知识产权》等CSSCI核心期刊发表论文数篇，主持河北省社会科学基金项目、河北省高等学校人文社会科学研究项目、河北省社会科学发展研究课题等多项。

序

康欣是我指导的2009级民商法学硕士研究生,之后,继续学术理论研究,完成了博士学业。毕业后,她选定律师工作,作为一名律师执业。前些年,她更多地是默默无闻、埋头工作。这几年,我看到她在各个公司法论坛和研讨会上发表观点,其中不乏真知灼见。祝贺她的阶段性研究成果面世。这本书将她的经验和认识分享给更多的法律人。作为她的导师,看到她的进步,我由衷高兴。

公司法是一个国家市场经济发展的试金石和风向标,其有广义和狭义之分。狭义的公司法是指《中华人民共和国公司法》(以下简称《公司法》),而广义的公司法是指规定公司的设立、组织、活动、解散以及其他对内对外活动的法律规范的总称。公司法是建立和完善社会主义市场经济体制的重要法律,也是规范资本市场运行的基本法律,有助于培育成熟完善的市场主体,规范和促进公司发展,保护公司、股东、债权人以及职工等合法权益,对于提高上市公司质量,推动资本市场稳定健康发展都发挥了重要作用。

目前实施的《公司法》于2018年10月修正。随着社会经济发展变迁,公司法迎来了新的修订。2021年12月,第十三届全国人大常委会第三十二次会议第一次审议了《公司法(修订草案)》,此后全国人大常委会于2022年12月发布《公司法(修订草案二次审议稿)》,后于2023年9月发布《公司法(修订草案三次审议稿)》并向社会公开征求意见。3次修订内容包括收紧公司资本制度,如股东认缴出资5年内实缴到位、股东出资加速到期、认缴出资的股东的补充出资责任;加强股东权利,如完善股权转让规则;压实董事高管责任、优化公司债券规则等。

综观本书目录,作者对公司从投资、设立、组织、治理、运营、解散、破产、清算、注销的全流程的热点法律问题都进行了梳理和分析。以司法案例切入,归纳总结司法裁判规则和趋势。同时,结合公司法修订的三次审议稿,作者在对具体问题的分析中加入了相关的修订条款内容,让读者更有针对性地认识到修订内容承前启后的背景与意义。所以,本书对公司法研习者、公司法实务工作者都具有参考价值。

就本书的体例和写作模式而言,以实务指导为宗旨,并未依照理论文章的固定格式。这也可以理解,毕竟生活实践和问题并不总是按照人们的预期来发生,律师工作以委托人利益为中心,更注重效率和问题的解决。所有的形式和在解决实务问题这个核心诉求面前都应该有所让步。本书从简化阅读的目的考虑,基本上由每一篇独立的专题汇集而成,这样读者打开任何一页都能够获得对一个具体、独立问题的完整理解,这与一般的专业书籍前后铺垫、呼应的体例有所区别。

本书每一部分的实务经验总结部分,既有对立法背景、条款文义的解释说明,也与实务问题进行了有效链接,让公司法研习者能够更具体、更有针对性地迅速了解立法内容。同时,在一个个生动案例的铺垫下,与具体问题对接,由此,法律条文不再是空洞的逻辑演绎,而是能够为每一个有类似困惑和面临类似困境的当事人提供解决方案和启发。立法正是以这种方式来获得生命力,并发挥其对社会生活的指导价值。

毫无疑问,公司法是指导经济生活的最重要的立法之一,也是众多理论研究者、司法工作者以及律师的最普遍的研究对象之一。康欣作为民商法专业的法学博士,在行文写作中也展现了其对法律理论研究的追求和功底。同时,作为长期坚守在一线工作的实务律师,其选取的每一个热点问题也体现了她对实务问题的敏感和对经济生活的关注。本书是她过往经验的全面总结,相信也能够对广大理论研究者提供新的视角,对实务工作者在解决具体问题方面提供借鉴。

最后,希望康欣在她选定的律师工作这个领域有更多建树,达到她理想的高度。

刘凯湘[*]

2023 年 10 月 29 日于陈明楼

---

[*] 北京大学法学院教授、博士生导师,中国法学会商法学研究会副会长。

目　录

第一章　投资意向书概述 / 001
　第一节　意向书的概念 / 001
　第二节　意向书的性质 / 002
　第三节　投资意向书的具体内容 / 004
　第四节　作为预约合同投资意向书的违约救济 / 009
　第五节　签署投资意向书的法律建议 / 012

第二章　投融资过程中的"优先购买权" / 013
　第一节　投融资过程中"优先购买权"条款解读 / 013
　第二节　股东未进场交易是否当然丧失优先购买权 / 018
　第三节　优先购买权实操细节：股权转让价格与"恶意串通" / 022
　第四节　以外滩地一案评析间接收购对优先购买权的侵害 / 026
　第五节　股权赠与情形下是否适用优先购买权 / 031
　第六节　何种情形下其他股东享有优先购买权的"同等条件"视为未成就 / 033
　第七节　最高人民法院关于股东优先购买权的十项裁判规则 / 037

第三章　优先认购权 / 047
　第一节　优先认购权概述 / 047
　第二节　优先认购权的行使期限 / 049
　第三节　股东对于其他股东放弃优先认购的份额无优先购买权 / 052
　第四节　侵犯股东优先认购权的股东会决议是否全部无效 / 054

第四章　随售权与拖带权 / 060
　第一节　随售权的概念与条款设置 / 060

第二节　随售权条款实操要点 / 061
　第三节　拖带权的概念与条款设置 / 064
　第四节　拖带权条款实操要点 / 065

第五章　对赌条款 / 068
　第一节　对赌协议的效力演变及最新的司法态度 / 068
　第二节　未明确约定回购期限情形下,应何时行使回购权 / 078
　第三节　目标公司股权结构变动,新加入的股东应否承担对赌义务 / 082
　第四节　投资人的注册资本和资本公积金的出资义务有何区别 / 088
　第五节　从小马奔腾案中的回购责任谈对赌义务中的夫妻共同债务 / 093
　第六节　创始股东该如何避免个人破产 / 103
　第七节　为满足新三板挂牌的监管要求,未披露对赌条款时的效力解析 / 107
　第八节　上市公司重大资产重组中的业绩对赌条款能否变更 / 111
　第九节　实例分析股权代持人是否承诺了最低投资回报 / 114

第六章　反稀释条款 / 123
　第一节　反稀释条款解读 / 123
　第二节　实务案例中出现的反稀释条款类型 / 123
　第三节　反稀释计算方法 / 126
　第四节　反稀释条款的例外情形及实务建议 / 129

第七章　优先股、优先分红权、优先清算权 / 131
　第一节　有限公司优先股的性质界定和保底收益的效力 / 131
　第二节　何为私募股权投资之"优先分红权" / 138
　第三节　优先清算权的概念界定和司法裁判规则 / 140
　第四节　关于投资方享有固定分红收益的司法裁判规则 / 144

第八章　最优惠条款 / 149

第九章　目标公司信息披露及投资人的信息及检查权 / 151
　第一节　违反信息披露的陈述与保证条款的争议与裁判规则 / 151
　第二节　投资人的"信息及检查权" / 159
　第三节　知情权是否包括查阅公司的"会计凭证" / 162

第四节　如何认定股东知情权纠纷中的"不正当目的" / 165

第十章　一票否决权 / 170
第一节　公司机关决议中的一票否决权问题 / 170
第二节　约定投资人对其他股东转让股权享有一票否决权是否合法有效 / 174
第三节　投资人行使一票否决权的权利滥用问题 / 177

第十一章　资本公积金 / 180
第一节　计入资本公积金的增资溢价款属于股东出资义务的一部分 / 180
第二节　股东对公司的债务豁免应计入公司的资本公积金 / 182
第三节　资产评估增值能否计入资本公积金 / 186
第四节　资本公积金可被全体股东转增为股本 / 188
第五节　公司向流通股股东实施资本公积金定向转增股份，非流通股股东无权享有 / 189
第六节　资本公积金属于公司资产，股东转回的构成抽逃出资 / 190
第七节　经过合法有效的股东会决议退给股东资本公积金不构成抽逃出资 / 193

第十二章　股权激励 / 195
第一节　股权激励要点分析 / 195
第二节　会计上的股权激励 / 202
第三节　股权激励典型案例 / 205

第十三章　股东出资 / 231
第一节　以划拨土地使用权出资，拆迁补偿款归谁 / 231
第二节　不动产价格飙升，股东的出资责任以当时作价为限还是以现行价格来承担 / 239
第三节　实际出资与执行异议案件中实际权利人的认定 / 244
第四节　股东出资义务加速到期问题的立法和司法演变 / 246
第五节　虚假出资股东被追加为被执行人，执行法院应进行审查 / 252
第六节　出资期限未至恶意转让股权的，原股东也应该被追加执行 / 254

第十四章　公司决议 / 257
第一节　司法实践中关于表决权拘束与表决权委托的裁判规则 / 257
第二节　股东会能否对董事会决议事项进行表决 / 267
第三节　股东自行召集股东会会议是否一定要经过董事会召集的前置程序 / 273

第四节　股东会是否能决议对股东处以罚款 / 279
第五节　董事会召集临时股东会议的程序与规则要求 / 281
第六节　作出董事会决议的原因真实与否都不是撤销决议的理由 / 286
第七节　从"当当公司公章事件"谈公司决议程序 / 288

第十五章　股东除名与失权 / 291

第一节　公司章程中可否规定除未足额出资之外的股东除名事由 / 291
第二节　股东除名或失权,应该有哪些法律程序 / 295
第三节　股东被除名或失权后的利益结算和工商变更登记问题 / 299

第十六章　股权转让 / 303

第一节　瑕疵出资的股权转让 / 303
第二节　股权转让合同的违约与合同解除 / 311
第三节　股权转让中的阴阳合同 / 320
第四节　股权的让与担保 / 330
第五节　婚姻关系下的股权转让与离婚股权分割 / 343
第六节　隐名股东的显名按照股权外部转让的规则处理的例外 / 350
第七节　收款方开具发票是法定义务,不能约定免除 / 352

第十七章　一人有限责任公司 / 354

第一节　关联担保回避制度不适用于一人公司 / 355
第二节　夫妻公司应认定为实质的一人公司向债权人担责 / 356
第三节　"夫妻公司"的资产不能在离婚纠纷中直接进行分割处理 / 358

第十八章　董事、监事、高级管理人员的责任 / 360

第一节　公司法修订草案的相关修改 / 361
第二节　股东知情权因账册灭失无法行使,董事对股东的赔偿责任 / 365
第三节　公司无法清算,大股东对小股东或债权人的赔偿责任 / 371
第四节　竞业禁止义务中同类业务的判断标准 / 372
第五节　大股东谋取原公司的商业机会,应担何种责任 / 374
第六节　大股东将公司业务交由其关联公司经营下的共同侵权责任 / 378
第七节　董事离任后不受竞业禁止的限制 / 379
第八节　高级管理人员与本公司进行交易,本公司对相关收入享有归入权 / 382

第十九章 公司的对外责任 / 384

    第一节 结合"真功夫"案件看"法定代表人"的是与非 / 384
    第二节 法定代表人以公司名义签署担保合同,应经公司内部决议 / 387
    第三节 股东控制权争夺背景下的劳动合同的效力 / 389
    第四节 未同时满足签字并盖章,合同效力如何 / 395
    第五节 无担保决议时,非上市公司担保的效力规则 / 400
    第六节 公司是否应对伪造合同担责 / 406
    第七节 利用人格混同规则实现债权的路径 / 409
    第八节 资本显著不足情形下的法人人格否认 / 415

第二十章 公司盈余分配 / 422

    第一节 具有分配内容的股东协议能否作为盈余分配的根据 / 423
    第二节 滥权股东对公司盈余分配给付不能承担赔偿责任 / 424
    第三节 大股东擅自注销公司,法院酌定大股东赔偿小股东的可分配利润 / 428
    第四节 借款未清偿之前不得分配利润的约定能否阻止公司分配利润 / 430
    第五节 股东利润分配请求权劣后于公司的普通债权受偿 / 432
    第六节 股东同时又是公司债权人,股东能否和外部债权人一起平等受偿 / 433

第二十一章 公司减资 / 440

    第一节 公司法修订草案新增简易减资制度 / 440
    第二节 公司减资,是否应向股东退还减资款 / 442
    第三节 形式减资下,股东不构成抽逃出资 / 445

第二十二章 公司解散 / 448

    第一节 公司解散事由 / 448
    第二节 瑕疵出资股东也可提起解散公司之诉 / 450
    第三节 股东压制情形下的司法公司解散 / 454
    第四节 过错方股东也有权提起公司解散之诉 / 460
    第五节 "未召开"股东会并非意味着"无法召开"股东会 / 460
    第六节 股东均无继续经营管理公司的意愿与行为,公司可被司法解散 / 463
    第七节 在股东矛盾初期即提起解散之诉视为未穷尽其他救济方式 / 464
    第八节 从"土豆条款"看夫妻离婚分割股权导致的公司僵局及应对 / 464

第二十三章　公司清算 / 470

　　第一节　股东未履行清算义务与债权无法清偿之间的因果关系抗辩 / 472

　　第二节　在《公司法解释二》出台之前,不应溯及既往,追究股东的清算责任 / 475

　　第三节　有限责任公司小股东无清算责任 / 475

　　第四节　公司尚未完成清算,要求股东承担清算责任的条件尚不成熟 / 476

　　第五节　名义股东也应对公司未经清算即被注销向债权人承担赔偿责任 / 479

　　第六节　成立清算组后应开展实质性清算工作,否则也可被追责 / 480

　　第七节　股东的清算赔偿责任并不因股权转让而消灭 / 482

　　第八节　未通知债权人,以虚假清算报告骗取注销登记应担责 / 483

　　第九节　公司被托管,股东仍应履行清算义务和责任 / 484

　　第十节　执行终结之日可以作为追究股东清算责任的诉讼时效起算日 / 485

　　第十一节　职业债权人在受让债权之日起算诉讼时效 / 486

第一章

投资意向书概述

投融资过程中,投资人与被投资企业或创始人会在尽职调查前签署投资意向书或投资框架协议(term sheet,以下简称投资意向书),在投资意向书中约定投资关键条款,如投资方案、投资方特殊权利条款、投资费用、排他期以及保密条款等。投资意向书在整个投融资过程中起关键作用,是投融资双方投资意向达成的重要文件。投资意向书是意向书的一种,那么意向书的概念及性质是什么?下文将详细讨论。

第一节 意向书的概念

意向书在英文中常被称为"preliminary agreement"或"precontract",前者可以译为"初步的合意",即在正式的合同订立之前,交易双方为确保合同如期订立而签订的具有预备性和初步性的文件;后者则经常被翻译为"预约",即旨在确保与相对人在将来订立某种特定合同,并通常会明确约定将来订立正式合同的义务或约定在一定条件下此文件会转化为正式的、具有法律约束力的合同。[1]

意向书源于英美法系,这一概念在美国的证券交易市场中被逐步运用,由于证券交易市场的不稳定性及证券交易相关活动的风险,证券公司常常与承销商订立一份不具有法律效力的"君子协定",主要内容是规定在注册完成之时双方签订承销协议,以期顺利达到交易目的。随着市场的繁荣和交易双方法律意识的提高,意向书逐步在各种类型的交易中扮演重要角色。在我国司法实践中,就意向书概念未达成统一的认识,司法学界一般将其分为广义的概念和狭义的概念。广义的意向书是指在合同磋商过程中形成的一切冠以意向书或类似名称的书面文件,如备忘录、认购书、草约、原则性协议等;狭义的意向书是指正式合同成立前,就合同有关程序和实体性事项达成合意而签订的不赋予其合同效力的文件。广义的表述承认意向书与合同可能存在的交叉关系,而狭义的表述排除意向书与合同交叉的可能性。

---

[1] 周思来:《意向书的法律性质及其法律效力》,载《大众投资指南》2018年第16期。

第二节 意向书的性质

对于意向书的性质,实操中需要根据意向书内容进行具体判定,司法实践中也往往存在交易双方对已经签署的意向书法律性质认定不一致,导致各主体在商事交易中出现纠纷。意向书性质主要可以分为以下三种:

1. 磋商性、谈判性文件

在双方缔约阶段,对于订立合同具有意向的当事人出于确定既有的谈判、磋商内容的目的,签署意向性、磋商性文件,并对双方均不具有法律约束力。意向书往往在语言上比较笼统,条款基本为未决条款,虽然属于当事人签署,但双方当事人并不受意向书的约束,亦不产生法律效力。

例如,在洋浦经济开发区管理委员会(以下简称洋浦管委会)与澳华资产管理有限公司(以下简称澳华公司)建设用地使用权纠纷案中,就双方签署的投资意向书,二审及再审法院认为,意向书的性质及效力不能一概而论,应结合具体情形判断。投资意向书只是在描述了澳华公司所称的从光大公司处受让土地的情况的基础上,对澳华公司拟置换土地的意向及洋浦管委会表示同意协调置换进行了约定,而对于是否必须置换成功以及置换土地的具体位置和面积均未作出明确约定。投资意向书不具备合同的主要条款,不构成正式的土地置换合同。投资意向书中虽然对签订意向书的背景进行了描述,但并未明确约定洋浦管委会在置换土地过程中的权利和义务,当事人也未表明受其约束的意思,故投资意向书并非就在将来进行土地置换或者在将来签订土地置换合同达成的合意。因此,投资意向书的性质为磋商性、谈判性文件,不具备合同的基本要素,没有为双方设定民事权利义务,双方当事人之间并未形成民事法律关系。

2. 具有法律效力的合同性文件——本约合同

认定意向书是否构成本约应该全面考量,若意向书具备《中华人民共和国民法典》(以下简称《民法典》)第470条关于合同的主要条款且内容确定,不存在未决条款,双方出于真实意思表示而签署生效后,其已经具备正式的合同要件。这种性质的意向书在语言表述上比较具体、严谨,条款内容都是当事人双方经过反复磋商订立的,基本上不存在未决条款,对双方当事人当然也是具有完全的法律约束力。

例如,在新疆铭康冷链集团有限公司与新疆生产建设兵团第八师一二一团(以下简称一二一团)合同纠纷上诉案中,关于协定书是否成立的问题,一二一团上诉称,协定书系合作意向书,不是正式成立的合同,对其不具有约束力。最高人民法院认为,协定书系双方当事人真实意思表示,不违反法律、行政法规的强制性规定。同时,根据当时适用的《最高人民法院关于适用〈中华人民共和国合同法〉若干问题的解释(二)》(以下简称《合同法解释二》)第1条规定,当事人对合同是否成立存在争议,人民法院能够确定当事人名称或者姓名、标的和数量的,一般应当认定合同成立。但法律另有规定或者当事人另有约定的除外。对合同欠缺的前款规定以外的其他内容,当事人达不成协议的,人民法院依照当时适用的《中华人民共和国合同法》(以下简称《合同法》)第61条、第62条、第125条[1]等有关规定予以确定。协定书具有前述司法解释规定的合同主要内容,应当认定该协议书具有合同效力。故一二一团该项上诉理由不成立,协定书依法成立,对双方当事人均具有约束力。

3. 预约合同

2012年5月,最高人民法院发布《关于审理买卖合同纠纷案件适用法律问题的解释》,其第2条规定:"当事人签订认购书、订购书、预订书、意向书、备忘录等预约合同,约定在将来一定期限内订立买卖合同,一方不履行订立买卖合同的义务,对方请求其承担预约合同违约责任或者要求解除预约合同并主张损害赔偿的,人民法院应予支持。"[2]该规定提出了预约合同的问题。最高人民法院认为意向书在一定条件下构成预约合同,其应当具备四个基本特征——合意性、约束性、确定性及期限性。此外,《民法典》第495条规定,"当事人约定在将来一定期限内订立合同的认购书、订购书、预订书等,构成预约合同。当事人一方不履行预约合同约定的订立合同义务的,对方可以请求其承担预约合同的违约责任"。

例如,在"项城市福德置业有限公司、朱某阳确认合同效力纠纷案"[(2020)豫16民终3407号]中,二审法院认为,该案争议焦点是朱某阳与项城市福德置业有限公司于2015年1月15日签订的《中国·项城义乌国际商贸城投资意向书》是否有效。该投资意向书中第2条第3款约定"若朱某阳想购买该房产的,在项城市福德置业有限公司取得商品房预售许可证后,朱某阳可与项城市福德置业有限公司签订《商品房(预售)合同》认购该物业,朱某阳投资款全部转化为购房款",第3条第1款又约定朱某阳对涉案房产享有优先购买权。根据上述约定,该投资意向书是双方当事人为将来条件成就时订立《商品房(预售)合同》而事先达成的合意,其性质为预约,系双方当事人的真实意思表示,不违反法律、行政法规的强制性规定。综上,根据当时适用的《中华人民共和国民法总则》(以下简称《民法总则》)第143条[3]的规定,该投资意向书合法有效。

---

[1] 现为《民法典》第510条、第511条、第466条。
[2] 根据2021年1月1日起施行的《最高人民法院关于修改〈最高人民法院关于在民事审判工作中适用《中华人民共和国工会法》若干问题的解释〉等二十七件民事类司法解释的决定》,《最高人民法院关于审理买卖合同纠纷案件适用法律问题的解释》第2条被删除。
[3] 现为《民法典》第143条。

第三节 投资意向书的具体内容

投资意向书作为投融资双方确定合意的重要协议之一,其在推进投融资进度方面具有重要作用。但实践中其法律风险往往没有得到重视。根据相关媒体报道,2018年某知名投资企业与币安公司因为投资意向书中的"排他期条款"纠纷闹上法庭。因币安公司接触了另一家投资者,而其愿意以更高估值进行投资。某知名投资企业认为币安公司违反了排他期条款,随后向法庭申请禁令,禁止币安公司与其他投资者开展融资谈判。一石激起千层浪,该案例使投资业界再次关注投融资过程中投资意向书的效力问题。

在PE/VC投融资过程中,投资意向书条款往往概括性地约定目标公司估值、投资金额、董事/监事会/董事会观察员席位及投票权、投资人特殊权利、股权激励计划、保密责任和排他期、投资费用承担等。这些内容都将在正式投资协议中予以明确。在一般情形下,除保密约定、排他期、管辖等程序性约定有强制约束力外,其他条款是否具有约束力需根据投资意向书条款具体判定。投资意向书样本示例见表1-1。

表1-1 投资意向书样本示例

项目	内容
公司	[　　]有限公司,未来将是后续融资、上市主体。各方一致同意把[　　]上市作为首选IPO地点。
实际控制人	指[　　]。
创始人	指公司成立时的股东:[　　][　　][　　]。
控股股东	指[　　],持有公司[　　]%的股权。
原股东/现有股东	指投资人成为公司股东前,公司的全部股东,包括[　　][　　][　　]。
核心人员	包括公司的创始人、高级管理团队、核心技术人员及公司认定的其他核心人员,包括[　　][　　][　　]。(名单详见附件[①])
投资人	投资方旗下管理的投资基金或关联公司,或者投资方认可的投资人。
投资额	投资人本次投资额合计为不超过[　　]元人民币,其中投资方旗下管理的投资基金或关联公司投资额不少于[　　]元人民币。
估值	公司本次投资后估值为: □按公司[　　]年实际实现的税后净利润以及[　　]倍市盈率计算,估值为[　　]。 □经双方协商,公司的估值为[　　]。 □[其他各方协商确定的估值计算方式]。

续表

项目	内容
标的股权	本次投资方案为： □ 投资人受让[　　]拟转让的出资[　　]元；和/或。 □ 投资人认购公司拟新增的注册资本[　　]元。 本次投资完成后，[　　]将持有公司[　　]%的股权。
业绩目标	□ 公司承诺[　　]年经审计的税后净利润不低于[　　]元人民币。 □ [其他业绩目标]。
净利润	是指经具有证券从业资格的会计师事务所按照满足中国上市公司要求的会计准则出具标准无保留意见且扣除非经常性损益和少数股东权益后的税后净利润。
投资款用途	公司应根据经批准的公司预算和营业计划将从本次投资中获得的款项用作业务扩张、流动资金或投资人认可的其他用途。
投资的先决条件	本次投资的先决条件如下： 1. 原股东及公司已就本次投资完成内部审批程序并取得必要的政府批准文件或证明； 2. 投资人顺利完成商业、法律和财务的尽职调查，且公司已解决尽职调查过程中发现的重大问题，或者就上述重大问题拟定了各方认可的可实施的解决方案； 3. 本次投资已获得投资人内部决策机构的批准； 4. 本次交易文件（包括但不限于增资协议、股东协议、公司章程及其附属文件等）已经为各方适当签署并交付； 5. 原股东签署书面协议放弃或者修改与投资协议冲突的权利、权益和义务； 6. 所有核心人员应签署令投资人满意的保密、知识产权和不竞争协议； 7. 过渡期内（指尽职调查完成至正式支付投资价款期间），公司的业务及财务状况未发生重大不利变化； 8. [其他事项]。
估值调整	如果公司不能实现业绩目标，投资人有权根据公司[　　]年实际实现的税后净利润以及[　　]倍市盈率重新计算公司估值/[其他估值调整方式]，并选择以下任何一种或多种方式进行投资调整： 1. 按照本次投资确定的股权比例调整出资额（由公司或创始人向投资人支付现金补偿）；和/或。 2. 根据本次投资确定的市盈率调整股权比例（由创始人无偿向投资人转让应调整的全部股权）；和/或。 3. 要求创始人部分或全部购买投资人持有的公司股权；和/或。 4. [各方协商确定的其他方式]。 创始人向投资人支付现金补偿或向投资人转让应调整的全部股权应在投资人提出该项动议后30日内调整完成，即支付完全部现金补偿或完成股权变更工商登记手续。 因上述股权转让导致的税费由转让方自行承担。

续表

项目	内容
回购条款	当出现下列情况时,投资人有权要求公司、创始人或创始人指定的第三方部分或者全部回购投资人持有的公司股权,回购价格为投资人本轮投资额加上以8%的年单利方式按照实际出资时间计算的金额(需扣除历年已分配红利): 1. 公司[　　]年经审计后的税后净利润达不到承诺利润; 2. 公司核心人员离职或者违反竞业限制等对公司经营造成重大影响或影响公司IPO的; 3. 公司侵犯第三方知识产权,或与第三方有其他重大法律争议、纠纷、诉讼等影响公司业务正常开展或者影响公司IPO的; 4. 公司管理层违背如实披露相关事项的原则; 5. 公司管理层出现故意或重大过失,导致公司和/或股东权益受损; 6. 公司存在其他法律或财务上的重大瑕疵导致不能正常IPO; 7. 在[　　]年[　　]月[　　]日之前,公司未能达到IPO申报条件/成功申报IPO(不存在撤回IPO材料情况)/实现合格IPO上市,亦未能以令投资人满意的条件被并购。 公司、创始人或创始人指定第三方应向投资人支付现金以回购投资人持有的公司股权,回购价款须在投资人提出回购要求之日起90日内支付。 就上述回购,创始人不存在故意导致公司或投资人损失的情况下,以其在公司的资产为限承担连带补偿责任。
领售权	以下情形下,投资人享有领售权: 1. 在公司合格上市之前,投资人在无法行使前述回购条款的前提下,有权要求原股东按照投资人与第三方谈定的条件共同出让公司的股权。此种情形下,如投资人收益低于投资人本轮投资额加上以10%的年复利收益的,创始人应以其在公司的资产及收益为限承担连带补偿责任。 2. 本次投资完成满[　　]年,在公司估值不低于[　　]的前提下,投资人有权行使领售权。 3. [其他约定情形]。
员工股权激励	原股东应预留本次投资后完全摊薄的[　　]%股权,作为员工激励的股权池。下一轮融资前,公司实施上述员工股权激励,不得稀释投资人股权。
同业竞争限制	公司及创始人促使公司核心人员承诺并应签署承诺函:其本人或其关联方不会从事与公司主营业务构成竞争性的同类型业务,包括新设、收购、参股、委托他人经营及接受他人委托经营等。 公司及创始人促使公司核心人员与公司签订相关协议,保证其离职后2年内不得从事与公司主营业务构成竞争性的同类型业务,包括新设、参股以及为与公司存在竞争关系的企业服务等。
劳动服务期限约定	公司及创始人促使持股的公司核心人员承诺在任职期间应将其全部时间、精力用于公司的运营,并签署附带赔偿责任的承诺函; 如果公司核心人员在公司合格上市之前自公司离职,则核心技术人员需将其持有的公司股权(如有)退回员工激励股权池,投资人跟创始人协商取得该等股权的分配方案,并保留追究离职人员其他赔偿责任的权利。

续表

项目	内容
认股权	公司及原股东一致同意给予投资人总额为[　　]的认股权。 在下述情况下,投资人可行使认股权: □ 公司[　　]年净利润达到[　　]。 □ 公司[　　]年净利润低于[　　]。 □ [其他情形]。 投资人行使认股权的价格为: □ 本次投资额/股权转让价格的[　　]%。 □ [其他计算方式]。 投资人行使认股权时,公司估值的计算方式为: □ 本次投资公司估值的[　　]%。 □ 公司[　　]年的估值按[　　]计算。 □ [其他计算方式]。 投资人应在[　　]年[　　]月[　　]日前行使认股权。
优先分红权	如公司派发分红,则投资人有权优先于其他股东享有按投资人本次投资额年8%的收益率计算的分红,剩余部分按各股东持股比例进行分红。
优先清算权	1. 如公司在合格上市之前因任何原因导致清算、解散或结束营业,公司及原股东应保证清算财产优先按以下计算方式支付给投资人: □ 投资人的本次投资额的[2]倍加上按照股权比例投资人应分得的清算财产。 □ 投资人的投资额加上[10]%的年单利按照实际出资时间计算的利息(需扣除历年已分配红利)加上在公司已公布分配方案但还未执行的红利中应享有的部分。 □ [各方确定的其他计算方式]。 如上述分配后资产还有剩余,则投资人和原股东按各自所占股权比例分配剩余资产。 2. 如果公司在合格上市前被并购,公司及原股东应保证投资人优先获得以下两者孰高的收益: (1)投资人和原股东按各自所占股权比例分配的资产; (2)投资人的投资额加上以20%的年复利按照实际出资时间计算的利息(需扣除历年已分配红利)加上在公司已公布分配方案但还未执行的红利中应享有的部分。 如公司分配给投资人的资产不足上述金额,则创始人应以其获得的公司被并购后获得的收益为限对投资人进行补偿。 3. 如届时因政府部门反对或其他原因导致上述条款无法直接实施,则各股东应先行按实缴出资比例分配剩余财产,之后由实际控制人及创始人对投资人实际分得的财产不足上述优先清算额的部分进行补偿。
对原股东出售股权的限制	在投资人持有公司股权期间,公司创始人和持股核心人员在公司合格上市或整体出售之前不得以直接或者间接方式转让、质押或处分在公司的权益,除非提前获得投资人的书面同意。
优先受让权和共同出售权	本次投资完成后,如原股东欲出售公司股权,则必须首先通知投资人且应赋予投资人如下权利:以计划出售的同样条款购买股权的优先受让全部或部分股权,以及以拟受让人提出的同样条款共同出售股权。

续表

项目	内容
再投资优先选择权	本次投资完成后,如果公司需要进行再融资,则投资人有权在同等条件下优先认购全部或部分新增注册资本。
反稀释条款	如公司在合格上市之前进行新的融资且增资(发)的价格低于本次投资的价格,则创始人需要按照新一轮增资(发)的定价以完全棘轮法对投资人进行股权比例调整或者以投资人认可的其他方式进行补偿。
公司董事会及监事会	本次投资后公司董事会设[　　]名董事,其中,[　　]委派[　　]名,[　　]委派[　　]名。 本次投资后公司设立监事[　　]名,其中,[　　]委派[　　]名,[　　]委派[　　]名。 [高管的特别约定]。
董事会和股东会表决	董事会决议事项以简单多数通过(相关法律有不同规定的,按照法律规定执行),其中,下列事项必须经投资方委派的董事同意方可生效: 1. 公司章程的修改; 2. 公司的终止、解散、合并、分立、出售、破产、清算; 3. 任何导致公司股份的变动或稀释股东权益的事宜,包括但不限于公司注册资本的增加或减少、发行新股或认股权、发行股票期权、回购公司股份或对各类股份条款、条件的修改等; 4. 批准公司的战略规划、年度经营计划和财务预算方案、资本支出计划、年度决算方案以及员工激励方案; 5. 参与任何与现有业务计划有重大不同的行业领域,变更公司名称或者终止公司的任何主营业务; 6. 公司为公司以外的任何个人或实体的任何担保或提供任何类似安排,以及公司对外借贷年度累计额超过[500]万元; 7. 公司将其任何建筑、办公场所或其他固定资产或资本设备设置抵押、质押、留置等任何担保权益或第三人权利; 8. 出让、转让、出售或以其他方式处置公司的重大资产或业务;兼并或收购其他任何个人或实体的重大资产或业务;对公司无形资产的处置; 9. 制定或变更公司的分红政策; 10. 公司与其股东、董事及其他关联方发生的任何形式的交易(如正常经营所需的经常性关联交易,须由董事会按照本条决策程序就交易内容、定价和累计金额给予一次性批准); 11. 聘用和解聘任何独立审计师以及公司会计政策和核算制度的任何改变; 12. 增加或者减少董事会、监事会中的席位数; 13. 选择首次公开发行股票的承销商和上市交易所,或批准首次公开发行股票的估值、条款和条件; 14. [其他]。 以上事项根据《中华人民共和国公司法》及公司章程的规定须提交股东会表决的,须经包含投资人在内的代表[　　]以上表决权的股东通过。
最优惠条款	若公司在未来融资中存在优惠于本次投资中投资人享有的权利条款(更优惠条款),则投资人有权自动享受该等更优惠条款。

续表

项目	内容
费用	如果本次投资成功交割,则相关交易费用(包括审计费用、财务及法律尽职调查费用等)由公司承担。如本次投资终止而未完成,则交易费用由投资人和公司各承担50%。
排他期	本投资意向书签署之日起60日为排他期,在排他期内,公司和现有股东不能接受投资人以外的其他投资人或代理方关于本次融资的协商、建议或要约。
适用法律	本关键条款受中国法律管辖,并根据中国法律解释。
保密	除有关法律、行政法规、政府机构或其他监管机构要求的披露外,在未获得其他方同意的情况下,本关键条款中的任何一方不得将本关键条款的存在、本关键条款的内容及其他保密信息向任何第三方(各方的股东、法律顾问、财务顾问除外)披露。上述保密信息包括在洽商投资事宜期间一方从对其他各方获得的有关其他各方及所投资公司的经营状况、市场和财务数据、合作伙伴、商业运作模式及其他不宜对外公开的信息。
争议解决	因本关键条款而引发的任何争议,由双方通过友好协商解决;如协商不成,任何一方有权将该争议提交北京仲裁委员会仲裁。
其他	若创始人因主观恶意给公司或投资人造成损失或触发相关投资人权利条款的,创始人以其全部财产承担连带赔偿责任。

注:①此处指投资意向书的附件。

第四节　作为预约合同投资意向书的违约救济

投资意向书的违约救济与其性质密切相关。若投资意向书的性质被确定为磋商性、谈判性文件,一般情况下无须承担违约责任,除非一方当事人在合同订立过程中,恶意磋商而致对方信赖利益遭受损失。当然,对于双方协商一致赋予约束力的条款,如保密、排他期、费用承担、争议解决等条款,由于该部分条款往往构成具有约束力的合同,如当事人违反约定则应承担相应的违约责任。对于构成本约合同的投资意向书,守约方有权根据合同约定要求违约方承担违约责任。对于构成预约合同的投资意向书,根据相关约定,守约方有权要求违约方承担预约合同下的违约责任。预约合同下违约责任的承担方式主要表现为继续履行、赔偿损失、支付违约金和适用定金罚则等。

一、继续履行

订立预约合同最主要的目的即为订立本约合同,因此,继续履行实际涉及的是是否应强制缔结本约合同,这也关系着预约合同的效力。实践中,关于是否可以强制缔约,存在

"应当缔约说"及"善意磋商说"两种理论观点。在司法案例中,亦存在不同的判决思路。相关法律规定及司法解释对是否可以强制缔约并未进行明确规定,且强制缔约与民法中的意思自治原则存在法理上的冲突。就案例检索的情况来看,认为不应判令强制缔结本约的裁判观点较为常见。例如,最高人民法院在"张某琪、北京王忠诚医疗科技有限公司与佛山市顺德区银景房产有限公司、佛山市顺德区德利企业管理顾问有限公司等股权转让纠纷申请再审案"[(2016)最高法民申200号]中认为:"预约合同作为一个独立的合同,其违约责任形式可以包括继续履行,但可由人民法院强制缔结本约的法律依据并不充分,否则有违合同意思自治原则,亦不符合强制执行限于物或行为的给付而不包括意志给付的基本原理。"

但也有观点认为,订立预约合同的目的即实现本约合同的签署,若不支持强制履行,预约合同的效力易被质疑。例如,山东省枣庄市中级人民法院在"海天房地产开发有限公司(以下简称海天公司)与冯某西合同纠纷再审复查与审判监督案"[(2014)枣民申字第66号]中认为,冯某西请求海天公司承担继续履行的义务的诉讼主张符合法律规定,并且该案中不存在《合同法》第110条[1]规定的不能履行和不适于强制履行的情形,故判决海天公司继续履行合同义务。该案从正面说明了预约合同不属于不能强制履行的范围。北京市高级人民法院在"回某商品房预约合同纠纷申诉案"[(2014)高民申字第2606号]中认为,原审法院鉴于双方当事人签订的预约合同已不具有继续履行的基础,不予支持强制履行的处理意见并无不妥。从中可以推导出若存在继续履行的基础,则预约合同存在强制履行的可能性。

二、赔偿损失

关于预约合同违约损失的范围,违反预约合同可以视为本约的缔约过失行为,因此违约损失总体上应相当于本约的信赖利益损失,包括但不限于缔约费用、准备履行所需费用、已给付金钱的利息损失,理论上还应包括机会成本损失,但司法实践中机会损失较难举证。预约合同的履行只发生缔约行为,并不直接产生经济利益。

在"刘某海与丹东华盛房地产开发有限公司商品房预约合同纠纷案"[(2019)辽06民终680号]中,法院认为,法律赋予守约方的救济方式是请求违约方承担预约违约责任,即违约方承担的应是缔约过失责任,该责任的赔偿范围仅限于信赖利益损失,而不包括可得利益损失。该案中,双方当事人已在认购协议中约定了定金,定金的性质即为了实现当事人之间的相互信任以求最终订立合同、完成交易而由一方交纳,现因被上诉人的过错致使双方不能继续订立合同,被上诉人应当承担失信责任,一审法院基于此,判决被上诉人双倍返还定金,正是对上诉人的信赖利益损失的弥补。关于上诉人要求赔偿房屋差价款的损失,因其未能提供

---

[1] 现为《民法典》第580条。

充分证据证明缔约过失责任产生的实际损失以及定金不足以弥补其信赖利益损失,故对上诉人的该主张法院不予支持。

司法实践中人民法院对于损害赔偿的支持范围通常会看是否存在明确约定及相关证据支持。为减少争议和方便举证,对于预约合同的损失赔偿范围宜进行清楚界定,例如,明确约定在因一方违约行为导致未能订立本约的情况下,守约方已经发生的律师费、财务顾问费用、差旅费等由违约方承担。

三、违约金、定金

由于预约合同的目的、核心义务和标的就是签订本约,在一方违约的情况下,会产生守约方的损失较难证明的尴尬情况,或者可以主张但支持的金额偏低。因此,在实践中,为了避免损失难以举证,比较稳妥的做法是约定固定金额的违约金或定金,作为各方履约的担保或违约责任的承担方式。

对于违约金的承担,《民法典》第585条第1款、第2款规定,当事人可以约定一方违约时应当根据违约情况向对方支付一定数额的违约金,也可以约定因违约产生的损失赔偿额的计算方法。约定的违约金低于造成的损失的,人民法院或者仲裁机构可以根据当事人的请求予以增加;约定的违约金过分高于造成的损失的,人民法院或者仲裁机构可以根据当事人的请求予以适当减少。

此外,对于定金的设定,定金这一担保形式带有一定的惩罚性色彩,因此,《民法典》对定金限额作出了规定。《民法典》第586条规定,当事人可以约定一方向对方给付定金作为债权的担保。定金的数额由当事人约定,但不得超过主合同标的额的20%。在司法实践中,根据公平原则,法院有可能参照本约的标的金额判断预约合同定金的限额。定金担保与其他担保方式不同,其具有双向担保的性质,有的预约合同中常常约定保证金、担保金、诚意金或订金,而未对定金性质予以明确,届时守约方可能无法达到适用定金罚则的效果。

例如,在"中国泛海控股集团有限公司与山东省高新技术投资有限公司股权转让纠纷案"[(2010)鲁商初字第2号]中,法院认为,作为预约合同的协议书中所约定的保证金不应适用定金罚则,在守约方未能主张实际损失的情况下,仅依据公平原则支持了以同期存款利息计算的保证金被违约方占用期间的利息损失;在"四川中胜实业集团有限公司(以下简称中胜公司)、四川南瑞房地产开发有限公司股权转让纠纷二审民事案"[(2016)川民终1156号]中,法院认为,案涉《补充协议》关于该履约保证金的约定并未明确其具有定金的性质,根据当时适用的《最高人民法院关于适用〈中华人民共和国担保法〉若干问题的解释》第118条[1]关于"当事人交付留置金、担保金、保证金、订约金、押金或者订金等,但没有约定定金性质的,当

---

[1] 现为《最高人民法院关于适用〈中华人民共和国民法典〉合同编通则部分的解释(征求意见稿)》第71条。

事人主张定金权利的,人民法院不予支持"的规定,案涉300万元履约保证金不具有定金的性质,中胜公司不能基于神通公司未履行合同约定直接扣除全部履约保证金。

第五节　签署投资意向书的法律建议

笔者建议在签署投资意向书时须注意以下几点。

1. 在签署投资意向书过程中,在投资意向书相关条款中应明确其法律性质,避免未来签署各方对条款的效力产生争议。若各方在交易中明确将签署正式的文件,建议将投资意向书确定为磋商谈判性文件,并在投资意向书中明确其实体性条款对各方不产生约束力。

2. 在签署投资意向书阶段,若各方已经确定交易的具体细节,可以直接使用"协议""合同"等作为文件名称,并在协议中将谈定的交易细节予以明确,而无须使用"意向书""备忘录"等作为交易文件名称,避免未来交易各方就协议效力产生争议。

3. 投资意向书的法律性质不影响其程序性条款的法律效力。无论投资意向书被认定为预约合同、磋商性文件还是本约合同,交易各方均需受到程序性条款的法律约束,不遵守程序性条款很可能会承担缔约过失责任。

4. 在投资意向书中进一步明确违反相关条款应承担的违约责任,为避免在未来对实际信赖利益损失或可得利益举证困难,可以对违约金或定金进行明确。

投资意向书在投融资过程中发挥着不容小觑的作用,是投资人与被投资企业谈判阶段性成果的确定以及建立双方互信的基础,提高缔结正式合同的可能性。意向书看似为交易各方的初步合意性文件,但其中涉及的法律风险还需重视,以避免未来产生不必要的争议。

第二章
投融资过程中的"优先购买权"

优先购买权不仅是《中华人民共和国公司法》(以下简称《公司法》)第71条保护有限责任公司股东人合性的重要措施之一,也是投融资过程中投资人惯常使用的特殊权利条款。在一般情况下,投资人与其他股东就优先购买权无实质的分歧,但根据笔者处理此类案件的经验以及检索的相关司法案例,优先购买权在实施过程中仍存在诸多细节问题值得研究和探讨,本章将探讨和梳理相关核心要点。

第一节 投融资过程中"优先购买权"条款解读

一、优先购买权条款概述

在投融资条款中,优先购买权一般是指当公司某一股东转让其持有的公司股权时,其他特定股东(一般为投资人)有权按照协议的约定在同等条件下优先于其他股东或第三方购买拟出售股权的权利。

值得注意的是,优先购买权作为有限责任公司股东的"法定权利",系《公司法》保护有限责任公司人合性的重要举措之一。《公司法》第71条规定,有限责任公司的股东向股东以外的人转让股权时,在数量、价格、支付方式、期限等同等条件下,其他股东有优先购买权。两个以上股东主张行使优先购买权的,协商确定各自的购买比例;协商不成的,按照转让时各自的出资比例行使优先购买权。

在投融资交易中,优先购买权的设置和约定系在法定优先购买权的基础上,更多地体现了投资人的诉求:(1)拟出售股东一般为创始股东,投资人亦需要考虑是否将其他普通股股东纳入义务主体,如员工持股平台、直接持股的高级管理人员等;(2)为保障创始团队的稳定性,拟出售股东的股权转让一般需经过投资人的同意;(3)在投资人同意其转让的基础上,投资人对拟出售股东转让的股权在同等条件下享有优先购买权。以上安排可以使投资人对进入公司的股东有一定的限制。另外,依靠优先购买权,投资人在认为公司发展超出预期的情况下,可以优先于其他第三方优先取得拟出让股权,从而维持并增加其在公司的股权比例。

二、优先购买权的行权条件

无论是《公司法》规定的"法定优先购买权",还是股东之间在投资协议或者公司章程中的"约定优先购买权",其行使的前提条件均为"在同等条件下"。这样规定的原因在于:一方面在保护公司人合性的同时,保护转让股东的交易自由与经济利益;另一方面也是对转让股东的约束,转让股东应给予投资人相同的购买条件。那么,"同等条件"究竟该如何判定?《最高人民法院关于适用〈中华人民共和国公司法〉若干问题的规定(四)》(以下简称《公司法解释四》)第18条给出了答案:人民法院在判断是否符合公司法所称的"同等条件"时,应当考虑转让股权的数量、价格、支付方式及期限等因素。在实操过程中,"价格"往往是判定是否为"同等条件"的首要因素。实践中,存在为了规避"同等条件"的要求,采用"对内高价、对外低价""对内严苛、对外宽松"的支付条件、"高价先买少部分股权,低价再买大部分股权"的情况。当然,在具体的案件处理过程中,还需考虑是否存在"恶意串通、欺诈"等情况。在以上这些情况下,其合同的效力在司法审判中均受到不同程度的挑战。

三、优先购买权行使方式

(一) 多个投资人行使优先购买权的分配规则

在触发优先购买权的情况下,如有两个或两个以上的投资人决定行使优先购买权,如何分配拟转让的股权?根据实务经验,笔者认为有以下几种分配方式:(1)投资人之间按照绝对持股比例优先购买。在此种情形下,由于投资人作为财务投资者持股比例一般较低,投资人无法完全认购完毕拟出售的股权。(2)投资人之间按照相对持股比例优先购买。在此种情形下,投资者可以优先购买超过其持股比例的额度。例如,A投资者、B投资者作为优先购买权人分别持股3%、7%,对于拟出让的100万股股权,A投资者与B投资者可以按照3∶7的比例进行优先购买。其中,A投资者拥有30万的优先购买额度,B投资者拥有70万的优先购买额度。

除上面两个投资人行使方式的安排外,一般在投资协议中亦可以约定未优先购买剩余额度的二次优先购买权,即投资人对于其他投资人未认购的剩余额度享有二次优先购买权。

(二) 以合理方式通知其他股东

一般在投资协议中会明确优先购买权通知的时间、内容、形式等。《公司法解释四》第17条第1款第1句规定,有限责任公司的股东向股东以外的人转让股权,应就其股权转让事项以书面或者其他能够确认收悉的合理方式通知其他股东征求同意;第2款规定,经股东同意转让的股权,其他股东主张转让股东应当向其以书面或者其他能够确认收悉的合理方式通知转让股权的同等条件的,人民法院应当予以支持。

对于何为书面,《公司法》对此并无明确定义。根据合同法规则,书面形式是指合同书、信件和数据电文(包括电报、电传、传真、电子数据交换和电子邮件)等可以有形地表现所载内容的形式,这从立法上确认了书面并不局限于纸面。《公司法解释四》将其他能够确认收悉的合理方式与书面方式并列作为合格的通知方式,实际上拓展了通知的有效方式,但书面通知方式在实操中仍作为首选方式。

此外,实务中需注意几种瑕疵的通知方式,比如:(1)仅通知部分股东而未通知全部股东;(2)仅仅履行首次通知义务,在交易过程反复磋商确定后,未再履行通知义务;(3)以口头通知或电话通知且无其他证据佐证的;(4)遗漏了重要交易条件及内容;(5)公司章程已规定了特定的通知方式,转让股东未遵守公司章程规定的通知方式。

(三)行使优先购买权的程序

对于行使优先购买权的流程,一般会在协议中予以明确,根据《公司法》的规定,股东向其他股东以外的第三方转让股权,其他股东享有同意权和优先购买权,两个权利彼此独立,不因一个权利之放弃而影响另一权利之行使。

根据《公司法》第71条的规定,其他股东行使同意权的期限为30日;超过30日未答复的,视为同意转让。《公司法解释四》第19条规定,有限责任公司的股东主张优先购买转让股权的,应当在收到通知后,在公司章程规定的行使期间内提出购买请求。公司章程没有规定行使期间或者规定不明确的,以通知确定的期间为准,通知确定的期间短于30日或者未明确行使期间的,行使期间为30日。因此可以看出,行使股东优先购买权的期限,若公司章程或股东协议有约定的,按约定行使;没有约定的,应至少30日。

若同等条件尚未确定,股东可以先发送拟转让股权通知,取得其他股东同意转让的回复;待同等条件确定后,再发送拟转让条件通知,取得其他股东行使优先购买权的回复。在同等条件已经确定的情况下,股东可以考虑将股权转让通知与拟转让条件通知合并为一个通知发送,以同时取得其他股东同意转让与行使优先购买权的回复。

四、优先购买权例外情形

(一)在股东无特别约定的情况下,继承权优先于优先购买权

根据《公司法》第75条"自然人股东死亡后,其合法继承人可以继承股东资格;但是,公司章程另有规定的除外"的规定,以及《公司法解释四》第16条"有限责任公司的自然人股东因继承发生变化时,其他股东主张依据公司法第七十一条第三款规定行使优先购买权的,人民法院不予支持,但公司章程另有规定或者全体股东另有约定的除外"的规定,继承权优先于优先购买权,但全体股东的意思表示效力优先于继承权。

(二)为了合理商业目的或履行协议条款而进行的股权转让

如果为了合理商业目的,避免优先购买权的行使导致各方的利益诉求受到损害,一般在

投资协议的起草过程中，会对优先购买权的例外情形进行补充约定。例如，为激励公司员工而进行的股权转让；为了保障投资协议的履行而实施的股权转让；触发业绩承诺、反稀释、拖售权等条款而履行的股权转让等，以上情况均不适用优先购买权。

五、侵犯股东优先购买权合同的效力

对于侵犯其他股东优先购买权的合同效力，在《全国法院民商事审判工作会议纪要》（以下简称《九民纪要》）出台之前，各地法院对侵犯优先购买权合同的效力认定不一致，主要包括"无效合同""可撤销合同""有效合同"几种不同的裁判口径。

《公司法解释四》第21条第3款规定："股东以外的股权受让人，因股东行使优先购买权而不能实现合同目的的，可以依法请求转让股东承担相应民事责任。"上述司法解释在本质上已明确侵犯其他股东优先购买权的股权转让合同有效，但司法实践中，各地法院对上述规定理解不一致。

为此，《九民纪要》指出，在审判实践中，部分人民法院对《公司法解释四》第21条规定的理解存在偏差，往往以保护其他股东的优先购买权为由认定股权转让合同无效。准确理解该条规定，既要注意保护其他股东的优先购买权，也要注意保护股东以外的股权受让人的合法权益，正确认定有限责任公司的股东与股东以外的股权受让人订立的股权转让合同的效力。一方面，其他股东依法享有优先购买权，在其主张按照股权转让合同约定的同等条件购买股权的情况下，应当支持其诉讼请求，除非出现该条第1款规定的情形。另一方面，为保护股东以外的股权受让人的合法权益，股权转让合同如无其他影响合同效力的事由，应当认定有效。其他股东行使优先购买权的，虽然股东以外的股权受让人关于继续履行股权转让合同的请求不能得到支持，但不影响其依约请求转让股东承担相应的违约责任。因此，根据上述规定，侵犯优先购买权股权转让合同的处理应遵循以下规则：

1. 股权转让合同在不存在影响合同效力的情形下，应当认定合同有效

只要行为人具有相应的民事行为能力，作出的意思表示真实，相关行为不违反法律、行政法规的效力性强制性规定，不违背公序良俗，民事法律行为即为有效。即只要不存在合同无效，如欺诈、恶意串通、违反效力性强制性规定等情形，侵犯优先购买权的股权转让合同应认定为有效。

2. 其他股东未主张优先购买权的，股权转让合同继续履行

为防止其他股东在并无购买转让股权意愿的情况下仅请求确认转让合同或者股权变动的效力，在司法实践中造成无实际意义的诉讼的情形，《公司法解释四》第21条第2款规定，其他股东仅提出确认股权转让合同及股权变动效力等请求，未同时主张按照同等条件购买转让股权的，人民法院不予支持，但其他股东非因自身原因导致无法行使优先购买权，请求损害赔偿的除外。

3. 股权转让合同因其他股东主张优先购买权无法履行的,受让方有权解除合同,并要求转让方承担违约责任

《公司法解释四》第 21 条第 3 款明确:"股东以外的股权受让人,因股东行使优先购买权而不能实现合同目的的,可以依法请求转让股东承担相应民事责任。"《九民纪要》随后进行了进一步确认:其他股东行使优先购买权的,虽然股东以外的股权受让人关于继续履行股权转让合同的请求不能得到支持,但不影响其依约请求转让股东承担相应的违约责任。

六、优先购买权条款示例

在任一实际控制人、任一控股股东(拟转让方)拟直接或间接向其他股东、第三方出售或以其他方式处分全部或部分其公司股权(拟转让方出售股权),且该等拟转让方收到具有法律约束力的要约时,该拟转让方应以书面形式将转让意向、有意转让的股权数量(无论在哪一公司层级)、转让的条款和条件,以及拟受让方的基本情况书面通知各投资方(转让通知)。该转让通知构成对各投资方不可撤销的要约。投资方有权按各自届时所持公司股权之间的相对比例就拟转让方出售股权行使优先购买权。

第一,就拟转让方出售股权,各投资方应在收到转让通知后 30 个工作日内书面通知拟转让方其是否行使优先购买权,如果投资方在收到转让通知后 30 个工作日内未书面通知拟转让方其是否行使优先购买权的,视为放弃行使优先购买权。投资方同意行使优先购买权但在转让通知中所要求的支付期限届满后 60 日内未完成支付相应对价的,视为投资方放弃其优先购买权,拟转让方有权向第三方出售全部股权,但非因投资方原因而未在转让通知发出后 60 日内完成支付的除外。

如果任何投资方放弃或部分放弃行使其优先购买权,则在该等投资方明确表示放弃或被视为放弃行使其优先购买权后 30 个工作日内,其他投资方有权就被放弃行使优先购买权的部分的股权继续按各自届时所持公司股权之间的相对比例行使优先购买权。

第二,如果投资方行使优先购买权,拟转让方应负责并应促使其他股东和公司办理一切必要手续,包括但不限于办理股权变更登记手续等。各方在此同意,在公司注册资本转让或股权比例发生变化的情况下,应通过友好协商对投资方上述行使优先购买权的比例进行任何必要的合理调整。

第三,任何投资方明示或默示放弃行使其优先购买权后,如果受让方受让拟转让方所售股权时,其价格不同于转让通知中所述的价格或其他条款和条件优于转让通知中所述的条款和条件,或者拟转让方和受让方之间的转让在转让通知发出后一年内未完成转让的,则本条所约定的投资方的优先购买权应继续有效,拟转让方应在完成其所售股权的转让之前再次按照协议的规定重复相关程序。

第四,尽管有上述约定,但为实施股权激励计划而进行的股权转让不适用优先购买权条款。

第二节　股东未进场交易是否当然丧失优先购买权

根据我国相关法律规定，国有股权转让需要在产权交易所进行公开交易，那么在进场交易的过程中，公司其他股东未进场交易是否当然视为放弃优先购买权？

一、裁判要旨

虽然国有产权转让应当进产权交易所进行公开交易，但因产权交易所并不具有判断交易一方是否丧失优先购买权这类法律事项的权利，故在法律无明文规定且股东未明示放弃优先购买权的情况下，享有优先购买权的股东未进场交易，并不能根据交易所自行制定的"未进场则视为放弃优先购买权"的交易规则，得出其优先购买权已经丧失的结论。

二、典型案例基本案情

案例来源："中静实业（集团）有限公司（以下简称中静公司）诉上海电力实业有限公司（以下简称电力公司）等股权转让纠纷案"[（2014）沪二中民四（商）终字第1566号]。

新能源公司成立于1999年3月16日，经过股权变更后，股东为电力公司与中静公司，各方持股分别为61.8%、38.2%。

2012年2月15日，新能源公司通过股东会决议，同意：(1)电力公司转让其所持61.8%股权，转让价以评估价为依据；(2)中静公司不放弃优先购买权。

2012年5月25日，新能源公司将股权公开转让材料报送第三人产权交易所。6月1日，产权交易所公告新能源公司61.8%股权转让的信息，"标的企业股权结构"一栏载明老股东未放弃行使优先购买权；"交易条件"为挂牌价格48,691,000元，一次性付款。若征集到两个或两个以上符合条件的意向受让方，则采取竞价方式确定受让人；意向受让方在产权交易所出具产权交易凭证后1个工作日内须代标的公司偿还其对转让方的3500万元债务。标的公司其他股东拟参与受让的，应在产权转让信息公告期间向产权交易所提出受让申请，并在竞价现场同等条件下优先行使购买权；否则，视为放弃受让。

2012年7月2日，原告中静公司向产权交易所发函称，根据框架协议及补充协议，转让股权信息披露遗漏、权属存在争议，并且中静公司享有优先购买权，请求第三人产权交易所暂停挂牌交易，重新披露信息。

2012年7月3日，被告水利公司与被告电力公司签订产权交易合同，内容为：合同交易的标的为电力公司持有的新能源公司61.8%的股权；合同标的产权价值及双方交易价款为48,691,000元；9月11日，新能源公司向水利公司出具出资证明书，并将其列入公司股东名册,但未能办理工商登记变更。

三、典型案例争议焦点

中静公司未进场交易是否丧失优先购买权?

四、典型案例法院裁判观点

(一)一审法院的观点

首先,股东优先购买权是《公司法》赋予股东的法定权利,《公司法》仅在第73条规定了法院强制执行程序中,优先购买权股东被通知后法定期间内不行权,视为放弃优先购买权,《公司法》及司法解释并未规定其他情形的失权程序;其次,根据《最高人民法院关于贯彻执行〈中华人民共和国民法通则〉若干问题的意见(试行)》(已失效)的规定,不作为的默示只有在法律有规定或者当事人双方有约定的情况下,才可视为意思表示;最后,产权交易所作为依法设立的产权交易平台,法律并未赋予其判断交易标的是否存在权属争议和交易一方是否丧失优先购买权这类法律事项的权利。

综上,在法律无明文规定且原告中静公司未明示放弃优先购买权的情况下,中静公司未进场交易并不能得出其优先购买权已丧失的结论。从商事交易的角度来说,商事交易不仅要遵循效率导向,也要兼顾交易主体利益的保护。并且,优先购买权股东未进场交易,第三人产权交易所亦可通知其在一定期限内作出是否接受最后形成的价格的意思表示,不到场并不必然影响交易的效率。若片面强调优先购买权股东不到场交易则丧失优先购买权,无疑突出了对产权交易所利益和善意第三人利益的保护,而弱化了对优先购买权股东利益的保护,必将导致利益的失衡。

原告中静公司在股权交易前提出了异议,第三人产权交易所应及时答复。参照《企业国有产权交易操作规则》的相关规定,信息公告期间出现影响交易活动正常进行的情形,或者有关当事人提出中止信息公告书面申请和有关材料后,产权交易机构可以作出中止信息公告的决定。对于提出异议的优先购买权股东而言,其在未被产权交易所及时答复异议前不知交易是否如期进行,因而不到场,不能视为其放弃受让。故在中静公司未明确放弃优先购买权的情况下,被告电力公司与水利公司的股权转让合同不生效。

由于对优先购买权的行使除《公司法》规定的"同等条件"外,法律尚无具体规定,司法实践中亦无参考先例。并且,考虑到第三人新能源公司目前的实际状况,同时为防止股东优先购买权的滥用,即确权后不行权,导致保护优先购买权变成空文或对股权出让人和受让人的利益造成损害,因此,需要确定股东优先购买权的行权期限、行权方式。比照《公司法》第73条的规定,法院认为,可以要求原告中静公司在确权生效后20日内行权;否则,视为放弃行权。只有中静公司放弃行权,被告电力公司与水利公司的股权转让合同才生效。关于行权方式,中静公司应按照国有资产转让的规定办理。综上所述,中静公司主张其对电力公司与水利公司转让的新能源公司的61.8%股权享有优先购买权并要求行权的诉讼请求于法有据,予以支持,其行权内容、条件应与电力公司、水利公司之间签订的产权交易合同相同。

(二)二审法院的观点

第一,考虑到有限公司的人合性特征,我国《公司法》等相关法律法规规定了股东向股东以外的人转让股权的,应当向其他股东充分履行通知义务。其他股东在同等条件下享有优先购买权。此处所涉"通知"的内容,应当包括拟转让的股权数量、价格、履行方式、拟受让人的有关情况等多项主要的转让条件。在该案中,首先,在上诉人电力公司于一审第三人新能源公司股东会议中表示了股权转让的意愿后,被上诉人中静公司已明确表示不放弃优先购买权。其次,电力公司确定将股权转让给上诉人水利公司后,也并未将明确的拟受让人的情况告知中静公司。故而对于中静公司及时、合法的行权造成了障碍。权利的放弃需要明示,故不能当然地认定中静公司已经放弃或者丧失了该股东优先购买权。

第二,被上诉人中静公司在一审第三人产权交易所的挂牌公告期内向产权交易所提出了异议,并明确提出了股东优先购买权的问题,要求产权交易所暂停挂牌交易。但产权交易所未予及时反馈,而仍然促成上诉人电力公司与水利公司达成交易,并在交易完成之后方通知中静公司不予暂停交易,该做法明显欠妥。需要说明的是,产权交易所的性质为经市政府批准设立,不以营利为目的,仅为产权交易提供场所设施和市场服务,并按照规定收取服务费的事业法人。基于此,产权交易所并非司法机构,并不具有处置法律纠纷的职能,无权对于中静公司是否享有优先购买权等作出法律意义上的认定。故当中静公司作为新能源公司的股东在挂牌公告期内向产权交易所提出异议时,产权交易所即应当暂停挂牌交易,待新能源公司股东之间的纠纷依法解决后恢复交易才更为合理、妥当。故其不应擅自判断标的公司其余股东提出的异议成立与否,其设定的交易规则也不应与法律规定相矛盾和冲突。

五、延伸阅读

(一)在立法对于是否进场没有明确的情形下,应将该行权细则交由市场自主调整

案例1 "和顺县裕伦盛贸易有限公司与北京产权交易所有限公司、大冶有色金属集团上海投资贸易有限公司、黄某武股权转让纠纷案"[(2018)京0102民初43587号]。

《公司法解释四》第22条第2款规定,在依法设立的产权交易场所转让有限责任公司国有股权的,适用《公司法》第71条第2款、第3款或者第72条规定的"书面通知""通知""同等条件"时,可以参照产权交易场所的交易规则。从该司法解释可以看出,在立法对于是否进场没有明确的情形下,应将该行权细则交由市场自主调整。而根据被告北京产权交易所有限公司(以下简称北交所公司)制定的操作细则,国有股权转让时其他股东行使优先购买权的,是否在场内行权由其他股东决定,《竞价方案》中的《网络竞价须知》亦明确规定了股东可以

场外行权。被告北交所公司制定的操作细则《网络竞价须知》并不违反现行法律、行政法规的强制性规定。故原告和顺县裕伦盛贸易有限公司(以下简称裕伦盛公司)关于被告黄某武须在场内参与网络竞价的主张于法无据,法院不予支持。

《公司法解释四》第18条规定,人民法院在判断是否符合《公司法》第71条第3款及本规定所称的"同等条件"时,应当考虑转让股权的数量、价格、支付方式及期限等因素。在该案中,被告大冶有色金属集团上海投资贸易有限公司(以下简称大冶上投公司)通过被告北交所公司发布的转让公告已将其他股东是否行使优先购买权的信息予以公布,因此,原告裕伦盛公司作为普通竞买人在受让申请登记前已知晓优先权股东存在与否。被告黄某武遵照被告北交所公司制定的交易规则参与涉案项目,在受让被告大冶上投公司转让股权的数量、价格、支付方式和期限等因素方面,原告裕伦盛公司未有证据显示其与原告裕伦盛公司的受让条件存在差别,因此被告黄某武系在与原告裕伦盛公司同等条件下行使对涉案项目股权的优先购买权,被告黄某武的受让行为合法有效。原告裕伦盛公司主张撤销被告大冶上投公司与被告黄某武签订的《产权交易合同》并将被告黄某武名下的深圳市恒鑫优工贸有限公司51%的股权重新登记至被告大冶上投公司名下的诉讼请求,无事实和法律依据,法院不予支持。

(二)不能根据未进场的默示行为推定股东放弃优先购买权

案例2 "新乡市健康房地产开发有限责任公司与新乡市安厦房地产开发有限公司、新乡市吉超房地产经纪服务有限公司股权转让纠纷案"[2019)豫0702民初547号]。

法院认为,虽然规章规定国有股权要在政府设立的公共资源交易中心进行公开交易,公开竞价,确保国有股权的保值增值。但是不能对该内容引申理解为享有优先购买权的股东必须到场竞价,更不能据此推断未进场交易的股东即丧失优先购买权。股东行使优先购买权是《公司法》第71条明文规定的法定权利,股东放弃优先购买权也应当明示,或者由法律法规明确规定。该案中新乡市健康房地产开发有限责任公司(以下简称健康公司)在股东会研究新乡市安厦房地产开发有限公司(以下简称安厦公司)转让股权时已表达了购买股权意向,且在拍卖后向安厦公司、新乡市公共资源交易管理委员会办公室、新乡市财政局及新乡市不动产登记和交易中心等单位书面表达愿以竞拍最高价购买。目前没有证据显示健康公司明确放弃了优先购买权。根据《最高人民法院关于贯彻执行〈中华人民共和国民法通则〉若干问题的意见(试行)》[1]的规定,不作为的默示只有在法律有规定或者当事人双方有约定的情况下,才可视为意思表示,不能根据未进场的默示行为推定其放弃优先购买权。健康公司是否有符合法律规定的"视为放弃优先购买权"的情形,《公司法》仅在第72条规定了法院强制执行程序中,优先购买权股东被通知后法定期间内不行权,视为放弃优先购买权,《公司法》及司

---

[1] 已失效。现为《民法典》第140条第2款,即"沉默只有在法律规定、当事人约定或者符合当事人之间的交易习惯时,才可以视为意思表示"。

法解释并未规定其他情形的失权程序。故法院对新乡市吉超房地产经纪服务有限公司的上述辩解意见不予支持。

实务建议

第一,股东行使优先购买权是否必须进场参与交易?对于企业国有资产的转让程序和方式,根据《中华人民共和国企业国有资产法》的相关规定,企业国有产权的转让应当通过产权交易所公开进行,优先购买权人应有进场交易的权利。由于各地产权交易所的交易规则不尽相同,例如,北京产权交易所不要求必须到场,而上海联合产权交易所规定必须到场。因此,是否构成"同等条件"需要结合交易所规则及具体案情判断。

第二,国有股权在产权交易机构公开转让时,优先购买权中"同等条件"的认定标准应当主要从进场交易权、合理准备时间、付款期限等程序性内容予以考虑,保障优先购买权人与其他竞买人同等的权利和条件。拟股权转让人在股权转让的过程中,应当书面通知优先购买权人,并在通知中给予合理的进场时间,明确交易股数、价格、履行方式、交易其他条件等,确保公司其他股东的优先购买权。国有股权的转让并未超过《公司法》调整范畴,且国有产权转让的法律法规并无相反的规定,故不能"一刀切"地认定未进场交易即丧失优先购买权。

第三,优先购买权股东若未进场交易,产权交易所或股权转让方亦可通知其在一定期限内作出是否接受最后形成的价格的意思表示,避免因不到场即判断其放弃优先购买权而引起不必要的纠纷。

第三节 优先购买权实操细节:股权转让价格与"恶意串通"

《公司法解释四》第21条第1款规定,有限责任公司的股东向股东以外的人转让股权,未就其股权转让事项征求其他股东意见,或者以欺诈、恶意串通等手段,损害其他股东优先购买权,其他股东主张按照同等条件购买该转让股权的,人民法院应当予以支持。在司法实践中,股权转让过程中的何种情形及操作易被认定为"恶意串通"应结合相关司法案例进行解读。

一、裁判要旨

民事活动应当遵循诚实信用原则,民事主体依法行使权利,不得恶意规避法律,侵犯第三人利益。两份股权转让协议虽然形式合法,但实质上系规避《公司法》关于股东同等价格优先购买权制度的规定,且实际导致原告在同等条件下的优先购买权落空,该行为系以合法形式掩盖非法目的,当属无效。

二、典型案例基本案情

案例来源:"吴某崎、吴某民确认合同无效纠纷案"[(2015)苏商再提字第00068号]。

泰伯公司于2003年4月7日登记设立,注册资本118万元,设立发起人为吴某崎、吴某民、吴某媛。其中股东吴某崎出资41.3万元,吴某民出资70.8万元,吴某媛出资5.9万元,三人股权份额分别为35%、60%、5%,法定代表人为吴某崎。

2012年2月1日,吴某民向吴某崎发出《股权转让通知书》:本人自愿转让在泰伯公司的1%的股份所有权(其余59%股权仍由本人保留),转让价为人民币15万元整,你是否同意优先购买或者同意向他人转让,请在接到本通知之日起30日内书面答复本人。

2012年2月27日,吴某崎针对上述通知书回函吴某民,表示愿意接受待转让的1%的股份所有权,但认为价格较高,有待商量,不同意吴某民向第三人转让股权。

2012年3月10日,吴某民与第三人吴某磊签订《股权转让协议书》,吴某民将其1%的股权以15万元转让给吴某磊,并完成工商变更。

2012年10月29日,吴某民与吴某磊签订股权转让协议,吴某民愿意将其在泰伯公司59%的股权转让给吴某磊,实际转让价格为62万元。

三、典型案例争议焦点

吴某民与吴某磊于2012年3月10日及10月29日签订的两份股权转让协议是否构成恶意串通,因侵犯吴某崎的优先购买权而无效。

四、典型案例法院裁判观点

该案经过了一审、二审和再审,在各级法院的不同认定中,对该案争议焦点进行了充分的论述。

(一)一审法院的观点

吴某民与吴某磊之间的股权转让方式系排除吴某崎的优先购买权,且实际上导致吴某崎同等条件下的优先购买权落空。吴某民和吴某磊在股权转让过程中前后两次转让股权,第一次转让1%价格15万元,第二次转让59%实际价格62万元(以此测算第二次股权转让价格约为每1%价格1.05万元),前后两次转让时间仅间隔7个月,在公司资产没有发生显著变化的情形下,价格相差达14倍以上不合常理。

吴某民前后两次的转让行为并非各自独立,具有承继性、整体性,即首次转让抬高价格,排除法律赋予其他股东的同等条件下的优先购买权,待受让人取得股东资格后,于第二次完成剩余股权转让,两次转让行为相结合,目的在于规避《公司法》关于其他股东优先购买权的规定,从而导致吴某崎无法实际享有在同等条件下的优先购买权。

有限责任公司具有封闭性和人合性的特征,这种特征使股东之间建立一种信赖关系,基于信赖关系才会实现股东之间资金的联合。但当股东向非股东转让股权时,这一信赖关系将被打破,由此《公司法》赋予了同等条件下其他股东的优先购买权;而当股权在公司股东内部转让时,不影响有限公司的封闭性和人合性,不涉及第三人和公共利益,《公司法》也没有设定限制性条件。按该案的操作方式,股东以高价转让象征份额(如1%)的股权,若其他股东同意购买则转让股权的股东可以获取高额利润(甚至可以以同样方式继续多次分割转让剩余股权),如果其他股东不购买则可以顺利使股东以外的第三人获得股东身份,继而排除其他股东的优先购买权,最终实现在"股东内部"的股权无限制转让。如果认可上述行为的合法性,那么《公司法》关于股东优先购买权的立法目的将会落空,有限公司的人合性、封闭性也无法维系。

综上,民事活动应当遵循诚实信用的原则,民事主体依法行使权利,不得恶意规避法律,侵犯第三人利益。吴某民与吴某磊之间的两份股权转让协议虽然形式合法,但实质上系规避《公司法》关于股东优先购买权制度的规定,且实际导致吴某崎在同等条件下的优先购买权落空,该行为系以合法形式掩盖非法目的,当属无效,对吴某崎要求确认两次股权转让协议无效的诉讼请求,依法予以支持。

(二) 二审法院的观点

关于该两份协议是否存在以合法的形式掩盖非法目的的情形。首先,两份股权转让协议均未违反《公司法》关于股东优先购买权的规定,吴某民在遵循《公司法》规定的情形下,自主处分所持股权。如果法院认定该行为存在非法目的,则是在牺牲转让股东财产自由处分权的前提下过分保护其他股东的优先购买权,系司法对股东意思自治的过分干涉。其次,吴某民与吴某磊所签订的股权转让协议具有独立性,吴某崎作为签订股权转让协议之外的第三人无权主张该两份协议无效。如果其认为该两份协议侵犯了其优先购买权,可以主张撤销该两份协议并在同等条件下受让股权。综上,一审判决认定事实错误,应予纠正。

(三) 再审法院的观点

吴某民与吴某磊之间的涉案两份股权转让协议存在《合同法》第52条第2项[1]规定的恶意串通损害第三人利益的情形,属于无效协议。

吴某民和吴某磊在7个月的时间内以极其悬殊的价格前后两次转让股权,严重损害吴某崎的利益。吴某民和吴某磊第一次转让1%的股权价格为15万元,第二次转让59%的股权实

---

[1] 已失效。现为《民法典》第154条,即"行为人与相对人恶意串通,损害他人合法权益的民事法律行为无效"。

际价格为62万元(以此测算第二次股权转让价格约为每1%价格1.05万元),在公司资产没有发生显著变化的情形下,价格相差达14倍以上,其目的在于规避《公司法》关于其他股东优先购买权的规定,从而导致吴某崎无法实际享有在同等条件下的优先购买权,即首次转让抬高价格,排除法律赋予其他股东同等条件下的优先购买权,受让人取得股东资格后,第二次完成剩余股权转让。吴某民在一审庭审中亦明确表示"第一次股权转让吴某磊不是公司股东,吴某民必须考虑同等条件的优先权""(第一次)比后面的要价要高,目的是取得股东身份"。这表明吴某民对其与吴某磊串通损害吴某崎利益的意图是认可的。如果认可上述行为的合法性,《公司法》关于股东优先购买权的立法目的将会落空。

综上,民事活动应当遵循诚实信用的原则,民事主体依法行使权利,不得恶意规避法律,侵犯第三人利益。吴某民与吴某磊之间的两份股权转让协议,目的在于规避《公司法》关于股东优先购买权制度的规定,剥夺吴某崎在同等条件下的优先购买权,当属无效。吴某崎要求确认该两份股权转让协议无效,于法有据,应予支持。

五、延伸阅读

判断是否构成恶意串通,主要应从股权转让双方是否真正履行了该合同,特别是合同的价格条款来分析认定。

案例 "钟某全与杨某淮、成都佳兴名师点拨远程教育咨询有限公司股权转让纠纷案"[(2019)川民再380号]。

该案争议焦点之一系股权转让方前后签署的两份协议是否构成恶意串通,该案经历了一审、二审和再审,不同级别的法院认定存在不一致的情况。

一审法院与二审法院均认为《股权转让补充协议》构成恶意串通,损害第三人利益,属于无效合同。法院认为,股权转让中双方恶意串通,通常是指转让股东与第三人为了达到使其他股东放弃优先购买权的目的,抬高转让股权的交易价格或者其他交易条件的行为。基于有限责任公司股权的特殊性,其市场价格并不易确定,因此,判断是否构成恶意串通,主要应从股权转让双方是否真正履行了该合同,特别是合同的价格条款来分析认定。从该案的实际情况看,《股权转让补充协议》约定股权转让款在原约定价款基础上增加至3206.5万元。该补充协议是钟某全与成都佳兴名师点拨远程教育咨询有限公司(以下简称佳兴教育公司)在前述《同昭公司股权转让协议》《股权转让补充协议》签订后已逾5个月,佳兴教育公司要求同昭公司为其办理股权转让变更登记受挫后补充订立,无故将原转让价款增加12倍,且该合同的价格条款并未实际履行,因此有理由相信系钟某全、佳兴教育公司恶意串通,为阻止杨某淮等股东行使优先购买权而订立,该补充协议应认定为无效。

实务建议

第一,分批股权转让的过程中,在公司净资产或估值没有显著变化的情况下,不要将前后批次的股权转让价格设置得过于悬殊。此外,前后两次的股权转让建议设置较长的过渡期,避免裁判过程中对前后两次股权转让价格的合理性产生怀疑。

第二,对于股权出让方来讲,其在向外转让股权时需尊重原股东的优先购买权。在转让通知中明确本次交易的具体内容及条件,如拟转让股数、转让价格、转让时间、支付方式等。

第三,对于第三方来讲,在股权受让的过程中需核实原股东是否放弃优先购买权,可以要求其他原股东出具放弃优先购买的承诺函,或者核查放弃优先购买的股东会决议等,避免因原股东主张优先购买权导致交易无法顺利进行。

第四,对于公司原股东来讲,应及时主张优先购买权,在发现股权转让方侵害自己优先购买的合法权益时,可以向法院提起诉讼维护自己的合法权益。

第四节 以外滩地一案评析间接收购对优先购买权的侵害

股东设计交易结构,利用间接收购方式规避了《公司法》关于股东优先购买权的规定,存在被法院认为"以合法形式掩盖非法目的"并认为交易合同无效的可能性,下文以外滩地一案为例予以说明。

一、典型案例基本案情

案例来源:"原告浙江复星商业发展有限公司因与被告上海长烨投资管理咨询有限公司等股权转让合同纠纷案"〔(2012)沪一中民办(商)初字第23号〕。

2010年2月1日,上海证大置业有限公司(以下简称证大置业公司)通过公开竞买方式竞得外滩8-1地块,项目公司取得外滩8-1地块土地使用权后,被告证大置业公司所属关联方与原告浙江复星商业发展有限公司(以下简称复星公司)所属关联方、被告杭州绿城合升投资有限公司(以下简称绿城公司)所属关联方、上海磐石投资管理有限公司(以下简称磐石投资)成立上海海之门房地产投资管理有限公司(以下简称海之门公司),旨在通过海之门公司控股项目公司开发外滩8-1地块,其中复星公司持有海之门公司50%股权,被告绿城公司、被告证大五道口公司、磐石投资合计持有海之门公司50%股权(见图2-1)。

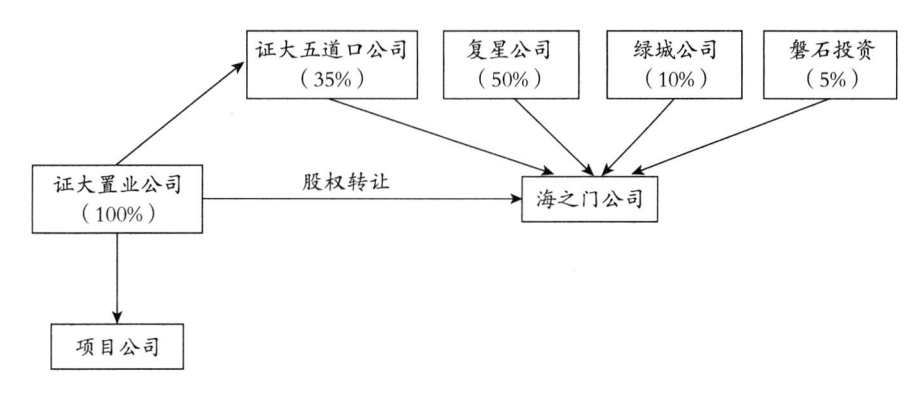

图 2-1 股权结构

2011年10月28日,被告证大置业公司与海之门公司签署《股权出售和购买协议》。约定被告证大置业公司将项目公司100%股权和附属于股权的一切权利以及被告证大置业公司就股东借款享有的一切权利转让给海之门公司,海之门公司享有项目公司100%权益。股权收购交易前海之门股权结构如图2-2所示:

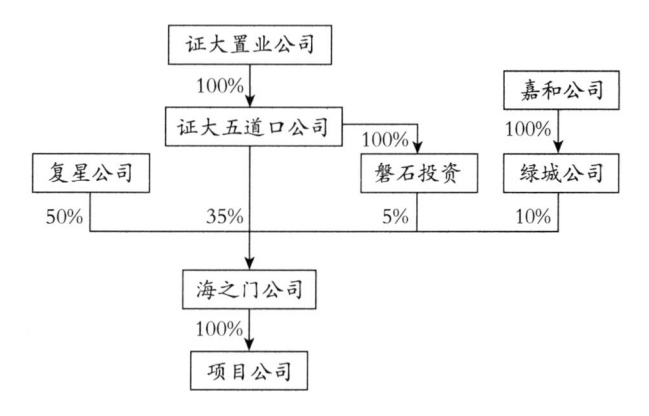

图 2-2 股权收购交易前海之门股权结构

2011年12月29日,被告上海长烨投资管理咨询有限公司(以下简称长烨公司)与被告浙江嘉和实业有限公司(以下简称嘉和公司)、被告证大置业公司签署了《关于间接收购上海外滩国际金融服务中心(8-1)地块项目50%权益之股权及债权转让框架协议》(以下简称《框架协议》),约定被告长烨公司受让被告证大置业公司、被告嘉和公司分别持有的被告证大五道口公司、被告绿城公司100%股权。2012年1月9日,被告长烨公司与被告嘉和公司、被告证大置业公司签署了《框架协议之补充协议》,对被告证大置业公司出让被告证大五道口公司100%股权和债权的对价分配及受让主体进行了调整。2011年12月29日,被告证大置业公司与被告上海长昇投资管理咨询有限公司(以下简称长昇公司)签署了《股权转让协议》,约定由被告长昇公司受让被告证大置业公司持有的被告证大五道口公司100%股权。2012年1月12日,被告嘉和公司与被告长昇公司签署了《股权转让协议》,约定由被告长昇公司受让被告嘉和公司持有的被告绿城公司100%股权。2012年1月12日，杭州市工商行政管理局核准将被告绿城公司的股东变更为被告长昇公司。2012年1月17日，上海市工商行政管理局浦东分局核准被告证大五道口公司的股东变更为被告长昇公司。交易后海之门公司股权结构变更如图2-3所示：

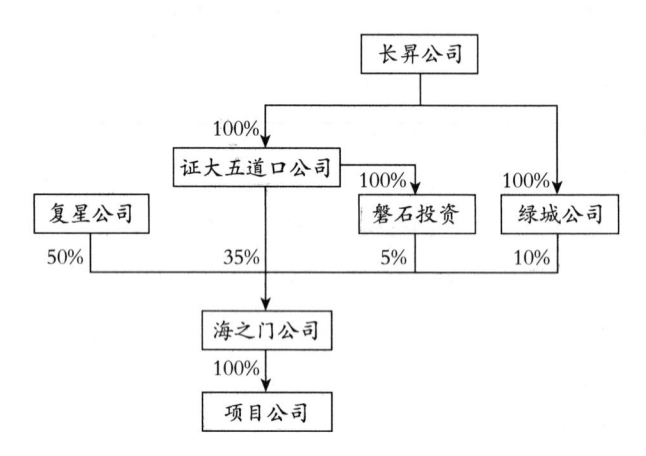

图2-3 股权收购交易后海之门股权结构

二、典型案例争议焦点

被告之间间接收购股权的行为效力如何认定，是否侵犯原告的优先购买权？

三、典型案例法院裁判观点

法院认为，该案被告间交易行为的目的旨在控制海之门公司50%的权益。原告处于相对控股地位，海之门公司内部的人合性、股权结构的合理性、股东之间的信赖关系相对稳定，经营管理相对正常。交易发生后，仅从形式上研判，被告嘉和公司、被告证大置业公司、被告长昇公司作为股权交易的主体与海之门公司并无直接关联，原告与上述交易主体亦不具有同一阶梯的关联关系。但是，从交易行为的实质上判断，上述交易行为的结果具有一致性，且最终结果直接损害了原告的利益，即原告对于海之门公司的相对控股权益受到了实质性的影响和损害，海之门公司股东之间最初设立的人合性和内部信赖关系遭到了根本性的颠覆。

法院认为，被告绿城公司、被告证大五道口公司系海之门公司的直接股东，被告嘉和公司、被告证大置业公司又系被告绿城公司、被告证大五道口公司的唯一出资人，被告嘉和公司、被告证大置业公司与被告长昇公司之间实际实施的关于被告嘉和公司、被告证大置业公司持有的被告绿城公司、被告证大五道口公司股权的转让行为，旨在实现一个直接的、共同的商业目的，即由被告长烨公司、被告长昇公司所归属的同一利益方，通过上述股权收购的模式，完成了对被告绿城公司、被告证大五道口公司的间接控股，从而实现对海之门公司享有

50%的权益,最终实现对项目公司享有50%的权益。综上所述,被告之间关于股权交易的实质,属于明显规避《公司法》第72条之规定,符合《合同法》第52条第3项[1]规定之无效情形,应当依法确认为无效。

四、典型案例评析

《公司法》第71条第3款规定,经股东同意转让的股权,在同等条件下,其他股东有优先购买权。两个以上股东主张行使优先购买权的,协商确定各自的购买比例;协商不成的,按照转让时各自的出资比例行使优先购买权。在间接收购模式下,优先购买权是否具有穿透效力,司法实践中具有不同观点。一种观点认为,为保护交易安全及自由,优先购买权应在公司的直接股东之间行使,不具有穿透效力,不宜进行扩大解释。另一种观点认为,从立法目的来看,为了保护公司人合性,优先购买权应进行"穿透适用"。[2] 该案中,法院以"合法形式掩盖非法目的"判定交易无效。综合具体案情,间接收购是否存在侵犯其他股东优先购买权并被认定无效的风险,笔者结合该案案情,认为法院在判决过程中主要考虑以下几个因素:

1. 交易是否存在明显恶意并规避优先购买权的嫌疑

(1)被告交易各方对原告享有优先购买权系明知的

根据案件判决书披露,被告绿城公司、被告证大五道口公司共同出让其合计持有的海之门公司50%股权的过程中,由被告证大置业公司代表被告绿城公司、被告证大五道口公司作为联合方发函询问原告是否决定购买并行使优先购买权,据此说明被告对原告享有优先购买权这一事实是明知的。但被告后续履行过程中并未继续执行相关股东优先购买的程序,而是通过实施间接出让的交易模式达到与直接出让相同的交易目的。

(2)其间接股权转让交易设计存在规避优先购买权的嫌疑

根据判决书披露内容及交易各方于2011年12月29日签署的《框架协议》中关于签署目的描述为:"转让方(嘉和公司、证大置业公司)一致同意,按本协议约定方式向长烨公司转让其所持目标公司(证大五道口公司、绿城公司)100%股权。长烨公司亦同意按照本协议约定方式,收购转让方(嘉和公司、证大置业公司)所持的目标公司(证大五道口公司、绿城公司)100%股权,从而实现间接持有海之门公司50%股权以及项目公司50%的收购目的。各方一致认可,长烨公司进行本次收购的基础是通过目标公司(证大五道口公司、绿城公司)一次性间接持有海之门公司和项目公司50%的股权及权益。"《框架协议》中对被告绿城公司、被告证大五道口公司持有的除海之门公司股权外其他资产的处理及被告长烨公司受让被告绿城

---

[1] 现为《民法典》第146条,即"行为人与相对人以虚假的意思表示实施的民事法律行为无效。以虚假的意思表示隐藏的民事法律行为的效力,依照有关法律规定处理"。

[2] 汤文旦:《间接收购模式下股东具有优先购买权吗》,载《吉林工商学院学报》2021年第2期。

公司、被告证大五道口公司100%股权的先决条件，约定为："绿城公司已将绿城剥离资产全部剥离完毕，除本协议另有约定外未对绿城公司造成任何义务或负债；证大五道口以长烨公司满意方式将资产剥离完毕，除本协议另有约定外未对证大五道口公司造成任何义务或负债。"

根据上述协议表述可以看出，以上交易架构设计的主要目的系控制项目公司50%的权益，并将绿城公司、证大五道口公司资产进行剥离，使其成为控制项目公司的持股通道，该交易设计无疑成为法院认定被告存在规避优先购买权的主要依据。

2. 上述安排是否损害了复星公司的权益

就上述交易结果来看，被告长烨公司、被告长昇公司所属同一利益方，其收购行为导致公司在持股层面处于僵局状态。海之门公司成立后有董事会成员12名，原告委派6名董事并担任董事长、法定代表人，并对海之门公司处于实际控制。根据判决书内容，被告绿城公司、被告证大五道口公司已经提请召开董事会，要求更换董事、监事，但会议未能如期举行。法院认为，各持50%的股权结构的不利因素已经初见端倪，海之门公司未来的经营管理和内部自治的僵局情形也在所难免。

从交易行为的实质上判断，上述交易行为结果具有一致性，且最终结果直接损害了复星公司的优先购买权及在公司的权益，即原告对于海之门公司的相对控股权益受到了实质性的影响和损害，海之门公司股东之间最初设立的人合性和内部信赖关系遭到了根本性的颠覆。

实 务 建 议

优先购买权作为《公司法》规定的有限责任公司股东的法定权利，为投融资过程中的重要权利条款之一，是保护公司人合性的重要手段。在实践过程中，如何避免间接收购导致实际控制权发生变更，防止损害其他股东优先购买权的情况出现，结合实践经验，笔者认为，由于《公司法》第71条第4款规定，公司章程对股权转让另有规定的，从其规定。因此，股东可以根据意思自治原则对股权转让进行补充约定。公司在章程制定或签署股东协议时可以扩大适用范围，来限制间接股东股权的转让，实现维护股东利益的目的。例如，可以要求非自然人股东的实际控制人变更时，必须通知公司的其他股东，经其他股东同意方可变更。如果其他股东不予同意，不同意股权转让的股东享有优先购买权等，以此平衡间接股东的转让权利和其他股东的利益。

第五节　股权赠与情形下是否适用优先购买权

目前法律规定及司法案例对股权赠与是否适用优先购买权并未作出明确约定，该问题在司法实践中存在不同的观点和看法。

一、典型案例基本案情

案例来源："李某哲与陈某确认合同无效纠纷案"[(2018)苏民终768号]。

天目湖俱乐部于2003年11月7日在江苏省溧阳市注册成立，登记的企业类型为独资经营，该公司登记注册资本1000万美元；股东胡某俊、李某仁、李某哲出资额分别为360万美元、340万美元、300万美元。

2004年11月18日的公司外商投资企业变更(备案)登记申请书显示，该公司股权由胡某俊持股36%、李某哲持股30%、李某仁持股34%变更为胡某俊持股10%、李某哲持股40%、李某仁持股50%，董事长李某仁。

2005年12月18日的公司外商投资企业变更(备案)登记申请书显示，该公司股权由胡某俊持股10%、李某哲持股40%、李某仁持股50%变更为JMC公司持股100%，法定代表人李某仁。2005年，天目湖俱乐部公司章程第3条载明："独资经营者名称JMC.国际投资有限公司，外文名称为JMC. INTERNATIONALINVESTMENTCO,LTD.。"

2016年5月25日，李某哲与陈某签订一份《股权赠与协议》，其载明，"由于陈某先生不慎遗失之前的股权赠与协议，现要求补签如下：本人李某哲持有溧阳市天目湖乡村俱乐部有限公司40%的股权，本人同意无偿赠与陈某本人所持股份百分之五(5%)作为管理奖励，特立此协议为证。双方曾于2004年11月18日至2005年12月18日期间签订过一份股权赠与协议，后该协议遗失，现《股权赠与协议》系对遗失的股权赠与协议的补签"。

二、典型案例争议焦点

公司股东向公司外的第三人赠与股权是否应征求其他股东的同意？未征求意见，是否侵害其他股东的优先购买权？

三、典型案例法院裁判观点

就上述案情，法院作了相关论述。关于李某哲、陈某双方在签订股权赠与协议时，未征求其他股东意见对赠与协议效力的影响。

首先，我国《公司法》对股东将股权赠与股东以外的人是否应征求其他股东意见，以及其他股东是否有优先购买权和如何行使"同等条件下"的优先购买权的问题没有规定。事实上，股权赠与因具有无偿的特性,故不同于股权转让,正因为其不存在对价关系,因而也不存在其他股东可以行使优先购买权的"同等条件"。

其次,因李某哲、陈某之间的赠与协议并未约定陈某需成为公司显名股东,协议签订后10余年内,双方也均未有要求办理股权变更登记的意思表示。因此,在受赠人未请求公司确认其股东身份并要求办理股权变更登记的情况下,并不涉及征求其他股东意见的问题。

总之,涉案股权赠与协议不属于法律规定的股东向公司外的人转让股权需要征求其他股东意见,而其他股东享有同等条件下优先购买权的情况。另外,即使按照公司股权转让的规定将李某哲视作股权转让方,李某哲以股权赠与未经公司其他股东同意侵犯了其他股东优先购买权为由,请求确认协议无效的诉讼请求也不应得到支持。

四、典型案例评析

就股权赠与的情形下,其他股东是否享有优先购买权,我国没有具体法律规定。在司法裁判案例中,不同的案例裁判结果也有所不同。

例如,除本节示列案件外,在(2015)闵民二(商)初字第588号案中,上海市闵行区人民法院认为,股权赠与因具有无偿的特性,故不同于股权转让,正因为其不存在对价关系,因而也不存在其他股东可以行使优先购买权的"同等条件"。其他股东不享有优先购买权。在(2017)苏04民初108号案中,江苏省常州市中级人民法院也是持相关观点。

但是也有部分案例在论述过程中认可了股权赠与适用优先购买权。例如,在(2017)皖18民终492号案中,安徽省宣城市中级人民法院认为:"徐某将持有的宁国大华公司4%的股权无偿转让给舒某、杨某,张某、黄某作为公司另两名股东,依据公司法规定精神,有权主张以公平合理的价格优先购买。但经徐某依法通知,张某、黄某不愿以公平合理的方式确定并支付优先购买的对价,依法应视为同意徐某向舒某、杨某无偿转让股权。"在(2017)苏0412民初7789号案中,江苏省常州市武进区人民法院认为:"股权赠与是一种特殊的股权转让形式。股权赠与也必须适用公司法及公司章程的规定,即应得到其他股东的同意才能赠与。虽然《意向协议书》、补充条款以及工商备案的股权转让协议系同一天签署,但是在双方办理股权变更手续后,窦某已非江苏欧密格公司的股东,因此盛某向窦某赠与3%股权属向公司股东以外的其他人通过赠与方式转让股权,这就产生了股东赠与权与其他股东优先购买权之间的冲突。"

实务建议

就股权赠与是否适用优先购买权存在不同认定和看法，部分学者认为"股权转让"中的"转让"并未明确排除不含对价的转让；部分学者则主张《公司法》中的"股权转让"仅包含有偿买卖，不宜扩大解释。

笔者更倾向于认为《公司法》第71条所述股权转让系有对价的转让，并未包含不含对价的转让，如股权赠与、继承等，这也印证了《公司法》第75条及《公司法解释四》对股权继承已作单独规定，上述条款明确了股权继承不适用优先购买权的规定。笔者认为，优先购买权存在的前提须为"同等条件"，因股权赠与往往发生在亲属、朋友等存在特定关系的主体之间，且不存在对价基础，如何认定"同等条件"存在难点，若其他股东行使优先购买权，则可能获得额外不当利益。

根据《公司法》的规定，优先购买权的约定目的在于保护有限责任公司的"人合性"特征，从另一角度讲，如果在股权赠与的情形下不能适用优先购买权，则可能造成保护人合性与股权赠与自由之间的矛盾，亦不排除部分交易为了规避优先购买权而伪造股权赠与的情况出现，但这并不代表股权赠与下无法保障公司的人合性。我国《公司法》第71条也规定了股权转让须经其他股东过半数同意。基于此，在股权赠与情形下，其他股东虽不能通过行使优先购买权以阻止第三人进入公司，但是可以利用股权转让其他股东同意制度维护其权益。此外，还可以通过协议或章程进行约定并明确对股权赠与情形下的公司人合性进行保护。

笔者建议，在实务过程中应尽量通过协议或章程进行约定，在优先购买权条款中进行扩大解释，明确在股权赠与情形下其他股东也可以按照评估价格/公允价格行使优先购买权，避免股权赠与情形中因各方是否适用优先购买权意见不一致而给交易造成障碍。

第六节 何种情形下其他股东享有优先购买权的"同等条件"视为未成就

《公司法解释四》第18条规定：人民法院在判断是否符合《公司法》第71条第3款及本规定所称的"同等条件"时，应当考虑转让股权的数量、价格、支付方式及期限等因素。对于"同等条件"的认定，司法学界存在"主要条款同等说""价格条件同等说""混合说"等不同理论。在具体的司法判例中，就"同等条件"是否成就如何认定，此处结合一则案例予以说明。

一、裁判要旨

股权转让人仅作出股权对外转让的意思表示,未形成包含转让价款、付款时间、付款方式等在内的完整转让条件,且对外转让的受让方也未确定,则其他股东享有优先权的"同等条件"可视为未成就。

二、典型案例基本案情

案例来源:"丁某明等诉瞿某建优先认购权纠纷案"[(2012)民抗字第32号]。

丁某明、李某、冯某琴与瞿某建为盈源公司股东,公司注册资本为人民币300万元。

2006年9月10日,盈源公司召开股东会,一致同意将个人所持股份以全部转让的方式、以1∶1的价格转让给第三方。瞿某建在该股东会决议上注明:本人决定优先受让(购买)其他股东转让之股权(股份)。

2006年9月30日,丁某明将其与曹某某于2006年9月8日签订的股权转让合同寄发给瞿某建,履行股权转让的同意程序和优先购买程序。该股权转让合同约定的转让价格为1∶1,并约定受让方必须按照转让款为基数,以1∶3的比例交纳保证金,由出让方保存三年,不计息,如受让方三年内有从事损害出让方利益的行为,保证金无偿归出让方所有;如受让方不全额按期支付转让款和保证金,除不予返还保证金外,还应当向出让方支付全部转让款50%的违约金。2006年9月30日,李某、冯某琴分别与富某签订股权转让合同,两人将持有的全部股权转让给富某,转让条件及保证金和违约金条款均与丁某明和曹某某的股权转让合同约定一致。李某、冯某琴均将股权转让合同寄发给瞿某建,并通知其在同等条件下可以行使优先购买权。

瞿某建分别复函丁某明、李某、冯某琴,主张其优先购买权已于2006年9月10日形成并要求行使优先购买权。

2006年10月10日,丁某明、李某、冯某琴分别复函瞿某建,拒绝按瞿某建所述条件签订股权转让合同,并附与第三人股权转让合同,该股权转让合同在与2006年9月8日的股权转让合同内容一致的基础上,在原来内容的基础上还增加了受让方于合同生效后5日内支付出让方补贴款及承担出让方应缴所得税的条款。

三、典型案例争议焦点

瞿某建是否有权按照2006年9月10日股东会中约定的条件行使优先购买权?

四、典型案例法院裁判观点

该案经过了一审、二审、检察院抗诉及再审,各级人民法院及人民检察院就瞿某建所享有的优先购买权"同等条件"的时点确认进行了充分论述。

(一)一审法院观点

股东行使优先购买权应具备三个条件:一是股东欲对外转让股权;二是优先购买股东与其他购买人购买股权的条件相同;三是必须在规定的期限内行使。优先购买权的前提和基础为"同等条件"。"同等条件"不仅包含转让价格,还包括付款期限、违约条款等其他对出让方股东有利的条款。在2006年9月10日的盈源公司股东会上,各股东仅就股份以全部转让的方式、以1∶1的价格转让给第三方达成了一致。虽然丁某明与曹某某的股权转让合同签订时间在股东会前,但在该次股东会上,并未明确受让股权的第三方。李某、冯某琴与富某的股权转让合同此时尚未签订。优先购买权建立在"同等条件"之上,就李某、冯某琴的股权转让而言,在股权转让的交易条件形成之前,瞿某建的优先购买权尚无实现的基础,在交易条件形成后,优先购买权必须在"同等条件"下行使;就丁某明与曹某某的股权转让而言,虽然瞿某建主张的转让价格等同于丁某明与曹某某约定的转让价格,但付款期限、违约条款等交易条件明显低于丁某明与曹某某约定的条件,不能视为其在"同等条件"下行使优先购买权。因此,在2006年9月10日的股东会上,瞿某建的优先购买权并未形成。

(二)二审法院观点

浙江省高级人民法院推翻了一审法院的认定,其认为,2006年9月10日的股东会决议中,瞿某建已明确表示决定优先受让(购买)其他股东之转让股权(股份),故瞿某建行使优先购买权的条件已经具备。其理由如下:

第一,2006年9月10日的股东会材料包括一份股权转让合同的范本。该范本除股权转让的具体价格、股权转让款的支付方式(主要是时间、具体分期支付的款项)处空白外,其他条款较明确。第二,2006年9月10日盈源公司的股东会形成股东会决议,优先购买权是法律规定的有限责任公司股东享有的权利,为尊重该项权利,转让股份的股东有义务将其与第三人签订的股权转让合同书面通知全体股东。而丁某明等未将其对外转让的条件在2006年9月10日的股东会上予以公布,属于对通知义务的违反,造成的法律后果应由其自己承担。第三,股东会召开之前,丁某明已经有了具体转让股权的方案并已签订合同,但丁某明没有说明,也未在2006年9月10日的股东会上出示。从丁某明、李某、冯某琴提供的几份股权转让合同内容看,其股权转让的条件超出了股东会决议中所附的股权转让合同所约定的条件,丁某明、李某、冯某琴于股东会决议之后重新提出的股权转让的条件,实际上已经变更了股东会决议中已经确定的股权转让条件,有失诚信。

(三)最高人民检察院抗诉观点

最高人民检察院抗诉认为,浙江省高级人民法院(2007)浙民二终字第118号民事判决认定的基本事实缺乏证据证明,适用法律确有错误,且依据该判决主文的价格转让股权有失公平。理由如下：

第一，该案中丁某明、李某、冯某琴与第三人的股权转让关系并未成立。股东会决议的内容尚未发送给作为受要约人的第三人，不发生要约的效力，瞿某建在此基础上行使优先购买权，不构成对要约的有效承诺，也缺乏合同主要条款，不具有可执行内容，只是对自己享有优先购买权的表示。而且该决议确定的是公司整体转让，这也有别于股东独立对外转让。第二，瞿某建对丁某明、李某、冯某琴行使优先购买权的条件并未确定。2006年9月10日的股东会决议确定的股权转让条件仅涉及股权转让的价格条件，并未涉及股权转让的其他条件和事宜，也没有明确具体的受让方，并不能据此认定该次股东会上丁某明、李某、冯某琴与第三人的股权转让条件已经确定。而且瞿某建所主张的交易条件和丁某明等三人与曹某某、富某之间的交易条件也不能视为同等条件。第三，丁某明在2006年9月10日股东会上未披露其此前与曹某某签订的股权转让合同，不属于对通知义务的违反。第四，二审判决结果违反合同相对性原则且有失公平。从该案证据看，瞿某建与陈某某等人签约后，瞿某建除支付转让款外，还另行补贴陈某某等人相应的股权溢价，且陈某某等人系公司小股东，而丁某明为公司第一大股东，出让方主体不同，股份占比悬殊，因此，二审判决判令丁某明等人将持有的股权按照瞿某建与陈某某等人签订的股权转让合同约定的条件进行转让，不仅违反合同相对性原则，还显失公平。

（四）再审法院观点

最高人民法院再审认为，股东优先购买权是相比于股东以外的买受人而享有的优先权，因此，股东行使优先购买权的前提是拟出让股东与股东以外的人已经就股权转让达成合意，该合意不仅包括对外转让的意思表示，还应包括价款数额、付款时间、付款方式等在内的完整对价。而在该案中，虽然股东会前全体股东均被通知将于下午与股东以外的受让人签约，但在股东会上，受让人并未到场，也没有披露他们的身份或者与他们签订的合同，因此，直至股东会结束签署决议时，对外转让的受让方仍未确定，股东行使优先购买权的前提也未成就。瞿某建认为其在股东会决议上签署要求行使优先购买权的意见即为实际行使优先购买权与法律规定不符。瞿某建主张其行使优先购买权的条件已经成就，并以其与陈某某等五名股东签订的股权转让协议作为向丁某明等三人行使优先购买权的同等条件，缺乏事实和法律依据，不予支持。

实务建议

此案争议的焦点在于,在 2006 年 9 月 10 日的股东会中的约定是否已满足"同等条件",各方对"同等条件"形成的具体时点持有不同的观点。根据最高人民法院的裁判观点,未形成包含转让价款、付款时间、付款方式等在内的完整转让条件,且对外转让的受让方也未确定,则其他股东享有优先权的"同等条件"可视为未成就。笔者认为,即使在股东会决议或股东间的初步磋商过程中形成了初步的股权转让条件,但由于实践中不可避免地存在随着股权转让方与第三方谈判的深入,股权转让条件将不断补充或变更。为避免对股权转让"同等条件"的达成时点产生争议,作为股权转让方,实操中应注意以下问题:

第一,在初步通知其他股东股权转让事宜,并征求是否行使优先购买权时,最好同步注明"具体转让条件以最终签署合同为准",避免原股东要求以初次通知或变更前通知的条件行使优先购买权。

第二,达成最终的交易条件后,尽快将相关交易条件通知原股东,以履行"同等条件"的通知义务,包括但不限于交易价款、支付方式、担保或其他支付条件等,确保通知条件的全面性。避免诉讼中因通知瑕疵对交易产生障碍。

第七节 最高人民法院关于股东优先购买权的十项裁判规则

有限责任公司是基于股东相互之间的信任而形成的法人组织,若股东可以随意将股权转让给第三人,则公司内部的平衡状态很可能会被打破。由于新股东的经营理念、管理能力等可能与其他股东不同甚至相悖,进而会影响公司的经营决策和盈利能力,甚至使公司陷入僵局。因此,基于保护公司人合性的考量,赋予其他股东优先购买权具有一定合理性。

我国《公司法》第 71 条以及《公司法解释四》关于股东优先购买权的规定尽管已经趋于完善,但面对纷繁复杂的社会生活,其在活生生的法律事实中如何适用可能仍存在很大的争议。此处结合前文的规定分析和更为丰富的司法裁判案例,以期对优先购买权进行全方位的条分缕析。

一、股东优先购买权的行使与否不影响其他股东与非股东第三人间股权转让协议的效力,只影响该协议能否实际履行

案例 1 "张某与狮龙公司等股东优先购买权纠纷上诉案"[(2011)渝高法民终字第 266 号]。

大尖滩电力公司于 2002 年 8 月 27 日成立,注册资本为 800 万元,由 1 名法人股东狮龙公

司、19名自然人股东共同出资成立,张某为其中的一位自然人股东。2010年2月2日,狮龙公司等19名股东,以股权转让通知书的形式通知张某股权转让事宜,包括转让的股权比例、价格等。2010年3月1日,张某答复愿意行使公司股东的优先购买权。2010年3月1日、15日、25日,张某多次致函大尖滩电力公司的其余股东,用书面形式表达了自己愿意行使优先购买权的意见,同时张某又提出了其他股权受让条件。2010年4月22日,南川区方博公司与狮龙公司等19位股东签订了《股权转让协议》。张某认为大尖滩电力公司的其他19名股东和被上诉人南川区方博公司的股权转让行为严重侵犯了其优先购买权,遂起诉至法院要求确认《股权转让协议》无效。

该案争议焦点为:(1)狮龙公司等19名股东是否将与南川区方博公司股权转让的交易条件告知了张某,即股权转让的"同等条件"是否业已向张某披露?(2)张某是否放弃行使优先购买权?(3)狮龙公司等19名股东与南川区方博公司签订的股权转让协议的效力。

重庆市高级人民法院的观点如下:

(1)关于股权转让的"同等条件"是否业已向张某披露的问题

以"同等条件"优先购买是股东优先购买权的核心内容,也是权利行使的实质要件。"同等条件"是指同等的购买条件,其内容应当包括价格、数量、支付方式、交易时间等合同主要条款,其中价格和数量是考量的最主要标准。结合双方之前的往来函件可以确认,双方通过要约和承诺已经就股权转让达成了框架性的协议,该协议涵盖了转让的数量、价款和付款的方式。之后张某又提出了其他条件,狮龙公司等其他股东并未予以认可,因而未形成合意。考量南川区方博公司出具的报价承诺书、所付款额及其与狮龙公司等19名股东所签的股权转让协议中的相关内容,应认定狮龙公司等19名股东向张某披露的购买条件与南川区方博公司的购买条件相同。张某要求提供狮龙公司等19名股东与南川区方博公司签订的转让股份协议及细则,但无论该协议是否存在,这本身并非行使优先购买权的必要条件。只要狮龙公司等19名股东向非股东第三方南川区方博公司和向张某提出的购买条件是同等的即可认定"同等条件"业已披露。

(2)关于张某是否放弃行使优先购买权的问题

享有优先购买权的股东不能以任意条件主张优先购买权,赋予其他股东优先购买权不能以损害转让股东的实质利益和剥夺第三人购买机会为代价,法律规定"同等条件"的目的在于限制权利人滥用优先购买权,保护转让股东和第三人的利益。

该案中,狮龙公司等19名股东在向张某披露了交易的同等条件后,还在双方往来函件的基础上,于2010年4月1日致函张某将原股权转让通知书中规定的2010年3月31日的付款期限延期至4月20日,并告知张某逾期付款视为放弃购买。截至2010年4月20日,张某未将股权转让款汇入指定账户。在"同等条件"业已披露的情况下,拟转让股权的股东不可能也不应当无限期等待其他股东行使优先购买权。在限定的时间内未履行付款义务应视为张某已放弃行使优先购买权。

(3)关于狮龙公司等19名股东与南川区方博公司签订的股权转让协议的效力问题

股东优先购买权的行使与否不影响其他股东与非股东第三人间股权转让协议的效力,只影响该协议能否实际履行。股权转让协议是否有效应当按照该协议自身的内容根据《合同法》[1]关于合同效力的规定加以认定,即便优先权股东行使了股东优先购买权,只要该协议本身符合《合同法》规定的合同有效要件,协议仍为有效。该案中,狮龙公司等19名转让股东与南川区方博公司签订的股权转让协议并不违反法律法规的规定,是合法有效的。张某优先购买权的行使不影响该转让协议的效力,只影响该转让协议能否得以实际履行。因此张某要求确认上述协议无效的请求不能成立,法院不予支持。

二、股权让与担保情形下,股东不得要求行使优先购买权

案例2 "陈某、陕西宏润实业集团有限公司(以下简称宏润实业公司)股权转让纠纷再审案"[(2017)最高法民再171号]。

在该案中,陈某和宏润实业公司均为宏润地产公司的股东。2012年1月10日,宏润实业公司与王某(公司外部第三人)签订《股东转让出资协议》,并在工商局办理了股权变更登记,陈某认为宏润实业公司未经其同意将股权转让给王某的行为侵害了其优先购买权。

最高人民法院的观点如下:

虽然宏润地产公司75%股权登记在王某名下,但是不能以此确认王某是受让取得宏润地产公司75%股权的。二审判决以之后2013年3月15日六方签订的《股权转让协议》中陈某一系列的行为认可了王某持有宏润地产公司股权的合法性,认为陈某知情、放弃优先购买权,认定2012年1月10日的《股东转让出资协议》是宏润实业公司向王某转让股权的性质不当,属认定事实错误,法院予以纠正。

2012年1月10日的《股东转让出资协议》因非各方当事人真实意思表示而不发生股权转让效力,故也不存在侵犯陈某对该股权的优先购买权的情形,陈某认为侵犯其优先购买权的理由不能成立,依法予以驳回。因《股东转让出资协议》属股权担保性质,不产生股权转让效力,故不侵犯陈某优先购买权,陈某认为侵犯其优先购买权的申请再审理由不能成立。

---

[1] 已失效,现由《民法典》规定。

三、股东为法定代表人时，即使未被书面通知股权转让事宜，也推定该股东对于股权转让事项知情

案例3 "岑溪市国强商贸有限公司（以下简称国强公司）、冯某股权转让纠纷再审案"[（2017）最高法民再266号]。

李某将其持有的国强公司35%股权转让给冯某1、冯某2、冯某3、曾某四人，其中除冯某1外，其余三人均为国强公司的股东。国强公司另一名股东冯某，同时为法定代表人，诉讼主张李某转让股权的行为侵犯其优先购买权。

最高人民法院的观点如下：

冯某作为国强公司的法定代表人，对于李某自合同签订后即退出公司经营、股权转让合同签订后国强公司办理土地使用权抵押贷款手续并向李某汇款等事项是明知的，二审法院综合该案证据及以上情形，认定冯某对李某转让股权事宜是知道且应当知道的，并无不当。国强公司原五名股东中，除李某外，另外四名股东中的三人在《股权转让合同》上签字，同意人数占其他股东人数的3/4，符合《公司法》第71条第2款以及国强公司的公司章程第25条的规定。二审判决以冯某应知道股权转让事宜，且自合同签订后直至诉讼发生，没有对此提出异议或主张优先购买权为由，认定冯某同意该股权转让，并无不当。

四、股权被法院强制执行抵债的情形之下，股东依然享有优先购买权

案例4 "甘肃兰驼集团有限责任公司（以下简称兰驼公司）与常柴银川柴油机有限公司（以下简称常柴银川公司）等股权转让纠纷上诉案"[（2016）最高法民终295号]。

兰驼公司是常柴银川公司的股东。常柴银川公司与万通公司签订了一份《借款质押合同》……常柴银川公司以其持有的西北车辆公司57%的股权作为质押，并约定常柴银川公司届时不能还款，万通公司有权申请强制执行。双方就《借款质押合同》在银川市国信公证处办理了具有强制执行效力的公证书。之后，常柴银川公司通知万通公司其无法按期归还借款，万通公司遂申请强制执行。双方在执行中达成和解协议，常柴银川公司将持有的西北车辆公司0.5%的股权作价50万元转让给万通公司抵偿债务并在工商局办理了股权变更登记手续；常柴银川公司将持有的西北车辆公司56.5%的股权作价5650万元抵偿万通公司剩余债务。该院根据和解协议将常柴银川公司持有的西北车辆公司56.5%的股权执行给了万通公司。

最高人民法院的观点如下：

该股权抵债行为侵犯了兰驼公司的优先购买权，万通公司与常柴银川公司没有有效转让案涉0.5%的股权。由于万通公司未合法取得西北车辆公司0.5%的股权，故其以股东身份受让剩余56.5%的股权抵债，未通知西北车辆公司股东行使优先购买权的行为侵害了西北车辆公司其他股东的优先购买权，亦不发生有效转让股权的效力。综上，不能认定万通公司合法

取得案涉57%的股权。

五、数名股东整体对外转让股权且转让价格是以整体转让为条件时，其他股东的优先购买权针对的是整体股权，而非单个股东的股权

案例5 "浙江环益资源利用有限公司（以下简称环益公司）诉陈某股权转让纠纷案"[（2017）浙02民终1283号]。

环益公司和陈某都是大地公司的股东。包括陈某在内的大地公司共8名自然人股东将他们一共持有的大地公司的51%的股权转让给高能公司。环益公司主张仅对陈某持有的1.5%股权行使优先购买权。

浙江省宁波市中级人民法院的观点如下：

《公司法》第71条第3款规定，经股东同意转让的股权，在同等条件下，其他股东有优先购买权。案件中，包括陈某在内的大地公司8名自然人股东就其股权转让与高能公司达成的转让意向为包括陈某股权在内的大地公司51%的股权以9588万元的价格一并转让给高能公司。在该转让条件下，陈某的股权转让与大地公司其他7名自然人股东的股权转让是不可分割的，其股权转让系以包括其他7名自然人股东的股权一并转让为条件，该拟转让价格系以整体转让为条件，并以整体转让确定转让价格，无法确定每一股东在整体转让价格中对应价格。陈某与大地公司其他7名自然人股东已依法将整体转让事宜通知环益公司并征求环益公司意见，环益公司完全可以按9588万元的价格优先受让包括陈某在内的大地公司8名自然人股东的51%股权。环益公司仅要求对陈某持有的大地公司1.5%的股权行使优先购买权，与高能公司拟以9588万元的价格整体受让大地公司8名自然人股东的51%股权不属于同等条件。故环益公司要求优先购买陈某持有的1.5%的股权，不符合法律规定，难以支持。

六、在报纸上发布股权转让声明的行为不符合《公司法》对于股权转让应书面通知其他股东的规定

案例6 "马某诉郭某等确认合同无效纠纷再审案"[（2015）民申字第1593号]。

郭某和富广联兴公司为粤龙公司的股东，分别持股60%、40%。富广联兴公司与马某签订股权转让合同，其中约定如果其他股东行使优先购买权则双方免责。之后，郭某表示不同意该股权转让，在马某支付200万元股权转让款后，富广联兴公司又以400万元的价格转让给粤龙公司原股东郭某。马某认为其与富广联兴公司已经在《永州日报》上发布股权转让声明，但是郭某未及时主张行使优先购买权，其认为郭某已经放弃优先购买权。

最高人民法院的观点如下：

该案郭某收到富广联兴公司发出的股权转让通知书并在得知第三人马某欲以400万元的价格收购富广联兴公司在粤龙公司持有的40%股权后，在法律规定的期限内复函富广联兴公司，明确表示不同意富广联兴公司将所持股权转让给马某，并愿意以同等价格400万元受让富广联兴公司持有的粤龙公司40%的股权。可见，郭某受让富广联兴公司股权的行为属于股东行使优先购买权。股东优先购买权属于法定优先购买权，即公司现有股东依法优先于第三人行使股权购买权；只有在优先权人放弃优先购买权时，第三人才能购得该股权。该案中，虽然马某已经支付富广联兴公司股权转让金200万元并在《永州日报》上发布股权转让声明，称富广联兴公司已将其持有的粤龙公司400万元股权转让给马某，但上述通知的方式不符合《公司法》第72条第2款关于"股东应就其股权转让事项书面通知其他股东征求同意"的规定。同时，富广联兴公司与马某签订的《粤龙公司股东股权转让合同》及《合同补充条款》中亦有关于"双方已清楚了解公司法规定，有限责任公司股东股权转让，公司原股东有优先购买权，在同等条件下若发生原股东行使优先购买权，则无条件由原股东优先购买，双方免责"的约定，故原一审、二审法院认定马某主张富广联兴公司与郭某恶意串通故意损害其利益没有事实依据并无不当。

富广联兴公司与马某签订的《粤龙公司股东股权转让合同》及《合同补充条款》有效。鉴于富广联兴公司已经无法履行上述承诺，马某可就其与富广联兴公司签订的上述合同，另行提起诉讼，主张富广联兴公司就马某的损失承担相应赔偿责任。

七、股权转让应该符合公司章程规定的各项条件，且对其他股东进行的通知应达到实质通知的标准，不仅仅是告知股权转让

案例7 "张家港保税区千兴投资贸易有限公司（以下简称千兴投资公司）、梦兰星河能源股份有限公司（以下简称梦兰星河公司）股东资格确认纠纷二审民事案"[（2020）最高法民终1224号]。

梦兰集团公司将其持有的梦兰星河公司股份转让给千兴投资公司并签订《股权转让协议》，之后梦兰集团公司向梦兰星河公司的其他股东天狼星公司、风范公司、梦星投资公司发出股权转让通知，内容均为："梦兰集团公司拟以每股人民币3元的价格转让我司持有的3000万股梦兰星河公司股份，支付方式为银行转账支付。请贵方知悉并同意。如果贵方有意向受让并拟行使优先受让权等梦兰星河公司章程第24条规定权利的，贵方应于收到本通知之日起5个工作日之内（最晚不迟于2018年5月6日）书面通知我司。贵方逾期反馈的，视为贵方同意本次转让并放弃《章程》第24条项下的全部权利。"

最高人民法院的观点如下：

该案系股东资格确认纠纷，二审焦点问题为案涉股份转让条件是否已成就，即该转让行

为是否符合梦兰星河公司章程规定。修改后的梦兰星河公司章程第24条共有4款:第1款规定了股份可以转让,前提为"依法";第2款规定了股东对外转让股份,应取得其他股东同意,且为"事先""一致";第3款规定了其他股东享有"优先受让权",即《公司法》规定的"优先购买权";第4款规定了其他股东享有"同售权"。根据以上章程规定,梦兰集团公司对外转让股份时,应保障其他股东"优先购买权""同售权"的行使,且应无法定限制或其他股东正当事由否定。结合该案查明事实,梦兰集团公司股份转让条件尚未成就。具体理由如下:

首先,现无证据显示梦兰集团公司在对外转让股份前曾事先与其他股东充分协商,梦兰集团公司在2018年4月28日发出股权转让通知时直接确定了对外转让价格,天狼星公司、风范公司、梦星投资公司在收到通知后,于2018年5月24日明确回函,考虑到梦兰集团公司向梦兰星河公司借款且该款可能产生抽取其公司注册资本的实质后果,不符合《公司法》关于资本维持原则的基本精神,存在法定障碍,要求梦兰集团清除该障碍,并召开股东大会表决。该理由合理、正当,梦兰集团公司该时点并未解决该问题并及时提请股东大会讨论。

其次,2018年4月28日的股权转让通知所称股份受让对象为沙钢集团,与实际受让主体千兴投资公司不一致。虽然千兴投资公司主张梦兰集团公司于2019年1月分别向天狼星公司、风范公司、梦星投资公司寄出的落款日期为2018年4月28日的股份转让通知,明确了主体问题,但该通知内容属于告知股份转让,并非与其他股东商讨行使优先购买权或同售权,形式并不完备。

最后,该案中,梦兰星河公司股东为梦兰集团公司、天狼星公司、风范公司、梦星投资公司、孙某,但无论是2018年4月28日的通知还是2019年1月的通知,均无证据显示梦兰集团公司已实质通知到小股东孙某,不符合公司章程第24条规定的"一致"要求。因此,千兴投资公司虽主张其与梦兰集团公司签订的《股权转让协议》已对梦兰星河公司以及公司其他股东发生法律效力,但在现有情况下,其履行情况尚不符合公司章程第24条的规定,其可待充分履行章程规定的条件后再行主张权利。

八、股东享有优先购买权的资格依据公司章程确定,章程未进行工商登记不影响其对股东行使优先购买权的规制

案例8 "信达投资有限公司(以下简称信达投资)、北京信达置业有限公司(以下简称信达置业)合同纠纷再审民事案"[(2020)最高法民再15号]。

信达投资与庄胜公司一同设立项目公司信达置业,并签订《框架协议》。之后信达投资与庄胜公司又签订了《项目公司增资扩股协议》《项目公司有限责任公司章程》。

最高人民法院的观点如下:

章程是信达投资与庄胜公司双方的真实意思表示,章程关于股权转让的约定依法适用于双方当事人。庄胜公司不仅签署了章程,而且作为事实上的股东,应当遵守章程的约定,受章

程的约束。从章程适用的时间看,章程自双方签字盖章之日起生效,即意味着章程不仅适用于工商变更登记后,也适用于工商变更登记前。信达投资对外转让股权时提前一个月通知庄胜公司,庄胜公司虽然表示反对,但并没有提出购买,按照章程,应视为同意转让。二审认为庄胜公司不是股东不适用章程与事实不符,也与章程的规定不符,再审予以纠正。

九、除非公司章程和全体股东另有约定,否则股东可以在其他股东主张优先购买权后"反悔"

案例9 "冯某、沈某等与张某损害股东利益责任纠纷二审民事案"[(2020)苏08民终1909号]。

该案中,各位原告(同时是二审上诉人)均是商业大厦公司的股东,他们诉讼主张对商业大厦公司股东张某向王某转让其持有的商业大厦公司6.96%股权(对应出资额人民币8万元,作价240万元)享有优先购买权。

张某在2019年1月1日向商业大厦公司及全体股东发出股权转让通知书,向王某转让6.96%股权(对应出资额人民币8万元,作价240万元),征求其他股东是否行使优先购买权。但是在各位原告(上诉人)明确表示要行使优先购买权后,张某又撤回股权转让通知,并于2019年5月9日再次发出新的股权转让通知,恶意大幅提高股权转让价格至400万元。原告认为,股东在其他股东主张优先购买权后又不同意转让股权的,对其他股东主张优先购买权的主张应不予支持,但是公司章程另有规定或者全体股东另有约定的除外。而商业大厦公司股东早在2002年郁某转让股权的会议中已有约定,转股申请只要提交了公司,就不得撤回。

江苏省淮安市中级人民法院的观点如下:

《公司法解释四》第20条规定,有限责任公司的转让股东,在其他股东主张优先购买权后又不同意转让股权的,对其他股东优先购买的主张,人民法院不予支持,但公司章程另有规定或者全体股东另有约定的除外。其他股东主张转让股东赔偿其损失合理的,人民法院应当予以支持。该案中,上诉人所主张的2002年关于案外人郁某转让股权的会议中提及的"股权申请提交了公司,就不得撤回"的内容没有形成全体股东会决议,也未纳入公司章程中,该内容不能约束被上诉人转让股权的行为。被上诉人第二次转让股权时通知了全体股东,股东未行使优先购买权,其将股权转让给股东以外的人员符合法律规定。

十、其他股东行使优先购买权导致股权转让协议无法履行,外部买受人因准备协议履行及实际履行中产生的损失由股东与买受人各自承担50%

案例10 "北京新奥特公司(以下简称新奥特公司)诉华融公司股权转让合同纠纷案"[(2003)民二终字第143号(公报案例)]。

在该案中,华融公司与新奥特公司、比特科技签订的股权转让协议未能履行,原因在于北京仲裁委员会生效的裁决书裁决案外人电子公司对华融公司拟转让的股权享有同等条件的优先购买权。新奥特公司向法院提起诉讼，请求判令华融公司赔偿因违反股权转让协议造成的损失19,816,077元。

最高人民法院的观点如下：

由于华融公司与新奥特公司在签约时，应当预见该合同可能因电子公司行使优先权而终止，但没有预见，造成合同终止履行，对此双方均有过错。新奥特公司因准备合同履行及实际履行中产生的损失应由华融公司、新奥特公司各自承担50%。

实务建议

1. 股权转让协议并不因侵犯股东优先购买权而无效、可撤销

股权转让合同因第三人行使优先购买权而无法继续履行时，合同继续有效。因合同双方均应当预见该合同可能因其他股东行使优先权而终止，但没有预见，对此双方均有过错，双方应分担买受人因缔约遭受的损失，如资金成本、咨询费、审计费、人员工资、财务顾问费等。

2. 股东优先购买权中的"同等条件"

"同等条件"是指同等的购买条件，其内容应当包括价格、数量、支付方式、交易时间等合同主要条款，其中价格和数量是考量的最主要标准。但是有时股东为了实现股权价值的最大化，并非单独转让股权，而是与其他股东一体将股权整体转让。此时，同等条件应以整体股权的价值计算，股东主张对单个股东行使优先购买权不属于同等条件，无法行使优先购买权。

3. 优先购买权中的"通知"

首先，关于通知方式。《公司法》规定了股东应以书面或者其他能够确认收悉的合理方式通知其他股东征求同意。在实务中有些股东采取报纸公告的形式通知其他股东股权转让事项，但是该种通知方式容易被法院认定为无效通知。股东为法定代表人时，法院对于通知方式认定标准较低，有时即使转让股权行为未书面通知，也推定股东对于股权转让事项知情。

其次，关于通知内容。股东向其他股东通知的内容，不能仅仅包括股权转让事项，通常还应包括行使优先购买权的股权价格、数量以及股权转让对象等信息，通知内容应达到实质通知的标准。

4. 优先购买权行使的期限

《公司法解释四》规定了股东自知道或者应当知道行使优先购买权的同等条件之

日起 30 日内或者自股权变更登记之日起超过一年没有主张优先购买权视为放弃优先购买权。通常公司章程可以对股东行使优先购买权的期限进行约定,但是约定的期限不得少于 30 天,若在约定的期限内不行使则视为放弃优先购买权。

5. 股东因股权让与担保或股权质押将股权变更登记在第三人名下不属于股权转让,其他股东不得行使优先购买权

股权让与担保在实务中非常普遍,虽然具有股权转让的形式,但如果能结合其他证据,如双方之间的借贷合同,查明属于"名为让与,实为担保"的融资交易的,其他股东无法行使优先购买权。

6. 股东享有优先购买权的资格依据公司章程确定,股权尚未进行工商变更登记的,不影响该股东行使优先购买权

投资者投资后、工商变更登记之前,若公司章程已确认其股东身份,其他股东向第三人转让股权时,该股东依然可依据生效的公司章程主张行使优先购买权。

7. 除非公司章程和全体股东另有约定,否则股东可以在其他股东主张优先购买权后"反悔"

股东在其他股东主张行使优先购买权后,可以反悔拒绝继续转让股权。优先购买权仅是限制股权转让给第三人,并未限制股东股权的独立性、排他性,股东依然有权处分自己的股权。

8. 股权被法院强制执行抵债的情形之下,股东依然可以行使优先购买权

法院强制执行程序中,股东为了偿还债务可能会与债权人达成以股抵债的协议,因以股抵债协议也是进行股权转让,所以为了保护公司的人合性,其他股东依然可以要求在同等条件下行使优先购买权。

第三章

优先认购权

第一节　优先认购权概述

一、概念

优先认购权(shareholder's preemptive right),主要体现在《公司法》第 34 条规定中,即公司新增资本时,股东有权优先按照实缴的出资比例认缴出资。但是,全体股东约定不按照出资比例分取红利或者不按照出资比例优先认缴出资的除外。根据《公司法》第 126 条的规定,可以看出《公司法》优先认购权主要适用于有限责任公司股东,而非股份有限公司。

二、目的及意义

优先认购权的主要目的即在一定程度上防止股东所持股权被稀释。公司通常实行资本多数决原则,而资本多数决原则决定了股东持有的表决权数与其所持股份成正比,持有多数股份的股东的意思表示被视为公司的意思表示。新股发行后,公司总股份数将大幅增加,原有股东若不能按其持股比例优先认购新股,则其持股比例将下降,表决权数也将相应减少。优先认购权能够使既有股东在付出一定代价的情况下排除新股东的进入,这对保护公司的人合性具有一定的价值,防止公司在增资过程中控制权转移或决策权被稀释或被剥夺。

三、优先认购权性质

新股优先认购权最早于 1807 年在美国判例 Gray v. Portland Bank 案中被确立,在公司章程或股东协议未约定排除的情况下,优先认购权系《公司法》规定的法定权利。对于股东优先认购权的性质应定义为形成权还是请求权,学理界具有不同的看法。有学者认为,优先认购权的行使并不是请求相对义务人为一定行为或者不为一定行为,因此不具有请求权的基本特征,其性质不应定义为请求权。

优先认购权在公司新增注册资本时,单方的意思表示即可与义务人形成相应的民事法律关系,无须相对人同意,符合形成权的特征,且更符合立法的目的,所以优先认购权形成权的特征更明显。在"绵阳市红日实业有限公司、蒋某诉绵阳高新区科创实业有限公司股东会决议效力及公司增资纠纷案"[(2010)民提字第48号]中,最高人民法院也认定,股东优先认购公司新增资本的权利属形成权。

四、新三板挂牌公司现有股东优先认购权

公司现有股东在同等条件下对发行的股票有权优先认购。《全国中小企业股份转让系统股票定向发行规则》第12条规定,发行人应当按照《非上市公司公众公司监督管理办法》的规定,在股东大会决议中明确现有股东优先认购安排;第26条规定,发行人董事会应当就定向发行有关事项作出决议,并及时披露董事会决议公告和董事会批准的定向发行说明书。董事会作出定向发行决议应当符合下列规定:

(1)发行对象确定的,董事会决议应当明确具体发行对象(是否为关联方)及其认购价格、认购数量或数量上限、现有股东优先认购安排等事项;

(2)发行对象未确定的,董事会决议应当明确发行对象的范围、发行价格或发行价格区间、发行对象及发行价格确定办法、发行数量上限和现有股东优先认购安排等事项;

(3)发行对象以非现金资产认购发行股票的,董事会决议应当明确交易对手(是否为关联方)、标的资产、作价原则及审计、评估等事项;

(4)董事会应当说明本次定向发行募集资金的用途,并对报告期内募集资金的使用情况进行说明。

根据此规定,作为股份有限公司的新三板挂牌公司,通过股票发行增资公司注册资本前,无论是否确定具体发行对象,均需要对现有股东的优先认购作出明确决议。

《全国中小企业股份转让系统股票定向发行业务指南》第5.6.1条规定,发行人最迟应当在缴款起始日前三个交易日通过业务系统提交定向发行认购公告,经全国股转公司确认后披露。认购公告中应当包括股东大会股权登记日、现有股东优先认购安排、发行对象名称、认购数量、认购价格、认购方式、缴款账户、缴款时间等内容。

因此,就新三板公司是否享有优先认购权,可以通过公司章程或股东协议等文件明确现有股东是否在定增过程中享有优先认购权。

五、优先认购权条款示例

自交割日后,如公司拟议公司增资、发行转换债券或其他可转换或交换为公司股权的权益类证券(新股),各方同意按以下约定促使和确保投资方享有对新股的优先认购权,公司为实施员工股权激励目的的,投资方对该等新股不享有优先认购权;若公司对全体股东同比例增资的,则全体股东有权按照各自的出资比例予以相应认购;若有部分股东放弃优先认购权

的,则该放弃部分由行使优先认购权的股东按其各自的相对出资比例予以相应认购。

公司应,且主要股东应促使公司向投资方发出书面通知(增发书面通知),以说明:(1)公司拟增发新股的意愿;(2)新股的种类和数额;(3)新股的价格。

在收到该等增发书面通知后,投资方可按照通知中所列的条件和价格(或以各方协商的价格)按该等投资方届时所持公司出资比例认购或认缴公司新股(优先认购权),对其他股东放弃认购的新股部分,由参与认购的股东按照其相对出资比例予以相应认购。

若任何投资方行使本协议项下的优先认购权,则全体股东应在有关股东会会议上投票同意并应促使其提名董事在董事会会议上投票同意,并提供所有必要的协助和帮助(包括但不限于签署所有文件并采取所有行动),以确保实现该等投资方的优先认购权。

若任何投资方在收到增发书面通知后30日内未通知主要股东和公司行使其优先认购权,或通知不愿意按照前述书面通知中所载的条件和价格认购拟发行新股,或投资方仅认购部分拟发行新股,则公司有权在发出增发书面通知的第30日后但应在该增发书面通知发出后90日内以不低于前述增资书面通知中的条件和价格向公司的其他股东或第三方提供和出售未经投资方认购的拟发行新股。如公司未在发出增发书面通知后一年内完成新股的发行交易,则本条所约定的投资方的优先认购权继续有效,公司应按照本条约定向投资方再次发出增发书面通知,并确保在投资方行使本条款项下优先认购权后,方可向其他公司股东或第三方发行新股。

第二节　优先认购权的行使期限

一、裁判要旨

若股东在知晓或应当知晓增资事实后,未在合理期限内依据其新股优先认购权主张权利,根据新股优先认购权的形成权属性及商事外观主义理论,人民法院一般均认可增资行为的法律效力。

二、典型案例基本案情

案例来源:上海市奉贤区人民法院(2016)沪0120民初14223号;上海市第一中级人民法院(2017)沪01民终43号。

1996年2月15日,安太公司成立,性质为有限责任公司,成立时的注册资本为58.69万元,成立时的股东为朱某龙及金某均,认缴出资额分别为48.69万元及10万元。

1997年3月5日,安太公司进行增资,注册资本由58.69万元增加至100万元。增资的主体为朱某龙认缴出资90万元、朱某忠认缴出资10万元。

上述增资行为完成后,公司登记机关已将安太公司的注册资本变更为100万元,但安太公司的股权结构为朱某龙认缴出资90万元、金某均认缴出资10万元,在增资资料中朱某忠并未被登记为安太公司的股东。

原告金某均提出诉讼请求,请求判令确认其持有安太公司17%的股权。

三、典型案例法院裁判观点

(一)一审法院的观点

金某均认为,其持有的安太公司的股权比例应为17%。原因系金某均并不知晓安太公司的增资行为,安太公司的增资行为导致金某均所持股权比例降低,侵害了金某均的合法权益,即便增资行为有效,金某均应同比例股权增资,持股比例为17%。对此,一审法院认为,金某均的上述观点不能成立。理由如下:

其一,公司登记机关对公司注册资本的变更登记系属具体行政行为,未被依法撤销或确认无效,即具有确定的法律效力。该案中,安太公司注册资本增加至100万元的变更登记并未被有权部门撤销或确认无效,因此,安太公司增资行为的变更登记具有确定的法律效力。需要说明的是,对公司注册资本变更登记合法性的审查应属行政诉讼的范畴,并非该案审理的范围,金某均可另行主张权利。

其二,商事案件的审理应当贯彻商事行为的外观主义和公示原则。公司注册资本的变更登记具有公示效力,公司之外的商事主体完全有理由信赖上述公示的内容而与公司为一定的商事行为。也即公司注册资本的变更登记不仅涉及公司股东的利益,更涉及公司之外商事主体的合法权益,而基于商事行为外观主义和公示原则的要求,为维护商事交易关系的稳定性和确定性,公司之外商事主体的合法权益更应得到充分维护。加之,安太公司增资的时间是1997年,至今已近20年,在如此长的时间内,金某均未对安太公司的增资行为提出异议,应视为金某均对安太公司增资行为的默认许可。因此,金某均欲以不知晓增资行为为由而否定安太公司增资行为的效力,显然不应得到支持。

其三,自安太公司成立,金某均向安太公司认缴出资额为10万元,而在安太公司增资行为尚未被确认无效或被撤销情况下,安太公司的注册资本为100万元,故金某均的持股比例应为10%。退一步而言,即便安太公司的增资行为侵害了金某均的合法权益,但金某均亦不能因权利受侵害而获取利益。理由系金某均认缴出资额仅为10万元,在安太公司注册资本为100万元的情况下,若一审法院确认金某均享有安太公司17%的股权,则会出现金某均仅出资10万元却享有安太公司17%股权的情况,也即金某均仅出资10万元却获得了对应出资额为17万元的股权,显然有违民法基本原理。

其四,公司登记机关现登记的安太公司的股权结构为第三人朱某龙认缴出资额为90万元,金某均认缴出资额为10万元。该公司登记机关股东姓名登记亦属于具体行政行为,未经撤销或确认无效即具有确定的法律效力,且该登记内容对外具有公示效力,涉及公司之外商事主体的合法权益,故基于商事行为的外观主义及公示原则,安太公司的股权结构确认应以公司登记机关登记的内容为准(金某均的持股比例为10%)。

其五,金某均认为,若增资行为有效,则金某均亦应同比例增资。对此,一审法院认为,金某均在未实际进行增资的情况下要求同比例增资显然缺乏事实及法律依据,故一审法院对金某均的观点不予采纳。

综上,一审法院有充分理由认定,金某均持有安太公司10%的股权,对应出资额10万元。

(二)二审法院的观点

金某均并无足够证据证明安太公司是以公司本身拥有的固定资产进行增资,金某均在未实际增资的情况下要求同比例提高其拥有的股份份额无依据,故对金某均的该上诉理由,法院不予采信。

安太公司则认为,虽然安太公司现工商登记的股东仍为朱某龙和金某均,但安太公司增资时已有朱某忠作为股东进行出资,且增资已经完成。安太公司的股东系朱某龙和朱某忠,金某均不是安太公司股东。对此法院认为,安太公司增资后,工商登记中安太公司的股权结构为朱某龙认缴出资90万元、金某均认缴出资10万元。一审法院依据商事登记的公示效力和外观效力判令金某均为安太公司股东并无不当。综上所述,金某均、安太公司的上诉请求均不能成立,应予驳回;一审判决认定事实清楚,适用法律正确,应予维持。

实务建议

关于优先认购权的行使期限,在"绵阳市红日实业有限公司、蒋某诉绵阳高新区科创实业有限公司股东会决议效力及公司增资纠纷案"[(2010)民提字第48号]中,最高人民法院最终认定,股东优先认购公司新增资本的权利属形成权,虽然现行法律没有明确规定该项权利的行使期限,但为维护交易安全和稳定的经济秩序,该权利应当在一定的合理期间内行使,并且由于这一权利的行使属于典型的商事行为,对于合理期间的认定应当比通常的民事行为更严格。具体到该案中,原告在标的公司增资20年后,才依据新股优先认购权主张增资决议无效,此时,由于原告曾享有的新股优先认购权已经超过除斥期间,该权利已不复存在,不存在侵害原告新股优先认购权的事实,因此,原告的诉讼请求自然不应得到支持。

可见,虽然现行法律没有明确该项权利的行使期限,但为了维护交易安全和稳定经济秩序,该权利应当在一定合理期间内行使。

第三节　股东对于其他股东放弃优先认购的份额无优先购买权

一、裁判要旨

有限责任公司在新增资本时,股东将其根据实缴出资比例确定的认缴份额部分放弃并转由公司股东以外的第三人认购的,其他股东对放弃的份额是否有优先认购权。根据最高人民法院的判决,除非公司章程及股东协议等文件对前述事项有约定,否则,人民法院不予支持其他股东对于放弃份额所主张的优先认购权。

二、典型案例基本案情

案例来源:"贵州捷安投资有限公司与贵阳黔峰生物制品有限责任公司、重庆大林生物技术有限公司、贵州益康制药有限公司、深圳市亿工盛达科技有限公司股权确认纠纷二审案"[最高人民法院(2009)民二终字第3号]。

黔峰公司股东及股权结构为大林公司54%、益康公司19%、血液中心18%、捷安公司9%。2007年5月,黔峰公司召开股东会,同意按每股2.8元溢价融资2000万股的价格引入战略投资者。

就引进战略投资者,股东会91%表决票赞成(大林公司、益康公司、亿工盛达公司赞成),表决票9%反对(捷安公司反对);各股东同意捷安公司按9%股比及本次溢价股价增持180万股。

捷安公司代表在签字时特别注明"同意增资扩股,但不同意引入战略投资者"。同日,捷安公司向黔峰公司提交了关于我公司在近期三次股东会议上的意见备忘录,表明其除应按出资比例优先认缴出资外,还要求对其他股东放弃的认缴份额行使优先认购权,未获其他股东及黔峰公司同意。

捷安公司以在其已明确表示行使优先认购权的情况下,黔峰公司其他股东仍决定将该部分认购权让与公司股东以外的其他人,违反《公司法》的有关规定,侵犯其优先认购权为由向贵州高级人民法院提起诉讼,要求确认其对黔峰公司其他股东放弃的1820万股份额享有优先认购权。

三、典型案例争议焦点

捷安公司是否对其他股东放弃的优先认购份额1820万股享有优先认购权?

四、典型案例法院裁判观点

最高人民法院支持了贵州省高级人民法院的判决,认为捷安公司对其他股东放弃的优先

认购份额1820万股不享有优先认购权,最高人民法院的观点如下:

首先,优先权对其相对人权利影响甚巨,必须基于法律明确规定才能享有。根据我国2005年《公司法》第35条的规定,有限责任公司新增资本时,股东有权优先按照其实缴的出资比例认缴出资。但是,对当部分股东欲将其认缴出资份额让与外来投资者时,其他股东是否享有同等条件下的优先认购权的问题,《公司法》未作规定。2004年修订的《公司法》第33条第2句规定"公司新增资本时,股东可以优先认缴出资",而2005年《公司法》第35条将其修改为"公司新增资本时,股东有权优先按照实缴的出资比例认缴出资",对股东优先认缴出资的范围作了限定。由此可以推知,2005年《公司法》仅对股东行使增资优先认购权范围进行了压缩,并未明确规定股东对其他股东放弃的认缴出资比例有优先认缴的权利。

其次,公司股权转让与增资扩股不同,股权转让往往是被动的股东更替,与公司的战略性发展无实质联系,故要更加突出保护有限责任公司的人合性;而增资扩股引入新的投资者,往往是为了公司的发展,当公司发展与公司人合性发生冲突时,则应当突出保护公司的发展机会,此时若基于保护公司的人合性而赋予某一股东优先认购权,该优先权行使的结果可能会削弱其他股东特别是控股股东对公司的控制力,导致其他股东因担心控制力减弱而不再谋求增资扩股,从而阻碍公司的发展壮大。因此,不能援引2005年《公司法》第72条关于股权转让的规定精神来解释2005年《公司法》第35条的规定。

最后,黔峰公司股东会在决议增资扩股时,已经按照2005年《公司法》第35条关于"公司新增资本时,股东有权优先按照实缴的出资比例认缴出资"的规定,根据捷安公司的意思,在股东会决议中明确其可以按其实缴出资比例认购180万股出资,且捷安公司已按比例缴交了认股出资,故该股东会决议没有侵害捷安公司依法应享有的优先认购权。因此,黔峰公司股东会以多数决通过的增资扩股及引入战略投资者的决议有效,捷安公司对其他股东放弃的新增出资份额没有优先认购权,捷安公司所提确认其对黔峰公司其他股东放弃的1820万股出资份额享有优先认购权的诉讼请求不能成立,予以驳回。

实 务 建 议

鉴于法律也并未禁止股东对放弃认购份额享有优先认购权,为防止争议,就是否对其他股东放弃的优先认购份额享有认购权,公司可以在股东协议或公司章程中明确约定。

如果公司更看重人合性,股东可以协商约定其他股东对放弃份额享有优先认购权利,条款示例如下:

如果公司在首次公开发行前融资,公司全体股东按持股比例享有公司新增注册资

> 本/股本的优先认购权,其认购的价格、条款和条件应与其他潜在认购人相同。若部分股东放弃优先认购份额,则其他股东有权按照相对持股比例优先认购。
>
> 　　如果公司更看重扩充外部战略投资人,希望公司借助外援发展壮大,可以直接援引《公司法》的规定,约定各股东在公司增资时按照实缴出资比例可优先认购,股东放弃认购的,其他股东并不享有优先认购权。

第四节　侵犯股东优先认购权的股东会决议是否全部无效

　　近年来,关于股东优先认购权的纠纷越来越多,其中一种即为侵犯股东优先认购权的股东会决议效力问题,此处结合一则非常精彩的典型案例予以解析。

一、典型案例基本案情

案例来源:"叶建坤厦门市合嘉实业有限公司、厦门合佳酒店有限公司房屋租赁合同纠纷二审民事判决书"[最高人民法院(2010)民提字第48号]。

　　科创公司于2001年7月成立。增资扩股前,公司的注册资金475.37万元。其中,蒋某出资额67.6万元,出资比例14.22%,为公司最大股东;红日公司出资额27.6万元,出资比例5.81%。

　　2003年12月16日,科创公司召开股东会,通过了关于吸纳陈某高为新股东的决议,其中75.49%表决票同意,20.03%表决票反对,4.48%表决票弃权。蒋某及红日公司投反对票,并要求行使股东对新增注册资本的优先认缴权。

　　2003年12月18日,科创公司、陈某高签订《入股协议书》,约定由陈某高出资800万元,以每股1.3元认购科创公司新增的615.38万股,占总股本的56.4%。

　　2003年12月22日,红日公司向科创公司递交报告,主张蒋某和红日公司对新增资本享有优先认缴出资的权利。

　　2003年12月25日,科创公司完成注册资本及出资比例的工商变更,蒋某、红日公司的出资比例分别降低至6.20%及2.53%。次日,红日公司向工商局递交了《请就新增资本、增加新股东作不予变更登记的报告》,此后,陈某高以科创公司董事长的身份对公司进行经营管理。

　　2005年3月30日,科创公司向工商部门申请办理公司变更登记,陈某高将615.38万股股份转让给固生公司。

二、典型案例争议焦点

　　红日公司和蒋某是否能够行使对科创公司2003年新增的615.38万股股份的优先认

缴权？

三、典型案例法院裁判观点

该案经过了一审、二审和再审，其中一审判决裁判观点与二审裁判观点截然相反，再审则对决议内容的有效及无效部分进行了划分。

（一）一审法院的观点

关于科创公司2003年12月16日股东会通过的吸纳陈某高为新股东的决议的效力问题。红日公司和蒋某主张无效的理由是，科创公司只提前11日通知各股东召开股东会，违反了《中华人民共和国公司法》（1999年修订，以下简称1999年《公司法》）第44条第1款"召开股东会议，应当于会议召开十五日以前通知全体股东"的规定，且在增资扩股的问题上通知书也不明确。根据1999年《公司法》第39条第2款关于"股东会对公司增加或者减少注册资本、分立、合并、解散或者变更公司形式作出决议，必须经代表三分之二以上表决权的股东通过"的规定，股东会决议的效力不取决于股东会议通知的时间及内容，而取决于股东是否认可并是否达到《公司法》的要求。查明的事实反映，2003年12月16日"吸纳陈某高先生为新股东"的决议中涉及科创公司增资扩股800万元和该800万元增资由陈某高认缴的内容已在股东会上经科创公司75.49%的表决权的股东通过。因此"吸纳陈某高先生为新股东"的决议符合上述规定，该决议有效。红日公司和蒋某以通知的时间不符合法律规定、内容讨论不符合议事程序主张"吸纳陈某高先生为新股东"决议无效的理由不成立。

关于红日公司和蒋某能否优先认缴科创公司2003年12月16日股东会通过新增的800万元资本，并由科创公司承担相应损失的问题。按照1999年《公司法》第33条关于"股东按照出资比例分取红利。公司新增资本时，股东可以优先认缴出资"的规定，蒋某、红日公司作为科创公司的股东，对公司新增资本享有优先认缴权利。但2005年《公司法》对股东优先认缴权的期间未作规定。自2006年5月9日起施行的《最高人民法院关于适用〈中华人民共和国公司法〉若干问题的规定（一）》（以下简称《公司法解释一》）第2条规定："因公司法实施前有关民事行为或者事件发生纠纷起诉到人民法院的，如当时的法律法规和司法解释没有明确规定时，可以参照适用公司法的有关规定。"2005年修订后的《公司法》也未对股东优先认缴权的行使期间作规定，但2005年《公司法》第75条第1款规定，"有下列情形之一的，对股东会该项决议投反对票的股东可以请求公司按照合理的价格收购其股权"；第2款规定，"自股东会会议决议通过之日起六十日内，股东与公司不能达成收购协议的，股东可以自股东会会议决议通过之日起九十日内向人民法院提起诉讼"。该条虽然针对的是异议股东的股权回购请求权，但按照民法精神从对等的关系即公司向股东回购股份与股东向公司优先认缴出资看，后者也应当有一个合理的行使期间，以保障交易的安全和公平。从该案查明的事实看，红日公司和蒋某在2003年12月22日就向科创公司主张优先认缴新增资本800万元，但2005

年12月12日才提起诉讼,其间,陈某高又将56.4%的股份转让给固生公司,其个人又陆续与其他股东签订了股权转让协议,全部办理了变更登记,从2003年12月25日起至今担任了科创公司董事长,因此红日公司和蒋某在2005年12月12日才提起诉讼不合理。2003年12月16日的股东会决议、《入股协议书》合法有效,红日公司和蒋某主张优先认缴权的合理期间已过,故其请求对800万元资本优先认缴并赔偿其损失的请求不予支持。

(二)二审法院的观点

科创公司于2003年12月16日召开的股东会议所通过的关于"吸纳陈某高先生为新股东"的决议,结合股东会讨论的《入股协议书》,其内容包括了科创公司增资800万元和由陈某高通过认缴该800万元新增出资成为科创公司新股东两个方面的内容。根据《公司法》第38条第1款第8项"对公司增加或者减少注册资本作出决议"和第39条第2款"股东会对公司增加或者减少注册资本、分立、合并、解散或者变更公司形式作出决议,必须经代表三分之二以上表决权的股东通过"的规定,科创公司增资800万元的决议获代表科创公司75.49%表决权的股东通过,应属合法有效。

根据《公司法》第33条第2句关于"公司新增资本时,股东可以优先认缴出资"的规定以及科创公司章程中的相同约定,科创公司原股东蒋某和红日公司享有该次增资的优先认缴出资权。在股东会议上,蒋某和红日公司对由陈某高认缴800万元增资股份并成为新股东的议题投反对票并签注"要考虑原股东享有公司法规定的投资(出资)权利"的意见,是其反对陈某高认缴新增资本成为股东,并认为公司应当考虑其作为原股东所享有的优先认缴出资权,明确其不放弃优先认缴出资权的意思表示。同月22日和26日,蒋某和红日公司又分别向科创公司和绵阳市高新区工商局递交了《关于要求作为科创公司增资扩股增资认缴人的报告》《请就绵阳高新区科创实业有限公司新增资本、增加新股东作不予变更登记的报告》,进一步明确主张优先认缴出资权。上述事实均表明红日公司和蒋某从未放弃优先认缴出资权。但是,科创公司在没有以恰当的方式征询蒋某和红日公司的意见以明确其是否放弃优先认缴出资权,也没有给予蒋某和红日公司合理期限以行使优先认缴出资权的情况下,即于同月18日与陈某高签订《入股协议书》,并于同月25日变更工商登记,将法定代表人变更成陈某高,将公司注册资本变更为1090.75万元,其中新增资本615.38万元登记于陈某高名下。该系列行为侵犯了法律规定的蒋某和红日公司在科创公司所享有的公司新增资本时的优先认缴出资权,根据《民法通则》第58条第1款第5项[1]关于违反法律或者社会公共利益的民事行为无效的规定,股东会决议中关于由陈某高认缴新增资本800万元并由此成为科创公司股东的内容无效,科创公司和陈某高签订的《入股协议书》也相应无效。虽然该案所涉股东会决议经代

---

[1] 现为《民法典》第153条,即"违反法律、行政法规的强制性规定的民事法律行为无效。但是,该强制性规定不导致该民事法律行为无效的除外。违背公序良俗的民事法律行为无效"。

表 2/3 以上表决权的股东投票通过,但公司原股东优先认缴新增出资的权利是原股东个体的法定权利,不能以股东会多数决的方式予以剥夺。故蒋某和红日公司所提股东会议决议中关于吸收陈某高为股东的内容、《入股协议书》无效,其享有优先认缴科创公司 800 万元新增资本的上诉理由依法成立,二审法院予以支持。

(三)再审法院最高人民法院的观点

根据该案的事实和双方当事人的诉辩主张,该案再审程序中有以下两个争议焦点:

红日公司和蒋某是否能够行使对科创公司 2003 年新增的 615.38 万股股份的优先认缴权。

2003 年 12 月 16 日科创公司作出股东会决议时,2013 年《公司法》尚未实施,根据《公司法解释一》第 2 条的规定,当时的法律和司法解释没有明确规定的,可参照适用 2005 年《公司法》的规定,2005 年《公司法》第 35 条第 2 句规定:"公司新增资本时,股东可以优先认缴出资。"根据 2005 年《公司法》第 35 条的规定,公司新增资本时,股东的优先认缴权应限于其实缴的出资比例。2003 年 12 月 16 日科创公司作出的股东会决议,在其股东红日公司、蒋某明确表示反对的情况下,未给予红日公司和蒋某优先认缴出资的选择权,径行以股权多数决的方式通过了由股东以外的第三人陈某高出资 800 万元认购科创公司全部新增股份 615.8 万股的决议内容,侵犯了红日公司和蒋某按照各自的出资比例优先认缴新增资本的权利,违反了上述法律规定。2005 年《公司法》第 22 条第 1 款规定:"公司股东会或者股东大会、董事会的决议内容违反法律、行政法规的无效。"根据上述规定,科创公司 2003 年 12 月 16 日股东会议通过的由陈某高出资 800 万元认购科创公司新增 615.38 万股股份的决议内容中,新增股份中 14.22% 和 5.81% 的部分因分别侵犯了蒋某和红日公司的优先认缴权而归于无效,新增股份中 79.97% 的部分因其他股东以同意或弃权的方式放弃行使优先认缴权而发生法律效力。四川省绵阳市中级人民法院(2006)绵民初字第 2 号民事判决认定决议全部有效不妥,应予纠正。该股东会将吸纳陈某高为新股东列为一项议题,但该议题中实际包含增资 800 万元和由陈某高认缴新增出资两方面的内容,其中由陈某高认缴新增出资的决议内容部分无效不影响增资决议的效力,科创公司认为上述两方面的内容不可分割缺乏依据,法院不予支持。

红日公司和蒋某是否能够行使对科创公司 2003 年新增的 615.38 万股股份的优先认缴权。虽然科创公司 2003 年 12 月 16 日的股东会决议因侵犯了红日公司和蒋某按照各自的出资比例优先认缴新增资本的权利而部分无效,但红日公司和蒋某是否能够行使上述新增资本的优先认缴权还需要考虑其是否恰当地主张了权利。股东优先认缴公司新增资本的权利属形成权,虽然现行法律没有明确规定该项权利的行使期限,但为维护交易安全和稳定经济秩序,该权利应当在一定合理期间内行使,并且由于这一权利的行使属于典型的商事行为,对于合理期间的认定应当比通常的民事行为更加严格。该案中,红日公司和蒋某在科创公司 2003 年 12 月 16 日召开股东会时已经知道其优先认缴权受到侵害,且作出了要求行使优先认缴权的意思表示,但并未及时采取诉讼等方式积极主张权利。在此后科创公司召开股东会、决议通过陈某高将部分股权赠与固生公司提案时,红日公司和蒋某参加了会议,且未表示反对。红日公司和蒋某在股权变动近两年后又提起诉讼,争议的股权价值已经发生了较大变化,此时允许其行使优先认缴出资的权利将导致已趋稳定的法律关系遭到破坏,并极易产生显失公平的后果,故四川省绵阳市中级人民法院(2006)绵民初字第2号民事判决书认定红日公司和蒋某主张优先认缴权的合理期间已过并无不妥。故法院对红日公司和蒋某行使对科创公司新增资本优先认缴权的请求不予支持。

四、典型案例评析

该案说明股东的优先认购权受法律保护,有限责任公司股东的优先认购权不因公司资本多数决规则而被剥夺或限制。

2005年《公司法》第22条第1款和第2款规定,公司股东会或者股东大会、董事会的决议内容违反法律、行政法规的无效。股东会或者股东大会、董事会的会议召集程序、表决方式违反法律、行政法规或者公司章程,或者决议内容违反公司章程的,股东可以自决议作出之日起60日内请求人民法院撤销。因此,若股东认为公司增资过程中的决议侵犯了自身的优先认购权,可以通过诉讼或仲裁途径要求法院判决增资决议无效并要求行使优先认购权。

关于决议的效力,一审法院从程序层面来认定涉案的股东会增资决议属于完全有效失之偏颇。二审法院以增资决议侵犯股东优先认购权而全部无效又过于绝对,并没有将其优先认缴比例考虑进去。

结合该案案情,从程序上来讲,证据显示公司对同意吸纳陈某高为新股东认购新增股本,召开股东会时的通知时间违反了当时有效的《公司法》规定,但是该瑕疵并不必然导致决议无效。从内容上来讲,该股东会在部分股东明确表示反对并行使优先认购权的情形下,以资本多数决的方式通过决议,侵害了股东的优先认购权。

对此,再审法院做了平衡,认为新增股份中14.22%和5.81%的部分因分别侵犯了蒋某和红日公司的优先认缴权而归于无效,新增股份中79.97%的部分因其他股东以同意或弃权的方式放弃行使优先认缴权而发生法律效力。

对于上述再审法院的观点,在另案(2007)浙民二终字第287号中也得到贯彻,该案二审法院支持了一审法院的判决,被告公司于2006年7月17日所作的股东会决议中关于新增注册资本2888万元中应由两原告认缴的资本(共计747,992元)由郦某、祝某认缴的内容无效。

对于是否应在合理期限内行使优先认购权,再审最高人民法院否定了二审法院认为的适用诉讼时效的规定,认为在维护交易安全和稳定的经济秩序的前提下,同时考虑到在公司决议无效之诉中,新股发行无效对公司日常经营影响较大,最终在认定股东没有及时行使权利的情形下否定了股东的优先认缴主张。

> **实务建议**
>
> 该案例中涉及的部分决议有效、部分决议无效的情形,提醒人们在草拟公司决议的过程中,不同事项应独立作为决议事项进行表决,避免因决议事项混同导致股东提起决议无效之诉后,公司决议整体效力受到影响。
>
> 若股东认为公司决议侵害自身的优先认购权,有权提起增资决议无效之诉以维护合法权益,同时须在合理时间内行使优先认购权。另外,在公司的后续表决中继续保留优先认缴权主张,避免因前后观点不一而被法院认为已经默认了外部投资人的加入。

第四章

随售权与拖带权

第一节 随售权的概念与条款设置

一、随售权的概念

随售权(tag-along right),又称共同出售权、跟售权、参售权、强制随售权、领售权、强卖权,是指持有多数股权的创始股东向第三方出售其所持有的目标公司股权时,投资人有权参与到本次出售股权的交易中,以相同价格和条件出售其全部或部分股权的权利。

在私募股权投资领域,投资人溢价购买公司股权一般系基于对公司创始人的信任及公司在创始人的带领下公司未来成长的预期。因此,投资人对于创始股东股权的稳定性具有较高要求。除创始股东直接或间接对外转让股权须取得投资人同意这一限制外,若创始股东对外转让股权,欲降低其持股比例并引入新的股东,由于上述转让可能导致投资人对公司的预期信任基础降低甚至丧失,那么为了保障投资人利益,往往在投资协议或股东协议中对于"随售权"进行约定,投资人有权跟随创始股东共同出售股权,即创始股东退出,投资人也跟着退出。

随售权的发展在国外私募股权投资项目中已十分成熟。目前,随售权在实操层面体现为股权转让,受公司法及投资协议中关于股权转让相关规则的调整。从司法审判实践的态度来看,随售权作为对公司股东之间权利和义务的安排,在未损害公司以外其他第三方的权益的情况下,若协议本身没有造成各方利益的显著失衡,没有导致合同无效的情形存在,应认定为有效,如此,随售权在我国现行法律环境下存在可适用的空间。

二、条款设置示例

如果任一投资人(共售权人)未就实际控制人拟转让的公司股权行使其优先购买权,那么共售权人有权利(但没有义务)按照受让方提出的相同的价格和条款条件,与共售股权转让方一同向受让方转让其持有的公司股权(共同出售权)。每一共售权人可行使共同出售权的股权数额为实际控制人拟转让的股权的数额与下述共同出售比例的乘积[共同出售比例=该共售权人所持有的公司股权比例÷(全部行使共售权的共售权人所持有的公司股权比例+转让方所直接或间接持有的公司股权比例)]。

共售权人有权在收到上述转让通知后的20个工作日内,向转让方递交书面通知,行使其共同出售权,通知中应列明共售权人希望转让的股权数额。如果任一共售权人未在该20日内通知转让方其将行使共同出售权,那么该共售权人应被视为同意该等转让且已经同意放弃共同出售权。如果受让方以任何方式拒绝收购共售权人按照上述方式确定的拟随售的全部或部分股权,那么实际控制人不得向受让方直接或间接出售公司任何股权。此外,在受让方拒绝收购共售权人股权时,共售权人有权要求实际控制人就共售权人拟出售的股权数额按照共售同等条件进行回购。

尽管有上述约定,但为实施股权激励计划而进行的股权转让除外。

第二节 随售权条款实操要点

一、触发时点

当创始股东或其控制的主体对外转让股权时,投资人往往既享有优先购买权,也享有随售权。虽然共同出售权与优先购买权在风险投资交易中如影随形,均是对创始股东转让公司股权的限制,但是二者仍然有明显区别。共同出售权是投资人希望能与创始股东共同出售股权;而优先购买权则是投资人希望能优先受让创始人出售的公司股权,增加在公司的持股。因此,根据商业逻辑,同一股东就优先购买权和随售权不会在同一时点同时行使。

二、交易主体

随售权交易往往体现在股权转让过程中,在交易过程中涉及三方主体,随售义务人(创始股东或其控制的主体)、随售权人(投资人)。

(一)随售义务人

随售交易往往由于公司创始团队向第三方转让股权而发生,因此,随售交易发起人/义务主体为公司创始人或创始人控制的主体。在投资人行使随售权的情况下,创始人有义务促使并确保投资人随售权的实现。除创始股东外,随售义务人应当包含公司创始股东控制的持股平台或其他主体等。此外,应当注意的是,除协议约定的情形外,随售义务人间接转让其持有的标的公司的股权时亦应触发随售权,避免随售义务人通过间接转让股权而逃避随售义务并侵害投资人的权利。

(二)随售权人

随售权人为参与创始股东或其控制主体出售股权的投资人。投资人有权按照转让通知载明的同样价格和条件与随售义务人一同向第三人转让其全部或部分公司股权。投资人有权在收到转让通知后一定时间内向随售义务人递交随售权书面通知(随售权通知)并行使其随售权,随售权通知应列明投资人希望出售的股权数量,随售义务人在该等转让中拟出售的公司股权数量应相应降低。

投资人如为多方,各投资人应协商确定各自的转让比例;协商不成的,根据行业惯例,一般按照目标受让人受让股权时各投资人所持股权之间的相对比例进行转让。为了避免侵害投资人随售权,往往会在协议中增加如下约定:如果目标受让人以任何方式拒绝收购投资人按照上述方式确定的拟随售的全部或部分股权,那么随售义务人不得向第三方直接或间接出售任何公司股权。

三、随售条件

按照行业惯例,投资人行使随售权的前提是"同等条件",即目标受让人与拟出售股权的随售义务人谈定的股权转让条件,如股权出售的价格、条件、支付方式及期限等,投资人出售股权的条件应不劣于随售义务人。

四、随售期限

我国现行法律没有对随售权期限进行明确规定,由于随售权与优先购买权同时触发,随售权的行权范围一般需要剔除被行使优先购买权的标的股权的部分,因此,对随售权的行权期限需要同时考虑优先购买权的行权期限。一般情况下会在交易条款中约定,投资人收到创始股东发出的拟转让通知后,在规定期限内(如15日)有权就是否同意该股权转让,以及在同意的情况下,是否行使优先购买权或随售权进行回复。笔者建议随售权期限不短于优先购买权的行权期限,并且将该等期限在投资协议中予以明确约定。

五、随售权行使方式

实践中按照随售方式的不同,随售权的行使方式通常分为完全随售条款和按比例随售条款。一般按比例随售条款的适用更为普遍。当然,与按比例随售条款相比,由于完全随售条款不受出售比例限制,给予投资人更多的选择权。

(一)按比例随售条款

按比例随售条款通常约定在第三方受让股权总数不变的前提下,投资者有权在同等条件下与拟出售股东按照持股比例共同向第三方出售股权。投资人可以按照相对持股比例行使随售权,即任一投资人随售股权数量=拟转股数量×任一拟行使随售权投资人持股比例÷(所有拟行使随售权投资人持股比例+随售义务人持股比例)。按比例随售条款既实现了投资者部分退出的目的,也限制了随售义务人通过交易大量减持公司股权的行为。

(二)完全随售条款

在谈判中投资人比较强势或有利的情形下,可以选择更有利于投资人的随售分配模式——完全随售条款,即通常约定投资人有权选择以同等条件向第三方转让其所持有的全部股权。此外,根据行业惯例,在随售义务人转让股权并导致其控制权转移的情况下,投资人与公司之间的信任及合作基础不复存在,投资人通常会要求行使完全随售权条款,以要求全部退出。

六、随售权的例外情形

在投资人与目标公司的协商过程中,一般将以下几种情形排除在投资人可以行使随售权的情形之外:(1)为实施员工股权激励计划,随售义务人(无论是各自单独还是合计)直接或间接向员工转让的股权不影响随售义务人控制权的股权出售;(2)随售义务人100%控制关联方之间的股权重组等;(3)由于不可抗力、股权继承、司法执行等原因导致的股权出售等。

实务建议

从投资人角度而言,由于随售权直接关系投资人的退出权益,在部分实操案例中存在一种豁免情形,即约定创始人只要不丧失控制权,在每年一定出售比例(如3%~5%)范围内投资人可放弃随售权的行使。但由于投资人对公司信息掌握并不全面,投资人在公司发展前景趋窄,或创始人意图减持的情形下会比较被动,面对创始人减持股权却无能为力。因此,在设计随售权例外情形时,投资人对创始股东及其控制主体随售义务情形的豁免须格外注意。

对私募股权投资人来说,除完善投资协议中随售权条款和细化操作规范条款外,为避免在随售权执行过程中目标受让人以不知晓为由拒绝受让并给投资人造成损失,笔者建议将随售权的相关条款在公司章程中载明,以对抗第三方善意相对人(目标受让人)。虽然大多数投资人在与创始股东的投资协议中就投资的相关条款规定得十分详细,包括各种特殊性条款,但为了方便工商登记,并未在公司章程中载明。公司章程作为交易过程中基础性的重要文件,目标受让人具有审慎及合理注意义务。因此,拟受让股权主体在与创始股东的交易过程中,应当注意章程中关于随售权的规定,如果章程有规定而目标受让人却未留意,那么其就很难构成善意。

鉴于随售权涉及三方主体,根据合同的相对性,随售权人救济途径比较有限,无法强制要求目标受让人强制购买其股权或承担其相关损失。如能通过条款设计使随售权人在目标受让人拒绝收购的情况下,能够通过其他方式实现救济,那么随售权条款将

> 对特定股东有更大的制约。如约定在随售权无法行使的情形下要求特定股东进行回购，确保投资人的退出权益。此外，可以在协议中明确约定违反随售权条款时损失的计算，随售权未执行的损失等于目标受让人以同等条件收购随售权人股权时，随售权人应得款项与其股权价值之间的差额。其中，随售权人的股权价值的计算方式也应在协议中明确。

第三节　拖带权的概念与条款设置

拖带权又称领售权，是指投资机构强制公司原有股东、创始人参与投资者发起的公司股权出售行为的权利，投资机构有权强制公司的原有股东（主要是指创始人和管理团队）和自己一起向第三方转让股权。

拖带权的发起人是投资人。投资人找到一个合适的并购方之后，创始人或管理团队可能并不认同并购方、并购方的报价、并购条款等，导致并购交易难以进行，此时投资人可以通过拖带权条款强迫创始人接受该交易。

拖带权条款往往与股权回购、优先清算权等作为"组合拳"出现，因此该权利的设置实际上也属于投资者与创始股东的对赌安排，基于合同自由与公司自治的理念，拖带权条款在不具有《民法典》规定的无效事由的情况下不会被认定为无效。

一、拖带权典型案例——俏江南公司创始股东股权被迫转让案例

张某作为俏江南的创始人，为了融资扩大俏江南的规模，与鼎晖投资签署了对赌协议。协议约定非鼎晖投资方面原因，造成俏江南无法在2012年年底之前上市，鼎晖投资有权以回购的方式退出俏江南。同时，该协议中还包括拖带权条款。双方约定：目标公司不能履行回购义务时，鼎晖投资可将持有的俏江南股份转让给第三方时，且可要求俏江南创始人张某要按照同等的价格将股份一同转让给第三方。2012年，俏江南未能成功上市，因此触发了股权回购条款，同时俏江南又无力履行股权回购义务，紧接着触发了拖带权条款。2014年，鼎晖投资为了退出投资，行使了拖带权，其将股份卖给欧洲最大的私募基金CVC。根据拖带权条款，张某不得不同步将自己的股权转让给CVC。经过这次股权转让，张某在俏江南的股权降低至约17%，失去了对俏江南的控制权（见图4-1）。

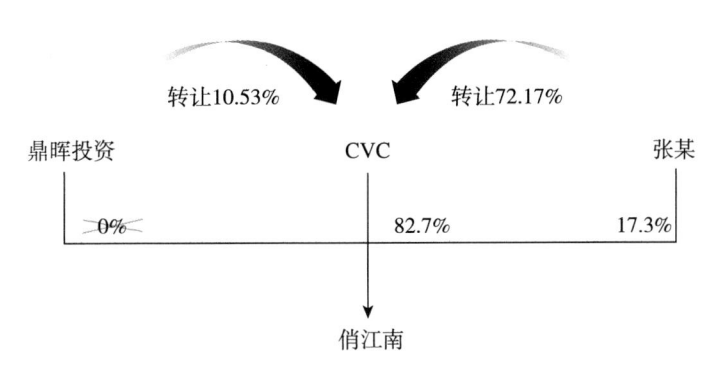

```
                    转让10.53%      转让72.17%
     鼎晖投资                CVC                张某
              0%          82.7%          17.3%
                          俏江南
```

图 4-1 俏江南股权结构变动

二、拖带权条款的具体设置

笔者从实务案例中选取了拖带权条款的两种表达方式。

例一,自本协议签订且完成交割之日起且在公司合格 IPO 或在新三板挂牌前(以时间较早者为准),若有真实第三方愿意以本轮融资后估值的 5 倍以上的金额收购公司全部股权,或满足其他各方约定的领售条件时,投资人有权提议向第三方转让其持有的公司股权,并要求现有股东一起向第三方转让其持有的公司股权;现有股东有义务按照投资人与第三方协商确定的条款和条件,并按照投资人的转让比例向第三方转让股权。在此情况下,现有股东(或其寻找的投资人)对投资人所持公司股权有优先购买权,即现有股东(或其寻找的投资人)有权按照前述投资人与第三方协商确定的价格、条款和条件购买投资人所持公司全部股权。[1]

例二,若原股东未能依照投资方要求的时间履行回购义务,或者投资方与潜在购买方(该等购买方不得与公司存在直接竞争关系)按照公司估值不低于 1 亿元的价格作为作价依据,就转让其所持有的公司全部或部分股权达成一致,则投资方有权要求原股东一并向第三方对外转让其所持公司股权,原股东须按投资方与该第三方确定的价格和条件向第三方转让公司股权。原股东转让股权所得的款项应当优先用于补偿投资方转让其所持有的公司股权所得价款不足以抵补按回购价款计算公式所确定的投资股权回购应得价款的差额。[2]

第四节 拖带权条款实操要点

一、触发条件

对于何种情形下能够触发拖带权的行使可由投资者与原股东自由协商,但是一般包括以下几个触发条件:

---

[1] 参见程某龙等与北京互联创业投资合伙企业(有限合伙)合同纠纷二审民事案[(2021)京 03 民终 11017 号]。
[2] 参见上海真金高技术服务业创业投资中心(有限合伙)与汉亦盛数据系统(上海)股份有限公司等公司增资纠纷二审民事案[(2019)沪 01 民终 10317 号]。

1. 时间标准。投资者可与原股东约定，在交割日之后的几年之内可行使拖带权。

2. 公司估值。投资者可与原股东约定，若第三方购买股权的价格达到公司估值价格时，投资者即可行使拖带权。比如，在上述例二中，在投资方与潜在购买方按照公司估值不低于1亿元的价格作为作价依据时，投资者即可行使拖带权。

3. IPO或者新三板上市。目标公司完成IPO或者在新三板上市是常见的拖带权启动条件，也有投资者与股东仅约定IPO不包括新三板上市。

4. 未履行股权回购义务。股权回购与拖带权属于投资者的一套"组合拳"，投资者往往约定在股东未能履行股权回购义务时，启动拖带权退出目标公司。

二、转让价格

原股东若没有与投资者就股权转让的价格进行约定，则在投资者行使拖带权时，原股东原则上不能以股权转让价格过低来拒绝投资者行使拖带权。因此，笔者建议，原股东须与投资者提前约定股权的转让价格。比如，上述例一中不低于本轮融资估值的5倍和例二中不低于公司估值1亿元的约定。

三、转让对象

投资者行使拖带权时，股权应该向谁转让也属于投资者和原股东的自由约定。但是对于目标公司而言，其应该在协议中约定禁止将股权转让给其竞争对手。上述一般条款的例二就将目标公司的竞争者排除在购买者之外，这样可以保护目标公司的利益。

四、持股比例的限制

单个投资者就可行使拖带权的约定往往给目标公司原股东带来更大的风险，比如，在上述俏江南案例中，鼎晖投资虽然占股比例小却依然可以行使拖带权，以至于控股股东张某丧失公司控制权。如果当时俏江南引进多位投资者并且约定达到一定持股比例才能行使拖带权，那么至少可以多给俏江南一点时间准备上市或者履行股权回购义务。

五、违约责任

虽然拖带权增加了投资者退出目标公司的方式，保障了投资者资金的安全，但是也会面临不能履行的风险。比如，拖带权未被纳入成为公司章程条款时，原股东可能会据此拒绝转让股权。虽然从理论上讲投资者可以要求法院强制原股东转让股权，但是这也会耗费时间和成本，因此投资者对于该条款的违反可以约定违约金。

六、相比股权回购价款的差额补偿

如果创始股东未履行股权回购义务，投资人找到外部受让人并行使拖带权，原始股东也会因此转让股权,此时,转让价格可能低于创始股东回购投资人股权时,投资人应该获得的股权回购款。所以,拖带权条款中一般也会约定,原始股东将股权转让后,所得股权转让款应优先用于补偿投资人的股权转让款与股权回购价款之间的差额,用于弥补投资人的损失。

七、拖带权和股东的优先购买权

我国《公司法》规定了股东对外转让股权时,其他股东在同等条件下享有优先购买权。因此投资人在行使拖带权时还要考虑其他股东的优先购买权。一般来说,投资者与目标公司约定直接排除其他股东的优先购买权。但也有条款约定投资者在行使拖带权的同时,其他股东在同等条件下可行使优先购买权。若投资者与目标公司未对该问题进行约定,公司章程也未排除股东优先购买权,则其他股东依然可以行使优先购买权,投资者对于股权转让事宜需要书面通知其他股东。

实务建议

法无禁止即自由,原则上投资者与目标公司及原股东之间的拖带权约定属于有效条款。在实务中,拖带权与股权回购、优先清算权往往作为一套"组合拳"出现,有效保障了投资者的资金安全。但目标公司及其原始股东在签署拖带权条款时一定要谨慎。目标公司及其原始股东可通过细化拖带权条款的内容,如对转让对象、持股比例以及转让价格的限制,来减少拖带权可能带来的损害。

第五章

对 赌 条 款

第一节 对赌协议的效力演变及最新的司法态度

对赌协议又称估值调整协议,是指投资方与融资方在达成股权性融资协议时,为解决交易双方对目标公司未来发展的不确定性、信息不对称以及代理成本而设计的包含了股权回购、金钱补偿等对未来目标公司的估值进行调整的协议。从对赌主体来看,对赌形式通常包括投资者与目标公司对赌、投资者与目标公司股东对赌以及投资者与目标公司及其股东对赌三种。对赌的估值调整形式通常包括股权回购和金钱补偿两种。

对于投资者来说,对赌协议能够保证投资者的投资款在目标公司未达到约定的业绩或未成功上市等条件时安全退出。对于融资方而言,对赌协议能够吸引投资者对其投资,从而有效进行融资。若投资者与融资方能够对赌成功,对于投资者和融资方来说,对赌协议的安排属于双赢。但是,若投资者与融资方对赌失败,对赌双方的利益冲突就会加剧。对于融资方来说,对赌失败通常也意味着目标公司经营不善,此时履行对赌协议中关于股权回购或者现金补偿的安排对融资方来说无异于雪上加霜。因此,对赌失败后,有关对赌协议的效力以及对赌协议的履行问题就骤然浮出水面。对于该问题,法院从"海富案"到"华工案"确立了对赌协议效力的裁判规则。此后,最高人民法院在2019年发布的《九民纪要》对该问题确立了详细的裁判规则。

下文从几个典型案例来分析《九民纪要》之前对赌协议效力及履行问题裁判观点的嬗变。

一、"海富案":与目标公司对赌无效,与创始股东对赌有效

(一)裁判要旨

投资者与目标公司之间的补偿条款如果使投资者可以取得相对固定的收益,那么该收益会脱离目标公司的经营业绩,直接或间接地损害公司利益和公司债权人利益,故应认定无效。但目标公司股东对投资者的补偿承诺不违反法律法规的禁止性规定,其是有效的。

(二) 典型案例基本案情

案例来源:"甘肃世恒有色资源再利用有限公司等与苏州工业园区海富投资有限公司增资纠纷案"[(2012)民提字第11号]。

2007年11月1日,众星公司(目标公司)、海富公司(投资人)、迪亚公司(原股东)、陆某共同签订一份众星公司增资协议书。其中特别约定:(1)如果众星公司2008年实际净利润达不到3000万元人民币,海富公司有权要求众星公司予以补偿;如果众星公司未能履行补偿义务,海富公司有权要求迪亚公司履行补偿义务。(2)股权回购约定。如果至2010年10月20日,由于众星公司的原因造成无法完成上市,那么海富公司有权在任一时刻要求迪亚公司回购届时海富公司持有的众星公司的全部股权。

2007年11月1日,海富公司、迪亚公司签订《中外合资经营甘肃众星锌业有限公司合同》,有关约定为:众星公司增资扩股,将注册资本增加至399.38万美元,海富公司决定受让部分股权,将众星公司由外资企业变更为中外合资经营企业。特别约定如果至2010年10月20日,由于合资公司自身的原因无法完成上市,那么海富公司有权在任一时刻要求迪亚公司回购届时海富公司持有的合资公司的全部股权。

2009年6月,众星公司经甘肃省商务厅批准,到工商部门办理了名称及经营范围变更登记手续,名称变更为世恒公司。另据工商年检报告登记记载,众星公司2008年度生产经营利润总额26,858.13元人民币、净利润26,858.13元人民币。

(三) 典型案例法院裁判观点

最高人民法院认为,海富公司作为企业法人,向世恒公司投资后与迪亚公司合资经营,故世恒公司为合资企业。世恒公司、海富公司、迪亚公司、陆某在增资协议书中约定,如果世恒公司实际净利润低于3000万元,那么海富公司有权从世恒公司处获得补偿,并约定了计算公式。这一约定使海富公司的投资可以取得相对固定的收益,该收益脱离了世恒公司的经营业绩,损害了公司利益和公司债权人利益,一审和二审法院根据《公司法》第20条和《中华人民共和国中外合资经营企业法》(已失效)第8条的规定认定增资协议书中的这部分条款无效是正确的。但二审法院认定海富公司18,852,283元的投资名为联营实为借贷,并判决世恒公司和迪亚公司向海富公司返还该笔投资款,没有法律依据,予以纠正。增资协议书中并无由陆某对海富公司进行补偿的约定,海富公司请求陆某进行补偿,没有合同依据。此外,海富公司称陆某涉嫌犯罪,没有证据证明,法院对该主张亦不予支持。但是,在增资协议书中,迪亚公司对于海富公司的补偿承诺并不损害公司及公司债权人的利益,不违反法律法规的禁止性规定,是当事人的真实意思表示,是有效的。迪亚公司向海富公司承诺了众星公司(世恒公司)2008年的净利润目标并约定了补偿金额的计算方法。在众星公司2008年的利润未达到约定目标的情况下,迪亚公司应当依约应海富公司的请求对其进行补偿。迪亚公司对海富公司请求的补偿金额及计算方法没有提出异议,法院予以确认。

二、"强某案":与创始股东对赌,并由公司担保,担保有效

(一)裁判要旨

投资者与原始股东对赌,目标公司依照《公司法》第16条进行了正常的内部决议程序对股东的回购义务提供担保,且投资者对目标公司提供担保经过股东会决议尽到审慎注意和形式审查义务时,该担保协议有效,投资者可以要求目标公司承担担保责任。

(二)典型案例基本案情

案例来源:"强某与曹某等股权转让纠纷再审民事案"[(2016)最高法民再128号]。

2011年4月26日,瀚霖公司作为甲方,北京冷杉投资中心(有限合伙)、福建国耀公司、强某、孙某、许某作为乙方,曹某作为丙方,三方共同签订了《增资协议书》及《补充协议书》。《增资协议书》主要约定强某向瀚霖公司增资3000万元,其中400万元作为瀚霖公司的新增注册资本,其余2600万元作为瀚霖公司的资本公积金,强某持有瀚霖公司0.86%的股权。《补充协议书》第2条第1款约定:曹某承诺争取目标公司于2013年6月30日前获准首次公开发行股票并在国内主板或创业板证券交易所上市(以下简称合格IPO);第2款约定:如果目标公司未能在2013年6月30日前完成合格IPO,强某有权要求曹某以现金方式购回强某所持的目标公司股权;第6款约定:瀚霖公司为曹某的回购提供连带责任担保。

2012年5月31日,强某与曹某签订了《股权转让协议》,约定强某将持有的瀚霖公司股权转让给曹某,按《补充协议书》约定的价格计算方式回购。《股权转让协议》签订后,曹某未履行支付义务。2014年4月2日,强某书面通知曹某、瀚霖公司支付股权转让款并承担违约责任,但曹某、瀚霖公司未履行付款义务。

(三)典型案例法院裁判观点

最高人民法院认为:案涉《补充协议书》所约定的担保条款合法有效,瀚霖公司应当依法承担担保责任,理由如下:

其一,强某已对瀚霖公司提供担保经过股东会决议尽到审慎注意和形式审查义务。案涉《增资协议书》载明"瀚霖公司已通过股东会决议,原股东同意本次增资;各方已履行内部程序确保其具有签订本协议的全部权利;各方授权代表已获得本方正式授权"。《补充协议书》载明"甲方(瀚霖公司)通过股东会决议同意本次增资扩股事项"。两份协议书约定内容包括增资数额、增资用途、回购条件、回购价格以及瀚霖公司提供担保等"一揽子"事项,且均由瀚霖公司盖章及其法定代表人签名。对于债权人强某而言,增资扩股、股权回购、公司担保本身属于链条型的整体投资模式,基于《增资协议书》及《补充协议书》的上述表述,强某有理由相信瀚霖公司已对包括提供担保在内的增资扩股"一揽子"事项通过股东会决议,曹某已取得瀚霖公司授权,代表公司对外签订担保条款,且瀚霖公司在该案审理中亦没有提交其他相反证

据证明该公司未对担保事项通过股东会决议,故应当认定强某对担保事项经过股东会决议已尽到审慎注意和形式审查义务,因而案涉《补充协议书》所约定的担保条款对瀚霖公司已发生法律效力。

其二,强某的投资全部用于公司经营发展,瀚霖公司全体股东因而受益,故应当承担担保责任。2013年《公司法》第16条之立法目的,系防止公司大股东滥用控制地位,出于个人需要、为其个人债务而由公司提供担保,从而损害公司及公司中小股东权益。该案中,案涉担保条款虽系曹某代表瀚霖公司与强某签订,但是3000万元款项并未供曹某个人投资或消费使用,亦并非完全出于曹某个人需要,而是全部投入瀚霖公司资金账户,供瀚霖公司经营发展使用,有利于瀚霖公司提升持续盈利能力。这不仅符合公司新股东强某的个人利益,也符合公司全体股东的利益,瀚霖公司本身是最终的受益者。即使确如瀚霖公司所述并未对担保事项进行股东会决议,但是该担保行为有利于瀚霖公司的自身经营发展,并未损害公司及公司中小股东权益,不违反2013年《公司法》第16条之立法目的。因此,认定瀚霖公司承担担保责任,符合一般公平原则。

综上,强某已对瀚霖公司提供担保经过股东会决议尽到审慎注意和形式审查义务,瀚霖公司提供担保有利于自身经营发展需要,并不损害公司及公司中小股东权益,应当认定案涉担保条款合法有效,瀚霖公司应当对曹某支付股权转让款及违约金承担连带清偿责任。一审、二审法院关于瀚霖公司担保无效的认定,应予纠正。

三、"邦奥案":与股东对赌同时目标公司担保,投资人涉嫌以股权转让方式从目标公司抽回出资

(一)裁判要旨

目标公司为股东向投资者进行股权转让提供担保,会出现投资者不能支付股权转让款时,由目标公司先向转让股权的股东支付转让款,导致目标公司利益及目标公司其他债权人的利益受损,形成股东以股权转让的方式变相抽回出资的情形。

(二)典型案例基本案情

案例来源:"郭某某、山西邦奥房地产开发有限公司股权转让纠纷再审审查与审判监督民事裁定书"[(2017)最高法民申3671号]。

2009年12月30日,山西邦奥轴承制造有限公司与郑某某、潘某某签订《大成荣尊堡房地产项目共同开发协议书》,约定山西邦奥轴承制造有限公司董事长郭某某、郑某某、潘某某三方共同投资组建山西邦奥房地产开发有限公司,负责开发项目的全部事宜,开发项目的全部股权郭某某拥有55%、郑某某拥有25%、潘某某拥有20%。开发项目计划投资47,281万元,其中土地费用每亩约250万元,开发项目前期费用约7000万元,由郑某某、潘某某负责筹措,

首批4000万元应于2009年12月31日前到位,以后根据开发项目的需求分期到位,超出7000万元部分由三方按股权比例分别筹措。借款利息年息18%以下部分由山西邦奥房地产开发有限公司承担,高出部分由负责筹措人承担。

2015年4月1日,山西邦奥房地产开发有限公司召开会议,决定由潘某某全面负责公司各项经营工作。郭某某和郑某某退到幕后支持潘某某。

2015年11月,河北天宏建筑工程有限责任公司起诉山西邦奥房地产开发有限公司主张工程欠款,大同市城区人民法院判决山西邦奥房地产公司支付河北天宏建筑工程有限责任公司工程款26,090,639元及逾期付款利息1,663,278.24元。

公司决议郑某某、潘某某退出公司及项目,由郭某某继续实施项目的经营。2015年12月14日,郭某某、郑某某、潘某某签订了《公司股权转让及项目投资返还协议》。郭某某确认,至本协议签署之日,郑某某、潘某某投资于项目的资金及资金使用成本等直接、间接的投资,尚有9500万元应回收但未得到回收,故郭某某本着公平的原则自愿给予返还,并由公司执行。经协商,若郭某某及公司能够分别于2016年1月26日、2月29日、3月31日前分三期各返还2000万元。郑某某、潘某某同意按6000万元获得返还。当郭某某及公司有任何一期的返还不符合上述约定,除非郑某某、潘某某以书面方式明确同意宽限,郑某某、潘某某即有权单方宣告恢复执行按9500万元返还投资,郭某某及公司放弃抗辩。郭某某及公司对未返还额按每天万分之6.7的标准向郑某某、潘某某承担利息损失至完全返还之日,山西邦奥房地产开发有限公司对郭某某在本协议中应负义务承担连带责任。协议签订后,被告郭某某未按协议约定返还投资款。

(三)典型案例法院裁判观点

最高人民法院认为:

原审判决认定山西邦奥房地产开发有限公司为郭某某的还款义务承担连带清偿责任适用法律错误,认定部分事实缺乏证据证明。首先,根据2013年《公司法》第16条第2款的规定,公司为公司股东或者实际控制人提供担保的,必须经股东会或者股东大会决议。也就是说,并不禁止公司为股东提供担保,但要经法定程序进行担保。其次,2013年《公司法》第35条规定公司成立后,股东不得抽逃出资。而如果公司为股东之间的股权转让提供担保,就会出现受让股权的股东不能支付股权转让款时,由公司先向转让股权的股东支付转让款,导致公司利益及公司其他债权人的利益受损,形成股东以股权转让的方式变相抽回出资的情形,有违2013年《公司法》关于不得抽逃出资的规定。该案中,按照案涉《公司股权转让及项目投资返还协议》的约定,由山西邦奥房地产开发有限公司对郭某某付款义务承担连带责任,则意味着在郭某某不能支付转让款的情况下,山西邦奥房地产开发有限公司应向郑某某、潘某某进行支付,从而导致郑某某、潘某某以股权转让的方式从公司抽回出资。[1]

最高人民法院的倾向性观点原则上认可公司担保的效力。但考虑到上述"邦奥案",公司向股东流出资产还是要受到资本维持原则的约束,结合订立担保时的具体情况,目标公司仍有抗辩主张担保无法实际履行的空间,理由就是涉嫌构成"利用关联交易将出资转出"的抽逃出资行为。

四、"华工案":与目标公司对赌有效,目标公司有清偿能力的,应履行回购义务

(一) 裁判要旨

以目标公司为回购义务主体的对赌协议不违背公司章程,不违反国家法律、行政法规的禁止性规定,协议中不存在《合同法》第52条所列无效情形。[2] 在目标公司(股份有限公司)回购股权符合《公司法》第142条规定的股份回购情形时,投资者可以要求目标公司回购股权。同时,在目标公司经营状况良好且具有清偿能力,履行股权回购义务不会损害其他债权人利益时,投资者可以要求目标公司支付股权回购款。

(二) 典型案例基本案情

案例来源:"江苏华工创业投资有限公司与扬州锻压机床股份有限公司等请求公司收购股份纠纷再审民事案"[(2019)苏民再62号]。

2011年7月6日,华工公司(投资人)与扬锻集团公司(目标公司)、潘某和董某等(原始股东)共同签订一份《增资扩股协议》,约定华工公司以现金2200万元人民币(币种,下同)对扬锻集团公司增资,其中200万元作为注册资本,2000万元列为公司资本公积金。

同日,潘某、董某等与扬锻集团公司、华工公司签订《补充协议》。《补充协议》第1条"股权回购"第1款约定:若扬锻集团公司在2014年12月31日前未能在境内资本市场上市或扬锻集团公司主营业务、实际控制人、董事会成员发生重大变化,华工公司有权要求扬锻集团公司回购其所持有的全部股份;第2款约定了扬锻集团公司回购华工公司所持股权的价款计算方式;第3款约定潘某、董某、扬锻集团公司应在华工公司书面提出回购要求之日起30日内完成回购股权等有关事项,包括完成股东大会决议、签署股权转让合同以及完成工商变更登记等。第3条违约责任约定:本协议生效后,若扬锻集团公司的违约行为导致华工公司发生

---

[1] 该案最终由最高人民法院指定山西省高级人民法院再审,但从公开的裁判文书网上没有查到再审的判决,最终裁判结论尚不可知。

[2] 现为《民法典》第146条、第153条、第154条。第146条规定:"行为人与相对人以虚假的意思表示实施的民事法律行为无效。以虚假的意思表示隐藏的民事法律行为的效力,依照有关法律规定处理。"第153条规定:"违反法律、行政法规的强制性规定的民事法律行为无效。但是,该强制性规定不导致该民事法律行为无效的除外。违背公序良俗的民事法律行为无效。"第154条规定:"行为人与相对人恶意串通,损害他人合法权益的民事法律行为无效。"

任何损失,潘某、董某等和扬锻集团公司承担连带责任。

2011年7月20日,华工公司向扬锻集团公司实际缴纳新增出资2200万元。其中注册资本200万元,资本溢价2000万元。扬锻集团公司出具收据,载明收款事由为投资款。

2014年11月25日,华工公司致函扬锻集团公司要求回购股权。

华工公司诉请扬锻集团公司及潘某、董某回购华工公司持有的扬锻集团公司股权,但一审、二审法院均驳回了其诉请,华工公司向江苏省高级人民法院提起再审申请。

(三) 典型案例法院裁判观点

江苏省高级人民法院的观点如下:

1. 案涉对赌协议效力应认定有效

案涉对赌协议签订时扬锻集团公司系有限责任公司,且该公司全体股东均在对赌协议中签字并承诺确保对赌协议内容的履行。该协议约定扬锻集团公司及其原全体股东应在华工公司书面提出回购要求之日起30日内完成回购股权等有关事项,包括完成股东大会决议、签署股权转让合同以及其他相关法律文件,支付有关股权收购的全部款项,完成工商变更登记;扬锻集团公司的违约行为导致华工公司发生任何损失,扬锻集团公司及其全体股东承担连带责任。上述约定表明,扬锻集团公司及全部股东对股权回购应当履行的法律程序及法律后果是清楚的,即扬锻集团公司及全部股东在约定的股权回购条款激活后,该公司应当履行法定程序办理工商变更登记,该公司全体股东负有履行过程中的协助义务及履行结果上的保证责任。

我国《公司法》并不禁止有限责任公司回购本公司股份。有限责任公司回购本公司股份不当然违反我国《公司法》的强制性规定。有限责任公司在履行法定程序后回购本公司股份,不会损害公司股东及债权人利益,亦不会构成对公司资本维持原则的违反……案涉对赌协议中关于股份回购的条款的内容,是当事人特别设立的保护投资人利益的条款,属于缔约过程中当事人对投资合作商业风险的安排,系各方当事人的真实意思表示。股份回购条款中关于股份回购价款的约定虽为相对固定收益,但约定的年回报率为8%,与同期企业融资成本相比并不明显过高,不存在脱离目标公司正常经营下所应负担的经营成本及所能获得的经营业绩的企业正常经营规律。

华工公司、扬锻集团公司及扬锻集团公司全体股东关于华工公司上述投资收益的约定,不违反国家法律、行政法规的禁止性规定,不存在《合同法》第52条规定的合同无效的情形,亦不属于格式合同或者格式条款,不存在显失公平的问题。扬锻集团公司及潘某等关于案涉对赌协议无效的辩解意见,法院不予采信。

2. 案涉对赌协议具备履行可能性

2011年11月20日,扬锻集团公司股东一致表决通过新的公司章程,明确扬锻集团公司为股份有限公司。同年12月29日,扬锻集团公司经工商部门核准变更为扬锻公司。故案涉对赌协议约定的股份回购义务应由扬锻公司履行。扬锻公司作为股份有限公司,不同于原扬锻集团公司,故华工公司诉请扬锻公司履行股份回购义务,尚需具备法律上及事实上的履行可能。

(1) 关于股份有限公司股份回购

根据《公司法》第 142 条的规定,《公司法》原则上禁止股份有限公司回购本公司股份,但同时规定了例外情形,即符合该类例外情形的,《公司法》允许股份有限公司回购本公司股份。该案中,扬锻公司章程亦对回购本公司股份的例外情形作出了类似的规定,并经股东一致表决同意,该规定对扬锻公司及全体股东均有法律上的约束力。扬锻公司履行法定程序,支付股份回购款项,并不违反《公司法》的强制性规定,亦不会损害公司股东及债权人的利益。

(2) 案涉对赌协议约定的股份回购条款具备法律上的履行可能

公司的全部财产中包括股东以股份形式的投资以及其他由公司合法控制的能带来经济利益的资源,如借款等。公司对外承担债务的责任财产为其全部财产,也即上述资产均应作为对外承担债务的范围。对赌协议投资方在对赌协议中是目标公司的债权人,在对赌协议约定的股权回购情形出现时,当然有权要求公司及原股东承担相应的合同责任。虽然投资方投入资金后就成为目标公司的股东,但并不能因此否认其仍是公司债权人的地位。基于公司股东的身份,投资人应当遵守《公司法》的强制性规定,非依法定程序履行减资手续后退出,不能违法抽逃出资。而其基于公司债权人的身份,当然有权依据对赌协议的约定主张权利。《公司法》亦未禁止公司回购股东对资本公积金享有的份额。案涉对赌协议无论是针对列入注册资本的注资部分还是列入资本公积金的注资部分的回购约定,均具备法律上的履行可能。

(3) 案涉对赌协议约定的股份回购条款具备事实上的履行可能

参考华工公司在扬锻公司所占股权比例及扬锻公司历年分红情况,案涉对赌协议约定的股份回购款项的支付不会导致扬锻公司资产的减损,亦不会损害扬锻公司对其他债务人的清偿能力,不会因该义务的履行构成对其他债权人债权实现的障碍。相反,华工公司在向扬锻集团公司注资后,同时具备该公司股东及该公司债权人的双重身份,如允许扬锻公司及原扬锻集团公司股东违反对赌协议的约定拒绝履行股份回购义务,则不仅损害华工公司作为债权人应享有的合法权益,亦会对华工公司股东及该公司债权人的利益造成侵害,有违商事活动的诚实信用原则及公平原则。案涉对赌协议约定的股份回购条款具备事实上的履行可能。

五、"银海通案":目标公司未完成减资程序,股东要求公司支付回购股份的条件尚不成就,担保人的担保责任也因此不成就

(一) 裁判要旨

投资方与目标公司"对赌"失败,请求目标公司回购股份,不得违反"股东抽逃出资"的强制性规定。当目标公司减资程序尚未完成,投资人不得请求目标公司回购股份。基于担保合

同义务具有从属性,即履行担保合同义务的前提条件是主合同义务履行条件已成就。所以当目标公司减资程序尚未完成,股份回购的主合同义务尚未成就,那么保证人的担保义务未成就。

(二)基本案情

案例来源:"北京银海通投资中心、新疆西龙土工新材料股份有限公司股权转让纠纷再审审查与审判监督民事裁定书"[(2020)最高法民申 2957 号]。

2011 年 8 月 11 日,银海通投资中心与新疆西龙公司签订《增资扩股协议》,新疆西龙公司在原股东基础上增加银海通投资中心为公司新股东,银海通投资中心认购 300 万股,投资款总额为 900 万元,占增资后总股本的 3.05%。

同日,银海通投资中心与新疆西龙公司及奎屯西龙公司签订补充协议。

2011 年 8 月 16 日,银海通投资中心将投资款 900 万元支付给新疆西龙公司,但新疆西龙公司至今未公开发行股票并上市。另查明:奎屯西龙公司系新疆西龙公司的全资子公司。现公司注册资本为人民币 1.18 亿元。

(三)典型案例法院裁判观点

该案中,投资人(银海通投资中心)要求目标公司(新疆西龙公司)回购股份。最高人民法院再审认为,根据《公司法》第 35 条、第 142 条的规定,投资方银海通投资中心与目标公司新疆西龙公司对赌失败,请求新疆西龙公司回购股份,不得违反"股东抽逃出资"的强制性规定。新疆西龙公司为股份有限公司,其回购股份属减少公司注册资本的情形,须经股东大会决议,并依据《公司法》第 177 条的规定完成减资程序。现新疆西龙公司未完成前述程序,故原判决驳回银海通投资中心的诉讼请求并无不当,银海通投资中心的该再审申请理由不成立,法院不予支持。

同时,关于原判决未判令奎屯西龙公司(保证人)承担责任有无不当的问题。银海通投资中心针对奎屯西龙公司的诉讼请求为"在新疆西龙公司不能履行回购义务时向银海通投资中心支付股权回购价款 13,275,000 元",其诉求的该义务属于担保合同义务,而担保合同义务具有从属性,即履行担保合同义务的前提条件是主合同义务履行条件已成就。现新疆西龙公司的减资程序尚未完成,股份回购的主合同义务尚未成就,故奎屯西龙公司的担保义务未成就,银海通投资中心要求判令奎屯西龙公司承担责任的再审申请理由不成立。

六、对《九民纪要》对赌新规的解读

从上述"海富案"到"强某案"再到"华工案",可以看到法院对于投资者与目标公司之间对赌的效力逐渐认可,以及法院试图平衡投资者、目标公司以及目标公司的债权人三者之间的利益。从《九民纪要》关于对赌协议的新规定来看,其实际上认可"华工案"的裁判观点。《九民纪要》关于对赌协议有如下规定。

1. 原则性规定

《九民纪要》对于投资者与融资方的对赌约定持肯定的态度,但是对赌协议的成立及履行需同时接受行为法和组织法的调整,即该协议不仅应当适用民法典中的合同规则,还应当适用《公司法》的相关规定。法院应当在鼓励市场主体通过自由的契约安排进行投融资的同时审查对赌协议是否违反公司的资本维持原则和保护债权人合法权益原则,依法平衡投资方、公司债权人、公司之间的利益。

2. 投资方与目标公司的股东或者实际控制人订立的对赌协议的效力及履行

《九民纪要》认为投资方与目标公司的股东或者实际控制人订立的对赌协议如无其他无效事由,应认定其有效并支持实际履行。

3. 投资方与目标公司订立的对赌协议的效力及履行

投资方与目标公司订立的对赌协议的效力和履行问题在实务中曾有很大争议。对此,《九民纪要》确立了以下裁判规则:

(1)投资者与目标公司对赌协议的效力

投资方与目标公司订立的对赌协议在不存在法定无效事由的情况下,目标公司仅以存在股权回购或者金钱补偿约定为由,主张对赌协议无效的,不予支持。

(2)投资者与目标公司对赌的实际履行问题

首先,投资方请求目标公司回购股权的,股权回购不得违反《公司法》第35条关于"股东不得抽逃出资"或者第142条关于股份回购的强制性规定。在目标公司进行股权回购之前必须履行减资程序。

其次,投资方请求目标公司承担金钱补偿义务的,同样该金钱补偿义务不得违反《公司法》第35条关于"股东不得抽逃出资"和第166条关于公司利润分配的强制性规定。目标公司在没有利润的情况下不得向投资方履行金钱补偿义务。若之后目标公司有利润,投资方仍可要求目标公司履行金钱补偿义务。

实务建议

将回购与公司减资相关联,导致回购权的实现掌握在公司手中。请求股权回购的通常为投资方,通常其所占的股权比例较低。而在对赌失败情形下的股权回购请求几乎使投资方处于与目标公司股东利益对立的局面。减资程序的启动和完成将全权交由股东会,这就意味着目标公司有条件阻却股权回购。

在现金补偿中,由于公司财务报表的滞后性,并不能及时反映公司实际经营情况。另外,目标公司处于亏损状态且无往期利润的情形下,投资方的现金补偿依然无法得到实现,即使在未来几年目标公司盈利,利润也首先用于弥补亏损,投资方的现金补偿也难以实现。

可见,法律上要求公司回购股权或者进行金钱补偿没有障碍,但是实际履行却将可能困难重重。笔者建议投资者将目标公司股东或实际控制人纳入对赌义务人中,同时,可以要求公司对股东或实际控制人的对赌义务承担担保责任。公司在担保时,应该遵守《公司法》第16条关于公司担保的规定,必须经股东会或者股东大会决议,且承担对赌义务的股东应回避表决。

第二节 未明确约定回购期限情形下,应何时行使回购权

根据目前的裁判规则,业界尚未就回购权的性质究竟为形成权还是请求权作出统一的看法和结论,因此,就未约定回购权行使期限的情形下,行使回购权的合理期限如何认定,笔者结合相关案例探讨目前的司法裁判规则。

一、典型案例基本案情

案例来源:"张家港保税区盛威贸易有限公司与张家港保税区浩波国际贸易有限公司股权转让纠纷案"[(2014)张商初字第00903号]。

2011年10月24日,浩波贸易公司(原股东)、浩波科技公司(目标公司)与常晟投资企业、盛威贸易公司(投资人)签订《股份转让补充协议》,投资人要求公司于完成工商变更登记后的24个月完成合格上市,否则有权要求回购。

就回购期限,《补充协议》约定如下:如果发生前款约定的股权回购情形,乙方有权自约定期限期满之日起2个月内以书面方式向浩波贸易公司提出股权回购的要求,甲方应自收到乙方提出的股权回购要求后2个月内完成该股权的回购。

盛威贸易公司于2011年11月10日向浩波贸易公司支付950万元,受让浩波贸易公司在浩波科技公司的190万股股份,进账单注明该款是"苏州浩波投资款"。

盛威公司、浩波贸易公司一致确认目标公司浩波科技公司仍未合格上市。

二、典型案例争议焦点

盛威贸易公司在2个月内没有书面要求浩波贸易公司回购股权的情形下是否丧失了股权回购的请求权?

三、典型案例法院裁判观点

(一) 一审法院的观点

关于浩波贸易公司提出的盛威贸易公司没有按照《股份转让补充协议》约定的时间和方式提出股权回购请求的问题,一审法院认为:

首先,盛威公司跟随投资人受让浩波贸易公司在目标公司浩波科技公司股份的目的是促成目标公司浩波科技公司合格上市,以期在目标公司上市后获得利益。现浩波科技公司未能在《股份转让协议》及《股份转让补充协议》约定的期限内上市,直到盛威公司提起该案诉讼时也未能上市,盛威公司投资股权的目的未能实现,双方约定的股份回购条件已经成就,盛威公司有权要求浩波贸易公司回购股份。

其次,《股份转让补充协议》约定的要求转让方回购股份是盛威公司享有的权利,虽然盛威公司未能提供证据证明其在发生股份回购情形后两个月内以书面方式向浩波贸易公司提出股份回购请求的证据,但是综观《股份转让补充协议》的内容,双方并未约定发生股份回购情形后,盛威公司未在2个月内以书面方式提出股份回购请求即丧失股权回购请求权的内容,也未有盛威公司超过两个月或者未以书面方式提出回购请求即属于放弃行使股份回购权的约定,上述条款亦未作为盛威公司的义务或责任在《股份转让补充协议》中约定。仅旨在督促享有股份回购请求权的一方及时行使股权回购的权利,而非剥夺其请求股份回购的权利。故对浩波贸易公司的该项辩称意见,不予采纳。

(二) 二审法院的观点

案涉《股权转让补充协议》对股权回购的约定十分明确,至2013年11月14日,由于目标公司浩波科技公司未能完成上市,因此股权回购的条件已经成就。双方仅在合同第6.2条中约定盛威公司有权在约定期满之日起2个月内以书面方式提出股权回购要求,但并未约定超过该两个月时间后,盛威公司便丧失股权回购的请求权,因此双方对行使股权回购请求权的时限并无明确约定。而至2014年7月18日,一审法院受理该案,即盛威公司以提起诉讼的方式要求浩波贸易公司进行股权回购时,也并未明显超过合理期限,符合法律规定。此外,即便没有关于行使股权回购请求权的时限约定,尚有诉讼时效等法律规定的时间限制,不会出现浩波贸易公司需无期限地承担年回报款的情形。故盛威公司有权要求浩波贸易公司回购案涉股权并支付回购款,浩波贸易公司关于盛威公司未在约定的2个月时限内提出这一要求即丧失请求权的主张,依法不能成立,法院很难支持。

四、典型案例评析

该案中,虽协议中明确约定期满之日起2个月内以书面方式提出股权回购要求,但一审、二审均以协议未明确约定2个月之后投资人是否享有回购权为由支持了投资人逾期要求回购的请求。二审指出,即便没有关于行使股权回购请求权的时限约定,尚有诉讼时效等法律规定的时间限制,不会出现回购义务人需无期限地承担回购义务的情形。因此,就此案例来说,投资人逾期行使回购权,在协议未明确约定的情况下,并不必然丧失回购权。

此外,上海市第二中级人民法院于 2020 年 11 月发布的《2015—2019 年涉"对赌"纠纷案件审判白皮书》就此裁判观点也作了如下阐述:"对赌协议"约定了回购或者补偿期限,权利人未在约定期限内主张权利的,且协议未明确逾期提出请求的法律后果。就此,实践中容易就此引发逾期主张权利是否导致失权的争议。审判实践中原则上认为,因"对赌协议"未对逾期主张权利的后果予以约定的情况下,特别是未明确约定逾期行权即权利消灭时,不宜认定投资方依"对赌协议"主张回购或补偿的权利即告消灭,"对赌"义务人仍需按约履行"对赌"义务。但是,如前所述,投资方逾期主张权利可否得到司法审判的支持仍亦应受到合理期限的限制,同时,"对赌"义务人可就逾期行权导致的损失主张违约责任。

(一)回购权的性质之辨析

在股东协议或章程未就回购期限作出明确约定的前提下,若要明确投资人行使回购权的期限,须厘清并辨析回购权的性质。若将其认定为请求权,则适用 3 年诉讼时效的规定;若为形成权,则受除斥期间的约束。目前的司法裁判规则尚未就回购权的性质进行明确,裁判规则也不尽统一。

例如,在"郭某、蒋某因与王某、高某、朱某股权转让纠纷案"[(2020)京 03 民终 5204 号]中,法院认定回购权为请求权,具体表述如下:涉案股份回购请求权是指投资人有权要求原股东按照既定条件购买其所持有的目标公司的股权,投资人所享有的是要求原股东向其支付特定价款并承诺将所持股权交付给原股东的综合权利义务,回购权的标的是包含价款给付及股权交付的一项交易行为,不符合法律规定的形成权的特征。

在"晋城市经贸资产经营有限责任公司与李某等增资纠纷案"[(2017)晋 05 民终 1256 号]中,各审理阶段法院均认为被申请人应于 2010 年 1 月 17 日前回购再审申请人的股权,在被申请人未履行回购义务的情况下,依据《民法通则》第 135 条、第 137 条[1]的规定,再审申请人诉请被申请人回购股权的诉讼时效于 2012 年 1 月 16 日届满。再审申请人并未提供证据证明在上述诉讼时效期间内存在诉讼时效中断的情形,故其于 2015 年 8 月 30 日提起诉讼时已超出了法定诉讼时效期间。该案系直接适用诉讼时效,并认定自回购条件成就之日起计算诉讼时效。

部分法院在审判时将回购权认定为形成权,例如,在"苏州九鼎中心等与科贸公司等公司

---

[1] 现为《民法典》第 188 条,即"向人民法院请求保护民事权利的诉讼时效期间为三年。法律另有规定的,依照其规定。诉讼时效期间自权利人知道或者应当知道权利受到损害以及义务人之日起计算。法律另有规定的,依照其规定。但是,自权利受到损害之日起超过二十年的,人民法院不予保护,有特殊情况的,人民法院可以根据权利人的申请决定延长"。

纠纷案"[(2020)豫05民终805号]中,二审法院认为,案涉对赌协议约定投资人在10种回购条件中任何一种条件成就后有权要求回购义务人单独或连带承担回购责任,即赋予了投资人选择权,该选择权属于形成权,投资人于2015年4月30日选择以目标公司未达约定经营业绩目标为由向各回购义务人送达通知函,要求回购其在目标公司的全部股权,已经行使了其选择权,该选择的意思表示一经送达相对方即产生法律效力。

(二)未在合理期限内行使回购权将存在失权风险

在"东华科技公司与淮化集团公司合同纠纷案"[(2019)皖民终540号]中,法院认为,回购权条件触发后形成合同之债,作为权利人,若对其权利行使时间不加以限制,任由权利无期间地搁置,则会导致民事法律关系长期处于不确定状态,因此,债权的行使应在合理时间内完成。从东华科技公司主张权利的情况看,自东华科技公司可以请求淮化集团公司购买股权的条件成就至其向淮化集团公司提出该主张,时间超过6年。东华科技公司作为淮化股份公司的股东,对淮化股份公司的经营状况以及是否能够上市均为明知,其在协议约定的条件成就后,未积极向淮化集团公司主张权利,而是继续行使淮化股份公司股东的权益。在此期间,东华科技公司亦未与淮化集团公司就回购股权进行协商,明显存在怠于行使权利的事实。据此,案涉协议虽未对东华科技公司行使权利的时间作出明确约定,但依据债权的时效性,东华科技公司于案涉协议约定的条件成就6年后才提出主张,显已超过合理的期限。

根据上述裁判观点可知,法院对于回购权是否消灭的问题比较谨慎,在法律没有明文规定行使回购权的合理期限的情况下,将参照诉讼时效规则来认定权利人是否在合理期限内行权。

实务建议

明文约定回购权行使期限以及逾期行使的后果。一般在投资协议中,对超过回购权行使期限,投资人是否继续享有回购权的问题,往往无明确约定,故笔者建议在投资协议或股东协议中明确约定回购权期限,并明确超过期限投资人是否继续享有回购权,避免因约定不明、各方理解不一致而引发回购权争议。

行权应在合理期限内进行。在投资协议对回购权行使期限未明确约定的情况下,一旦触发回购权条款,投资人应尽快在回购条款触发后合理期限内行使。笔者建议行权期限不超过诉讼时效期限,避免因超过合理期限行使回购权导致法院不予支持。

第三节 目标公司股权结构变动，新加入的股东应否承担对赌义务

投资人基于资金安全的考虑，在对赌协议中通常会要求创始股东与目标公司一起承担金钱补偿或者股权回购的对赌义务。在目标公司未能达到约定业绩标准或者未在约定期限内上市时，创始股东会因此而背负沉重的股权回购或者金钱补偿义务。网上流传甚广的"最惨创业者"郭某承担 3800 多万元的对赌债务案，更是给所有通过对赌协议引入投资的创始股东敲响了警钟！

一般来说，目标公司具有 3 年或者 5 年的时间来完成对赌协议所约定的业绩标准，而在此期间，目标公司的股权结构很可能发生变化，该变化是否会影响对赌义务的承担？比如，创始股东失去对目标公司的控制权或者退出目标公司，其是否还应承担股权回购或者金钱补偿义务？原股东将部分股权转让给第三人，第三人是否承担股权回购义务？多个创始股东之间是否应按持股比例对投资人承担股权回购义务？非股东的第三人可否承担股权回购义务？股东可否主张其属于目标公司对赌责任的保证人？对于上述问题，下文将梳理多个案例予以回答，并提供相应的风险防范建议。

一、投资协议签订之后，原创始股东转让股权已非实际控制人，在各方对于回购义务人未有变更约定的情形下，原创始股东仍应承担回购义务

案例1 "郭某、于某、科发创投合同纠纷二审民事案"［(2019) 浙 01 民终 10260 号］。

该案中，科发创投（投资人）要求投资协议中约定的郭某、于某（目标公司雷龙公司的原创始股东）承担股权回购义务，郭某认为自己已将股权转让给于某，应由公司现在的实际控制人于某一人承担回购责任。

1. 一审法院观点

（1）郭某将股权转让给他人后即非公司股东，是否仍承担对赌责任

一审法院认为对赌协议是从国外引进的概念，是投资协议的核心组成部分，既是投资方利益的保护伞，又对融资方起着一定的激励作用，实质上是一种期权的作用。该案于某、郭某作为目标公司的原股东自愿签订对赌协议，当投资方入股目标公司后，目标公司原股东可以仍是股东，也可以不是，故该案对赌协议回购条件成就时，郭某作为合同一方当事人并非因其不是公司股东而免去回购义务。

（2）科发创投同意郭某将其持有的公司股权转让给于某，是否豁免被告郭某的回购义务

一审法院认为涉案协议均为多方共同签订，并非涉案三方签订。根据当时《合同法》[1]的要求，双方当事人协商一致可以变更合同，债务人将合同的义务全部或者部分转移给第三人的，应当经债权人同意。涉案合同规定如果雷龙公司在2017年12月31日前未能成功上市，或者上市存在实质性障碍而无法上市，科发创投有权（并非义务）要求于某、郭某回购乙方所持有的全部公司股份。

现郭某既未提供充分证据证明科发创投的代表豁免其回购义务，也未提交证据证明于某受让郭某股份后自愿承担郭某的回购义务，更未提供合同签约方均同意变更回购义务人的意思表示。综上，该院认为当回购条件成就后，科发创投要求于某、郭某根据协议内容，承担回购责任的理由正当，其诉请予以支持。于某、郭某履行回购义务后，科发创投应配合于某、郭某办理股权变更手续。

2. 二审法院浙江省杭州市中级人民法院观点

该案中，郭某主张其已非雷龙公司的实际控制人，故不应当承担股权回购义务。但根据案涉书面协议的约定，当事人在合同中一再明确了回购义务人为于某、郭某，并未约定任何关于协议条款仅约束回购义务发生时的实际控制人的合同条款。根据合同的相对性原则，若实际控制人发生变更，不能排除变更为并非协议签订主体的其他人的可能性，而案涉协议显然无法约束并非合同相对方的其他人，郭某的主张显然并非签约主体当时的真实意思表示。故郭某的该项主张因缺乏事实与法律依据，法院无法采信。**现案涉协议约定的回购条件已经成就，而未有证据表明科发创投已明确豁免郭某的回购义务，科发创投有权要求于某、郭某依约履行其回购义务。**

二、原承担对赌义务的股东把部分股权转让给第三人，第三人并非对赌义务主体，该股权受让人无须承担对赌义务

案例2 "株洲兆富公司、武汉长盈公司合同纠纷二审民事案"[（2020）辽民终1361号]。

2015年8月至9月，上海和君企业与株洲兆富公司、武汉长盈公司、大连天峰中心、严某、卢某签订《增资扩股协议》。株洲兆富公司、武汉长盈公司、大连天峰中心、严某、卢某均为大连尚能公司原股东。

《增资扩股协议》签订后，新余和岚中心与株洲兆富公司、武汉长盈公司、大连天峰中心、严某、卢某又签订了案涉《补充协议》，甲方为上海和君企业或其指定机构、乙方为严某、丙方为卢某、丁方为株洲兆富公司、戊方为武汉长盈公司、己方为大连天峰中心、目标公司为大连尚能公司。主要约定：若公司不能在2018年12月31日前实现首次公开发行股票并上市，该

---

[1] 已失效，现由《民法典》规定。

等原因包括但不限于……甲方有权要求公司或原股东回购甲方所持有的全部公司股份。

2015年9月10日,上海和君企业出具关于大连尚能公司增资的安排,指定新余和岚中心向目标公司大连尚能公司进行增资、负责案涉《增资扩股协议》及《补充协议》等的具体执行。

大连尚能公司未实现前述《增资扩股协议》及《补充协议》中约定的2018年12月31日前首次公开发行股票并上市的目标。

2017年8月31日,新余和岚中心向严某发出通知函,通知大连尚能公司及严某、卢某偿还本金3000万元并按照15%的年利率支付资金占用期间的利息。

在对赌期间,严某将其股权部分转给第三人大连成均中心。

该案产生以下争议:新余和岚中心是否一审原告的适格主体?目标公司原股东是否应按持股比例承担对赌义务?受让股权的第三人是否承担股权回购义务?

法院观点如下:

1. 关于新余和岚中心是否为一审原告适格主体的问题

案涉《增资扩股协议》及《补充协议》系2015年上海和君企业以"上海和君股权投资管理合伙企业(有限合伙)或其指定机构"的名义与严某、卢某、株洲兆富公司、武汉长盈公司、大连天峰中心等时为大连尚能公司的股东所签,系协议各方真实意思表示,全体在协议上签字盖章,不违反法律、行政法规等强制性规定,应为合法有效。

两协议均载明,甲方上海和君股权投资管理合伙企业(有限合伙)或其指定机构,根据文意可以认定协议甲方主体并不具有唯一性,而具有双重性,即其既可以是上海和君企业自身,也可以是上海和君企业的指定机构。依据两协议,上海和君企业享有单方指定机构作为协议甲方的权利。上海和君企业作为新余和岚中心的合伙事务执行人,双方签有《合伙协议》,在《合伙协议》第1.4条约定:有限合伙的目的是通过对成长性企业的股权投资,即投资大连尚能公司为合伙人获取长期的资本回报。

对于新余和岚中心作为其指定机构,上海和君企业出具了关于大连尚能公司增资事宜的安排,此乃上海和君企业单方赋权性意思表示,依据两协议不需要经大连尚能公司原股东决定同意,只要意思表示真实即可。

事实上,新余和岚中心作为上海和君企业指定机构,依据两协议约定对大连尚能公司增资3000万元,持有协议约定的11.11%股权时,案涉原股东不仅未提任何异议,而且经过了大连尚能公司股东会表决同意,并办理了相应股权工商登记变更。

株洲兆富公司、武汉长盈公司、大连天峰中心三上诉人提出上海和君企业指定新余和岚中心为案涉两协议的甲方须经其各方同意,性质为将协议甲方的权利义务向新余和岚中心的转让,因案涉两协议中无此条文约定,也无此文意表达,故证据不足。上海和君企业指定新余和岚中心担任合同甲方不需要合同相对方同意,亦非将甲方自身权利义务予以转让,而是依约对自身权利的正常行使。

2. 关于株洲兆富公司、武汉长盈公司、大连天峰中心、严某、卢某是否按持股比例承担股权回购责任的问题

新余和岚中心依据案涉《补充协议》第 2.1 条，取得了要求目标公司或原股东回购其所持全部股份的权利。案涉《补充协议》第 2.7 条明确约定"原股东在此共同连带保证：如果甲方根据本协议第 2.1 条要求公司或原股东回购其持有的公司全部或者部分股份，或者根据本协议第 2.5 条要求转让其所持有的公司全部或者部分股份，原股东应促使公司董事会、股东大会同意该股份的回购或转让，在相应的董事会和股东大会上投票同意，并签署一切必须签署的法律文件"。

该约定虽未明确约定原股东对回购款承担连带给付责任，但该条第一句"原股东在此共同连带保证"即表明原股东需对股权回购款的给付承担共同责任。为有效保护对赌协议风险投资方的约定权益，该条款应当被理解为原股东作为一个整体对投资方共同承担回购义务。

至于某些股东承担全部付款责任后再向其他股东追偿，最后各自按持股比例承担相应责任的问题，应属股东内部相互责任分担问题，这种内部分担结果对外不具有约束力。武汉长盈公司、大连天峰中心上诉提出该案应按照"同股同权同义务"的有限公司治理一般原则及民法上的公平原则，参照上海等地人民法院同类案件生效判决，按原股东持股比例确定各股东回购责任，依据不足，不予支持。

3. 股权受让人大连成均中心是否承担股权回购义务

株洲兆富公司、武汉长盈公司、大连天峰中心、严某、卢某作为目标公司大连尚能公司的原股东及案涉《增资扩股协议》及《补充协议》的主体，未在约定期限内完成上市目标，应当依约承担给付股权回购款的责任。新余和岚中心依约定支付投资款、办理投资人变更的工商登记手续前，目标公司大连尚能公司的股权结构发生了变化，严某将其持有的部分目标公司股份转让给了案外人大连成均中心并办理了相应的工商变更手续。

仅就工商登记而言，新余和岚中心登记成为目标公司大连尚能公司股东时，案外人大连成均中心已是目标公司大连尚能公司的股东。但案涉《增资扩股协议》及《补充协议》签订时，案外人大连成均中心非目标公司大连尚能公司股东，亦非前述两份协议的主体，故该案争议与案外人大连成均中心无关。

三、非目标公司股东的第三人也可承担股权回购义务，向投资人支付股权转让款，其取得股权按照股东对外转让股权的规定处理

案例 3 "游某诉嘉俪中心等股权转让纠纷案"[（2015）高民（商）终字第 1017 号]。

该案投资协议中约定的股权回购义务人除公司股东猫人服饰公司外，还包括公司董事长游某，但游某并非该公司股东。一审判决游某与猫人服饰公司一起对嘉俪中心承担股权回购

义务,游某认为其并非猫人服饰公司的股东,不具备受让猫人服饰公司股权的资格,不应承担回购股权的责任,遂提起上诉。

北京市高级人民法院观点如下：

猫人服饰公司、游某在《补充投资协议书》中作为共同的乙方与嘉俪中心约定了嘉俪中心要求猫人服饰公司、游某受让股权的条件以及受让股权价款的计算方法。在猫人服饰公司2010年、2011年、2012年任何一年实现净利润未达到约定目标的情况下,猫人服饰公司及游某应当依约应嘉俪中心的请求,支付相应的股权价款,受让嘉俪中心持有的猫人服饰公司的股权。

现因猫人服饰公司在《补充投资协议书》签订后股权结构发生了变化,由猫人服饰公司100%持股的独资企业变更为8个股东共同持股的公司,而游某并非猫人服饰公司的股东,故按照2013年《公司法》第71条第2款的规定,嘉俪中心若要将股权变更至猫人服饰公司及游某名下(向股东以外的人转让股权),其他股东均应明确表示同意转让或视为同意转让。故在目前的客观情况下,一审法院判决嘉俪中心将股权变更至猫人服饰公司的名下并无不当。作为共同乙方的游某在承担相应的支付股权受让款的义务后,其有权就应受让的猫人服饰公司的股权份额与猫人服饰公司另行解决。

实务建议

1. 创始股东不再是实际控制人或离开公司后,如何摆脱对赌义务

从上述案例来看,法院是以对赌协议为依据来认定原股东是否承担对赌义务,只要对赌协议中约定了股东承担对赌义务且协议中未有其他豁免条款,股东就应当承担对赌义务。

上述"郭某、于某、科发创投合同二审民事案"中,"最惨创业者"郭某在失去对目标公司的控制后,因为并未在对赌协议中约定,股东对公司失去控制权之后不再承担股权回购义务的豁免条款,最终承担了3800多万元的股权回购义务。因此,创始股东在签订对赌协议的时候,一定要考虑到目标公司之后的股权结构的变化。创始股东可在协议中约定,若其失去对目标公司的控制权则不再对投资人承担股权回购义务。

当然,有些投资协议中会约定创始股东失去公司控制权本身即触发对赌责任,在此情况下,创始股东当然不可能以失去控制权作为对赌责任的抗辩理由。除非投资人实际控制了公司,创始股东无法对公司的经营管理施加影响,此时公司经营业绩不达标或者未在规定期限内上市可能不是创始股东原因造成的,创始股东可以此为由抗辩,其法律根据为民法附条件民事法律行为中不当促成条件成就的,视为条件不成就的规则。

对于承担对赌义务的小股东而言,这类小股东可能之后会将股权转让变现而离开公司,这时此类小股东就应该与投资人、其他回购义务人签订变更或补充协议,约定原回购义务由受让人承担,或者约定免除离开公司的小股东的回购义务,或者约定回购义务人仅限于回购责任成就时的公司实际控制人。由此,可保证股权比例较小的小股东离开公司后不用背负回购义务。

2. 原股东转让股权,受让人原则上不承担对赌义务

受让股权的第三人并非对赌协议的签订主体,根据合同相对性原则,在未经第三人同意的前提下该对赌协议不应约束第三人。

3. 股东承担对赌义务的对外连带责任和对内的互相追偿权利

若股东直接约定与目标公司一同对投资人承担对赌义务,则股东对该对赌义务承担的是连带责任,甚至其参与公司经营管理的配偶也要一起承担该责任。股东若想要在保证责任范围内承担责任,应在协议中明确约定。

根据《民法典》的规定,保证可以分为一般保证和连带保证。一般保证人享有先诉抗辩权,即在主合同纠纷未经审判或者仲裁,并就债务人财产依法强制执行仍不能履行债务前,有权拒绝向债权人承担保证责任。当事人在保证合同中对保证方式没有约定或者约定不明确的或者约定债务人不能履行债务时,由保证人承担保证责任的,此时,保证人承担的属于一般保证责任。而连带责任保证中的保证人则没有先诉抗辩权,债权人可选择要求债务人承担责任,也可以选择要求保证人在保证范围内承担保证责任。

因此,股东在签订对赌协议时可根据具体的交易情景选择是成为对赌协议的直接义务人还是一般保证人抑或连带保证人。

另外,在原股东并未与投资人约定按照持股比例对投资人承担对赌义务时,多个原股东需共同对投资人连带承担对赌义务,对外承担之后,股东可以在内部相互追偿。因此,对于持股比例较小的股东而言,其可在对赌条款中约定按照各股东的持股比例承担对赌义务,直接将各个对赌义务人之间的责任比例予以划分。

4. 对赌义务人并非仅限于目标公司或其股东,第三人(有的是目标公司实际控制人,有的可能与目标公司没有关联)也可承担对赌义务,其受让股权的前提是其他股东放弃优先购买权

因投资人对外转让股权时其他股东具有优先购买权,承担对赌义务的第三人无法直接受让投资人持有的目标公司的股权。在这种情形下,法院认为其仍应向投资人支付股权转让款,其是否能够获得股权可以另行解决。

此时,目标公司的其他股东可在同等条件下主张行使优先购买权,因投资人已经获得股权转让款,行使优先购买权的股东应将股权转让款支付给承担了股权回购义务的第三人;若目标公司股东不行使优先购买权,则该第三人可获得投资人持有的目标公司股权,投资人顺利退出目标公司。

第四节 投资人的注册资本和资本公积金的出资义务有何区别

在投融资领域,投资人向公司投资后,可能出现融资企业的创始股东存在种种不利于投资人行使股东权利的行为,或者存在损害公司利益的行为,如转移或侵占公司资产、违反竞业禁止义务等,或者创始股东违反投资协议中的陈述与保证条款等情形,投资人能采取哪些途径收回投资款以维护合法权益?下文从一则最高人民法院、浙江省高级人民法院的典型案例入手探讨这个问题,从中总结投资人的维权之道。

一、典型案例基本案情

案例来源:"浙江某集团股份有限公司与董甲、冯甲公司增资纠纷案"[(2009)浙商初字第1号]。

2007年6月21日,浙江新湖集团股份有限公司(以下简称新湖集团)与青海碱业有限公司(以下简称青海碱业)的三位股东浙江玻璃股份有限公司(以下简称浙江玻璃)、董某、冯某签订《增资扩股协议书》及《附录:进一步的承诺、声明和保证》各一份,约定:新湖集团拟单方面增资青海碱业,以现金90,460万元认购青海碱业增资后35%的股权,其中29,510.770万元投入注册资本,溢价部分60,949.230万元为资本公积金,全部出资新湖集团将分批缴纳,每期投入注册资本部分与计入新增资本公积金部分的比例按照总投入注册资本29,510.770万元以及总计入新增资本公积金60,949.230万元的比例计算,最后一期为2009年5月30日前出资40,460万元。协议还约定,在新湖集团出资完成后,立即将新增资本公积金转增为青海碱业的注册资本。

《增资扩股协议书》在第7条"违约责任"的第7.2款约定:除本协议另有规定外,自本协议第3条先决条件全部完成日起,如本协议任何一方不履行或违反本协议任何条款和条件,本协议他方有权要求不履行方或违约方无条件向他方支付违约金15,000万元。守约方除获违约金赔偿外,不足部分仍可向违约方追偿实际损失,且守约方有权要求单方面终止协议的继续履行。

《增资扩股协议书》签订后,新湖集团按约向青海碱业分批出资50,000万元(其中注册资本金为163,115,023.20元,资本公积金为336,884,976.79元),尚余最后一期40,460万元(其中注册资本金为131,992,676.80元)未支付。新湖集团持有青海碱业的35%股权已经办理股东名册的变更记载和相关工商变更登记手续。

2010年9月26日,新湖集团认为青海碱业的三股东实质违约,未能依约保障其股东权益,分别向浙江玻璃、董某、冯某发出了解除合同通知书。

基于上述事实,新湖集团以浙江玻璃、董某、冯某为共同被告,以青海碱业为第三人,提起了两起诉讼。

第一起诉讼提起于2009年5月26日,新湖集团主张基于三被告的违约行为,终止继续出资40,460万元的义务(还有其他诉讼请求,本文只讨论出资部分)。

第二起诉讼提起于2010年11月22日(发出解除通知之后不到两个月),新湖集团主张基于三被告的根本违约行为,合同已经解除,要求三被告连带返还已付的出资款5亿元,后在庭审中将数额变更为返还5亿元中的资本公积金336,884,976.79元,第三人青海碱业就此承担连带返还责任。

二、典型案例法院裁判观点

(一)第一起诉讼:针对尚未支付的投资额

一审浙江省高级人民法院确认了浙江玻璃的相关违约事实,并认为根据《增资扩股协议书》第7条"违约责任"中的第7.2款的约定,新湖集团虽然可以依照《增资扩股协议书》单方面终止继续履行余额出资的合同义务,但合同自由应以不违反法律强制性规定为前提。新湖集团终止继续出资义务的诉请涉及公司资本制度,公司资本制度多为强行性规范,尤其是股东的足额出资义务是《公司法》明确规定的法定义务。在新湖集团已经实际持有35%股权的情况下,作为青海碱业的股东,新湖集团应履行资本充实义务,依此判决《增资扩股协议书》终止履行,但新湖集团应补足剩余131,992,676.80元的认缴出资额。新湖集团、浙江玻璃均不服,向最高人民法院提起上诉,最高人民法院驳回上诉,维持原判[(2010)民二终字第101号(以下简称101号判决)]。

(二)第二起诉讼:针对已经支付的投资额

1. 一审绍兴市中级人民法院的意见

绍兴市中级人民法院一审审理了该案,该院确认浙江玻璃根本违约,新湖集团已经依照

《合同法》第96条[1]通知了对方当事人,《增资扩股协议书》已经解除,进而认为新湖集团请求返还出资中的资本公积金部分,系部分恢复原状的诉请。对于是否应该返还全部出资5亿元,该法院认为5亿元出资中应投入的注册资本金163,115,023.20元系新湖集团依法应履行的法定义务,不能要求返还,而该出资中的资本公积金336,884,976.79元系基于各方约定,无工商登记或其他形式的公示,可要求返还。

对于返还的主体,法院认为新湖集团依据其与浙江玻璃的约定,将出资投入青海碱业,在浙江玻璃违约情形下,根据合同相对性原则,浙江玻璃应负返还责任。因为青海碱业的全体股东都在协议上签字,代表了青海碱业的法人意志,同时,青海碱业与浙江玻璃的意志混同,且青海碱业实际占有资金,所以,青海碱业应该对浙江玻璃的返还义务承担连带责任[(2010)浙绍商初字第95号(以下简称95号判决)]。

2. 二审浙江省高级人民法院和再审最高人民法院的意见

浙江玻璃向浙江省高级人民法院提起上诉,该法院判决认为,《增资扩股协议书》的解除既应遵循《合同法》的规定,亦应不违背《公司法》的相关要求,《增资扩股协议书》虽已解除,但根据《公司法》的相关规定,新湖集团不能要求返还出资中的资本公积金336,884,976.79元。

理由总结如下:第一,资本公积金属于公司所有,是公司资产的构成部分,股东不得任意要求公司返还;第二,资本公积金具有准资本的性质,其与注册资本均属于公司资本范畴,是公司的资本储备;第三,根据公司资本维持原则的要求,公司成立后,股东不得抽逃出资,对于公司增资的新股东来说,同样不得抽回其向公司的投资。新湖集团投入青海碱业的336,884,976.79元资本公积金是青海碱业的公司资产,未经青海碱业及其债权人同意,对新湖集团请求返还其已经实际交纳的资本公积金应不予支持。

另外,法院对于新湖集团要求返还出资的对象也持否定意见,认为《增资扩股协议书》中约定的是新湖集团作为新投资者对青海碱业的出资义务,并未约定合同违约方有向守约方返还出资的义务,浙江玻璃、董某、冯某作为青海碱业的股东,与同为股东的新湖集团之间,并无返还出资款的义务。虽然浙江玻璃与青海碱业存在关联交易、关联担保,并占用青海碱业大量资金,但也并不必然导致浙江玻璃对新湖集团有返还出资款的责任,新湖集团主张浙江玻璃、董某、冯某等股东返还资本公积金的请求没有事实和法律依据[(2011)浙商终字第36号(以下简称36号判决)]。

新湖集团向最高人民法院申请再审,最高人民法院认为合同履行过程中,新湖集团已将

---

[1] 现为《民法典》第565条,即"当事人一方依法主张解除合同的,应当通知对方。合同自通知到达对方时解除;通知载明债务人在一定期限内不履行债务则合同自动解除,债务人在该期限内未履行债务的,合同自通知载明的期限届满时解除。对方对解除合同有异议的,任何一方当事人均可以请求人民法院或者仲裁机构确认解除行为的效力。当事人一方未通知对方,直接以提起诉讼或者申请仲裁的方式依法主张解除合同,人民法院或者仲裁机构确认该主张的,合同自起诉状副本或者仲裁申请书副本送达对方时解除"。

资本金直接注入了青海碱业,青海碱业系合法存在的企业法人,浙江玻璃、董某、冯某均不再具有返还涉案资本公积金的资格。至于青海碱业能否返还新湖集团已注入的这部分资本公积金,关乎资本公积金的性质,最高人民法院认为股东向公司已交纳的出资无论是计入注册资本还是计入资本公积金,都形成公司资产,股东不得请求返还。最后法院裁定驳回新湖集团的再审申请[(2013)民申字第326号(以下简称326号判决)]。

三、典型案例评析

浙江省高级人民法院和最高人民法院均认为资本公积金因合同终止可以不用再付,但注册资本金是投资人的法定出资义务,即便合同终止履行也要继续支付。言下之意,资本公积金不属于投资人的法定出资义务。

一审绍兴市中级人民法院认为注册资本金是法定出资义务,而资本公积金不是,可以向股东返还,与101号判决中浙江省高级人民法院和最高人民法院的判决意见一致。但问题是,按照《增资扩股协议书》的约定,新湖集团是以现金90,460万元认购青海碱业增资后35%的股权,上述101号判决、95号判决中,新湖集团并未提出向青海碱业返还股权,在新湖集团继续持有35%股权的情况下,却不需要再支付资本公积金,或者可以收回已经支付的资本公积金,致使新湖集团仅投资3亿元就可以持有青海碱业35%的股权,这显然改变了当事人对股权溢价融资的协议安排,也忽视了公司的利益。虽然法院一方面考虑到了合同终止、合同解除的法律后果,另一方面也考虑到了公司的资本规则,但是这样二者兼顾的考虑并不能得出两全的结果。

对比101号判决,对于资本公积金的性质,浙江省高级人民法院的认识是不一致的,如果浙江省高级人民法院认为资本公积金与注册资本金一样均是公司资本范畴,那就不应该在101号判决中区别对待资本公积金与注册资本金,未付的资本公积金也应该属于股东的出资义务。

此外,二审和再审的两审法院与一审95号判决的一个重大区别是,认为新湖集团是向青海碱业出资,股东不具有返还资本公积金的义务或者资格。对此,笔者认为,法院的此种观点是完全从《公司法》的角度看问题的,而忽视了投资人与股东之间的合同关系。股东与投资人签订协议,约定投资人向标的公司投资,控股股东保障投资人的股东权益,这可以视为第三人利益的合同。该笔资金是依照股东的意愿支付给了公司,是向第三人履行,在控股股东未能保障投资人的权益时构成根本违约,投资人有权要求股东返还这笔资金,并不因为这笔资金是向公司的出资,股东就不负有返还出资的义务。

实务建议

青海碱业案件的结果是投资方新湖集团除对尚未支出的资本公积金无须再支付外,已经支付的最后都血本无归。但是,明明公司大股东滥用权利损害了公司利益、掏空公司资产、边缘化投资方在公司的话语权,投资方却不能运用法律武器保障权益,原因就在于新湖集团所签的增资扩股协议存在问题,比如,没有约定股东根本违约时,股东回购股权的义务和责任,没有吸收公司作为协议的签订方。投资人对公司完全出资或者部分出资后,在已经获得股权登记的情况下,若公司出现对投资人重大不利的情形时,如何实现权益救济?从上述案件可以吸取以下经验教训。

1. 在公司根本违约时,投资人可解除合同返还股权,并要求公司返还出资

关于青海碱业案件有一个耐人寻味的问题,为何新湖集团在提出解除合同的同时,没有提出己方返还股权给公司股东。其一方面持有股权,另一方面却要求终止履行尚未支付的出资,以及返还已经支付的出资,还变更诉讼请求,将返还5亿元变更为返还资本公积金,可见,新湖集团还是希望保留股权的。如果新湖集团要求返还全部出资,并且要求青海碱业的三股东收回其35%的股权,那么法院是否会以股东不能抽逃出资为由,不支持合同解除?从现在浙江省高级人民法院和最高人民法院的审判意见来看,虽然合同规则在此案中已经被公司法规则所取代,如法院所言,协议尽管已经解除,但是对公司的出资不应要求返还。之所以如此,就是考虑到新湖集团保留了股权。

笔者认为,在合同解除的基础上,新湖集团要求公司股东收回其股权,其全部出资获得返还是可能得到支持的,在青海碱业公司业绩下滑严重,估值骤降的情况下,投资人应作此主张。

青海碱业案的另一个问题就是公司未作为一方当事人签订合同,没有为公司设定义务,所以,新湖集团就只能主张要求三股东返还出资,给自己埋下隐患。公司应该作为一方当事人参与签订增资扩股协议,也可以同时要求股东作为当事人参与协议签订,约定在公司或者股东出现根本违约时,投资人有权解除合同,这样就可以顺理成章地要求公司返还出资。

如在"朗利维科技有限公司、聚兴企业管理有限公司公司增资纠纷案"[(2019)湘01民终12367号]中,法院就认为投资者股东资格的取得、公司章程和股权的变更均源于《增资协议》,现投资者依据《增资协议》约定提出返还增资款、赔偿损失以及变更工商登记的诉讼请求并无法律上的障碍。

2. 约定在发生重大不利时,创始股东承担回购股权的责任

虽然上文中有法院认为增资协议解除的法律效果可以是直接返还出资,但是在实践中也有法院认为,在投资者与目标公司没有就具体的退出方式有明确约定时,增资协议解除的法律效果并非当然地返还出资。

在"上海富电科技有限公司与西北工业集团有限公司等公司增资纠纷上诉案"[(2019)沪01民终11265号]中,上海市第一中级人民法院认为:"本案各方当事人虽均确认协议解除,但未予明确上诉人退出的具体方式,如通过股权转让、股权回购、公司减资、公司解散等,更未经相应的法定程序,上诉人仅就返还出资一节单独提出主张,不符合《公司法》的规定,本院不予支持。"

因此,对于投资者来说,更为稳妥的防范风险的方式是约定股东或者公司根本违约或者目标公司发生重大不利时,创始股东承担回购股权的责任。而随着《九民纪要》的出台,以股权回购为主的对赌协议逐渐已为大众所接受。

所以,虽然上述36号判决、326号判决中,法院认为股东不负有返还出资的义务,但如果协议约定股东或者公司根本违约,股东须股权回购,并对回购的计算方式进行约定,则将可能得到支持。如在"常州力合华富创业投资有限公司与刘某燕、昆山贝瑞康生物科技有限公司与公司有关的纠纷二审民事案"[(2015)苏商终字第135号]中,当事人就作了此种约定,最后投资人在原股东根本违约时,按照协议约定要求股东回购股权,回购的价款是投资额扣除已分配的利益,并支付自股权变更登记之日起至实际返还之日止按照年利率10%计算的利息。

此外,即便股东没有根本违约,没有损害公司和投资人的利益,但在公司效益发生严重滑坡,如公司净利润低于约定标准、未在约定期限内上市等影响投资人投资收益的重大不利事由发生时,投资人也可以要求股东回购股权,具体可见对赌回购部分的内容。

第五节　从小马奔腾案中的回购责任谈对赌义务中的夫妻共同债务

在立法和司法解释层面,夫妻共同债务的认定经历了一系列的规则演变,夫妻一方对外负债是否一律由配偶共同承担?根据现行立法规定,认定夫妻共同债务应该符合哪些情形?若创始股东以个人名义签订了对赌协议,那么因对赌产生的股权回购义务或者金钱补偿义务是否属于夫妻共同债务?另外,若属于夫妻共同债务,那是否以夫妻共同财产为限清偿,共同财产不足以清偿的,如果一方在婚前还有个人财产,是否还要以个人财产承担?该问题对于创始股东至关重要,因为一旦被认定为夫妻共同债务,则创始股东或将面临倾家荡产的风险,其配偶也会因此而背上巨额债务。2014年的小马奔腾案便是典型案例,该案中创始股东李某突然去世,其配偶金某因此而承担对赌失败产生的巨额债务。

一、裁判要旨

夫妻一方对其配偶承担股权回购义务明知,且与配偶一起参与公司的共同经营时,该股权回购义务属于夫妻共同债务。

夫妻共同债务并非指仅以夫妻共同财产(二人婚后形成的共同财产)承担债务,而应是无限连带责任,配偶双方的婚前个人财产或离婚后的个人财产都将成为清偿夫妻共同债务的责任财产。

二、典型案例基本案情

案例来源:"金某与建银文化基金公司合同纠纷上诉案"[(2018)京民终18号]。

2011年3月22日,李某2、李某3、李某(三人均为乙方公司原股东)作为甲方、新雷明顿公司(后改名为小马奔腾)作为乙方、建银文化基金公司作为丙方(投资方),签订了《投资补充协议》,协议约定了新明雷顿公司未成功上市时甲方和乙方的股权回购义务。

小马奔腾未在2013年12月31日前实现合格上市,其董事长李某于2014年1月2日去世。

建银文化基金公司与李某妻子金某就金某是否对李某的股权回购义务承担连带责任产生争议并经过一审上诉至二审法院。

三、典型案例法院裁判观点

北京市高级人民法院观点如下:

根据查明的事实,金某对于案涉协议约定的股权回购义务是明知的,其参与了公司的共同经营,案涉债务属于李某、金某夫妻二人共同经营所负的债务:

其一,金某是新雷明顿公司设立时登记的法定代表人和股东,后经过数次变更,法定代表人变更为李某。

其二,案涉协议显示,李某在英属维尔京群岛注册成立并持有100%股权的BVI公司,BVI公司和霸菱分别对另一家在英属维尔京群岛注册成立的公司小马奔腾集团公司持有76.81%、23.19%股份,新雷明顿公司(小马奔腾)及其附属公司与小马奔腾集团公司间接控制的湖南优化公司之间签署了一系列控制协议,金某既是小马奔腾集团公司的董事又是湖南优化公司的董事,并签署了相关决议。

金某作为小马奔腾集团公司、湖南优化公司董事,参与了公司经营;其签署相关公司的解除VIE架构的各种决议,故其应当知悉李某与建银文化基金关于股份回购的协议安排。

其三,李某去世后金某的一系列行为证实李某、金某夫妻二人共同经营公司。

首先,2014年1月27日,小马奔腾的法定代表人变更为金某,小马奔腾2014年第一次临时股东大会决议所附金某简历显示:"1995年开始,作为雷明顿和小马奔腾公司创始人之一,早期参与公司的创建和经营,后作为李某董事长的智囊,为决策献计献策。"小马奔腾的官方微博亦如此介绍其董事长金某。金某现仍然为小马奔腾的董事。

其次,在"金某、李某在(金某、李某之女)诉李某云、邓某辉(李某的父母)继承纠纷案"中,金某在李某云、邓某辉未到庭的情况下(金某提交法院的应为二人身份证住址),请求分割继承仅为李某名下的银行存款与房产;针对李某名下持有的登记注册于北京的小马奔腾、腾骏贸易、鹏丰投资、小马力合、小马欢腾的股份,金某提起了股东资格确认诉讼。

金某在上述案件中的起诉理由均为李某在上述公司的股权系金某与李某婚姻关系存续期间所得的共同所有的财产,金某有权要求将该股份中的一半分出归自己所有,要求法院确认金某为李某名下持有的公司股份的股东,判令上述公司对公司章程和股东名册中关于股东及其出资额的记载进行相应修改,并办理工商变更登记手续。北京市朝阳区人民法院支持了金某的上述请求。

既然李某在上述公司的股权系金某与李某婚姻关系存续期间所得的共同所有的财产,而建银文化基金公司的投资使公司财产及股东个人财产同时增值,金某作为配偶一方实际享有了建银文化基金公司投资小马奔腾所带来的股权溢价收益,李某因经营公司所承诺的回购责任亦属夫妻共同债务,符合权利义务一致原则。

最后,金某自称目前经营的公司雇用的是原小马奔腾人员、采用原小马奔腾经营模式。可见,金某现在经营的公司仍然享用建银文化基金公司投资小马奔腾所产生的溢出效应。

四、延伸阅读

(一)夫妻一方以个人名义所承担的股权回购义务明显不属于家庭日常需要,且该股权未产生收益的情形下,该股权回购义务不属于夫妻共同债务

案例1 "赖某、邹某股权转让纠纷二审民事案"[(2018)粤01民终10525号]。

邹某与赖某签订了对赌条款,之后邹某未完成约定业绩,赖某要求邹某及其妻子共同承担股权回购义务。双方就邹某妻子罗某是否承担股权回购义务产生争议。

一审法院的观点:

根据《最高人民法院关于审理涉及夫妻债务纠纷案件适用法律有关问题的解释》(以下简称《夫妻债务纠纷案件适用法律问题的解释》,已废止)的规定,夫妻一方在婚姻关系存续期间以个人名义所负担的债务,只有在另一方事后追认,或者该债务为家庭日常生活需要所负担,或者虽超出家庭日常生活所需但债权人能够证明该债务用于夫妻共同生活、共同生产、基于夫妻共同意思表示的,才能被认定为夫妻共同债务。

该案中,邹某与赖某关于《股权投资合作终止协议书》和《关于延期支付股权转让款的协议》的签订时间虽系在邹某与罗某夫妻关系存续期间,但明显不属于家庭日常生活所需,罗某未在上述协议中签字也未追认,股权转让款对应的股权亦未完成变更登记,至今未产生股权收益。因此,上述债务不属于夫妻共同债务,赖某要求罗某对股权转让款及利息承担连带清偿责任,依据不足,不予支持。

(二)夫妻一方以个人名义承担股权回购义务,若债务用于夫妻共同生产经营,且有证据证明具有二人共同意思表示,应认定为夫妻共同债务

案例2 "郑某、广州霍利投资管理企业(以下简称霍利企业)股权转让纠纷再审审查与审判监督民事案"[(2021)最高法民申4323号]。

最高人民法院认为:

《夫妻债务纠纷案件适用法律问题的解释》第3条规定:"夫妻一方在婚姻关系存续期间以个人名义超出家庭日常生活需要所负的债务,债权人以属于夫妻共同债务为由主张权利的,人民法院不予支持,但债权人能够证明该债务用于夫妻共同生活、共同生产经营或者基于夫妻双方共同意思表示的除外。"根据该规定,若将夫妻一方以个人名义超出家庭日常生活需要所负的债务认定为夫妻共同债务,须有证据证明该债务用于夫妻共同生活、共同生产经营或者具有夫妻共同意思表示。

首先,在该案中,许某取得夜光达公司股权时处于与郑某的婚姻关系存续期间,该股权应认定为夫妻共同财产。原审认定案涉夜光达公司股份属于夫妻共同财产,并无不当。

其次,郑某在婚姻关系存续期间亦曾任夜光达公司股东,后虽将股权转让至许某一人投资的夜光达科技(香港)投资有限公司,但其陆续担任夜光达公司监事、监事会主席及财务副总等核心要职。许某则陆续为夜光达公司的唯一股东、控股股东,作为公司的法定代表人,任公司董事及经理。据此,夜光达公司系许某、郑某二人分工协作、共同经营的企业,因经营或任职夜光达公司所获得的收入亦应属于夫妻共同财产。

再次,许某、夜光达公司与霍利企业签订的《股份转让协议》以及许某与霍利企业签订的《福建夜光达科技股份有限公司股份转让协议之补充协议》明确约定,许某将案涉股权转让给霍利企业,如夜光达公司未能在2017年12月31日前完成中国A股IPO上市申报或未能在2020年12月31日前完成中国A股IPO上市,则霍利企业有权向许某转让其在本次转让中取得的夜光达公司全部或部分股份,许某必须予以购入,回购或转让的价款的支付时间为收到霍利企业通知后1个月内。

案涉协议约定许某负有回购股权的义务,这同时是霍利企业购买股权投资夜光达公司的条件,可见案涉协议的签订系出于经营夜光达公司的商业目的,因此产生的回购股权债务应属于公司生产经营所负债务。

最后,2017年8月26日,夜光达公司召开第一届监事会第四次会议,郑某作为监事会主席主持会议,会议对夜光达公司2017年半年度报告进行审议并表决通过。郑某对夜光达公司于2017年4月17日签订的案涉协议及于2017年8月4日收到的霍利企业支付的股权转让款应系明知并且同意。据此,签订案涉协议应系许某、郑某因经营公司所做出的共同决策,案涉债务的负担具有夫妻共同意思表示。

综上,案涉债务用于许某、郑某二人共同生产经营,且有证据证明具有二人共同意思表示,应认定为夫妻共同债务。夜光达公司股权属于夫妻共同财产,夜光达公司亦系许某、郑某共同经营,无论商业经营行为的最终结果系盈利或亏损,后果均应及于郑某。原审认定郑某长期与许某共同经营夜光达公司,案涉债务应当认定为夫妻共同债务,并无不当。

许某对霍利企业负有股权回购义务,是案涉协议的直接债务人,并非承担保证责任的保证人,故郑某认为案涉债务属于保证债务,没有事实依据,法院不予认可。至于郑某认为即便成立夫妻共同债务,也应以夫妻共同财产为限进行偿债的理由不具有相应法律依据,法院对该理由亦不予认可。由于郑某于申请再审阶段并未提交任何新的证据,法院对其以具有新证据为由申请再审的理由,不予支持。

(三)投资人所支付的股权转让款用于公司经营,并未由配偶占有、使用且收益的,不属于家庭日常生活所需,产生的股权回购义务不应认定为夫妻共同债务

案例3 "叶某、刘某与领翔投资、李某等股权转让纠纷二审民事案"[(**2018**)**苏民终1517号**]。

刘某和叶某是药兴公司股东,为引入增资款与领翔投资签订对赌协议并约定两人对股权回购承担连带责任。之后对赌失败,领翔投资要求两人及其配偶李某、钱某一同承担股权回购义务。该案就李某和钱某是否应承担股权回购义务产生争议。

法院认为李某、钱某不应对刘某、叶某的涉案债务承担连带责任。理由如下:

《最高人民法院关于适用〈中华人民共和国婚姻法〉若干问题的解释(二)》(以下简称《婚姻法解释二》,已废止)第24条规定,债权人就婚姻关系存续期间夫妻一方以个人名义所负债务主张权利的,应当按夫妻共同债务处理。但夫妻一方能够证明债权人与债务人明确约定为个人债务,或者能够证明属于《中华人民共和国婚姻法》(以下简称《婚姻法》)第19条第3款规定情形的除外。领翔投资以上述法律规定作为依据,要求李某、钱某分别对刘某、叶某的涉案债务承担责任。

关于夫妻共同债务问题,不应仅凭债务发生在婚姻关系存续期间就直接认定为夫妻共同债务,而应结合不同案情进行具体的分析后做出认定。首先,《夫妻债务纠纷案件适用法律问题的解释》第3条规定,夫妻一方在婚姻关系存续期间以个人名义超出家庭日常生活需要所负的债务,债权人以属于夫妻共同债务为由主张权利的,人民法院不予支持,但债权人能够证明该债务用于夫妻共同生活、共同生产经营或者基于夫妻双方共同意思表示的除外。从上述司法解释规定可以看出,所负债务是否用于家庭日常生活所需是认定夫妻共同债务的重要标准之一。该案中,股权转让款及增资款均打入药兴公司的账户,用于药兴公司的经营,并无证据证明刘某、叶某实际占有、使用了上述款项,李某、钱某更不可能因此占有、使用上述款项或者从中获得收益。

其次,《投资协议》签订时,股权回购的条件尚未成就,对于刘某、叶某而言,因股权回购所形成的债务为或然性债务,承担与否需待股权回购的条件是否成就才能确定。从这个角度而言,李某、钱某显然不应对当时并不存在的债务承担责任。

最后,李某虽在药兴公司工作过,并曾担任过公司高级管理人员,其可能知晓《投资协议》签订及履行的事实,但这并不表明其愿意承担刘某的债务或认可涉案债务为夫妻共同债务,亦不会因此产生涉案债务为夫妻共同债务的法律后果,上述事实与李某、刘某夫妻共同债务的认定之间并无关联。因此,刘某、叶某、李某、钱某关于涉案债务并非夫妻共同债务的答辩意见,符合法律规定,法院予以支持。

(四)配偶一方在《回购协议》上签字确认,因此产生的股权回购义务应认定为夫妻共同债务

案例 4 "牟某等与汇丰盈投资中心股权转让纠纷二审民事案"[(2019)京民终 1463 号]。

北京市高级人民法院认为:关于牟某是否应承担连带清偿责任。经查,案涉《回购协议》于 2016 年 9 月 14 日签订,牟某作为冯某的配偶,也于当日在协议上签字确认。2018 年 6 月 27 日,牟某与冯某离婚。故在《回购协议》签订时,牟某与冯某仍系夫妻关系。《夫妻债务纠纷案件适用法律问题的解释》第 1 条规定:夫妻双方共同签字或者夫妻一方事后追认等共同意思表示所负的债务,应当认定为夫妻共同债务。牟某与冯某二人共同在《回购协议》上签字,应属夫妻共同之债,牟某对冯某所应当支付的股权转让款在离婚时分割夫妻共同财产所得范围内承担连带清偿责任。牟某关于其不应承担连带清偿责任的上诉意见,于法无据,法院不予采信。

(五)债权人主张夫妻一方所负债务为夫妻共同债务的,需对该债务用于夫妻共同生活、共同生产经营或者基于夫妻双方共同意思表示承担举证责任

案例 5 "董某、王某股权转让纠纷再审审查与审判监督民事案"[(2020)最高法民申 2948 号]。

最高人民法院认为:

《夫妻债务纠纷案件适用法律问题的解释》第 1 条规定夫妻双方共同签字或者夫妻一方事后追认等共同意思表示所负的债务,应当认定为夫妻共同债务;第 3 条规定夫妻一方在婚姻关系存续期间以个人名义超出家庭日常生活需要所负的债务,债权人以属于夫妻共同债务为由主张权利的,人民法院不予支持,但债权人能够证明该债务用于夫妻共同生活、共同生产经营或者基于夫妻双方共同意思表示的除外。

根据原审查明的事实,股权转让虽然发生在齐某、王某婚姻关系存续期间,但齐某并非

《股权转让协议》的合同相对方,对王某在婚姻关系存续期间以个人名义超出家庭日常生活需要所负的债务,董某未能提交充分的证据证明该债务用于齐某、王某夫妻共同生活、共同生产经营或者基于夫妻双方共同意思表示。原审判决认定齐某不承担共同还款责任,董某没有提交充分的证据推翻原审判决的认定。董某的再审申请理由,依据不足。

(六)夫妻一方举债,该债务用于家庭生产经营活动所需,另一方应以全部财产承担共同清偿责任

案例 6 "肖某与温某等合同纠纷上诉案"[(2017)闽 01 民终 3401 号]。

2010 年 6 月,肖某、傅某以福盛公司富宁分公司的名义与温某、赖某签订《选矿设备投资合作协议》,约定双方投资采购设备建钛精粉选矿生产线。之后,温某、赖某向肖某银行账户转账 255 万元,作为投资款。

2011 年至 2014 年,肖某向温某、赖某退还部分款项。2015 年 3 月 9 日,温某、赖某与肖某、傅某签订协议书,约定:终止合作、协议关系;肖某、傅某补偿赖某、温某投资选矿设备款 230 万元;双方还约定了还款期限及违约金。另外,张某某系肖某配偶,邱某系傅某配偶。张某某系福盛公司的股东及法定代表人,邱某在当时系该公司股东及监事。

因肖某、傅某未按协议书约定支付补偿款,赖某、温某向法院起诉请求:肖某、傅某共同向其偿付投资选矿设备补偿款 230 万元,并支付违约金 69 万元;张某某、邱某承担连带责任。

福州市中级人民法院认为:

肖某、傅某有权代表福盛公司富宁分公司作出终止投资合作的意思表示,且协议书约定系由肖某、傅某个人补偿被上诉人 230 万元,故案涉协议书并未损害案外人福盛公司利益,合法有效。

关于案涉债务能否认定为夫妻共同债务的问题。该案中,肖某、傅某对于被上诉人的投资进行补偿所负的债务,系因被上诉人向肖某支付了用于福盛公司富宁分公司生产经营活动的投资款所产生。案涉债务发生之时,肖某配偶张某某、傅某配偶邱某均系福盛公司股东,且分别担任该公司法定代表人和监事,故案涉债务虽系肖某、傅某对外所负,但系为其家庭生产经营活动之所需,且不存在《婚姻法解释二》第 24 条规定的认定夫妻共同债务的除外情形,故应认定为夫妻共同债务。

《婚姻法》第 41 条第 1 句规定:"离婚时,原为夫妻共同生活所负的债务,应当共同偿还。"[1]在该案中,肖某、傅某对于被上诉人所负的讼争债务系为家庭生产经营之所需,且肖某配偶张某某、傅某配偶邱某作为福盛公司股东直接参与家庭生产经营,故其依法应当以全部财产对该案讼争债务承担共同清偿责任。原审对此判决正确。

---

[1] 现为《民法典》第 1089 条。

实务建议

1. 夫妻共同债务认定规则的演变

(1) 夫妻一方所负债务由夫妻共同偿还的规则

在2018年1月16日之前,法院主要依据《婚姻法解释二》(法释〔2003〕19号)的第24条来认定夫妻共同债务,即夫妻一方在婚姻存续期间所负债务原则上属于夫妻共同债务,除非夫妻一方能够举证债权人与债务人明确约定该债务为个人债务,或者能够证明其属于《婚姻法》第19条第3款[1]规定的"夫妻对婚姻关系存续期间所得的财产约定归各自所有的,夫或妻一方对外所负的债务,第三人知道该约定的,以夫或妻一方所有的财产清偿"的第三人知道分别财产约定的情形。该条规定主要是从保护债权人的利益出发,但是在司法实践中,举证责任的分配导致配偶一方承担过重的责任,甚至出现债务人和债权人恶意串通虚构夫妻共同债务的情形。

在小马奔腾一案中,法院就是依据上述解释中的第24条认定李某生前的因对赌产生的股权回购义务属于夫妻共同债务,金某也因此承担了巨额债务。

(2) 对"夫妻共同债务"规则的质疑和修正

随着市场上出现越来越多的对赌协议、对冲基金、小额贷款等金融方式,《婚姻法解释二》第24条在理论和实务领域都遭受非议。

后来在2017年2月20日通过了《最高人民法院关于适用〈中华人民共和国婚姻法〉若干问题的解释(二)的补充规定》,该补充规定在《婚姻法解释二》第24条的基础上增加两款,分别作为该条第2款和第3款即"夫妻一方与第三人串通,虚构债务,第三人主张权利的,人民法院不予支持。夫妻一方在从事赌博、吸毒等违法犯罪活动中所负债务,第三人主张权利的,人民法院不予支持"。

2017年8月24日,最高人民法院办公厅在《对十二届全国人大五次会议××号建议的答复》中指出,根据《婚姻法》第41条的规定,明确用于夫妻共同生活的债务为夫妻共同债务,没有用于共同生活的债务为个人债务。该答复中还明确,夫妻共同生活的范围既要考虑日常家庭生活,还要考虑家庭的生产经营活动。夫妻一方为生产经营活动的举债,根据生产经营活动的性质、夫妻双方在其中的地位作用、第三人是否善意等具体情形来认定是否属于夫妻共同债务。

(3) 认定夫妻共同债务的三项限定情形

2018年1月16日,最高人民法院出台了《夫妻债务纠纷案件适用法律问题的解释》(法释〔2018〕2号),该解释第1条、第2条以及第3条改变了《婚姻法解释二》第24

---

[1] 现为《民法典》第1065条第3款。

条对于夫妻共同债务的认定规则,确立了认定夫妻共同债务的三项规则。

首先,只有在夫妻双方共同签字或者夫妻一方事后追认的情况下,该债务才可认定为夫妻共同债务。

其次,夫妻一方因家事代理权而产生的债务,即在婚姻关系存续期间以个人名义为家庭日常生活对外负债,属于夫妻共同债务。

最后,夫妻一方在婚姻关系存续期间以个人名义超出家庭日常生活需要所负的债务原则上不属于夫妻共同债务,除非债权人能够举证证明该债务用于夫妻共同生活、共同生产经营或者基于夫妻双方共同意思表示。

上述规则在2021年1月1日开始施行的《民法典》第1064条被沿用。

根据现行立法规则,法院对于夫妻债务的认定从形式化的以"夫妻关系存续期间"为标准,走向了对一方所负债务是否用于"夫妻共同生活、共同生产经营或者共同负债的意思表示"的实质认定标准。

2. 股权回购债务认定为夫妻共同债务的情形

(1)在夫妻一方以个人名义签订股权回购协议或者对赌协议的情形下,即使夫妻另一方未在协议上签字,但是如果其参与公司经营决策或者与配偶同为公司股东,则该债务属于夫妻共同债务,那么夫妻另一方需对此承担连带责任。但如果配偶一方并未参与公司经营决策,也未将收益用于夫妻共同生活,并且虽在公司任职,但非核心要职,而且对于其配偶的股权回购义务没有明确的共同承担债务的意思表示的,那么回购债务不属于夫妻共同债务,配偶无须承担连带清偿责任。

(2)若夫妻双方共同在股权回购、股权转让或者对赌协议上签字,则认定夫妻双方具有共同的意思表示,由此产生的股权回购债务属于夫妻共同债务。

另外,对于上述债务属于夫妻共同债务的举证责任在于回购债权人,即投资人,投资人若不能举证该债务属于夫妻共同经营产生或者用于夫妻共同生活或者具有夫妻共同意思表示的,由投资人承担举证不能的责任。

鉴于此,创始股东在签订股权回购协议或者其他金钱补偿类的对赌协议时,为避免令整个家庭财产陷入债务风险,需注意以下三点:一是非必要,配偶可以不用在协议上签字;二是避免配偶成为同一公司股东或者实际控制人或者在公司担任高管;三是请投资人对债务属于夫妻共同债务进行举证。

3. 认定为夫妻共同债务以后,夫妻二人对外承担的是无限连带责任,并不以夫妻共同财产为限承担共同债务

对于配偶一方在何种范围内承担共同债务,是无限连带责任还是以夫妻共同财产为限承担连带责任,原《婚姻法》、现行《民法典》及其司法解释都未明确规定,司法审判观点也并不统一。

观点一:配偶应在夫妻共同财产范围内承担连带责任。

如上述案例4中,北京市高级人民法院认为配偶牟某应在夫妻共同财产范围内承担连带清偿责任。类似案例还有"林某、陈某民间借贷纠纷再审民事案"[(2018)最高法民再20号]和"交通融资担保有限公司、富丰水泥集团有限公司追偿权纠纷再审民事案"[(2020)最高法民再359号]。

观点二:配偶一方承担无限连带责任,并不区分配偶的个人财产和共同财产。

如上述案例2中,配偶一方主张在夫妻共同财产范围内承担连带责任,但是最高人民法院认为其主张无法律依据。在案例6中,法院对配偶承担无限连带责任进行了一定的说理,其认为夫妻一方举债,该债务用于家庭生活需要且另一方参与直接经营的,另一方应以全部财产承担共同清偿责任。

笔者认为,一方面,从法律规定的角度,《民法典》第1089条规定"离婚时,夫妻共同债务应当共同偿还。共同财产不足清偿或者财产归各自所有的,由双方协议清偿;协议不成,由人民法院判决"。共同财产不足清偿的,由双方协议清偿,说明并不是以共同财产为限清偿,因为不足的,还要继续清偿。

另一方面,从共同债务人地位平等的角度而言,既然作为创始股东的直接回购义务人承担的是无限责任,即以个人全部财产承担责任,那么,一旦被认定为夫妻共同债务,配偶也应该以个人全部财产承担。回购义务人并不因债务被认定为夫妻共同债务而降低其责任范围转而以夫妻共同财产为限承担。夫妻二人对于共同债务的地位应是平等的,每个人都应该以其全部财产承担回购责任。

所以,夫妻共同债务并非仅指以夫妻共同财产(二人婚后形成的共同财产)承担债务,配偶双方的婚前个人财产或离婚后的个人财产都将成为清偿夫妻共同债务的责任财产。

虽然夫妻二人对外承担无限连带责任,但在夫妻内部则是按份承担。一旦夫妻双方对共同债务各自承担的份额确定以后,夫妻一方对外履行了全部债务后,有权就超过其应承担的部分向另一方请求偿还。另一方不得以共同债务已清偿为由拒绝一方的请求。

另外,夫妻一方死亡的,生存一方应当对婚姻关系存续期间的夫妻共同债务承担清偿责任,该清偿责任并不以继承的财产范围为限,而是由生存的配偶承担全部责任。

第六节　创始股东该如何避免个人破产

2021年3月1日,个人破产制度在深圳先行试点实施。事实上,个人破产制度如企业破产一样,是对个人的一种保护,有其积极价值。创业公司在融资之时,其创始人往往会与投资人签订业绩对赌协议,一旦对赌失败,创始人很可能会成为个人破产制度的践行者。

2020年6月,一篇《中国最惨创业者:3年前我被投资人赶出公司,3年后公司没上市让我赔3800万!》的文章,引发了杭州雷龙网络技术有限公司创始人郭某与科发资本的舆论风波。根据上文笔者引用的郭某所涉的诉讼案件可知,在"郭某某、于某某、杭州科发创业投资合伙企业合同纠纷二审民事案"[(2019)浙01民终10260号]中,两审法院观点一致,均认为股权转让并不等同于免除对赌协议下的回购义务,郭某即使已经转让了所持有的雷龙公司股权,也仍然负有回购的合同义务。

可见,一旦创始人开始创业融资将很难全身而退,即便已经离开公司,也还与公司"荣辱与共"、利益捆绑,这是否公平呢?创始人有什么措施能最大限度地降低个人责任吗?类似上述郭某的遭遇,如何才能破解呢?

一、投资协议签订时的特别约定——限制个人责任条款

根据笔者从事此类投融资业务的经验,在签订投资协议之时,有以下方法可供创始人选择以限制个人责任。

1. 约定"有限责任"而非"无限责任"

对于创始人而言,个人承担无限责任就是最大的风险。签订投资协议之时,可争取创始人责任上限,常见做法为以股权、股权收益或股权变现价值为限。如某投资合同表述为:在创始股东回购的情况下,以其在公司内取得的收益为限(包括但不限于分红、股权转让收益、处置或变现其所持有的公司股权所得收益、违约行为所得利益)承担责任。

2. 避免"连带责任"的雷区

投资协议中一般会约定,公司一方违反协议约定的陈述保证、承诺和义务条款致投资方遭受损失时,公司应对投资方进行赔偿,创始人须就赔偿责任承担连带责任。如某投资合同有如下表述:公司或创始股东应在收到该等回购通知后60个工作日内,以约定价格向各要求回购的股东(要求回购股东)购买回购股权,逾期未支付,则回购义务人应按照回购价款的0.5%/日向要求回购股东支付违约金,直至完成回购价款及违约金的支付。公司和创始股东就本条项下的义务向各要求回购股东者承担连带责任保证。据此,创始人可在签订对赌协议之时,争取不与公司和其他创始人承担连带责任,或者要求仅在特定情况下(如创始人导致的违约情况下)才承担连带责任;或者将连带责任约定为补充责任,在发生违约的情况下,投资

人需先追究公司的赔偿责任,在公司无法赔偿的情况下,再由创始人承担补充赔偿责任。

3. 设定公司方陈述与保证时限

就公司方的陈述与保证,多数股权投融资交易并不会限制陈述与保证的期限,也即交割后,只要投资人发现公司方存在陈述与保证不实的情况,就可以向公司方主张违约责任。然而,也有少量项目(以境外项目为主)中,公司方要求对陈述与保证不实设定追索期限,要求投资人在特定期限内(如交割后×年内)就公司可能的保证不实情况进行追索,超过该期限的,投资人丧失追索权利。实践中该期限短则一年,长则三年。

4. 设定起赔额

创始人和公司可能会要求设定一个引发赔偿责任所必须达到的损失金额(起赔额),比如,除非投资人的单项损失索赔高于10万元,否则投资人不得提起索赔。投资人可以约定:如果单项索赔不超过起赔额,但多项索赔加起来超过了起赔额,也可以要求赔偿。

5. 解决"创始人股权无外部市场以及估价困难"的问题

有限公司与非上市股份公司缺乏外部股权市场,创始人如果需要将股权作为自己担责的财产,还面临有价无市、无法变现的风险。即使可以变现,不同的估值机构评估的股权价值也存在差异。如果股权价值由投资方指定的评估机构评估,那么创始人可能承担责任过重;如果约定双方协商,实践中又可能协商不成。

解决这两个问题有以下做法:创始人如果无法将股权变现,则将股权以零对价或者名义对价方式转让给投资人;可在协议中先选定五家以内的估值机构,需要股权估价时,先由投资人选择一家进行评估,若创始人对评估结果不满意,则再在剩余几家评估机构中选择一家进行估值,取最终平均估价值作为股权估价结果。

6. 降低创始人变现股权或者以股抵债时的税务风险

《股权转让所得个人所得税管理办法(试行)》第5条规定:"个人股权转让所得个人所得税,以股权转让方为纳税人,以受让方为扣缴义务人。"当创始人变现股权时,可约定由投资人承担相应税款,并约定以税后股权变现所得价款为限承担责任。当创始人以零对价或者名义对价的方式将股权转让于投资人时,其面临被税务机关调整价格要求缴纳税款的风险,此时可约定由投资人承担相应的税款或者约定以等值于税款的价款将股权转让给投资人。

二、诉讼抗辩理由——创始人被动失去经营管理权

除上述协议中约定的限制或者规避创始人个人责任的方式以外,一旦发生回购责任的争议,创始人如何抗辩呢?如果创始人在对赌期间已经离开公司,针对这种情况,可以尝试以失去经营管理权作为免责理由。

(一)创始人具有经营管理权是承担对赌责任的前提

在上述"最惨创业者"郭某与科发资本案中,法院之所以认为股权转让并不等同于免除回

购义务,原因在于,股权转让的原因有很多,包含套现离场、净身出户、股权代持,如果转让全部股权就可以免除回购义务,那么实际控制人将很容易逃避回购义务和责任。

如果创始人转为幕后经营管理公司,那么其继续承担回购义务理所应当。然而,如果某个创始人被动地被投资人以及其他创始人联合排挤出公司,失去了公司经营管理权,那么此时还要求其承担股权回购义务,是否还正当呢？该案两审法院重点阐述了股权转让和股权回购义务属于两个问题,但没有对股权转让是否导致其被动失去公司的经营管理权展开说理。

之所以强调创始人对于公司的经营管理权,是因为这与对赌协议的机制和原理相关。《九民纪要》如是定义对赌协议:实践中俗称的"对赌协议",又称估值调整协议,是指投资方与融资方在达成股权融资协议时,为解决交易双方对目标公司未来发展的不确定性、信息不对称以及代理成本而设计的包含了股权回购、金钱补偿等对未来目标公司的估值进行调整的协议。从订立"对赌协议"的主体来看,有投资方与目标公司的股东或者实际控制人"对赌"、投资方与目标公司"对赌"、投资方与目标公司的股东、目标公司"对赌"等形式。

据此,对赌协议的底层商业逻辑在于解决信息不对称的问题。因为外部投资者无法全部知晓公司的内部信息,所以采取对赌的方式控制投资风险。实践中,外部投资人的资金进入公司后,一般仅有一小部分作为股本,其余大部分均以资本溢价(资本公积金)的方式计入公司资产。投资人不关注取得的被投资公司的股权比例,而仍然将经营管理交给原有管理层和创始股东,典型的"一方出钱,一方出力"。那么如果投资方要求创始团队退出(在后者本身不愿意主动退出的情况下),本质上就是剥夺创始人的经营管理权。如果公司后续被投资方控制,那么对赌的基础完全被破坏,公司的经营管理权在投资方手中,投资方自己经营自己控制的公司,凭什么要求"已经出局"的创始人承担回购义务呢？这违反了"权利和义务相一致"的基本原则,投资者取得管理权,掌握全部公司资料,前述"信息不对称"的基础也不存在。同理,当创始团队中的某个创始人被"踢"出公司,他为什么要继续承担股权回购义务呢？

(二)司法裁判观点:对赌义务人承担责任的前提是其对目标公司的持续控制权不被投资人打断

1. 投资人应保障对赌义务人对目标公司的经营管理权,否则对赌义务人不承担业绩补偿责任

在"京福华越(台州)资产管理中心、恒康医疗集团股份有限公司股权转让纠纷案"[(2019)川民终1130号]中,四川省高级人民法院认为,正是基于徐某前期对三家目标医院的经营管理优势,作为对赌一方的原股东来说,指定徐某担任董事长管理目标医院,方能控制目标医院未来的经营风险及实现承诺的目标医院业绩,投资方也可由此降低其经营风险,将经营不善的风险交由原股东及徐某,由原股东及徐某承担业绩差额的补偿,这符合对赌双方的利益驱动,也符合双方业绩对赌的初衷。如股权转让之后,受让方全盘接管管理公司,原股东指定的管理层不再管理经营目标医院,仍由原股东及实际控制人承担经营业绩不达约定的补偿,明显加重了原股东所应承担的风险,也有悖公司法基本原理。故应认定徐某担任公司 3 年董事长是《业绩补偿之补充协议》实现的重要条件。该案徐某被暂停职务后,徐某及兰益商务中心等 13 家合伙企业无法参与和控制目标医院的运营,也难以实现对目标医院经营业绩的控制和预期,继续履行《业绩承诺之补充协议》关于业绩不达标将进行补偿的约定丧失了基础,兰益商务中心等 13 家合伙企业及徐某有权要求解除《业绩承诺之补充协议》中 2018 年、2019 年年度业绩补偿条款。由于徐某被停止和被免除董事长职务发生在 2018 年年初,对 2017 年合同的履行没有影响。因此,《业绩承诺之补充协议》关于 2017 年年度业绩补偿条款不应予以解除,2018 年、2019 年的年度业绩补偿条款,应当予以解除。

2. 对赌义务人对目标公司的控制不因个别高管人员的职务变动而受影响

在"旷智(天津)国际贸易有限公司(以下简称旷智公司)、王某鸣股权转让纠纷案"[(2020)最高法民申 1616 号]中,业绩补偿义务人旷智公司提出投资人龙洲集团应对目标公司天和能源公司的未完成业绩指标承担责任,其理由是:案涉协议属于对赌协议,《投资框架协议》作为一个整体实现了投资方和融资方权利义务的平等,既然旷智公司对天和能源公司的目标业绩作出了承诺,龙洲集团应根据协议及时支付股权转让款并保证旷智公司对目标公司的经营权。旷智公司之所以要在协议中明确约定总经理和法定代表人必须为旷智公司推荐就是因为旷智公司承担了目标公司业绩对赌的义务和责任。如果失去总经理和法定代表人,那么无论是在股东层面、董事会层面还是在经理层面,均会造成对天和能源公司的全面失控,其相关的经营方式、管理优势不可能实现,上下游的客户也不可能再认可和支持天和能源公司,业绩对赌就不可能实现。但龙洲集团不但未按时支付股权转让款,而且擅自变更目标公司法定代表人和总经理,该行为造成旷智公司对天和能源公司失控,并最终导致天和能源公司未能实现合同约定的业绩指标。因此,龙洲集团应对天和能源公司未完成业绩指标承担相应责任。

最高人民法院认为,关于龙洲集团对天和能源公司未完成公司业绩是否需要承担责任的问题。据原审查明的事实,天和能源公司依照法定程序变更公司法定代表人,王某鸣本人对此并未提出异议。变更法定代表人后,王某鸣又担任该公司的常务副经理、董事等职务,其作为天和能源公司的高级管理人员仍可以行使与其职位相适应的职权。同时,旷智公司与龙洲集团的协议中仅约定天和能源公司总经理和法定代表人由旷智公司推荐,并未约定王某鸣担任天和能源公司法定代表人系实现约定业绩目标的必要条件。现王某鸣未提交证据证明其职位变动后对公司的正常运营产生严重障碍或其他不利后果,也无证据表明系因更换法定代表人直接导致目标公司无法完成承诺业绩,故其主张龙洲集团对天和能源公司未完成公司业绩亦需承担责任的再审申请事由理据不足。

3. 投资人向目标公司委派工作人员并不影响对赌义务人对目标公司的持续经营和实际控制

在"张某、皖新文化产业投资(集团)有限公司(以下简称皖新投资公司)合同纠纷案"

[(2020)皖民终520号]中,张某是融资人智慧超洋公司的实际控制人,其与投资人皖新投资公司约定了现金补偿条款,后智慧超洋公司破产,张某以自己不再管理公司为由主张免责。安徽省高级人民法院认为,即便在智慧超洋公司破产重整期间,张某、吴某东仍然对其实际控制并持续经营。张某指称皖新投资公司全程深度参与智慧超洋公司的主要经营与事实不符。皖新投资公司委派董事和工作人员到智慧超洋公司任职是行使股东权利,并不减轻或免除张某、吴某东的补偿义务。

可见,创始人被动失去经营管理权可作为创始人免责的依据;如果创始人并非被动失去经营管理权,而只是职位变动,则不可以作为免责的依据。

根据以上案例,笔者有理由认为,当全部创始团队成员均被投资人要求转让股权离开公司时,实际上是投资人以自己的行为要求解除对赌协议;当创始团队中部分成员人走股留时,"被踢出的创始人"将不再受该对赌条款的约束,应被免除其在投资合同项下的回购或现金补偿义务,本节最开始提到的"最惨创业者"的故事或可以此逆转。

除以上的协议限制责任以及责任抗辩外,随着保险、信托、家族财富传承领域的金融产品的出现,创始人也不妨在公司融资之前采取适当措施进行风险隔离,将个人风险与家庭财产相隔离,一旦对赌风险发生,可使家庭成员的正常生活和教育不受影响。除此之外,也可以对婚内财产归属采取"约定财产制",以隔离夫妻共同债务,并提前向投资方公开、披露,避免对赌形成的债务成为夫妻共同债务。

第七节 为满足新三板挂牌的监管要求,未披露对赌条款时的效力解析

在私募股权投资实践中,新三板企业为了满足挂牌等监管要求,投融资双方往往会签订"抽屉协议",即企业对外披露与股东之间无对赌协议的存在,但投资人与创始股东通过私下签订"抽屉协议"的方式约定特殊权利条款,以此规避监管要求,并达到保护投资者的目的。在对赌条件触发时,相关协议有效性问题将会引发争议。

一、典型案例基本案情

案例来源:"胡某华、宋某芳与上海隽盛股权投资基金管理有限公司公司增资纠纷案"[**(2020)沪民再29号**]。

胡某华、周某(甲方)作为中宝公司股东与隽盛公司(乙方)签订《投资协议》,甲方同意乙方以其管理的私募基金向中宝公司进行投资,出资额为2100万元。

胡某华、宋某芳、周某(甲方)与隽盛公司(乙方)签订《补充协议》,并约定如若中宝科技不能在2016年6月30日前于"全国中小企业股份转让系统"挂牌上市,乙方可要求甲方按照

乙方投资额的同等数额价款并加10%年回报率向乙方购回乙方所持有的全部股权,保证乙方顺利退出不受损失。

2015年10月15日,隽盛公司向中宝公司转账共计2100万元。2015年11月2日,隽盛公司登记为中宝公司股东,持有股权700万股。

2016年7月,中宝公司完成中小企业股份转让系统挂牌。

2017年年底,胡某华、宋某芳回购隽盛公司名下的300万股股份并完成回购转让,隽盛公司要求胡某华、宋某芳继续回购剩余400万股股份。

二、典型案例争议焦点

该案争议焦点为回购条款未披露是否影响回购条款效力,隽盛公司是否有权要求胡某华、宋某芳回购涉案400万股股份。

三、典型案例法院裁判观点

(一)二审法院的观点

二审法院认为:隽盛公司有权要求胡某华、宋某芳回购涉案股权。

首先,关于涉案回购条款的效力。回购条款的披露涉及的是投资者利益保障及社会公众监督,系属证券监管机构对拟上市公司规范发行及运作的行政监督管理范畴,与回购条款本身的效力并无关联。

其次,关于回购条件成就与否。中宝公司因券商方面的事由导致延期上市,该项因素应当属于交易各方缔约时能够合理预见的范畴,胡某华、宋某芳以此为由主张回购条件未成就,二审法院不予采信。

(二)再审法院的观点

再审法院观点如下:

关于胡某华、宋某芳认为涉案回购条款在挂牌后因违反《全国中小企业股份转让系统业务规则》(试行)和证券市场信息披露规定,有违证券市场公共秩序,有损其他广大投资者合法权益等公序良俗,理应失效的问题。全国中小企业股份转让系统并未禁止投资人在挂牌公司投资协议中约定股权回购等特殊条款,而是通过制定《挂牌公司股票发行常见问题解答(三)——募集资金管理、认购协议中特殊条款、特殊类型挂牌公司融资》(以下简称《挂牌公司问答(三)》)、《挂牌公司股票发行常见问题解答(四)——特殊投资条款》(以下简称《挂牌公司问答(四)》)[1]等业务规则对此类特殊条款提出监管要求。胡某华、宋某芳不能证明涉

---

[1]《适用指引1号》2021年11月12日发布后,《挂牌公司问答(四)》同时废止。

案回购条款本身存在违反法律、行政法规强制性规定等法定无效情形或者违反挂牌公司监管禁止性规定,故涉案回购条款在中宝公司挂牌后的存续并不构成对证券市场公序良俗的违反。至于涉案回购条款的信息披露问题,系属全国中小企业股份转让系统与证券监管部门的自律监管与行政监管范畴,由此可能产生相关主体接受自律监管措施、纪律处分或者行政处罚等责任后果,并不影响回购条款本身的效力。故对胡某华、宋某芳关于涉案回购条款在中宝公司挂牌后即丧失法律效力的主张,法院不予采纳。

四、典型案例评析

对于违反新三板信息披露规定的"抽屉协议"的效力,不同法院就不同案件的裁判规则也不尽相同。对于对赌条款的效力,《九民纪要》已经进行了明确。虽然《民法典》第153条规定,违反法律、行政法规的强制性规定的民事法律行为无效。但是针对违反非上市公众公司信息披露规则及监管规则的行为。是否一定有效,相关司法裁判案例及法律法规并无统一的认定及标准。

就本节上述案例来讲,法院认为全国中小企业股份转让系统并未绝对禁止投资人在挂牌公司投资协议中约定股权回购等特殊条款,而是通过制定《挂牌公司问答(三)》《全国中小企业股份转让系统股票定向发行业务规则适用指引第1号》(以下简称《适用指引1号》)等行业业务规则对新三板企业特殊条款提出监管要求,故其并不必然导致相关条款无效。特殊条款未披露系属全国中小企业股份转让系统与证券监管部门的自律监管与行政监管范畴,由此可能产生相关主体接受自律监管措施、纪律处分或者行政处罚等责任后果,其并不影响回购条款本身的效力。

笔者参阅了相关案例中认定未披露特殊权利条款有效的司法裁判观点,其主要依据的是《民法典》第153条(《民法典》实施前为《合同法》第52条)的规定。例如,在"陈某与建华创业公司、吴某股权转让纠纷案"[(2021)京03民终3176号]中,法院秉持有效的观点,法院认为,该案中,陈某所主张的《增资扩股协议》《补充协议》《回购协议》违反了《挂牌公司问答(四)》《全国中小企业股份转让系统挂牌公司股份特定事项协议转让细则》《非上市公众公司收购管理办法》等规定,其法律性质并不属于《中华人民共和国立法法》所规定的法律、行政法规范畴,相关规定亦不属于效力性强制性规范。因此,陈某主张《增资扩股协议》《补充协议》《回购协议》违反法律和行政法规强制性规定而无效的答辩意见,不符合法律规定,一审法院不予采纳。

在"信用基金诉丁某、远东卓越科技股权转让纠纷案"[(2019)鄂0102民初1836号]中,法院认为,关于《补充协议一》的效力问题。远东公司、丁某虽辩称《补充协议一》约定违反了新三板系统发布的相关规定及挂牌公司股票发行认购协议和补充协议,有业绩承诺、补偿认购的条款应经过挂牌公司的股东会通过,该案协议没有经过法定程序应认定为无效。但根据

《合同法》第52条第1款第5项"违反法律、行政法规的强制性规定"及《最高人民法院关于适用〈中华人民共和国合同法〉若干问题的解释(一)》(以下简称《合同法解释一》)第4条"合同法实施以后,人民法院确认合同无效,应当以全国人大及其常委会制定的法律和国务院制定的行政法规为依据,不得以地方性法规、行政规章为依据"的规定,远东公司、丁某所述依据不属于全国人大及其常委会制定的法律和国务院制定的行政法规,也不属于法律禁止性规定,不构成认定《补充协议一》无效的依据,故法院对远东公司、丁某的抗辩观点不予采纳。

值得注意的是,随着金融监管及投资者权益保护的不断加强,部分裁判机关以保护金融秩序及投资者权益而认定未披露的特殊权利条款无效,且在相关司法案例中有所体现。例如,在"陈某与高瓷公司、邹某奎证券回购合同纠纷案"[(2021)粤09民终36号]中,法院认为,在高瓷公司该次股票发行认购中,没有遵守如实披露信息的法定义务,也违反了《挂牌公司问答(三)》对于股票发行存在特殊条款时的监管要求。由此产生的后果是,不能确保高瓷公司的股权真实清晰,对投资者股权交易造成不确定的影响,损害了非特定投资者的合法权益、市场秩序与交易安全,不利于金融安全及稳定,违背了公共秩序。尽管《挂牌公司问答(三)》属于部门规章性质,但因其经法律授权并为证券行业监管的基本要求,且新三板是全国性的交易场所,社会影响面大,应当加强监管和交易安全保护,以保障广大非特定投资人利益;故违反《挂牌公司问答(三)》的合同也因违背公序良俗而应当认定为无效。因此,综合考量各种因素,该案《股权回购协议》应当被认定为无效合同,不具有法律约束力。

就违反金融秩序及监管协议效力的案件,司法裁判亦持有谨慎的态度。如在"杨某国诉林某坤、常州亚玛顿股份有限公司股权转让纠纷再审案"[(2017)最高法民申2454号]中,最高人民法院对违反上市监管规定协议因而无效进行了阐述和说明。最高人民法院认为,杨某国与林某坤签订的《委托投资协议书》与《协议书》违反公司上市系列监管规定,而这些规定有些属于法律明确应于遵循之规定,有些虽属于部门规章性质,但因经法律授权且与法律并不冲突,并属于证券行业监管基本要求与业内共识,并对广大非特定投资人利益构成重要保障,对社会公共利益亦为必要保障所在,故依据《合同法》第52条第4项等规定,该案上述诉争协议应认定为无效。

尽管部分司法案例对特殊条款在司法实践中认为有效,但其合规性依然备受挑战。《非上市公众公司信息披露管理办法》第50条规定:"挂牌公司及其董事、监事、高级管理人员、股东及其一致行动人、实际控制人,主办券商、证券服务机构未按照本办法规定履行报告义务,或者报送的报告有虚假记载、误导性陈述或者重大遗漏的,中国证监会依照《证券法》有关规定处罚。"笔者查询相关案例,发现三板挂牌企业明珠股份、特思达均因未披露特殊权利条款等违规行为分别于2020年1月及11月收到基金业协会《自律监管函》及江苏证监局《行政监管措施决定书》,责令其严格按规定履行信息披露义务。

综上,虽根据《民法典》相关规定,违反金融监管秩序等非法律、法规强制性规定的相关协议不得认定为无效,但随着金融监管力度不断加强,在相关违反金融秩序的文件被司法审定的过程中,考虑到政策监管的一致性和投资者利益,存在相关协议被法院以维护公共利益为由认定无效的可能,且存在被监管机关进行自律监管或处罚的风险。因此,在签署过程中应做好风险预判和安排,各方应明确协议被认定无效情形下的补救措施。

实务建议

鉴于未披露协议或条款面临无效及合规监管的风险,建议各方在签署之前慎重考虑。在目前金融监管不断加强以及要求清理部分类型对赌条款的情形下,投资人基于自身权益的考虑,往往会与目标公司及其实际控制人签署抽屉协议来保障自己的利益。但是,就目前司法审判来看,其存在被认定为无效的风险。

第八节　上市公司重大资产重组中的业绩对赌条款能否变更

上市公司资产重组的一个重要方式就是股权转让,如上市公司收购目标公司原始股东的股权,从而进入并控制目标公司,同时约定目标公司在收购之后一定期限内的业绩标准,如果不能达到,原始股东将向上市公司进行业绩补偿,扣减上市公司应支付的股权转让款。此类交易模式,其实就是一种业绩对赌安排。

一、司法实践认可业绩对赌条款的变更或解除

近几年,很多公司的业绩无法达到约定目标,触发了创始股东的对赌责任。鉴于国家政策变化或者疫情因素的客观影响,触发对赌责任后,不乏基于情势变更原则或者不可抗力规则变更业绩对赌条款的情形。

《民法典》第533条规定:"合同成立后,合同的基础条件发生了当事人在订立合同时无法预见的、不属于商业风险的重大变化,继续履行合同对于当事人一方明显不公平的,受不利影响的当事人可以与对方重新协商;在合理期限内协商不成的,当事人可以请求人民法院或者仲裁机构变更或者解除合同。人民法院或者仲裁机构应当结合案件的实际情况,根据公平原则变更或者解除合同。"

《最高人民法院关于依法妥善审理涉新冠肺炎疫情民事案件若干问题的指导意见(二)》第14条第1款规定:"对于批发零售、住宿餐饮、物流运输、文化旅游等受疫情或者疫情防控措施影响严重的公司或者其股东、实际控制人与投资方因履行'业绩对赌协议'引发的纠纷,人民法院应当充分考虑疫情或者疫情防控措施对目标公司业绩影响的实际情况,引导双方当

事人协商变更或者解除合同。当事人协商不成,按约定的业绩标准或者业绩补偿数额继续履行对一方当事人明显不公平的,人民法院应当结合案件的实际情况,根据公平原则变更或者解除合同;解除合同的,应当依法合理分配因合同解除造成的损失。"

鉴于新冠疫情影响,在双方协商不成的情况下,法院可以变更甚至解除合同。结合司法案例,法院目前也支持因为新冠疫情影响下的业绩补偿承诺的变更或者解除。比如,2022年南京市秦淮区人民法院作出调减王某霞对爱迪尔公司业绩补偿金额的民事判决。

二、涉及上市公司资产重组的业绩对赌变更原则上被否定,但并未完全禁止

2016年6月17日,证监会在《关于上市公司业绩补偿承诺的相关问题与解答》(已废止)中明确规定,业绩承诺方应当严格履行业绩补偿承诺,不得变更业绩补偿承诺。该规范性文件虽已被废止,但也初次表明了立场,为后续规范性文件的出台奠定了基础。

证监会于2020年7月31日颁布的《监管规则适用指引——上市类第1号》替代了上述《关于上市公司业绩补偿承诺的相关问题与解答》。其关于业绩补偿承诺条款变更的态度没有变化,该指引第1~2条"二、业绩补偿承诺变更"规定,"上市公司重大资产重组中,重组方业绩补偿承诺是基于其与上市公司签订的业绩补偿协议作出的,该承诺是重组方案重要组成部分。因此,重组方应当严格按照业绩补偿协议履行承诺。除我会明确的情形外,重组方不得适用《上市公司监管指引第4号——上市公司实际控制人、股东、关联方、收购人以及上市公司承诺及履行》第五条的规定,变更其作出的业绩补偿承诺"。

该指引说明只有在证监会明确规定的情形下,才可以变更业绩补偿承诺,其他重大资产重组中业绩补偿承诺则不能引用《上市公司监管指引第4号——上市公司实际控制人、股东、关联方、收购人以及上市公司承诺及履行》第5条进行变更。

不过,考虑到新冠疫情的影响,证监会曾在2020年5月15日的答记者问中明确,对于尚处于业绩承诺期的已实施并购重组项目,标的资产确实受疫情影响导致业绩收入、利润等难以完成的,上市公司在严格履行股东大会等必要程序后,原则上可延长标的资产业绩承诺期或适当调整承诺内容。监管部门的上述表态,有利于上市公司和业绩承诺方通过变更业绩补偿承诺的方式防范潜在业绩补偿纠纷的产生或升级。

2022年1月5日,中国证券监督管理委员会公告〔2022〕16号《上市公司监管指引第4号——上市公司及其相关方承诺》废止并替代了《上市公司监管指引第4号——上市公司实际控制人、股东、关联方、收购人以及上市公司承诺及履行》,一方面明确了一般资产重组中按照业绩补偿协议作出的承诺不得变更或豁免,另一方面也规定了可以变更豁免的情形,即第13条第1款规定,"出现以下情形的,承诺人可以变更或者豁免履行承诺:(一)因相关法律法规、政策变化、自然灾害等自身无法控制的客观原因导致承诺无法履行的;(二)其他确已无法履行或者履行承诺不利于维护上市公司权益的"。

可见，证监会对于重大资产重组中的业绩补偿承诺变更持审慎态度，虽明确原则上不得变更或豁免，但也未完全禁止。

三、上市公司业绩对赌条款变更的实例

结合目前已查询到的案例，近年来有关业绩补偿承诺条款进行变更甚至豁免的情形并不少见，尤其是在2020年新冠疫情全球暴发之后，变更业绩补偿承诺条款不再是个案。

根据经济观察网2021年4月27日的报道，自2021年以来，已经有数十家上市公司发布延期、调整业绩补偿承诺的公告，涉及标的均为受新冠疫情影响较大的行业，修改缘由多为新冠疫情。比如，赢合科技（证券代码：300457），于2021年2月27日发公告表示，公司2018年收购电子烟标的斯科尔，对方承诺2019~2021年年度净利润分别不低于6000万元、1亿元和2亿元。公司称，该标的因新冠疫情造成的海外销售业务停滞，造成供应链产能下降，导致公司订单交付能力下降。公司调整后的业绩承诺方案将2020年业绩承诺由原承诺的1亿元调降为2800万元，业绩承诺期延长1年至2022年，2021年、2022年业绩承诺为1亿元、2亿元，并补充当年业绩承诺完成率未满85%时才需补偿。该调整经董事会、监事会、独立董事、股东大会审议程序后确认调整。

又如，继峰股份（证券代码：603997），于2021年12月28日发公告表示，考虑到2020年度新冠疫情对格拉默实际影响情况，东证继涵拟将其在《补充协议》项下补偿性对价约定期由2019年、2020年及2021年三个会计年度变更为2019年、2021年及2022年三个会计年度。该调整经董事会、独立董事、监事会、股东大会审议程序、券商（独立财务顾问）发表核查意见、会计师发表专项审核意见后确认调整。此外，近两年还有如美吉姆（证券代码：002621）、盈康生命（证券代码：300143）等均对业绩承诺期予以延长。

由此可见，即使构成重大资产重组的并购案件，在特定条件下，证监会也会允许业绩补偿承诺进行变更。

四、上市公司进行业绩对赌条款变更的注意事项

（一）审查所涉收购项目是否构成重大资产重组

《上市公司重大资产重组管理办法》第12条第1款规定："上市公司及其控股或者控制的公司购买、出售资产，达到下列标准之一的，构成重大资产重组：（一）购买、出售的资产总额占上市公司最近一个会计年度经审计的合并财务会计报告期末资产总额的比例达到50%以上；（二）购买、出售的资产在最近一个会计年度所产生的营业收入占上市公司同期经审计的合并财务会计报告营业收入的比例达到50%以上；（三）购买、出售的资产净额占上市公司最近一个会计年度经审计的合并财务会计报告期末净资产额的比例达到50%以上，且超过5000万元人民币。"

一般而言,上市公司都会公告收购其他公司股权的事项,其中就会涉及所涉交易是否构成重大资产重组的表述。上述证监会的监管规定并没有完全禁止重大资产重组中业绩补偿承诺变更,而对不构成重大资产重组的业绩补偿承诺变更更是没有限制性规定。在民商事领域,法无禁止即可为。如果所涉交易不构成重大资产重组,那么自然不适用上述证监会原则上所否定的业绩变更规则。

(二)调整业绩补偿承诺需要的审议程序

《上市公司监管指引第4号——上市公司及其相关方承诺》第14条规定,"除因相关法律法规、政策变化、自然灾害等自身无法控制的客观原因外,变更、豁免承诺的方案应提交股东大会审议,上市公司应向股东提供网络投票方式,承诺人及其关联方应回避表决。独立董事、监事会应就承诺人提出的变更方案是否合法合规、是否有利于保护上市公司或其他投资者的利益发表意见"。

即使上市公司与创始股东协商同意业绩补偿承诺变更,上市公司依然需要经过董事会、独立董事、监事会以及股东大会的审议才能进行变更。

第九节 实例分析股权代持人是否承诺了最低投资回报

由项目发起人向项目的投资方承诺最低投资回报是股权投资的惯例要求,其属于保底对赌条款。这本无任何争议,但有争议的是,投资协议中是否也为项目公司股权代持人设定了承诺最低投资回报的义务和责任?下文就笔者处理的一则在北京市高级人民法院二审改判的典型案例[(2021)京民终920号],分析该案的《股权投资合作协议》条款中是否约定了杨某对投资人承担投资保底责任。

一、典型案例基本案情

案例来源:"杨某等与河北银行股份有限公司信托纠纷案"[(2021)京民终920号]。

中城投六局为该项目的发起人,中粮信托为投资方,二人合作的方式如下:先设定一家特殊目的公司为安徽中册公司(以下简称中册公司),由中册公司作为股东设立项目公司中恒控股公司。中粮信托共募集1.71亿元信托资金,以其中的4900万元作为股东出资,持有特殊目的公司中册公司49%股权,中城投六局持有中册公司51%股权。中粮信托的剩余1.2029亿元[1]为信托贷款,作为股东借款出借给了中册公司,中册公司再出借给中恒控股公司。中恒控股公司将所有股东的出资和借款都投资到公司名下的二马路项目。

对于中粮信托的资金回款。一方面,对于其股权投资,中城投六局要进行最低股权投资

---

[1] 信托投资还有一个信托业保障基金的投入。

回报,中粮信托在无法实现约定的最低回报时可将其49%股权转让给中城投六局,中城投六局将支付股权转让款以保障中粮信托的股权最低投资回报。另一方面,对于其贷款投资,直接的借款人中册公司要支付欠款,中册公司的支付来源是中恒控股的收入,同时,中城投六局要进行差额补足。中粮信托的股权投资和债权投资的主债务人是中册公司和中城投六局,协议还约定了诸多担保增信措施。其中之一的担保措施是杨某持有的中恒控股15%股权的质押担保,实际上,该股权为中城投六局代持。河北银行于2017年8月31日自中粮信托处收购了案涉信托项目的受益权。中恒控股于2019年5月21日被蚌埠市中级人民法院裁定破产。中粮信托、河北银行无法实现资金回报,遂引发涉案诉讼(见图5-1)。

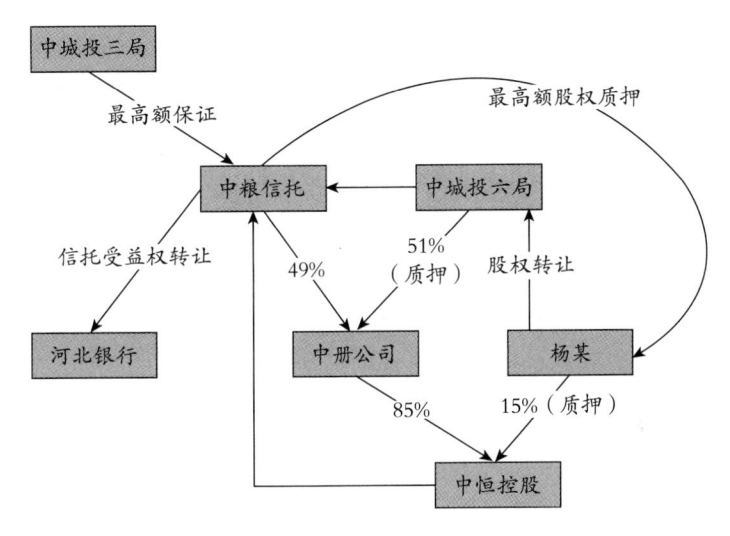

图 5-1 杨某等与河北银行股份有限公司信托纠纷案

该案协议的一个特别之处是,涉案主协议《股权投资合作协议》在第4.4条标题黑体部分出现杨某向中粮信托承诺"最低股权投资回报""最低债权投资回报"的表述后,却在下面的正文(1)、(2)、(3)、(4)、(5)项具体内容中只字未提杨某的义务和责任问题,中粮信托依据该第4.4条要求杨某承担清偿责任。

一审北京市第二中级人民法院判决所有被告败诉,其中杨某应该根据上述第4.4条约定向资金方承担共同清偿责任,即对中册公司、中城投六局在判决(1)、(2)项中的全部债务承担共同清偿责任。判决(1)项为中册公司对中粮信托的信托贷款债务;(2)项为中城投六局对中粮信托的49%股权的最低股权投资回报款。

杨某不服一审判决,笔者二审代理杨某提起上诉,二审法院采纳了笔者的代理意见,最终北京市高级人民法院认定杨某无须承担任何责任,撤销了一审针对杨某的责任判项。值得一提的是,二审判决的主要分析意见全盘采纳了律师代理意见。

二、典型案例评析

就案件争议焦点——杨某是否应当承担一审判决(7)项确定的共同清偿责任,从各个方面来分析,杨某无责任,理由如下。

(一)从合同解释来看,杨某只有股权质押责任,无连带清偿责任

对杨某是否应当对主债务承担共同清偿责任这个问题的回答,需要解决的就是对《股权投资合作协议》第4.4条标题中出现的"承诺最低投资回报"这几个字的理解问题。无疑,《股权投资合作协议》第4.4条和该协议其他约定是有冲突的,需要进行合同解释,应主要援引文义解释和体系解释来分析。

1. 从文义解释的角度,第4.4条公式所计算的最低投资回报,其直接的义务人是"特殊目的公司"中册公司,在中册公司不足支付时,差额补足义务人为中城投六局,杨某无差额补足义务

虽然第4.4条标题部分出现承诺"最低股权投资回报"的表述,但在正文(1)、(2)、(3)、(4)、(5)项具体内容中的(2)、(5)项中均出现计算每一期最低投资回报的时候,最后都要减去中册公司已经支付的投资回报以及减去中城投六局已经支付的对股权投资和债权投资最低投资回报差额的补足款(此与第4.5条中城投六局的差额补足义务是对应一致的),并没有要减去杨某已经支付的差额补足款的表述,说明杨某并不对差额进行补足,不然也应该减去杨某之前已支付的金额。

这就说明对于第4.4条公式所计算的最低投资回报,其直接的义务人是"特殊目的公司"中册公司,在中册公司不足支付时,差额补足义务人为中城投六局(第4.5条)。

此外,从文义角度,第4.4条标题下的正文内容中也没有任何杨某加入债务、承担连带保证责任或者承担共同清偿责任的表述,无法得出河北银行在二审开庭谈话中提出的"杨某的责任性质为债务加入的连带清偿责任"的结论。

2. 从体系解释的角度,具体为从第4.4条前后条款的关联性上分析,第4.4条约定的最低投资回报无法实现时,第4.5条明确承担差额补足义务的责任人仅为中城投六局,并不包括杨某

第4.3条约定了中粮信托获得投资回报的第一来源为中册公司,而中册公司的最低投资回报来源于中恒控股;第4.4条约定了中粮信托进行股权投资和债权投资所能够得到的最低投资回报的计算方式;第4.5条紧随第4.4条之后,约定了实际投资回报达不到第4.4条约定的最低投资回报时,由谁补足的问题。第4.5条明确约定,中城投六局承担该差额补足义务,只字未提杨某与中城投六局一起补足差额。

可见,对于中粮信托的投资回报,中册公司是直接的第一义务人,中册公司无法履行时,中城投六局予以补足,中册公司和中城投六局二者是共同债务人。

3. 从体系解释角度,"鉴于"部分明确了杨某按其所签署的担保合同为主债务人的义务提供担保

对第4.4条标题中出现的"承诺最低投资回报"的含义不清时,应结合合同"鉴于"部分确定含义。因为"鉴于"部分相当于《股权投资合作协议》的总则,开篇明义表明签约各方当事人签署合同的商业地位、法律身份、基本责任以及合同的初衷和目的,应当作为理解合同目的的重要依据。

在案涉各方签署的《股权投资合作协议》"鉴于"部分第 V(5)条明确约定:"丙方、丁方及戊方(简称'担保人')同意按其所签署的担保合同为乙方和特殊目的公司在本协议项下的义务提供担保。"

这里明确了三个要点:其一,担保是要式行为,要签署担保合同;其二,担保的主债务人是中城投六局和特殊目的公司(中册公司);其三,丙方(中恒控股)、丁方(杨某)及戊方(中城投三局)三个主体承担的责任性质为担保责任,任何一人都不可能是担保以外的共同债务人。

在《股权投资合作协议》之后,丙方中恒控股、丁方杨某及戊方中城投三局均与中粮信托签订了担保合同,分别为土地使用权抵押合同、股权质押合同、最高额保证合同。其中杨某签订的仅是股权质押合同,没有保证合同或者债务加入合同。

4. 从体系解释的角度,《股权投资合作协议》第4.6条"担保"条款中仅约定了杨某的股权质押责任

《股权投资合作协议》第4.6条的"担保"条款是对该协议中所有的增信措施的统一约定,比如,再次重复了中城投六局在前面第4.5条中的差额补足义务。但是,该条对杨某的责任除股权质押外,别无其他责任约定。在中粮信托如此周全、细致地约定全部担保措施的情况下,如果杨某真如其所述要承担债务加入的连带责任,怎么可能会漏掉呢?

5. 从体系解释的角度,《信托贷款合同》是对债权投资的具体细化,《信托贷款合同》第7.1条贷款发放的先决条件中只提到了中城投六局的差额补足义务,关于杨某,明确仅是股权质押担保

《股权投资合作协议》约定了中粮信托公司的两种投资方式,即债权投资和股权投资。对于1.2029亿元的债权投资,由中粮信托公司与借款人中册公司签了专门的《信托贷款合同》,一审原告起诉所主张的1.2029亿元本金的利息和复利,就是完全依据《信托贷款合同》计算得出的。可见,《信托贷款合同》才是债权投资具体、完整的约定。

《信托贷款合同》的借款人是中册公司,第1.3条约定:担保人,指为本合同项下借款人的债务清偿提供担保的保证人(中城建三局)、抵押人(安徽中恒控股)及/或质押人(中城投六局、杨某)。

《信托贷款合同》第7.1条约定了贷款发放的先决条件,其中第7.1.5条约定:所有担保合同已生效且持续有效,如需办理登记手续的,相关第一顺位担保登记手续已办理完毕,担保权已有效设立,其中提到首期贷款发放前,杨某和中城投六局提供的股权质押登记已办理完毕。另外,该条第 7.1.10 条约定中城投六局就同意《股权投资合作协议》项下履行差额补足义务取得了董事会决议等全部必要的批准文件。

可见,《信托贷款合同》第 7.1 条关于贷款发放的先决条件中,在约定了中城投六局承担股权质押和差额补足义务的同时,只约定杨某承担股权质押责任,没有约定杨某应承担差额补足义务。

(二) 从合同实际履行情况来看,杨某也无连带清偿责任

按照《信托贷款合同》的约定,贷款付息日为每年的 6 月 20 日、12 月 20 日。一审判决书显示,中册公司自 2017 年 12 月 21 日开始停止支付利息,开始违约。依据常理,如果杨某在签约之际就是与中城投六局一起承担共同清偿义务的债务人,那么,中粮信托完全可以向中城投六局和杨某二者同时主张支付最低投资回报。尤其是在中城投六局在 2017 年 12 月已经因为与河北银行的刑事案件而处于瘫痪状态的情况下,中粮信托完全可以将杨某作为最低投资回报的唯一义务人来要求承担责任。

但是,实际的情况是杨某没有承担过差额,中粮信托也一直没有向杨某提出过支付主张。该实际履行情况只能说明各方当事人在一开始签署协议之际,就并没有将杨某作为共同债务人或者杨某并无债务加入的意思表示。

(三)《股权投资合作协议》是中粮信托提供的格式合同版本,杨某没有任何加入债务承担连带责任的意思表示,双方对连带责任的承担没有合意

杨某对自己被要求根据《股权投资合作协议》第 4.4 条标题中出现的"承诺最低投资回报"来承担主债务清偿责任是意想不到的。在第一次收到中粮信托的书面催告后,其第一时间就明确表达股权已经转让、股权质押责任已经解脱、再无其他责任的意思表示,其认为《股权投资合作协议》中自己是以股权质押担保人的身份签署,仅此而已。

杨某作为股权代持人(下文详述),系按照隐名股东中城投六局的要求在协议中签字。中粮信托向各方提供了《股权投资合作协议》的格式合同版本后,杨某在确认合同担保条款中自己是质押担保后,就无异议地签名了。签字时杨某的真实意思表示仅系将代持的股权进行质押担保,并不存在连带清偿的意思表示。至于合同中其他条款是否还指向杨某更重的债务或更重的担保责任,中粮信托是否在各方承诺责任范围之外,在合同版本中未经同意地增加了杨某其他更重的责任,杨某是没有任何心理预期或防范的。即便中粮信托在第 4.4 条为杨某设定了债务加入的共同清偿责任的隐性条款,那也只是中粮信托的单方意思表示,并不在当事人形成合意的意思表示范围之内,也不应该构成杨某的责任依据。

需要注意的是,债务加入的连带责任须以第三人具有自愿加入债务的意思表示为前提,但是,杨某自始至终都没有向中粮信托或者主债务人(中册公司、中城投六局)传递过加入主

债务的意思,而且当事人在合同签署之前也并没有协商确定过此种意向。那么,杨某何来债务加入的连带责任?中粮信托不能将自己单方认为的债务加入强加给杨某。

(四)从善意诚信的角度回归事件本源,对中粮信托将杨某与中城投六局一起放在《股权投资合作协议》第4.4条标题中的"最低投资回报承诺"的合理解释

中粮信托向中册公司进行股权投资和债权投资,然后由中册公司将两项投资的资金向中恒控股进行股权投资和债权投资。中恒控股要先向中册公司支付投资回报,中册公司才能向中粮信托支付投资回报。这种本身正常的支付行为,在商业逻辑上要远比担保措施更重要。中恒控股要向中册公司支付投资回报,同时中册公司要向中粮信托支付投资回报,自然要有中恒控股的股东杨某(持股15%,实际是为中城投六局代持股权)以及中册公司的股东中城投六局(持股51%)的首肯。因此,两家公司除中粮信托能够控制的股东外,其余两个股东天然地要加入某种转移支付的承诺中去,这就是第4.4条的意义所在。所以,中粮信托在第4.4条中要求中恒控股的名义股东杨某、中册公司的股东中城投六局表明态度,进行一个最低投资回报的承诺,这样,从公司层面的支付行为才不会存在法律上的障碍。

庭审中,河北银行提出因为杨某是中恒控股的股东,所以,当时在第4.4条也约定了其债务加入的连带清偿责任,该说法漏洞百出。

一方面,按照河北银行对于交易的重视程度,根本不可能以第4.4条"承诺最低投资回报"这几个字就约定了杨某比15%股权质押更重的连带清偿责任。显而易见,河北银行是在给自己所声称的债务加入的连带责任寻找理由,该行为明显违背诚信,有违金融机构的基本行为素养。

另一方面,按照河北银行的说法,因为杨某是股东,所以才在第4.4条为其约定了连带责任。既然股东身份对杨某的连带责任至关重要,那么为何在信托到期(涉案信托在2019年3月25日到期)之前的2019年3月6日,中粮信托、河北银行就同意杨某将15%股权转让给中城投六局?显然该处于质押状态下的15%的股权只有经过质权人中粮信托、信托受益人河北银行同意解除质押才可能完成转让手续。如果杨某的股东身份是其承担连带清偿责任的理由,那么中粮信托、河北银行不可能同意杨某退出股东身份。

(五)杨某是股权代持人、边缘人,从商业逻辑的角度,其不可能进行债务加入、承担连带清偿责任

二审杨某提交了《委托代持协议》,该代持协议签订于2016年1月29日,上面有中城投六局的盖章和其法定代表人纪殿友签名。该代持协议明确了杨某所持中恒控股的15%的股权是为中城投六局代持的。该法律关系的背景是早在2015年,杨某就将其对中恒控股的股权全部转让给了中城投六局,杨某此后仅是该15%股权的代持人。

对代持事实的印证还有庭审中河北银行代理人提到的《结算协议》(原件由中城投六局

和杨某各持有一份,中城投六局的资料目前归河北银行实际控制),该协议里面明确提出中城投六局应向杨某支付股权转让款,且对15%股权支付对价的起息日期为2015年11月3日。可见,早在2015年11月3日,该15%股权的权利人就已经从杨某变更为中城投六局,没有进行股权变更登记仅是因为双方约定了股权代持安排。

上述代持协议以及庭审中河北银行提到的《结算协议》真实、客观、有效地说明了杨某在涉案《股权投资合作协议》约定的信托融资之前,就已经在为中城投六局代持中恒控股的股权。当时杨某已经对中恒控股无任何控制权利,中恒控股的项目已经与杨某无任何利益关系。所以,杨某不可能为后面的巨额融资项目提供一个对其利益影响深重的债务加入的连带责任,至多是按照中城投六局的指示,将其为中城投六局代持的股权质押出去,仅此而已。

由于被上诉人尚未质证,需要强调:中城投六局不可能与杨某进行恶意串通,多一个债务责任人对中城投六局是有利的,其不可能为杨某开脱逃避责任提供任何的便利。而且,由于中城投六局目前涉及刑事案件,公司早已经全部被河北银行控制,更不可能为杨某提供任何便利或协助。

(六)中粮信托不可能仅以"承诺最低投资回报"这几个字就设定了杨某的连带清偿责任

中粮信托对杨某15%股权的质押都要签订一个专门的股权质押协议,而且后续还签订了补充协议。那么如果杨某还有更重的连带责任,不可能不另签合同,仅在《股权投资合作协议》的第4.4条的标题中出现"承诺最低投资回报"就算了事。这只能说明当初中粮信托也并没有与杨某达成任何连带责任的意思表示。

(七)按照股权投资的行业惯例,保底承诺人为项目发起人中城投六局而非杨某

河北银行提出从企查查软件可知,杨某是中恒控股公司的大股东,持股达48%,后来在2015年8月股权达到99%,是中恒控股的利害关系人,杨某为引入投资承诺最低投资回报。

对此,要说明的是,中恒控股公司并非杨某控股的公司。该公司从2013年设立之初有8位自然人股东,杨某只是相对持股较多,但并未达到控股比例。这种股权状况一直持续到2015年8月,其他自然人股东将股权转至杨某名下,杨某持股达到99%,此转让实际上是由杨某代持其他股东的股权,目的是方便中城投六局一次性收购。中城投六局实际上是100%股权收购,杨某的15%股权是为中城投六局代持的。中城投六局主导的信托项目已经与杨某无关,其不可能承诺投资回报。对于中粮信托的股权或债权投资,项目发起人中城投六局已经进行了保底承诺,符合投融资项目中发起人的保底承诺惯例。

(八)杨某代持股权转给中城投六局各方并无任何异议,也侧面说明杨某并非信托投资项目的利害关系人

一方面,从中粮信托、河北银行作为投资人的利益角度考虑。根据投融资交易的行业惯例,一般都要求目标公司创始人与投资人利益捆绑,创始人不能未经投资人同意,以转让股权的方式退出目标公司,其他无利害关系的人员(一般是小股东)可以转让股权、退出公司。

按照河北银行的说法,因为杨某是股东所以才在《股权投资合作协议》第4.4条为其约定了连带责任,既然股东身份对杨某的连带责任至关重要,那么为何在信托到期(涉案信托在2019年3月25日到期)之前的2019年3月6日,中粮信托、河北银行无任何异议就同意杨某将15%股权转让给中城投六局?该处于质押状态下的15%的股权只有经过质权人中粮信托、信托受益人河北银行同意解除质押才可能完成转让手续。中粮信托、河北银行在项目设立之初就知道杨某是代中城投六局持股,所以,后来杨某退出,将股权返还给中城投六局,各方都没有任何异议,非常顺利、迅速地完成了质押股权的转让手续。这从侧面说明,杨某并非信托融资项目和投资人的利害关系人,中城投六局才是那个不能转让股权退出中恒控股或者中册公司的"人"。

另一方面,从杨某的利益角度考虑。如果杨某对投资人负有保底承诺义务,项目不成功自己就要背负数亿元的债务,那么杨某不可能中途就退出项目公司,主动放弃对项目的控制权。这只能说明,杨某并未为后面的巨额融资项目提供一个对其利益影响深重的债务加入的连带责任,至多是按照中城投六局的指示,将其为中城投六局代持的股权质押出去,仅此而已。

(九)一审法院认定杨某承担共同清偿责任无任何法律依据,连带责任不能进行推定

根据二审庭审,河北银行明确对杨某主张的系债务加入的连带清偿责任。无论是根据原《合同法》、原《中华人民共和国担保法》(以下简称《担保法》)还是根据《民法典》及《最高人民法院关于适用〈中华人民共和国民法典〉有关担保制度的解释》(以下简称《民法典担保解释》),结合我方提交的专家论证意见,无论是从债务加入的形式要件还是债务加入所需的意思表示,杨某均无加入主债务的意思表示,因此不存在债务加入的连带清偿责任。

一审判决(7)项判决杨某承担共同清偿责任,该责任到底是何种责任?代理人认为杨某要么属主债务人承担主债务,要么属担保人承担连带责任。

首先,杨某并非案涉纠纷的主债务人,综观整个案件的事实及河北银行的主张,这是无任何争议的。

其次,杨某亦非连带责任。根据《民法典》第178条、第518条第2款"连带债权或者连带债务,由法律规定或者当事人约定"的规定,连带责任是一种对当事人非常严苛的责任,应由法律明确规定或当事人明确约定,不能进行推定。

涉案信托投资项目的所有相关交易文件就杨某的责任无任何可以证明为连带责任的约定,相反《股权投资合作协议》《信托贷款合同》等多处合同条款均明确杨某系股权质押的担保人。一审法院仅凭《股权投资合作协议》第4.4条中"承诺"二字就简单地推定杨某承担共同清偿责任即连带责任,无任何法律依据。

综上,结合各种合同解释方法,杨某绝没有债务加入或承担其他清偿责任的意思表示。

实务建议

从投融资行业惯例的角度讲,对投资的保底承诺一般是创始股东或者项目发起人的义务和责任,如上述案件中的中城投六局就承担了这个角色,其他主体一般不会作为承诺人。这也是进行合同解释的一个思路,即行业惯例。

准确定位案涉焦点问题。如上述案件就首先应该说明合同条款之间存在矛盾,应该进行合同解释,确定当事人的真实意思表示,由此才能给被告杨某免责提供抗辩的空间。合同解释要多维度进行,利用多种合同解释的方法,如文义解释、体系解释、诚信原则的解释。其中体系解释,也应该包括前后条款之间的衔接、合同鉴于部分与正文内容之间的对比、本合同与其他相关合同之间的衔接比对。

除合同约定外,合同实际履行状况、当事人作为特定主体(如金融机构对合同本文的重视程度)的文本习惯都可以作为解释当事人真实意思表示的依据。

保有对法律的信仰、对司法的信心。该案胜诉是法律的胜利,律师代理案件应该首先研判案情、检索法律,找到案件制胜的突破口,而不能寄希望于所谓的"关系""人情"。

第六章

反稀释条款

第一节 反稀释条款解读

反稀释条款是指由风险投资者与目标公司之间通过协商,在投资协议或公司章程中约定的,避免风险投资者在目标公司中所享有的股权在特定事件发生时被贬值或份额被稀释的条款。反稀释条款作为舶来品,与美国的可转换优先股制度密切相关。可转换优先股允许投资者在一定条件下按照约定的价格转为普通股。根据这一功能,反稀释条款可根据不同的股权稀释程度将优先股转为普通股,以此改变普通股数量,从而弥补投资者因股权稀释遭受的损失。

实践中对赌的常见形式多是在公司估值降低到一定标准后抛弃股权,或者股权比例不变而进行经济补偿。与对赌协议不同的是,反稀释约定一般是反向增加股权,但无论如何,二者都属于估值调整安排。

反稀释条款具有对投资人股权价值的保护作用。初创企业在发展过程中,往往需要多轮融资才能满足企业的资金需求,而伴随多轮融资的是前一轮投资者面临股权被稀释的风险,反稀释条款恰好可以防止风险投资者在公司多轮融资中股权价值不被稀释。此外,反稀释条款可以促使目标公司在后续融资中更加谨慎,防止创始股东恶意降低公司估值,同时保护风险投资者的股权经济价值免遭不合理稀释,激励目标公司以更高的价格进行后轮融资,以保证目标公司估值的不断增长。

第二节 实务案例中出现的反稀释条款类型

反稀释条款中,投资人可以选择由公司或者创始股东进行反稀释补偿。因此,补偿义务主体分为目标公司及创始股东。补偿方式包括现金补偿及股权补偿。值得注意的是,因新股增发作为新一轮融资反映了目标公司的整体估值及投资人的股权价值,反稀释权的触发往往体现在目标公司新股增发过程中。若新一轮融资或者老股转让,考虑到股权转让更多体现的是买卖双方之间的合意,因此一般情况下,低于上一轮估值进行的股权转让一般并未涵盖在触发反稀释条款的情形之中。

一、补偿方式

(一) 现金补偿

若公司在新一轮融资过程中触发反稀释条款,投资人可以要求目标公司或创始股东以协议约定的反稀释方法进行现金补偿。公司应在收到投资方要求补偿通知后的一定时间内,向投资方以人民币现金支付的方式低价发补偿金。

(二) 股权补偿

除现金补偿外,投资人也可以按照协议约定选择股权补偿,公司应该在收到投资方要求股权补偿通知的一定时间内,促成该投资方无偿或者以法律允许的最低对价认购公司增发的新股或购买创始股东老股以进行补偿,使该投资方融资单价等于调整后的价格。

这里需要注意的是,因反稀释权的实现需要其他股东的配合,包括但不限于股东会决议的签署等,因此协议中应该就实操层面进行补充约定,全体股东应在公司股东会上同意(并应促使其提名董事在董事会会议上投票同意)公司增发新股或创始股东转让老股以实现投资方在本条项下的股权受偿,并提供所有必要的协助和帮助(包括但不限于签署所有文件并采取所有行动),不予配合的应承担相关的违约责任。

若同时触发多轮投资人的反稀释权利,应在条款中明确多轮投资人行使权利的优先顺位,建议按照"后进先出"的原则进行补偿,若不足补偿同一轮投资人时,按照同一轮投资方相对持股比例进行补偿。

二、实务案例中的补偿类型梳理

反稀释条款作为投资方与融资企业博弈谈判的结果,在核心内容不变的同时,有不同的表现形式,笔者通过搜集相关案例,总结出实务中的反稀释条款的类型如下。

(一) 直接由原始股东共同无偿转让一定比例的股权

在"林某与北京北科创新投资中心(有限合伙)股权转让纠纷二审民事案"[(2019)京03民终6335号]中,其投资协议中关于反稀释的约定为:"目标公司于2016年12月31日前完成新三板挂牌(以取得全国中小企业股份转让中心同意挂牌函的日期为准)。如该承诺未能如期完成,则由乙方、丙方、丁方(三方为原始股东)合计按目标公司总股本的1.5%无偿向甲方(投资人)转让目标公司股份,或甲方可以要求乙方、丙方、丁方承担回购甲方所持有的目标公司全部股份的责任。"

(二)不增加股权,就新旧价格之差进行经济补偿

在"北京宝鼎汇金基金管理有限公司等与北京能量影视传播股份有限公司(以下简称能量公司)等合同纠纷二审民事案"[(2021)京民终598号]中,关于反稀释的约定是,"本次定增完成后,在合格上市前,除非获得甲方书面同意,能量公司不得以低于本次定增的条件发行新的权益类证券,包括但不限于普通股、优先股、可转换债券等。在合格上市前,如果能量公司新增注册资本或新发行股份的价格(以下简称新价格)低于本次定增的价格,乙方应就新价格与本次定增价格之间的差额对甲方进行足额补偿。担保:乙方应以自有资产对甲方所持目标股份的退出价格、反稀释条款事宜向甲方提供担保"。

(三)公司应首先向投资人直接授予补偿股权,无法实现后,由现有股东以零对价或法律允许的最低对价向投资人转让股权

在"程某龙等与北京互联创业投资合伙企业(有限合伙)合同纠纷二审民事案"[(2021)京03民终11017号]中,对于反稀释约定为,"在中国法律法规允许的范围内并受限于必需的中国政府机关批准或登记,公司在合格IPO或挂牌前(以时间早者为准)决定引进新投资人或采取其他任何行动导致摊薄投资人在公司中股份比例,则应经过投资人事先书面同意。如果该等新股的每百分比股权单价(新低价格)低于投资人每百分比股权单价,则投资人将有权获得反稀释保护,投资人有权采用加权平均计算的价格进行调整,以使得发行该等新股后投资人对其所持的公司所有股权权益(包括本次融资和投资人额外股权)所支付的平均对价相当于新低价格,但员工持股计划下发行股权,或经董事会及投资人批准的其他激励股权安排下发行股权应作为标准的例外情况。如因中国法律的限制,公司无法向投资人直接授予补偿股权,则投资人有权要求现有股东承担公司于前款项下的反稀释义务。为此目的,并作为一项全面反稀释的保护措施,现有股东应当以零对价或法律允许的最低对价向投资人转让其对公司持有的股权,以使得转让该等额外股权后,投资人对其持有的公司股权权益所支付的平均每百分比股权单价相当于新低价格。现有股东将按照各自持有的公司股权占现有股东共计持有的公司股权比例或另行约定的股权转让比例向投资人转让补偿股权"。

(四)按同等条件及价格优先认购新增股份以维持股份比例

在"唐某镝与浙江九州量子控股有限公司(以下简称量子信息公司)其他合同纠纷二审民事案"[(2020)沪民终337号]中,对于反稀释的约定为,"若量子信息公司增加注册资本,发行新股或可转换股权证券,唐某镝有权以同等条件及价格优先认购新增股份,维持其所持股份占量子信息公司股份总额的比例。若上述增资、新股发行时量子信息公司估值低于50亿元,则唐某镝有权按同等条件及价格优先受让上述股份。但量子信息公司按照董事会批准的员工股权激励计划发行的股份以及增发给做市商用来做市交易的股份除外"。

(五)投资方有权以任何合法的形式获得足够的目标公司股权,使其所持有的公司股权的单位投资价格与新发行单位价格相等

在"上海真金高技术服务业创业投资中心(有限合伙)与汉亦盛数据系统(上海)股份有限公司等公司增资纠纷二审案件二审民事案"[(2019)沪01民终10317号]中,其增资协议中约定,"反稀释权。公司在合格IPO前或在新三板挂牌前,若公司新增注册资本(或发行可转换为或可行权为股权的证券),且该等新增注册资本的每百分比股权单价(新发行单位价格)低于投资方本次投资的单位投资价格,则投资方有权以任何合法的形式获得足够的目标公司股权,使其所持有的公司股权的单位投资价格与新发行单位价格相等。尽管有前述反稀释权的规定,但以下情形除外:公司合格IPO时增发股份;公司在新三板挂牌时向做市商增发股份;公司实施经投资方同意的员工股权激励"。

从上述反稀释条款的不同设计来看,投资者的最终目的是减少因股权或者股份被稀释带来的经济损失。诸如股东担保、股份回购、优先认购、现金补偿、事先同意、无偿取得或以最低对价取得股权等都是实务中投资者采用的反稀释措施。同时,反稀释保护的触发条件不包括公司在合格IPO时增发股份、公司向做市商增发股份、员工股权激励这几种情形。

关于反稀释条款的效力。因反稀释条款和对赌协议都属于广义上的估值调整安排,法院往往参考《九民纪要》关于对赌协议的规定判断反稀释条款的效力,在反稀释条款没有其他无效事由之时,一般都认定其有效且可实际履行。

第三节 反稀释计算方法

反稀释条款作为主要的广义对赌条款类型之一,其主要为投资人与公司、创始股东之间的约定。在不存在协议无效情形的前提下,该条款的有效性在司法层面一般不存在异议。在我国风险投资中,反稀释条款通常在风险投资合同中予以约定。

常见的几种反稀释计算方法为加权平均法(weighted average anti-dilution provision)及完全棘轮法(full ratchet anti-dilution provision)。其中加权平均法又能分为"广义加权平均法"(broad-based weighted average anti-dilution provision)和"狭义加权平均法"(narrow-based weighted average anti-dilution provision)。

一、加权平均法

(一)加权平均法概述

加权平均条款是指如果投资人购买所投资企业股份的价格高于后来投资者购买股份的价格,投资人的股份价格按投资人与后来投资者的购买价格计算加权平均值,即给投资人重新确定调整后的价格时不仅要考虑后来投资者购买时的股份价格,还要考虑其权重。

根据某律师事务所公布的《2020年度VC/PE项目数据分析报告》，在2020年年度律所协助客户完成的500多起VC/PE项目中，境内架构中有超过50%的投资人选择了加权平均法调整机制，境外架构中有超过70%的投资人选择了加权平均法调整机制（见图6-1）。

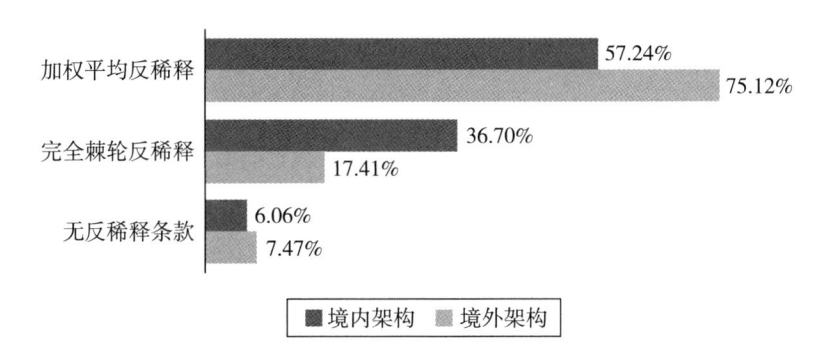

加权平均反稀释　境内架构 57.24%　境外架构 75.12%
完全棘轮反稀释　境内架构 36.70%　境外架构 17.41%
无反稀释条款　境内架构 6.06%　境外架构 7.47%

图6-1　在境内架构和境外架构中，投资人选择的反稀释条款不同类型的占比

与完全棘轮的"一刀切"不同，加权平均法旨在计算原股价格和新股发行价格的加权平均值。根据美国风险投资协会示范文本中关于加权平均法转换价格调整条款的规定，如果企业在A系列优先股发行日之后的任何时间以低于A系列优先股的转换价格发行任何股份，则A系列优先股的转换价格应按下列公式调整：

$$CP_2 = CP_1 \times \frac{A+B}{A+C}$$

其中：

① "CP_2"为调整之后的A系列优先股转换价格，以下简称新A轮价格；
② "CP_1"为调整之前的A系列优先股转换价格，以下简称原A轮价格；
③ "A"为B轮融资前企业已发行的所有股数；
④ "B"为B轮融资按照原A轮价格计算可购买的B系列优先股数，以B轮融资金额除以原A轮价格计算得出，即B=B轮融资额÷原A轮价格；
⑤ "C"为B轮融资实际可购买的B系列优先股数，以下简称B轮实际可得股数。

即新A轮价格=原A轮价格×（已发行所有股数+B轮融资额÷原A轮价格）÷（已发行所有股数+B轮实际发行股数）。

（二）"广义"加权平均和"狭义"加权平均的区别

加权平均又分为广义加权平均法和狭义加权平均法，"广义"还是"狭义"取决于计算已发行普通股数时所涵盖的范围。如上述公式中对"A"系列优先股的定义，广义加权平均法在计算已发行普通股数时包含企业所有股票计划（stock plans）下保留的股票，包括但不限于行使期权或认购股权可获得的普通股，以及可转换证券转换后可得的普通股。狭义加权平均法在计算已发行普通股数时仅包括发行在外的普通股份，而不考虑期权、认股权或其他可转换证券等。

例如,在"互联创业企业与薛某、咯恪公司、程某合同纠纷案"[(2019)京 0105 民初 68107 号]中,其就反稀释权作了如下约定:在中国法律法规允许的范围内并受限于必需的中国政府机关批准或登记,公司在合格 IPO 或挂牌前(以时间早者为准)决定引进新投资人或采取其他任何行动导致摊薄投资人在公司中的股份比例,则应经过投资人事先书面同意。如果该等新股的每百分比股权单价(新低价格)低于投资人每百分比股权单价,则投资人将有权获得反稀释保护,投资人有权采用加权平均计算的价格进行调整,以使得发行该等新股后投资人对其所持的公司所有股权权益(包括本次融资和投资人额外股权)所支付的平均对价相当于新低价格,但员工持股计划下发行股权,或经董事会及投资人批准的其他激励股权安排下发行股权应作为标准的例外情况。如因中国法律的限制,公司无法向投资人直接授予补偿股权,则投资人有权要求现有股东承担公司于前款项下的反稀释义务,为此目的,并作为一项全面反稀释的保护措施,现有股东应当以零对价或法律允许的最低对价向投资人转让其对公司持有的股权,以使得转让该等额外股权后,投资人对其持有的公司股权权益所支付的平均每百分比股权单价相当于新低价格。现有股东将按照各自持有的公司股权占现有股东共计持有的公司股权比例或另行约定的股权转让比例向投资人转让补偿股权。

二、完全棘轮法

完全棘轮条款是指若公司后续发行的股权价格低于投资人的入股价格,那么投资人的实际入股价格也要调整到新的较低发行价格。简言之,下一轮投资人投资价格较低时,上一轮投资人的投资价格调整至本轮投资较低价格重新计算并进行股份调整或现金补偿。与广义加权法相比,完全棘轮条款是对 PE 投资者最有利的方式。投资人调整后持股比例=投资人出资额÷更低估值。

例如,在"上海真金高技术服务业创业投资中心(有限合伙)与沈某等增资纠纷案"[(2018)沪 0112 民初 22398 号]中,反稀释权约定如下:公司在合格 IPO 前或在新三板挂牌前,若公司新增注册资本(或发行可转换为或可行权为股权的证券),且该等新增注册资本的每百分比股权单价(新发行单位价格)低于投资方本次投资的单位投资价格,则投资方有权以任何合法的形式获得足够的目标公司股权,使其所持有的公司的股权的单位投资价格与新发单位价格相等;尽管有前述反稀释权的规定,但以下情形除外,即公司合格 IPO 时增发股份;公司在新三板挂牌时向做市商增发股份;公司实施经投资方同意的员工股权激励。

在"景嘉投资中心与邹某等合同纠纷案"[(2020)沪 0110 民初 5573 号]中,就反稀释条款约定如下:在合复公司进行新的股权融资计划时(对核心员工进行股权激励除外),新投资方有权要求以同等条件相应增加投资以确保其在公司原有股权比率不因新的投资而减少;任何方式引进新投资者(对核心员工进行股权激励除外),应确保新投资者的投资价格不得低于

《增资协议》中新投资方的投资价格。如新投资者根据某种协议或者安排导致其最终投资价格或者成本低于《增资协议》新投资方的投资价格或者成本,则目标公司创业者应将其间的差价返还新投资方,或无偿转让部分股权给新投资方,直至《增资协议》新投资方的投资价格与新投资者投资的价格相同。

三、加权平均及完全棘轮示例

为便于更直观地了解和感受上述反稀释调整机制的不同机制和效果,笔者举例说明。

X 公司作为目标公司,现就其公司股权向 Y 基金进行 A 轮股权融资,并发行 1000 万股 A 轮优先股,每股面值人民币 2 元,融资额 2000 万元。由于经济环境下行,X 公司在 B 轮融资过程中以低于 A 轮融资的价格向 M 公司发行 1000 万股 B 轮优先股,每股面值人民币 1 元,融资额 1000 万元。假定公司已发行普通股 2000 万股,与期权和其他可转债转换后股份数量合计为 3000 万股。

(1)按照完全棘轮的调整方法,Y 基金的每股价格应该调整为 1 元/股,且获得的股份数应该从 1000 万股调整到 2000 万股。

(2)若适用广义加权平均条款,则 Y 基金在下一轮融资后,Y 基金调整后价格 = $2 \times [(3000+500) \div (3000+1000)] = 1.75$ 元。

(3)若使用狭义加权平均条款,则 Y 基金在下一轮融资后,Y 基金调整后价格 = $2 \times [(2000+500) \div (2000+1000)] = 1.67$ 元。

综上,可以看出,对投资人而言,完全棘轮条款下的补偿机制最充分,也最为有利;狭义加权平均条款居中;而广义加权平均条款下的补偿效果最弱,对投资人最为不利;相反,对于创始人而言,广义加权平均条款则压力最小,完全棘轮条款压力最大。

第四节 反稀释条款的例外情形及实务建议

反稀释条款的例外情形如下:

第一,因激励股权系对于目标公司内部员工设定,价格低于市场公允价格,其对于激励并稳定核心员工具有重要作用。因此,由协议约定或内部决策通过的股权激励计划一般不适用反稀释条款。

第二,在投资人投资公司之前,已发行的或者经投资人同意后发行的可转换债券、认股权证、期权等金融工具实际转换/行权时发行的股份;公司内部权力机构(如股东会、董事会等)批准的、以发行公司股份/股权方式作为支付对价的公司合并、收购或类似的交易等不适用反稀释条款。

第三,其他由投资人同意放弃反稀释的情形。

实务建议

反稀释权利作为投资人对抗所持股权估值降低的主要手段之一,在实操过程中,应注意以下几点:

第一,根据《股权转让所得个人所得税管理办法(试行)》(国家税务总局公告2014年第67号)第12条的规定,不具合理性的无偿让渡股权,视为股权转让收入明显偏低,主管税务机关可以核定股权转让收入。因此,创始人如接受无偿转让方式补偿投资人的,需要积极与税务部门沟通并注意税务风险和负担,不排除被税务部门认定为不合理低价转让并重新核定以及需补缴税费的风险。笔者建议,在投资协议反稀释条款中明确反稀释实操过程中的相关税费的义务主体,并对相关风险作出妥善安排。

第二,因在反稀释实际操作过程中,除本轮投资人和创始人外,还有其他投资人或其他现有股东,故在采取以股权转让或增发股份方式执行反稀释条款时,需其他股东予以配合。为谨慎起见,建议同时明确约定其他现有股东应当对上述股权转让或股份增发予以同意,并放弃其所享有的任何法定或约定的优先购买权或优先认购权。

第三,鉴于在我国目前的法律制度下,由公司作为反稀释义务主体的反稀释条款涉及公司向投资人现金补偿。公司以现金补偿投资人涉及多方面问题,例如,公司以现金补偿是否会被认为股东变相抽逃注册资本,或者是否会被认为损害公司债权人利益,从而影响公司现金补偿约定的合法性,对此,投资人均需予以全面考虑。

第七章

优先股、优先分红权、优先清算权

第一节 有限公司优先股的性质界定和保底收益的效力

根据证监会《优先股试点管理办法》的规定,优先股是指依照《公司法》,在一般规定的普通种类股份之外,另行规定的其他种类股份,其股份持有人优先于普通股股东分配公司利润和剩余财产,但参与公司决策管理等权利受到限制。可见,优先股的实质是分离了股权(股份)的财产权和管理权。普通股股东在利润分配方面虽然劣后于优先股股东,却防止了其对公司的控制权被剥夺。而优先股在满足投资者多元化投资的同时能够使既有管理者维持其对目标公司的控制权。

根据《优先股试点管理办法》的规定,我国的上市公司以及非上市公众公司可以发行优先股,但其并未对有限责任公司的优先股问题作任何规定。相对于大型的公众公司,有限责任公司享有更多的公司自治权,具有更为宽松自由以及灵活高效的治理结构。实务中,不排除有限责任公司通过契约的安排与股东约定"优先股"。因此引发对有限责任公司优先股的性质认定,以及约定了保底收益的优先股是股还是债的争议?下文拟从上述问题出发,梳理归纳相关案例,总结相关实务经验。

一、裁判要旨

双方当事人之间法律关系的性质应当根据当事人的投资目的、实际权利义务等因素综合认定。投资人目的在于取得目标公司股权,且享有参与公司经营管理权利的,应认定为股权投资。反之,投资人目的并非取得目标公司股权,而仅是为了获取固定收益,且不享有参与公司经营管理权利的,即便登记为股东,也应认定为债权投资。

二、典型案例基本案情

案例来源:"广东盈腾融资担保有限公司等与佛山市顺德区北滘青企壹投资有限公司民间借贷纠纷二审民事案"[(2019)京民终101号]。

2013年6月8日,佛山市顺德区北滘青企壹投资有限公司(以下简称青企壹公司)(甲方)与广东盈腾融资担保有限公司(以下简称盈腾公司)(乙方)签订《增资协议书》。该协议第5条约定,增资完成后,甲方成为乙方的股东,但不参与公司的经营管理,对公司的重大事项无投票权,无选举权和被选举权;同时,不承担公司的经营风险。协议第9条约定,甲方成为新股东后,甲方享有每年优先收取固定收益的权利,每年收益率为甲方出资金额的5%(税前);收取固定收益后,甲方不再参与公司的分红。协议还约定合作期满后,甲、乙双方同意乙方按甲方初期投入金额原价回购股份。同时,在甲方退股时,乙方需按甲方出资额每年3%(税前)比例一次性给予甲方作为股本公积。甲方须无条件地配合乙方办理股权工商变更手续,如经乙方有表决权股东按章程表决同意,甲方可以选择继续合作成为乙方的普通股东,但需另行签订相关协议。

青企壹公司(甲方)与斯科尔公司(乙方,盈腾公司股东)签订《合作协议书》,乙方同意每年支付甲方319万元,该费用在双方合作期每满一年时支付给甲方。同日,盈腾公司向青企壹公司出具一份承诺函,承诺对斯科尔公司应支付给青企壹公司的费用承担担保责任。

2014年2月25日,银杏盛世公司(原国瑞泰融资担保有限公司)与青企壹公司签订《股权转让协议》。2014年3月19日,银杏盛世公司所持盈腾公司13.81%的股权变更登记至青企壹公司名下。

2015年7月2日,青企壹公司(甲方)与盈腾公司(乙方)签订《撤资退股协议书》,该协议约定乙方按照原协议的规定,支付甲方投资到期收益。甲方在乙方的投资将按总投资金额3190万元分一年四期全额撤出。

青企壹公司请求盈腾公司向青企壹公司清偿3190万元借款及利息(主张利率年化18%),斯科尔公司对盈腾公司的前述债务承担连带清偿责任。

三、典型案例争议焦点

青企壹公司与盈腾公司之间法律关系的性质属于借款还是股权投资?
若为借款,利息如何计算?

四、典型案例法院裁判观点

北京市高级人民法院观点如下:

(一)关于青企壹公司与盈腾公司之间法律关系的性质

双方当事人之间法律关系的性质应当根据当事人的投资目的、实际权利义务等因素综合认定。投资人目的在于取得目标公司股权,且享有参与公司经营管理权利的,应认定为股权投资。反之,投资人目的并非取得目标公司股权,而仅是为了获取固定收益,且不享有参与公司经营管理权利的,即便登记为股东,也应认定为债权投资。该案中,虽然青企壹公司与盈腾公司、银杏盛世公司签订了《增资协议书》及《股权转让协议》,但从《增资协议书》约定的内容及《增资协议书》《股权转让协议》的实际履行情况看,青企壹公司的目的并非取得目标公司股权,而仅是为了获取固定收益。首先,从约定内容看。《增资协议书》第5条约定,增资完成后,青企壹公司成为盈腾公司的股东,但不参与公司的经营管理,对公司的重大事项无投票权,无选举权和被选举权;同时,不承担公司的经营风险。第9条约定,青企壹公司享有每年优先收取固定收益的权利,每年收益率为青企壹公司出资金额的5%(税前);收取固定收益后,青企壹公司不再参与公司的分红。第10条约定,盈腾公司按青企壹公司初期投入金额原价回购股份。同时,在青企壹公司退股时,盈腾公司需按青企壹公司出资额每年3%(税前)比例一次性给予青企壹公司作为股本公积。以上约定清楚地表明,青企壹公司在本次增资合作中,虽然出资获得了盈腾公司股权,但并不参与公司的经营管理,也不享有与股东身份相对应的股东权利,在合作期内仅享有优先收取固定收益的权利,不承担公司的经营风险,因此其投资的目的显然不是取得公司的股权。其次,从协议的履行情况看,青企壹公司向盈腾公司支付3190万元后,盈腾公司并未办理任何增资手续。银杏盛世公司与青企壹公司签订《股权转让协议》后,斯科尔公司仍然继续按照《增资协议书》《合作协议书》约定的比例及金额向青企壹公司支付费用。《增资协议书》约定的两年期届满后,盈腾公司在就北溶青企壹投资有限公司撤资事宜的答复及《撤资退股协议书》中仍然承诺保证青企壹公司在办理撤资手续及股权变更期间将按原合作方案享有稳定的投资收益。盈腾公司及斯科尔公司的上述行为亦表明,盈腾公司与青企壹公司签订《增资协议书》的真实目的为借款。因此,一审判决认定双方之间系民间借贷法律关系正确,盈腾公司关于一审判决就法律关系认定错误的上诉理由,于法无据,法院不予支持。

(二)借款利息如何计算

该案盈腾公司与青企壹公司之间系民间借贷法律关系,《合作协议书》、承诺函与《增资协议书》在同一天签署,均与借贷关系相关,应作为整体来认定。《增资协议书》中"每年收益率为青企壹公司出资金额的5%(税前),在青企壹公司退股时,盈腾公司需按青企壹公司出资额每年3%(税前)比例一次性给予青企壹公司作为股本公积"的约定,应视为盈腾公司与青企壹公司对借款期内利息的约定。《合作协议书》中关于在青企壹公司上述投资的出资额不变的情况下,斯科尔公司同意每年支付青企壹公司319万元,该费用在双方合作期每满一年时支付给青企壹公司的约定也应当视为对借款期内利息的约定。《合作协议书》是斯科尔公司与青企壹公司签订的,虽然斯科尔公司与盈腾公司在《合作协议书》签订时是同一法定代表人,且斯科尔公司是法定代表人成立的一人公司,但二者是独立法人,各自独立地对自己的意思表示承担相应的法律责任。《合作协议书》中斯科尔公司承诺每年支付10%的借款利息,不应视为盈腾公司的承诺。盈腾公司依据承诺函,对斯科尔公司承诺的10%借款利息承担担保责任。现青企壹公司请求盈腾公司按照年利率18%支付利息,斯科尔公司承担连带清偿责任,没有事实及法律依据,法院不予支持。

之后,北京市高级人民法院按照年利率8%的标准支持了青企壹公司对盈腾公司的借款债权。因斯科尔公司已经按照每年319万元向青企壹公司支付完毕所有费用,法院驳回了要求斯科尔公司承担连带责任的诉讼主张。

五、延伸阅读

(一)投资者与目标公司约定的"保底收益"的性质

裁判观点一:股东与目标公司约定的"保底收益"因可能损害公司及公司债权人利益而无效。

案例1 "新疆中亚金谷国际物流有限责任公司(以下简称金谷物流公司)与新疆润盛投资发展有限公司(以下简称润盛公司)合同纠纷上诉案"[(2018)最高法民终1192号]。

2016年3月12日,润盛公司(增资扩股的投资人)、金谷财富公司(原股东)、鼎达公司(原股东)、金谷物流公司(目标公司)四方签订《投资合同》及《补充协议》,约定润盛公司增资入股,持有优先股股权,金谷物流公司承诺对润盛公司"保底分红",金谷财富公司、鼎达公司有义务按照润盛公司要求回购有关股权。在润盛公司实际投资后,金谷物流公司未能按照约定完成其承诺的安排办理润盛公司成为其公司股东的工商登记变更,润盛公司要求解除案涉《投资合同》,金谷物流公司偿还投资本金、支付投资收益款、支付违约金,金谷财富公司、鼎达公司与金谷物流公司承担连带赔偿责任。

最高人民法院观点如下:

1. 关于合同是否应予解除?

现润盛公司已经按照合同约定于2016年4月15日向金谷物流公司付款100,000,000元,而金谷物流公司至今未能按照约定完成其承诺的安排办理润盛公司成为其公司股东的工商登记变更,属于合同约定的对合同保证、承诺事项的违反情形。金谷物流公司、金谷财富公司、鼎达公司答辩认为工商变更登记手续未予办理的原因在于润盛公司,该主张没有证据予以证实,且与合同中关于由金谷物流公司委派人员办理相应的工商变更登记手续的约定相悖,故润盛公司要求解除案涉《投资合同》有合同及事实依据。金谷物流公司应依据《投资合同》向润盛公司返还100,000,000元投资款。

2. 关于投资收益是否应予支持?

该案中,从《投资合同》的约定内容来看,润盛公司签订案涉《投资合同》,对金谷物流公司进行增资的目的是成为金谷物流公司的股东之一,故依照上述法律规定,润盛公司作为金谷物流公司的股东,应以其认缴的出资额为限对金谷物流公司承担责任。但案涉《投资合同》第6条投资收益部分约定润盛公司在投资期限内每年通过现金分红、回购溢价等方式取得固定收益,该部分约定以及双方签订的《补充协议》第3条优先股股权投资事宜的约定中关于润盛公司投资"保底分红"的相关约定,意味着润盛公司作为金谷物流公司的股东只享有取得相对固定收益等权利,而不承担相应的股东义务。上述约定脱离了金谷物流公司的经营业绩,有可能损害金谷物流公司以及公司债权人的利益,且违反了法律规定,根据《合同法》第52条第5款之规定,上述关于"保底分红"的合同约定应为无效条款。因此,润盛公司不得主张投资收益。最终,法院判决解除合同,返还投资款、支付违约金,原股东承担连带责任。

裁判观点二:保底收益的约定不符合优先股股东只能在公司具有可分配利润时才能获得股利的特点,该约定实际构成借贷关系。

案例2 "阮某、荆州市人杰混凝土有限公司(以下简称人杰公司)合同纠纷二审民事案"[(2019)鄂民终1075号]。

人杰公司(甲方,目标公司)、华新公司(乙方,增资扩股的投资人)、阮某(丙方,原股东)签订《合作协议》,其中第13条约定:乙方按其对甲方的实际增资额享有优先分配权,上一年度的利润分配于次年1月15日前以现金形式支付给乙方。甲方当年的税后利润不足以支付本条约定的乙方优先分配利润额时,不足部分由丙方负责以现金补足给乙方。除乙方优先分红外的甲方利润全部由甲方其他股东享有。乙方按本条约定分配利润无须增资后的甲方股东会审议。

湖北省高级人民法院认为:

关于华新公司向人杰公司增资1400万元的法律性质,双方的真实意思实为民间借贷。股权转让法律关系中,作为出让人,合同目的系出让其所有的股权以取得股权的对价;作为受让人,合同目的系支付股权对价以取得相应的股权,享有目标公司资产收益、参与重大决策和选择管理者等股东权利。而民间借贷法律关系中,作为出借人,合同目的系出借本金,在借款期限届满后取回本金及相应利息;作为借款人,合同目的系向出借人借得本金,在借款期限届满后返还本金及相应利息。案涉《合作协议》不具备股权转让法律关系的特征。案涉《合作协议》已明确载明华新公司每年的税后利润分配额为华新公司出资额(1400万元人民币)×18%,人杰公司当年的税后利润不足以支付合同约定的华新公司优先分配利润额时,由阮某承担补足义务。即无论人杰公司经营状况如何,华新公司均能获得固定收益。华新公司亦未能举证证明其实际参与了人杰公司的经营管理以及公司重大决策。虽然人杰公司章程中载明华新公司按其对人杰公司实际出资额享有优先分配权,但华新公司所持股权不符合优先股特征。依据《国务院关于开展优先股试点的指导意见》、《公司法》第166条相关规定以及人杰公司章程,只有在公司有可分配利润的情形下才能向股东分配利润,无论是普通股股东还是优先股股东,均应遵守上述规定。但该案中人杰公司向华新公司分配股利时并未体现上述原则。无论人杰公司经营状况如何以及有无盈利,均由阮某承诺保底收益。由于该保底条款的存在,无论人杰公司经营业绩如何,华新公司均能取得约定收益而不承担任何风险,这不符合投资领域风险共担的原则,故不能认定华新公司为优先股股东。华新公司与人杰公司、阮某签订《合作协议》的行为实际系以股权投资形式掩盖民间借贷关系。根据《民法总则》第146条[1]"行为人与相对人以虚假的意思表示实施的民事法律行为无效。以虚假的意思表示隐藏的民事法律行为的效力,依照有关法律规定处理"之规定,华新公司、人杰公司之间的股权投资行为无效,以股权投资关系隐藏的借贷行为的效力依照有关法律规定处理。

裁判观点三:股东对目标公司的固定收益仍属对股东股息红利的约定,出资人在重整期间不得要求投资收益分配。

案例3 "山东省财金创业投资有限公司(以下简称财金投资公司)、山东大海纤维股份有限公司(以下简称大海纤维公司)破产债权确认纠纷二审民事案"[(2019)鲁民终1698号]。

2016年12月20日,财金投资公司(甲方,投资人)与张某(乙方,公司的控股股东)、大海纤维公司(丙方,目标公司)签订《山东省省级政府引导基金直投基金投资协议》,约定甲方有权依照法律、本协议和公司章程的规定按其出资比例享有权利、承担义务,参加股东大会,行使股东大会重大决策权。甲方一般不向公司派出董事和监事,不干预企业日常经营。丙方每年向甲方支付按实际收到的甲方投资款以年收益率5%计算的固定收益。控股股东/实际控制人对丙方应支付给甲方的固定收益承担连带担保责任。协议还约定,发生清算事件时,公司按照相关法律及公司章程的规定依法支付相关费用、清偿债务后,按出资比例向股东分配剩余财产时,丙方应优先支付甲方的投资本金,如果甲方分得的财产低于其在公司的累计实际投资金额,控股股东/实际控制人应当无条件以现金方式补足。之后,大海纤维公司进入重整程序,财金投资公司向大海纤维公司管理人申报涉案债权。大海纤维公司管理人向财金投资公司送达债权审查情况通知,载明:财金投资公司作为股东与大海纤维公司约定的固定回报事项不符《公司法》的规定,故其不认定该笔债权。如对本债权认定结果有异议,请在收到本通知之日起10日内书面反馈异议理由,并在收到本通知之日起25日内向东营市中级人民法院提起债权确认诉讼。财金投资公司遂提起该案诉讼。

山东省高级人民法院认为:

财金投资公司实际履行了出资义务,成为大海纤维公司的股东。虽然三方协议合法有效,但亦应符合《公司法》的相关规定。财金投资公司上诉主张其并非优先股,而优先股是相

---

[1] 现为《民法典》第146条。

对于普通股而言的,优先股的股东对公司资产、利润分配等具有优先权。是否为优先股并不影响该案争议结果的认定。涉案协议中各方对投资收益作出明确约定,即大海纤维公司每年向财金投资公司支付按投资款以年收益率5%计算的固定收益,但该约定实质仍属股东投资收益即股息红利。出资人在重整期间依法不得请求投资收益分配。股东的投资收益不应按照债权申报程序申报,应按《公司法》和《中华人民共和国企业破产法》(以下简称《企业破产法》)的有关规定进行清偿后的剩余财产再行分配。因此,对于财金投资公司向大海纤维公司确认债权的主张,法院不予支持。

(二)若投资者享有固定股息的同时可根据公司实际经营情况参与利润分配,该投资者仍具有股东资格

案例4 "张某、邱某民间借贷纠纷二审民事案"[(2020)津03民终3142号]。

张某、邱某主张二人与海鑫融智公司虽然名义上签订的是《投资入股协议书》,但实际上构成借贷关系。《投资入股协议书》约定张某、邱某不参与公司经营决策,每年享受7%的优先股固定股息;根据实际的经营情况,张某、邱某参与公司可分配利润的分红。银行转账记录显示2018年9月30日海鑫融智公司法定代表人通过银行转账方式向张某支付38,000元。

天津市第三中级人民法院认为:

由于《投资入股协议》中明确约定张某、邱某系向海鑫融智公司投资并取得优先股股东身份,且依据该协议,张某、邱某除享有7%的固定股息外还可根据海鑫融智公司实际经营情况参与公司的利润分红,故张某、邱某以双方之间约定的系固定利率的利息收益为由主张双方之间为民间借贷合同关系无事实及法律依据。关于2018年9月30日海鑫融智公司法定代表人向张某支付的38,000元的性质。即使该款项系张某、邱某主张的7%的固定股息,亦无法排除张某、邱某除该权利外享有的其他协议约定权益,即无法证明双方之间系民间借贷合同关系。关于张某、邱某认为《投资入股协议》应当为新增股东与原股东签订,海鑫融智公司作为被投资入股的公司与张某、邱某签订该协议表明双方不存在投资入股的意思表示的主张,缺乏法律依据,一审法院不予采纳。至于张某、邱某主张的海鑫融智公司在张某、邱某向其支付相关款项后并未进行公司注册资本及股东名册的工商变更登记,属于双方投资入股协议的合同履行问题,不影响双方签订该协议时的意思表示。经一审法院释明,张某、邱某坚持主张双方系民间借贷合同关系,不申请变更诉讼请求。综上裁定:驳回张某、邱某的起诉。

实务建议

1. 固定的保底收益的约定是否有效,以及是股还是债

实务案例中关于保底收益出现了三种不同的裁判观点:(1) 协议有效,属借贷关系;(2) 属于股权投资关系,固定收益也属于计算股息的一种方式;(3) 因违反《公司法》而无效,固定收益不被支持。由此可见,此类案件的司法不统一问题比较严重。

2. 有限公司优先股中保底收益的约定实质上构成借贷关系

判断股权投资和债权投资的区别在于两点:一是股权投资者具有管理性权利,如参加股东大会、行使表决权等,即使是优先股股东,其管理性权利也仅是受到限制而并非完全被排除;二是股权投资者只享有对公司财产的剩余索取权,并且仅当公司具有可分配利润时,才能要求公司分配利润,其需要承担公司经营过程中的损失风险。

有限公司的优先股安排往往约定了保底收益,在公司没有可分配利润时也可要求公司支付固定利率的投资收益,且原始股东对此承担保证责任。该约定与《公司法》不符,也并非《优先股试点管理办法》中规定的优先股,而是投融资领域的一种介于债权与股权之间的,排除或缓解投资风险的约定措施。

在此种情形下,投资人目的并非取得目标公司股权,而仅是为了获取固定收益,且不参与公司经营管理。即便登记为股东,也应认定为债权投资,投资人与目标公司构成借贷关系。

若投资者享有固定股息的同时,也可根据公司实际经营情况参加利润分配,这表明投资者与股权投资者一样需要承担公司经营损失的风险,有法院也据此认定投资者的股东身份。

3. 保底收益被认定为民间借贷的利率计算

保底收益被认定为民间借贷后,其利息计算首先应看当事人在协议中的约定。比如,在盈腾公司与青企壹公司纠纷案中,法院根据当事人在《合作协议书》、承诺函与《增资协议书》中的约定综合判断当事人之间的利息。但是根据最高人民法院关于民间借贷的司法解释,当事人之间的利息约定不得超过合同成立时一年期贷款市场报价利率的四倍。

第二节 何为私募股权投资之"优先分红权"

一、概念

优先分红权(dividend preference),通常是指企业派发股息红利时,投资人或持有优先股的股东享有的优先于其他股东取得其投资额一定比例股息及红利的权利。

二、优先分红权的作用

优先分红权具有以下作用：

第一，帮助投资人降低投资风险。众所周知，获取股息红利虽非投资人获取主要收益的途径，但其作为保障条款之一，往往与其他特殊优先权如回购权、优先清算权相伴相生。该系列优先权保障了投资人的一定投资收益，在信息不对称的情形下，降低了投资人的投资风险。

第二，股权购买协议约定优先分红权并不在于优先股股东有意取得股息或分红。在一般情况下，对于创业初期或资金紧张的创业企业或者 IPO 前处于发展阶段的企业而言，企业一般没有足够的现金用于向股东支付股息或红利。优先分红权的主要目的系防止创始股东利用分红进行套现，降低公司创始股东提请公司分红的意愿，间接促使公司将利润继续留存用于公司业务的经营发展；同时，创始股东为了保证自身未来能从公司分取相当的利润，也会进一步提高其与公司管理层的经营管理能力，以提高公司业绩和公司未来可分配利润。

三、优先分红权的分类

根据不同的标准，优先分红权大体可以分为如下几种类型：

1. 累积性优先分红权和非累积性优先分红权

根据分红是否根据年度积累，可以区分为累积性优先分红权和非累积性优先分红权。累积性优先分红权，是指若公司在某个财务年度内因经营不善未存在可分配利润或存在可分配利润但公司当年未能宣告派发红利的，则优先分红权股东有权要求公司在日后的财务年度内补足之前的分红差额。而非累积性优先分红权，则是指若公司在某个财务年度内因经营不善未宣告派发红利的，或公司当年盈利不足以向优先分红权股东派发约定红利的，则优先分红权股东无权日后再要求公司以未来的可分配利润向其补充之前未派发的红利。

2. 参与性优先分红权和非参与性优先分红权

依据投资人优先分红后是否有权继续和普通股东一同参与分配公司剩余可分配利润，可分为参与性优先分红权和非参与性优先分红权。参与性优先分红权，是指优先分红权股东按照约定取得固定股息后，仍然有权继续参与剩余可分配利润的分配；而非参与性优先分红权，则是指优先分红权股东在优先分得固定红利后，无权继续和普通股东一起参与公司剩余可分配利润的分配。

3. 固定优先分红权和浮动优先分红权

根据优先分红利率是否固定，优先分红权可分为固定优先分红权和浮动优先分红权。固定优先分红权在投资人签署投资协议或相关文件时已经确定分红率，而浮动优先分红权则在投资协议中约定分红利率可以按照一定比率浮动调整，固定分红率有利于对优先股股东利益

4. 全部优先分红权和部分优先分红权

根据优先分红权的优先级及优先范围,优先分红权可分为全部优先分红权和部分优先分红权。其中,全部优先分红权是指投资人可优先于公司其他全部股东分配利润,而部分优先分红权则是指投资人仅可优先于特定股东分配利润。

四、优先分红权性质

分红权体现在《公司法》第 34 条,即股东按照实缴的出资比例分取红利;公司新增资本时,股东有权优先按照实缴的出资比例认缴出资。但是,全体股东约定不按照出资比例分取红利或者不按照出资比例优先认缴出资的除外。

股东分红权是股东基于《公司法》等商事法律而享有的,是根据意思自治规则进行适用的权利,其应为一种民事权利,是私权利的一种。分红一旦宣布,则系股东基于分红权而对公司享有的一种债权,可以依照民事法律规则进行保护,债权法的原理对其应当完全适用。

五、优先分红权示例

笔者结合具体经办过的项目文件,提供以下文本示范:

公司股东同意,公司的资本公积金、盈余公积金及未分配利润(如有)由所有股东按照本次增资交割日后的股权比例共同享有。

在公司完成合格首次公开发行前,未经本轮投资方股东书面同意,公司不得进行利润分配。在遵守本条款规定以及本协议规定的前提下,董事会决议决定分配利润的,公司应当按照各股东对公司实缴的注册资本的相对比例分别向各股东宣布和派发股息或利润。为免疑义,在本轮投资方股东获得股息或利润之前,公司不得以现金、财产或股份等形式向任何其他股东宣布和派发股息或利润。

第三节 优先清算权的概念界定和司法裁判规则

"优先清算权"(liquidation preference)是投资协议中常见也是较为重要的特殊权利条款之一,决定着公司在发生清算事件时公司财产这块蛋糕该如何分配。优先清算权在企业内部发生清算事件时,对投资者起到止损和保护的作用。那么,目前的法律规定及司法态度对优先清算权是如何认定的?在草拟相关条款的过程中应注意哪些方面?笔者根据多年的实务经验与大家一起分享。

一、什么是优先清算权

优先清算权一般是指如果公司发生终止、解散或清算或控制权转移的情形,则投资人有权优先于其他普通股股东分配剩余清算财产。一般优先清算分配额根据投资人与企业之间的约定进行明确。

众所周知,对于包括 VC 在内的私募股权投资机构来说,投资的流动性较差,投资过程中信息不对称,因此优先清算权的设定,一方面弥补了风险投资机构的流动性损失,另一方面降低了投资过程中信息不对称导致的投资风险。优先清算权的设定实质上是用来调整投资人与创始团队之间的风险和收益的,是参与合作各方之间博弈的结果。

根据创始人和投资人之间的谈判和投资人是否参与剩余财产的分配,优先清算权的设置往往有以下几种类型:(1)先拿回优先分配额,再按比例和其他股东一同参与分配剩余财产,若按比例分配额超过优先分配额时,全部股东按比例分配;(2)先拿回优先分配额,后续不再参与剩余财产的分配;(3)拿回优先分配额后参与分配,但会设置一个分配上限,即超过上限后,不再分配超过上限的部分。有些情况下,投资人也会要求优先分配额中包括已经宣布但未分配的红利,目标公司则要求减去投资人已经从股权中获得的收益(包括已经获取的分红或回报)。

二、优先清算权的触发情形

值得注意的是,优先清算权的触发情形不仅仅包含公司破产、经营不善等法定清算事件,还包括"视同清算事件",其情形通常包括导致控制权变更的合并、收购,以及出售、租赁、转让、以排他性许可或其他方式处置公司全部或大部分资产的事件。此外,如果目标公司是红筹架构,需要在协议中约定"视同清算事件"包括其子公司(包含 VIE 公司)的清算事件,避免创始人以间接方式处置重要子公司股权导致的投资人无法按照协议约定参与清算优先分配的法律风险。

三、优先清算权的法律依据及司法认定

(一)目前的司法案例及相关规定对优先清算权的效力均采取积极认可的态度

《公司法》第 186 条第 2 款规定,公司财产在分别支付清算费用、职工的工资、社会保险费用和法定补偿金,缴纳所欠税款,清偿公司债务后的剩余财产,有限责任公司按照股东的出资比例分配,股份有限公司按照股东持有的股份比例分配。该条款关于清算财产的分配并未给出各股东自由约定的空间。因此,有观点认为,优先清算权的安排违反了《公司法》第 186 条的规定,应属无效。那么,在实操中,清算财产的优先分配约定是否违反了《公司法》第 186 条的约定?司法判例对优先清算权是如何认定的?

案例 1 "林某北京北科创新投资中心(有限合伙)股权转让纠纷案"[(2019)京 03 民终 6335 号]。

二审法院认为:该案中,案涉《增资协议》第 15 条"优先清算权"约定,目标公司在分别支

付清算费用、职工的工资、社会保险费用和法定补偿金,缴纳所欠税款,清偿公司债务后,北科中心在股东分配中优先于其他股东进行分配。该协议约定在支付了法定优先股股东之间分配的款项后,股东内部对于分配顺序进行约定并不违反《公司法》第186条的规定。因此,《增资协议》中对优先清算权的约定并不违反法律法规。

二审法院进一步分析认为,《合同法解释一》第4条[1]规定:"合同法实施以后,人民法院确认合同无效,应当以全国人大及其常委会制定的法律和国务院制定的行政法规为依据,不得以地方性法规、行政规章为依据。"《合同法解释二》第14条[2]规定:"合同法第五十二条第(五)项规定的'强制性规定',是指效力性强制性规定。"根据上述规定,只有违反法律、行政法规的效力性强制性规定才导致合同必然无效。由上,案涉《增资协议》中所约定的内容并不违反法律法规的强制性规定。因此,林某主张的案涉《增资协议》因包含股权同售权、反稀释、优先清算权等条款而无效,缺乏法律依据,法院不予支持。

案例2 "沈某龙、程某等侵权责任纠纷二审民事案"[(2020)川01民终9209号]。

一审法院认为,股东缴纳的出资既是构成公司财产的基础,也是股东得以向公司主张权益的合法性来源,但公司的有效经营还需要其他条件或资源,因此,对于股东剩余财产分配请求权的行使,我国法律并未禁止股东内部对分配顺序、方式作出特别约定,而且这样的约定并不损害公司债权人的合法权益,亦非规避法律的行为,应属于公司股东意思自治的范畴。该案中,包括沈某龙在内的君乾公司全体股东约定对篑懿中心、松禾合伙投入的投资本金在公司清算且有剩余财产时先行支付,正是股东内部对公司剩余财产分配所作出的特别约定。这是股东各方对各自掌握的经营资源、投入成本及预期收入进行综合判断的结果,是全体股东的真实意思表示,并未损害他人合法权益,也不违反法律和行政法规的强制性规定,属有效约定,各方均应按照约定履行。二审法院支持了一审法院的论述,认为各股东在《增资协议》中约定了篑懿中心和松禾合伙享有优先清算权,即君乾公司在支付完毕清算必要费用后,剩余财产按增资款本金优先分配给篑懿中心和松禾合伙。该约定系各股东真实意思表示,不违反法律规定,合法有效。

根据上述案例可知,法院均在判决中对优先清算权的效力进行了积极的认可,认为优先清算权的约定不违反效力性强制性规定,应为有效。这无疑让投融资行业对该条款的运用更加有信心。此外,国务院于2013年11月发布的《关于开展优先股试点的指导意见》(国发〔2013〕46号)规定,"公司因解散、破产等原因进行清算时,公司财产在按照公司法和破产法有关规定进行清偿后的剩余财产,应当优先向优先股股东支付未派发的股息和公司章程约定的清算金额,不足以支付的按照优先股股东持股比例分配";《中华人民共和国中外合作经营企业法》第23条第1款规定:"合作企业期满或者提前终止时,应当依照法定程序对资产和债

---

[1] 现为《关于适用〈中华人民共和国民法典〉合同编通则部分的解释(征求意见稿)》第18条、第19条。

[2] 现为《关于适用〈中华人民共和国民法典〉合同编通则部分的解释(征求意见稿)》第17条。

权、债务进行清算。中外合作者应当依照合作企业合同的约定确定合作企业财产的归属。"上述规定均给予优先清算操作一定的认可和空间。因此，笔者认为在司法实践中，优先清算被认定有效的概率较大。但也不能一概而论，我国并非判例法国家，对于之后的司法裁判态度，仍有待进一步的观察。

(二) 清算过程中要求创始股东兜底补偿条款是否有效

清算事件发生后，若清算分配财产不足约定清算分配额时，协议中要求创始股东对投资人进行兜底补偿，这本质上是与创始股东的一种"对赌"。根据最高人民法院于2019年11月8日印发的《九民纪要》及相关裁判规则，针对"对赌"效力，如果投资人与股东对赌的，如无其他无效事由，应认定有效。

(三) 未实缴股东优先清算权的限制

《最高人民法院关于适用〈中华人民共和国公司法〉若干问题的规定(三)》(2020年修正，以下简称《公司法解释三》)第16条规定："股东未履行或者未全面履行出资义务或者抽逃出资，公司根据公司章程或者股东会决议对其利润分配请求权、新股优先认购权、剩余财产分配请求权等股东权利作出相应的合理限制，该股东请求认定该限制无效的，人民法院不予支持。"根据上述规定，笔者认为在股东未履行实缴义务的情形下，其主张清算财产的优先分配存在被限制的法律风险。因此，作为股东应积极履行实缴义务，避免在公司清算分配的过程中产生障碍。

实务建议

1. 在投资协议中增加特殊情形下的替代清算处理原则

根据本节的分析，相关规定及司法案例虽然对优先清算权做了积极的反馈和认可，但是不排除在未来实操过程中优先清算的安排可能会存在障碍。因此，笔者建议在投资协议中提前对此种情形进行替代处理安排，明确在不能按照股东间约定进行分配的情况下，可以先按照法律规定进行分配，随后在股东之间进行清算额的二次分配。投资协议中也应对二次分配涉及的相关税收成本一并作出安排，避免未来实操中出现纠纷。

2. 其他股东不配合清算情形下可启动强制清算程序

根据《公司法》第183条的规定，在章程约定的解散事由出现之日起15日内，股东应当组成清算组，开始清算。若其他股东不配合进行清算，例如，出现逾期不成立清算组、虽然成立清算组但故意拖延清算的，投资人可根据《最高人民法院关于适用〈中华人民共和国公司法〉若干问题的规定(二)》(以下简称《公司法解释二》)第7条第2款的规定,申请法院指定清算组对公司进行清算。

第四节 关于投资方享有固定分红收益的司法裁判规则

当事人之间签订的投资协议并不具有共同经营、共享收益、共担风险的投资合作特征,而是约定一方出资后,无论公司经营情况如何,均按照协议约定享有强制分红或固定投资收益的,法院一般认定双方之间法律关系的性质"名为投资、实为借贷"。

一、典型案例基本案情

案例来源:"事益公司、付某借款合同纠纷案"[(2020)最高法民申7050号]。

2015年4月,事益公司(甲方)与付某(乙方)签订《投资合作协议》。《投资合作协议》第2条约定乙方投资1300万元,协议签订后,建设期间内(1年)按实际收益的15%计算分红;建设期满后,年净收益不足3000万元时,按3000万元计算分红,超过3000万元时,按实际净收益计算分红,甲方承诺四年内支付给乙方的收益达到乙方投资额度,实际收益未达到的,用甲方收益弥补并支付给乙方;分红每年一次,12月30日结账,次年1月15日前分红。因甲方经营管理不善造成亏损,乙方不承担经济损失,并按约定标准计算投资收益。

协议签订后,付某共计向事益公司转款1300万元。协议履行过程中,付某多次向事益公司要求支付其固定收益,但是事益公司均未履行。

二、典型案例争议焦点

付某支付给事益公司的1300万元的款项性质系投资款还是借款?

三、典型案例法院裁判观点

(一)一审法院的观点

从双方当事人签订的《投资合作协议》约定的内容看,付某的收益是采用固定回报的方式,并且有保底条款。具体的内容是借款一年后,按照3000万元的收益计算回报,超过3000万元,按照实际收益计算回报,并且事益公司承诺4年内支付给付某的收益达到其投资的数额,这明确了案涉1300万元的性质是借款,而非投资;事益公司经营的损失由其自行承担,付某不承担损失,但无论盈亏都要按照约定标准计算收益。由上述约定可知,付某不参与事益公司的经营管理,不承担任何经营风险,只收取固定数额的收益,所以不难看出事益公司的真实意思是借款,协议的目的是以投资为名,通过股权的份额作为担保,向付某借款。故该案双方当事人之间的法律关系实质是民间借贷,而非投资。现按照双方协议约定,事益公司一直迟延履行支付利息的主要债务,付某多次催要并给予合理期限,但是在合理期限内,事益公司仍然没有履行,依据《合同法》第94条第3款[1]的规定,当事人一方迟延履行主要债务,经催告后在合理的期限内仍未履行的,当事人可以解除合同。付某依此主张依法解除双方签订的协议的诉讼请求有理,予以支持。关于案涉款项及利息给付的问题。事益公司收到付某支付的1300万元后,没有按照双方协议约定按期给付利息,致使双方签订的协议无法履行,应依法解除,事益公司应当将案涉借款偿还给付某,并按照约定支付相应的利息。因双方当事人在《投资合作协议》中对诉讼费用(含律师费)的承担做了明确约定,按照约定应由败诉方事益公司承担。判决:(1)解除付某与事益公司签订的《投资合作协议》;(2)事益公司于判决生效后10日内偿还付某本金1300万元;(3)事益公司于判决生效后10日内给付付某利息624万元利息(以1300万元为基数,自2016年6月起至2018年6月止,按年利率24%计算利息);(4)事益公司于判决生效后10日内给付付某律师代理费19万元。如果未按判决指定的期间履行给付金钱义务,应当依照2017年《中华人民共和国民事诉讼法》第253条[2]规定,加倍支付迟延履行期间的债务利息。案件受理费138,380元,由事益公司负担。

(二)二审法院的观点

付某主张案涉《投资合作协议》的性质"名为投资、实为借贷",从协议约定的内容看,该投资协议并不具有共同经营、共享收益、共担风险的投资合作特征,而是约定付某出资后享有固定收益,即事益公司四年内支付给付某的收益达到其投资额度,且约定无论公司经营情况如何、是否亏损,付某均按标准计算投资收益。因此,该投资合作协议更具有借款特征。事益公司虽工商登记变更付某为公司股东,但付某主张该行为系事益公司为了对其借款债权提供担保。事益公司主张是股权转让,但案涉协议系付某与事益公司签订,款项亦支付事益公司,事益公司未能举证证明付某与事益公司原股东签订过股权转让协议,故不具有规范的股权转让特征。事益公司主张系公司增资扩股,但付某向事益公司支付的款项为1300万元,公司增资金额与付某付款金额及付某所持有的事益公司股权数额、出资额等均不对应,而且,事益公司发生增资减资变动,付某的股权比例亦始终不变,故不具有规范的公司增资扩股特征。付某否认其参与事益公司经营,称其在事益公司对外贷款的股东会决议上签字系银行贷款需要全体股东签字的形式要求,事益公司未能举证证明付某参与事益公司实质性经营活动。因此,付某抗辩其成为事益公司股东并持有事益公司股权系股权让与担保行为,理由成立。事

---

[1] 现为《民法典》第563条第1款第3项。
[2] 现为2023年《中华人民共和国民事诉讼法》第260条。

益公司股权办理至付某名下系作为对付某债权的担保,而非真正的股权转让或增资扩股。至于事益公司主张双方协议中未约定本金偿还期限故不属于借款的理由,因《合同法》对借款期限没有约定或约定不明确的情形均有相关规定,故并不能以此否定双方存在借款关系。

(三) 再审法院最高人民法院的观点

事益公司与付某签订的《投资合作协议》约定,付某向事益公司支付1300万元款项,借款一年后,按照3000万元的收益计算回报;超过3000万元,按照实际收益计算回报;事益公司承诺四年内支付给付某的收益达到其投资的数额。协议内容表明,付某所获收益是以固定回报方式计算,且约定无论公司经营情况如何、是否亏损,付某均按标准获得投资收益。因此,《投资合作协议》不具有共同经营、共享收益、共担风险的投资合作特征。事益公司工商登记虽变更付某为公司股东,但事益公司并未提交证据证明付某参与了公司的实质性经营活动。付某不参与事益公司的经营管理,其投入的资金不承担任何经营风险,只收取固定数额的收益,因此该1300万元名为投资,实为借款。仅就事益公司与付某双方之间的法律关系而言,原审认定为民间借贷性质,并无不当。据此,最高人民法院裁定:驳回事益公司的再审申请。

四、典型案例评析

就企业之间的借贷关系的有效性而言,已经在《最高人民法院关于审理民间借贷案件适用法律若干问题的规定》(2020年第二次修正)第10条予以明确,即法人之间、非法人组织之间以及它们相互之间为生产、经营需要订立的民间借贷合同,除存在《民法典》第146条、第153条、第154条以及本规定第13条规定的情形外,当事人主张民间借贷合同有效的,人民法院应予支持。

投资关系与借贷关系为两种不同的法律关系,投资过程中,就上述关系常常存在认定混淆的情形,其主要区别如下:

第一,主体地位方面。股权投资主体可以直接或者间接参与企业实际经营管理;作为合伙人或者股东根据法规或协议约定享有企业重大事项决策权、利润分配权及知情权;此外,股权投资主体需根据法律规定履行出资义务,并需承担出资不足或瑕疵出资的违约责任。而借贷关系中,"投资人"一般不实质参与企业的经营管理。

第二,资金性质方面。根据我国《公司法》的规定,股东可以用货币出资,也可以用实物、知识产权、土地使用权等可以用货币估价并可以依法转让的非货币财产作价出资,其收回投资的方式为股权转让、减资或清算等;而借贷资金属于借款,期限届满后,出借人可要求借款人足额归还本金及利息。

第三,风险承担方面。股权投资需承担企业经营风险,其收益与企业经营好坏息息相关,根据企业利润情况获取分红或享有退出收益;借贷不承担企业的经营风险,根据协议约定收取本金及利息。

在司法实践中如何辨认投资与借贷,笔者认为需结合以下因素:

第一,出资主体是否享受固定的收益与回报,其收益及回报是否与企业经营挂钩,是否与企业共同承担经营风险。如上文所述,若出资主体出资后享有固定收益,这与投资共担风险、共享收益的特点相悖,其应属于借贷关系。在"洪某、王某及鑫囿公司、邹某间借贷纠纷案"[(2021)桂民终1354号]中,法院认为,涉案《个人投资合作协议》约定,鑫囿公司承诺给予王某两个阶段利润分成,除明确返还王某相应投资款外,还分别以每方砂1.2元、1元的标准向王某支付分红。此外,协议还约定王某不参与鑫囿公司运营,不干预鑫囿公司的一切管理制度。上述约定表明,王某只提供资金,并不参与项目的共同经营管理,也不承担亏损责任,只是到期收回投资本金及享有相对固定收益。虽然王某的实际收益与砂石产能相关,可能存在产能少或无产能之风险,但上述风险仅为王某收益多少的风险,并非项目损失承担的约定,故涉案合作协议不符合合伙协议共负盈亏、共担风险的本质特征。王某与鑫囿公司之间实为借贷关系。

第二,出资主体是否参与企业经营管理也是判断投资关系和借贷关系的重要因素之一。作为企业的股东或者合伙人,其一般对企业的重大事项在股东会或合伙人会议层面具有决策权及知情权;而借贷关系中资金方一般不参与企业经营管理,因此,是否参与经营管理系司法机关判断是投资关系还是借贷关系的重要依据。例如,在"上海龙域投资有限公司(以下简称龙域公司)与海南建丰旅业开发有限公司(以下简称建丰公司)、北京达义兴业房地产开发有限公司企业借贷纠纷案"[(2016)最高法民终541号]中,法院认为,案涉《投资合作协议书》在形式上虽有"投资合作"字样,但从其约定的内容看,龙域公司不直接参与公司经营管理,不承担经营风险,只收取固定数额收益,即该协议书排除了双方共担合作风险的情形,其实质在于龙域公司所得的回报与合作结果无关。……龙域公司作为贷款人为确保借款安全对资金的使用情况具有检查、监督的权利。故建丰公司以案涉合同约定龙域公司对合作项目具有监督、查阅等权利为由主张双方并非借款关系,没有事实和法律依据。

值得注意的是,确认是投资关系还是借贷关系需综合考虑,是否参与经营并不构成股东或合伙人身份的充分条件。例如,在"农开基金与轩某、万利源公司、润丰公司新增资本认购纠纷案"[(2020)豫民终591号]中,河南省高级人民法院认为,农开基金作为股东,不参与万利源公司经营管理符合协议约定,且是否参与公司经营管理并非判断民事主体是否具有公司股东身份的标准。

第三,需关注出资是否履行出资入股的法定程序。在投资关系中,投资人投资完毕后需通过股东会决策,为新股东颁发出资证明书,并载入股东名册,办理工商变更登记;而借贷关系无须履行载入股东名册及办理工商变更等手续。例如,在"林某、吴某及俞某民间借贷纠纷案"[(2017)闽民申1298号]中,法院认为……林某与翁某一致认可吴某并不参与其所投资项目的经营管理，吴某亦未被列入建投公司的股东名册，林某所提供的证据不足以证明吴某有承担相应的经营风险，故该案不符合投资的基本特征。

此外，若认定为借贷法律关系，随着《最高人民法院关于审理民间借贷案件适用法律若干问题的规定》的颁布施行，法院一般会根据合同成立时一年期贷款市场报价利率的四倍确定利息是否予以保护，双方约定的利率超过合同成立时一年期贷款市场报价利率四倍的，法院不予保护。

实务建议

就合同双方究竟是投资关系还是借贷关系，需根据合同中是否约定固定分红收益、出资主体是否参与经营承担风险、投资行为是否履行法定程序等方面综合判断。不同法律关系，其法律结果亦不尽相同。投资方及企业应在合同起草及审核过程中关注固定收益条款并做好风险的预判和防控，了解目前我国就该条款的司法裁判规则，防患于未然。

第八章
最优惠条款

一、最优惠条款概述

最优惠待遇、最惠国待遇(Most-Favored-Nation Treatment,MFN)源于国际贸易协定,是国与国之间贸易条约和协定的法律待遇条款,在进出口贸易、税收、通航等方面互相给予优惠利益、提供必要的方便、享受某些特权等的一项制度,又称为"无歧视待遇"。"最优惠条款"随后在风险投资领域被广泛地运用在投资及商业合同条款中,以保证合同缔约方(尤其是风险投资方)能够享有不劣于其他投资方的条款及待遇。

在投资过程中,为了避免信息不对称的问题出现,投资人在谈判中基于自身的强势地位,往往向创始人提出,要求享有公司原股东或未来新股东股权上存在的比投资方股东所持股权更加优惠的条款及条件,该条款也成为国内或国外PE/VC合同中较为常见的优先权条款。

二、最优惠条款目的及意义

最优惠条款一般由投资人提出。虽然在投资谈判初期,投资人溢价入股目标公司,在谈判过程中处于优势地位,但是在与目标公司沟通初期,投资人未深入对目标公司进行尽职调查且不了解目标企业的实际情况,即使进行了尽职调查,不排除公司未全面提供信息及相关材料的可能性,如公司与相关第三方签署抽屉协议并未向投资人或相关人员披露。为了避免谈判过程中对公司信息了解不充分并防范信息不对称的风险,投资人往往要求享有最优惠条款。该条款对于增加投资人的投资信心,推进投资进程具有重要作用。

三、最优惠条款的适用

最优惠条款就参照范围划分,分为"未来股东权益"作为优惠参照范围、"既有股东权益"作为优惠参照范围以及"参照既有股东权益+未来股东权益"作为优惠参照范围。就实操经验而言,最优惠条款可以根据投资人需求进行设定,参照既有股东权益条款作为防范投资人信息不对称风险的有效机制被广泛运用。此外,"未来股东权益作为优惠参照范围"条款,在实务操作中考虑到后进股东往往估值较高,也享受条件更优惠的条款,根据行业惯例投资人一般不作强制要求,即使在投资协议中已经设定,为避免影响目标公司融资,投资人在后续股东入股的谈判过程中亦不会以该条款为由要求最优惠权益。因此,"未来股东权益作为优惠参照范围"条款虽在协议中设定,但存在适用或实际执行较少的情况。

四、最优惠待遇条款示例

在交割日后,对于公司现有股东持有的公司股权上存在的比投资方股东所持股权更加优惠的任何条款和条件,投资方股东有权自动享有。自本次增资交割日起,对于公司向新增投资者发行的任何级类别的股权、股权类证券和/或可转债上所享有的比投资方股东所持股权更加优惠的任何条款和条件,投资方股东有权自动享有。

实务建议

对于创始股东来说,最优惠条款作为惯常条款并作为投资人的谈判筹码或许给创始股东产生不小的压力,在该条款的沟通过程中,可以注意以下几点:

1. 如上所述,"未来股东权益"作为优惠参照范围最优惠条款在实操过程中被实际执行及运用的情况较少,可以在设定最优惠条款时进行范围限定,仅限定在参照既有股东权益范围,排除未来股东权益作为优惠参照范围,避免在未来新融资过程中的沟通成本过高。

2. 最优惠条款在适用过程中离不开不同轮次股东的入股条件,在条款设置的过程中,创始股东可以要求在下一轮融资过程中,如果公司估值超过原估值的一定百分比,可以豁免最优惠条款的适用。

第九章

目标公司信息披露及投资人的信息及检查权

投资人在投资之初,目标公司在投资协议中一般都会对公司既往的基本情况和未来一定时间期限内的经营、资产状况、负债、重大诉讼等与投资人利益相关的事项进行信息披露,该披露信息显示公司各项运营处于良好状态,因而投资人的利益能够得到保证,在合同中表现为陈述与保证条款。该陈述与保证条款是投资人投资行为的前提,若事后发现目标公司存在违反陈述与保证条款的事实,目标公司及公司创始股东将可能承担对投资人的根本违约责任。

另外,在投资交割后,投资人因不参与或较少参与公司经营管理,也会要求对公司的经营状况进行检查监督,于是有了投资人的信息及检查权,即投资人作为股东对公司的知情权。

第一节 违反信息披露的陈述与保证条款的争议与裁判规则

陈述与保证条款是投资者与目标公司或者原始股东所达成的投资协议中的一般条款,其内容通常包括对目标公司的经营资质、股权架构、资产状况、负债、重大诉讼、关联交易等情况的说明以及对目标公司未来能够实现经营计划、收益、披露信息真实完整等事项的保证。因此,一旦日后发现陈述与保证不实,该条款就成为投资者追究目标公司或者原始股东违约责任的有利根据。

陈述与保证条款对投资者的功能主要有二:一是强制目标公司或者原始股东对投资项目进行信息披露,以减少投资者与目标公司之间的信息不对称;二是预防投资损失,协议中一般会约定融资一方违反陈述和保证条款的违约责任,其中最常见的责任方式就是目标公司及/或原始股东的股权回购责任、返还投资款本息或固定的违约金赔偿。

下文以一个因违反陈述与保证条款而引发的原始股东承担800万元违约金,并购方的各项融资计划被迫终止的并购失败案例来展开对陈述与保证条款功能的探索,希望对投资人利用陈述与保证条款维护合法权益提供经验指导。

一、裁判要旨

在公司并购中,多个股东对并购方作出目标公司及高级管理人员不存在重大诉讼的陈述和保证,若目标公司及高级管理人员存在重大诉讼,其他股东不能以不知情、未参与违法犯罪行为而抗辩,其他股东的违约责任成立。

二、典型案例基本案情

案例来源:"北京东土科技股份有限公司等股权转让纠纷案"[(2019)京民终1646号]。

2014年10月27日,北京东土科技股份有限公司(以下简称东土科技公司)与常某、宋某、王某、江某、慧智立信公司等16名原拓明科技公司的股东(以下简称常某、宋某等16名原股东)签署《购买资产协议》,约定东土科技公司拟通过发行股票及支付现金方式收购常某、宋某等16名原股东合计持有的拓明科技公司100%股权。常某为原拓明科技公司的董事长,宋某为原拓明科技公司的董事。

上述主体之间还约定:为避免歧义,如发生非经东土科技公司事先书面同意的拓明科技公司重大不利事件,应视为常某、宋某等16名原股东违反本协议。其中协议第13.2条约定:违约方应依本协议约定和法律规定向守约方承担违约责任,向守约方一次性支付违约金800万元,并赔偿守约方因违约方的违约行为而遭受的所有损失(包括为避免损失而支出的合理费用)。

2018年7月31日,拓明科技公司和常某均被判处单位行贿罪。

东土科技公司向法院起诉,主张拓明科技公司及原法定代表人常某涉嫌单位行贿罪被追究刑事责任,宋某违反《购买资产协议》项下的陈述与保证约定,要求宋某支付违约金800万元及因拓明科技公司及原法定代表人的犯罪行为给东土科技公司造成的其他全部损失。

三、典型案例争议焦点

宋某是否构成违约?

宋某的违约赔偿金应该是多少?

东土科技公司的损失是否包括预期利益损失?

四、典型案例法院裁判观点

二审法院的观点如下:

1. 关于宋某是否违约的问题

根据《购买资产协议》的约定,包括宋某在内的拓明科技公司原16名股东均负有保证拓明科技公司3年内不存在重大违法行为,公司董事、高级管理人员不存在被诉情况的义务。

经惠济区人民法院、郑州市中级人民法院裁判,拓明科技公司及法定代表人、董事常某在2011年、2013年以及2015年东土科技公司收购拓明科技公司时犯行贿罪,违反了《购买资产协议》前述约定,作为转让方之一的宋某已经构成违约。

宋某上诉认为,其未参与亦不知晓拓明科技公司及常某的犯罪行为,故其没有违约;其作为拓明科技公司的董事、高级管理人员,对东土科技公司不负有忠实义务,故没有义务向东土科技公司告知相关情况。对此该法院认为,《购买资产协议》约定常某、宋某等16名原股东作为转让方负有保证、承诺拓明科技公司不存在重大诉讼、3年内不存在重大违法行为、高级管理人员不存在重大诉讼的合同义务,现查明拓明科技公司及常某已因犯行贿罪被判处刑罚,足以构成《购买资产协议》第1.1.16条约定的重大不利事件,故依据第13.2条应视为常某、宋某等16名原股东违反本协议的约定,作为转让方之一的宋某已经构成违约;其是否知晓、是否参与拓明科技公司、常某的违法犯罪活动,不影响其因违反《购买资产协议》中的承诺、保证义务而应承担违约责任。一审法院对宋某违约的事实认定正确,应予以确认。

2. 关于宋某应承担的违约金金额

《合同法》第114条第1款规定:当事人可以约定一方违约时应当根据违约情况向对方支付一定数额的违约金,也可以约定因违约产生的损失赔偿额的计算方法。第2款规定:约定的违约金低于造成的损失的,当事人可以请求人民法院或者仲裁机构予以增加;约定的违约金过分高于造成的损失的,当事人可以请求人民法院或者仲裁机构予以适当减少。[1] 根据上述法律规定,违约金具有以补偿损失为主、惩罚为辅的性质,在违约金足以弥补损失的情况下,不在违约金之外重复支持守约方关于经济损失的诉讼主张。

本案中,《购买资产协议》第13.2条约定:违约方应依本协议约定和法律规定向守约方承担违约责任,向守约方一次性支付违约金800万元,并赔偿守约方因违约方的违约行为而遭受的所有损失。

如前所述,宋某违反其陈述和保证,构成违约,东土科技公司反诉要求宋某支付违约金,具有事实和法律依据。由于其他《购买资产协议》签订主体已经基于同一违约事实明确按照对赌份额向东土科技公司支付部分违约金合计550.4万元,东土科技公司仍要求宋某另行支付800万元违约金,缺乏事实和法律依据,一审法院仅就尚未确定支付的违约金249.6万元予以支持,对于超出部分的违约金,不予支持。

3. 关于其他经济损失

关于东土科技公司主张的其他经济损失,法院认为需结合其损失的性质、内容以及是否

---

[1] 现为《民法典》第585条第1款、第2款,即"当事人可以约定一方违约时应当根据违约情况向对方支付一定数额的违约金,也可以约定因违约产生的损失赔偿额的计算方法。约定的违约金低于造成的损失的,人民法院或者仲裁机构可以根据当事人的请求予以增加;约定的违约金过分高于造成的损失的,人民法院或者仲裁机构可以根据当事人的请求予以适当减少"。

可为违约金所弥补进行综合认定。

首先,东土科技公司主张的其于2018年2月经中国证监会批准发行面值总额不超过5.5亿元的创新创业公司债券,该次发行因拓明科技公司、常某单位行贿一案被迫终止,产生前期中介费损失110万元、前期准备人工投入损失150万元,因债券无法发行只能通过其他渠道融资产生的融资成本增加损失20,035,000元。关于该部分损失,东土科技公司未能提供其他有效证据证明因拓明科技公司、常某单位行贿一案被迫终止发行创新创业债券,违约事实与损失之间缺乏必然的因果关系,一审法院不予支持。

其次,关于东土科技公司主张,因全资子公司拓明科技公司犯单位行贿罪,其3年内定增融资无法发行,募集配套股权资金1亿元无法到位,导致3年预期收益损失2551万元……一审法院认为,关于定增融资发行股权,相关法律、法规及部门规章等均有严格的限制性规定,虽然上市公司或者其子公司出现违法犯罪行为可能导致上市公司无法进行发行证券的行为,但其并非定增融资发行股权的唯一要件;东土科技公司系估算融资数额,且未能提供证据证明其具备发行条件,仅因拓明科技公司被追究刑事责任导致可得利益损失,违约行为与可得利益损失之间缺乏必然因果关系,故一审法院亦不予支持正确。

五、延伸阅读

(一)投资人需对目标公司及原股东违反陈述与保证条款及重大不利影响承担举证责任

案例1 "周某、何某等与深圳市金州投资有限公司股权转让纠纷案"[(2016)最高法民终12号]。

该案中,金州公司(投资人)与路红公司、周某、何某在云南省昭通市水富县签订《四方协议》,其中第12条"各方的陈述和保证"第12.5款规定,原股东、目标公司在此向深圳市金州投资有限公司(以下简称金州公司)不可撤销的陈述和保证如下:"原股东及目标公司无违反适用法律、法规、规范性文件且可能给目标公司资产、经营带来重大不利影响的事实;目标公司不存在尚未了解或可预见的任何损害赔偿请求、诉讼、仲裁或其他司法程序,也不存在针对目标公司的任何稽查或其他类似调查;目标公司未开始办理破产或类似法律程序,且在可知范围内无此风险。"第15条"协议解除"第15.1.5款规定:交割日后,目标公司刘家坡公司发生的或有负债累计金额超过人民币500万元以上(含本数)的,金州公司有权解除本协议。第15.1.6款规定:本协议中原股东、目标公司在重大方面的陈述和保证并非真实、准确、完整的或原股东、目标公司违反其在本协议中作出的陈述和保证的,金州公司有权解除本协议。

2014年6月26日,周某、何某、天顺公司以金州公司为被告,以刘家坡公司、路红公司为第三人,向四川省高级人民法院提起诉讼称:金州公司并未就刘家坡公司越界开采是否真实存在及在过渡期内对刘家坡公司及其资产产生了重大影响提供证据,故金州公司不具备合同约定的单方解除权,因金州公司擅自终止协议,根据协议约定,应当承担相应的违约责任。

最高人民法院的观点如下:

大海子公司向刘家坡公司提出的损害赔偿仲裁请求也因大海子公司未缴纳仲裁费用而视为其自行撤回,金州公司亦未提供其他有效证据证明在其2014年6月26日行使解除权时已经存在越界开采行为及大海子公司已就与刘家坡公司的越界争议提出赔偿请求及诉讼且原股东知道上述情形,故金州公司以周某、何某、天顺公司违反了《四方协议》第12条"各方的陈述和保证"第12.5.9款、第15.1.5款、第15.1.6款有关"交割日后,目标公司发生的或有负债累计金额超过人民币500万元以上(含本数)的"或"原股东、目标公司在重大方面的陈述和保证并非真实、准确、完整的,或原股东、目标公司违反其在本协议中作出的陈述和保证的"的解除条件已成就,事实依据不足,不应予支持。

(二)目标公司及原股东的陈述和保证存在故意隐瞒或者虚构事实时,投资人可依据投资协议主张投资款本息的返还,该请求权基础并非股权回购

案例2 "浙江海利得新材料股份有限公司与广西地博矿业集团股份有限公司等新增资本认购纠纷上诉案"[(2015)浙商终字第149号]。

该案中,2013年1月22日,浙江海利得新材料股份有限公司(以下简称海利得公司)(投资者)与地博公司(目标公司)、鑫鑫公司(原股东)、孙某(原股东)签订《股份认购协议》及《补充协议》,其中约定了广西地博矿业集团股份有限公司(以下简称地博公司)、鑫鑫公司以及孙某的陈述与保证条款,之后,海利得公司认为地博公司及其股东存在不实承诺与保证,并与地博公司及股东签署《确认书》,其中约定地博公司、鑫鑫公司、孙某及施某同意合计向海利得公司支付等同于海利得公司股份认购款9828万元及自实际缴款之日起至支付完毕之日止的资金损失。地博公司、鑫鑫公司、孙某及施某并未支付,海利得向法院起诉要求支付9828万元并要求撤销《股权转让协议》和《补充协议》。一审法院认为9828万元的资金损失属于股权回购条款无效,并认定地博公司、鑫鑫公司、孙某及施某违反陈述和保证的行为不构成欺诈。

浙江省高级人民法院的观点如下:

海利得公司在一审起诉状中提出的第一项诉讼请求是"判决被告一至被告四向原告支付9828万元以及自2013年2月28日起至实际偿付之日止按16%每年的比例所计算的资金损失"。海利得公司上诉称该项诉求在一审起诉时,是基于地博矿业等被上诉人承诺与保证不实并依据诉争之《股份认购协议》及《补充协议》项下商定的责任条款提出,并且对应责任是在涉案《确认书》中明确予以确认的。

海利得公司一审《增加诉讼请求申请书》中增加了"判决撤销原告与被告一至四于2013年1月22日所签署的《股份认购协议》及《补充协议》"这一诉讼请求,其所述是因"被申请人

之不实承诺与保证已构成故意隐瞒与虚构事实的欺诈行为,且该行为导致海利得公司签署《股份认购协议》与《补充协议》并认购地博公司股份的行为实际违背了海利得公司的真实意愿"而提出。

一审庭审中,一审法院法官要求海利得公司解释"被告一至被告四向原告支付9828万元"的依据。海利得公司的诉讼代理人胡律师陈述:"因为被告的过错或者违法行为,导致海利得公司依据协议的重大先决条件不能成就,在先决条件不能成就的情况下,海利得公司支付了重大款项。依据:(1)第二项请求中提到的撤销,是依据合同法的规定提出返还、赔偿的诉求;(2)合同中有具体的约定,如果被告存在相应的承诺不实的情况下,海利得公司可以提出赔偿的请求以及款项返还请求。"

在一审法官释明相应的不利后果,海利得公司仍坚持认为被告一至被告四承担共同过错责任,被告五承担连带责任。股份是按照确认书退掉,而非回购。

从上述海利得公司起诉的诉讼请求、理由、增加的诉讼请求以及一审庭审中对诉讼请求的解释,海利得公司提出的第一项诉讼请求是要求四方被上诉人共同对海利得公司承担入股款项9828万元的返还及入股资金的损失赔偿责任,诉求的事实依据是被上诉人向上诉人所作承诺和保证存在不实,相应责任也在涉案《确认书》中已明确,而并非要求被上诉人一至四回购上诉人海利得公司所持有目标公司股份。

(三)目标公司及原股东的陈述和保证不应免除投资人自行承担尽职调查的义务

案例3 "廊坊京御房地产开发有限公司与诸暨市博立投资合伙企业股权转让纠纷上诉案"[(2019)最高法民终1818号]。

该案中,诸暨市博立投资合伙企业(以下简称博立企业)(目标公司)与廊坊京御房地产开发有限公司(以下简称京御公司)(投资人)签订《合作协议》时,博立企业对合作开发的土地信息进行了如实披露,并披露了气象观测站的存在并标明了具体位置,但是其未披露气象站的限高事宜。对此,京御公司主张博立企业承担违约责任。

最高人民法院的观点如下:

博立企业与京御公司签订《合作协议》时,博立企业如实披露了气象观测站的存在,并标明了具体位置。政府出让公告中公布的信息与博立企业在协议中披露的信息一致,在《合作协议》中,博立企业对于气象局及观测站的存在和位置,政府规划的目标地块的容积率均进行了明确说明,已经尽到披露义务。特别是博立企业与京御公司在协议签订沟通过程中,一直将该协议称为气象局地块合作协议,京御公司明确知悉签订地块的特点与气象局相关。《气象设施和气象探测环境保护条例》系行政法规,此法规在双方签订协议时即已出台,属于各方查阅明知的内容。京御公司作为专业的房地产开发企业,在签订合同时明知气象局及观测站的存在和位置,应当对其所造成的可能风险进行尽职调查,其未尽到调查的义务,是其惰于尽责,对此产生的不利后果应自行承担。

（四）目标公司股东违反陈述和保证条款，导致投资者合同目的不能实现，投资者可解除合同

案例4 "内蒙古兴业矿业股份有限公司、西藏鹏熙投资有限公司股权转让纠纷案"[**（2020）云民终972号**]。

该案中，西藏鹏熙投资有限公司（以下简称鹏熙公司）与内蒙古兴业矿业股份有限公司（以下简称兴业公司）签订案涉《51%股权转让协议》，约定：鹏熙公司将其持有的铜都公司（大笑铅锌矿采矿权人）51%股权转让给兴业公司，本次股权转让完成后，兴业公司持有铜都公司100%的股权。鹏熙公司向兴业公司作出陈述和保证：铜都公司已取得其从事现时业务及生产经营活动所需的各项业务资质和许可，生产经营业务符合现行法律、行政法规、规范性文件的规定。案涉《51%股权转让协议》签订后，兴业公司未支付股权转让价款，鹏熙公司起诉要求其支付。兴业公司主张因合同目的无法实现，反诉请求解除《51%股权转让协议》。

云南省高级人民法院的观点如下：

兴业公司签订案涉《51%股权转让协议》系为取得铜都公司股权，从而取得包括大笑铅锌矿采矿权、田坝铜铅多金属矿区详查探矿权等在内的资产，从事矿产开采等生产经营活动。由于鹏熙公司没有履行案涉《51%股权转让协议》约定的保证和承诺义务，兴业公司受让铜都公司的股权从而进行矿产开采经营活动的合同目的客观上已不能实现。兴业公司提出解除案涉《51%股权转让协议》的主张符合双方约定，其在一审中的反诉请求应予支持，二审中的上诉请求有事实依据且符合协议约定，符合法律规定，应予支持。鹏熙公司未全面履行其保证和承诺义务，导致案涉《51%股权转让协议》的合同目的不能实现，其在一审中的本诉请求不应支持。

一审法院认定兴业公司没有支付第一笔股权转让款构成违约并判处其支付全部股权转让款，没有客观考虑鹏熙公司未履行其在案涉《51%股权转让协议》中作出的保证和承诺义务，没有具体考虑双方均未实际履行案涉《51%股权转让协议》的情况，没有全面考虑案涉《51%股权转让协议》履行的基础条件客观不能的实际情况，应予纠正。

（五）目标公司股东在陈述和保证中隐瞒与股权转让有关的重要事实构成欺诈，投资者可撤销股权转让协议

案例5 "纪某和周某股权转让纠纷案"。[1]

2008年4月28日，周某将持有的晟鼎公司的10%的股权转让给纪某，并保证所作陈述均真实、完整及准确，各方于签署协议已充分沟通并知悉，不存在与协议规定事项有关或可能对签订协议或履行协议项下义务产生不利影响的、悬而未决或威胁要提起的诉讼、仲裁或政府调查行为，并自行承担由此产生的法律后果。日后纪某向法院提起诉讼，主张股权转让协议

---

[1] 参见徐立、邵宁宁：《股权转让合同中欺诈行为的认定及处理》，载《人民司法（应用）》2009年第23期。

存在欺诈及显失公平的情形，请求予以撤销股权转让协议，并且周某应返还38万元及相应利息损失。经查，周某因涉嫌非法经营罪于2007年6月25日被上海市公安局黄浦分局取保候审。2008年10月31日，上海市黄浦区人民法院判决周某构成非法经营罪。

法院裁判认为，股权转让协议中的"陈述和保证"条款约定，协议双方已充分沟通并知悉，不存在与本协议规定事项有关或可能对其签署本协议或履行其在本协议项下义务产生不利影响的悬而未决或威胁要提起的诉讼、仲裁、其他程序或政府调查行为，并自行承担由此产生的法律后果，该条款的文义表明，保证是针对履行股权转让义务是否存有不利影响的诸如诉讼等的行为。

周某因为涉嫌非法经营罪取保候审的事项属于股权转让协议中保证条款所针对的履行股权转让义务存有不利影响的行为范畴，周某未予披露，应视为违反保证条款的约定。因此，周某涉嫌犯罪取保候审的情况，对股权受让人对于公司经营状况、公司前景等影响股权价格的因素的判断有至关重要的影响，甚至关系其是否愿意受让股权。无论根据合同约定还是诚信原则，周某对外处分公司股权时，都应将其涉嫌刑事犯罪的事实作为公司经营应披露的重大事项予以明示。

周某未向纪某明确披露其涉嫌非法经营的事实及后果，也未明示周某被判处刑罚后公司任职的处理，应视为周某故意隐瞒与股权转让相关的真实情况。周某作为晟鼎公司的股东，为实现其转让股权的目的，对纪某隐瞒周某个人涉嫌犯罪的真实情况，其行为足以影响纪某对是否签订股权转让协议的判断，纪某在无法了解相关重要事实的情况下签订了股权转让协议，故周某的行为构成欺诈，纪某得依据合同法的规定请求人民法院撤销该股权转让协议。

实务建议

1. 陈述与保证义务人应尽量避免对他人的行为或对无法控制的事项作出保证并因此承担违约责任

在上述东土科技公司的并购案件中，16名目标公司原股东承担违约责任的依据就在于《购买资产协议》中的约定："如发生非经东土科技公司事先书面同意的拓明科技公司重大不利事件，应视为常某、宋某等16名原股东违反本协议。"所以，笔者建议，公司股东人数较多，股东之间不应轻易对其他人的行为作出保证，以免惹祸上身，对他人的违法犯罪行为买单。

2. 投资人需对目标公司及原股东违反陈述与保证条款及重大不利影响承担举证责任

目标公司及原股东是否违反陈述和保证条款内容，仍需投资人承担举证责任。如果条款中还约定了违约行为须具有"重大不利影响",投资人对此也应承担举证责任,否则投资人承担举证不能的后果。

3. 目标公司或者原股东违反其作出的陈述和保证约定时,投资人可根据不同情况,主张股权回购、违约赔偿、撤销合同、解除合同的救济方式

若目标公司及/或其原始股东做出的是未来业绩或 IPO 上市保证,到期未实现的,投资人可主张股权回购或业绩补偿。如果目标公司及/或其原始股东违反的是对目标公司以往合法合规运营及未涉诉的陈述与保证约定,协议约定了违约赔偿金的,投资人可主张违约赔偿;没有约定的,投资人可以以欺诈为由主张撤销合同;若该不实陈述与保证导致投资人的投资目的无法实现的,投资人可主张解除合同。

在合同撤销与解除项下,投资人能够获得的经济赔偿,在合同中有约定的按照约定;没有约定的,一般是返还投资款本息。除此之外,投资人还有其他损失的,可另外主张损害赔偿。

4. 投资人若主张预期利益损失,应举证证明违反陈述与保证与其预期利益损失之间的因果关系

投资人的损失可能包括其因该投资增加的融资成本以及丧失其他融资机会的损失等,但是这些损失与目标公司及原股东违反陈述和保证条款的因果关系,应由投资人举证。在上述案例中,法院就认为东土科技公司因债券无法发行增加的融资成本以及未能上市与违约事实之间没有因果关系,因而该损失难以认定。

5. 目标公司及原股东作出的陈述和保证并不免除投资者的尽职调查义务

投资者应对投资的项目进行尽职调查,项目面临的具体风险一般并不在目标公司的披露范围内,如上述案例中,法院就认为目标公司已经披露了所有的客观事实,土地在气象局附近所面临的风险应属于投资者自行调查的事项。

第二节 投资人的"信息及检查权"

一、概念

信息及检查权,又称"股东知情权",通常是指私募股权投资基金作为企业的股东,享有对被投企业相关财务信息及经营信息知晓的权利,并基于自身的股东身份,约定有权对被投企业的经营及财务进行相关质询及核查。

二、信息及检查权的功能

在市场经济迅猛发展的社会背景下,大多数公司均实行"经营权与所有权分离"的管理方针,公司经营权实际掌握在控股股东手中,实际出资的中小股东们并不实际参与公司的经营管理,如此大量中小股东不能及时获取公司运行状况。作为私募基金的股权投资者,一般溢价入股且持股比例相对较低,私募股权投资者在公司经营及决策层面处于弱势地位,而股东知情权的行使有利于股东获取公司财务及经营信息,保护投资人的利益。在公司法赋予股东的各项权利当中,股东信息及检查权系帮助股东了解公司生产经营状况、作出正确决策以及监督公司管理层的重要手段和有效途径。在公司生产经营活动中,小股东决定权不足,只有通过查阅、复制公司重要经营、决策文件,减少因占股比例小、信息不对等等问题带来的劣势,了解公司生产经营的情况,保障股东投资利益的实现。

三、信息及检查权的范围

我国现行《公司法》中并不存在"股东知情权"之概念,仅对股东查阅权、复制权、质询权等具体权利作出规定。股东上述权利体现在《公司法》第33条及第97条规定中,股东有权查阅、复制公司章程、股东名册、公司债券存根、股东(大)会会议记录、董事会会议决议、监事会会议决议和财务会计报告。对公司的经营提出建议或者质询,股东可以要求查阅公司会计账簿。股东要求查阅公司会计账簿的,应当向公司提出书面请求,说明目的。此外,公司有合理根据认为股东查阅会计账簿有不正当目的,可能损害公司合法利益的,可以拒绝提供查阅,并应当自股东提出书面请求之日起15日内书面答复股东并说明理由。公司拒绝提供查阅的,股东可以请求人民法院要求公司提供查阅。《公司法解释四》对股东知情权进行了更加详尽的规定。

根据行业惯例,在私募股权投资过程中,私募股权投资基金一般基于其投后管理的规范及维护自身权益的需要,要求被投企业提供如下资料:(1)年度审计报告、半年度审计报告、季度财务报表、月度财务报表、财务预算等财务资料;(2)可能影响投资人股东权益的重大事项资料,如股东会会议资料,若委派董事,还需提供董事会会议资料等。此外,一般还在协议中约定,投资人享有对公司经营的检查及质询权。例如,投资人有权委派中介机构,如会计师事务所或律师事务所对被投企业进行核查并出具报告。

四、信息及检查权的特征

信息及检查权具有以下特征:

第一,集合性。股东信息及检查权是一个抽象的集合性权利,信息及检查权由信息知晓权、查阅权、质询权等具体的数个权利合成,同时为了避免因不正当目的和损害企业利益,相关法律规定对其中的查阅范围也进行了相关限制。

第二,基础性。股东信息及检查权是一种基于股东身份的权利,只有全面了解企业的经营信息和财务信息,其他股东权利才可能得到保障。因此,股东信息及检查权对于股东来说是保障其投资经营利益的基础和前提。

第三,法定性。根据相关法律规定及司法裁判规则,股东信息及检查权系法定权利,当股东无法行使信息及检查权时,可进行司法救济,无论公司章程对于股东的其他权利是否有约定限制,都不影响此项权利的正常行使。

五、信息及检查权条款示例

1. 在交割日后,实际控制人、控股股东应尽其最大努力促使公司,按以下约定向各投资方提供下列文件

(1)在每一会计年度结束后 3 个月内,由投资方认可的声誉良好的会计师事务所出具的经审计的合并年度财务报告;

(2)每一会计季度结束后的 30 日内,未经审计的根据中国会计准则编制的上一季度合并财务报表和管理层季度报告且经公司首席财务官签署;

(3)每个会计月份结束后 15 日内,提供未经审计的根据中国会计准则编制的月度合并财务报表和管理层就每月运营数据出具的月度报告且经公司首席财务官签署;

(4)每一会计年度结束前 30 日内提供下一年度财务预算;

(5)在每个会计年度结束后的 30 日内,提交公司在全面稀释基础上的股本结构表(若在任一季度公司股本发生重大变化,则公司应及时提交给投资方);

(6)定期的公司业务情况和计划汇报;

(7)影响公司股权变动的任何文件、通知、信息等(包括但不限于股权收购要约、股东间转让通知,资产或股权投融资等资料);

(8)投资方为保持其对公司业务之了解而要求的关于公司成员的必要且合理范围内的运营数据、信息业务及财务资料。

2. 交割日后,投资方享有以下权利,同时主要股东应尽其最大努力促使公司,确保投资方行使下列权利

(1)在正常营业时间内查阅、复制公司成员的账目与记录(包括但不限于财务记录、重大资产或股权投融资等资料);

(2)在正常营业时间内检查公司成员的运营场所、代销存货、设备、操作系统等经营设施;

(3)在正常营业时间内向公司成员的董事、高级管理人员、雇员、会计师、法律顾问及其他顾问咨询有关业务、经营、管理及其他事务。

第三节　知情权是否包括查阅公司的"会计凭证"

知情权是股东的基本权利之一，现行《公司法》第33条明确规定有限公司股东有权查阅公司会计账簿，但尚未明确规定是否可以查阅会计凭证。2021年12月的《公司法（修订草案）》在其第51条和第113条明确将"会计凭证"纳入股东知情的范围。2022年12月30日《公司法（修订草案二次审议稿）》、2023年9月1日《公司法（修订草案三次审议稿）》在其第56条和第110条中作了同样的规定。该规定是否能够最终落实尚未可知，但至少表明了国家支持查阅会计凭证、切实保护股东知情权的态度。

那么在现行《公司法》及相关司法解释没有明确规定的情况下，股东知情权的范围是否包含"会计凭证"，我们结合案例进行分析。

一、典型案例基本案情

案例来源："远算智能（北京）科技有限公司与朱某生股东知情权纠纷案"[（2021）京01民终11451号]。

朱某生为远算智能公司股东，持股比例为20%。

远算智能公司原持有浙江远算公司100%的股权，2020年9月，浙江远算公司的股东变更至云格物公司及吴某明名下。

2020年11月14日，朱某生向远算智能公司发送公司资料及会计账簿查阅复制提交请求函，要求公司复制并向其提交下列材料：(1)公司将持有的浙江远算公司100%股权出售给云格物公司作出的股东会会议通知、股东会会议记录、股东会会议决议、董事会会议决议；(2)公司将持有的浙江远算公司股权出售给云格物公司股权转让款涉及的会计账簿、会计凭证。

2020年11月24日，远算智能公司向朱某生复函，表示公司相关材料完善，如需要可以在工作时间提前3天通知后至公司经营所在地查阅。

远算智能公司同意朱某生及其委托的律师、注册会计师查阅、复制公司章程、股东会会议记录、股东会会议决议、董事会会议决议及财务会计报告，以及相关会计账簿，但拒绝出示会计凭证、股权转让合同、审计报告、会议通知与相关股权转让无关的财务会计报告、会计账簿。

二、典型案例争议焦点

朱某生是否有权查阅远算智能公司的会计凭证？

三、典型案例法院裁判观点

（一）一审法院的观点

根据《中华人民共和国会计法》（以下简称《会计法》）的相关规定，会计凭证包括原始凭证和记账凭证。原始凭证、记账凭证是会计账簿的记录和登记依据,会计账簿的真实性和完整性只有通过原始凭证、记账凭证才能反映出来,若不允许股东查阅公司的原始凭证、会计凭证,则股东很难真正了解公司的实际情况,股东的知情权难以落到实处,因此对会计账簿行使股东知情权应当及于原始凭证和记账凭证,包括作为原始凭证附件入账备查的相关资料。故对于朱某生查阅会计凭证的诉讼请求,法院予以支持。

查阅公司会计账簿及会计凭证具有高度的专业性,公司股东并不一定都具备专业的财务知识。委托制度设计的目的即在于弥补委托人能力、时间等方面的不足,相关法律法规亦未禁止股东委托专业从业人员行使知情权,故应允许朱某生委托一名注册会计师、一名律师查阅公司会计账簿(含总账、明细账、日记账和其他辅助性账簿)、会计凭证及财务会计报告。

(二) 二审法院的观点

《公司法》第33条规定股东有查阅公司会计账簿的权利,但会计账簿并不包括会计凭证,股东并不享有查阅公司会计凭证的权利,朱某生基于股东知情权,要求查阅远算智能公司的相关会计凭证,缺乏相关法律依据。一审法院支持朱某生该项诉求不当,本院予以纠正。远算智能公司上诉称朱某生要求查阅公司财务会计凭证(包括记账凭证、原始凭证及作为原始凭证附件入账备查的有关资料)无法律依据的意见,应予采纳。

四、典型案例评析

《公司法》第33条系对有限责任公司股东的查阅权的规定,查阅权为股东基于股东身份而享有的法定权利。对于公司章程、股东会会议记录、董事会会议决议、监事会会议决议和财务会计报告此类的非核心公司资料,股东有权查阅和复制;对于作为公司核心资料的会计账簿,股东仅有查阅权而无权进行复制,而且如果公司认为股东具有不正当目的,公司享有拒绝权。就会计账簿是否包含原始会计凭证,相关法律法规并未明确规定,司法实践中也出现了不同的司法判决。

就上述案例而言,该案的一审和二审法院作出了截然不同的判决,核心在于对于会计账簿是否包含会计凭证具有不同的理解和看法。一审法院进行了扩大解释,认为原始凭证、记账凭证是证明会计账簿真实性、完整性的重要依据,为切实保障股东的知情权,应当允许股东查阅原始凭证和记账凭证;二审法院则严格遵循法律条文的文义解释,认为《公司法》明确规定会计账簿并不包括会计凭证,股东要求查阅公司会计凭证于法无据。

根据二审法官的裁判理由,《会计法》第14条、第15条明确规定"会计账簿"和"会计凭证"具有不同的含义,而《公司法》仅赋予了股东查阅会计账簿的权利,似乎立法者是有意将"会计凭证"排除于股东知情权的保护范围。通过大量检索案例发现在部分司法案例中肯定了股东知情权不包含"会计凭证"的观点。

例如，在"富巴投资有限公司与海融博信公司股东知情权纠纷再审案"[（2019）最高法民申6815号]中，最高人民法院以"《公司法》仅将股东可查阅财会资料的范围限定为财务会计报告与会计账簿，没有涉及原始凭证"为由，裁定驳回了再审申请人的再审申请。在"侯某辉与北京云建公司股东知情权纠纷案"[（2021）京02民终17518号]中，二审法院认为，在公司法无明文规定且无公司章程规定的情形下，股东侯某辉要求查阅会计凭证的诉请缺乏依据。此外，在"夏某与上海酒奢电子公司股东知情权纠纷案"[（2022）沪01民终122号]中，一审法院认为，若股东能够从公司运营现状、财务报表数据等角度提出合理怀疑，或有证据显示会计账簿不真实、不完整、存在明显问题从而影响股东查阅目的之实现，股东查阅会计凭证具有合理性、必要性情形下，那么法院得对股东关于会计凭证的查阅请求予以准许。二审法院认为，目前在股东提供的现有证据无法证明会计凭证对于会计账簿的查阅具有必要性和印证性作用，或者会计账簿确实存在明显问题的情况下，对于股东要求查阅会计凭证的诉讼请求，不应予支持。

但也不排除部分法院在裁判的过程中，认为会计凭证的查阅是保障股东知情权的基础。例如，在2021年的"阿特拉斯公司和河北阿特拉斯公司股东知情权纠纷再审案"[（2020）最高法民再170号]中，最高人民法院认为，虽然公司法并未规定股东可以查阅原始凭证和记账凭证，但该条规定的意旨主要是防止小股东滥用知情权干扰公司的正常经营活动，而当事人双方在合资合同中约定"合营各方有权自费聘请审计师查阅合营公司账簿"，那么当不存在小股东滥用股东权利妨碍公司正常运营、审计师查账必然涉及会计凭证且股东没有不正当目的的情况下，股东请求查阅公司会计凭证的诉求具有合同依据和法律依据。在此案中，最高人民法院法官除从法律层面进行分析外，还考虑了当事人的意思自治因素。

综上所述，对于股东能否查阅会计凭证，司法机构往往会从以下三个方面酌情考虑：（1）允许股东查阅会计凭证的法律法规基础；（2）各方是否有在相关协议或章程中约定股东有查阅公司会计凭证的权利；（3）会计凭证是否为实现股东查阅目的的必要文件，是否具有正当性及合理性。实务中股东知情权系以获得真实的信息为目的，而会计凭证作为会计账簿的基础，其具有更高的可信度，股东行使知情权系需要了解公司运营的真实信息，而非二次加工信息。从实质保障股东知情权的角度来讲，允许股东查阅会计凭证为实质保障其知情权的必要条件。但鉴于目前公司利益与股东之间利益的平衡，相关法律法规并未作更加明确的解释和规定，导致在司法裁判层面并不统一。

根据相关案例，在目前法律法规规定不清晰的情况下，我们建议股东在投资入股的过程中，就知情权条款约定细化，将会计凭证纳入知情范围，以减轻讼累。

第四节　如何认定股东知情权纠纷中的"不正当目的"

我国《公司法》第 33 条规定了有限公司股东享有查阅公司会计账簿的知情权,但该权利的行使须以股东向公司提出书面请求、说明目的为前提。作为公司一方,如果认为股东有不正当目的、可能损害公司合法利益,有权拒绝股东查阅。那么,何为"不正当目的"?在《公司法解释四》中第 8 条列举了股东具有"不正当目的"的三种具体情形以及兜底规定,下文将结合具体案例就司法裁判过程中如何认定股东知情权纠纷中的"不正当目的"进行具体分析。

一、典型案例基本案情

案例来源:"郭某华与北京博雅通字科技有限公司股东知情权纠纷案"[(2021)京 03 民终 17535 号]。

天津创智公司于 2016 年 8 月 25 日成立,郭某华为其股东且担任技术总监。

北京博雅公司于 2017 年 10 月 17 日成立,郭某华为其股东,持股比例为 5%。赵某忠为北京博雅公司的股东、执行董事、经理及法定代表人,王某芳为北京博雅公司的员工。

北京博雅公司成立前,天津创智公司曾承接王某芳供职于案外公司的业务。北京博雅公司成立后,北京博雅公司将其承接的案外公司的部分业务交给天津创智公司实施,在此过程中两公司产生矛盾。

2021 年 3 月 8 日,郭某华分别向北京博雅公司、王某芳、赵某忠邮寄了公司档案资料及会计账簿查阅请求函,要求查阅复制以下材料:(1)自公司成立之日起至查阅之日止各个年度的财务会计报告、会计账簿以及相应的原始凭证和记账凭证;(2)自公司成立之日起至查阅之日止历次修订的公司章程及决策文件;(3)关于公司成立之日起至今的全部经营、决策情况及投资情况的书面说明。

北京博雅公司、王某芳、赵某忠认为郭某华未履行必要的前置程序,郭某华查阅北京博雅公司会计账簿具有不正当目的,拒绝郭某华的请求。

二、典型案例争议焦点

郭某华要求查阅北京博雅公司的会计账簿是否具有"不正当目的",就"不正当目的"如何认定?

三、典型案例法院裁判观点

(一)一审法院的观点

该案中,各方当事人明确表示北京博雅公司章程没有规定或者北京博雅公司全体股东允许股东自营或为他人经营与公司主营业务有实质性竞争关系的业务,故判断股东查阅公司账簿是否具有不正当目的,应依据法律规定进行判断。郭某华说明了其作为公司股东要求查阅公司会计账簿的目的以及同所要查阅内容的关系。北京博雅公司认为郭某华查阅公司账簿具有不正当目的而拒绝查阅,其应当承担相应的举证责任。结合各方当事人向法庭提交的证据以及陈述意见,可以证明郭某华作为股东并担任技术总监的天津创智公司与北京博雅公司,两公司主营业务一致,服务客户有重合,且两公司在作为直接合同当事人的业务中,曾发生矛盾,该纠纷一直未能得到实质性解决。北京博雅公司提供的证据,能够证明其有合理理由认为,如果让郭某华查阅其公司财务会计报告、会计账簿、原始凭证、记账凭证,北京博雅公司的合法利益就可能会因此受到损害。本案经综合考量和判断,可以看出天津创智公司与北京博雅公司存在实质性的竞争关系业务。郭某华要求北京博雅公司提供自公司成立之日起的全部财务会计报告、会计账簿,以及相应的原始凭证和记账凭证以供查阅、复制,并在郭某华在场的情况下,由其委托的注册会计师、律师辅助进行查阅的诉讼请求,具有《公司法》第33条第2款规定的"不正当目的",故对郭某华的该部分诉讼请求不予支持。

(二)二审法院的观点

该案中,根据查明的事实及在案证据,郭某华系天津创智公司股东,且担任技术总监一职,天津创智公司与北京博雅公司在经营范围上主营业务基本一致,服务客户亦存在部分重合,且两公司在作为直接合同当事人的业务中,曾发生矛盾,该纠纷一直未能得到实质性解决,一审法院综合考量上述因素,认定郭某华要求查阅北京博雅公司全部财务会计报告、会计账簿,以及相应的原始凭证和记账凭证系具有《公司法解释四》第8条规定的"不正当目的",可能损害北京博雅公司的合法权益,进而对于郭某华要求查阅北京博雅公司全部财务会计报告、会计账簿以及相应的原始凭证和记账凭证的诉讼请求不予支持并无不当,对此应予维持。

郭某华虽上诉主张天津创智公司与北京博雅公司并无实质性竞争关系,且其要求查阅上述材料系为了了解公司实际经营情况和真实财务状况,其作为天津创智公司的小股东并不具有"不正当目的",但根据北京博雅公司提交的在案证据,能够证明其有合理理由认为,如果让郭某华查阅其公司财务会计报告、会计账簿、原始凭证、记账凭证,北京博雅公司的合法利益就可能会因此受到损害,故该法院对郭某华的该项上诉主张不予支持。

四、典型案例评析

根据《公司法解释四》第8条的规定,有限责任公司有证据证明股东存在下列情形之一的,人民法院应当认定股东有《公司法》第33条第2款规定的"不正当目的":(1)股东自营或者为他人经营与公司主营业务有实质性竞争关系业务的,但公司章程另有规定或者全体股东另有约定的除外;(2)股东为了向他人通报有关信息查阅公司会计账簿,可能损害公司合法利益的;(3)股东在向公司提出查阅请求之日前的3年内,曾通过查阅公司会计账簿,向他人通报有关信息损害公司合法利益的;(4)股东有不正当目的的其他情形。

上述案件的一审和二审法院均作出了不支持原告股东查阅公司会计账簿诉讼请求的判决,且论证思路基本一致。在明确当事人在该问题上不存在意思自治的情况下,法院认为知情权作为股东的一项基本权利,应由公司承担股东具有"不正当目的"的举证责任。根据双方当事人提交的证据及陈述意见,确认原告股东同时在另一家公司持股和任职,该公司的主营业务与被告公司一致,两公司服务客户有重合,且存在尚未解决的合同纠纷的事实。基于以上考虑,认定原告与被告存在实质性竞争关系,构成"不正当目的",原告股东查阅公司会计账簿可能会损害公司的合法利益,因此不支持原告的诉讼请求。

通过大量的案例检索,我们发现实践中知情权纠纷案件涉及的"不正当目的",法院基本不会从正面对于原告股东的查阅目的的正当性直接加以判断,而是根据被告公司提出的"不正当目的"主张以及是否可以充分举证进行裁判,以最终决定是否支持股东的查阅请求。在股东知情权纠纷中,在论证股东是否具有"不正当目的"的过程中须注意以下问题。

1. 实质性竞争关系的认定

在判断公司业务是否存在实质性竞争关系,营业执照列明的经营范围是否重合并非认定公司业务存在竞争关系的唯一要素。

在"北京英龙公司与新联公司股东知情权纠纷案"[(2021)京02民终16435号]中,一审法院认为英龙公司仅从业务重合方面不足以证明新联公司请求查阅公司账簿可能损害英龙公司利益,也不能证明新联公司具有不正当目的,未予采信英龙公司的意见。在"亚洲清洁服务公司与北京三幸美洁公司股东知情权纠纷案"[(2020)京民终47号]中,一审法院认为,即便企业经营品类相同,亦会有各自定位与目标客户,比如,同样是经营餐饮业务,大排档与高档餐厅的客户群体完全不同,不会产生实质性竞争关系,因此在没有其他证据予以佐证的情况下,仅凭企业经营范围有重合来否定亚洲清洁服务公司行使股东知情权的目的正当性,并未达到《公司法》第33条第2款所要求的"合理根据"证明程度。

在经营范围重合的基础上,法院在认定两个公司是否存在实质性竞争关系时,往往会从公司具体业务的特点、客户群体、业务模式、产品种类、产品销售地区进行分析,进而得出最终结论。

例如,在"利众公司与崔某红股东知情权纠纷案"[(2021)沪01民终13628号]中,二审法院认为,餐饮企业的经营均受到地域性的限制,利众公司注册地为上海,即便崔某红在珠海经营类似的餐饮企业,其目标客户、经营收入等与在上海经营的利众公司重合的可能性极小,因此在利众公司未提交其他证据的情况下,不能判定二者存在不正当竞争关系。在"阿特拉斯公司与河北阿特拉斯公司股东知情权纠纷再审案"[(2020)最高法民再170号]中,最高人民法院认为河北阿特拉斯公司的主营业务应为渣浆泵的生产,河北阿特拉斯公司与阿特拉斯公司在生产环节不存在竞争关系,而在销售环节,阿特拉斯的关联公司曾采购河北阿特拉斯的产品在北美地区销售,二者存在分工合作的关系。因此,最高人民法院认为并无有效证据证明股东与公司之间存在实质性竞争关系,阿特拉斯公司的查阅要求不具有不正当目的,应对二审判决予以纠正。

此外,在"犍为县绿环垃圾处理有限公司、孙某股东知情权纠纷案"[(2018)川11民终1154号]中,二审法院支持了一审法院的意见,认为虽然该两公司在业务范围上与犍为绿环公司有重合部分,但是要判断双方业务是否有实质性竞争关系,又因难以对"实质性竞争"进行类型化处理,故应就具体情况进行分析,结合业务本身性质、经营范围、有无同时竞业活动如参加同一竞标等具体分析,结合犍为绿环公司在四川省犍为县,而成都百奥泰公司在成都市高新区、洪雅京联市政公司在四川省洪雅县,双方虽然业务部分重合但是经营范围明显不同,且犍为绿环公司也无证据证明双方曾经或将来,有过或者可能有实质性的竞争关系。故该案不宜认定孙某、卢某作为成都百奥泰公司股东、孙某作为洪雅京联市政公司法人代表的两家公司的业务与犍为绿环公司主营业务有实质性的竞争关系,否则如一有业务重合即认定有实质性的竞争关系等于从实质上对所有行业公司股东科以"竞业禁止义务"显然有违公司法促进交易、维护交易市场稳定的立法宗旨,有碍公司股东的合法知情权。

2. 其他影响"不正当目的"认定的情形

若股东与公司之间存在未决纠纷或矛盾,则法院在认定是否存在不正当目的时有可能将其作为考虑因素之一。例如,上文列示案例"郭某华与北京博雅公司等股东知情权纠纷案"[(2021)京03民终17535号]中,二审法院认为,天津公司与北京博雅公司在经营范围上主营业务基本一致,服务客户亦存在部分重合,且两公司在作为直接合同当事人的业务中,曾发生矛盾,该纠纷一直未能得到实质性解决,一审法院综合考量上述因素,认定郭某要求查阅北京博雅公司全部财务会计报告、会计账簿,以及相应的原始凭证和记账凭证系具有《公司法解释四》第8条规定的"不正当目的",可能损害北京博雅公司的合法权益,进而对于郭某要求查阅北京博雅公司全部财务会计报告、会计账簿以及相应的原始凭证和记账凭证的诉讼请求不予支持并无不当,对此应予维持。

根据《公司法解释四》的规定,若股东在经营范围及主营业务与公司存在竞合的情形下,在公司章程或股东协议等相关文件中就知情权进行详细约定,包括可查阅的范围及内容、查阅程序等。作为投资方,公司章程的规定或全体股东的约定具有排除被认定为"不正当目的"的效力,为避免因该问题引起纠纷,股东与公司应在公司章程或以其他形式提前作出明确约定。

> **实务建议**
>
> 在认定股东知情权纠纷"不正当目的"的案件中,公司作为被告的举证责任是法院认定知情权诉讼中"不正当目的"的基础,通过目的限制行为的手段,达到平衡股东利益和公司利益的目的。知情权作为股东的法定权利,若要阻却其权利的行使,对于公司来说并非易事,司法机构往往也持审慎态度。公司在日常经营过程中,作为知情权纠纷举证责任一方,应注意保留证据,避免在争议中处于不利地位。

第十章 一票否决权

私募股权投资者作为目标公司的外部财务投资人,其占股比例小,并不参与公司的经营管理以及决策。因此,作为中小股东的私募股权投资者与目标公司的控股股东之间就会形成严重的信息不对称以及代理成本问题,外部投资者通常利用合同意思自治与目标公司达成其对于特定事项具有"一票否决权"的约定。我国公司法基于有限责任公司的人合性和公司自治考虑,认可该一票否决权的权利设置。

在实务中,股东的一票否决权衍生出很多相关问题,如一票否决权也可能会导致公司陷入经营决策的僵局;该权利可能与第三人的信赖利益产生冲突;一票否决权因为是外部投资人与公司原始股东之间利益博弈的结果,从原始股东的角度去审视,该权利也可能会被外部投资人滥用等。下文从这些问题入手,归纳梳理相关案例,拟对公司的投融资实务提供经验参考。

第一节 公司机关决议中的一票否决权问题

虽然公司法规定了资本多数决规则,但如果公司章程规定董事会决议由每个股东委派的至少一名董事同意才能通过,此种规定相当于只要有一方股东不同意公司的经营决策时,公司将无法形成有效的董事会决议,此种约定容易导致公司陷于僵局,那此种章程约定是否有效?未经全体股东一致同意是否就导致董事会决议无效?另外,在公司章程中,约定了股东会决议由全体股东表决通过的,对该约定应如何理解,股东是否可据此主张一票否决权,下文结合典型案例进行探讨。

一、董事会决议中每个董事都有一票否决权，根据公司自治原则，法院无权干涉

案例 1 "北京金冠汽车服务有限公司与东联科技有限公司董事会决议撤销纠纷上诉案"[(2009)高民终字第 1147 号]。

该案中，北京金冠汽车服务有限公司(以下简称金冠公司)公司章程第 28 条载明："以下事项，可由董事会成员三名或以上的多数通过决定，其中三方股东分别委派的董事必须至少有一人表示赞同……3.决定流动资金最高限额……11.购买总价值在人民币 5 万元以上的任何资产。"

北京市高级人民法院认为，根据金冠公司章程第 28 条的规定，"购买总价值在人民币 5 万元以上的任何资产"应采用该条规定的表决方式通过，而该案争议的董事会决议事项是每年提高相对方的租金 100 万元，其应当属于公司的重大事项，适用该条规定。结合公司章程第 15 条、第 17 条、第 25 条之规定，金冠公司董事会决议的表决通过方式采用的并非通常意义上的资本多数决方式，而是董事人数的 2/3 多数且应包含各方至少 1 名董事。此举意味着对于金冠公司重大事项的表决方式，金冠公司的三方股东派驻的董事必须做到每方股东派驻的董事至少有 1 名董事参加并同意才具备通过的可能，此为金冠公司的股东在金冠公司设立时的自愿约定并已通过商务部的批准而生效。因此，此为衡量本案争议的董事会决议通过方式是否合法的唯一依据，上诉人关于决议事项的紧急性或决议结果合理性的上诉理由，均不能作为衡量董事会决议通过方式合法性的依据。由于该案争议的董事会决议缺乏股东一方东联公司董事的参与及事后同意，根据公司章程第 25 条的规定，该董事会决议在法律上属于可撤销的范畴。毋庸置疑，金冠公司章程的此种规定，导致只要有一方股东不同意公司的经营决策时，公司的决议决策机制易陷于僵局，但是此为金冠公司各方股东的自愿约定，该法院无权干预。

二、公司章程规定股东会会议应由全体股东表决通过，并不是赋予股东一票否决权

案例 2 "王某兰诉被告内蒙古生力资源(集团)有限责任公司、内蒙古生力资源集团富能煤炭有限公司(以下简称富能公司)损害股东利益责任纠纷案"[(2013)内商初字第 9 号]。

内蒙古自治区高级人民法院认为，从富能公司原章程内容的表述可知，其第 4 条第 2 款约定："公司增加或者减少注册资本，必须召开股东会并由全体股东通过并作出决议。"第 33 条约定："修改公司章程应由全体股东表决通过。"第 17 条约定："股东会对公司增加或者减少注册资本、分立、合并、解散或变更公司形式、修改公司章程所作出的决议，应由代表三分之二

以上表决权的股东表决通过。"第4条及第33条的约定仅体现出公司对增加或者减少注册资本及修改公司章程事项要求必须通过召开股东会的形式进行,且全体股东应当参加并进行表决,并没有明确决议通过的表决比例及生效的具体标准,而第17条的约定正是对上述第4条及第33条的进一步细化和明确,说明修改章程、增资等决议事项只要公司有2/3以上表决权的股东同意,该股东会决议即生效,并成为公司的意志,对公司所有股东均有法律上的约束力。

王某兰主张增加注册资本以及修改公司章程需经全体股东一致通过,且章程赋予其就上述事项的同意权和一票否决权,其主张不仅不符合公司章程第17条的明确约定,而且有悖于公司法的相关规定,更与资本多数决的原则不相吻合。王某兰作为富能公司的股东,当然享有参与股东会并进行表决的权利,股东会决议是否能够通过须依照法律规定及章程约定的表决方式和议事规则而定,而非某一个股东的一票否决或是否同意才能使股东会决议形成并生效。如果公司召开股东会并形成有效决议的前提是所有股东一致同意,只要其中一个股东不同意或否决即无法召开会议或形成决议,这样既影响公司的正常经营和决策,也不利于股东利益的维护和实现,股东会的召开及决议的形成还是应当遵从公司章程的约定及法律的明确规定,况且王某兰在增资前持股20%,在表决权的比例上并未达到资本多数决的程度,其不具有一票否决权的事实和相关法律依据。

案例3 "浙江创瑞投资咨询有限公司(以下简称创瑞公司)、中易和科技有限公司公司(以下简称中易和公司)决议撤销纠纷再审审查与审判监督民事裁定书"[(2019)浙民申1574号]。

浙江省高级人民法院认为,创瑞公司依据中易和公司章程第19条规定,主张其对股东会决议有一票否决权,并以其未出席中易和公司股东会会议、中易和公司股东会的会议召集程序及表决方式违反公司章程为由,依据《公司法》第22条第2款及相关司法解释之规定,请求人民法院撤销该股东会决议。鉴于股东对股东会决议具有一票否决权意味着该股东可以任意否决公司权力机构的决议,会对公司架构、决策及治理造成较大影响,公司章程对此应有专门明确的记载。从司法审慎介入公司治理的角度考虑,亦应对此采取较为严格的认证标准。据中易和公司章程第19条规定,股东会会议应有全体股东参加……该章程第20条则明确了股东会表决权行使方式为资本多数决。依据前述章程整体文义内容,在无明确记载的情况下,二审判决认定依现有证据无法得出任何股东可以一票否决股东会决议的结论并无不当。在中易和公司已就诉争股东会会议事项提前通知创瑞公司的情况下,创瑞公司以其未出席会议为由否认股东会决议的主张难以成立。

实务建议

1. 法院对一票否决权的谦抑立场

股东的一票否决权易使公司的决策机制陷入僵局,但是该表决方式属于股东的自愿安排,并未违反公司章程约定和法律法规的规定,司法往往不会轻易干涉公司自治。虽然有法院认为一票否决权使股东可以任意否决公司权力机构的决议,这会对公司架构、决策及治理造成较大影响,违反公司资本多数决原则,缺乏一定的合理性。但是,在股东有明确约定或者章程有明确规定的情形下,法院一般也持谦抑态度。

2. 对是否约定了一票否决权存在争议时的合同解释问题

对于章程约定的"全体股东表决通过"的条款表述,属于合同解释的范畴,应结合体系解释方法,确定是否为股东约定了一票否决权。一般而言,章程对于股东会决议的表决多以公司法规定的资本多数决为原则,结合上下文就能够确定"全体股东表决通过"并非意指全体股东一致通过,有"表决"二字,就有表决规则的适用。

鉴于对于是否约定了一票否决权有时候也存在争议,下面就为读者提供一款比较规范、全面的条款示例,其中请关注"由过半数董事(其中必须包含本轮投资方董事)同意方可由董事会决议通过并施行"的表述,此即为投资人的一票否决权。

第一,公司设股东会,股东会由公司的全体股东组成,是公司的最高权力机构。股东会会议分为定期会议和临时会议。定期会议每年召开一次。公司发生重大问题,经代表5%以上表决权的股东、两名以上的董事或监事提议,应召开临时会议。

第二,本次增资完成后,公司董事会应由5名董事组成,投资人有权提名一名董事(本轮投资方董事),并由股东大会选举产生。

各方同意就上述提名人选在股东大会上无条件投赞成票以促成各方提名之董事当选。

第三,在公司首次公开发行之前,以下重大事项须经代表公司2/3以上投票权的股东同意方可由股东会决议通过并实行,或由过半数董事(其中必须包含本轮投资方董事)同意方可由董事会决议通过并施行,涉及关联交易的事项关联方董事应回避表决。具体包括以下几方面事项。

(1)公司章程的修改。

(2)公司的终止、解散、合并、分立、出售、破产、清算。

(3)任何导致公司股份的变动或稀释股东权益的事宜,包括但不限于公司注册资本的增加或减少、发行新股或认购股权、发行股票期权、回购公司股份或对各类股份条款、条件、权利的修改。

(4)批准公司的战略规划、年度经营计划和财务预算方案、年度决算方案,以及重大激励方案(已筹备或正在实施的计划、方案除外)。

(5)参与任何与现有业务计划有重大不同的行业领域、变更公司名称或者终止公司的任何主营业务。

(6)公司为公司以外的任何个人或实体的任何担保,以及公司非因主营业务向金融机构或第三方借款/贷款累计超过500万元(公司因发展主营业务需求向金融机构或第三方借款/贷款的情形除外)。

(7)公司将其任何建筑、办公场所或其他固定资产或资本设备设置抵押、质押、留置等任何担保权益或第三人权利(为公司融资、借款提供担保的情形除外)。

(8)出让、转让、出售或以其他方式处置公司的重大资产或业务;兼并或收购其他任何个人或实体的重大资产或业务超过1000万元;对公司无形资产的处置超过1000万元。

(9)制定或变更公司的分红政策。

(10)公司与其股东、董事及其他关联方发生的任何形式的关联交易较公司预算超过500万元(就正常经营所需的经常性关联交易,须在年度预算中给予一次性批准)。

(11)公司会计政策和核算制度的重大改变。

(12)增加或者减少董事会、监事(会)中的席位数。

(13)选择首次公开发行股票的承销商和上市交易所,或批准首次公开发行股票的估值、条款和条件。

为避免歧义,上述属于股东会职权范围内的事项须先经董事会审议通过后,方可提交股东大会表决。

第四,尽管有上述约定,在公司首次公开发行前,若公司通过股东大会或董事会决议的方式减损本轮投资方依据本协议取得的权利,则该项决议应当取得被减损权利的本轮投资方批准。

第二节　约定投资人对其他股东转让股权享有一票否决权是否合法有效

股权转让是股东的一项私权利,虽然受制于其他股东的优先购买权,但最终或者是由公司内部股东购买或者是由第三人购买,股东都能够实现股权转让。但如果在投资协议中,约定外部投资人对其他股东转让股权享有一票否决权,该约定是否有效,法院对此持何种态度?

下文以一则典型案例来说明。

一、典型案例基本案情

案例来源:"奇虎三六零软件(北京)有限公司(以下简称奇虎三六零公司)与上海老友计网络科技有限公司(以下简称老友计公司)、蒋某文等请求变更公司登记纠纷案"[(2014)沪二中民四(商)终字第330号]。

老友计公司设立时的股东包括胡某与李某。之后,奇虎三六零公司作为甲方、老友计公司作为乙方、胡某及案外人李某作为丙方,三方共同签订《投资协议书》,其中约定:甲方对乙方从事以下行为享有一票否决权……以及任何股份的出售、转让、质押或股东以任何方式处置其持有的公司股权的部分或全部……老友计公司2011年6月13日的《上海老友计网络科技有限公司章程》(以下简称《老友计公司章程》)第16条规定,以下事项的表决还需取得股东奇虎三六零公司委派的董事的书面同意方能通过:"……(根据协议添加至此处)……"

2013年8月,胡某拟将所持老友计公司股权转让给蒋某文,并按公司章程规定,将拟转让股权的份额及转让价格书面告知股东奇虎三六零公司及李某,但该两位股东在异议期内未要求行使优先购买权。2013年9月27日,胡某将其持有的老友计公司37.2%的股权以100,000元价格转让给蒋某文,后者按约支付了股权转让款,但老友计公司未能及时办理股权变更登记手续。蒋某文诉至原审法院,要求老友计公司至工商行政管理局办理股权变更登记手续,胡某及奇虎三六零公司予以协助。

二、典型案例争议焦点

《投资协议书》中关于一票否决权的约定是否已被纳入老友计公司的章程内容?

关于其他股东转让股权须经奇虎三六零公司同意且该公司对此拥有否决权的规定是否合理?

老友计公司所作出的上述规定是否可以对抗善意受让人,系争《股权转让协议》是否应予继续履行?

三、典型案例法院裁判观点

(一)《投资协议书》中关于一票否决权的约定是否已被纳入老友计公司的章程内容

由于各方在投资成立老友计公司过程中仅形成过《投资协议书》,并无其他协议,故章程第16条中"根据协议添加至此处"应理解为将《投资协议书》的内容添加至该条款处。对于所涉《投资协议书》具体内容的认定,法院认为,《老友计公司章程》中规定该部分事项应取得奇虎三六零公司委派董事的书面同意方能通过,反言之如董事不同意则不能通过,其目的及作用与《投资协议书》中奇虎三六零公司对相关事项可予一票否决的约定一致。

故就老友计公司原股东之间而言，章程中"根据协议添加至此处"的内容能理解为奇虎三六零公司可行使一票否决权的相关内容，《投资协议书》的相关内容已纳入老友计公司的章程；但从老友计公司外部人员的角度来看，由于其并不知晓《投资协议书》的内容，因此很难理解"根据协议添加至此处"的具体内容。

（二）关于其他股东转让股权须经奇虎三六零公司同意且该公司对此拥有否决权的规定是否合理

关于章程能否对股权转让设定限制条款问题，我国《公司法》对有限责任公司和股份有限公司作了不同的规定，其中，涉及有限责任公司股权转让部分的《公司法》第71条第4款规定"公司章程对股权转让另有规定的，从其规定"，即有限责任公司的章程可以约定对股份转让的限制。为维护股东之间的关系及公司自身的稳定性，章程可以对有限公司的股权转让作出相应的限制和要求，这是公司自治及人合性的重要体现，也是诚实信用原则和当事人意思自治原则的体现。故公司章程中对股权转让所作的特别规定，各方均应遵守。

该案中，赋予奇虎三六零公司对一些事项，包括股权转让的一票否决权，系奇虎三六零公司认购新增资本的重要条件，这种限制是各方出于各自利益需求协商的结果，符合当时股东的真实意思表示，未违反《公司法》的强制性规定，应认定符合公司股东意思自治的精神，其效力应得到认可。

（三）老友计公司所作出的上述规定是否可以对抗善意受让人，系争《股权转让协议》是否应予继续履行

胡某在转让股权之前于2013年8月12日分别向股东奇虎三六零公司及李某发出关于行使优先购买权的通知，虽然该通知未询问奇虎三六零公司是否行使一票否决权，但奇虎三六零公司在知道胡某拟转让股权以及转让对象的情况下，未予回复，亦未对此提出异议，怠于行使自己的权利。

从该案的证据看，蒋某文在交易中尽到了合理谨慎的注意义务，其与胡某系在行使优先购买权通知发出1个半月后签订系争股权转让协议，以10万元的价格受让胡某出资6万元持有的老友计公司37.2%股权，价款尚属合理，蒋某文已履行了付款义务。

因老友计公司章程中关于一票否决权的内容并不明晰，在原工商行政管理部门登记备案的信息中对此也未有反映，胡某并无证据证明其在上述过程中已向蒋某文告知过奇虎三六零公司对于股权转让事项拥有否决权，也无证据证明蒋某文与胡某存在恶意串通的情形，从维护商事交易安全的角度考虑，应遵循商事外观主义原则，对善意第三人的信赖利益应予保护，老友计公司股东之间的内部约定不能对抗善意第三人。因此，对于系争股权转让协议的效力应予认可，蒋某文要求继续履行协议办理工商变更登记的诉讼请求应予以支持。

如果奇虎三六零公司对此行使一票否决权,则胡某将始终被锁定在老友计公司,在双方已产生矛盾且老友计公司并非正常运营的情况下,奇虎三六零公司原本的投资目的也很难达到。因奇虎三六零公司拒绝购买该部分股权,致使胡某股权无法退出的同时缺乏其他救济渠道,如有受让人愿意接受可促进股权流转及公司的发展。奇虎三六零公司认为胡某在投资资金使用完毕后欲转让持有股权退出公司,故不同意其转让公司股权。对此,奇虎三六零公司如有证据证明胡某确实存在损害公司利益的情况,其可另行主张权利。

实务建议

为外部投资人在投资协议或增资协议中设定了一票否决权,这仅是协议约定,不具公示性,该权利只有被纳入章程、明文规定,才可能产生对抗第三人的效力。所以,在投资之后的章程修改中,投资人应确保公司将其一票否决权在章程中予以明文规定,而不能像本案例中的老友计公司在章程中记载"根据协议添加至此处"了事,否则该一票否决权约定不得对抗善意第三人。

第三节　投资人行使一票否决权的权利滥用问题

一票否决权相当于赋予了投资人一项"尚方宝剑",其可以决定并控制公司的各项经济决策,但权利不经监督与制衡就会引发权利滥用问题,那么,对该一票否决权该如何被限制?通过下文分析,可以发现:一方面,股东行使一票否决权不能与其法定义务相悖,应在其法定义务范围内行使该否决权;另一方面,如果公司主张投资人滥用否决权,干扰公司经营的,应该对此承担举证责任,无法证明的,将承担不利后果。

一、一票否决权与股东的清算义务

案例1　"上海文宝贸易商汇等与上海天马电影制片有限公司清算小组损害公司权益纠纷上诉案"[(2002)沪一中民三(商)终字第292号]。

该案中,上海天马电影制片有限公司(以下简称天马公司)的章程规定,由川崎公司出资560万元、上海文宝贸易商汇(以下简称文宝商汇)出资240万元、上影集团出资200万元,股东会所议事项必须经全体股东一致通过等。2001年12月25日,天马公司召开股东会讨论成立清算组。在会上,文宝商汇反对成立清算组,川崎公司、上影集团均表示同意成立清算组,并于此后形成了清算决议。

文宝商汇上诉主张其依公司的章程行使了一票否决权不同意成立清算组,故会议并未形成股东会决议,由此而产生的所谓清算组也不合法。

上海市第一中级人民法院认为,根据《公司法》的规定,公司经营期届满后,可以解散公司,并应当在15日内成立清算组。本案中天马公司的经营期限已到,各方股东均没有继续合作经营的意思表示,且工商部门已吊销了天马公司的营业执照,故各股东均有义务立即成立清算组对公司的债权债务等财产进行清理。现天马公司已召开了成立清算组的股东会,三方股东均参加了该会议,出资合计达76%的两方股东川崎公司、上影集团均表示同意成立清算组,并将由其两方盖章确认的清算决议送交了第三方股东文宝商汇。尽管上诉人文宝商汇依公司章程在该股东会上行使了一票否决权反对成立清算组,但其行使的一票否决权与上述《公司法》规定的应当成立清算组之股东的法定义务有悖,故上诉人文宝商汇以此阻碍天马公司股东会依法成立清算组织决议的形成,于法无据,其该上诉理由难以成立。

二、公司应对其主张的投资人滥用一票否决权承担举证责任

案例2 "宁波梅山保税港区嘉豪秉鸿创业投资合伙企业(有限合伙)与邹某伟等股权转让纠纷案"[(2017)京0108民初38996号]。

该案中,嘉豪秉鸿创业投资合伙企业(有限合伙)(以下简称嘉豪秉鸿)主张其作为并不参与经营管理的财务投资人,基于周某星作为实际控制人的业绩承诺而作出投资决策。对于周某星不能达成业绩承诺而引发回购的条款,现周某星不能完成其承诺业绩,理应按照双方约定好的条件回购股权。

周某星则抗辩主张,增资协议中为财务投资人设定了一票否决权,财务投资人因此对公司经营的16项重大事项全部进行干预,使超拓公司的重大经营事项都要经过嘉豪秉鸿的同意,严重影响了超拓公司的正常业务发展。财务投资人为了促使回购条件的达成,利用其一票否决权干扰超拓公司的正常经营,因此应当视为回购条件不成就,周某星不应对嘉豪秉鸿股权进行回购。

北京市海淀区人民法院认为,依法成立的合同,对当事人具有法律约束力。嘉豪秉鸿与周某星签署的在案合同系当事人的真实意思表示,且内容未违反法律、行政法规的强制性规定,应属合法有效,当事人均应严格履行各自的合同义务。超拓公司于2016年扣除非经常性损益后的净利润低于1500万元,周某星应按约定履行补偿义务,周某星以实际行为拒绝履行该补偿义务,投资方有权按照约定的价格和方式要求周某星回购投资方的部分或全部股权,且周某星没有证据证明嘉豪秉鸿超出合同约定进行了恶意促成回购条款达成的行为,故对嘉豪秉鸿要求周某星按照约定受让嘉豪秉鸿持有的超拓公司全部股份的诉讼请求予以支持。

实务建议

1. 法院一般对一票否决权持谦抑态度，但在必要时，该权利也会得到限制

当该权利的行使违背股东的法定义务时，如阻止公司的清算进展的，法院将不支持股东的一票否决权主张。其他股东的股权若因一票否决权无法对外转让且无其他救济途径，而享有一票否决权的股东又不行使优先购买权的，此时法院也会限制股东一票否决权的行使。

2. 从原始股东和标的公司利益的角度而言，应对财务投资人的一票否决权要求持谨慎态度

根据上述案例，针对财务投资，若约定了对赌条款，原始股东及标的公司应该慎用一票否决权，因为外部投资人可能基于其单方利益，不考虑公司长远发展，利用一票否决权干涉公司的正常经营。

当然，承担回购义务的股东若抗辩主张外部投资人滥用一票否决权恶意促成回购条件成就，应承担举证责任，但是，该举证一般都很困难。所以，稳妥的做法就是要谨慎对待财务投资人的一票否决权要求，切不可为了融资，而导致公司日后陷入无法自主运营的风险。

第十一章 资本公积金

依照我国公司法的相关规定,公积金是指公司为了弥补亏损、扩大经营规模或者增加公司资本,依照法律规定、公司章程的约定从公司盈余或者资本中提取的积累资金。公司的公积金相当于公司的后备资金,在公司出现亏损或者想要扩大经营规模、增加公司资本时可以启动使用。

关于资本公积金是否可用于弥补公司亏损,根据现行《公司法》第168条的规定,"资本公积金不得用于弥补公司的亏损"。而2021年12月的《公司法(修订草案)》第210条第2款规定:"公积金弥补公司亏损,应当先使用任意公积金和法定公积金;仍不能弥补的,可以按照规定使用资本公积金。"2022年12月30日《公司法(修订草案二次审议稿)》、2023年9月1日《公司法(修订草案三次审议稿)》在其第210条第2款中作了同样的规定。这是一个重大变化。

在投融资领域,资本公积金的应用,最常见的就是投资人将大部分投资款计入资本公积金,小部分计入注册资本金。此外,实务中发生的关于资本公积金的争议很多,比如,资本公积金属于公司还是股东?投资者将资本公积金抽出是否构成抽逃出资?在什么情况下,应在会计核算中计入资本公积金?将资本公积金转增股本是否能够替代股东出资义务的履行?计入资本公积金后,是否还能再计为公司的应付款?计入资本公积金的投资是否可抵作注册资本的出资?对于上述问题,下文拟从典型案例出发,梳理并分析实务中有关资本公积金的争议问题,揭开资本公积金的神秘面纱。

第一节 计入资本公积金的增资溢价款属于股东出资义务的一部分

一、典型案例基本案情

案例来源:"青海碱业有限公司破产管理人与浙江新湖集团股份有限公司增资纠纷执行案"[最高人民法院(2015)执复字第17号]。

青海碱业有限公司(以下简称青海碱业)与浙江新湖集团股份有限公司(以下简称新湖

集团)签订《增资协议》,约定新湖集团单方面增资青海碱业,以 90,460 万元认购青海碱业增资后的 35% 股权,其中 29,510.77 万元投入注册资本,溢价部分 60,949.23 万元计入青海碱业的资本公积金。增资完成后,青海碱业注册资本将增加至 84,316.77 万元。

协议签订后,新湖集团按约向青海碱业分批出资了 5 亿元,按照约定比例,其中投入注册资本 163,115,023.2 元,计入资本公积金 336,884,976.79 元,尚余 40,460 万元未投入,其中注册资本部分尚有 131,992,676.8 元未履行。

新湖集团未能享受到《增资协议》及公司章程规定的知情权、决策权、参与管理权、财务监督权等股东权利,因而要求解除《增资协议》,并主张青海碱业返还资本公积金 336,884,976.79 元。(2013)民申字第 326 号民事裁定认定:增资协议虽已解除,但《增资协议》的性质决定新湖集团所诉的资本公积金 336,884,976.79 元不能予以返还,遂驳回了新湖集团的再审申请。

现青海碱业要求新湖集团继续履行 131,992,676.8 元的出资义务,新湖集团则提出执行异议并主张其已出资的增资溢价款 336,884,976.79 元(该增资溢价款已列入资本青海碱业的资本公积金)可视为对 131,992,676.8 元出资义务的实际履行。

二、典型案例法院裁判观点

浙江省高级人民法院认为,浙江省高级人民法院(2011)浙商终字第 36 号民事判决和最高人民法院(2013)民申字第 326 号民事裁定均已明确《增资协议》已解除,但新湖集团缴付的 336,884,976.8 元增资溢价款已计入青海碱业的资本公积金,属于青海碱业的公司资产,新湖集团不得主张返还。本案执行依据已明确认定,青海碱业的增资已经办理了工商登记,现注册资本为 84,316.77 万元,实收资本为 71,117.50232 万元,尚有 131,992,676.8 元注册资本未实际缴付(新湖集团认缴的 29,510.77 万元中尚有 131,992,676.8 元未缴纳)。

新湖集团持有 35% 的股权已在青海碱业的股东名册及工商机关进行了登记,其认缴的 29,510.77 万元出资额未完全缴纳,尚缺 131,992,676.8 元应予补足,判令新湖集团将 131,992,676.8 元交付青海碱业,投入青海碱业的注册资本。异议人新湖集团主张增资溢价款 336,884,976.8 元可视为对 131,992,676.8 元出资义务的实际履行,与上述已生效判决不一致,不予支持。

---- 实务建议 ----

上述案件是非常典型的说明资本公积金属于出资义务的案例。投资人的出资分为两部分:一小部分为注册资本金,另一部分为资本公积金。在出资了一部分之后,投

资人因为原始股东的根本违约,决定不再继续出资,同时,要求公司向其返还已经出资部分的资本公积金。该诉求肯定无法实现,因为资本公积金同注册资本金一样,都属于股东的出资义务,不因为计入资本公积金就可以要求返还。

对于未足额出资的注册资本金部分,公司要求投资人继续出资,但投资人还是认为资本公积金部分的出资本来应要返还自己,既然不能返还,那就抵作对剩余注册资本金的履行,法院同样对此予以否定,明确提出剩余出资中的注册资本金部分应该继续出资。

这个案例有两点疑惑之处:其一,公司只要求投资人新湖集团对剩余出资中的注册资本金部分继续出资,而没有主张计入资本公积金的部分,在前面生效判决已经认定资本公积金也属于公司出资义务的情况下,公司完全可以要求剩余的全部出资,而不仅是注册资本金部分;其二,对于投资人而言,在公司原始股东侵害投资人利益的事实已经被法院认定,如投资人的知情权、决策权、参与管理权、财务监督权等股东权利都无法实现的情况下,只要投资人已经获得股权,就只能按照原来的增资协议继续出资,缺乏有效的合同终止和及时减损的措施。这只能说明投资人在增资协议中存在疏漏的地方,没有将自己的权益保护到位。该案提醒广大投资人,在增资或投资协议中,应该聘请专业律师将自己的权益进行细致的保护,以免在后面陷入被动。

第二节 股东对公司的债务豁免应计入公司的资本公积金

一、典型案例基本案情

案例来源:"上海红富士公司(以下简称红富士公司)与董某、苏某损害公司利益责任纠纷案"[(2020)沪民再1号]。

2007年6月30日以及12月31日董某(红富士公司股东、法定代表人、董事长)、苏某(红富士公司股东、财务主管)将其向案外人出让红富士公司股权应获得的股权转让款,以及其向红富士公司出让德威公司股权应获得的股权转让款一共4笔款项调入红富士公司资本公积项下。2014年10月31日,两人又将案涉4笔款项从资本公积项下转出,重新转回为红富士公司对董某、苏某的应付款。之后,红富士公司解除了与董某、苏某的德威公司的股权交易,并将因该项股权交易所涉资本公积全部调整为零。红富士公司认为董某和苏某将4笔款项从资本公积金项下转出的行为损害了公司利益。

二、典型案例法院裁判观点

上海市高级人民法院的观点如下：

1. 资本公积金的用途仅限于扩大公司生产经营或者转为增加公司资本，不得用于公司向股东的资金支付

从资本公积的法律性质和用途来看。资本公积是企业收到的投资者超出其在企业注册资本所占份额部分的资金，以及直接计入所有者权益的利得和损失等。资本公积与企业收益无关，而与资本相关，资本公积的所有权归属于投资者，是所有者权益的有机组成部分，它通常会直接导致企业净资产的增加。因此，资本公积信息对于投资者、债权人等会计信息使用者的决策十分重要。资本公积的来源包括资本（或股本）溢价、接受现金捐赠、拨款转入、外币资本折算差额和其他资本公积等，其中债权人豁免的债务包含在其他资本公积项下。《公司法》第168条规定，公司的公积金用于弥补公司的亏损、扩大公司生产经营或者转为增加公司资本。但是，资本公积金不得用于弥补公司亏损。

因此，资本公积金的用途仅限于扩大公司生产经营或者转为增加公司资本。该案所涉4笔款项于2014年10月31日从资本公积项下调出后，并未用于扩大红富士公司的生产经营，也未用于增加红富士公司的注册资本，而是重新记回董某、苏某名下，成为红富士公司对董某、苏某的应付款，造成红富士公司的债务增加，违反《公司法》对资本公积用途的规定。

2. 债权人对公司的债务豁免从经济实质上认定为对公司的资本性投入，应当将相关利得计入资本公积

从相关会计准则对资本公积的规定来看。该案所涉4笔资本公积转入时间为2007年6月及12月，转出时间为2014年10月，因此应以行为当时的会计准则进行评价。财政部发布的自2001年1月1日施行的《金融企业会计制度》（已失效）第82条第7款[1]规定，资本公积项目主要包括……其他资本公积……债权人豁免的债务，也在本项目核算。

财政部发布的自2007年1月1日施行的《企业财务通则》（已失效）第17条规定，对投资者实际缴付的出资超过注册资本的差额（包括股票溢价），企业应当作为资本公积金管理。2008年12月26日财政部发布的《关于做好执行会计准则企业2008年年报工作的通知》规定，企业接受的捐赠和债务豁免，按照会计准则规定符合确认条件的，通常应当确认为当期收益。

如果接受控股股东或控股股东的子公司直接或间接的捐赠，从经济实质上判断属于控股股东对企业的资本性投入，应作为权益性交易，相关利得计入所有者权益（资本公积）。2013年1月1日《企业会计准则解释第5号》第6条规定，企业接受非控股股东（或非控股股东的

---

[1]《金融企业会计制度》第82条第7款改为《企业会计制度》第82条第7款。

子公司)直接或间接代为偿债、债务豁免或捐赠,经济实质表明属于非控股股东对企业的资本性投入,应当将相关利得计入所有者权益(资本公积)。

由此可见,无论是控股股东还是非控股股东,其对公司作出的捐赠或债务豁免,从经济实质上如果可以认定为对公司的资本性投入,那么就应当将相关利得计入资本公积。

该案中,董某、苏某系红富士公司控股股东,其于2007年将案涉4笔资金调入资本公积项下后,红富士公司相应的应付款减少而净资产增加,这意味着红富士公司的资产负债比例发生重大变化,资本公积的增加即为资本性投入在财务账面的具体体现,该行为本身即可认定为控股股东对公司的债务豁免,即使没有相关股东会决议或债务豁免文件,也不影响控股股东对公司债务豁免这一行为性质的认定。

3. 股东豁免公司债务是其真实意思表示,该豁免已经计入公司的资本公积金,且公司已经因此获益,股东不得再要求公司支付

从案涉资本公积的形成和发展过程来看,董某、苏某豁免相关债务系其真实意思表示。该案中,根据已经查明的事实,4笔资本公积金的来源即董某、苏某向案外人出让红富士公司股权应获得的股权转让款中的部分,以及董某、苏某向红富士公司出让德威公司股权应获得的股权转让款中的部分,2007年6月30日以及12月31日调入资本公积项下时,即表明董某、苏某作为债权人已经豁免了公司债务。

对于该债务豁免行为,有以下事实予以印证:一是红富士公司寻求上市。董某于该案中始终认为2007年将相关债务调入资本公积系出于红富士公司上市需要,财务报表需要做得"漂亮",因此需要降低负债、增加资产,苏某对于红富士公司的上市目的亦表示认可。据此,豁免相关债务并将案涉4笔款项从应付账款转入资本公积,是董某、苏某出于推动公司上市目的而作出的真实意思表示。

二是引入新股东投资款的定价依据。王某敏投入1500万元获得红富士公司3%股权,熊某投入600万元获得红富士公司6%股权,另外2400万元系林某相帮助红富士公司上市的相关咨询工作的对价,均按照红富士公司估值5亿元为基础而作出,该估值远远大于红富士公司的实际资产价值,而董某、苏某豁免其对红富士公司相关债务并计入资本公积的行为,从实质上使其对红富士公司的投入与新股东比例相当,也与其在红富士公司中所占股权比例相当,更加符合公平、等价原则。

如上所述,资本公积属于投资者所有,对投资者的投资决策至关重要,林某相所称董某、苏某放弃对公司的债权而将相关资金转入资本公积的说法,与实际情况相符。

三是2007年至2013年的7年审计报告。2007年案涉4笔资金转入资本公积时,红富士公司债务相应减少而资产相应增加,经当年审计报告确认,且其后连续6年的审计报告均确认了上述调账结果。

董某、苏某作为红富士公司的控股股东、实际控制人,对于7年的审计报告是明知的,且向原工商行政管理部门进行报备，该行为意味着对公权力机关的如实申报，不得任意推翻；而董某、苏某在相关股东知情权案件中向小股东提供的 2007 年至 2013 年的资产负债表也确认了案涉 4 笔资本公积，意味着其对红富士公司其他小股东的公示与承诺，产生商事外观效果，亦不得随意反悔。

4. 股东将部分股权转让款豁免并计入公司资本公积时，公司已经不存在对股东的相应股权转让应付款，股东无权再要求公司支付，股东转出的行为是对公司资产的侵犯

从该转出行为对红富士公司的影响来看，该转出行为已经实际损害公司利益。2014 年 10 月 31 日，案涉 4 笔款项从资本公积项下转出，重新转回为红富士公司对董某、苏某的应付款，红富士公司的债务相应增加了 38,640,081.80 元，该新增债务即为红富士公司的损失，且董某、苏某对该 4 笔资金补提了自 2008 年至 2014 年的利息后，将对红富士公司的债权转让给了他人。

一方面，该计提利息金额巨大，即使有董事会决议对计息方式予以认可，鉴于董某、苏某系红富士公司控股股东、实际控制人、董事、高级管理人员，其未回避与本人有利害关系的计息决议，这一行为的合法性存疑，该计息行为本身即是董某、苏某损害公司利益的行为；另一方面，红富士公司于 2019 年 3 月 23 日召开股东会，以董某、苏某多次催要股权转让款无果为由解除了与董某、苏某的德威公司的股权交易，并将因该项股权交易所涉资本公积全部调整为 0，该调整行为直接减少了红富士公司的资产，损害了红富士公司的利益，而意图将红富士公司名下的德威公司股权再次变更登记至董某、苏某名下的行为，使红富士公司有进一步丧失德威公司股权的可能，同样损害红富士公司利益。

事实上，根据董某、苏某与红富士公司签订的德威公司股权转让协议以及实际履约情况，当红富士公司登记为德威公司股东且董某、苏某将红富士公司对其应当支付的股权转让款记载于红富士公司应付款项下时，该股权转让协议已经履行完毕，红富士公司成为德威公司唯一股东持续至今，实际享有德威公司一切股东权利，董某、苏某在 10 余年后单方面解除股权转让协议的行为缺乏正当性。又由于 2007 年 12 月 31 日董某、苏某将部分股权转让款豁免并计入红富士公司资本公积时，红富士公司已经不存在对董某、苏某的相应股权转让应付款，则董某、苏某亦无权主张相关款项，更不得以此为由要求红富士公司返还德威公司股权进而损害红富士公司利益。

实务建议

股东为了公司上市需要财务报表"漂亮"的目的，将公司对自己的债务豁免，构成对公司的资本性投入，应计入公司的资本公积金。在此后的近 10 年时间内，该记账状态一直保持不变,且产生了对外部的商事外观。而后股东又要求公司履行债务,利用自己是公司控股股东、实际控制人的身份,转移公司资金,构成对公司资产的侵犯。所以,债务豁免一旦计入公司资本公积金,原来的债务就此消灭,不存在后期再行履行的问题。

第三节 资产评估增值能否计入资本公积金

一、典型案例基本案情

案例来源:"爱建信托公司等与方大公司股东损害公司债权人利益责任纠纷案"[(2017)京民终601号]。

惠能公司注册资本于2006年由10,617万元增加至28,000万元,增资17,383万元。其中有15,800万元新增注册资本是经公司董事会决议,股东采取资本公积转增资本的方式出资。被转增资本的15,800万元资本公积金,并非惠能公司正常留存的资本公积金,而是经会计师事务所对惠能公司的资产进行重新评估(尤其是对固定资产等实物资产采用"重置成本法"重估),得出净资产评估增值228,105,369.18元的评估结果后,将增值的228,105,369.18元全部调账计入原本为0的资本公积金而得来。

方大公司作为慧能公司债权人认为股东爱建信托并未依法履行增资义务,其行为损害了债权人利益。

二、典型案例法院裁判观点

北京市高级人民法院认为,《公司法》(2005年修订)第169条规定,"公司的公积金用于弥补公司的亏损、扩大公司生产经营或者转为增加公司资本。但是,资本公积金不得用于弥补公司的亏损。法定公积金转为资本时,所留存的该项公积金不得少于转增前公司注册资本的百分之二十五"。[1] 因此,惠能公司以资本公积金转增公司资本符合我国公司法的规定。但本案的焦点问题是惠能公司将公司资产进行重新评估,得出净资产评估值增值228,105,369.18元的评估结果后,将该增值全部调账计入原本为0的资本公积金,再以该资本公积金作为各股东的出资。

爱建信托公司认为其以前述方式出资即已履行相应的出资义务,对此该院认为,《公司法》(2005年修订)第164条规定,"公司应当依照法律、行政法规和国务院财政部门的规定建

---

[1] 2018年《公司法》第168条有此规定。

立本公司的财务、会计制度",[1]故公司在提取公积金时应当严格按照相关法律、行政法规、规章的规定进行。

根据财政部财会二字〔1995〕25号《关于股份有限公司进行资产评估增值处理的复函》(已废止)、财政部财会字〔1998〕16号《关于股份有限公司有关会计问题解答》(已废止)的规定,只有在法定重估和企业产权变动的情况下,才允许公司将资产评估增值部分入账,进而才有将其转增注册资本的可能性;且评估后的增值部分财产,还要转入"资本公积—其他资本公积转入"科目方能按相关程序转增公司资本。

惠能公司在本次增资时发生的股权转让系公司内部的股权结构变动,不属于因兼并、收购其他企业全部股权而导致被购买企业或购买企业产权发生变动的情形。

惠能公司在未出现法定重估或产权变动的情形下,将公司资产重估后的增值全部调账计入资本公积金,且未见转入相应会计科目,使资本公积金从0直接达至228,105,369.18元,进而转增公司资本,使股东达到履行增资义务。爱建信托公司以前述方式缴纳出资,不符合《公司法》(2005年修订)第28条所确立的股东应当足额缴纳认缴出资的基本原则以及资本公积转增资本相关的公司会计、财务规章的规定,不能认定履行了增资义务。

实务建议

公司将公司资产重新评估,将净资产评估增值全部调账计入原本为0的资本公积金,再以该资本公积金作为各股东的出资,股东主张以此方式履行出资义务的,不被支持。究其原因就是只有在法定重估和企业产权变动的情形下,如因兼并、收购其他企业全部股权而导致被购买企业或购买企业产权发生变动的情形,才允许公司将资产评估增值计入资本公积金,仅是企业内部股权变动并不符合资产增值转入资本公积金的条件。

虽然上述财政部财会二字〔1995〕25号《关于股份有限公司进行资产评估增值处理的复函》、财政部财会字〔1998〕16号《关于股份有限公司有关会计问题解答》都已经失效,但是,其规定的内容被相关的企业会计规定[2]延续,评估增值计入资本公积金是有条件的。

根据《金融企业会计准则》的规定,企业的各项财产物资应当按取得时的实际成本计价,也称按照历史成本记账的会计原则。之所以如此规定的原因是,企业在持续经

---

[1] 2018年《公司法》第163条有此规定。
[2] 《企业会计制度》。

营的情况下,一般不能对企业资产进行评估调账,防止由于计量基础不一致,不同会计期间产生的利润没有可比性,容易误导投资者、债权人及其他报表使用者,进而影响他们的决策。

第四节 资本公积金可被全体股东转增为股本

一、典型案例基本案情

案例来源:"盛行公司与卓某等股东出资纠纷上诉案"[(2016)最高法民终661号]。

盛行公司系股东为取得天津市宝坻区天津国际商贸物流城项目部分土地的使用权并进行开发建设,而于2006年11月成立的项目公司。公司成立初期原始股东为卓某、蔡某。

案外人富来格公司分5次转给付盛行公司8375.03万元,盛行公司将富来格公司向其支付的上述8375.03万元中的部分款项8004.29万元计入资本公积。2009年4月8日,卓某、蔡某将该资本公积转为盛行公司新增注册资本。

盛行公司与两股东就案外人支付的8375.03万元的性质以及能否将其中的8004.29万元计为盛行公司的资本公积并转为卓某、蔡某的增资款产生争议。

二、典型案例法院裁判观点

最高人民法院的观点如下:

案中相关证据表明,卓某、蔡某作为盛行公司原始股东,通过招拍挂程序取得宝土第011号、第030号、第031号合同项下的土地使用权。按照上述合同约定,3块土地出让金为1430万元+4840万元+6670万元=12,940万元;面积为66,324.42平方米+224,982.45平方米+309,814.38平方米=601,121.25平方米,共约901.68亩,土地使用权出让金约为143,509.89元/亩。

该出让金与宝坻区政府在《关于建设天津国际商贸物流城的合同》中承诺的3.8万元/亩相差105,509.89元/亩,宝坻区政府通过富来格公司以往来款的形式向盛行公司补偿土地出让金8375.03万元,此后卓某、蔡某将该补贴款计入盛行公司的资本公积,后又转为增资款,该行为并不违反法律、行政法规的规定。

盛行公司系房地产项目公司,通常具有因特定房地产开发项目而成立,房地产项目开发完成后,公司随之解散注销的特点。卓某、蔡某转让盛行公司股权时,公司尚未进行相应的开发建设,转让股权的对价主要是公司名下的土地。卓某、蔡某将宝坻区政府对盛行公司支付土地使用权出让金的补贴款计为资本公积,后又转为增资,并未损害公司、股东及其他债权人的利益。

综上，盛行公司主张卓某、蔡某将公司借款列入资本公积后变为注册资本构成虚假出资，主张卓某、蔡某应连带承担向盛行公司补缴出资款8000万元之诉讼请求，事实及相关法律依据不足，不予支持。

实务建议

汇入公司的款项可以列入资本公积金，就成为公司的资产，公司有权进行处分。在不存在损害公司、其他股东和债权人利益的情形下，全体股东可将该资本公积金转增为各自的股本，不构成虚假出资。

第五节 公司向流通股股东实施资本公积金定向转增股份，非流通股股东无权享有

典型案例案情简介

案例来源："兰州神骏公司与兰州民百公司侵权纠纷案"[(2009)民二终字第75号]。
最高人民法院的观点如下：

兰州民百公司(以下简称民百公司)《股权分置改革方案》经该公司股东大会决议通过后，该方案的效力不因兰州神骏公司(以下简称神骏公司)(民百公司非流通股股东)是否认可而受到影响。民百公司《股权分置改革方案》规定，红楼集团向民百公司注入的红楼房地产开发有限公司36.6045%的股权(该权益性资产经审计账面价值为3000万元)，由民百公司向其流通股股东实施资本公积金转增28,379,137股股份，除红楼集团外的其他非流通股股东向流通股股东共计支付9,589,497股股份，这表明红楼集团注入民百公司的3000万元资产是红楼集团为其所持有的民百公司股份取得流通权而支付给流通股股东的对价，并非民百公司所有非流通股股东支付给流通股股东的对价。

神骏公司提出的民百公司转增的28,379,137股新股应作为全体非流通股股东支付给全体流通股股东的对价，而不仅是红楼集团支付给流通股股东的对价的主张，缺乏事实依据，该法院不予支持。

民百公司《股权分置改革方案》中规定，为使红楼集团注入民百公司的3000万元权益性资产完全由流通股股东享有，由民百公司向流通股股东实施资本公积金定向转增28,379,137股，这表明红楼集团将3000万元权益性资产注入民百公司是为了让流通股股东享受该部分资产的利益。在《股权分置改革方案》通过时，神骏公司是民百公司的非流通股股东，不应享

受该部分资产转增而形成的股份。

神骏公司主张其应依照同股同权原则与其他流通股股东一样按比例获得该定向转增的股份1,753,800股,因民百公司股东大会决议通过的《股权分置改革方案》明确该定向转增股份由民百公司流通股股东享有,所以神骏公司的主张不符合上述方案的规定,该法院不予采纳。对民百公司提出的神骏公司不能就民百公司转增后形成的股份主张权利,该法院予以支持。

神骏公司提交的《验资事项说明》载明,民百公司定向转增后的28,379,137股新股已经于2006年6月6日记入民百公司流通股股东证券账户,所以神骏公司主张该28,379,137股新股仍然归红楼集团所有,与事实不符,该法院不予采信。

民百公司《股权分置改革方案》中明确规定了采用资本公积金转增股份,至于民百公司采用何种资本公积金将红楼集团注入的3000万元权益性资产转化为股份由全体流通股股东享有,这属于民百公司内部财务处理事项。民百公司虽然用资本公积金项目下的股本溢价部分为全体流通股股东转增股份,但在此过程中民百公司资产数目并没有发生减损。神骏公司主张民百公司用属于公司所有的公积金转增股份从而神骏公司应当分得相应的股份数额,没有事实和法律依据,该法院不予支持。

实 务 建 议

资本公积金可以转增股份,公司的股份有流通股和非流通股之分,就存在转增给哪一类股东或者是由全体股东同时获得转增股份的问题。如果投资人注入公司的资产是投资人为其所持有的公司股份取得流通权而支付给流通股股东的对价,并非公司所有非流通股股东支付给流通股股东的对价。那么,在《股权分置改革方案》通过时,公司的非流通股股东不应享受该部分资产转增形成的股份。

第六节　资本公积金属于公司资产,股东转回的构成抽逃出资

一、典型案例基本案情

案例来源:"银基公司、丽港公司增资纠纷案"[(2018)最高法民终393号]。

银基公司与丽港公司三股东李某某、李某、狄某签订《增资合同》,约定:银基公司向丽港公司增资2亿元,其中2000万元进入丽港公司注册资本,1.8亿元进入资本公积金。此后,丽港公司、宁波新材料公司、银基新材料公司曾签订了《资金往来框架协议》,丽港公司向宁波新材料公司提供往来资金1.5亿元。银基新材料公司为银基公司全资子公司,宁波新材料公司

为银基新材料公司的全资子公司。

李某某、李某、狄某要求银基公司向丽港公司交付1.5亿元。银基公司称1.5亿元资本公积金是丽港公司根据《资金往来框架协议》的约定自行转出至银基新材料公司,银基新材料公司又将款项转至宁波新材料公司,该款项已经转化为丽港公司对宁波新材料公司的债权,且该债权已通过《债权转让协议》获偿了部分。丽港公司、李某某、李某、狄某则认为《资金往来框架协议》《债权转让协议》均是应银基公司要求配合其签署的,不是丽港公司的真实意思表示,均是虚假的。双方就1.5亿元是否应交付至丽港公司产生争议。

二、典型案例法院裁判观点

最高人民法院的观点如下:

1. 关于银基公司根据《增资合同》作为资本公积金投入的款项,是否存在无合法正当理由被转出的情形

《资金往来框架协议》约定丽港公司方转出1.5亿元不是为丽港公司商贸合作而为之,也不是为实现《增资合同》中丽港公司生产线技术改造或增加丽港公司流动资金等的需要而为之,而是按照银基公司的要求,为银基公司的利益而特别设定,且1.5亿元款项转出后仍处于银基公司的实际控制之下;《债权转让协议》亦不能证明转出的资本公积金已经实际归还;1.5亿元资本公积金实际亦未用于丽港公司的生产发展。因此,银基公司关于丽港公司根据《资金往来框架协议》自行转出款项与其无关,其不存在擅自取回出资的主张不能成立;原审判决认定银基公司无合法正当理由转出其支付给丽港公司的1.5亿元资本公积金,并无不当。

2. 关于本案转出的资本公积金应否向丽港公司返还、返还主体如何确定的问题

(1)从公司法的角度来讲,本案转出的资本公积金应予以返还。《公司法》第3条第1款规定:公司是企业法人,有独立的法人财产,享有法人财产权。公司以其全部财产对公司的债务承担责任。该法第168条第1款规定:公司的公积金用于弥补公司的亏损、扩大公司生产经营或者转为增加公司资本。但是,资本公积金不得用于弥补公司的亏损。

资本公积金不仅是企业所有者权益的组成部分,也是公司资产的重要构成,而公司资产在很大程度上代表着公司的资信能力、偿债能力、发展能力,在保障债权人利益、保证公司正常发展、维护交易安全方面起着重要作用。公司作为企业法人,具有独立人格和独立财产,而独立财产又是独立人格的物质基础。出资股东可以按照公司章程规定或协议约定主张所有者权益,但其无正当理由不得随意取回出资侵害公司财产权益。该案中,《增资合同》明确约定,银基公司向丽港公司增资2亿元,持有丽港公司40%股权,其中2000万元进入丽港公司注册资本,1.8亿元进入资本公积金。因此,涉案1.5亿元资本公积金本应属于丽港公司资产,无正当理由转出后,理应予以返还,一审认定该行为属于抽逃出资行为并无不当。

(2)从合同法角度来讲,本案转出的资本公积金亦应予以返还。原《合同法》第60条规定:当事人应当按照约定全面履行自己的义务。当事人应当遵循诚实信用原则,根据合同的性质、目的和交易习惯履行通知、协助、保密等义务。该法第107条规定:当事人一方不履行合同义务或者履行合同义务不符合约定的,应当承担继续履行、采取补救措施或者赔偿损失等违约责任。[1]《增资合同》系银基公司与丽港公司原股东李某某、李某、狄某签订,丽港公司是增资的目标公司。对银基公司而言,其负有依约足额增加出资的合同义务。

该案中,银基公司虽有出资行为,但随后1.5亿元的出资在无正当理由的情况下被转出,其转出行为违反诚实信用原则,不符合合同约定、不利于合同目的的实现。因此,涉案1.5亿元资本公积金根据合同约定亦应予以返还。

综上所述,无论从公司法还是合同法的角度分析,涉案被转出的1.5亿元资本公积金均应返还丽港公司。作为目标公司的丽港公司可以依据公司法的相关规定提起诉讼、主张权利,而作为《增资合同》当事人的李某某、李某、狄某亦可依据合同法的相关规定提起诉讼、主张权利,究竟适用公司法还是合同法并不实质影响本案纠纷的处理。银基公司基于《资金往来框架协议》主张本案应适用合同法而不应适用公司法的主张,没有事实和法律依据,该院不予支持。

另外,如前所述,银基公司本身是《增资合同》中的出资义务人,本案所谓的《资金往来框架协议》实际是按照银基公司的要求,为银基公司的利益而设定,该1.5亿元资本公积金转出后仍处于银基公司的实际控制之下。因此,原审判决认定银基公司作为返还主体,亦无不当。

实务建议

投资人将投入的出资转入公司后,一般其中很大比例计为公司的资本公积金,该资本公积金虽然不用于计算投资人的持股比例,但资本公积金属于公司资产,是公司的资信能力、偿债能力、发展能力的保障,出资股东无正当理由不得随意取回。

本案最大的启示就是,虽然转出的1.5亿元资金先以债权债务关系转给了投资人的子公司,再转给了投资人的孙公司,但法院还是刺破了这些伪装行为的面纱,理由从转出的操盘、控制者是谁,为谁的利益而为,为何目的转出,最终认定行为本质和性质是股东控制公司后抽逃出资、侵占公司资产的行为。无论是公司从公司法的角度,还是公司原股东从增资合同的角度,都有权提起诉讼主张权利。而且,认定原增资合同的投资人对名义上转给其孙公司的款项负有返还义务。该案给公司资产受到侵占的公司和股东维护公司权益提供了信心。

---

[1] 原《合同法》第60条现为《民法典》第509条,原《合同法》第107条现为《民法典》第577条。

第七节　经过合法有效的股东会决议退给股东资本公积金不构成抽逃出资

一、典型案例基本案情

案例来源："新里程公司与郭某等损害公司利益责任纠纷案"〔(2020)陕民终633号〕。

孙某于2011年8月30日召集全体股东参加的股东会，作出《关于股东减少资本公积的股东会决议》，从资本公积金中给股东郭某退还560万元。后新里程公司不认可股东会决议，该案的焦点问题是郭某是否构成抽逃出资并应返还560万元给新里程公司。

二、典型案例法院裁判观点

陕西省高级人民法院认为：该案的焦点问题是郭某是否构成抽逃出资并应返还560万元给新里程公司。依照《公司法》及其他相关法律法规规定，资本公积金是由投入资本本身所引起的增值，与公司生产经营没有直接关系，是一种准资本金或者公司后备资金，属于公司资产，是企业所有者权益的组成部分，可以按照法定程序转为注册资本金，故资本公积金与公司注册资本的性质存在明显不同，不能等同于公司注册资本，公司依照法定程序作出的关于减少资本公积金的决议亦不能认定为抽逃出资。

该案中，新里程公司于2011年8月30日召开全体股东参加的股东会，作出《关于股东减少资本公积的股东会决议》，从资本公积金中给郭某退还560万元。根据《公司法》第37条的规定，上述行为属于新里程公司经营中的自治行为，不违反法律规定，该决议作出后，无股东向法院申请撤销或者确认无效，也不属于《公司法解释三》第12条所规定的抽逃出资的情形。上述决议系新里程公司股东会作出，并非郭某个人所为。故新里程公司从资本公积金中给郭某退还560万元，不能认定为被上诉人郭某抽逃出资行为。

实务建议

《公司法解释三》第12条规定："公司成立后，公司、股东或者公司债权人以相关股东的行为符合下列情形之一且损害公司权益为由，请求认定该股东抽逃出资的，人民法院应予支持：(一)制作虚假财务会计报表虚增利润进行分配；(二)通过虚构债权债务关系将其出资转出；(三)利用关联交易将出资转出；(四)其他未经法定程序将出资抽回的行为。"

> 资本公积金属于公司资产,该案中之所以未认定构成股东抽逃出资的关键原因是,向股东退还资金的行为经过了公司的股东会决议,而且该决议程序依法合规。这就提醒投资人和公司,虽然公司可以经营自治,但是公司各项涉及资金的行为都要经过法定程序,这可能会成为认定行为性质的关键因素。

第十二章

股 权 激 励

第一节　股权激励要点分析

股权是股东对公司享有的包括财产收益权、管理权、表决权、剩余财产分配权在内的权利,公司通过由激励对象持股以提高激励对象的工作积极性。股权激励计划在我国已经是非常普遍的公司业务,无论公司处于哪个发展阶段,如创业阶段、发展阶段、上市阶段都存在实施股权激励的必要,相应地也需要选择不同的激励模式。

我国目前针对上市公司股权激励最主要的是《上市公司股权激励管理办法》(以下简称《股权激励管理办法》),另外,还有规范性文件《国资委关于进一步做好中央企业控股上市公司股权激励工作有关事项的通知》(国资发考分规〔2019〕102号)、《中央企业控股上市公司实施股权激励工作指引》(国资考分〔2020〕178号)、《关于上市公司实施员工持股计划试点的指导意见》(证监会公告〔2014〕33号)、《非上市公众公司监管指引第6号——股权激励和员工持股计划的监管要求(试行)》(中国证券监督管理委员会公告〔2020〕57号)。

而对于有限公司却没有明确的立法规定,相关的部门规范性文件有《国家税务总局关于做好股权激励和技术入股所得税政策贯彻落实工作的通知》(税总函〔2016〕496号)、《国家税务总局关于股权激励有关个人所得税问题的通知》(国税函〔2009〕461号)、《财政部、国家税务总局关于完善股权激励和技术入股有关所得税政策的通知》(财税〔2016〕101号,以下简称《101号文》)第1条第1款明确规定非上市公司授予本公司员工的股票期权、股权期权、限制性股票和股权奖励实行递延纳税政策。

股份公司或者上市公司的股权称为股份或者股票,股东通过持有股份享有股权,下文如没有特别说明,股权既可以指有限公司的股权,也可以指股份公司的股票。

一、股权激励方案的设置要点

(一) 激励模式

主要的激励模式包括限制性股票、股票(权)期权、虚拟股权(奖励性股权与虚拟股权在权利范围上基本相同,不单列)3种。

1. 限制性股票

按照《股权激励管理办法》第22条的规定,限制性股票是指激励对象按照股权激励计划规定的条件,获得的转让等部分权利受到限制的本公司股票。股权转让等权利受到限制的期限称为锁定期,在锁定期内也可以分别设置禁售期和限售期,禁售期可以从获得股票之日起计算,要求激励对象在该期限内不得转让股权。禁售期之后为限售期,限售期内若激励对象达到考核条件,就可以申请对所持的股权的一定比例解除锁定,通过逐步解除,到最后成为无限制性的普通股权,转让不受公司限制。如果限售期内未达到考核条件,公司有权回购,股东丧失股权或者股东可以继续持有股票,但需要向公司支付赔偿金。限制性股票的目的是防止激励对象在获得股权之后立即套现,不再关心公司业绩。

从已有的案例来看,考核条件一般以不在锁定期限内主动提出离职为主,也有遵守公司的员工守则,不发生商业贿赂、侵占公司资产的违法行为,如果发生这些行为,公司将收回股权。在著名的深圳富安娜诉员工离职违约纠纷系列案中,[1]公司与员工事先达成一致,员工持有限制性股票,在公司上市之日起3年内不得辞职,否则公司有权要求员工支付股票的增值收益,这里是事先明确了员工违反承诺的代价是支付股票的增值,不是向公司返还股票,计算方式为股票在证券市场可以公开抛售之日的收盘价与激励对象发生违反承诺的情形之日的上一年度的富安娜公司经审计的每股净资产。

2. 股票(权)期权

参考《股权激励管理办法》第28条的规定,股票(权)期权是指公司授予激励对象在未来一定期限内以预先确定的条件购买本公司一定数量股份的权利,该预先确定的条件,一般为价格条件,在期限届满激励对象行权时,如果该预先确定的价格比公司股票的市值低,激励对象就可能会选择购买;反之,就可能放弃行权。

流程设计一般是先有等待期(或者称为考核期),等待期内设置考核条件,期限届至符合条件的才可以行权。另外,所授予的股权也可以不一次性转给激励对象,而是逐年分比例授予,这称为兑现期,在兑现期内也可以再设置一定的考核条件,这样一方面能激发员工的工作积极性,另一方面也能增加员工工作的持续性和稳定性,以及关注公司的长远利益而非短期利益。

3. 虚拟股权

虚拟股权是只享有分红收益权,没有表决权,不是完整的股权,这种激励方式适合于创始

---

[1] 参见广东省深圳市南山区人民法院民事判决书,(2013)深南法民二初字第50号;广东省深圳市中级人民法院民事判决书,(2013)深中法商终字第2088号;广东省高级人民法院民事裁定书,(2014)粤高法民二申字第946号。这3个案件分别是这一系列案件的一审、二审和再审,虽然一审被告不同,但是案件基本内容和争议焦点相同。

股东希望控制公司的经营决策的情况。如果是通过股东转让方式授予，就相当于是股东将其财产权益让渡给激励对象，华为公司的"虚拟受限股"就采用了这种激励模式，任正非持股仅为1.42%，其余98.58%股权均由员工持有，但是员工持股并不享有表决权，仅有分红权，而且流通受到限制，不能转让，员工在退出公司时，股权只能由公司回购，所以，这种权利被称为虚拟受限股。

虚拟股权也可以设置与股票期权一样的等待期，若期内考核合格，如评价达到约定业绩标准，就可以行权获取分红。同时，为了防止激励对象随着工作时间增长变得不再积极主动，业绩下滑，也可以设定一个激励期限，比如，行权之后的3年内有权分红，3年期满，公司可以重新评估调整授予的虚拟股权份额。一般来讲，虚拟股权只是一个过渡阶段，获得虚拟股权，就获得了进一步取得更完整股权的可能，公司后续会再授予激励对象其他激励工具，如员工持股平台、期权。

（二）激励对象

多数激励对象都是公司员工，包括公司董事、高级管理人员和核心技术人员，这其实是一种人力资本入股，人力资本与劳务具有内在统一性，虽然《公司法》第27条未明确禁止劳务出资，但是国务院的行政法规《市场主体登记管理条例》以下位法规定明确禁止了劳务出资，其中第13条第2款规定："出资方式应当符合法律、行政法规的规定。公司股东、非公司企业法人出资人、农民专业合作社（联合社）成员不得以劳务、信用、自然人姓名、商誉、特许经营权或者设定担保的财产等作价出资。"

《合伙企业法》第16条规定劳务可以作为出资方式。公司对人力资本或者说核心人才的劳务的重视从很多公司创始人以激励对象需要在公司工作满几年为条件无偿赠与员工股权的做法就可以得到说明，这其实相当于公司认可员工的人力资本出资，实践已经走在了法律的前面。

除对公司内部人员的激励外，也存在对外部合作对象的股权激励，如授予合作对象一定的虚拟股份或者限制性股份，并以合作方在一定期限内与公司保持合作为条件。

（三）股权来源

1. 原股东有偿转让或者赠与

此模式下会存在的一个问题是合同当事人的确定以及如若发生纠纷，案件当事人的确定。激励对象受到公司的激励，公司往往与激励对象在聘用合同中明确了股权激励条款，但是，因为公司并没有持有自己的股权，无法向员工授予股权，所以，只能通过既有股东以折扣价有偿转让或者赠与的方式将其自有的股权转给激励对象，这相当于公司委托股东完成股权转让行为以实现公司与激励对象的激励约定。如果是有限公司，既有股东的股权转让行为要遵守《公司法》对其他股东优先购买权的规定。

在"雷某涛与武汉赫天光电股份有限公司（以下简称赫天公司）、胡某才、刘某合同纠纷案"中,就存在类似情况,赫天公司在与员工雷某涛的聘任合同中明确了雷某涛获得股权激励,同时需要在公司服务满多少年。之后,公司的另两位股东胡某才、刘某分别与雷某涛签订了股权激励赠与协议、股权赠与协议和转让协议,协议中也明确了雷某涛获赠的条件是一定的工作年限。如果违反,应该无偿将股权返还给两位股东。后来雷某涛未到服务年限即因个人原因与公司解除劳动关系。对于雷某涛提出的原告赫天公司与其是劳动合同关系,而两股东与其是股权转让关系,不应合并审理的主张,两审法院均认为两位股东对雷某涛的股权赠与行为是在实施赫天公司与雷某涛的聘用合同的内容,涉案的聘用合同、股权赠与协议、股权转让协议是赫天公司对雷某涛进行股权激励不可分割的组成部分,赫天公司、胡某才和刘某提起诉讼是基于同一事实、同一理由,其诉讼请求的性质也相同,其诉讼标的是共同的,3名原告对诉讼标的有不可分的共同的权利义务,其所诉系不可分之诉,应当合并审理。[1]

如果激励对象已经完成了股东股权赠与协议所附的条件,赠与人将无权撤销赠与,虽然名为"赠与",但是双方均享有权利并承担义务,此赠与实质上是股权激励协议,并非无偿赠与,股东不能单方撤销。

另一个问题是如果激励对象未达到所附的条件,赠与人能否撤销赠与,收回全部股权?在"广东雪莱特公司两位股东之间的股权转让纠纷案"中,[2]对于针对3.8%的股权法律关系,最高人民法院二审认定股东之间是附条件的赠与,而非一审认定的有偿转让,所附的条件是受赠人须在雪莱特公司工作满5年,如果违反条件,赠与人有权撤销赠与。关于撤销赠与后的股份返还问题,最高人民法院的法官首先认为原合同约定不清楚,继而提供了一种计算方式:出让的总股数÷60个月(5年服务期限×12个月)×剩余未服务月数,这其实遵循了实质公平原则,赠与人提出应该全部返还,但是最高人民法院法官认为受赠人已经在公司工作了4年9个月,尚有3个月的服务时间未满,如果全部返还对受赠人不公平。但这种计算方式并非放之四海而皆准,在有的案件中,如果员工服务期限未至就离职,就不能获得任何股份,并非服务多长时间就按比例计算能够获得的股份数。[3]

2. 股份公司回购本公司股份

《公司法》第142条对股份公司收购本公司股份进行员工持股计划或者股权激励有明确规定。对于有限公司,因有限公司的股权并无公开交易市场,所以,可以采取第一种方式,由股东转让或者赠与股权给激励对象。

3. 增资扩股

前两种方式下,公司的股本是不变的,属于用存量股激励。而此方式下公司相当于向激

---

[1] 参见湖北省武汉市中级人民法院民事判决书,(2013)鄂武汉中民商终字第01503号。
[2] 参见广东省高级人民法院民事判决书,(2007)粤高法民二初字第30号;最高人民法院民事判决书,(2009)民二终字第43号,这分别是这起案件的一审和二审判决书。
[3] 参见北京市第三中级人民法院民事判决书,(2014)三中民终字第10896号。

励对象融资,对既有股东而言,也需要放弃优先认购权,而且激励对象支付的对价往往低于股权的公允价值,即公平市场价格。[1]如果公司前期的融资中有优先股融资行为,而且存在反稀释条款,如约定:"若公司增发股权类证券且增发时公司的估值低于 A 类优先股股权对应的公司估值,则投资人有权从公司或创建人股东无偿(或以象征性价格)取得额外股权,或以法律不禁止的任何其他方式调整其股权比例,以反映公司的新估值。在该调整完成前,公司不得增发新的股权类证券。"对反稀释条款的适用没有排除员工股权激励计划的情形,也需要优先股股东放弃权利调整股权比例。

(四)激励时机

无论是既有股东转让股权还是增发股份,一般来讲公司都是以低价换取了激励对象的服务,这就给公司带来财务成本,按照《企业会计准则第11号——股份支付》(财会〔2006〕3号)第5条和第6条规定,公司需要将公允价格与认购价格之间的差额作为公司的成本或费用,同时增加相应的资本公积金。如果该费用过高,财务上就会出现亏损,影响上市报告期内财务数据应有的成长性,给公司上市形成障碍。所以,对有上市计划的公司来讲,实施股权激励计划最好在申请上市报告期开始阶段,这样才能体现出公司业绩呈递增趋势。

(五)激励对象的持股方式:直接持股和间接持股

直接持股是激励对象成为公司的股东,由于有限公司股东人数上限为50人,如果直接持股会突破这一数字,就只能选择间接持股。间接持股是公司先设立一个持股平台,按照《非上市公众公司监管指引第4号——股东人数超过200人的未上市股份有限公司申请行政许可有关问题的审核指引》(中国证券监督管理委员会公告〔2020〕66号,以下简称《非上市公众公司监管指引第4号》)规定,"持股平台"是指单纯以持股为目的的合伙企业、公司等持股主体。由激励对象持有持股平台的股权份额,这样间接持有公司的股权,持股平台作为公司的股东,从公司分取收益之后,再向激励对象进行二次分配。在我国国企改制时,为提高广大职工对公司的认同感,激励员工的工作积极性,员工持股会的模式非常普遍,员工要求成为公司股东的,多数被法院驳回了。[2]

在特定领域,存在不允许自然人成为公司股东的情况,如根据《保险公司股权管理办法》的规定,向保险公司投资入股,应当为符合本办法规定条件的中华人民共和国境内企业法人、境外金融机构,但通过证券交易所购买上市保险公司股票的除外。所以,自然人不能直接成

---

[1] 按照《国家税务总局关于股权激励和技术入股所得税征管问题的公告》(国家税务总局公告2016年第62号)第1条第4款的规定,公平市场价格的确定方式为:(1)上市公司股票的公平市场价格,按照取得股票当日的收盘价确定。取得股票当日为非交易日的,按照上一个交易日收盘价确定。(2)非上市公司股票(权)的公平市场价格,依次按照净资产法、类比法和其他合理方法确定。净资产法按照取得股票(权)的上年末净资产确定。

[2] 参见"应某生等与浙江箭环电器机械有限公司职工持股会等股权转让纠纷上诉案",浙江省金华市中级人民法院(2013)浙金商终字第1629号民事判决书。

为保险公司的股东,保险公司只能通过间接持股的方式实施股权激励计划。在平安保险集团公司与其员工的股东资格确认纠纷系列案件中,[1]平安保险集团及子公司的员工要求确认为平安集团的股东,最后都以失败告终。法院认为由于自然人不能成为保险公司的股东,所以,平安集团通过持股公司由员工持股,共享企业发展的成果。在法律关系的认定上,持股员工与平安工会之间是信托关系,平安工会是新豪时公司的法律意义上的股东,而新豪时公司是持股公司,持有平安集团的股份,所以,员工是间接持股,而非直接持股。[2]

持股平台的形式主要是合伙企业和公司,主要的考虑因素是税收,合伙企业是一次性纳税,合伙企业不纳税,而是由合伙人纳税,而公司需要两次纳税,所以,一般来讲,合伙企业税负较轻。如果选择了合伙形式,公司创始股东为了实现对持股平台表决权的控制,那么可以担任合伙企业的普通合伙人,但是由于普通合伙人需要承担无限连带责任,所以为了减少风险可以由创始股东设立一个有限公司作为普通合伙人。

在公司申请上市时,按照《非上市公众公司监管指引第4号》的规定,股份公司股权结构中存在工会代持、职工持股会代持、委托持股或信托持股等股份代持关系,或者存在通过"持股平台"间接持股的安排以致实际股东超过200人的,在依据该指引申请行政许可时,应当已经将代持股份还原至实际股东、将间接持股转为直接持股,并依法履行了相应的法律程序。所以,在间接持股模式下,需要累加计算公司的实际股东人数。

(六) 公司与激励对象解除劳动关系后的股权回购

由于股权激励是与激励对象的身份密切相关的,为了增强员工的工作绩效,如果激励对象从公司离职,不再在公司工作,自然没有必要再由其继续持有股权,而且新的员工加入公司,也需要获得股权激励。如果离职员工的股权不能收回来,就会减少公司可以向新员工授予的股权份额。所以,在员工离职时,一般都会规定公司有权回购已经兑现的股权,尚未兑现的,将不再兑现或者要求员工将股权转让给创始股东。

所谓回购,就是公司从公司股东那里买回公司股权的行为。虽然《公司法》第142条明确规定公司不得收购本公司股份,但是,对于有限公司,法律并未明确禁止,该回购规定并未违反法律的禁止性规定,而且股权激励计划一般也经过了公司股东会决议通过,所以,多数法院都认可了公司回购股权的合法性,[3]但是也有法院认为这会损害公司债权人利益,违反资本维持原则,进而否定公司回购股权行为的合法性。[4] 该不同观点给公司回购股权行为的效

---

[1] 参见广东省深圳市中级人民法院民事判决书,(2014)深中法商终字第314-320号;广东省深圳市中级人民法院民事判决书,(2014)深中法商终字第580-589号。

[2] 参见"董某祥与华泰保险集团股份有限公司股东资格确认纠纷案",北京市第二中级人民法院(2016)京02民终3195号民事判决书。

[3] 江苏省高级人民法院民事判决书,(2013)苏商申字第0587号。

[4] 参见"王某某诉上海金力达机械科技有限公司其他与公司有关的纠纷案",上海市普陀区人民法院(2011)普民二(商)初字第1185号民事判决书。

力带来了一定的不确定性。鉴于此,一个变通的做法是与激励对象达成协议,离职时须将股权转让给其他股东。

回购价格的确定方式,如果公司尚未上市,可以是每股所对应的净资产值,也可以是根据最近一次融资所对应的公司估值计算的每股价值;如果公司已经上市,可以以在证券市场的收盘价为准,当然此时还可以以净资产为准,具体如何确定,体现的是公司对激励对象的补偿力度。如果激励对象是被动离职的,比如,触犯法律规定存在不法行为,公司也可以以原值回购,即激励对象获授股权的对价。

二、相关纳税政策

《101号文》针对非上市公司和上市公司的股权激励实行了新的优惠政策,具体体现有以下两方面。

1. 针对非上市公司持股员工的递延纳税和合并纳税政策

按照《101号文》的规定,非上市公司授予本公司员工的股票期权、股权期权、限制性股票和股权奖励,符合规定条件的,经向主管税务机关备案,可实行递延纳税政策,即员工在取得股权激励时可暂不纳税,递延至转让该股权时纳税;股权转让时,按照股权转让收入减除股权取得成本以及合理税费后的差额,适用"财产转让所得"项目,按照20%的税率计算缴纳个人所得税。股权转让时,股票(权)期权取得成本按行权价确定,限制性股票取得成本按实际出资额确定,股权奖励取得成本为0。

这样就将以前的两次纳税合并为一次纳税,以前实行的税收政策是在获授股权时需要按照薪资所得纳税,然后在股权转让时又需要按照财产转让所得纳税,现在的规定相当于取消了第一项,减轻了激励对象的税收负担。但享受此优惠的前提是股权激励计划需要满足《101号文》规定的条件。

2. 针对上市公司持股员工的迟延纳税政策

按照《101号文》的规定,上市公司授予个人的股票期权、限制性股票和股权奖励,经向主管税务机关备案,个人可自股票期权行权、限制性股票解禁或取得股权奖励之日起,在不超过12个月的期限内缴纳个人所得税。

这其实是因为激励对象在授予日还尚未获授股权或者权能受到限制,需要在等待期届满通过业绩考核,或者禁售期届满解锁之后才能获得完整的股权,因此有必要将纳税义务适当延后。另外,符合条件的上市公司开展股权激励,还是需要在行权(解禁)时按照"工资薪金所得"项目计算应纳税款,《101号文》只是将纳税期限从以前的6个月延长到12个月。在未来转让阶段,按照目前政策,个人不用缴纳个人所得税。

第二节　会计上的股权激励

股权激励对公司而言是有成本的,属于公司的费用支出,该费用应在公司的净利润中扣除。而公司的净利润往往是战略投资者重点关注的考察公司经营状况的一个指标,同时,公司净利润也是公司上市审核的一个条件,因此,会计上如何处理股权激励成为一个不容小觑的问题。

一、股权激励的成本

公司在股权激励中往往是以低于股权公允价值的价格向激励对象授予股权,获得的对价是激励对象提供的服务。比如,公司在最近一次引入外部战略投资者过程中是以每股5元的价格取得融资的(假设此次融资价格是公允价格),而股权激励中却是以每股1元的价格授予激励对象股权,相差的每股4元乘以激励的股数就成为公司为获取激励对象的服务而支付的成本或费用。

二、会计上的股权激励的成本

(一)相关立法规定

如果激励的股权在授予后立即可行权的,即没有等待期、绩效要求,《企业会计准则第11号——股份支付》第5条规定:"授予后立即可行权的换取职工服务的以权益结算的股份支付,应当在授予日按照权益工具的公允价值计入相关成本或费用,相应增加资本公积。"公司须在股权授予日在会计账簿中计入股权激励的成本或费用。

如果激励股权被授予后还须有一定的等待期或者业绩条件要求,《企业会计准则第11号——股份支付》第6条第1款规定:"完成等待期内的服务或达到规定业绩条件才可行权的换取职工服务的以权益结算的股份支付,在等待期内的每个资产负债表日,应当以对可行权权益工具数量的最佳估计为基础,按照权益工具授予日的公允价值,将当期取得的服务计入相关成本或费用和资本公积。"股权激励的成本或费用需要在等待期内分摊,每个资产负债表日只是计入当期的成本或者费用。同时,该企业会计准则第7条规定:"企业在可行权日之后不再对已确认的相关成本或费用和所有者权益总额进行调整。"无论是立即行权还是延期或者附条件行权,在行权之后,公司都不应再对已经确认的激励成本或者费用进行调整。

(二)相关案例

从笔者现有资料来看,在裁判文书网上能查到的相关案例只有一例:"李某元与苏州周原九鼎投资中心、上海瓯温九鼎股权投资中心股权转让纠纷案",该案就是双方当事人就股权激励成本是否应该在当年的公司净利润中扣除产生的争议。

1. 案件基本事实

四川明星电缆股份有限公司(以下简称明星电缆公司)拟引进战略投资者。2010年11月2日,苏州周原九鼎投资中心、上海瓯温九鼎股权投资中心(甲方)与李某元(乙方,为明星电缆公司的实际控制人)、明星电缆公司(丙方)签订《投资协议书》,该协议书约定:甲方按每股4.65元受让乙方所持丙方的股份2000万股;该协议书第7条"经营业绩"中第7.1.1条约定"若丙方从2010年到上市成功前每年实现的净利润不低于11,000万元,则丙方上市后,甲方在丙方成功上市后3个月内向乙方支付上市奖励款846万元,其中苏州周原九鼎投资中心向乙方支付上市奖励款720万元,上海瓯温九鼎股权投资中心向乙方支付上市奖励款126万元";其第7.1.2条约定"若丙方2010年实现净利润不低于11,000万元,并且净利润在2010年的基础上每年平均增长20%以上,则甲方在丙方成功上市后3个月再向乙方支付业绩奖励款846万元,其中苏州周原九鼎投资中心再向乙方支付上市奖励款720万元,上海瓯温九鼎股权投资中心再向乙方支付上市奖励款126万元……"

后来,明星电缆公司于2012年5月7日在沪市上市,李某元依据上述第7条主张两家投资方支付奖励款,之所以产生争议,就是源于2010年6月李某元以其股份进行的股权激励所产生的相关费用592.3万元的处理问题。关于发行人实施股权激励对公司净利润的影响,该公司在向中国证监会申报的《首次公开发行股票招股说明书》(申报稿)(以下简称《招股说明书》)中指出2010年公司的净利润为10,495.52万元,按照2010年11月引进外部投资者的入股价为4.6535元/股计算,股权激励减少的2010年度的净利润为592.3万元,若扣除股权激励的影响,2010年度的净利润为11,087.82万元。另外,一审法院委托的会计师事务所出具的《专项审计报告》指出公司2010年度合并净利润为110,878,232.25元,2011年度合并净利润在2010年度合并净利润的基础上增长19.79%。对于2010年的股权激励费用592.3万元,这份报告明确指出这属于股份支付,应作为费用列支,并在2011年度的财务报表中进行了追溯调整。

2. 各级法院的审判观点

一审法院根据《专项审计报告》,另外还结合《招股说明书》中指出的若扣除股权激励的影响,2010年度的净利润为11,087.82万元的陈述,认定明星电缆公司2010年度的正常经营利润为110,878,232.25元,并据此判决两家投资方按照协议第7.1.1条约定支付奖励款846万元。同时,因为《专项审计报告》载明明星电缆公司2011年度合并净利润在2010年度合并净利润的基础上增长19.79%,未达20%,故李某元请求根据第7.1.2条规定支付另外846万元奖励款的条件不成就,一审法院未支持。

一审判决之后,两家投资方提出上诉。二审法院认为《专项审计报告》中在2011年追溯调整2010年的股权激励费用的做法不符合企业会计准则的规定。同时,认定股权激励的费用592.3万元作为支出项目应从2010年度的净利润中扣除,公司2010年净利润应为

10,495.52万元。《招股说明书》是公司认可的提交给中国证监会的上市申请材料,并且经过中国证监会核准。最后,二审法院认定明星电缆公司2010年度净利润未达到11,000万元,李某元要求支付股权奖励款的条件不具备,判决撤销一审判决,驳回李某元的诉讼请求。[1] 二审判决之后,李某元向最高人民法院提出再审申请,后被最高人民法院以与二审法院相同的理由驳回。[2]

3. 案件裁判要旨

上述案例至少说明两点:其一,股权激励是有成本的,公允价值与行权价格之间的差额就是公司从事股权激励所支出的成本,应从公司的净利润中扣除。比如,该案中即便会计师事务所出具的《专项审计报告》在2010年的净利润中未扣除股权激励成本,但在庭审中也明确指出,股权激励行为属于股份支付,应该列支费用支出。其二,该成本作为费用支出应在当期的会计账簿中列支,如该案中是在当年行权,就应该在当年的净利润中扣除,不应该在下一年的利润中追溯调整,这也是二审和再审法院否定《专项审计报告》的原因。

三、会计上的股权激励相关问题

股权激励的成本在会计上的处理对所有与公司净利润有关的事项中都会产生影响,本部分就引入战略投资者以及公司上市的影响进行阐述。

(一)对投资协议的影响

在所谓的"对赌协议第一案""甘肃世恒有色资源再利用有限公司、香港迪亚有限公司与苏州工业园区海富投资有限公司、陆某增资纠纷案"[(2012)民提字第11号]中,各方就在《甘肃众星锌业有限公司增资协议书》中明确约定:众星公司2008年净利润不低于3000万元,如果众星公司2008年实际净利润完不成3000万元,海富公司有权要求众星公司予以补偿,如果众星公司未能履行补偿义务,海富公司有权要求迪亚公司履行补偿义务,补偿金额=(1-2008年实际净利润÷3000万元)×本次投资金额。[3]

一方面,如果公司已经将股权激励提上日程,那么在引入战略投资者时,就应该谨慎对待针对公司净利润的约定,防止公司陷入被动,如因股权激励费用列支而产生净利润不达标,进而被投资者要求赔偿或者回购股权的后果发生。另一方面,如果已经与战略投资者签订了协议,之后提出并实施股权激励计划,就要避免协议中的不利情况出现,将股权激励的费用控制在安全空间以内。

(二)对公司上市、挂牌的影响

拟上市公司在主板、创业板上市都需满足相应的财务指标,相关规定如《首次公开发行股

---

[1] 参见四川省高级人民法院民事判决书,(2014)川民终字第108号。
[2] 参见最高人民法院民事裁定书,(2014)民申字第2095号。
[3] 参见最高人民法院民事判决书,(2012)民提字第11号。

票并上市管理办法》(2022年修正)第26条第1款规定:"发行人应当符合下列条件:(一)最近3个会计年度净利润均为正数且累计超过人民币3000万元,净利润以扣除非经常性损益前后较低者为计算依据;(二)最近3个会计年度经营活动产生的现金流量净额累计超过人民币5000万元;或者最近3个会计年度营业收入累计超过人民币3亿元……"

因此,如果公司有上市计划,就要考虑股权激励的时机,防止因为股权激励导致公司净利润达不到上市要求。此外,根据《中华人民共和国证券法》(以下简称《证券法》)关于公开发行新股的条件的规定,拟上市公司应该具有持续盈利能力,财务状况良好,所以,对拟上市公司而言,应该尽早实施股权激励计划,确保公司的净利润数据呈持续增长态势。

对于拟在新三板挂牌的公司,虽然没有利润指标要求,但是根据最新消息,对公司的盈利能力也提出了要求,2016年8月3日,股转公司挂牌业务部总监李永春在《主办券商内核工作指引》培训上将企业挂牌新三板的标准进一步明确,"非科技创新型的传统行业,经营规模不能低于行业平均水平,除非是过度竞争或有去产能要求的行业特殊性导致亏损,否则不能连续两年亏损"。[1] 所以,如果公司进行股权激励也要注意不要出现账面上亏损的情况。

— 实务建议 —

因股权激励的会计处理可能引发公司或者公司创始股东的重大利益变动,公司应该谨慎选择股权激励的时机和激励的方式、规模,防止出现本部分所引案例中明星电缆公司实际控制人的遭遇,导致因实施股权激励而丧失本来可以获取的巨额上市奖励金的情况。同时,在公司引入战略投资者以及公司准备上市、挂牌新三板中都要关注股权激励对公司净利润的影响。

第三节　股权激励典型案例

一、公司以收回股权的方式限制激励对象辞职是否侵犯劳动者的自主择业权

在股权激励关系中,因为职工同时是公司的股东,这样就产生两层法律关系,股权法律关系(按照获授股权的来源不同,可能是股权转让关系或增资认购关系)和劳动合同法律关系。这两种法律关系并存时就产生法律适用上的问题,一般而言,劳动者主张其为劳动合同法律

---

[1] 参见《挂牌新三板对盈利能力有了新要求　传统企业不能连亏两年》,载搜狐网2016年8月5日,https://www.sohu.com/a/109158540_115411。

关系,因为《劳动合同法》对劳动者有倾向性的保护,而公司主张其为平等的公司与股东之间的持股法律关系。

(一) 员工持股法律关系独立于劳动关系

股权激励中往往会对激励对象解除与用人单位的劳动合同进行限制,但是,《中华人民共和国劳动合同法》(以下简称《劳动合同法》)第37条规定:"劳动者提前三十日以书面形式通知用人单位,可以解除劳动合同……"同时,该法第38条还规定了劳动者的单方解约权。这是法律赋予劳动者的法定权利,任何单位或个人都不得对法定权利的行使设定其他的额外条件。

如果认定股权激励关系中劳动者与单位是持股法律关系,那么不必受上述法律规定的限制,用人单位可以在以优惠条件授予员工股权后,要求员工在公司几年的服务期限;否则,将收回股权。如果认定二者之间是劳动合同争议,那么此种限制员工辞职、强制要求服务年限的约定将因违反格式条款排除对方主要权利的规定而无效。所以,认定单位与激励对象之间的关系的性质就显得举足轻重。

对此问题,在深圳富安娜公司与其员工的系列案件中已经得到明确,激励对象因身为公司员工而被公司认可为激励对象,激励对象与公司之间劳动合同关系的成立和存续,影响激励对象与公司之间股权关系的成立和存续。但劳动合同关系与股权关系属于两个独立的、不同性质的法律关系,有着不同的权利义务内容,不能混为一谈。

通过收集归纳法院对此类案件的裁判观点可知,一般而言,如果员工已经通过股权激励成为公司股东,基于股权激励产生的争议就应适用《公司法》,不应适用《劳动合同法》。如果员工在提起的劳动争议仲裁中基于股权激励提起仲裁请求,仲裁机构会以不属于劳动争议的审理范围为由不予处理{参见"朱某某与北京久其软件股份有限公司安徽分公司、北京久其软件股份有限公司劳动争议纠纷案"[(2014)庐民一初字第00247号]}。

而如果是采用支付虚拟股的分红、金钱兑付的模式进行股权激励,员工并未登记为公司股东,法院就会认为这是对员工薪资的一种额外报酬和补偿,员工主张公司支付激励金额的请求属于劳动争议。比如,在"诸暨同方置业有限公司与刘某劳动争议纠纷案"[(2015)浙绍民终字第986号]中,法院就认为该案的《股权激励协议》系上诉人为争取被上诉人刘某到上诉人处工作的机会,与被上诉人约定《劳动合同》相关事项基础上,经平等自愿的协商,上诉人愿意提供与被上诉人在原单位开元旅业集团同等价值激励,给予其补偿,该协议基于上诉人与被上诉人之间的劳动关系产生,与双方之间的劳动关系存在密不可分的联系,系上诉人为引进高级管理人才自愿作出的激励和补偿,应当视为被上诉人刘某到上诉人处工作除基本工资外的附加报酬,故也应属于劳动争议的审理范围。

(二) 典型案例：富安娜公司案[1]

由于富安娜公司与其员工的系列案件在股权激励争议中非常具有代表性，公司在终止了限制性股票激励计划之后，通过要求员工出具承诺函的方式实现了对持有无限制普通股的员工进行约束的目的，该承诺函的效力也得到了法院的认可，公司的合法权益得以维护。本部分通过对该案重点详述其案件事实和法院的裁判观点的方式，以期为公司设计股权激励方案提供借鉴。

富安娜公司于2007年6月实施《限制性股票激励计划》，以定向发行新股的方式，向高级管理人员及主要业务骨干发行限制性股票，发行价格为发行前一年经审计的公司每股净资产，持有该限制性股票的股东和其他普通股股东享有同等的分红权和投票权，但在转让上存在限制：(1) 自该计划实施后的1.5年为禁售期，禁售期内限制性股票不得转让；(2) 禁售期后的3年为限售期，限售期内若激励对象达到《激励计划实施考核办法》规定的相关考核条件，则可申请对所持限制性股票的一定比例逐步予以解除锁定，从而成为无限制条件的普通股票；(3) 未能解除锁定的限制性股票将被公司回购，具体体现为："在本限制性股票禁售期和限售期内，激励对象因辞职而终止与公司的劳动关系时，公司有权根据公司上一年度经审计的每股净资产作价回购其所持限制性股票。"各被告均在此次股权激励中认购公司股份。2008年3月，因富安娜公司向中国证监会申请首次公开发行股票，为配合上市的要求，原告终止了《限制性股票激励计划》，将所有限制性股票转换为无限制性普通股。但是为了保证激励对象能够继续为公司服务，公司提出由激励对象选择，或者由公司将员工所持股份回购，或者员工保留股份，但需向公司出具承诺函，内容为："……鉴于本人在公司任职，且是以优惠的条件获得上述股份，本人在此自愿向公司承诺：(1) 自本承诺函签署日至公司申请首次公开发行A股并上市之日起三年内，本人不以书面的形式向公司提出辞职、不连续旷工超过七日、不发生侵占公司资产并导致公司利益受损的行为、不发生收受商业贿赂并导致公司利益受损的行为。(2) 若发生上述违反承诺的情形，本人自愿承担对公司的违约责任并向公司支付违约金，违约金=(本人持有的公司股票在证券市场可以公开出售之日的收盘价-本人发生上述违反承诺的情形之日的上一年度的公司经审计的每股净资产)×(本承诺函签署日本人持有的股份+本人持有的公司股票在证券市场可以公开出售之日前赠送的红股)；本承诺函自签署之日生效。"2009年12月30日，原告发布首次公开发行股票上市公告书并在同日上市。各被告在承诺函签署后的锁定期内或者向公司提出辞职，或者不再到公司上班，富安娜公司认为员工的行为违反承诺，导致股权激励目的落空，遂向这些员工提起诉讼，要求按照承诺函的约定支

---

[1] 参见广东省深圳市南山区人民法院民事判决书，(2013) 深南法民二初字第50号；广东省深圳市中级人民法院民事判决书，(2013) 深中法商终字第2088号；广东省高级人民法院民事裁定书，(2014) 粤高法民二申字第946号。这3个案件分别是这一系列案件的一审、二审和再审，虽然一审被告不同，但是案件基本内容和争议焦点相同。

付违约金。

针对员工提出的承诺函限制了员工辞职的权利,侵害了员工的自主择业权,违反《合同法》第40条[1]的规定,应属无效,各级法院的基本观点如下:

(1)尽管承诺函中关于"不以书面的形式向公司提出辞职、不连续旷工超过七日"的表述涉及劳动者应遵守的劳动纪律,但这并非劳动者为了获取工作机会而作出的承诺,承诺内容并非原告与被告对劳动合同的补充,而是在被告获得了以优惠价格购买原告的股票的资格后作出的承诺。员工按照优惠价格购买了公司股份,成为公司股东,公司对股东的行为进行适当限制,是公平的。所以,对承诺函效力的认定应适用《合同法规则》及《公司法》,而不适用《劳动合同法》。

(2)2007年6月的《限制性股票激励计划》就对持股员工设定了股权的禁售期和限售期,在此期间内从公司辞职将由公司回购股权,回购价格为根据公司上一年度经审计的每股净资产。在公司上市之后,因为股份统一在证券交易所公开交易,公司无法对持股员工转让股份进行限制以及进行股份回购,为了继续发挥股权激励的约束机制,由员工签署承诺函承诺如果辞职将支付违约金。从该违约金的计算方式来看,员工需要将超过违反承诺情形之日的上一年度的公司经审计的每股净资产的部分收益返还给公司,即员工还是保留了按照上一年度的公司经审计的每股净资产作价的收益。据此,法院认定现在的"违约金"其实与之前的回购条款是一脉相承的,是继续对提前辞职的员工的股份收益进行了限制。

(3)关于承诺函中约定的"违约金"的性质,法院认为激励对象认购富安娜公司增发的股份,双方成立新增资本认购合同关系,激励对象的合同义务是按时足额缴纳认股价款,而且其义务仅限于此。激励对象提前离职并非《限制性股票激励计划》或后续承诺函约定的股权关系之中激励对象的违约行为,而是股权关系中的回购条款或收益限制条款的生效条件,当该条件成就时,富安娜公司有权按《限制性股票激励计划》回购股份,或有权按承诺函限制激励对象获得收益,激励对象应依约将受限制部分的股份投资收益("违约金")返还给富安娜公司。

最终,承诺函被各级法院均认定为合法有效,企业的利益得以维护,也实现了股权激励计划的"激励——约束"功能。所以,如果公司存在股权激励计划,在申请主板、中小板上市时,应按照中国证监会的要求必须实施完毕或者终止股权激励计划才能申报发行上市的,在终止股权激励计划之后,可另行与激励对象签订协议,就激励对象离职或者发生其他对公司不利的行为予以约束。

二、员工未支付购股款而由公司代缴是否影响员工的股东身份

在有偿的股权激励中,员工需要以自有资金支付购股款以获得激励股权,由于员工的支付能力有限,公司一般会作出安排,比如,由公司或者公司创始股东提供借款,员工与出借人

---

[1] 现为《民法典》第497条第3款。

签订借款合同或者由公司代缴,之后从员工的工资或者股权收益中扣除。一旦以员工名义进行了出资,员工作为股东就完成了对公司的出资义务,从而获得股东身份,至于其所缴纳的出资是否涉及与第三方之间的债权债务关系,则并不影响股东出资行为本身的法律效力。公司不能以代员工缴纳了购股款、员工未缴纳为由否定员工的股东身份。

在"北京博大万邦投资管理有限公司(以下简称博大公司)、北京康得新复合材料股份有限公司(以下简称康得新公司)与刘某合同纠纷案"[(2014)一中民(商)终字第8637号]中,实施股权激励的康得新公司与公司的持股平台博大公司主张解除与康得新公司的员工刘某之间的股权激励协议,其中一个原因就是刘某并未按照约定和相关规定履行出资义务或者向公司申请贷款。但是法院认为已有证据显示,博大公司增资后的验资报告记载,其中部分增资款项确是以刘某的名义存入该公司资本账户。一审、二审法院均据此认定博大公司、康得新公司以及刘某之间存在通过签订和履行激励协议,使刘某成为博大公司股东的共同意思表示,且相应增资款项经验资确认已实际缴纳到位,而增资款项的具体来源问题与股东资格的取得分属两个法律关系,刘某与公司之间基于款项来源的债权债务关系不影响其已经取得的股东身份。

所以,该案就是公司支付了员工的购股款,这样就不能否认员工的股东身份,除非公司在激励方案中就明确规定公司不代为垫付,员工过期未付就视为放弃激励股权。

三、股权被代持的员工是否享有股东权利

有限公司的股东人数上限为50人,如果持股的员工都成为显名股东就有可能超过上限,因此,变通的做法就是进行股权代持,仅有部分持股员工显名,并在工商部门办理股权登记。其他持股员工虽然未能在工商部门登记为股东,但是,如果公司向其签发了股权证书或者出资证明,并登记在公司的股东名册上,《公司法》第32条第2款规定:"记载于股东名册的股东,可以依股东名册主张行使股东权利。"股权被代持的股东依然享有股东权利,包括分红权、表决权、选择管理者的权利、优先购买权、优先认购权等。《公司法》第32条第3款规定:"公司应当将股东的姓名或者名称向公司登记机关登记;登记事项发生变更的,应当办理变更登记。未经登记或者变更登记的,不得对抗第三人。"未在登记机关登记只是不得对抗公司和股东以外的第三人。

在"泸州鑫福矿业集团有限公司(以下简称鑫福矿业公司)与葛某、张某等784人,刘某、王某等62人股权转让纠纷案"[(2013)川民申字第1771号]中,鑫福矿业公司委托内江南光有限责任公司(以下简称内江公司)的股东刘某收购内江公司隐名股东王某等62人的股权,表面来看,是内江公司股东之间的股权转让行为,但是,股东刘某收购股权是受鑫福矿业公司的委托,收购的款项出自鑫福矿业公司,鑫福矿业公司才是实际的受让人,该股权转让行为实为股东对外转让股权,应该受《公司法》第71条其他股东享有优先购买权的规定的限制。葛

某、张某等784人是内江公司的持股员工,登记在公司的股东名册上,持有公司签发的股权证,享有对王某等62人对外转让的股权在同等条件下的优先购买权。法院认定刘某与王某等62人间的股权转让行为违反了《公司法》第71条的强制性规定,应属无效。另外,由于王某等62人是内江公司的隐名股东,鑫福矿业公司主张刘某为其收购的是内江公司的隐名出资份额,并非股权,不受公司法及公司章程的限制,一审、二审、再审法院均未支持该主张。

在此案中,法院的基本立场就是只要登记在股东名册上,就具有股东资格,享有股东权利,受《公司法》关于有限责任公司股权转让规则的约束和保护。所以,这就提醒激励对象,是否在工商部门登记为显名股东不重要,在公司的股东名册中登记为股东才是认定股东身份的依据。在另一起"殷德清与内蒙古恒祥进出口贸易有限责任公司股东资格确认纠纷案"[(2015)内民申字第00578号]中再审法院也是持此观点。

四、通过持股平台间接持股的员工能否对公司行使股东权利

股权激励中员工持股的方式可以是直接持有公司股权,在公司股东名册中登记为股东,也可以在公司设立的持股平台中持股,成为持股平台的股东或合伙人,从而间接对公司持股。问题是在间接持股模式中,员工是否能对所在的公司行使股东权利?如果员工对公司分红事项产生疑问,试图行使股东知情权,要求公司提供股东会、董事会、监事会的会议决议,公司是否应该满足员工的请求?从目前法院的裁判来看,员工的此项请求难以得到支持。

在"于某与北京心物裂帛电子商务股份有限公司(以下简称心物裂帛公司)股东知情权纠纷案"[(2016)京03民终7598号]中,于某是心物裂帛公司的员工,汤某是心物裂帛公司的创始人,天津心物所在科技有限公司(以下简称心物所在公司)是心物裂帛公司的股东。汤某持有心物所在公司股权,为了对于某进行股权激励,丁某、汤某、心物裂帛公司(签订协议时该公司原名为"心物不二公司")签订《激励股权认购协议》,约定汤某将其持有的心物所在公司1.1%的股权转让给于某,后股权转让完成,于某登记为心物所在公司的股东。而后于某认为其根据《激励股权认购协议》的约定享有心物裂帛公司的激励股权,是心物裂帛公司的股东,要求对心物裂帛公司行使股东查阅权。但是,一审、二审法院均认为于某未登记在心物裂帛公司的股东名册中,不是该公司的显名股东,而查阅权是赋予公司显名股东的。实际出资人通过显名股东行使股东权利和承担股东义务,于某虽是实际出资人,但处于隐名状态,外人无从得知,故实际出资人并不具备股东知情权诉讼的原告主体资格。一审法院驳回了于某的起诉,二审法院驳回于某的上诉,维持原裁定。

虽然该案已经经过终审生效裁定,但是,笔者认为该案的裁决结果值得商榷,表现在以下两个方面:(1)持股公司一般情况下没有其他经营目的,而是为了股权激励目的而设,如果持股公司因激励公司的原因不向员工分红,而员工也无权向激励公司主张行使股东权利,那么员工的股东权利将无从保障。一般而言,为了保证对持股公司的控制,持股公司的实际控制

人就是激励公司的控股股东,持股公司并无动力为了持股员工的利益向激励公司主张任何权益。笔者认为,在持股公司怠于保障持股员工的合法权益的情况下,应该允许员工直接向激励公司主张适当的股东权利,如上所述"心物裂帛公司案"中的知情权。(2)二审法院已经认定于某是隐名出资人,通过持股公司作为显名股东行使权利、承担义务,却以无法为外人所知为由否定其查阅权,但是该案并不存在善意第三人,并没有遵守商事权利外观规则的必要,那于某为公司的实际出资人这个事实是否为外人所知,又有何影响?还是只要公司内部知道于某的实际出资人身份即可?该案中于某要求查阅的材料与其权利具有法律上的利害关系,其分红权就取决于这些决议的内容,在这种情况下,就应该维护员工的查阅权,不能片面看重在形式上员工是否登记在股东名册上。

五、授予人能否撤销无偿的股权激励

股权激励的目的是激励员工为公司尽心尽力服务,公司一般都会通过约定最短服务期来约束员工的辞职行为,员工如果在服务期届满之前提前辞职,公司将无偿收回或者有偿回购所授予的股权,而有偿回购的价款也往往不会考虑以股权溢价来限制员工的股权收益。但是,如果股权激励协议未约定服务期,在授予人尚未授予股权的情况下,员工辞职的,是否还能依据激励协议要求授予股权,并确认股东资格?如果股权授予是无偿的,授予人能否主张撤销赠与?

案例1 "北京融博郎科技发展有限公司(以下简称融博郎科技公司)、任某与郑某股东资格确认纠纷案"[(2016)京03民终1287号]。

融博郎科技公司是由自然人股东任某100%持股的一人有限公司,郑某是该公司员工,2011年9月16日,任某和融博郎科技公司向郑某出具授权书1份,该授权书载明:"郑某同志,根据融博郎科技公司职工激励机制的相关规定,鉴于您在本公司3年来的工作效益和业绩考评,公司拥有者任某经过慎重考虑,授予您25股(占注册资本金25%)的公司股份作为职工奖励薪酬。您可以据此享有该股权份额相关的分红权和股价升值收益,并拥有所有权,但不能转让和出售。请据任某签字确认的授权书,去财务办理相关授权备案手续。"该授权书有融博郎科技公司的盖章,法人处有任某的签字。后来在2013年1月15日,郑某由于个人发展原因从公司离职。由于任某未履行授权书约定,将其持有的融博郎科技公司25%股权作为职工薪酬奖励给郑某,郑某起诉至法院,要求判令确认郑某为融博郎科技公司股东,持股比例为25%。任某、融博郎科技公司提出若认定授权书是任某个人与郑某之间的协议,因为是无偿转让,所以应属于赠与行为,在尚未实际赠与之前,赠与人可以撤销赠与。法院认为依据授权书中"根据融博郎科技公司职工激励机制的相关规定""公司拥有者任某经过慎重考虑,授予您25股(占注册资本金25%)的公司股份作为职工奖励薪酬"等内容,可以确定任某授予郑某股权具有股权激励性质,授予的原因系基于郑某为融博郎科技公司提供的劳动及其劳动为

融博郎科技公司带来的成果,故涉案授予股权行为并非无对价的赠与行为,不能撤销。

案例 2 "丘某与王某合同纠纷案"[(2016)闽 02 民终 1929 号]。

该案中,丘某作为三维丝公司的创始股东与三维丝公司、王某三方协议约定三维丝公司拟在条件成熟时申请公开发行股票并上市,由王某担任三维丝公司的董事会秘书,负责三维丝公司股东大会及董事会具体日常事务等相关工作,同时对王某做了股权激励的承诺,在三维丝公司上市后,丘某补偿赠与王某一部分股份,但若三维丝公司未能完成 IPO 或王某未能勤勉尽职,则王某不再享有补偿赠送的全部或部分股份的权利。后来三维丝公司顺利上市,丘某却向王某发送撤销赠与通知,告知王某根据《合同法》第 186 条规定,[1]其决定撤销赠与,之前承诺的股份不再赠送。

该案的一个争议点就是之前的三方协议的性质,即是否属于无偿赠与合同?如果是赠与合同,那么按照"赠与人在赠与财产的权利转移之前可以撤销赠与"的规定,赠与人当然可以撤销赠与。但是,法院认为从三方协议约定来看,王某并非无偿受赠,其获得激励股权需要履行的义务是担任三维丝公司的董事会秘书,负责三维丝公司股东大会及董事会具体日常事务等相关工作。协议虽然使用"赠与"一词,但协议各方均享有权利并承担相应的义务,故此协议应为公司股东与高级管理人员之间的股权激励协议而非赠与合同。所以,在三维丝公司已经上市且没有证据证明王某未尽责的情况下,丘某不能撤销与王某之间的股权激励协议。

实 务 建 议

上述案件对公司及其创始人的借鉴有两点:(1)一定要约定股权激励的条件,在案例 1 中,如果授权书中对激励对象获授股权约定了条件,如不少于 3 年的服务期,那么结果就完全不同了,即便激励对象在当时已经取得股权,但在提前辞职发生后,公司创始人作为股权授予方就有权收回股权。但在授权书中未约定收回股权的条件的情况下,无论接受方日后有何不法行为,授予方都将丧失收回股权的权利。(2)如果在股权授予协议中明确了授予股权的目的是股权激励或者授予的依据是接受方以往的工作业绩,按照案例 2 的裁判观点,该股权授予行为就不是无偿赠与,授予方不能以撤销赠与为由收回股权。

六、董事会通过的回购注销议案是否超越职权

股权激励方案一般由公司股东(大)会决议通过,具体执行可以授权董事会完成,但前提

---

[1] 现为《民法典》第 658 条,即"赠与人在赠与财产的权利转移之前可以撤销赠与。经过公证的赠与合同或者依法不得撤销的具有救灾、扶贫、助残等公益、道德义务性质的赠与合同,不适用前款规定"。

是股权激励方案中要对之后董事会作出的决议事项明确涉及，并对董事会明确了授权的内容，这样董事会作出的有关股权激励的决议事项就在股东会的授权范围内，不会超过股权激励计划已有的明确规定的内容范围，其效力就应被肯定。

在"吴某与北京荣之联科技股份有限公司（以下简称荣之联公司）公司决议撤销纠纷案"[（2016）京01民终4160号]中，荣之联公司股东大会审议并通过了一份限制性股票激励计划，该计划对回购对象、回购条件、回购后注销以及回购价款的计算与支付等具体操作问题均作出明确的规定。吴某是该公司员工，获授2万股限制性股份。后来荣之联公司召开股东大会审议并通过了关于授权董事会办理公司限制性股票激励计划相关事宜的议案，授权的具体事宜如下："……（6）授权董事会办理激励对象解锁所必需的全部事宜，包括但不限于向证券交易所提出解锁申请，向登记结算公司申请办理有关登记结算业务、修改公司章程、办理公司注册资本的变更登记等；授权董事会办理向激励对象回购限制性股票事宜及相应的股票注销等相关事宜……（8）授权董事会根据股权激励计划规定的权限，决定限制性股票激励计划的变更与终止，包括但不限于取消激励对象的解锁资格，回购注销激励对象尚未解锁的限制性股票，办理已死亡的激励对象尚未解锁的限制性股票的补偿和继承事宜，终止公司限制性股票激励计划……（11）授权董事会办理公司限制性股票激励计划所需的其他必要事宜，但有关文件明确规定需由股东大会行使的权利除外。"由于吴某在限制性股份的锁定期内存在股份应被回购的情形，荣之联公司的董事会审议通过了回购注销议案，决议将包括吴某在内的公司持股员工尚未解锁的限制性股票进行回购注销，后该公司向吴某银行账户汇入回购款。

吴某主张董事会的回购注销决议内容违反了该公司章程的规定。根据公司章程规定，股份回购和注销属于股东大会的职权，而非董事会的职权。吴某于是向法院提起诉讼，要求判决撤销荣之联公司董事会通过的回购注销议案。

一审、二审法院均认为根据荣之联公司的章程规定，股东大会有权审议股权激励计划，且不得以授权方式通过董事会代为行使。同时根据公司法原理，股东大会有权授权董事会执行股东大会的决议。从荣之联公司的情形来看，该公司限制性股票激励计划的具体内容已经由该公司股东大会审议并通过，故限制性股票激励计划的形成过程与荣之联公司的章程内容并不违背。对于本案所涉及的限制性股票回购注销问题而言，限制性股票激励计划中对回购对象、回购条件、回购后注销以及回购价款的计算与支付等具体操作问题，均作出有明确的规定。从荣之联公司股东大会审议并通过的关于授权董事会办理公司限制性股票激励计划相关事宜的议案文本记载的内容来看，荣之联公司股东大会授权董事会办理限制性股票激励计划相关事宜的具体内容并未超过限制性股票激励计划明确规定之内容范围。

换言之，荣之联公司股东大会对董事会之上述授权内容，并未逾越股东大会依据公司章程规定所应行使之决策权力，亦与董事会作为执行机关的法律地位并无冲突。因此，荣之联公司董事会为具体实施限制性股票注销回购所通过的回购注销议案，其内容并未超越已由股东大会所审议之限制性股票激励计划规定的内容范围,故荣之联公司董事会就回购注销限制性股票作出决议的行为本身,并未违反该公司章程的相关规定内容。

实 务 建 议

结合上述案例,公司需要注意应由股东会决策的事项不能由董事会代为行使,在股东会决策之后再向董事会授权执行,以保证董事会决议的合法有效性。

七、股权回购主体到底是谁

公司在股权激励方案中一般都规定员工持股后与公司解除劳动关系的,由公司或者其他大股东回购激励股权。目前,多数法院以公司自治为由认可了在股权激励中公司回购股权的合法性。另外,《公司法》对由大股东收购股权并无禁止,所以,由大股东回购的约定并无法律障碍。法院在有的案件中因不符合公司回购股权的规定而否定公司回购义务的情况下,也会肯定由股东受让、回购股权的约定的合法性,比如,在所谓的"对赌协议第一案""甘肃世恒有色资源再利用有限公司、香港迪亚有限公司与苏州工业园区海富投资有限公司、陆波增资纠纷案"[(2012)民提字第11号]中法院的态度即是如此。

在确定谁是回购义务人时,需要根据激励方案或股权授予协议等来确定,但由于协议可能存在表述问题,双方当事人因不同理解可能会引发争议。在"湖南天鸿投资集团有限公司(以下简称湖南天鸿公司)与生某、第三人上海东方阶梯智力发展有限公司(以下简称上海东方公司)股权转让纠纷案"[(2016)京03民终3758号]中就存在这种情况,生某与天舟文化股份有限公司(以下简称天舟股份公司)、上海东方公司各自出资,共同成立北京东方天舟教育科技有限公司(以下简称北京天舟公司)。三方签订《合资合作框架协议书》,约定由生某担任北京天舟公司的总经理,并且如果生某及北京天舟公司经营团队完成董事会确定的前3年经营指标的,则由天舟股份公司对生某及其经营团队予以股份奖励,同时约定生某及持有公司股份的经营团队成员须与公司签订3年以上的劳动合同,如果3年内离职的,奖励股份无偿转让给天舟股份公司,原始出资按原价转让,合同期满后离职的奖励股份和原始出资均按1元/股由天舟股份公司全部回购。后来天舟股份公司将其在《合资合作框架协议书》项下的权利义务转让给湖南天鸿公司,湖南天鸿公司向生某出具承诺书1份,告知生某湖南天鸿公司已经受让天舟股份公司在北京天舟公司77.5%的股权,湖南天鸿公司已经实际接管北京天舟公司,对于天舟股份公司在与上海东方公司、生某为代表的经营管理团队以及颜某所签订的《合资合作框架协议书》中所享受的权利和所承担的义务与责任,由湖南天鸿公司依法代天舟股份公司承担。

后来生某在北京天舟公司工作未满3年离职,要求湖南天鸿公司收购其原始出资。湖南天鸿公司的抗辩理由有两个:(1)按照《公司法》规定,只有出现法定情形,公司才负有回购股权的义务,且回购的主体为公司而非股东,生某主张由湖南天鸿公司回购其股权缺乏法律依据,合同中约定的股权回购条款亦属于无效条款。(2)按照《合资合作框架协议书》约定"如三年内离职的,奖励股份无偿转让给天舟股份公司,原始出资按原价转让",原始出资按原价转让后面并没有明确湖南天鸿公司是唯一的股权受让义务人。

一审法院审理认为:(1)生某是依据协议要求湖南天鸿公司履行收购其股权的义务,而非基于《公司法》的规定要求北京天舟公司履行股权回购的法定义务,生某与湖南天鸿公司关于收购股权的约定不违反法律、行政法规的强制性规定,应属合法有效。(2)对于第二个争议焦点,一审法院的看法如下。第一,双方对合同条款的理解存在争议,首先应从合同使用的字句进行文义解释,争议条文"如3年内离职的,奖励股份无偿转让给甲方,原始出资按原价转让"系完整的用分号对上下文进行分隔的句子,在句子内部"奖励股份无偿转让给甲方"与"原始出资按原价转让"系并列关系的分句,从语法上讲,在属于并列关系的分句中省略宾语可被视为与其他分句宾语相同,而不应被视为没有宾语。此系汉语通用语法,符合一般的语言习惯,亦不存在通常情况之外的其他理解。第二,从体系解释的角度看,参照合同其他条款并结合该条约定的上下文,在整个合同中涉及的有义务对生某为代表的经营团队进行股权奖励和股权收购的唯一主体即为合同甲方。第三,从合同目的解释的角度看,《合资合作框架协议书》第8条的合同目的系规定对以生某为代表的经理人团队采取的股权激励措施,以及根据职业经理人团队的不同经营业绩由公司大股东对奖励股权进行收购的方案,故而将"原始出资按原价转让"的受让对象解释为合同甲方是符合合同目的的;反之,如将该句理解为没有宾语——未约定受让对象,则该约定不在当事人之间发生民事权利义务关系的设立或变更或终止,因此不符合将合同条款尽量解释为有效的目的解释一般原则,这也和上下文约定的权利义务关系缺乏协调性,更不符合日常生活经验法则。综上,一审法院支持了生某的主张,湖南天鸿公司应该负有收购义务。而后湖南天鸿公司提出上诉,被二审法院以相同理由驳回。

实务建议

该案的启示就是在签订协议时,一定要明确权利主体是对谁享有权利,义务人是谁,避免心怀不轨的当事人故意曲解协议的含义,引发不必要的诉争。

八、当员工侵害公司利益时公司能否无偿收回激励股权

有的股权激励计划中约定如果激励对象泄露公司商业秘密、商业贿赂、违反竞业禁止规

则等侵害公司合法权益,公司可以不返还其已经支付的购股款而收回股权。这样的约定是否有效?

从法院判决来看,该约定的效力是被认可的。一方面,既然公司以一定条件向员工授予股权,也就享有在特定条件下收回股权的权利。另一方面,从公平原则来看,员工应对其侵害公司合法权益的行为向公司承担损害赔偿责任,这是员工对公司的债务,而公司无偿收回股权相当于以物抵债,即以此种方式要求员工承担赔偿责任。如果公司在此之外还对员工另行起诉要求赔偿,在赔偿范围的确定基础上,员工可以主张扣除已被收回的股权的价值。

在"魏某与北大方正集团有限公司(以下简称方正公司)合同纠纷案"[(2016)京01民终字350号]中,方正公司的虚拟股票激励实施方案(以下简称《激励方案》)中有一条规定:"激励对象被解雇、免职时,激励对象因严重失职、给集团造成实质性损害,或因受到刑事处罚而被解雇、除名的,其授予的虚拟股票由集团全部收回,当期支付的购股款项不返还。"魏某与方正公司签订《协议书》约定了购买虚拟股事宜,并支付了购股款,购买了方正公司授予的虚拟股票。按照激励方案,虚拟股票授予后自动进入3年锁定期,锁定期内激励对象不得行权,后来魏某在虚拟股票锁定期内辞职,要求方正公司向其返还购股款。另一个事实是魏某在工作期间违反了方正公司和正信公司(方正公司的下属公司,也是魏某任职的公司)内部管理制度,已被另案刑事判决认定,构成职务侵占罪和挪用资金罪。

方正公司不同意向魏某返还购股资金,原因是魏某在协议有效期内受过刑事处罚,根据《激励方案》相关条款的规定,应将其被授予的虚拟股票全部收回,且当期支付的购股资金不返还。对此,魏某则主张,《激励方案》中上述条款内容应属无效。该案的争议焦点在于:激励方案中有关激励对象如受到刑事处罚,则其丧失获授股权且不返还购股资金的条款,其本身是否合法有效?

对此,一审法院的主要观点为:(1)方正公司以虚拟股权的形式附条件地授予激励对象相应权利,亦有权在特定情形下收回所授予的权利,此系双方当事人共同意思表示一致的结果。同时,方正公司将激励对象给该公司造成实质性损害或者受到刑事处罚作为权利收回的情形,并未损害国家、集体或第三方的利益,亦未违反法律、行政法规的强制性规定,且对该公司与魏某之间亦未造成权利义务失衡的状况,故激励方案的该部分内容并无不当。(2)鉴于《激励方案》中规定:"当期支付模式的行权方式,在行权时可行权股票的即期价值总额超过同比例可行权股票的购股资金时,可行权股票的购股资金可以首先从可行权股票的即期价值总额中扣除并返还激励对象,余额部分按照相关规定计税,并以现金形式兑现;当行权时可行权股票的即期价值总额低于或等于同比例可行权股票的购股资金时,激励对象可选择按照可行权股票的即期价值总额返还购股资金,或者选择推迟行权。"一审法院据此认为对于激励对象所支付的购股资金,则随虚拟股权的授予而一并转化为其所享有的待行权内容的组成部分,并于激励对象最终行权时再向其予以返还。所以,如果魏某确因特定情形(魏某的刑事罪名成立)而丧失其所获受的权益,则其购股资金亦一并丧失于行权时获得返还的可能性,其后果应由魏某自行承担。最后一审法院驳回了魏某的诉讼请求,二审法院维持一审判决。

实务建议

该案对实施股权激励的公司的启示就是要尽可能考虑到最坏的情况并提前作出预防措施和规划,该案中魏某在正信公司工作期间犯职务侵占罪和挪用资金罪给公司造成巨额财产损失,这也是方正公司拒绝向其返还购股款的原因,最终借助《激励方案》的条款规定维护了公司的合法权益。

九、行权条件所要求的工作年限是从何时起算

激励员工在真正获得公司授予的股权之前,公司可以要求员工须满足一定的工作年限要求,但从什么时候起算需要在协议中明确,是从员工入职公司之日起算,还是从与员工签署股权授予协议之日起算?如果未能明确,一旦发生争议,法院也会从公司一方对员工行权采取的行为来确定。

在"原告林某与被告深圳市中技实业(集团)有限公司(以下简称中技公司)、成某(中技公司的法定代表人)合同纠纷案"[(2013)深中法民终字第900号]中,原告林某于2000年6月入职被告中技公司,自2002年12月16日至2010年8月9日一直担任该公司董事。2006年2月,原告与被告中技公司签订《深圳市中技实业(集团)有限公司首次虚拟股权激励确认书》(以下简称《激励确认书》),确认被告中技公司经对原告的上年度工作业绩和工作能力进行全面考评,奖励原告认购吉林某(集团)股份有限公司、内蒙古××实业股份有限公司的虚拟股权各15万股,每股1.5元,共计45万元。同时约定了准予认购人的行权条件,其中包括"在集团公司工作(或为集团服务)满五年"。2006年3月20日,原告向被告中技公司支付股本认购款45万元。2007年4月4日,原告向被告中技公司提出激励股权行权申请。被告中技公司根据原告的申请出具确认书,同意对激励股权吉林某(集团)股份有限公司5万股、内蒙古××(已更名为天津××)实业股份有限公司4万股进行行权变现,确认行权金额共计51.62万元,尚未行权的激励股权为吉林某(集团)股份有限公司12.7万股、内蒙古××(已更名为天津××)实业股份有限公司11万股。上述确认行权的金额51.62万元被告中技公司已于2007年支付给原告。2010年3月,原告就离职及剩余激励股权的行权问题与被告中技公司进行协商,2010年3月19日,被告成某在2007年的行权确认书上确认:"同意行权金额加补偿共计人民币140(壹佰肆拾)万元。"2010年原告从被告中技公司离职。2010年11月25日、2011年9月27日,被告中技公司分别向原告支付50万元、20万元,之后两被告未再向原告支付任

何款项。原告因此诉至法院要求两被告承担剩余未付的行权金额和补偿金。

关于林某是否符合行权条件要求的5年服务期，中技公司主张原告应该从签订《激励确认书》之日的2006年2月起工作满5年才可获得剩余股权的行权条件，但其于2010年离职，其工作年限不符合准予认购人的行权条件，无权享有行权的权利。而一审、二审法院均认为，原告自2002年起就在中技公司工作，至其2010年离职已经工作满5年符合行权条件。林某于2007年申请行权已实际获得了中技公司的批准，而且在2010年，中技公司的法定代表人对林某2010年提出的行权申请亦已签署意见同意行权，故应认定林某符合行权条件。

实 务 建 议

结合以上可知，对公司而言，需要明确股权激励所要求的服务期的起算时间，尤其对于那些老员工而言，更是如此。另外，在员工申请行权时，公司如果认为员工服务期限未到，行权条件不具备，就应该及时提出异议；否则，就会被认为以实际行为变更了之前对服务期限的要求。

十、非股权激励方式取得的股权能否适用股权激励规则退股

股权激励中激励对象与公司解除劳动关系，可以将股权退给公司，由公司回购并支付回购款，而非以股权激励方式取得股权的股东能否根据股权激励规则要求向公司退股呢？

在"杨某与上海铁大建设工程质量检测有限公司（以下简称铁大公司）、徐某与公司有关的纠纷案"[（2016）沪民申1328号]中，杨某因铁大公司将其公司质量负责人的职位取消，后从公司离职，起诉要求公司向其支付退股款。在再审中根据《中关村国家自主创新示范区企业股权和分红激励实施办法》（财企〔2010〕8号，以下简称8号文）规定的"激励对象被解聘、解除劳动合同、取得股权全部退回企业，其个人出资部分由企业按审计后净资产计算退还本人"以及财政部、科技部、国资委颁布的《国有科技型企业股权和分红激励暂行办法》（财资〔2016〕4号，以下简称4号文）第22条的内容，再审法院认为，上述8号文和4号文所述重要的技术人员和企业经营管理人员所持有的公司股权，是通过股权激励方式获得的。杨某所持有的股权则是公司设立时股东出资以及此后受让股权获得，所以，杨某所称的退股并不适用上述两文件有关退股的规定。

所以，非以股权激励方式取得股权的股东并不能根据股权激励规则向公司退股。

十一、公司对员工的股权激励决定需要哪些要素才能生效

合同条款分为绝对必要条款和相对必要条款，缺少了绝对必要条款合同就不成立。在股权激励中亦如此，公司针对某个员工的股权激励文件也是公司与员工之间的一种协议，如果

此协议缺少绝对必要条款或者要素,将会被认定不成立或者不生效。此外,协议生效需要特定批准同意程序的,也要满足该程序之后,才能生效。

在"杨某栓与郑州建海置业有限公司(以下简称建海置业公司)、杨某平、杨某山、郑州建海房地产开发有限公司(以下简称建海房地产公司)、张某、李某债权纠纷案"[(2011)豫法民二终字第6号]中,建海置业公司向杨某栓出具的任命书中记载:"公司根据杨某栓经过一年来的工作表现和工作能力,经公司董事研究决定……公司对杨某栓待遇如下:(一)公司盈利净值(包括固定资产,以下盈利包括固定资产)在100万元内,可拥有百分之五股份;(二)公司盈利净值300万元内,可拥有百分之十股份;(三)公司盈利净值500万元内,可拥有百分之十五股份;(四)公司盈利净值1000万元内,可拥有百分之二十股份;(五)公司盈利超出1000万元,可拥有百分之二十五股份……"

后来,因为公司盈利超出1000万元,杨某栓向法院提出一项诉求,公司应向其支付25%的股份(后来在重审中变更诉讼请求为按公司盈利净值的25%支付劳务报酬)。法院审理认为:(1)任命书中的上述内容是根据完成公司盈利净值的比例,给予杨某栓不同份额的股份。该约定具有股权激励的性质,是给予杨某栓作为副总经理的股权激励计划。(2)该任命书是建海置业公司出具的,而根据《公司法》和建海置业公司的公司章程规定,对于股本增减等重大事项,应当经过股东会批准。建海置业公司对杨某栓承诺的股权激励决定,仅加盖建海置业公司的公章,该公司仅有的两个股东杨某平、张某在诉讼期间又均否认个人曾作出过将自己名下的股份给予杨某栓的承诺,杨某栓又不能举证证明该任命书经过建海置业公司股东会批准同意。该任命书对于杨某栓工作绩效考核评定方式和期限以及股权来源等相关内容没有规定。因此,该任命书关于股权激励部分的内容缺乏生效条件。

结合法院的意见可知,影响股权激励效力的因素包括以下两个方面。

1. 股权激励计划应该包含一些必要要素

如果缺乏必要要素,就难以成为一项有效的股权激励计划,对此,可以参照《上市公司股权激励管理办法》第9条关于上市公司制订股权激励计划应当在股权激励计划中载明的事项的规定,例如,所授予的激励股权的来源、工作绩效考核评定方式和期限就属于股权激励计划的必要条款,而本案就是缺少了这些要素。

2. 股权激励计划应该经过股东(大)会批准同意

股权激励计划涉及股权结构以及股本的改变,按照《公司法》以及公司章程的规定,属于股东(大)会的决议事项。

在"原告李某某诉被告宁波某某股份有限公司劳动合同纠纷案"[(2009)松民一(民)初字第5227号]中,原告与被告公司签订的聘用合同第4条就长期激励达成协议,其中分为3点:(1)原告在推动公司整体业绩达成几个条件的情形下,享受期权激励,具体价位先由公司统一制定,双方在2008年另行书面确认;(2)股权奖扣:在职每一个年度的每股收益比上年每提高×%,则奖励原告10,000股,每下降×%,则扣回10,000股;(3)本期权激励体现并统一到经中国证监会批准的公司股权激励计划。该协议签订后,被告公司并未制订公司范围内的股权激励计划,而原告、被告所约定的股权激励计划并未经董事会审议,也未报中国证监会备案,亦未召开股东大会决议。

原告李某某依据上述激励协议,向法院起诉,要求被告支付其相应的激励股权或者以每股折价计算的款项。

关于该激励协议的效力,法院认为,根据中国证监会颁布的《上市公司股权激励管理办法》的规定,股权激励计划需由上市公司下设的薪酬与考核委员会拟定草案,并提交董事会审议,董事会通过后将有关材料报中国证监会备案,在中国证监会未提出异议的情况下,上市公司召开股东大会审议并实施该计划。由此可见,股权激励计划需要有严格的法定程序,而原告、被告所签订的股权激励计划并未通过上述任何一道程序,仅仅由董事长、总经理、原告三方签订了一份协议,该协议不仅未经过董事会、股东大会通过,也没有报中国证监会备案,故该协议缺乏其生效实施的必备法定条件和程序。

实 务 建 议

结合以上可知,公司有必要结合《上市公司股权激励管理办法》第9条的规定设计股权激励方案;[1]否则,就会影响股权激励计划的有效性。另外,结合本部分的两个案件以及前文引用的"吴某与北京荣之联科技股份有限公司决议撤销纠纷案"[(2016)京01民终4160号],股权激励方案在程序上需要公司股东(大)会决议通过,否则,对公司不生效。

---

[1]《上市公司股权激励管理办法》第9条规定:"上市公司依照本办法制定股权激励计划的,应当在股权激励计划中载明下列事项:(一)股权激励的目的;(二)激励对象的确定依据和范围;(三)拟授出的权益数量,拟授出权益涉及的标的股票种类、来源、数量及占上市公司股本总额的百分比;分次授出的,每次拟授出的权益数量、涉及的标的股票数量及占股权激励计划涉及的标的股票总额的百分比、占上市公司股本总额的百分比;设置预留权益的,拟预留权益的数量、涉及标的股票数量及占股权激励计划的标的股票总额的百分比;(四)激励对象为董事、高级管理人员的,其各自可获授的权益数量、占股权激励计划拟提出权益总量的百分比;其他激励对象(各自或者按适当分类)的姓名、职务、可获授的权益数量及占股权激励计划拟授出权益总量的百分比;(五)股权激励计划的有效期、限制性股票的授予日、限售期和解除限售安排,股票期权的授权日、可行权日、行权有效期和行权安排;(六)限制性股票的授予价格或者授予价格的确定方法,股票期权的行权价格或者行权价格的确定方法;(七)激励对象获授权益、行使权益的条件;(八)上市公司授出权益、激励对象行使权益的程序;(九)调整权益数量、标的股票数量、授予价格或者行权价格的方法和程序;(十)股权激励会计处理方法、限制性股票或股票期权公允价值的确定方法、涉及估值模型重要参数取值合理性、实施股权激励应当计提费用及对上市公司经营业绩的影响;(十一)股权激励计划的变更、终止;(十二)上市公司发生控制权变更、合并、分立以及激励对象发生职务变更、离职、死亡等事项时股权激励计划的执行;(十三)上市公司与激励对象之间相关纠纷或争端解决机制;(十四)上市公司与激励对象的其他权利义务。"

十二、有限公司股份改制之后持有的股份与先前的股权是否对等

有限公司的股东持有的是公司的股权,表现为一定的股权比例,股份公司的股东持有的是股份。有限公司要上市融资,首先需要股份制改造,这个过程中,先前的股权比例被一定份额的股份取代。股权激励计划如果在有限公司阶段就已经实施,在激励计划中规定员工离职的,需要将其股权转让给公司的实际控制人或者创始股东,或者由公司回购(在员工离职时,要求将其股权或者股份转让给大股东或者创始股东,都是为公司利益考虑,这也是公司回购股权的变相处理方式,所以,此处统一称为股权回购)。在经过股份制改造之后,原来的股权成为现在的股份,股东须按照回购约定返还股份。

在"北京明日中铁科技发展有限公司(以下简称科技公司)与北京睿力恒一物流技术股份公司(以下简称睿力公司)、林某请求变更公司登记纠纷案"[(2014)一中民终字第3427号]中,科技公司是睿力公司的控股股东,为了实施睿力公司的股权激励计划,科技公司作为甲方与作为乙方的睿力公司员工林某签订股权转让协议,约定科技公司将其持有的睿力公司股权中的0.375%转让给林某,在睿力公司首次公开发行人民币普通股股票并上市前,对林某对该股权的处分进行了限制,并且约定如果睿力公司首次公开发行人民币普通股股票并在上市前之任何时候,睿力公司与乙方之间的劳动合同终止,乙方应在劳动合同终止后5个工作日内将其所持有的睿力公司全部股权转让给甲方,转让价格为《股权转让协议》第3条所约定的乙方受让睿力公司股权时的价格。之后,不到1年的时间,睿力公司进行股份改制成为股份公司,睿力公司在工商登记中载明的林某认缴及变更时实际缴付情况均为22.5万股股份,出资方式为净资产折股,出资比例为0.375%。之后,睿力公司两次增资,现睿力公司的注册资本为6300万元,林某的持股数为22.5万股股份,持股比例为0.357%。在睿力公司上市之前,林某与睿力公司解除劳动关系,科技公司按照双方的协议向林某账户打款作为林某持有的睿力公司的22.5万股股份的股权转让款,并要求睿力公司办理林某返还股权的工商变更登记手续。

对于林某称其所持有的睿力公司22.5万股股份与双方《股权转让协议》中的0.375%的股权不能等同,故不同意转让的抗辩意见,一审、二审法院的审理意见为:(1)林某持有的22.5万股股份系基于科技公司转让给林某的睿力公司0.375%的股权而产生,涉案的股权名称虽有变化,但该22.5万股股份仍系之前协议约定的转让标的,即睿力公司的0.375%的股权。(2)我国《公司法》规定,公开发行股票的主体为股份有限公司,林某与科技公司签订协议时,睿力公司的性质为有限责任公司,睿力公司需改制为股份有限公司方能公开发行股票,结合协议约定的在睿力公司上市之前对乙方未来转让其持有的睿力公司股权作出限制性规定的内容,林某知悉睿力公司计划公开发行股票一事,其对睿力公司需进行股份改制,以及股份改制后其所持睿力公司股权相应变更为睿力公司股份,且对该股份的转让可能会受到限制

应有预见。(3)睿力公司股份改制增资的方式为净资产折股,林某获得22.5万股股份并未投入其他资金。最后,法院认定股份改制后的22.5万股股份与改制前的0.375%的股权具有同一性,林某应该向科技公司返还22.5万股股份。

实 务 建 议

如果公司在改制增资中采用的是净资产折股方式,那么股份份额就与先前的股权比例具有同一性,激励对象不能以此股份非彼股权为由抗辩公司的离职回购请求。

十三、公司创始股东与员工签订的股权激励协议对公司有效吗

股权激励计划是公司与员工之间的协议,但是在具体实施中,由于不增加注册资本金或者股本,股权源于大股东或者实际控制人或者创始股东,往往就由创始股东(一般也为实际控制人、大股东)与激励对象签订激励协议。但是,如果公司未参与该协议的签订或者公司并未在之前与激励对象存在股权激励的约定,并且未授权创始股东向激励对象转让股权,或者在创始股东与激励对象签订激励协议后,公司也未出具任何声明将该协议纳入公司的股权激励计划中,那么创始股东与激励对象的股权激励协议能否约束公司呢?激励对象能否据此要求公司履行交付激励股权的义务呢?

(一)创始股东对激励对象的股权转让属于公司股权激励的一部分的情形

一般而言,如果先有公司与激励对象的股权激励约定,如在聘用合同中包含股权激励条款,再有创始股东与激励对象的股权激励合同,或者股权转让合同,或者赠与合同(具体名称不限),而且后一个合同中明确说明是实施公司对激励对象的激励计划,那么就相当于公司委托授权创始股东以其自有股权实施公司的股权激励计划,合同虽未有公司参与签订,但是,也是属于公司股权激励的一部分,公司也可以作为一方当事人加入创始股东与激励对象的合同纠纷中,公司、创始股东的利益是共同的。此观点在"雷某与武汉赫天光电股份有限公司(以下简称赫天公司)、胡某、刘某合同纠纷案"[(2013)鄂武汉中民商终字第01503号]中被法院采纳,该案中,赫天公司在与员工雷某的聘任合同中明确了雷某获得股权激励,同时明确了雷某需要在公司服务满多少年。之后,公司的另两位股东胡某、刘某分别与雷某签订了股权激励赠与协议、股权赠与协议和转让协议,协议中也明确了雷某获赠的条件是一定的工作年限,如果违反,应该无偿将股权返还给两位股东。后来雷某未到服务年限即因个人原因与公司解除劳动关系。对于雷某提出的原告赫天公司与其是劳动合同关系,而两股东与其是股权转让关系,不应合并审理的主张,两审法院均认为两位股东对雷某的股权赠与行为是在实施赫天公司与雷某的聘用合同的内容,涉案的聘用合同、股权赠与协议、股权转让协议是赫天公司对

雷某进行股权激励不可分割的组成部分,赫天公司、胡某和刘某提起的诉讼是基于同一事实、同一理由,其诉讼请求的性质相同,其诉讼标的也是共同的,3名原告对诉讼标的有不可分的共同的权利义务,其所诉系不可分之诉,应当合并审理。

(二)创始股东与激励对象的激励协议仅是股东处分股权的行为与公司无关的情形

如果创始股东单方面与激励对象签订了激励协议,并未有任何证据证明公司接受其为公司对员工的股权激励,那么就仅在股东与激励对象之间有效,不对公司产生约束力,激励对象不能据此向公司主张权利。

在"肖某与上海市相互广告有限公司(以下简称相互广告公司)公司盈余分配纠纷案"[(2014)沪一中民四(商)终字第1506号]中,2011年年初,持有相互广告公司90%股权的大股东李A与包括肖某在内的3位激励对象签订《上海市相互广告有限公司股权激励方案》(以下简称股权激励方案),其中部分条款约定:(1)每个激励人员可享有2011年至2012年两个会计年度内5%公司股权对应的分红权。根据两个会计年度内获得的股权红利总额来认购公司5%的股权,红利总额大于所认购股权价格的,多出红利退还激励人员;反之,激励人员出资补足。(2)经协商一致,公司股权总价人民币(以下币种均为人民币)100万元,激励人员的出资额按其个人所能认购的股权比例计算。(3)激励人员可自主决定是否将个人每个会计年度结束后所获得的股权红利用于认购公司股权,如决定不认购公司股权的,则将股权红利退还给激励人员。(4)激励人员发生下列情况的,丧失当年分红权资格及后续认购公司股权的权利:未经公司批准,利用职务的便利,自己经营或为他人经营与本公司同类的业务。(5)股权激励所涉的股权转让实施,直接通过股权转让协议的方式具体落实,不另行变更公司工商登记信息。(6)公司章程、公司股东名册或公司登记机关登记的内容,与基于本激励方案所签订的股东协议内容有冲突或不一致的,以股东协议的约定为准。(7)激励人员完成对公司股权的认购后,正式成为公司股东,享有股东权利。

之后,肖某于2014年3月12日诉至原审法院,请求判令相互广告公司支付肖某2011年、2012年、2013年各个会计年度内5%股权对应的分红及产生的利息。法院的观点具体如下:

首先,法院认为要求公司支付分红需要成为公司的股东,而本案事实是肖某并未以股权红利认购公司股权,不具备相互广告公司的股东身份,无权要求公司对其分红。

其次,股权激励方案上没有相互广告公司的盖章确认,肖某主张李A作为公司的大股东及实际控制人在股权激励方案中的签字即代表相互广告公司,因此,该股权激励方案对相互广告公司有约束力。法院认为其主张依据明显不足,理由包括:(1)股权激励方案的相对方是否为相互广告公司难以确定,因股权激励方案并无相互广告公司签章,虽有相互广告公司股东李A签字,但未有证据证明李A得到相互广告公司的授权,而且在股权激励方案中关于李A的身份是明确的,李A是作为相互广告公司创始人股东参与的,并非以公司名义参与;

(2)股权激励方案中涉及的是相互广告公司的股权及股权红利,而股权及股权红利的拥有者和有权处分者是公司的股东而非公司,此方案约束的是股东对股权或股权红利的处置行为,而不是公司的行为。

最后,一审法院驳回了肖某的诉讼请求,二审法院也对此予以维持。同时,两审法院也不否认股权激励方案签订各方当事人的真实意思表示,认为肖某可依股权激励方案的约定向相关人员李A主张权利。

实务建议

以公司名义的股权激励区别于创始股东进行的股权激励,对于激励对象而言,首先需要成为公司股东。即便尚未成为公司股东,也可以要求将公司纳入股权激励协议中,与创始股东一起签订三方协议,以维护自己的权益。

十四、非公司员工可以通过委托投资认购激励股权吗

如果公司的股权激励方案中没有禁止员工以自己的名义代他人认购股权,那么非公司员工就可以出资委托受激励的员工以员工的名义认购股权,在委托人与受激励员工之间形成委托投资关系,在受托人已经认购股权之后,委托人就要与受托人一样承担投资的风险和损失,不能以借贷关系为由要求受托人返还出资款并支付利息。

在"陈某与王某委托合同纠纷案"[(2016)浙07民终2827号]中,被告王某是青年汽车集团员工,是其所在公司的股权激励对象,拥有认购30万元股权的资格,陈某出资10万元委托王某认购,王某共认购了30万元股权,持股平台在2013年1月24日向王某出具了收到30万元的收条,而陈某是在2013年1月28日将10万元打入王某的账户,陈某以此时间差为由认为王某认购股权所支付的30万元与自己这10万元无关,王某并没有在自己把钱打给王某之后,即2013年1月28日之后再出资认购股权,遂主张打款目的未能实现,要求王某返还10万元并支付利息。

二审法院查明了王某支付的30万元的构成和支付时间,分别是:2013年1月25日由案外人周某通过银行现金缴款支付给青年汽车集团有限公司10万元;2013年1月25日由王某通过银行转账支付给青年汽车集团有限公司69,115元及王某2012年未发奖金抵扣投资款30,885元,共计10万元;2013年1月28日由王某通过银行转账支付给青年汽车集团有限公司10万元。所以,陈某1月28日支付的10万元确实被王某转账给了公司,法院认定王某已经完成了委托认购股权的事宜,陈某无权要求返还出资款并支付利息。

实务建议

从该案来看,在无相关禁止的情况下,公司员工作为激励对象是可以接受委托,为他人代持股权的。但是,这就会偏离股权激励的初衷,在员工自己持股时就会有动力为公司尽心服务,而在替他人持股时,公司的经营情况与自己的利益关系弱化,此时,其动力就会减弱。所以,有必要提醒实施股权激励计划的公司,在股权激励方案中应明确禁止激励对象为非本公司员工代持股权,一经发现,公司有权收回所授予的股权,以保证股权激励初衷的实现。

十五、获得上市后的股权利益可以成为其他合同的根本目的吗

公司上市将使股东的股权价值大幅上涨,并且股份有了一个明码标价的自由交易场所,所以,股权是有吸引力的,这就促成了它可能被拿来作为诱饵以实现一方当事人的其他目的,比如保险代理人向广大消费者宣传说买保险产品送股权,而且公司即将上市。那么获得一个即将上市的公司的股权,从上市中获利就可能会是投保人投保的目的,保险合同本身的保险利益就不再是签订保险合同的目的了。如果公司最后没有上市,可以认为保险公司一方根本违约,合同目的落空,而要求解除合同,返还保险费吗?

在"华康保险代理有限公司、华康保险代理有限公司河北分公司以及信泰人寿保险股份有限公司与张某等保险合同纠纷案"[(2013)廊民二终字第255号]中,华康保险代理有限公司(以下简称华康公司)与信泰人寿保险股份有限公司(以下简称信泰公司)系战略合作伙伴、专业保险代理关系。华康保险代理有限公司河北分公司(以下简称河北华康)为拓展业务,多次到河北省文安县宣讲买保险增股权,承诺华康公司将于2011年11月上市,上市后原始股价值能达到15~30美元,指定投保公司为信泰公司,指定险种为"爱无忧两全保险",该险种属于佣金高、价保高、现价高的优质产品,仅需交纳保险费1年。张某等31名投保人在2011年8~9月均与信泰公司签订了华康保险代理专属使用的《爱无忧两全保险》(分红型)D款保险合同,张某等31名投保人共交纳保险费256.8万元。合同订立后,华康公司至今未上市,股权利益未实现。这31名投保人要求解除保险合同,退还保费。而华康公司、信泰公司均称华康公司的股权激励政策独立于保险合同,不是保险合同的条款和内容,不应以股权激励目的不实现为由解除保险合同。

一审法院认为,保险合同当事人行使权利、履行义务应当遵循诚实信用原则。保险公司及其工作人员不得承诺给予投保人、受益人保险合同约定以外的其他利益。华康公司承诺,如购买信泰公司《爱无忧两全保险》(分红型)D款保险,将赠与华康公司原始股,能实现巨大利益,张某等31名投保人在有理由相信该事实的情况下与信泰公司签订保险合同,该保险合

同虽然没有涉及"华康公司上市赠股权,只需交纳一年保费"等内容,但从华康公司宣讲时所作承诺、所发电子邮件以及奖励计划讨论稿等材料中可以确定华康公司宣讲内容针对的就是《爱无忧两全保险》(分红型)D款保险,上述资料内容应视为保险合同的组成部分。因华康公司未上市,其承诺利益无法实现,该公司构成违约,导致了张某等31名投保人的合同目的均无法实现,因此信泰公司与张某等31名投保人签订的保险合同均应予解除。

二审法院认为:(1)张某等31名投保人与信泰公司签订的华康保险代理专属使用的《爱无忧两全保险》(分红型)D款保险合同虽然符合法律规定的保险合同形式要件,但该31名投保人实质上并无通过购买保险产品实现保险利益的意愿,而是相信华康公司与信泰公司的宣传,希望通过购买指定保险产品的方式获得股权激励方案中的重大利益。在此情况下,华康公司、河北华康以及信泰公司的误导行为使投保人签订合同购买保险产品的目的不再是保险合同中载明的合同权利,而是未存在于合同条款内的股权利益。华康公司、河北华康与信泰公司上诉共同主张,华康公司股权激励政策不属于保险合同内容的观点不成立。(2)基于投保人在合同条款拟定上的明显弱势地位,《爱无忧两全保险》(分红型)D款保险较之同类保险合同,在退保期、退保金额现金价值、承包范围、保险金给付额度等方面有所不同的事实,以及合同约定的保险利益十分有限,与其他保险公司同类险种相比没有竞争优势的事实,更体现了投保人购买《爱无忧两全保险》(分红型)D款保险的根本目的就是实现股权利益。实现该利益的前提是华康公司能够按照宣讲时承诺的期限,即在2011年11月实现股票上市发行,现实情况下,华康公司上市与否存在诸多不确定因素,无法确定上市时间,因此,能够认定华康公司已构成根本违约,无法履行合同核心义务,致使投保人的合同根本目的无法实现。华康公司与河北华康上诉共同主张投保人不得以该公司未上市为由,要求解除合同的观点均不能成立。

实 务 建 议

因公司上市对股东具有巨大利益,难免就成为相对方签订非股权激励合同的根本目的,在公司以股权激励为噱头诱使对方签订其他合同的情况下,股权激励就成为其他合同内容的一部分,公司就要承担股权激励承诺未能实现的不利后果,如该案例中最终导致合同的解除。

十六、公司迟延回购离职员工股权的价格如何确定

员工作为激励对象离职后股权由公司回购或者由创始股东、大股东收购,回购或者转让的价格一般也都在股权激励方案或者相关协议中明确了,如为离职之日的上一年度经审计的

每股净资产。但是,如果离职之后的几年内,股东或者公司都没有收回股权,未向激励对象支付价款,是否还应按照离职之日的上一年度的净资产标准确定回购价格呢?在公司没有及时回购的时间段内,如果公司有分红,是否还应该向激励对象分红呢?

在"武汉鑫益投资有限公司(以下简称鑫益公司)与马某、湖北科益药业股份有限公司(以下简称科益公司)纠纷案"[(2015)鄂武汉中民商再终字第00018号]中,鑫益公司是科益公司的大股东,马某是科益公司的高级管理人员。马某通过科益公司的持股制度实施办法持有科益公司1%的股权,该公司的持股制度同时规定:高管人员脱离高管岗位,必须出让股权,其股权必须出让给原股东;若科益未上市,转让价格按公司最近年度经审计净资产值计算。

2011年7月15日,马某与科益公司解除劳动合同,之后,虽然马某一直与科益公司、鑫益公司协商股权回购事宜,但是两公司都未实际回购马某的股权,马某遂于2013年8月16日向一审法院起诉,请求判令科益公司、鑫益公司按8.35元/股回购其1%的股份,并支付两年的利润100,000元。

1. 一审法院的观点

法院确认鑫益公司为股权回购主体,争议的焦点是回购价格的确定。一审法院认为马某于2011年7月与科益公司解除劳动关系,则应按科益公司2010年年度经审计的净资产值计算。马某以网上公布的科益公司2011年资产状况折算回购价格为8.35元/股,不符合公司持股制度实施办法的规定,对其主张应不予支持。科益公司提交了该公司2010年年度财务审计报告,该报告资产负债表显示该公司所有者权益合计131,775,329.42元,折合每股权益为3.79元,一审法院遂以此确定了回购价格。对于马某要求科益公司与鑫益公司支付其两年利润100,000元的诉讼请求,一审法院认为缺乏依据,不符合公司法的规定,未予支持。

2. 二审法院的观点

马某不服提起上诉,并提交了一份中国医药股份公司于2012年8月14日在《中国证券报》、上海证券交易所网站等媒体上发布的《中国医药保健品股份有限公司换股吸收合并、发生股份购买资产并配套融资暨关联交易报告书》,其中载明:"本次发行股份购买资产方案概要:中国医药(本案中的中国医药股份公司)拟向通用技术集团及其下属的医控公司及天方集团非公开发行股份购买资产,拟购买资产为通过……医控公司持有的武汉鑫益(本案中的鑫益公司)51%股权……本次发行股份购买资产的评估基准日为2011年12月31日。……湖北科益的股东全部权益在基准日时点的价值为22,602.71万元。"

二审法院认为:科益公司、鑫益公司认为应按科益公司2010年度财务审计报告的相应数据进行计算,马某则上诉要求按中国医药股份公司2012年收购资产时在相关媒体上公告的科益公司2011年年度净资产数据,加上科益公司2012年、2013年实现的净资产增值后,再进行计算。马某于2011年卸任科益公司高级管理人员职务,但其多年来均要求鑫益公司、科益公司回购其所持股份而未果,其实际仍为科益公司股东,科益公司、鑫益公司应当就马某要求回购期间的股权增值承担责任,该两公司要求按马某离职上年度即2010年的每股净资产价格计算马某应得股份回购款的理由不成立。中国医药股份公司是上市公司,其于2012年在中国证券报、上海证券交易所网站等媒体上公告的科益公司2011年年度净资产数据,是经有关机构审计、评估后的公允市值,具有一定的公信力,可用于确定科益公司当时的净资产值,亦可用于计算本案中马某应得股份回购款。依该数据计算,科益公司当时的每股价值为6.5元,马某持有347,502股股份,其应得回购款为2,258,763元。马某认为科益公司在2012年、2013年还实现了每股1.85元的净资产增值,但其提交的证据不足以证明,其应当承担举证不能的不利后果,故其要求按每股8.35元计算股份回购款的请求,二审法院仅按每股6.5元计算,对其中的每股1.85元部分,因证据不足,未予支持。马某还上诉要求分配科益公司2012年度、2013年度的利润,二审法院认为其提交的证据不足以证明科益公司在该两年度内经弥补上年度亏损、提取公积金后还有税后利润,且科益公司股东大会已就此税后利润作出了进行分配的决议,其诉讼请求不符合《公司法》关于股东行使盈余分配权的相关规定,故未予支持。

3. 再审法院的观点

鑫益公司申请再审,称中国医药股份公司发布的《中国医药保健品股份有限公司换股吸收合并、发生股份购买资产并配套融资暨关联交易报告书》中记载的湖北科益的股东全部权益在基准日时点的价值为22,602.71万元是市场交易过程中每股净资产评估值,而科益公司的持股制度实施办法规定的是以经审计的每股净资产值回购,这是两个概念,应该严格按照科益公司的持股制度实施办法的规定确定回购价格为马某离职前 年即2010年经审计的每股净资产值3.79元。

再审法院认为马某自离职后多年来一直要求科益公司、鑫益公司回购其所持科益公司股份,该事实已在原判中得到确认。马某所持科益公司股份没有按高级管理人员持股制度实施办法进行回购的原因在于公司,故鑫益公司主张仍按马某离职上年度即2010年年度科益公司经审计的净资产值回购股份的再审请求,理由不能成立。因此,回购价格应按照马某举证的《中国医药保健品股份有限公司换股吸收合并、发生股份购买资产并配套融资暨关联交易报告书》公告的科益公司2011年度的净资产值计算。

关于鑫益公司回购马某所持股份价格的标准问题。再审法院认为二审所参照的《中国医药保健品股份有限公司换股吸收合并、发生股份购买资产并配套融资暨关联交易报告书》中记载的科益公司2011年度的资产评估值22,602.71万元是市场交易下的资产评估值,股权回购价格不能以市场价格确定,而应严格依照高级管理人员持股制度实施办法来确定。该办法中明确规定"若科益未上市,转让价格按公司最近年度经审计净资产值计算",那么股权的回购价格就应严格按照条文规定的"经审计净资产值"计算。"经审计净资产值",是指经过审计后的全部资产减去全部负债的余额,即所有者权益。如果按马某主张的按每股净资产评估值计算回购价格,那么"净资产评估值"应当在高级管理人员持股制度实施办法的条文中予以明示,而该办法中并没有转让价格按照净资产评估值计算的特别规定。根据再审另查明的事实,科益公司 2011 年度净资产为 12,869.05 万元,折合每股权益为 3.7 元。马某持有 347,502 股股份,则其应得回购款为 1,285,757.4 元。因在一审中马某所持有的股份按 2010 年公司净资产计算,折合每股价格为 3.79 元,以此为标准判决后公司未提出上诉,可视为其对该价格已予以认可,故马某持股的每股价格可按 3.79 元计算,则其应得回购款为 1,317,032.58 元。最后,法院维持了一审判决,撤销了二审判决。

结合以上,该案回答了 3 个问题。

其一,虽然股权激励方案明确规定以上一年度的净资产值为回购价格,但如果未能回购的原因在于公司或者大股东,那么继续以离职之日的上一年度的经营数据为回购价格标准就显失公平,而应该按照之后几年公司经营业绩上涨后的数据计算。但这需要员工举证,像该案中,马某虽然提到科益公司在 2012 年、2013 年股权还是有增值的,但是他没有提供充分的证据证明,所以,在其能提供 2011 年的数据时,法院就以 2011 年的净资产数据确定了回购价格。

其二,回购条款中规定的"经审计净资产值"与"净资产评估值"是两个概念,要严格遵守公司股权激励方案的事先规定,像该案中,再审法院就改正了二审法院的净资产评估值的计算依据。

其三,公司迟延回购期间是否应该向持股的已离职员工分红?这涉及公司法中关于盈余分配的规定,《公司法》第 166 条规定:"公司分配当年税后利润时,应当提取利润的百分之十列入公司法定公积金。公司法定公积金累计额为公司注册资本的百分之五十以上的,可以不再提取。公司的法定公积金不足以弥补以前年度亏损的,在依照前款规定提取法定公积金之前,应当先用当年利润弥补亏损。公司从税后利润中提取法定公积金后,经股东会或者股东大会决议,还可以从税后利润中提取任意公积金。公司弥补亏损和提取公积金后所余税后利润,有限责任公司依照本法第三十四条的规定分配;股份有限公司按照股东持有的股份比例分配,但股份有限公司章程规定不按持股比例分配的除外。股东会、股东大会或者董事会违反前款规定,在公司弥补亏损和提取法定公积金之前向股东分配利润的,股东必须将违反规定分配的利润退还公司,持有的本公司股份不得分配利润。"

实务建议

经弥补上年度亏损、提取公积金后还有税后利润,且公司股东(大)会已就此税后利润作出了进行分配的决议,股东才有权要求分红。在迟延回购期间,即便激励对象持股,其股东身份可以确定,但并非就能得到分红。但只要公司事实上进行了盈余分配,那么激励对象即使离职,其也有权行使分红权。当然,该结论得出的前提是公司一方迟延回购,公司具有过错,那么既然离职员工仍登记为股东,就应该认可其作为股东的权益。

如果公司章程或者股权激励计划中明确了员工离职即应被回购股权,丧失分红权,那么即便股权未被及时回购,若在员工离职之后公司仍有分红的,该已离职员工也将无权获得分红。所以,建议股权激励方案中应该对此明确约定。

第十三章

股 东 出 资

股东对公司的出资是公司运营的物质基础,也是公司清偿债务的责任财产。股东的出资形式,可以是现金,也可以是其他资产,如土地使用权。

公司法规定了资本认缴制,相应地,就存在股东出资的实缴与认缴之别。若股东没有实缴出资,在公司资不抵债无法清偿债务时,公司债权人能否要求股东清偿公司的债务,可否追加股东为被执行人,如果股东出资的期限尚未届至,股东是否能抗辩主张其享有出资的期限利益。另外,如果股东尚未实缴出资就转让股权,是否也能追加股东为被执行人。

本章围绕上述出资的核心争议问题,结合立法和司法规定展开阐述,同时对2021年12月发布的《公司法(修订草案)》、2022年12月30日发布的《公司法(修订草案二次审议稿)》、2023年9月1日《公司法(修订草案三次审议稿)》对此问题的新的规定进行比较评析。

第一节 以划拨土地使用权出资,拆迁补偿款归谁

划拨土地只有转为出让土地才能在土地二级市场流转,但是,在商业实践中有很多划拨土地使用权人未将划拨土地转为出让土地的情形下就以划拨土地作为出资进行商业投资。于是,就产生了诸多问题,比如划拨土地出资的效力如何？以划拨土地出资未进行权属变更登记,法院是否能够直接裁判其进行权属变更登记？股东以划拨土地出资而未变更权属登记时,由于划拨土地被征收,其征收补偿款归谁所有？划拨土地与出让土地的补偿价格相差甚远,公司能否追究股东的违约责任,即股东未及时办理"土地变性"手续导致公司获得了较低的补偿款,其能否就划拨土地与出让土地征收补偿款的差额部分主张预期利益损失？下文拟梳理相关案例来回答这些问题。

一、裁判要旨

合同一方将划拨土地转让给合同相对人,但未及时变更权属登记且该土地使用权被政府征收时,土地征收款属于土地使用权的代位物,应归合同相对人。因合同一方的过错导致土

地只能以划拨土地的标准获取征收补偿款,合同一方应该赔偿相对人预期利益损失,即从土地征收补偿款中扣除的土地出让金部分。

二、典型案例基本案情

案例来源:"中国医科大学与鞍山胜宝投资股份有限公司项目转让合同纠纷上诉案" [**(2012)**民二终字第26号]。

1999年7月11日,中国医科大学(以下简称医科大学)与鞍山胜宝投资股份有限公司(以下简称鞍山胜宝公司)(鞍山胜宝公司为沈阳胜宝公司的股东)签订《关于医科大学与鞍山胜宝公司合作事宜的调整协议》(以下简称《调整协议》),约定:医科大学应将涉案南塔奴卡项目的厂房、土地使用权(注:该地块为国家划拨土地)、设施等转入沈阳胜宝公司,沈阳胜宝公司应支付1900余万元转让金。之后医科大学按照上述协议进行了移交,但未进行过户变更登记,沈阳胜宝公司支付了转让金。

涉案地块被拆迁,医大科技公司主张其为拆迁补偿款的享有人,因医大科技公司与沈阳胜宝公司对拆迁房屋及土地的权属存在争议,该地块的拆迁补偿款一直没有发放。

沈阳胜宝公司诉至法院称,由于医科大学和医大科技公司的违约行为,导致其不能按正常程序申领拆迁补偿款项,被告应赔偿因其严重违约造成该公司的各项损失。

三、典型案例争议焦点

案涉调整协议的效力如何?
医大科技公司向拆迁部门主张拆迁补偿权益是否属于违约行为?
未办理涉案土地使用权和房产审批过户手续的责任应由谁承担?

四、典型案例法院裁判观点

最高人民法院的观点如下:

(一)案涉调整协议的效力问题

医科大学作为甲方与乙方鞍山胜宝公司于1999年签订的《调整协议》系双方当事人真实意思表示,《调整协议》第7条关于"甲方应尽快将南塔奴卡项目的厂房、场地使用权证明、房产证明、奴卡项目全部资料、新药证书及相应的评估资料和相关设施设备等,一并转入沈阳胜宝公司",第10条关于"在乙方承接奴卡项目的全部债务后,乙方应具有奴卡项目全部的权益"的约定表明,双方协议转让的标的物为奴卡项目整体及其权益,其中所涉房产、土地使用权系奴卡项目整体转让内容不可分割的部分。

上诉人医科大学提出涉案划拨土地使用权的转让因未经相关人民政府批准应属无效,该院认为,虽然所涉划拨土地使用权的转让未经自然资源主管部门批准并办理土地使用权出让手续,即便按照《最高人民法院关于审理涉及国有土地使用权合同纠纷案件适用法律问题的解释》第11条的规定,可在起诉前经有批准权的人民政府批准办理土地使用权出让手续而使协议效力得到补正,但由于涉案地块已经拆迁,奴卡项目中有关土地使用权和房产的权益在政府实施拆迁后已转化为拆迁补偿权益。

《拆迁补偿协议》确定的拆迁补偿款3417.2061万元系按照划拨土地使用权而非出让土地使用权标准作价计付,故在起诉前不仅已经丧失了继续进行审批的实物基础与客观条件,而且对于履行合同而言已无必要,《调整协议》中关于土地使用权和房产转让过户的义务以及相应权益的享有,已转化为相应拆迁补偿款的给付义务及其权益享有。

沈阳市土地储备交易中心作为沈阳市原土地管理部门(自然资源主管部门)的下属单位,其与沈阳胜宝公司签订《拆迁补偿协议》表明,其对双方有关转让土地使用权和房产的行为亦不否定。

此外,《调整协议》签订至今已经过了10余年时间,奴卡项目的转让作为一个整体,除所涉土地使用权和房产未办理审批过户手续外,项目其他部分均已履行完毕并投入生产,在目前所涉地块已经拆迁的情况下,认定《调整协议》无效难以将协议中权利义务恢复至未签订时的状态,亦不利于对正常交易秩序和土地使用权流转市场的维护。故本院对医科大学关于双方签订的《调整协议》属于无效合同的主张不予支持。

(二)医大科技公司向拆迁部门主张拆迁补偿权益是否属于违约行为

本案所涉土地使用权和房产虽仍然登记在医大科技公司名下,但根据《调整协议》的约定及其开具的收条,医科大学和医大科技公司应当办理涉案土地使用权和房产的权属变更手续,现所涉地块已经拆迁,拆迁补偿权益作为土地使用权和房屋的代位物,依据《调整协议》应由沈阳胜宝公司享有。医大科技公司以办理相关变更手续的名义收回相关权利凭证,又据此向拆迁部门主张拆迁权益的行为,违反了《调整协议》的约定,属于违约行为。该行为直接导致沈阳胜宝公司不能按照《拆迁补偿协议》及时取得拆迁款项,与该公司在本溪新建药厂项目上的误工损失存在直接因果关系。

原审判决判令医科大学和医大科技公司对该项损失承担赔偿责任并无不当,本院予以维持。医科大学关于原审法院认定医大科技公司主张动迁权益属于违约行为,判令其赔偿50万元属于认定事实不清的主张,缺乏事实和法律依据,本院不予支持。

(三)未办理涉案土地使用权和房产审批过户手续的责任应由谁承担的问题

医科大学主张未办理相关审批过户手续系由于鞍山胜宝公司两次不同意评估结果以及未缴纳土地出让金所致,但对于鞍山胜宝公司不同意评估结果的事实没有举出证据予以证明,且《资产评估报告》出具评估结果是在《调整协议》签订前作出,后者明确将评估资料列入移交材料中,评估价格2035.88万元与双方约定的转让价1900.834276万元之间的差额,医科大学也从未向鞍山胜宝公司主张过权利。

另外,根据《城镇国有土地使用权出让和转让暂行条例》第45条第1款关于"符合下列条件的,经市、县人民政府土地管理部门和房产管理部门批准,其划拨土地使用权和地上建筑物、其他附着物所有权可以转让、出租、抵押……(四)依照本条例第二章的规定签订土地使用权出让合同,向当地市、县人民政府补交土地使用权出让金或者以转让、出租、抵押所获收益抵交土地使用权出让金"的规定,以及根据《调整协议》第7条的约定,医大科技公司作为划拨土地原使用者负有将土地使用权和房产转入沈阳胜宝公司并办理出让手续及交纳土地出让金的义务。

此外,医大科技公司在2006年5月26日开具的收条中亦承诺由其办理过户手续,各方之间亦未就土地出让金由谁交纳有过其他约定,故依据上述规定和约定,医科大学和医大科技公司负有办理过户手续并交纳土地出让金的义务。其未及时履行该义务,造成涉案划拨土地未变更为出让土地,导致鞍山胜宝公司获得的"土地动迁补偿款"仍以划拨土地标准确定,其中扣除的土地出让金部分属于鞍山胜宝公司预期可得利益损失,原审法院判决医科大学和医大科技公司对该项损失625.84万元承担赔偿责任并无不当,本院予以维持。医科大学关于原审法院此项判令属于认定事实不清的主张,没有法律和事实依据,该院不予支持。

五、延伸阅读

(一)股东以划拨土地出资,依据当时规定,应经过政府部门审批,在未经有关部门批准并未办理变更登记时,股东的入股行为无效,公司无权以此股东出资主张土地征收款归其所有

案例1 "深圳信兴实业公司(以下简称信业公司)诉深圳市康达尔(集团)股份有限公司(以下简称康达尔公司)财产损害赔偿纠纷案"[(2016)最高法民申919号]。

1987年9月7日,康达尔公司以所有的城西鸡场的资产,包括土地、固定资产等作为其对信兴公司的投资。其中康达尔公司移交的土地为250亩(45.6亩康达尔公司留用),康达尔公司移交城西鸡场的作价合计为2,453,700.49元。

1990年,康达尔公司将城西鸡场包括固定资产、土地使用权、流动资金合计2,453,700.49元正式移交给了信兴公司使用。信兴公司在实际使用城西鸡场土地过程中,对该土地进行了投入,修建了建筑物、其他附着物等。

此前,城西鸡场土地属于行政划拨土地,没有办理土地使用权属登记。直到1992年1月9日,宝安县国土局颁发了《国有土地使用证》,用地总面积为281,436平方米,登记使用权人为康达尔公司。信兴公司内部董事会(康达尔公司法定代表人兼任该公司董事长)曾多次作出决议,要求康达尔公司协助信兴公司将涉案地块过户至其名下,但康达尔公司一直未办理过户手续。

康达尔公司出资的168,185.50平方米的土地被政府征收,收地货币补偿总额合计为

86,004,487元。2011年12月20日,深圳市规划和国土资源委员会宝安管理局向康达尔公司支付了首期补偿款43,002,243元,剩余补偿款43,002,244元尚未支付。康达尔公司与信兴公司就征收补偿款的归属产生争议。

最高人民法院的再审观点如下:

该案中,康达尔公司以城西鸡场土地使用权及地上建筑物作价入股信兴公司,系以土地使用权换取相应的股权收益,可以视为土地使用权的转让。1992年康达尔公司申领涉案城西鸡场的《国有土地使用证》,明确涉案土地使用权的性质为划拨土地使用权。在通常情况下,划拨土地使用权是国家在土地使用者缴纳补偿、安置等费用后将该土地交付其使用或者将土地使用权无偿交付给土地使用者使用,带有对特定对象政策扶持的性质,因而划拨土地使用权的转移应经有批准权的政府相关部门审批。

深圳市人民政府深府办〔1987〕1123号《关于申请成立"信兴禽畜养殖公司"报告的批复》系对是否同意成立信兴公司的批复,并非对涉案土地使用权转让所作出的审批手续,至本案诉讼时涉案土地使用权并未经有批准权的人民政府批准,未办理相应的土地变更手续。一审判决认定,康达尔公司以城西鸡场土地使用权及地上建筑物作价入股信兴公司的行为无效,涉案土地使用权虽由康达尔公司出资到信兴公司,且由信兴公司一直实际占有、使用、建设和投入,但在未办理合法审批手续的情况下,信兴公司不能成为涉案城西鸡场地块的合法土地使用权人,并无不当。

信兴公司主张涉案土地地上建筑物及青苗的补偿款项,对此应承担相应的举证责任,因康达尔公司以城西鸡场土地使用权及地上建筑物作价入股信兴公司的行为无效,该案原审期间信兴公司提供的证据亦不足以证实其投资建设的金额以及所应获得补偿的具体数额,原判决未支持信兴公司相应的主张并无不当。

(二)股东以划拨土地出资虽已变更权属登记,但是未及时向政府缴纳土地出让金时仍属于瑕疵出资

案例2 "新疆众和股份有限公司(以下简称众和公司)、新疆新联热力有限责任公司(以下简称新联公司)与中国收获机械总公司(以下简称中收总公司)、乌鲁木齐国有资产经营(集团)有限公司(以下简称乌市国资公司)等追收未缴出资纠纷案"〔(2020)新民终111号〕。

中收总公司和乌市国资公司以出让方式取得三宗土地的国有土地使用权,并以该土地使用权作为对原审第三人中收农机股份有限公司(以下简称中收股份公司)的出资并办理变更登记。后因中收股份公司破产,其债权人众和公司、新联公司发现中收总公司和乌市国资公司未缴纳土地出让金,遂主张中收总公司和乌市国资公司未完全履行出资义务,且因上述行为导致土地使用权作为划拨土地无偿收回损害了债权人利益,要求其补足其出资义务并承担赔偿责任。

新疆维吾尔自治区高级人民法院观点如下：

本案争议焦点为：众和公司、新联公司要求中收总公司、乌市国资公司补缴10,168.46万元出资以及相应利息（按中国人民银行同期贷款利率计算，自2000年6月15日至实际付清之日的利息）的诉讼请求能否成立。

变更土地使用权确属出资人的义务，乌市国资公司已将其应承担的出让金缴纳完毕，中收总公司对其应承担的1497.777万元尚未缴纳，属于未适当履行出资义务，如在中收股份公司破产重组时对土地使用权进行处置，仍需交纳该土地出让金的，中收总公司应当予以交纳以弥补出资瑕疵。

（三）股东以划拨土地出资未办理变更登记，股东应在法院指定的合理期间内办理土地变更手续。已经实际补正的，人民法院可以认定当事人以划拨土地使用权出资的效力；逾期未办理的，应当认定出资人未依法全面履行出资义务

案例3 "海南三亚国家级珊瑚礁自然保护区管理处与周某等股东出资纠纷再审申请案"[（2016）最高法民再87号]。

最高人民法院观点如下：

案涉出资土地系国有划拨用地，依据《中华人民共和国土地管理法》（以下简称《土地管理法》）等相关法律法规，划拨土地使用权只能用于划拨用途，不能直接用于出资。出资人欲以划拨土地使用权作为出资，应由国家收回直接作价出资或者将划拨土地使用权变更为出让土地使用权。

《公司法解释三》第8条规定的本意就是考虑到在司法实践中如果划拨土地使用权存在的权利瑕疵可以补正，且在法院指定的合理期限内实际补正的，可以认定当事人以划拨土地使用权出资的效力。但能否补正瑕疵的决定权在于土地所属地方政府及其土地管理部门（自然资源主管部门），人民法院判断出资行为的效力应以瑕疵补正的结果作为前提。因而，《公司法解释三》第8条规定"人民法院应当责令当事人在指定的合理期间内办理土地变更手续"，即人民法院应当在诉讼过程中给当事人指定合理的期间，由其办理相关的土地变更手续，并视变更手续完成的结果再行作出判决。

该案中，该院在再审审查期间已给予当事人相应的时间办理土地变更手续，再审审理过程中又为当事人指定了两个月（2016年4月23日至6月22日）的合理期限办理土地变更登记手续，但当事人未能在本院指定的期间内完成土地变更登记行为，即其无法自行补正划拨土地使用权出资的瑕疵。故珊瑚礁管理处虽将案涉土地交付给中海公司使用，但未将案涉土地过户登记至中海公司名下，因而其以案涉土地使用权出资的承诺并未履行到位。

周某、中海公司请求确认珊瑚礁管理处未履行作为中海公司股东的出资义务，有事实和法律依据，本院予以支持。但因案涉出资土地系划拨用地，当事人未能在本院指定的合理期间内办理土地变更登记手续，故周某、中海公司请求将案涉土地办理过户登记至中海公司名下,没有法律依据,该院不予支持。一审、二审法院直接判决珊瑚礁管理处将案涉划拨土地使用权变更登记到中海公司名下,适用法律错误,应予撤销。

(四)股东以土地使用权出资,将土地使用权登记在子公司名下,母公司通过子公司已实际享有土地使用权权益的,则认定该股东已履行出资义务

案例4 "大连航运集团有限公司、大连市人民政府国有资产监督管理委员会(以下简称大连市国资委)追收未缴出资纠纷、股东出资纠纷案"[(2020)辽民终1223号]。

大连航运集团有限公司(以下简称航运集团),成立时名称为大连港埠集团有限公司,成立时为国有独资公司。2005年9月28日,大连市人民政府作出《股份制改革的批复》,对其进行股份制改革。其中同意大连市国资委经资产评估核准后的净资产-5353.43万元、土地估价备案后的出让土地使用权价格6924.70万元,合计1571.27万元,预留职工及有关人员安置费用等1505.54万元后余下的65.73万元和货币334.27万元作为出资,其中包括人民路21号土地。之后,案涉人民路21号土地一直未过户到航运集团名下,航运集团与大连市国资委就案涉人民路21号土地是否已出资到位产生争议。

辽宁省高级人民法院如下:

本案双方当事人二审争议的主要焦点为:大连市国资委以案涉人民路21号土地使用权所进行的出资是否已到位。根据本案的相关证据以及一审已查明的事实,可以认定大连市国资委已履行了以案涉人民路21号土地使用权出资的义务。

首先,如前所述,案涉65.73万元出资系以大连市国资委在改制前的土地投入资产的评估价值为基准计算和确定的结果,案涉人民路21号土地在改制前已投入海运总公司,并由海运总公司取得该土地的国有土地使用权证,大连市政府在《股份制改革的批复》中也确认按照案涉五宗土地的评估价计算大连市国资委最终的出资数额。

其次,上诉人航运集团实际上是以其子公司即海运总公司代持的方式享受大连市国资委对案涉人民路21号土地使用权出资的相关权益的。关于大连市国资委2005年作为对航运集团出资的案涉五宗土地,上诉人航运集团一审中承认,除案涉人民路21号土地之外的四宗土地,有的已变更登记至其名下,有的虽未变更登记,但相关政府部门已经直接向其支付相关土地的拆迁补偿款。

由于案涉人民路21号土地使用权在2005年改制前已经登记在其子公司海运总公司名下,大连市国资委曾分别于2011年8月31日和2014年9月29日两次向大连市国土局发送《关于给予航运集团办理土地过户手续的函》(大国资函〔2011〕192号)和《关于航运集团位于人民路21号土地处置意见的函》(大国资函〔2014〕243号),明确表示同意按照2005年《股份制改革的批复》办理案涉土地变更登记,大连市国资委在本案的庭审中多次明确表示愿意配合航运集团办理案涉土地变更登记的立场,故可认定航运集团已经实际取得对案涉五宗土地的控制或者已经实际享有相关土地使用权的权益。

由于上诉人航运集团明确承认其与案涉土地使用权的登记权利人海运总公司之间系母子公司关系,可依据结合航运集团自 2005 年至今一直未对案涉人民路 21 号土地使用权办理变更登记、其他出资土地虽未办理变更登记但拆迁补偿款已经直接向航运集团支付等事实,可以认定上诉人航运集团实际上是以其子公司即海运总公司代持的方式享受大连市国资委对案涉土地使用权出资的相关权益的。由于该院在执行被上诉人大连市国资委出资给航运集团的案涉土地时,偿还的是航运集团的债务,故一审法院认定上诉人航运集团通过该院的执行案件享受到了案涉土地的权益并无不当。

实务建议

1. 划拨土地未变更登记时,土地征收补偿款归谁

通过上述案例的梳理,最高人民法院对该问题曾有两种截然不同的观点。

观点一:合同一方将划拨土地转让给合同相对人,但未及时变更权属登记且该土地使用权被政府征收时,土地征收款属于土地使用权的代位物,应归合同相对人。

观点二:股东以划拨土地出资,未经有关部门批准并未办理变更登记时,股东的入股行为无效,公司无权以此股东出资主张土地征收款归其所有。

笔者认为之所以出现第二种裁判观点,与特定案件所处的时代背景有关,以划拨土地出资,当地政府要求有关部门批准,所以,未经批准,依据当时的规定,存在被认定出资无效的情况。

但是,依据现行公司法规定,以划拨土地出资并不存在无效的风险,只是需要由股东先行缴纳土地出让金,补正以划拨土地出资的瑕疵,将土地性质变更为出让土地,但能否补正瑕疵的决定权在于土地所属地方政府及其土地管理部门(自然资源主管部门),人民法院判断出资行为的效力应以瑕疵补正的结果作为前提。

总之,根据笔者代理此类案件的经验,转让土地使用权或以土地使用权出资并已交付使用的,虽未办理过户登记手续,在征收拆迁中,都是由受让方或者公司享有拆迁补偿款。如果由于公示登记原因股东收取补偿款的,也应向公司返还,公司可以以股东履行出资义务的理由要求股东将拆迁补偿款这一代位物交付给公司。

2. 以划拨土地出资,缴纳出让金的义务由股东承担

股东以划拨土地出资虽已变更权属登记,但是未及时向政府缴纳土地出让金时仍属于瑕疵出资。在案例 2 中,法院认为中收股份公司破产重组时对土地使用权进行处置仍需交纳该土地出让金的,相应地股东中收总公司应当予交纳以弥补出资瑕疵。划拨土地被征收拆迁,因划拨土地的补偿价格低于出让土地的补偿价格,差价即为股东应缴的土地出让金,该差价应属公司的预期利益损失,公司可向股东主张赔偿。

3. 公司享有拆迁补偿款的,可认定股东已经履行了出资义务

此类案件由于其复杂的社会背景,土地使用权出资虽未登记过户,但是存在谁使用土地、征收拆迁款由谁取得的情况。对于此种情况,一旦公司取得了补偿款,也可认定股东已将出资义务履行完毕。

第二节 不动产价格飙升,股东的出资责任以当时作价为限还是以现行价格来承担

近些年来,不动产价格一路走高。股东以土地使用权及其上建筑物作价投资入股,随后,在股东实际履行出资义务,比如办理过户登记或者实际交付不动产之时,不动产的市场价格可能已经飙升到原来的几倍。若股东一直没有实际履行出资义务,公司或股东要求股东出资,如果土地使用权因为查封、征收而无法出资的,股东应以当时作价为限还是以现行价格承担出资义务?另外,债权人要求股东对公司债务承担补充清偿责任,股东是应该以土地现行价格承担还是以投资当时的作价为限承担?下文拟从上述问题出发,梳理相关案例以及裁判观点,厘清股东出资责任的范围问题。

一、股东以土地使用权出资,在出资不实时,其应以出资时土地使用权作价承担补充责任,而非以土地使用权的现价承担补充责任

案例1 "北京宏天承基投资管理有限公司(以下简称宏天承基公司)等与北京大仁装饰装修工程有限公司(以下简称大仁房地产公司)等企业借贷纠纷案"[(2015)高民(商)终字第1161号]。

大仁房地产公司注册资本为6771万元,股东之一中钢公司认购出资1995万元,其中1695万元以土地使用权(在涉案协议中统称目标土地)出资。

根据大仁房地产公司修改后的公司章程规定,中钢公司应于2014年6月2日完成土地使用权出资1695万元的义务,但截至公司债权人宏天承基公司起诉之日,中钢公司仍未完成出资义务,且在一审法院指定的合理期间内仍未完成办理土地变更手续。

宏天承基公司要求中钢公司按照土地使用权现在的价值承担出资补偿责任,双方就此发生争议。

北京市高级人民法院认为:关于中钢公司未按约履行出资义务应承担补充赔偿责任的问题,中钢公司作为大仁房地产公司的股东,应承担其承诺的用土地实物出资的义务,但其承担

的出资义务范围系以土地使用权作价的1695万元,而并非宏天承基公司主张的以未履行出资的土地使用权在执行中作价的金额承担补充赔偿责任,宏天承基公司主张的补充赔偿责任显然超过中钢公司应当承担的补充赔偿责任的范围,在一审法院和该院的多次释明下,宏天承基公司仍坚持其上诉请求,该院对此不予支持。

二、股东以土地使用权出资,若未举证证明其与公司明确约定以固定价值为限进行土地使用权出资,则视为其以整块土地进行出资

案例2 "湖北美力高科技实业股份有限公司(以下简称美力高科技公司)与荆州市美力世纪房地产开发有限公司(以下简称美力世纪公司)股东出资纠纷案"[(2013)民申字第2479号]。

2010年7月16日,向某与美力高科技公司法定代表人樊某签订荆州市美力世纪公司章程,章程约定美力高科技公司认缴出资1500万元,持股比例为60%,以土地使用权出资。美力高科技公司一直未履行出资义务。

美力高科技公司认为本案所涉土地并未评估,且涉案土地的使用权价值已超过其公司在发起人协议和公司章程中的认缴出资额,该宗土地即使过户,也应当经评估后以其公司认缴的出资额为限,划出相应价值的土地过户至美力世纪公司。双方对是否美力高科技公司应以1500万元出资额为限划出相应的土地过户至美力世纪公司产生争议。

最高人民法院再审的观点如下:

该案一审和二审期间,双方当事人争议的焦点均是美力高科技公司依据公司章程是应当以整块地出资或以涉案地块中价值1500万元的部分地块出资。结合公司章程的条文和其他证据分析,二审法院认定美力高科技公司应当以涉案整块地出资并无不当。

1. 从美力世纪公司章程的条文来看,该章程第8条约定:美力高科技公司认缴出资额为1500万元,占比60%,以土地使用权出资,公司注册后1个月内办理过户手续(土地证号:141408020)。该条约定的1500万元的表述,仅仅是两个股东之间对涉案地块协商价值的陈述,而不是约定只用这块地价值1500万元的部分土地出资。这条出资条款的落脚点在土地证号为141408020的土地使用权上。

2. 从涉案块地的来源和双方合作的过程来看,美力高科技公司以整块地的土地使用权出资系双方当事人的真实意思表示。美力高科技公司因拖欠荆州市商业银行贷款无力偿还,2004年4月14日,荆州市中级人民法院在执行生效的法律文书过程中,委托荆州市金德拍卖有限公司拍卖了美力高科技公司涉案土地使用权(土地证号:141408020),荆州市商业银行兴业支行以200万元最高价竞得。

之后,荆州市商业银行兴业支行将该宗土地上账作抵贷资产处理,未办理过户手续。美力高科技公司为保住该宗土地,要求向某出资交付了银行贷款308万元后才将这块地的使用

权赎回。之后,美力高科技公司曾不断同向某协商在赎回的这块地上共同开发房地产项目。在美力世纪公司章程签订前,美力高科技公司已向美力世纪公司交付了案涉土地使用权权属证书。

3. 没有证据证明美力高科技公司与美力世纪公司或向某之间存在有仅以 1500 万元价值为限进行土地出资的内部约定。因此,二审判决认定事实并无不当。

三、不动产未及时过户的出资补足责任属于法定责任,因不动产被查封导致无法过户出资的,股东应以公司注册时的出资为限补足出资,不动产现行价值上涨的,不能适用违约责任要求股东承担可得利益的损失

案例 3 "抚顺通恒公共交通有限公司(以下简称通恒公司)、抚顺市公共汽车总公司(以下简称公共汽车总公司)股东出资纠纷案"[(2017)辽民终 87 号]。

基本案情:

该案的争议焦点是公共汽车总公司作为股东是否全面履行出资义务。根据公共汽车总公司与先领公司双方签订的合资经营合同、合作经营合同和抚顺宏业资产评估事务所资产评估报告,公共汽车总公司应当向通恒公司投入价值 472 万元的房产、机器设备和土地使用权作为注册资金。在实际投入过程中,公共汽车总公司将联营协议中约定的相关实物交付通恒公司的使用情况如下:(1)价值 17.67 万元的机器设备完全按约交付所有权。(2)产权证为 027049、027050、006401、006867、006868 的 5 处房产和的号为 6—109、3—260 的两宗土地上房产均处于查封状态,依据《中华人民共和国城市房地产管理法》(以下简称《土地管理法》)第 38 条规定:"下列房地产,不得转让……(二)司法机关和行政机关依法裁定、决定查封或者以其他形式限制房地产权利的……"因此,公共汽车总公司对该 5 处房产、两宗土地使用权的出资没有投入到位。(3)产权证 006871 的房产已经被抚顺市政府征收,因此,公共汽车总公司对该房产的出资没有投入到位。(4)坐落于抚顺市东洲区建筑面积 150 平方米的锅炉房已经被拆除,在抚顺市房屋电子登记簿无房屋登记记录,因此,公共汽车总公司对该锅炉房的出资没有投入到位。

综上,公共汽车总公司实际出资投入到位的资产价值仅为 17.67 万元,未将约定的资产价值 443.62 万元房产、土地使用权出资投入通恒公司,未全面履行出资义务,对于未出资到位的资产依法应当按约定履行,但鉴于客观上该房产、土地使用权已无法按合同约定履行,其依法应对 472 万元出资中 443.62 万元的未出资部分承担补足责任。故通恒公司请求公共汽车总公司向其依法全面履行出资义务,对 443.62 万元的未出资部分承担补足责任,法院予以支持,对公共汽车总公司的相关辩解,未被法院采纳。

辽宁省高级人民法院认为,根据《公司法》第 30 条规定,有限责任公司成立后,发现作为设立公司出资的非货币财产的实际价额显著低于公司章程所定价额的,应当由交付该出资的

股东补足其差额,公共汽车总公司依法负有因其不适当出资造成公司注册资本差额的价格补足责任,但由于这种责任是一种法定责任,不能适用违约责任要求其承担可得利益的损失,因此,通恒公司要求公共汽车总公司赔偿房产、土地增值的差价损失的诉讼请求缺少法律依据,不予支持。

最高人民法院再审认为:公共汽车总公司是否应当向通恒公司承担延迟投资的赔偿责任。按照《公司法》第 28 条的规定,股东出资不足的,应当向公司承担足额缴纳的责任,向已按期足额缴纳出资的股东承担违约责任。该条对出资不足的法律责任和权利主体进行了明确,即向公司承担的是足额缴纳的法律责任,向其他股东承担的是违约责任,原审法院认定补足责任是一种法定责任,不能适用违约责任的意见并无不当。况且,约定投入的固定资产已经实际交付,实现了其自身价值,通恒公司主张公共汽车总公司赔偿其经济损失没有法律和事实依据。

四、变更登记之前,股东用于出资的不动产被法院查封,虽然出资期限未至无须向公司过户,但也会因违反增资协议而应承担违约责任

案例 4 "德大公司、隆德房地产公司(以下简称隆德公司)增资纠纷案"[(2020)冀民终 111 号]。

德大公司以在建工程作为对隆德公司的增资,但之后因德大公司与江苏恒大公司的纠纷致使在建工程被查封,隆德公司遂主张德大公司增资瑕疵并要求其承担违约责任。

河北省高级人民法院的观点如下:

关于德大公司应否向隆德公司承担 3000 万元及利息的赔偿责任的问题,案涉《增资协议》约定,德大公司保证用于增资的资产不存在被抵押、质押、司法查押及冻结及其他被第三人主张权益之情形,如违反,德大公司应当赔偿隆德公司因此受到的一切损失。但德大公司用于增资的金舍·汤河东岸在建工程已被法院予以查封,德大公司构成违约,依据《增资协议》的约定,对于隆德公司由此产生的损失,德大公司应承担赔偿责任。

在金舍·汤河东岸资产被法院查封的情形下,隆德公司为办理相关证件及减少损失,与江苏恒大公司达成执行和解协议,向江苏恒大公司支付 3000 万元用于解封被查封资产。依据《合同法》第 119 条[1]规定,当事人一方违约后,对方应当采取适当措施防止损失的扩大;没有采取适当措施致使损失扩大的,不得就扩大的损失要求赔偿。当事人因防止损失扩大而支出的合理费用,由违约方承担。

隆德公司支付的 3000 万元,属于德大公司违约给隆德公司造成的损失。另外,隆德公司支付的 3000 万元实质上是代德大公司给付江苏恒大公司的工程款,隆德公司依法亦有权利

---

[1] 现为《民法典》第 591 条。

向德大公司追偿,故一审判决德大公司向隆德公司给付3000万元并无不当。

五、股东以土地使用权出资,未将土地使用权过户到公司名下,公司以及其他股东可要求该股东将土地使用权过户至公司名下以履行其出资义务,土地使用权部分无法履行出资的,剩余部分仍应继续出资

案例5 "海南金凯汽车工业有限公司(以下简称金凯公司)等诉三亚德怡和实业投资有限公司(以下简称德怡和公司)股东出资纠纷案"[(2014)琼民二终字第34号]。

弘美丽岛公司与金凯公司于2009年11月4日签订的德怡和公司章程规定:金凯公司作为设立公司的股东之一,认缴出资1446万元,以土地使用权作价出资。金凯公司出资的45,048.01平方米土地使用权也经海南海平资产评估事务所评估作价为1446万元,并经海南华合会计师事务所审验应将其于2010年1月15日投入德怡和公司。但是案涉土地使用权一直未办理过户手续。现德怡和公司诉请金凯公司履行办理45,048.01平方米土地使用权过户手续的出资义务。

海南省高级人民法院认为:根据《公司法》第11条"设立公司必须依法制定公司章程。公司章程对公司、股东、董事、监事、高级管理人员具有约束力"的规定,德怡和公司已经依法成立,金凯公司作为德怡和公司的股东,该公司章程对金凯公司具有约束力,其应依照公司章程的规定履行出资义务,将土地使用权过户至德怡和公司名下。金凯公司主张德怡和公司的公司章程已经没有法律效力,但其未能提供证据予以证明,该主张本院不予支持。(2012)琼民终字第211号民事判决仅是判令金凯公司将45,048.01平方米土地使用权证下的20,000.01平方米土地使用权与融元公司继续合作,金凯公司仍可将剩余的25,048平方米土地过户至德怡和公司名下。金凯公司主张(2012)琼民二终字第211号判决致使土地使用权无法过户且项目无法合作的理由不成立,该院不予支持。

实务建议

1.如果不动产出资能够继续履行,原则上应以整块地的土地使用权出资,而非作价范围内的地块使用权

股东在出资时,可能仅约定:"某某认缴××××元,以某土地使用权出资。"此时,当事人并未约定土地使用权的出资是在约定的价值之内,此时法院则很可能认为股东是以整块土地作价××××元出资。在案例2中,法院认为,公司章程中的1500万元的表述,仅仅是两个股东之间对涉案地块协商价值的陈述,而不是约定只用这块地价值

1500万元的部分土地出资。这条出资条款的落脚点在土地证号为141408020的土地使用权上,所以,无论土地后来价格如何,都应以该块地的使用权出资。

所以,股东以土地使用权出资,未将土地使用权过户到公司名下,公司以及其他股东可要求该股东将土地使用权过户至公司名下以履行其出资义务,土地使用权部分无法履行出资的,剩余部分仍应继续出资。

笔者建议,考虑到土地使用权确实价格已经翻倍,股东可以情势变更为由与公司协商提高持股比例。

2. 如果原告的诉求并非继续办理过户登记,股东的补足出资责任以当时作价为限承担

对于此问题,在案例1和案例3中法院观点基本一致。在案例3中,法院认为土地使用权未及时过户的出资补足责任属于法定责任,其范围并不包括出资房产、土地价格的差价损失。在案例1中,法院说理更为直接,认为股东以土地使用权进行出资,在出资不实时,其应以出资时土地使用权作价承担补充责任,而非以土地使用权的现价承担补充责任。

3. 不动产被查封后不能进行转让,所以,以不动产投资入股的,应在投资协议中由投资人对不动产无权利负担进行陈述和保证,并约定相应的违约责任

作为出资标的物的不动产被法院查封,如果公司想继续获得该不动产的,公司可通过提供担保或者替股东偿还债务的方式,使不动产解封,进而股东可继续以该不动产出资。对于公司由此支付的款项,公司可根据投资协议中的陈述与保证及违约责任条款要求股东承担。

4. 不动产被征收拆迁的,以拆迁补偿款作为代位物继续出资,而非以当时作价为限向公司出资

投资人未办理过户登记,不动产即被征收拆迁的,从现有案例来看,股东应将收到的拆迁补偿款作为代位物向公司继续出资,而不能只向公司支付投资当时的作价金额,这实际上是要求股东以现行价格向公司履行出资义务。

第三节　实际出资与执行异议案件中实际权利人的认定

由于企业信用信息网等网站上能够容易查到当事人的持股这一财产线索,股权被采取保全或执行措施是很常见的。但是,股权登记可能与实际权利状况并不一致,比如存在股权代持的隐名股东、股东出资或继受取得股权后尚未办理工商登记的情况。在股权被采取保全或执行措施后,案外人可能会基于实体权利提出财产保全异议或执行异议申请,主张被冻结的股权并非为被申请人或被执行人所有,而是归属于自己的财产,请求法院撤销保全或执行裁定、解除冻结措施。那么,法院面对这种异议请求,如何审查案外人对案涉股权的实体权利呢?

一、执行异议案件中实际出资人的权利多被否认

根据笔者查询到的相关案例,即便案外人实际向公司出资或者向股权转让人支付了转让款,只要未办理工商登记,在一般情况下,法院都会根据《公司法》第32条第3款"公司应当将股东的姓名或者名称向公司登记机关登记;登记事项发生变更的,应当办理变更登记。未经登记或者变更登记的,不得对抗第三人"的规定,认定股权未经登记,不具有公示公信效力。

同时,根据《最高人民法院关于人民法院办理执行异议和复议案件若干问题的规定》第25条"对案外人的异议,人民法院应当按照下列标准判断其是否系权利人……(四)股权按照工商行政管理机关[1]的登记和企业信用信息公示系统公示的信息判断……"的规定,认定没有在工商部门登记为股东的案外人不是被冻结股权的权利人,进而驳回了案外人的异议请求。

比如,杭州市中级人民法院在"义乌紫惠投资管理有限公司(以下简称紫惠公司)与陈某燕案外人执行异议纠纷案"[(2017)浙01民终1657号]中就认定:"本案中,工商行政管理机关的登记显示,一审法院查封的惠商公司2.08%股权系登记在浙中公司名下,故案涉查封股权之权利人为浙中公司,而非上诉人紫惠公司。据此,一审法院查封浙中公司在惠商公司2.08%股权的财产保全措施并无不当。"

又如,重庆市第二中级人民法院在"重庆中南煤炭洗选有限公司与屈某才、杨某金案外人执行异议纠纷案"[(2015)渝二中法民终字第01799号]中认定"杨某金与重庆中南煤炭洗选有限公司虽然在2013年7月26日签订《股权转让协议》,约定杨某金将'夔峡66船'20%股权转让给重庆中南煤炭洗选有限公司,但奉节县人民法院于2013年12月10日采取保全措施时,重庆中南煤炭洗选有限公司还没有支付该股权转让价款,也没有办理股权转让登记,故奉节县人民法院对杨某金的股权采取保全措施符合法律规定,重庆中南煤炭洗选有限公司对登记为杨某金的'夔峡66船'20%股份不享有足以排除强制执行的民事权益"。

上述案件都是案外人先提起了财产保全异议申请,被裁定驳回异议请求后,案外人又提起了执行异议之诉,一审法院判决驳回诉讼请求,案外人提起上诉,二审法院驳回上诉、维持原判。相当于经过了法院的三次审查,最终还是没有认可案外人对被冻结股权的实体权利。

---

[1] 现为市场监督管理部门。

二、公司法框架下股东资格的认定依据

上述多见于财产保全和执行程序中的认定股东资格的裁判规则并不具有普适性。在股东资格确认纠纷案件中，即便未办理工商登记，基础法律关系也会对股东资格的认定具有决定性作用。

《公司法解释三》第22条规定："当事人之间对股权归属发生争议，一方请求人民法院确认其享有股权的，应当证明以下事实之一：（一）已经依法向公司出资或者认缴出资，且不违反法律法规强制性规定；（二）已经受让或者以其他形式继受公司股权，且不违反法律法规强制性规定。"

根据上述规定，只要向公司实际出资或者支付股权转让款，就可以认定享有股东资格，进而有权根据《公司法解释三》第23条的规定请求公司确认其股东资格，为其签发出资证明书、记载于股东名册并办理工商登记。

比如，最高人民法院在"贺某晨与阿拉善盟华晨矿产有限责任公司（以下简称华晨公司）、任某明等股东出资纠纷案"[（2015）民申字第1818号]中认定："贺某晨在一审、二审诉讼中所提交的证据能够证明其向华晨公司出资的事实存在，且实际按照50%的比例分享公司利润，但华晨公司未按照公司法规定确认其股东身份，现其基于华晨公司实际投资人及实际股东的身份，请求华晨公司确认其股权，有充分的事实依据和法律依据，一审、二审法院判决贺某晨享有华晨公司相应股权并由华晨公司将该股权变更至贺某晨名下并无不当。"

综上，关于股东资格认定，根据《公司法》第31条、第32条的规定，出资证明书、股东名册、公司章程、工商登记都可以作为股东资格的认定依据，同时，基础法律关系也对股东资格的认定具有决定性作用。但是，在财产保全异议和执行异议案件中，案外人如果没有被工商部门登记为股东，其异议申请一般难以得到法院的支持。这也提示实际出资者或者支付了股权转让款的股权继受人，一定要及时办理工商登记；否则，股东资格还存在不被认可的极大风险。

第四节 股东出资义务加速到期问题的立法和司法演变

2013年修订的《公司法》将公司资本制度由有限制的认缴制改为完全认缴制，于是，公司发起人、股东设立新公司时无须实缴出资，公司的注册资本额、股东的出资额、出资期限、缴纳方式均由股东在章程中自行约定。该制度的目的在于降低公司设立门槛，鼓励投资兴业，赋予股东更大的自治空间。

在实行认缴制后，关于出资期限，实务中就存在或者没有明确具体时日，或者为分期缴纳，更有甚者是数十年之后等情形。由此导致看似注册资本雄厚的公司，实际责任财产并不

充实,公司资不抵债的现象常有发生,于是尚未实缴出资的股东是否应该立即补缴出资的问题就应运而生。

结合现行法规定和司法审判观点,笔者将就此分三种情形展开讨论,第一,出资期限已经届至而未缴出资的股东对债权人的责任;第二,公司在解散、破产状态下,出资期限尚未届至时股东的补缴责任;第三,公司在非解散、破产状态下,可否要求出资期限尚未届至的股东对债权人承担补充清偿责任。由于前两种情形在现行法中均有明文规定,对于第三种情形,本节将结合《九民纪要》的规定以及2021年12月的《公司法(修订草案)》、2022年12月30日发布的《公司法(修订草案二次审议稿)》、2023年9月1日的《公司法(修订草案三次审议稿)》予以重点讨论。

一、已届出资期限的出资瑕疵股东的补充赔偿责任

这里的出资瑕疵是指出资期限已经届至,股东应缴而未缴的违法状态。《公司法解释三》第13条第2款规定:"公司债权人请求未履行或者未全面履行出资义务的股东在未出资本息范围内对公司债务不能清偿的部分承担补充赔偿责任的,人民法院应予支持……"债权人当然可以要求股东承担补充赔偿责任。补充赔偿责任的具体含义是债权人对债务人公司经过诉讼或仲裁并经强制执行仍不能清偿的,就不能清偿部分,由出资瑕疵股东在其未出资本息范围内承担。

对应的程序法规定是《最高人民法院关于民事执行中变更、追加当事人若干问题的规定》(以下简称《变更、追加规定》)第17条,即"作为被执行人的营利法人,财产不足以清偿生效法律文书确定的债务,申请执行人申请变更、追加未缴纳或未足额缴纳出资的股东、出资人或依公司法规定对该出资承担连带责任的发起人为被执行人,在尚未缴纳出资的范围内依法承担责任的,人民法院应予支持"。

关于上述规定的未履行出资义务或者未缴纳出资是否包含未届出资期限的未缴纳出资,在诉讼实践中,不乏扩大解释的案例将未届出资期限的未缴出资也纳入未履行或者未全面履行出资义务的范围,进而在个案中剥夺了股东对其认缴出资的期限利益。

但是,最高人民法院在"曾某、甘肃华慧能数字科技有限公司股权转让纠纷案"[(2019)最高法民终230号]中明确指出《公司法解释三》第13条第2款规定的"未履行或者未全面履行出资义务"应当理解为"未缴纳或未足额缴纳出资",出资期限未届满的股东尚未完全缴纳其出资份额不应认定为"未履行或者未全面履行出资义务"。

二、公司解散、破产情形下股东的出资义务应加速到期,对此并无争议

现行法对于公司解散、破产情形下股东出资义务加速到期有明确规定,具体如下。

《公司法解释二》第22条规定:"公司解散时,股东尚未缴纳的出资均应作为清算财产。

股东尚未缴纳的出资,包括到期应缴未缴的出资,以及依照公司法第二十六条和第八十条的规定分期缴纳尚未届满缴纳期限的出资。公司财产不足以清偿债务时,债权人主张未缴出资股东,以及公司设立时的其他股东或者发起人在未缴出资范围内对公司债务承担连带清偿责任的,人民法院应依法予以支持。"

《企业破产法》第35条规定:"人民法院受理破产申请后,债务人的出资人尚未完全履行出资义务的,管理人应当要求该出资人缴纳所认缴的出资,而不受出资期限的限制。"

所以,若公司处于解散清算或者破产清算阶段,尽管股东的出资义务尚未届至,也应该即行缴纳,不受出资期限保护。股东所补足的出资成为清算财产,对全体债权人平等清偿。

之所以《公司法解释二》第22条第2款规定了"连带清偿责任"而非补充清偿责任,是因为在公司解散清算和破产清算场合,债权人无须对公司先行诉诸法律途径并经强制执行,所以,未缴出资股东或者其他责任人不享有先诉抗辩权,其责任就是在未缴出资范围内的连带责任,而非补充责任。

三、公司非解散、破产状态下,股东的出资义务可否加速到期

(一)《九民纪要》颁布之前的司法审判意见

在公司解散、破产之前,理论上处于正常经营期间,公司资产不足以清偿债务的,可否要求未届出资期限的股东清偿公司无法清偿的债务,即股东的出资义务可否加速到期?2019年11月出台的《九民纪要》对上述问题已有明文规定,即原则上认可股东的期限利益。

但是,在上述会议纪要出台之前,司法实践中的审判观点到底如何呢?了解一下在此之前的司法审判意见,才能更深刻理解上述会议纪要的含义。通过案例调研,司法观点大致有两种。

1. 支持加速到期及其理由

(1)《公司法》规定股东应以认缴出资额为限对公司承担责任

《公司法》第3条第2款规定:"有限责任公司的股东以其认缴的出资额为限对公司承担责任;股份有限公司的股东以其认购的股份为限对公司承担责任。"股东原则上应该以其认缴的出资额为限对公司承担责任,在公司已经资不抵债的情况下,股东应该出手挽救公司,免于公司发生破产后果。

(2)认缴出资期限属于内部约定,不能对抗外部债权人

认缴出资期限的约定仅是股东与公司的内部约定,虽然可以从公司登记机关处查询,但在大多数情况下,债权人都不会去刻意查询,尤其是在被动债权,比如在侵权、劳动纠纷、税务纠纷、不当得利情形下,债权人更不可能事先去查询公司的注册资本或者股东的认缴期限。

(3)在利益衡平中应优先保护债权人的利益

若驳回债权人主张,告知其另行向法院提起破产申请,对债权人而言成本过高,增加了不必要的司法程序。

(4)公司有望得以继续经营

倒逼债权人提起破产申请,公司将可能丧失主体资格,退出市场。若支持加速到期,对公司而言,也免于公司发生破产的结局,给公司一个重整旗鼓、涅槃重生的机会。

如在南京市中级人民法院(2016)苏01民终7556号民事判决书中,法院就认为:本案中,东恒律师事务所的诉讼请求是要求各股东在未出资本息范围内承担补充清偿责任,即适用前提是公司财产无力清偿到期债务。此时,如果仍完全固守认缴制下股东一直到认缴期限届满时才可履行出资义务,则不仅逼迫债权人提起破产清算程序,使本可以破解经营困境、能够渡过难关的公司彻底陷入生存危机,损害股东的长期收益,消耗司法资源,而且可能产生一种不适当的效果,那就是让恶意负债的股东悠然自得地待在这一"保护伞"下,看着债权人急切而又无可奈何的样子暗自窃喜。相比之下,法院在审理中根据具体案件直接判令股东承担补充清偿责任,更能保护债权人的合法权益,维护市场的正常经济秩序。

2. 否定加速到期及其理由

(1)在没有现行法规定的前提下,不能给股东额外施加义务,不能对其义务和责任作扩大解释。

(2)债权人在与公司交易时,基于谨慎考虑,应了解股东的出资状况,债权人已有所预期,应该风险自担。

(3)对个别债权的清偿对其他债权人并不公平,若公司无法清偿单个债权,说明其同时具备了破产条件,此时,应该启动公司破产程序,对所有债权人集体、平等清偿。

如张家港市人民法院在"江苏博恩大宗商品交易有限公司与张家港保税区熙泰进出口有限公司、陈某等买卖合同纠纷案"[(2016)苏0582民初3630号]中就持上述全部观点。

(二)《九民纪要》的规定在原则上认可股东对其认缴出资的期限利益

上述两派观点的核心区别其实就是:个案中,股东是否享有认缴出资的期限利益,即破产是否为出资义务加速到期的唯一通道?

《九民纪要》第6条规定:在注册资本认缴制下,股东依法享有期限利益。债权人以公司不能清偿到期债务为由,请求未届出资期限的股东在未出资范围内对公司不能清偿的债务承担补充赔偿责任的,人民法院不予支持。但是,下列情形除外:(1)公司作为被执行人的案件,人民法院穷尽执行措施无财产可供执行,已具备破产原因,但不申请破产的;(2)在公司债务产生后,公司股东(大)会决议或以其他方式延长股东出资期限的。

由此可见,最高人民法院原则上是持否定态度,但同时认可在单个债权人起诉的案件中,股东的期限利益应予保护。所以,若在诉讼环节,债权人同时起诉公司和股东的,在支持对公司的诉讼请求的同时,对股东的诉讼请求将被驳回。虽然《九民纪要》原则上认可了股东的期限利益,但是,也规定了两款例外情形。

1.《九民纪要》第 6 条第 1 款：对"破产唯一通道论"的突破

（1）第 1 款例外规定的两种适用场景

第一，债权人虽然在诉讼环节败诉，但是在执行程序中，仍可追加股东为被申请人。

若公司无资产可供执行，且能够举证证明公司具有破产原因（证明公司具有破产原因，在这个时候应该是比较容易的，毕竟公司已经无资产清偿债务），债权人就可以申请追加股东为被执行人，股东出资义务就将加速到期。当然，若股东存有异议，对其救济方式就是可以提起执行异议之诉。所以，《九民纪要》的该款例外规定实际上是将加速到期的出资义务从诉讼审判环节移到了执行环节，在债权人初次诉讼阶段，未届出资期限的股东仍旧享有期限利益。

第二，在执行终结之后，可以对股东另行起诉，实现个别清偿。

如果之前已经因为公司无资产可供清偿而终结了本次执行程序，那么，对于债权人而言，也可以另行单独对股东提起诉讼，只要其能够证明公司具备破产原因而不申请破产，该举证责任对债权人而言也是在合理范围之内，并不会加重债权人的举证负担。

无论哪种适用情形，债权人都无须通过启动公司破产程序获得清偿，同时，这也给公司留下存活的机会。

（2）与既有执行实践的对接

在《九民纪要》未施行之前的众多执行案例中，笔者发现法院追加出资期限尚未届至的股东为被执行人的裁定并不在少数。究其原因，在于法院扩大解释了《变更、追加规定》第 17 条中"未缴纳或未足额缴纳出资"的含义，将未届出资期限下的未缴纳出资也纳入其中，与《九民纪要》的规定殊途同归。

如厦门市中级人民法院在"杭州鸿景装饰材料有限公司、东方天润（厦门）建筑装饰股份有限公司买卖合同纠纷案"[（2017）闽 02 执异 134 号]中就明确指出："在公司不能清偿到期债务，并且资产不足以清偿全部债务或者明显缺乏清偿能力的情况下，尚未足额缴纳出资的股东即使约定的出资期限尚未到期，也应当在其未出资金额范围内对公司不能清偿的部分承担补充赔偿责任。"

（3）该例外规定可能会引发的两个问题

其一，对个别债权的清偿是否会在后来的破产程序中被撤销？

该条款突破了破产作为实现股东出资义务加速到期的唯一通道。实际上股东补足的出资属于公司的一般责任财产，相当于公司在具备破产原因的情况下，仍对个别债权人进行了清偿，同样会产生个别清偿的不公平争议。其他债权人很可能会启动破产程序，届时，债权人是否会根据《企业破产法》第 32 条的规定[1]要求撤销之前的个别清偿行为，尚未可知，若果真如此，债权人将功亏一篑，《九民纪要》的该款例外规定也将形同虚设。

---

[1]《企业破产法》第 32 条规定："人民法院受理破产申请前六个月内，债务人有本法第二条第一款规定的情形，仍对个别债权人进行清偿的，管理人有权请求人民法院予以撤销。但是，个别清偿使债务人财产受益的除外。"

其二,公司是否具有破产原因将由执行庭还是转至破产法庭审查?

在执行阶段,若债权人申请追加出资期限尚未届满的股东为被执行人,且举证说明公司已经具有破产原因,那么,对于公司是否具有破产原因就将由执行庭审查。但是,根据司法实践通行的"执行转破产"的做法,此种情形下,经任何一方当事人同意,对于公司是否具有破产原因本应转由破产审判部门审查。所以,《九民纪要》的该款例外规定将客观上导致执行庭行使破产审判部门的职责,与既有的执行转破产程序如何衔接,执行部门如何审查,是进行形式审查,还是实质审查?这些问题也将需要进一步明确。

2.《九民纪要》第6条第2款:延长的期限不生效力,以原定的出资期限为准

第二种例外情形是在公司债务产生后,公司股东(大)会决议或以其他方式延长股东出资期限,股东对该延长的期限不享有期限利益。这里需要明确两点:(1)"公司债务产生后"的"债务"对应的应该是提起权利主张的债权人的债权,而非公司的其他债务。(2)否定的期限利益仅是针对延长的期限,原定的出资期限尚未届至的,股东仍旧享有该期限利益。

例如,公司在2019年10月10日负债,债务履行期限的截止日期为2019年12月31日,若在2019年11月1日,股东会决议将股东的出资期限从原来的2020年12月31日延长至2025年1月1日,那么,延长至2025年1月1日的决议无效,但是,原来的出资期限2020年12月31日仍为有效,债权人若在2020年2月20日对公司和股东提起诉讼,债权人要求股东承担补充清偿责任的主张不应得到支持。

(三)2021年12月的《公司法(修订草案)》、2022年12月30日发布的《公司法(修订草案二次审议稿)》、2023年9月1日《公司法(修订草案三次审议稿)》对《九民纪要》原则规定的否定

《公司法(修订草案)》第48条规定:"公司不能清偿到期债务,且明显缺乏清偿能力的,公司或者债权人有权要求已认缴出资但未届缴资期限的股东提前缴纳出资。"

《公司法(修订草案三次审议稿)》与《公司法(修订草案二次审议稿)》都在第53条规定:"公司不能清偿到期债务的,公司或者已到期债权的债权人有权要求已认缴出资但未届缴资期限的股东提前缴纳出资。"

2023年9月1日《公司法(修订草案三次审议稿)》第53条延续了《公司法(修订草案二次审议稿)》第53条,二者规定相同。《公司法(修订草案)》和《公司法(修订草案二次审议稿)》原则上否定了股东的期限利益,并且,后面两次审议稿较第一次审议稿,删除了"且明显缺乏清偿能力"这一加速到期的条件,更加侧重保护公司和债权人的利益。由此在诉讼环节,就有望追加出资期限尚未届至的股东提前缴纳出资,以清偿公司债务,并不是一定要到执行环节才可追加。新的修订有助于抑制认缴出资制下股东随意确定注册资本金和出资额度这些情况的发生。这给股东敲响了警钟,公司一定要在自己的能力范围内从事业务。

《九民纪要》原则上认可了股东对其出资义务的期限利益,相应地也给债权人指明了一条

出路,在诉讼环节失败后,可以在执行阶段再次追加被执行人以挽回损失,不用另行向法院启动破产程序,突破了通过破产实现股东出资义务加速到期这一唯一通道。与此同时,《九民纪要》也留下了新的缺口和疑问,基于对破产唯一通道的否定,是否会导致不公平清偿以及日后在破产程序中被撤销的厄运?

但无论如何,从《九民纪要》新规的原则和态度来看,国家最高审判机关还是选择坚持和继续推进认缴制的制度成果,尊重章程中关于股东暂时不实缴的约定,细心呵护着所有怀有创业激情的创业者的梦想。这就提醒债权人,在商事交往中应该保有应有的谨慎和理性。

但2021年12月《公司法(修订草案)》、2022年12月30日发布的《公司法(修订草案二次审议稿)》、2023年9月1日《公司法(修订草案三次审议稿)》,又倾向于保护债权人,这就要求股东们应该谨慎投资,合理确定自己的出资额度,以及公司应该谨慎从业。

尤其要说明强调的是,2023年9月1日发布的《公司法(修订草案三次审议稿)》更侧重于保护公司和债权人的利益,其在第47条规定:"全体股东认缴的出资额由股东按照公司章程的规定自公司成立之日起五年内缴足。"该规定对目前的股东出资认缴制具有颠覆性影响,也将给以后投资创业、设立公司造成较大的负担,但同时,该规定能够保障公司资本充足,有利于债权人保护,也将从源头上叫停皮包公司、经营不善的公司的存在。

第五节 虚假出资股东被追加为被执行人,执行法院应进行审查

股东是否存在虚假出资、出资不实、抽逃出资的事实往往并不容易判断,有时候需要审计介入核实。在执行程序中,申请执行人以股东出资不实追加股东为被执行人的,执行法官就要面临实体审判了,这是否属于执行法官的工作范围,法官能否在当事人有争议的情况下,不经实体审查,直接告知申请执行人先行通过诉讼解决,有了胜诉的生效判决之后,再依此追加?对此,下文通过典型案例来说明这一问题。

案例来源:"青海庆华矿冶煤化集团有限公司(以下简称庆华能源公司)、霍某华等案"[(2016)最高法执复64号]。

青海省高级人民法院认为,异议人京海公司提出的青海保信律师事务所虚假验资,被执行人霍某华虚假出资、在虚假出资范围内承担运输款及逾期付款利息合计2000万元的问题,需通过审判程序来确定,故是否追加霍某华、庆华能源公司为本案的被执行人,异议人可另行通过诉讼程序解决,裁定驳回京海公司的异议申请。京海公司对该驳回裁定向最高人民法院提起执行复议申请。

最高人民法院认为:本案的争议焦点是京海公司申请追加霍某华、庆华能源公司为本案

的被执行人并在虚假出资范围内承担运输款及逾期付款利息合计 2000 万元是否符合法律规定。

根据相关法律和司法解释的规定,债权人可以选择在执行程序中申请追加出资不实的股东为被执行人追究其出资不实的责任,也可以选择通过诉讼程序追究股东出资不实的责任。本案中,京海公司选择在执行程序中申请追加霍某华、庆华能源公司为本案的被执行人,要求其在虚假出资范围内承担运输款及逾期付款利息合计 2000 万元的责任,该申请是否符合法律规定,能否成立,执行法院应根据《最高人民法院关于人民法院执行工作若干问题的规定(试行)》(法释〔1998〕15 号)第 80 条的规定对被执行人是否无财产清偿债务、追加的对象是否为股东、是否存在出资不实的事实、要求股东承担的责任是否在差额范围内等问题进行审查,以判断是否符合追加出资不实的股东作为被执行人的要件。青海省高级人民法院对此未进行审查,直接指引京海公司通过另诉解决,不符合法律规定,应予纠正。

实务建议

上述判决中引用的《最高人民法院关于人民法院执行工作若干问题的规定(试行)》(法释〔1998〕15 号)第 80 条[1]已经被删除了。

《最高人民法院关于民事执行中变更、追加当事人若干问题的规定》(2020 年修正)第 17 条规定:"作为被执行人的营利法人,财产不足以清偿生效法律文书确定的债务,申请执行人申请变更、追加未缴纳或未足额缴纳出资的股东、出资人或依公司法规定对该出资承担连带责任的发起人为被执行人,在尚未缴纳出资的范围内依法承担责任的,人民法院应予支持。"第 18 条规定:"作为被执行人的营利法人,财产不足以清偿生效法律文书确定的债务,申请执行人申请变更、追加抽逃出资的股东、出资人为被执行人,在抽逃出资的范围内承担责任的,人民法院应予支持。"

由此可见,在执行阶段,如果股东出资存在瑕疵,如出资不实、未缴出资、抽逃出资等,申请执行人可以要求追加该股东为被执行人,法院应对当事人申请进行实体审查,而不能不经审查直接指引申请人另案起诉解决。在执行中,申请执行人就能够完成和实现追加股东、判断是否构成虚假出资的实体认定。这说明,法院执行中涵盖了很多实体审理工作,任何一方当事人在执行阶段的发挥空间都比较大。

---

[1] 该条规定:"80. 被执行人无财产清偿债务,如果其开办单位对其开办时投入的注册资金不实或抽逃注册资金,可以裁定变更或追加其开办单位为被执行人,在注册资金不实或抽逃注册资金的范围内,对申请执行人承担责任。"

第六节 出资期限未至恶意转让股权的，原股东也应该被追加执行

股东的出资期限尚未届至，即转让股权的，股东将可全身而退，不用再出资或承担任何责任。该规则被2021年12月的《公司法(修订草案)》吸纳，其第89条规定："股东转让已认缴出资但未届缴资期限的股权的，由受让人承担缴纳该出资的义务。股东未按期足额缴纳出资或者作为出资的非货币财产的实际价额显著低于所认缴的出资额，即转让股权的，受让人知道或者应当知道存在上述情形的，在出资不足的范围内与该股东承担连带责任。"

但是2022年12月30日发布的《公司法(修订草案二次审议稿)》第88条规定："股东转让已认缴出资但未届缴资期限的股权的，由受让人承担缴纳该出资的义务；受让人未按期足额缴纳出资的，出让人对受让人未按期缴纳的出资承担补充责任。未按期足额缴纳出资或者作为出资的非货币财产的实际价额显著低于所认缴的出资额的股东转让股权的，受让人知道或者应当知道存在上述情形的，在出资不足的范围内与该股东承担连带责任。"2023年9月1日《公司法(修订草案三次审议稿)》在其第88条延续了上述《公司法(修订草案二次审议稿)》第88条的规定，只是将"出让人"调整为"转让人"，并无实质变动。也就是说，股东的出资期限尚未届至即转让股权的，转让股东无法全身而退，需要对受让人的出资义务承担补充责任。

但是，如果在公司被债权人起诉要求清偿债务的诉讼程序中，股东明知公司无法清偿债务，还以零对价转让股权，这明显有逃避债务之嫌，因为一旦进入执行程序，公司因已具备破产原因，股东的出资义务就将加速到期。那么，如果股东缴资期限尚未届至，股东在进入执行程序之前就转让股权的，是否能通过转让股权而免于加速到期和摆脱出资义务？

案例来源："杨某波与高某等执行异议纠纷案"[(2019)京03民终9641号]。

北京市第三中级人民法院的观点如下：

1. 股东出资的期限利益有其边界

从股东出资加速到期的角度来看，当公司存在不清偿到期债务的情形，公司已具备破产原因，但不申请破产的，未届出资期限的股东应当在未出资范围内对公司未清偿债务承担责任。

虽然我国现行公司法规定的股东出资方式是认缴制，但根据权利义务对等性的内在要求，股东在享受出资期限利益的同时，显然也要承担相应的义务，即股东至少要保证公司不沦为其转嫁经营风险的工具，不能危及与公司从事正常交易的债权人的合法权益。任何合同自由都有其边界，股东出资义务的履行期限并非完全自治的事项。公司的正常经营直接依赖于股东的出资，公司股东应正当行使变更出资金额、期限以及转让股权的权利，股东不履行义务

或不恰当出资而导致的瑕疵出资,直接影响或损害公司经营和债权人的利益。因此,在法律制度框架内存在股东出资加速到期的制度,其目的就是公平处理公司对外债务,避免债权人的利益遭受损害。在公司作为被执行人的案件中,人民法院穷尽执行措施无财产可供执行,已具备破产原因,但不申请破产的,未届出资期限的股东在未出资范围内应当对公司不能清偿的债务承担责任。

2. 公司破产的认定标准

《最高人民法院关于适用〈中华人民共和国企业破产法〉若干问题的规定(一)》第1条规定:债务人不能清偿到期债务并且具有下列情形之一的,人民法院应当认定其具备破产原因:(1)资产不足以清偿全部债务;(2)明显缺乏清偿能力。其第4条规定:债务人账面资产虽大于负债,但存在下列情形之一的,人民法院应当认定其明显缺乏清偿能力:(1)因资金严重不足或者财产不能变现等原因,无法清偿债务;(2)法定代表人下落不明且无其他人员负责管理财产,无法清偿债务;(3)经人民法院强制执行,无法清偿债务;(4)长期亏损且经营扭亏困难,无法清偿债务;(5)导致债务人丧失清偿能力的其他情形。

3. 本案中股东转让股权显属恶意,并且滥用期限利益

该案中,高某作为奇观公司前任大股东和实际控制人,对奇观公司的资产情况及偿债能力应当知悉。奇观公司债权人杨某波于2017年8月22日向奇观公司提起民间借贷纠纷的诉讼,法院经审理作出(2017)京0105民初64624号民事判决书后,杨某波一审胜诉,高某在明知奇观公司不能对外其清偿债务的情况下,仍于2018年1月12日诉讼期间无偿转让股权、变更公司法定代表人,且该受让人邱某范系高某的祖母,实际年龄达89周岁。以邱某范的年龄,其不仅难以履行公司法定代表人、执行董事、经理相关职责,更是增加了公司认缴出资实缴到位的风险,导致公司债务难以得到及时清偿,实际是利用公司股东的期限利益恶意逃避债务,极大程度上增加了债权人的风险。

4. 该案中应追加转让股权的股东为被执行人

《变更、追加规定》第17条规定:作为被执行人的企业法人,[1]财产不足以清偿生效法律文书确定的债务,申请执行人申请变更、追加未缴纳或未足额缴纳出资的股东、出资人或依公司法规定对该出资承担连带责任的发起人为被执行人,在尚未缴纳出资的范围内依法承担责任的,人民法院应予支持。其第19条规定,作为被执行人的公司,财产不足以清偿生效法律文书确定的债务,其股东未依法履行出资义务即转让股权,申请执行人申请变更、追加该原股东或依公司法规定对该出资承担连带责任的发起人为被执行人,在未依法出资的范围内承担责任的,人民法院应予支持。

该案中,虽高某认缴出资期限尚未届满,但奇观公司作为被执行人,案件已无可供执行的

---

[1] 根据2021年1月1日起施行的《最高人民法院关于修改〈最高人民法院关于人民法院扣押铁路运输货物若干问题的规定〉等十八件执行类司法解释的决定》,该句改为"作为被执行人的营利法人"。

财产，奇观公司已具备破产原因，但未申请破产，在此情况下，对股东出资不加速到期将导致债权人利益失衡。高某恶意转让股权、滥用股东期限利益的行为，应当予以否定。现杨某波申请追加高某为（2018）京0105执6529号执行案件的被执行人，符合法律规定，本院应予支持。

实务建议

《公司法解释三》第18条第1款规定："有限责任公司的股东未履行或者未全面履行出资义务即转让股权，受让人对此知道或者应当知道，公司请求该股东履行出资义务、受让人对此承担连带责任的，人民法院应予支持；公司债权人依照本规定第十三条第二款向该股东提起诉讼，同时请求前述受让人对此承担连带责任的，人民法院应予支持。"

2021年12月《公司法（修订草案）》第89条规定："股东转让已认缴出资但未届缴资期限的股权的，由受让人承担缴纳该出资的义务。股东未按期足额缴纳出资或者作为出资的非货币财产的实际价额显著低于所认缴的出资额，即转让股权的，受让人知道或者应当知道存在上述情形的，在出资不足的范围内与该股东承担连带责任。"

2022年12月30日发布的《公司法（修订草案二次审议稿）》第88条规定："股东转让已认缴出资但未届缴资期限的股权的，由受让人承担缴纳该出资的义务；受让人未按期足额缴纳出资的，出让人对受让人未按期缴纳的出资承担补充责任。未按期足额缴纳出资或者作为出资的非货币财产的实际价额显著低于所认缴的出资额的股东转让股权的，受让人知道或者应当知道存在上述情形的，在出资不足的范围内与该股东承担连带责任。"

2023年9月1日《公司法（修订草案三次审议稿）》延续了上述《公司法（修订草案二次审议稿）》第88条的规定，无实质变动。

两相比较而言，《公司法（修订草案）》和《公司法（修订草案二次审议稿）》《公司法（修订草案三次审议稿）》均明确增加了在未届出资期限的股权转让情形下，转让股东不承担责任的规定，当然，后二次审议稿中进一步规定了转让转股对受让人出资的补充责任。

三次审议稿的修订可以对前面《公司法解释三》第18条以作侧面说明，明确了该条"股东未履行或者未全面履行出资义务"其实指的是出资期限已经届满这种情形。原则上有期限利益的转让股东是不承担出资责任的，但是，如果公司已经无法清偿到期债务，存在破产事由了，其期限利益将不受保护，视为出资已经加速到期，此时转让股权的，还应对公司债权人在出资不足范围内承担清偿责任。

第十四章

公司决议

第一节 司法实践中关于表决权拘束与表决权委托的裁判规则

股东为了扩大自己在公司的控制权,一般会通过一致行动协议联合其他股东在对公司某些事项进行表决时采取一定行动。与之类似,股东也可通过表决权委托的方式获取其他股东的表决权,进而扩大自己对公司的控制权。实践中,这两种方式也往往会出现在同一份协议之中。但是无论是一致行动协议还是表决权委托都会涉及股东违约的问题。就一致行动协议而言,一致行动人违约能否强行按照一致行动协议的约定统计股东的投票?就表决权委托而言,委托人能否单方任意解除委托合同?若委托人违约解除合同,其违约赔偿范围是多大?表决权委托协议能否排斥第三人对股权的强制执行?下文拟从上述四个问题出发,梳理归纳相关案例,探究司法实践中对上述问题的观点,以期为股东在获取公司控制权方面提供实务经验参考。

一、一致行动协议能否强制履行

(一)观点一:在公司为一致行动协议的签约主体时,股东违反一致行动约定的,公司股东会可直接按照一致行动的约定统计该股东的投票

案例1 "张某等与江西华电电力有限责任公司(以下简称华电公司)公司决议撤销上诉案"[(2016)赣05民终12号]。

2009年12月29日,华电公司及其第一大股东、法定代表人胡某与张某,双方签订《股份认购协议》与《期权授予协议》,约定内容如下:华电公司向张某定向增发股权,在华电公司股份上市交易前,张某承诺其所持华电公司股份的投票与胡某保持一致。上述协议约定的事项在2010年6月10日董事会上商议后形成董事会决议。

华电公司董事会于2015年8月20日召集并主持2015年度第四次股东大会,就华电公司

进行增资扩股的议案等事项进行了投票表决。张某并未按照上述约定在投票中与胡某保持一致,而是投了反对票,本次会议股东周某也投了反对票。但华电公司根据《期权授予协议》的约定,将张某所投反对票统计为同意票,形成了华电股东会股字(2015)第6号股东会决议。

张某以及周某认为股东会决议不应将张某的反对票计为同意票,该股东会决议的形成仅获得股权表决权56.7706%的同意票,违反《公司法》对股东大会该类议案须经出席会议的股东所持表决权的2/3以上通过之强制性规定,应予撤销。

江西省新余市中级人民法院认的观点如下:

该案争议焦点是诉争的股东会决议是否应被撤销?从《期权授予协议》《股份认购协议》的签订情况来看,两份协议中张某均自愿承诺和保证在华电公司股份上市之前,张某所持股份之投票与大股东胡某保持一致。该条款的目的是确保双方行动的合意性,其重复出现在两份协议中,恰恰体现了上述条款系双方平等、自愿协商后作出的安排。作为完全民事行为能力人,双方均应能预料该条款生效后所产生的后果。两份协议上均有张某、胡某本人的签字确认和华电公司的盖章确认,且上述条款并不违反法律法规的禁止性规定,并经董事会决议通过,未损害公司及其他股东的合法权益,内容应为合法有效。张某、周某康上诉提出胡某不是两份协议的当事人,一致行动人条款仅存在于上市公司、只有股东个人之间才能协商对股东权进行限制的理由均无事实和法律依据,且有违诚实信用原则,不予支持。

张某、周某康上诉提出股权授予协议未实际履行,因该协议并未约定张某所持股份之投票与大股东胡某保持一致须以股权授予协议的履行为条件,故该主张无合同依据,不予支持。因两份协议已明确了张某与胡某行动的合意性,在胡某对2015年8月20日股东大会的各项议案均投同意票情况下,张某投反对票系对其自身作出的承诺的违反,华电公司股东大会将张某所投反对票统计为同意票符合当时约定。

对张某、周某康提出即便两份协议有效,但也只能追究张某的违约责任,而不能强行将其反对票统计为赞成票的上诉理由不予支持。因股东会决议的形成获得了股权表决权的78.1595%的支持,符合公司章程约定和法律规定,故张某、周某康要求撤销华电公司股东大会2015年8月20日作出的华电股东会股字(2015)第6号股东会决议的上诉请求无事实、法律依据,不予支持。

(二)观点二:一致行动协议不能强制履行,在合同双方不能达成一致行动协议时可要求违约方进行违约损害赔偿

案例2 "穆某、宋某等与冯某合同纠纷案"[(2018)浙0106民初3961号]。

2015年1月15日,穆某、宋某与冯某签订了《一致行动人协议》,约定内容如下:三方作为艾博管理的自然人股东且通过艾博管理间接持有维瑞康投资管理有限公司股权,承诺在作为公司的股东行使提案权或在股东大会上行使股东表决权时,均采取相同意思表示,均按照公司一致行动人会议的决议行使相关提案权、表决权。当各方不能达成一致意见时,以所有股东所持表决权 2/3 同意票意见为准;协议有效期为自本协议生效之日起,在公司存续内均有效。任何一方股东违反本协议的规定,应赔偿另一方因此遭受的损失。

2015 年 9 月 18 日,维瑞康投资管理有限公司变更为艾博健康。艾博健康于 2016 年 4 月 8 日起正式挂牌新三板。

2018 年 3 月 19 日,艾博健康召开 2018 年第一次临时股东大会,审议《关于申请公司股票在全国中小企业股份转让系统终止挂牌的议案》,冯某投票同意该议案,穆某、宋某不同意该议案,最终该议案获得半数以上股东同意,获得通过。

2018 年 5 月 28 日,冯某向穆某、宋某发送"解除函",通知两原告解除 2015 年 1 月 15 日签署的《一致行动人协议》。穆某、宋某则认为在反对及未形成一致行动人会议决议的情况下,被告在艾博管理和艾博健康两家公司的股东会表决时,均只能就艾博健康终止挂牌议案投"反对"或"弃权"票。冯某违反一致行动人约定并对议案投"同意"票的行为已经构成违约,穆某和宋某依法有权要求冯某承担继续履行、采取补救措施及赔偿损失的违约责任。

杭州市西湖区人民法院认为:穆某和宋某签署的《一致行动人协议》,是双方的真实意思表示,在当事人之间具有一定的约束力,在协商一致的情况下,应当采取一致行动。《一致行动人协议》是建立在各方相互信任的基础之上,但作为协议中的"一致行动人",对一致行动,应建立在全体协议签署人协商一致的意见的基础上,在协商达不成一致意见,应当允许协议签署人表达个人意愿,而非强迫。"一致行动人"不能一致行动,协议就失去应有的价值。既然是协议,应当允许"协议"当事人有退出的权利,如果退出的一方因其退出给另一方造成损失,可按协议约定赔偿对方损失。综上,穆某和宋某诉讼请求在法律上或者事实上不能履行,也不适用强制履行。因此穆某和宋某诉请没有法律依据,该法院不予支持。

案例 3 "郭某 1 与重庆凯歌电子股份有限公司(以下简称凯歌电子)公司决议撤销纠纷案"[(2020)渝 0153 民初 396 号]。

原告郭某 1、古某、郭某 2 系凯歌电子股东,2015 年 6 月 19 日原告郭某 1、第三人郭某 2、古某以及案外人郭某 3 签订了《一致行动协议书》,协议的主要内容为:(1)各方同意,在本协议有效期内,除关联交易需要回避的情形外,各方就有关公司经营发展的重大事项向股东大会、董事会提出议案,或在行使股东大会或董事会等事项的表决权之时,均应保持一致;如果一方对议案有异议,则各方应充分协商,直至取得一致意见后方可以各方共同名义向股东大会、董事会提出议案以及行使表决权。(2)该协议自签署之日起生效,在公司存续期间内均有效。

2019 年 11 月 15 日第三人古某、郭某 2、古某国提交了《关于召开重庆凯歌电子股份有限公司临时董事会的董事联名提议》。2019 年 11 月 26 日郭某 2 通过微信向郭某 1 发送了《关于召开重庆凯歌电子股份有限公司临时董事会的董事提议内容的说明》。2019 年 11 月 28 日郭某 1 通过微信向郭某 2 发送致董事的函,其中明确不允许召开临时董事会。

2019年11月30日郭某2在通知的地点主持召开了董事会。

郭某1认为被告公司董事会成员古某、郭某2、古某国违反《董事会会议制度》规定及《一致行动人协议》。

重庆市荣昌区人民法院认为:关于原告主张第三人郭某2、古某违反《一致行动人协议》,在未就表决事项达成一致前投票表决,双方在《一致行动人协议》未约定解决"异议"的方式,因此不能因原告郭某1不认可提议而直接否定第三人郭某2、古某作为董事行使表决权的效力,并且本案审查的应当为决议是否违反法律、行政法规或者公司章程规定,第三人郭某2、古某对《一致行动协议》的违反,承担的应当为对《一致行动协议》守约方的违约责任。综上所述,该院认为会议表决方式合法有效。

二、表决权委托协议能否任意解除

(一)观点一:表决权委托协议属于一般委托合同适用委托合同中任意解除权的规定

案例4 "王某与开元盛世投资有限公司(以下简称开元盛世公司)委托合同纠纷案"[(2019)豫0322民初2714号]。

王某及开元盛世公司均为洛阳国润新材料科技股份有限公司(以下简称国润公司)的在册股东。2019年7月16日,王某与开元盛世公司签订《表决权委托协议》,王某将其所持有的公司对应的表决权委托给开元盛世公司行使。

2019年11月18日国润公司召开第四次临时股东大会,表决通过了《公司关于修订的议案》《公司关于解除王某董事职务的议案》《关于补选陈小伟为公司新任董事的议案》3项议案。

王某请求自2019年11月1日解除上述《表决权委托协议》,国润公司则主张涉案协议的名称中标出了"委托"字样,但实质并非合同法上的"委托合同",应当是合同法一般规定的"其他合同",应当遵守协议约定而非任意解除权。

河南省孟津县人民法院认为:案涉《表决权委托协议》中,王某与开元盛世公司约定,王某将其所持有的公司对应的表决权委托开元盛世公司行使,符合委托合同的构成要件。王某依据《合同法》第410条[1]的规定,要求解除《表决权委托协议》,其诉求及理由成立,该院予以支持。但王某不能证明解除合同通知于2019年11月1日有效告知了开元盛世公司,王某要求自2019年11月1日解除《表决权委托协议》的诉求,该院不予支持。开元盛世公司于2019

---

[1] 现为《民法典》第933条,即"委托人或者受托人可以随时解除委托合同。因解除合同造成对方损失的,除不可归责于该当事人的事由外,无偿委托合同的解除方应当赔偿因解除时间不当造成的直接损失,有偿委托合同的解除方应当赔偿对方的直接损失和合同履行后可以获得的利益"。

年12月9日收到本案应诉通知书及诉状副本,应当自2019年12月9日解除双方的《表决权委托协议》。

(二)观点二:委托合同中的任意解除权并非强制性规定,股东之间在表决权委托合同中可予以排除,即表决权委托合同不可无故解除

案例5 "胡某某与刘某合同纠纷案"[(2020)云2501民初1514号]。

原告胡某某、被告刘某均系云河药业的股东,2015年10月13日、2017年7月31日,原告、被告两次签订《一致行动协议》。2019年1月12日,原告、被告再次签订《一致行动人协议》,约定"……双方拟在公司所有重大决策等事项上采取一致的意思表示和行动"。其中协议第6条约定,"本协议自双方签字起生效,且在刘某作为公司股东期间持续有效。在协议有效期内双方应完全履行各自义务,非经双方协商一致任何一方不得单方变更或解除本协议"。同日,被告还向原告出具《委托书》,将被告持有的云河药业2865.93万股股份(持股比例为32.83%)所对应的股东表决权委托给原告行使,授权范围为公司章程规定需由股东表决的事项,委托期限为"自委托书签署之日起至委托人不持有股份之日止。在有效期内委托人不可撤销本委托书项下的委托事项"。

2020年5月20日,被告作出通知函,载明"自通知函送达原告之日起,解除与原告曾签署的2017年7月31日《一致行动协议》、2019年1月12日《一致行动人协议》、2019年1月12日《委托书》等与被告所持云河药业32.83%股份相关的全部委托性文件,今后凡法律法规及公司章程规定的股东权利均收归被告行使。该通知函通过邮寄于2020年5月22日送达原告"。2020年6月10日,原告作出复函,不同意被告解除3份协议及《委托书》,要求被告撤销通知函。

云南省个旧市人民法院的观点如下:

1.《合同法》第8条规定:"依法成立的合同,对当事人具有法律约束力,当事人应当按照约定履行自己的义务,不得擅自变更或者解除合同……"[1]本案中,原告、被告2015年、2017年签订的《一致行动协议》,2019年签订的《一致行动人协议》及《委托书》均系双方真实意思表示,未违反法律规定,应合法有效,原告、被告应当按照约定履行自己的义务,不得擅自变更或者解除合同。《合同法》第94条规定:"有下列情形之一的,当事人可以解除合同:(一)因不可抗力致使不能实现合同目的;(二)在履行期限届满之前,当事人一方明确表示或者以自己的行为表明不履行主要债务;(三)当事人一方延迟履行主要债务,经催告后在合理期限内仍未履行;(四)当事人一方延迟履行主要债务或者有其他违约行为致使不能实现合同目的;

---

[1] 现为《民法典》第465条,即"依法成立的合同,受法律保护。依法成立的合同,仅对当事人具有法律约束力,但法律另有规定的除外"。

(五)法律规定的其他情形。"[1]该法第96条规定:"当事人一方依照本法第九十三条第二款、第九十四条的规定主张解除合同的,应当通知对方。合同自通知到达对方时解除……"[2]

该案中,被告虽然认为原告不当行使授权,公司多次被行政处罚,但是其提交的证据只能证明云河药业在被告担任董事长期间两次受到行政处罚,故被告的答辩无事实依据;被告虽然认为3份协议中掺杂了大量对其不利条款、剥夺了其股东权利,但是协议内容系被告自愿作出的授权,不违反法律的禁止性规定,故被告的答辩意见无法律依据。因该案不存在法定解除合同的情形,故被告发出的通知函不因原告收悉而发生解除合同的效力。

2.《上市公司收购管理办法》第83条规定:"本办法所称一致行动,是指投资者通过协议、其他安排,与其他投资者共同扩大其所能够支配的一个上市公司股份表决权数量的行为或者事实。在上市公司的收购及相关股份权益变动活动中有一致行动情形的投资者,互为一致行动人……"

该案中,原告、被告在2015年签订《一致行动协议》时,具有将云河药业上市交易或与相关上市公司合作的目的;虽然云河药业后未能上市,但是双方在该协议基础上,于2017年第二次签订《一致行动协议》,于2019年再次签订《一致行动人协议》且被告出具《委托书》,主要目的在于确保对云河药业经营管理决策的一致性,解决实际控制人的问题,保障公司持续稳定发展。《合同法》第410条规定:"委托人或者受托人可以随时解除合同……"[3]该条规定的委托人的任意解除权并非效力性强制性规定,当事人可以通过约定来排除对该条款的适用。

该案中,原告、被告均系云河药业的大股东,被告与原告签订3份协议及出具《委托书》时,不只是考虑双方关系良好,而是更多地考虑双方之间的经济利益和原告的经营管理能力;被告虽然主张3份协议系授予股东权利为主的无偿委托合同,但是双方"在公司经理管理决策、在股东大会上需行动一致"等约定,已超出无偿委托合同的范畴,具有较强的商业属性。被告在5年间与原告签订3份协议并出具《委托书》,说明其对约定内容有明确、清楚的认知,3份协议中"本协议在刘某作为公司股东期间持续有效""非经双方协商一致任何一方不得单

---

[1] 现为《民法典》第563条,即"有下列情形之一的,当事人可以解除合同:(一)因不可抗力致使不能实现合同目的;(二)在履行期限届满前,当事人一方明确表示或者以自己的行为表明不履行主要债务;(三)当事人一方迟延履行主要债务,经催告后在合理期限内仍未履行;(四)当事人一方迟延履行债务或者有其他违约行为致使不能实现合同目的;(五)法律规定的其他情形。以持续履行的债务为内容的不定期合同,当事人可以随时解除合同,但是应当在合理期限之前通知对方"。

[2] 现为《民法典》第565条,即"当事人一方依法主张解除合同的,应当通知对方。合同自通知到达对方时解除;通知载明债务人在一定期限内不履行债务则合同自动解除,债务人在该期限内未履行债务的,合同自通知载明的期限届满时解除。对方对解除合同有异议的,任何一方当事人均可以请求人民法院或者仲裁机构确认解除行为的效力。当事人一方未通知对方,直接以提起诉讼或者申请仲裁的方式依法主张解除合同,人民法院或者仲裁机构确认该主张的,合同自起诉状副本或者仲裁申请书副本送达对方时解除"。

[3] 现为《民法典》第563条。

方变更或解除本协议"的约定和《委托书》中"委托期限至刘某不持有股份之日止"的承诺,正是为了防止单方行使任意解除权给履行合同带来的风险,体现了合同当事人的意思自治原则,不损害国家、集体或第三人的利益,不违反法律规定,在双方对合同解除条件进行特别约定时,即已表明用约定排除了对《合同法》第410条[1]的适用。

被告提交的证据既不能证明3份协议及《委托书》存在法定或约定解除的情形,也不能证明发生了双方在签订协议时无法预见的重大变化和导致合同目的不能实现的情形,故被告作出的通知函没有事实和法律依据。

三、表决权委托协议未改变股权的归属,不能排除第三人对股权的强制执行

案例6 "前海公司诉汇晟公司等外人执行异议之诉案"[(2016)粤01民初257号]。

2015年12月10日,前海公司与练某签订《借款协议》,练某向前海公司借款3亿元,期限为1年。基于此,博融公司、练某和前海公司签订《表决权委托协议》和《表决权委托协议之补充协议》,将博融公司、练某持有的零七股份公司股份对应的全部表决权统一委托给前海公司行使。截至本报告签署日,前海公司的一致行动人陈某直接持有零七股份公司7,087,715股股份,占零七股份公司总股本的3.07%,同时前海公司通过表决权受托的方式获得博融公司持有零七股份公司15.17%股份和练某持有零七股份公司10.82%股份所对应的表决权,因此前海公司合计拥有零七股份公司29.06%股份所对应的表决权,吴某松和陈某夫妇成为零七股份公司的实际控制人。

前海公司按照相关规定于2015年12月29日在深圳证券交易所网站公告了《详式权益变动报告书》,履行了相应的信息披露义务。

2016年3月,汇晟公司向广州市中级人民法院申请执行博览中心、练某1、练某和博融公司的财产,案号为(2015)穗中法执字第4276号,该案冻结了博融公司、练某持有的零七股份公司的股份并且准备拍卖该股份。前海公司2016年3月23日向执行法院提出书面异议,要求解除冻并中止执行结涉案股份。

广东省广州市中级人民法院认为:该案为前海公司提起的案外人执行异议之诉。根据《最高人民法院关于适用〈中华人民共和国民事诉讼法〉的解释》(以下简称《民诉法解释》)第311条的规定,案外人提起执行异议之诉的,案外人应当就其对执行标的享有足以排除强制执行的民事权益承担举证证明责任。该案中,该院依法冻结的零七股份公司股份均分别登记在练某、博融公司名下,仍属于练某、博融公司的财产范围。现前海公司主张其对该部分股权享有民事权益,虽提供了《借款协议》《表决权委托协议》等证据,但上述证据仅能反映其与练某之间存在借款关系,及其与练某、博融公司之间存在委托关系,而前海公司基于《表决权

---

[1] 现为《民法典》第563条。

委托协议》的约定亦仅是以受托人的身份代为行使涉案股权对应的表决权,并不因此改变涉案股份的权利归属,更不足以排除他人对涉案股权的强制执行措施。至于前海公司提出涉案股份的执行可能导致零七股份公司重组失败及其自身债权无法实现的问题,均不构成可对抗强制执行措施的法定事由。因此,前海公司要求解除冻结博融公司、练某持有的涉案股权并予以中止执行,缺乏事实和法律依据,该院不予支持。

四、基于民法上公平原则以及权利义务相一致原则,股东违反表决权委托协议时的赔偿数额应依据实际损失以及预期可得利益来计算

案例 7 "广东顺控城投置业有限公司(以下简称顺控城投公司)与陈某、佛山市中基投资有限公司(以下简称中基公司)、广州博辉投资有限公司(以下简称博辉公司)合同纠纷案"[(2019)粤 06 民初 139 号]。

2018 年 12 月 16 日,中基公司作为甲方,博辉公司、顺控城投公司作为乙方,陈某作为丙方共同签署了一份《表决权委托协议》。该协议主要约定,中基公司将持有的欧浦智网公司 315,765,049 股股份所对应的全部表决权、召集权、提名权、提案权、参会权、监督建议权以及除收益权和股份转让权等财产性权利之外的其他权利不可撤销地委托博辉公司、顺控城投公司行使……中基公司承诺,对于中基公司及其一致行为人所持有的授权股份之外的剩余股份的表决权予以放弃,在授权股份表决权委托博辉公司、顺控城投公司行使期间,中基公司不得撤销对剩余表决权的放弃。

《表决权委托协议》第 6 条约定:"本协议履行之中,因甲方违反本协议约定,导致乙方无法有效行使本协议项下约定权利的,甲方应当向乙方支付 2 亿元(大写人民币贰亿元整)的违约金。如违约金不足以覆盖因甲方违约导致的乙方的损失的,甲方应全额赔偿乙方的损失。乙方因追究甲方的违约责任而产生的诉讼费、公告费、保全费、执行费、律师费等一切费用,由甲方承担。"之后,中基公司向欧浦智网公司下发了关于《表决权委托协议》失效的函,表示解除《表决权委托协议》。顺控城投公司主张中基公司单方解除《表决权委托协议》构成违约,中基公司应向顺控城投公司支付违约金 2 亿元。

广东佛山市中级人民法院的观点如下:

该案为合同纠纷。当事人签订的《表决权委托协议》是当事人的真实意思表示,内容没有违反法律法规的强制性规定,本院对上述合同的效力予以确认。中基公司主张《表决权委托协议》第 5 条、第 6 条的约定应属无效条款,缺乏事实及法律依据,本院不予支持。综合顺控城投公司与中基公司的其他诉辩意见,本案的争议焦点为顺控城投公司请求中基公司向其支付 2 亿元违约金是否有充分的依据。对此,本院具体分析如下。

该案中,在涉案《表决权委托协议》成立并生效后,中基公司向欧浦智网公司发函称该协议未通过中基公司董事会和股东会同意,并确认该协议失效并解除。该事实表明,中基公司

以单方行为终止了涉案《表决权委托协议》的履行，该行为确实违反了涉案《表决权委托协议》的相关约定。基于该违约事实，顺控城投公司根据涉案《表决权委托协议》第6条的约定，要求中基公司向其支付2亿元违约金。

从涉案《表决权委托协议》第6条约定的内容分析，该条约定的违约情形应当是指在顺控城投公司行使涉案协议项下权利过程中，因中基公司的违约行为导致顺控城投公司无法有效行使相关权利。但是应当指出的是，从顺控城投公司、博辉公司发出通过同意涉案《表决权委托协议》生效至欧浦智网公司发布公告确认涉案《表决权委托协议》失效并解除，时间相隔仅为10天左右，而该案并无有效证据显示顺控城投公司在如此短的时间之内已实际开始行使上述协议项下的权利。

因此，从涉案《表决权委托协议》的实际履行情况来看，中基公司的违约行为并不完全符合涉案《表决权委托协议》第6条约定的违约情形，顺控城投公司根据涉案《表决权委托协议》第6条的约定要求中基公司向其支付2亿元违约金，依据不足。而且，认定当事人主张的违约金是否合理，一般应当以《合同法》第113条[1]规定的损失为基础进行判断，而该条规定的损失是指违约所造成的损失，包括合同履行后可以获得的利益。

该案中，顺控城投公司在庭审中确认并未就涉案《表决权委托协议》约定权利向中基公司支付金钱性的对价，如前所述，涉案《表决权委托协议》在生效后较短时间内就宣告解除，顺控城投公司在该案中亦未提供任何证据证明其在如此短时间内因履行涉案《表决权委托协议》产生了具体的经济损失。中基公司、欧浦智网公司的经营已经陷入困境，而该案并无有效证据显示顺控城投公司继续履行涉案《表决权委托协议》将确定可以获得盈利的经济收益。

换言之，从该案目前的情况来看，并不足以认定顺控城投公司产生了预期可得利益损失。因此，在没有证据证明顺控城投公司因中基行为的违约行为已产生相关损失的情况下，顺控城投公司向中基公司主张2亿元违约金，理由并不充分。另外，公平原则和权利义务相一致原则均是民法上的重要原则，《民法总则》第4条[2]和《合同法》第5条[3]亦明确规定，当事人应当遵循公平原则确定各方的权利和义务。

该案中，虽然顺控城投公司在庭审期间解释称涉案《表决权委托协议》是一份关于欧浦智网公司控制权的限制性协议，目的是顺控城投公司日后受让中基公司所持相关股份做好前期准备工作，但就该协议的内容本身而言，协议条款多体现为对顺控城投公司权利的保障，而对顺控城投公司相应义务的约定则相对不足。

---

[1] 现为《民法典》第584条，即"当事人一方不履行合同义务或者履行合同义务不符合约定，造成对方损失的，损失赔偿额应当相当于因违约所造成的损失，包括合同履行后可以获得的利益；但是，不得超过违约一方订立合同时预见到或者应当预见到的因违约可能造成的损失"。

[2] 现为《民法典》第4条。

[3] 现为《民法典》第6条。

在无充分证据证明顺控城投公司为履行该协议已实际支付对价或因该协议的解除产生实际经济损失的情况下,仅凭涉案《表决权委托协议》第 6 条的约定判令中基公司向顺控城投公司支付 2 亿元违约金,将导致顺控城投公司、中基公司之间的权利义务关系出现极大的不平衡,不仅损害中基公司的正当利益,也会严重损害中基公司其他债权人的合法权益,明显不符合公平原则和权利义务相一致原则。

综上所述,顺控城投公司请求中基公司向其支付违约金 2 亿元,依据不足,该法院不予支持。在此情况下,顺控城投公司基于实现违约金债权为由提出的要求中基公司承担相关律师费、财产保全费等费用的诉讼请求不能成立,该院亦不予支持。同理,对顺控城投公司提出的要求陈某对中基公司的涉案债务承担连带清偿责任的诉讼请求,该院均不予支持。

实务建议

1. 司法并不否认一致行动协议的效力,但是关于其履行有很大争议

通过检索案例发现,原则上若股东之间签订一致行动协议,不能强制违约股东履行该协议,只能通过违约损害赔偿弥补守约方的损失。若一致行动协议的一方主体为公司,并且通过公司董事会或者股东会决议,则股东违反一致行动协议的情形下,公司股东会可强制将违约股东的投票按照一致行动协议的约定统计。

2. 表决权委托是否能够单方解除的问题,司法实践中存在不同观点

表决权委托不同于普通的委托合同,其涉及公司的稳定性以及其他股东等多方的利益,因此不能赋予委托股东任意解除权。特别是在公司进行重组、上市时,若股东可任意解除表决权委托合同就极有可能对公司造成重大损失。

在股东违约解除表决权委托协议时,守约方股东能够主张的违约损害赔偿的范围是实际损失,包括预期可得利益。在守约方股东未能证明自己有实际损失,即使约定高额违约金,也不能主张违约损害赔偿。

3. 在股权被强制执行,受让股权的新股东是否要继续承担表决权委托的义务

对于该问题我们并未检索到案例。但是从理论上来说,表决权委托协议若仅仅是股东之间签订并未载入公司章程,第三人没有其他途径知晓其将要继受的股权属于不完整股权的,根据合同的相对性以及商事外观主义,不能要求新股东承继原股东在表决权委托协议中的义务。

第二节　股东会能否对董事会决议事项进行表决

股东会和董事会两机构的职权配置是现代公司治理的核心问题之一。依照公司代理理论,董事会属于股东会的代理机构,董事会的权力源于股东会授权,因此股东会当然可以通过股东会决议行使董事会的职权。根据公司契约理论,董事会处于公司这一契约网的核心位置,其权力来源并非股东会授权,因此股东会不得随意干涉董事会的决定。这也是近来公司法修改中关于我国公司治理是采取股东会中心主义还是董事会中心主义的争论所在。2021年12月发布的《公司法(修订草案)》和2022年12月30日发布的《公司法(修订草案二次审议稿)》中关于董事会职权的规定其实是有意扩大了董事会的职权范围,与国际上通行的董事会中心主义靠拢。

但是,2022年12月30日发布的《公司法(修订草案二次审议稿)》以及2023年9月1日《公司法(修订草案三次审议稿)》又改变了2021年12月发布的《公司法(修订草案)》中对于董事会职权的规定方式,又回到此前《公司法》列举董事会职权的模式。

我国《公司法》第37条以及第46条分别对有限责任公司股东会和董事会的职权配置作了规定,并且两条文都规定两会还可就其他职权在公司章程中进行约定。问题在于公司法规定股东会与董事会之间的职权能否相互僭越?股东会能否行使法律规定或者公司章程约定的由董事会行使的职权?股东会能否将其法定职权授予董事会行使?对于上述问题公司法并未加以明确规定。下文拟从上述问题出发,梳理归纳相关案例,分析法院对于上述问题的裁判观点,为公司机构的规范运行提供经验参考。

一、股东不认可董事会作出的决议,能否推翻

案例1 "袁某等诉黄某等公司利益责任纠纷案"[(2017)最高法民申1794号]。

珠峰商贸公司《公司章程》中载明:股东大会行决定公司经营方针和投资计划。《公司章程》第27条规定:应由公司股东大会作出决议的重大事项为:对公司资产的全部或者部分(300万元以上)的出让、折价投资、合资开发、抵押贷款等(公司自主对公司资产开发,由董事会决定并向股东大会报告,不受上述金额限制)。《公司章程》第29条规定:董事会对股东大会负责,行使下列职权……制订公司经营计划和投资计划。

2004年10月18日和20日,珠峰商贸公司作出两次董事会决议,决定在石棉县投资建设黄磷生产厂。两次董事会决议上均由黄某等5名公司董事签名,并加盖了公司印章。之后,部分股东认为黄某等人违反了公司法及公司章程,违法动用公司巨额资金超千余万元,私下设立珠峰石棉磷化分公司,挪用款项至今未归还,书面请求公司监事以监事身份提起诉讼,在监事拒绝提起诉讼后,部分股东遂以股东代表身份向一审法院提起诉讼。

该案经过两审审理后,二审法院认为黄某等5名董事分别于2004年10月18日、20日召开董事会,一致表决同意公司自主投资建立珠峰石棉磷化分公司,属于对《公司章程》第27条规定的"公司自主对公司资产开发"事项的表决,系在《公司章程》规定的董事会权限范围内行使权利,该决议内容及会议召集程序与表决程序均不违反法律、行政法规及公司章程的规定。

再审中,原告股东主张二审以《公司章程》第27条作为定案依据属于适用法律错误,并主张《公司章程》第27条因违反《公司法》第37条、第46条强制性规定而无效。

最高人民法院再审的观点如下:

《公司法》第37条、第46条分别是有关股东会和董事会职权的相关规定,并不属于效力性强制性规定。根据《公司法》第4条规定,公司股东依法享有选择管理者的权利,相应地该管理者的权限也可以由公司股东会自由决定,《公司法》并未禁止有限责任公司股东会自主地将一部分决定公司经营方针和投资计划的权力赋予董事会。故珠峰商贸公司《公司章程》第27条有关应由股东大会作出决议的重大事项中"公司自主对公司资产开发,由董事会决定并向股东大会报告,不受上述金额(300万元)限制"的例外规定,并不存在因违反法律、行政法规的强制性规定而无效的情形。

《公司章程》系由公司股东共同制定,在未被依法撤销之前,不仅对公司具有约束力,公司股东、董事、监事、高级管理人员也应严格遵守《公司章程》的规定。二审法院认定《公司章程》依法有效,并无不妥。根据《公司章程》第27条规定,黄某等5名董事通过召开董事会形成决议,决定设立珠峰石棉磷化分公司,并未违反《公司章程》中有关董事会职权的规定。

二、修改公司章程、增加或者减少注册资本的决议,以及公司合并、分立、解散的决议有且只有公司股东会才有决定权,股东会不得将该职权授予董事会行使

案例2 "徐某等诉报业宾馆公司公司决议效力确认纠纷案"[(2015)黔高民商终字第61号]。

2009年10月19日,原告徐某与第三人报业公司为设立被告报业宾馆共同拟定了《报业宾馆公司章程》,该章程第7条规定:宾馆设董事会,行使下列权利:(1)决定宾馆的经营方针和投资计划;(2)决定总经理、副总经理的报酬事项;(3)选择和更换由股东派出的监事;(4)审议批准宾馆总经理的报告;(5)审议批准宾馆监事会的报告;(6)审议批准宾馆的年度财务预算方案、决算方案;(7)审议批准宾馆的利润分配方案和弥补亏损方案;(8)对宾馆增加或者减少注册资本作出决议;(9)对股东向股东以外的人转让出资作出决议;(10)对宾馆合并、分立、变更、解散和清算等事项作出决议;(11)修改宾馆章程;(12)制定宾馆的基本管

理制度。

该章程第32条规定:宾馆有下列情况之一,可以解散:(1)宾馆章程规定的营业期限届满;(2)董事会决议解散;(3)宾馆合并或者分立需要解散;(4)宾馆违反法律、行政法规被依法责令关闭;(5)因不可抗力事件致使宾馆无法继续经营;(6)宣告破产。

原告徐某认为《报业宾馆公司章程》第7条规定了应由股东行使的权利,该章程第32条第2款也规定了董事会有权通过决议方式对报业宾馆进行解散等应由股东行使的权利,违反了公司法的强制性规定,侵犯了股东的合法权益。原告多次与第三人协商对该条款进行调整和规范,无法达成一致意见,故诉请确认《报业宾馆公司章程》第7条、第32条第2款无效。

贵州省高级人民法院的观点如下:

公司章程是由公司发起人或全体股东共同制定的公司基本文件,也是公司成立的必备性法律文件,主要体现股东意志。《公司法》第11条规定"设立公司必须依法制定公司章程",表明公司章程具有法定性,即它不仅是体现股东的自由意志,也必须遵守国家的法律规定。只要公司章程不违反国家强制性的、禁止性的法律规定,司法一般不应介入公司章程这种公司内部事务,即使司法要介入,也应保持适当的限度,即适度干预。

该案所涉公司章程规定了包括股东在内相应人员的权利和义务,对相应人员具有约束力,从有权利即有救济的角度看,如果股东认为公司章程的内容有违法或侵犯股东权利的情形,股东应有权通过诉讼维护自己的合法权利。因此,上诉人请求确认公司章程部分内容无效的权利是存在的,被上诉人报业宾馆和第三人报业公司认为"上诉人诉请确认公司章程部分无效没有法律依据"的理由不成立。

在确认上诉人徐某享有相关的诉权后,该案的争议焦点在于报业宾馆章程内容是否部分无效。《公司法》第38条、第47条分别以列举的形式规定了股东会和董事会的职权,从这两条法律规定来看,董事会、股东会均有法定职权和章程规定职权两类。无论是法定职权还是章程规定职权,强调的都是权利,在没有法律明确禁止的情况下,权利可以行使,可以放弃,也可以委托他人行使。

但《公司法》第43条第2款规定"股东会会议作出修改公司章程、增加或者减少注册资本的决议,以及公司合并、分立、解散或者变更公司形式的决议,必须经代表三分之二以上表决权的股东通过"。

从此条规定中的法律表述用语"必须"可以看出,修改公司章程、增加或者减少注册资本的决议,以及公司合并、分立、解散的决议有且只有公司股东会才有决定权,这是股东会的法定权利。《报业宾馆公司章程》第7条第8项、第10项、第11项,第32条第2项将股东会的法定权利规定由董事会行使,违反了上述强制性法律规定,应属无效。因此,被上诉人报业宾馆和第三人报业公司关于"该授权不违反《公司法》的强制性规范"的辩解理由不成立,上诉人的上诉请求部分应予支持。

三、股东会无权就董事会职权范围内的事项进行表决

案例3 "王某与加新华公司公司决议撤销纠纷案"[(2019)粤0402民初2942号]。

加新华公司共有7位股东。2018年12月25日,加新华公司在董事张某的召集下召开股东会,作出临时股东会会议记录,除广东三建外,另外6位股东或股东代理人参加会议,会上对21个议案进行表决。王某及崔某在会议上对21个议案详细阐述了反对意见及理由并投反对票,合计占加新华公司股权的28%;另外4位股东对21个议案投赞成票,合计占加新华公司股权的57%。

王某认为2018年12月25日加新华公司的股东会决议(包括就21个议案形成的所有决议)违反了加新华公司章程,应予撤销。

广东省珠海市香洲区人民法院的观点如下:

加新华公司于2018年12月25日作出的股东会决议,共对21项议题作出决议。根据《公司法》第37条的规定及加新华公司的公司《章程》第25条的规定,属于股东会行使职权范围的议题有议题1至议题4;不符合股东会行使职权范围的议题有议题5至议题21。

股东会仅能就法律和公司章程授权的议题进行表决,无权超越法律和公司章程规定的职权范围对相关议题作出决议。

据此,王某要求撤销加新华公司股东会于2018年12月25日对议题5至议题21作出的决议,符合法律规定,该院予以撤销。以上议题属于董事会职权决定的事情。根据加新华公司的公司《章程》第24条第8项规定,董事会行使"决定公司内部管理机构的设置"的职权,但该内设机构是在公司的法定组织机构之外设立的机构,董事会决定设定的内设机构的职权不得与法定组织机构的职权相冲突,而议题6授予了"首席执行官"的职务职权范围包括了董事会行使的权利,甚至股东会行使的权利,违反法律的强制性规定,其授权内容为无效授权。

四、改选公司董事、监事人选属于对公司章程的修改事项,改选决议应该达到修改章程所要求的通过比例

还是在上述(2019)粤0402民初2942号案例中,广东省珠海市香州区人民法院认为,股东会的议事方式和表决程序,除公司法规定以外,由公司章程规定,因此公司法的相关规定为强制性法律规定,公司章程仅能在法律之外或根据法律授权作出补充规定。公司法对公司章程的修改作出"必须经代表三分之二以上表决权的股东通过"的下限规定,加新华公司的公司《章程》第20条规定修改公司章程必须经全体股东通过,符合法律的规定,因此加新华公司的公司《章程》的修改必须经全体股东通过。

对于议题2、议题3、议题4,该3项议题为改选公司董事会、监事人员的决议,以及修改公

司章程记载的董事、监事、法定代表人具体人员的内容。以上议题涉及需要修改公司章程才能成立,根据加新华公司的公司《章程》第20条的规定,修改公司章程的决议必须经全体股东通过,因此该决议的成立应当由全体股东通过,而同意以上3项议题的股东持有的股权为57%,违反公司章程关于修改公司章程的规定,王某要求撤销该3项股东会决议符合法律规定,该院予以支持。

五、股东会在不违反法律、行政法规的强制性规定的前提下,对不属于其决议范围内的事项作出决议,损害股东权益的,股东可主张其他方式的救济

案例4 "黄某、方行有限公司公司决议效力确认纠纷案"[(2019)粤01民终8795号]。

方行有限责任公司(以下简称方行公司),法定代表人吴某,股东有吴某、黄某、梁某、李某4人。

方行公司2017年度及2018年第一次股东会会议议程载明"听取并审议各项报告和议案",其中内容包括关于股东黄某有到期债务未履行清偿的情况通报的议案,以及关于股东黄某存在竞业禁止行为的情况通报的议案。两议案均以同意3票、反对1票通过。

股东黄某对股东会召开的程序没有异议,但是认为方行公司股东会的决议内容违法,要求确认股东会决议无效。

广州市中级人民法院的观点如下:

黄某提起的是公司决议效力确认纠纷,主张确认公司股东会决议无效。根据《公司法》第22条第1款规定,公司股东会或者股东大会、董事会的决议内容违反法律、行政法规的无效。该规定所指的违反法律、行政法规应理解为违反法律、行政法规的效力性强制性规定。因此,公司股东会决议无效的前提是决议内容违反了法律、行政法规的效力性强制性规定。

该案黄某起诉主张的6项公司股东会决议并不存在上述违反法律、行政法规的效力性强制性规定的情形,其主张该6项公司股东会决议无效缺乏依据,原审法院不予支持并无不当。其中"关于股东黄某有到期债务未履行清偿的情况通报"和"关于股东黄某存在竞业禁止行为的情况通报"的两项"公司股东会决议",从内容看并不属于公司股东会决议的范围,不应在公司股东会进行讨论,如黄某认为该两项"公司股东会决议"侵害了其权利,可另寻其他途径主张。

六、公司法以及公司章程均未规定股东会可以对其股东与案外人的债权债务作出决议的情况下,股东会不得就该事项作出决议,该决议可撤销

案例5 "竹艺公司与何某等公司决议撤销纠纷上诉案"[(2017)闽08民终357号]。

竹艺公司和茗匠公司的股东同为何某、倪某等9人。茗匠公司为旅游公司的唯一股东。

2016年5月18日，竹艺公司召开公司临时股东会。会议作出了8项决议，其中第2项决议内容确认了公司股东倪某与案外人李某1、李某2之间具体的债权债务关系及其具体金额。第3项决议内容涉及其他公司的债务抵偿及财产处置等问题。

倪某认为上述股东决议，无权对其债务进行单方确认和处理，其所欠李某2、李某1的借款的具体金额数出入甚大，需债权人、债务人通过民事诉讼予以确认。

一审判决认定股东会超越了公司章程规定职权范围没有法律依据，其决议可撤销。竹艺公司不服一审判决提起上诉。

广东省东莞市中级人民法院的观点如下：

公司股东会应当依法并依章程规定行使职权。《公司法》第37条规定了股东会行使的11项职权，其中包含了公司章程规定的职权。该案中，根据一审、二审查明的事实，竹艺公司于2016年5月18日召开股东会时，在股东会作出的决议中，第二项内容确认了公司股东倪某与案外人李某1、李某2之间具体的债权债务关系及其具体金额，但该债权债务关系及其具体金额既未经当事人本人确认，也未经生效法律文书以确认。

同时，《公司法》第37条关于股东会行使的11项职权和竹艺公司的章程中，均未规定公司股东会可以确认股东与案外人之间的债权债务关系。因此，该项股东会决议内容既无法律依据，又无章程依据，侵害了相关当事人的合法权益，原一审法院认定该项决议内容无效并判决予以撤销正确。

2016年5月18日的股东会议决议第3项内容，涉及其他公司的债务抵偿及财产处置等问题，基于上述第2项决议涉及的债务未经当事人本人确认的问题，本项债务抵偿亦没有法律依据和合同依据；同时，旅游公司的组织形式为一人有限责任公司（法人独资），其股东为茗匠公司，而竹艺公司并非旅游公司的股东，无权对旅游公司的债务抵偿及财产处置等问题作出处理，而应当由旅游公司召开股东会后以旅游公司名义自行作出，而不应当由竹艺公司股东会作出决议。因此，一审法院认定该股东会决议第3项内容也属超越股东会职权的行为正确。

实务建议

1. 股东会能否行使法律规定或者章程约定由董事会行使的职权

《公司法》第37条对股东会的职权作了规定，该条最后一款规定了其他情形下股东会可以行使的职权范围，公司章程也可对股东会的其他职权进行约定。因此，股东会的权力源于法律和公司章程的规定，除法律规定的法定职权外，公司可以根据经营管理的需要通过公司章程的规定授予股东会其他职权，即股东会无权在法律法规和公司章程的规定之外行使权力,股东会不能越权行使法律和公司章程授予董事会等法定职能机构的职权,否则可能构成滥用权力,如在案例3中法院认为股东会对本应由董事会决议的事项进行决议,所形成的决议可撤销。

此外,股东会的决议内容虽然不违反法律、行政法规的强制性规定,但是其决议事项不属于法律规定和章程约定的股东会的职权范围,股东不可就该决议提起确认无效之诉。另外,股东会就法律和章程均没有规定的事项进行决议,且该决议明显是对他人事项的干涉,该决议可撤销。

2. 股东会能否将其法定职权授予董事会行使

根据上述案例,最高人民法院以及贵州省高级人民法院都认为《公司法》第37条以及其第46条的规定并非效力性强制性规定,股东会可以将自己的法定职权通过公司章程授予董事会行使,比如股东会可以将一部分决定公司经营方针和投资计划的权力赋予董事会。

但是,《公司法》规定的修改公司章程、增加或者减少注册资本的决议,以及公司合并、分立、解散的决议有且只有公司股东会才有决定权,股东会不得将该职权授予董事会行使。

综上,除了必须由股东会决议的事项外,股东会可将其他非必须事项的决定权下放,且一旦下放,就不能再收回,除非修改公司章程。对公司章程的修改,《公司法》规定了2/3表决权的下限,公司章程可以提高该表决权比例,如在上述案例3中,章程就规定全体股东一致通过才可修改公司章程。需要注意的是,改选董事、监事也属于对章程的修改事项,应达到修改章程的决议通过比例。

第三节 股东自行召集股东会会议是否一定要经过董事会召集的前置程序

根据我国《公司法》的规定,有限责任公司中股东会会议的召集和主持由董事会召集,董事长主持;董事长不能履行职务或者不履行职务的,由副董事长主持;副董事长不能履行职务或者不履行职务的,由半数以上董事共同推举一名董事主持。有限责任公司不设董事会的,股东会会议由执行董事召集和主持。董事会或者执行董事不能履行或者不履行召集股东会会议职责的,由监事会或者不设监事会的公司的监事召集和主持;监事会或者监事不召集和主持的,代表1/10以上表决权的股东可以自行召集和主持。从公司法的规定来看,股东会会议的召集和主持程序具有严格的顺序规定,公司法为股东自行召集股东会会议设置了董事会召集这一前置程序。

但是,若董事会成员低于法定人数,股东能否越过董事会而自行召集和主持股东会会议?如果全体股东均提议要召开股东会,可否不经过董事会召集?董事会"召集"的具体含义是什么?这些问题在《公司法》条款上并没有明确规定,但是在实务中此类问题却时有发生。

一、董事会和监事会不履行召集临时股东大会职责的,有权股东可自行召集临时股东大会

案例1 "大连三德公司、铁岭银行公司民事纠纷案"[(2019)辽民申4100号]。

铁岭银行公司召集临时股东大会并作出股东会决议,现另一股东就决议的效力提出异议。争议的焦点之一是临时股东大会的召集程序是否符合法律规定?

辽宁省最高人民法院的观点如下:

《公司法》第101条规定:"股东大会会议由董事会召集,董事长主持;董事长不能履行职务或者不履行职务的,由副董事长主持;副董事长不能履行职务或者不履行职务的,由半数以上董事共同推举一名董事主持。董事会不能履行或者不履行召集股东大会会议职责的,监事会应当及时召集和主持;监事会不召集和主持的,连续九十日以上单独或者合计持有公司百分之十以上股份的股东可以自行召集和主持。"

铁岭银行公司《章程》第53条规定:"有下列情形之一的,本行在事实发生之日起两个月以内召开临时股东大会:(一)董事人数不足公司法规定的最低人数五人时,或不足本章程规定人数三分之二时……"

本案中,铁岭银行公司于2015年12月末董事会、监事会成员任期均已经届满,并且董事人数已不足公司章程规定人数的2/3,铁岭银行公司的董事会和监事会并未在法定期限内召集召开股东大会或临时股东大会。据此,原中国银行业监督管理委员会铁岭监管分局于2017年2月24日向铁岭银行下发《中国银行业监督管理委员会铁岭监管分局监管意见书》(监管意见书[2017]1号),明确要求铁岭银行在2017年3月末前召开股东大会落实解决相关问题。

此后,铁岭银行公司的董事会和监事会仍然未能在规定的期限内召开临时股东大会,以上事实足以表明铁岭银行公司的董事会和监事会不能正常履行职责及不按规定召开临时股东大会,严重影响了铁岭银行公司的正常运行。在此情况下,有权股东自行提议召开临时股东大会符合法律和公司章程的规定。铁岭银行公司的副董事长孙某升在董事长郝某毅被双规后行使董事长的权利和义务主持此次会议也符合相关规定。

二、"董事会召集"应当理解为以董事会的名义通知会议召开、安排会务等，并非指股东会会议的召开须经董事会决议

案例2 "周某与甲公司决议撤销纠纷上诉案"[（2013）沪一中民四（商）终字第810号]。

甲公司登记股东为神火公司、北京城建公司，周某等。

2012年8月15日，神火公司向甲公司董事会发出《关于召开2012年第一次临时股东会的提议》，提议召开2012年第一次临时股东会，请董事会对会议予以安排。

2012年8月20日，甲公司董事会向包括周某在内的甲公司各股东发出会议通知。该通知由甲公司董事长李某签发，并加盖了甲公司董事会的印章。而后会议如期召开，周某以股东会召集程序违法为由要求撤销系争股东会决议。

上海市第一中级人民法院的观点如下：

根据我国《公司法》的规定，有限责任公司股东会由全体股东组成，股东会是公司的权力机构，当依法行使职权。《公司法》还规定，有限责任公司设立董事会的，股东会会议由董事会召集董事长主持。董事会召集，是指以董事会的名义通知会议召开，安排会务等。

该案中，甲公司于2012年9月17日召开的2012年临时股东大会，系由大股东神火公司于2012年8月15日，向甲公司董事会提议，并由甲公司董事会于2012年8月20日向公司各股东发出书面会议通知，列明了会议时间、地点和参加人员等内容。该会议通知由甲公司董事长李某签发，并加盖了甲公司董事会的印章，显然不是董事长的个人行为。至于公司董事会内部的工作规则，相关法律不可能事无巨细地作出规定，董事会决议并非股东会召开与否的法定前置程序。

甲公司的4名董事于原审审理中补充提交了关于公司大多数董事对于涉案临时股东大会召集事宜意见的情况说明，并不存在违法情形，原一审法院予以采信，亦无不妥。

上诉人周某某收到了该会议通知，并已出席了该次甲公司临时股东大会，其于会后认为该次会议存在召集程序违法的情形，由此要求撤销涉案股东会决议的诉求，并未能提出充分确凿的证据佐证，其对于法律规定及公司章程规定的理解，存在认识上的偏差。

甲公司召开的2012年临时股东大会在召集程序上并不存在违反法律规定及公司章程规定的情形，原一审法院的相关认定，该院予以认可。

三、全体股东提议召开临时股东会议，虽存在未经董事会召集和主持的瑕疵，但是股东会决议系全体股东的真实意思表示，应认定合法有效

案例3 "南京市金陵轧钢联合公司、江苏冷弯型钢协会诉王某履行董事会、股东会决议案"[（2003）宁民二终字第17号]。

金星公司的两股东为该案的两原告，王某为金星公司董事长、总经理。2002年4月15日

金星公司两股东(该案两原告南京市金陵轧钢联合公司、江苏冷弯型钢协会)召开股东会,作出了撤销王某作为金星公司董事、董事长及总经理职务的决议。该决议生效后,王某拒不履行股东会决议,故两原告诉至法院要求判令王某交还金星公司的相关公章证照。被告王某辩称:以董事会、股东会决议的形式解除其职务,因会议未经其召集,违反了《公司法》的规定,故请求法院判令决议无效,驳回两原告的诉讼请求。

南京市中级人民法院的观点如下:

金星公司2002年3月25日的董事会是金星公司丁某、严某两位董事提议召开的,董事会召开前电话通知王某参加,王某未参加。此次董事会虽存在未经王某召集和主持等程序性瑕疵,但程序上轻微瑕疵,不足以认定该董事会决议无效。故金星公司2002年3月25日董事会决议免去王某金星公司董事长、总经理职务是合法有效的。

四、证据不足以证明董事会不履行召集股东会会议职责,监事直接召集和主持股东会违反公司法规定,且监事在不享有召集权的情况下召集股东会也不属于"轻微瑕疵"情形,该股东会决议可撤销

案例4 "大连港荣公司(以下简称港荣公司)、大连万鸿公司(以下简称万鸿公司)公司决议撤销纠纷案"[(2020)辽02民终5071号]。

港荣公司于2015年2月15日登记成立,股东包括万鸿公司和港和公司。法定代表人为孙某,高级管理人员为董事长兼经理孙某、董事张某、董事梁某隽、监事刘某鹏。

孙某和张某于2019年7月16日向港荣公司提交辞职报告,港荣公司表示同意。

港荣公司监事刘某鹏于2019年11月8日向万鸿公司法定代表人刘某茂邮寄港荣公司临时股东会会议通知。

万鸿公司、港荣公司法定代表人孙某及董事梁某隽提出本次临时股东会的召集程序及审议事项均违反《公司法》及《公司章程》的相关规定。

港荣公司于2019年11月25日召开股东会,监事刘某鹏主持。梁某隽代表万鸿公司在该决议单上写明:"召开程序违法,侵害股东利益,不同意决议事项。"

万鸿公司于2020年1月2日就港荣公司于2019年11月25日形成的股东会决议申请撤销。

辽宁省大连市中级人民法院的观点如下:

《公司法》第11条规定:"设立公司必须依法制定公司章程。公司章程对公司、股东、董事、监事、高级管理人员具有约束力。"因此,港荣公司及其股东、监事等均应遵守港荣公司《公司章程》。

港荣公司《公司章程》第18条规定:"……2. 股东会会议由董事会召集,董事长主持;董

事长不能履行职务或者不履行职务的,由半数以上董事共同推举一名董事主持。董事会不履行召集股东会会议职责的,由监事召集和主持。"

2019年6月25日工商变更登记后,港荣公司的董事会组成为孙某任董事长、张某及梁某隽为董事。2019年7月,孙某、张某在董事任期内分别向港荣公司提交辞职报告申请辞去董事长和董事职务,依照港荣公司《公司章程》第21条的规定,2人在改选的董事就任前仍应按照法律、行政法规和章程规定履行董事职务。港荣公司及港和公司并未提供证据佐证其曾向董事会提议召集股东会而董事会拒绝召集。况且,从孙某和梁某隽的告知函内容来看,2人也没有拒绝履行董事职务的意思表示。

港荣公司以两名董事辞职、董事会不存在、客观上无法履行董事会职责与章程相悖、与事实不符,该院不予采纳。现港荣公司提供的证据不足以证明其董事会不履行召集股东会会议职责,因此,港荣公司直接由监事召集和主持股东会违反《公司法》和港荣公司《公司章程》的规定。而且,监事在不享有召集权的情况下召集股东会也不属于《公司法解释四》第4条规定的轻微瑕疵情形。

因此,港荣公司的股东万鸿公司在决议作出的60日内请求撤销案涉股东会决议于法有据,一审法院予以支持并无不妥,该院无据调整。

五、董事会虽然已经决议解散,但在新的董事会选举就任前,董事会所作决议仍属有效

案例5 "范某、刘某某、相某某、李某、杜某、李某某与北京一得阁墨业有限责任公司(以下简称一得阁公司)公司决议效力确认纠纷案"[(2012)一中民终字第13515号]。

范某等人是一得阁公司的股东。

2011年4月19日股东会作出大部分股权转让给宋某、解散董事会、任命宋某为执行董事的决议。

2011年5月16日,一得阁公司原董事会召开会议,形成了董事会会议纪要。2011年8月12日,一得阁公司原董事会又召开会议,就公司高管聘用与公司经营事宜形成了会议纪要。

范某等人请求确认上述两次董事会决议无效并认为董事会已经解散无权作出董事会决议。

北京市第一中级人民法院的观点如下:

关于范某等人上诉认为董事会解散的问题。2011年4月19日股东会作出大部分股权转让给宋某,解散董事会,任命宋某为执行董事的决议。上述决议的内容先是决议宋某受让大部分股权,然后决议解散董事会并任命宋某为执行董事,决议内容是连贯一体的。范某不同意该股东会决议,并主张优先购买权,一得阁公司表示该决议搁置处理,现范某主张行使优先购买权的诉讼仍在进行中。

《公司法》第46第2款规定,事任期届满未及时改选或者董事在任期内辞职导致董事会成员低于法定人数的,在改选出的董事就任前,原董事仍应当依照法律、行政法规和公司章程的规定,履行董事职务。由此可见,为了公司经营管理的连续,在新的董事会选举就任前,公司治理结构要求公司原董事会继续履行职务。故范某等人认为董事会已经解散,无权作出董事会决议的上诉理由,没有法律依据,该院不予支持。

实务建议

1.具有表决权1/10以上的股东有权提议召开临时股东(大)会,无须董事会决议通过

提议召开股东(大)会是股东的权利,任何满足公司法提起召开临时股东会条件的股东均可请求召开股东会,董事会作为执行机构不能以该提议未经董事会决议而限制股东的该项权利。

2.股东自行召集和主持股东会会议需有前置程序即董事会和监事(会)均不能履行或者均拒绝履行职务,若股东自行召集和主持需对上述事实承担举证责任

股东仅有权提议召开股东会,股东会议的召集和主持程序仍需遵守公司法的规定,由现有董事会召集,董事长主持;董事会不能或者拒绝召集和主持的,由监事会召集和主持;监事会也不能或者拒绝召集和主持的,由满足条件的股东自行召集和主持。股东未能证明董事会和监事会不能履行职务的,股东会会议决议具有瑕疵,存在被撤销的风险。

但是如果公司全体股东均同意召开股东会议,虽然未经董事会的召集程序,该瑕疵一般也不会影响全体股东所作的决议的效力。因为董事会召集只是帮助股东传达召开股东会会议的意愿,防止有的股东没有被通知到位,损害其对公司的知情权和管理权的行使,如果股东均已经形成召开的合意,则可不经董事会召集。

3.原董事辞职导致董事会人数不合规定的处理

根据《公司法》的规定,董事任期届满未及时改选或者董事在任期内辞职导致董事会成员低于法定人数的,在改选出的董事就任前,原董事应继续履职,所形成的董事会决议有效。但是,如果公司股东怠于改选董事的,已辞职董事也没有继续履职的义务,可认为公司董事会已经不存在,不能以此阻止股东自行召集和主持股东会议的权利。

4.股东可在公司章程中对股东有权自行召集和主持股东会议的情形作出具体约定

基于公司章程自治,股东在未违反法律法规的情形下,可以事先对其可自行提起的股东会会议的具体情形作出约定,比如上述案例中,公司章程约定董事会或者监事会需在特定事由发生后的一定期限内召集和主持股东会会议,未作为的,股东可自行召集和主持。

5. 主张撤销股东会决议的诉讼时效期间

主张股东会会议召集程序违反公司章程应予撤销的,应在决议作出之日起60日内向法院提起撤销诉讼,超过该期限的,决议有效。

第四节 股东会是否能决议对股东处以罚款

司法尊重公司的章程自治,比如章程约定公司可对侵害公司利益的股东施以罚款措施,但是,此种自治的边界在哪里?公司章程奉行资本多数决规则,资本多数决往往是大股东说了算,那么章程就可能会成为大股东侵害小股东利益的一种合法外衣。

一、裁判要旨

公司章程关于股东会对股东处以罚款的规定,系公司全体股东所预设的对违反公司章程的股东的一种制裁措施,符合公司的整体利益,体现了有限公司的人合性特征,不违反公司法的禁止性规定,应合法有效。但公司章程在赋予股东会对股东处以罚款职权时,应明确规定处罚的标准、幅度,股东会在没有明确标准、幅度的情况下处罚股东,属法定依据不足,相应决议无效。

二、典型案例基本案情

案例来源:"南京安盛财务顾问有限公司(以下简称安盛公司)诉祝某股东会决议罚款纠纷案"[(2010)鼓商初字第174号]。

祝某系原告安盛公司的股东,祝某同时在安盛公司从事会计工作。后祝某向安盛公司提出辞职申请,并同时解除了双方的劳动关系。安盛公司经调查发现,祝某在职期间存在严重违反了公司章程的行为。

安盛公司随即召开临时股东会议,并依据《公司章程》(《公司章程》并未约定明确的处罚标准、幅度)之规定,作出了对祝某处以5万元罚款的股东会决议。

该决议作出后,祝某拒绝履行,故安盛公司诉至法院,要求祝某立即给付罚款5万元。

三、典型案例争议焦点

2009年1月5日,安盛公司临时股东会对祝某罚款5万元的决议内容是否有效?

四、典型案例法院裁判观点

江苏省南京市鼓楼区人民法院的观点如下:

1. 有限公司的股东会无权对股东处以罚款,除非公司章程另有约定

有限公司的股东会作为权力机构,其依法对公司事项所作出决议或决定是代表公司的行为,对公司具有法律约束力。股东履行出资义务后,其与公司之间是平等的民事主体,相互之间具有独立的人格,不存在管理与被管理的关系,公司的股东会原则上无权对股东施以处罚。这从《公司法》(2005年修正)第38条第1至第10项所规定的股东会职权中并不包含对股东处以罚款的内容中亦能得到体现。因此,在《公司章程》未作另行约定的情况下,有限公司的股东会并无对股东处以罚款的法定职权,如股东会据此对股东作出处以罚款的决议,则属超越法定职权,决议无效。

公司章程是公司自治的载体,既赋予股东权利,亦使股东承担义务,它是股东的行为准则,股东必须遵守公司章程的规定。该案中,原告安盛公司的《公司章程》第36条虽主要是关于取消股东身份的规定,但该条第2款明确记载有"股东会决议罚款",根据章程本身所使用的文义进行解释,能够得出在出现该条第1款所列8种情形下,安盛公司的股东会可以对当事股东进行罚款。鉴于上述约定是安盛公司的全体股东所预设的对违反公司章程股东的一种制裁措施,符合公司的整体利益,体现了有限公司的人合性特征,不违反公司法的禁止性规定,被告祝某亦在章程上签字予以认可,故包括祝某在内的所有股东都应当遵守。据此,依照《公司法》(2005年修正)第38条第11项之规定,安盛公司的股东会享有对违反公司章程的股东处以罚款的职权。

2. 有限公司的公司章程在赋予股东会对股东处以罚款职权的同时,应明确规定罚款的标准和幅度,股东会在没有明确标准和幅度的情况下处罚股东,属法定依据不足,相应决议无效

安盛公司的《公司章程》第36条第2款所规定"罚款"是一种纯惩罚性的制裁措施,虽与行政法等公法意义上的罚款不能完全等同,但在罚款的预见性及防止权力滥用上具有可比性。根据我国《行政处罚法》的规定,对违法行为给予行政处罚的规定必须公布;未经公布的,不得作为行政处罚的依据,否则该行政处罚无效。该案中,安盛公司在修订公司章程时,虽规定了股东在出现第36条第1款的8种情形时,股东会有权对股东处以罚款,却未在《公司章程》中明确记载罚款的标准及幅度,使祝某对违反《公司章程》行为的后果无法作出事先预料,况且,安盛公司实行"股东身份必须首先是员工身份"的原则,而《员工手册》的《奖惩条例》第7条所规定的8种处罚种类中,最高的罚款数额仅为2000元,而安盛公司股东会对祝某处以5万元的罚款已明显超出了祝某的可预见范围。故安盛公司临时股东会所作出对祝某罚款的决议明显属法定依据不足,应认定为无效。

实务建议

公司章程是公司内部治理的准则,在鼓励公司自治的商事环境下,公司股东需重视对章程的设计。灵活设计公司章程的内容,比如该案中公司章程即约定发生股东损害公司利益时取消股东资格,并且对股东予以处罚;另外,根据笔者处理此类案件的经验,对股东违反竞业禁止义务、出资不足1/3、从公司离职等情形,都可以约定取消股东资格,并对利益交割、赔偿金额予以提前约定,此类公司章程约定属于公司自治范畴,法院一般认可其效力,在实际发生这些情形时,公司可通过自治方式实现自救。

该案可以借鉴的经验是,在公司章程中可明确约定股东行为损害公司利益时对股东进行处罚的标准和幅度,使股东对违反公司章程行为的后果在事先有所预料,而且,这种标准和幅度应该与《员工手册》中的《奖惩条例》保持大概一致;否则,将存在无效的风险。

第五节　董事会召集临时股东会议的程序与规则要求

股东(大)会会议是股东协商公司重大事项以及行使管理权利的主要机制。我国《公司法》中规定了定期会议和临时股东会议两种股东会议形式。定期会议一般由公司章程约定在固定时间召开且召开次数少,所以临时股东会议就成了公司中常用的会议模式,其也是中小股东行使权利的主要方式。我国公司法对临时股东会会议召开的提议主体以及会议的召集和主持程序均有明确规定。

下文我们结合实务中发生的3个问题展开分析,包括:(1)有权主体提议召开临时股东会会议的,董事会应该在多长时间内召集,如果提议函件中对召集期限有所要求,董事会超过该期限召集是否一律认为拒不履行召集职责?(2)公司法规定要召开临时股东会会议,应先由董事会或者执行董事召集,但如果会议议题是要罢免执行董事,是否还要由执行董事召集和主持该次股东会会议?(3)公司法规定由董事会召集股东会会议,董事长主持会议,但如果公司章程中约定召集和主持均由董事长完成,该约定是否有效?违反该约定是否导致股东会决议的程序瑕疵?

一、在《公司法》以及相关法律未规定、章程未约定董事会或者监事会收到提议后多少日内召集股东会会议的情形下，董事会应依照股东提议函中要求的合理期间召集，未在股东要求的合理期限内召集的视为不履行召集职责

案例1 "阮某诉龙威公司等公司决议撤销纠纷案"[（2016）闽民申133号]。

龙某系龙威公司的股东和监事，其于2014年10月13日向阮某当面送达了提议召开临时股东会函，要求阮某在收到函后16日内（2014年10月29日前）召集和主持临时股东会会议。阮某并未在16日内召集和主持临时股东会议也未说明原因。之后，龙某自行召集并主持了会议并形成股东会决议。现阮某主张临时股东会议召集程序违法，应撤销股东会决议。

福建省高级人民法院的观点如下：

《公司法》及相关法律虽未规定董事会在收到提议后应当在多少日内召集会议，但考虑到公司管理的高效性和市场经营的及时性，龙某在函件中要求的16日可以视为合理期间。但阮某在收到函件后，并未在相应时间内召集股东会议，也未对是否召开股东会议或者未能按时召开股东会议的原因进行答复和说明，其行为应视为不履行召集股东会议职责。

在此情况下，龙某作为公司监事召集和主持股东会会议是符合上述法律规定的条件的。阮某虽然于2014年11月14日向公司股东发出召开临时股东会的书面通知，决定召开临时股东会议。但阮某之后的行为不能成为之前未履行公司执行董事职责的抗辩理由。

关于龙某召集和主持的股东会会议所形成的决议是否具有法律效力的问题。阮某拒收会议通知应当视为自愿放弃参加股东会会议的权利，属于对自己股东权利的处分。龙某在对公司全体股东进行会议通知后，按期主持召开临时股东会会议，在占公司股权比例80%的股东参会的情况下，表决通过临时股东会会议议题并形成决议，会议全程进行了公证。故应当认为此次临时股东会会议的召开及形成的决议符合相关法律规定，具有法律效力。阮某主张龙某没有在股东会前通知其参加会议，股东会决议违反法律规定应予以撤销的主张缺乏依据。

二、执行董事虽未在提议人要求的时间内召集股东会，但是召集时间并未违反公司法或者公司章程提前15日通知的规定，应视为执行董事已经履行了召集股东会会议职责

案例2 "李某等与金辇酒店公司等公司决议撤销纠纷案"[（2020）京民申3396号]。

王某系金辇酒店公司执行董事，李某系金辇酒店公司监事。李某于2017年6月23日、25日分别以快递、短信形式向执行董事王某提议召开临时股东会，要求王某收到提议之日起3

日内召集,并在 20 日内召开。王某未在李某提出的 3 日内召集,于收到提议后 5 日内,即 2017 年 6 月 30 日发出召开 2017 年 7 月 17 日临时股东会的通知。在此之后李某于 2017 年 7 月 18 日主持召开临时股东会。现王某主张 2017 年 7 月 18 日主持召开临时股东会形成的股东会决议违反召集程序而应予以撤销。

北京市高级人民法院的观点如下:

《公司法》第 40 条第 2 款和第 3 款规定:有限责任公司不设董事会的,股东会会议由执行董事召集和主持。董事会或者执行董事不能履行或者不履行召集股东会会议职责的,由监事会或者不设监事会的公司的监事召集和主持;监事会或者监事不召集和主持的,代表 1/10 以上表决权的股东可以自行召集和主持。《公司法》第 41 条第 1 款规定:召开股东会会议,应当于会议召开 15 日前通知全体股东;但是,公司章程另有规定或者全体股东另有约定的除外。金辇酒店《公司章程》第 11 条和第 12 条也规定了关于临时股东会的召集程序,与公司法的有关规定一致。

该案中,召集时间并未违反《公司法》或者《公司章程》提前 15 日通知的规定,应视为执行董事已经履行召集股东会会议职责。在此情况下,李某于 2017 年 7 月 18 日主持召开临时股东会,会议的召集程序不符合前述法律和公司章程的规定。

胡某 1、胡某 2、李某主张执行董事召开的 2017 年 7 月 17 日临时股东会表决审议内容与监事李某要求的内容不符,不是对监事召集股东会要求的落实,但监事提议召开临时股东会时并未提出明确的会议议题。因此,无法认定执行董事构成不履行召集股东会会议职责,监事有理由自行召集 2017 年 7 月 18 日临时股东会。一审、二审法院认定 7 月 18 日临时股东会召集程序不符合法律和公司章程的规定应予撤销,处理结果并无不当。

三、在股东会议题为罢免执行董事的特殊情况下,监事或者股东可以作为第二顺位主体召集股东会会议

案例 3 "王某与上海利苑金阁公司、小鲜公司等公司决议撤销纠纷案"[(2021)沪 02 民终 1462 号]。

该案中,上海利苑金阁公司股东王某认为,涉案股东会由监事即陈某和小鲜公司直接召集,并由陈某主持,未履行提请执行董事任某召集及主持的在先程序,违反《公司法》及公司章程的规定,应予以撤销。

上海市第二中级人民法院认为:根据我国《公司法》的规定,董事会在不能履行或者不履行召集股东大会会议职责时,监事会应当及时召集和主持。陈某、小鲜公司作为上海利苑金阁公司监事、股东,在股东会议题为罢免执行董事任某的特殊情况下,可以作为第二顺位主体进行股东会的召集,更何况股东会议题对任某不利,按照常理任某也不会主动召集罢免其执

行董事职务的股东会,因此该部分程序并无严重不当。另外,王某主张股东会召集时未通知任某,股东会议题为罢免其执行董事职务,未通知任某参加股东会不会对其余股东公平参与股东会并形成多数意思造成影响。一审法院认为股东会召集程序存在轻微瑕疵,未对《股东会决议》的形成产生实质影响并无不妥。

四、公司章程中对临时股东会议召集程序的约定与《公司法》规定不一致的,若两者未构成实质性冲突,章程有效

案例 4 "林都公司诉花木公司等决议纠纷再审案"[（2017）豫民再 226 号]。

二审法院的意见如下:

该案各方当事人的根本分歧是《花木公司章程》第 17 条内容效力的认定问题。《花木公司章程》第 17 条规定:"股东会会议由董事长召集和主持;董事长不能履行职务或者不履行职务的,由监事召集和主持;监事不召集和主持的,代表十分之一表决权的股东可以自行召集和主持。"

《公司法》第 40 条规定:"有限责任公司设立董事会的,股东会会议由董事会召集,董事长主持;董事长不能履行职务或者不履行职务的,由副董事长主持;副董事长不能履行职务或者不履行职务的,由半数以上董事共同推举一名董事主持。有限责任公司不设董事会的,股东会会议由执行董事召集和主持。董事会或者执行董事不能履行或者不履行召集股东会会议职责的,由监事会或者不设监事会的公司的监事召集和主持;监事会或者监事不召集和主持的,代表十分之一以上表决权的股东可以自行召集和主持。"

显然,《花本公司章程》第 17 条与《公司法》第 40 条内容冲突。关于该公司章程条款的效力问题,该院认为,公司法虽然是私法,但也包含了较多的强行性规范,这些强行性规范是公司和公司股东及高级管理人员必须遵守的。股东会的召集程序和董事会的议事规则等,均必须遵守法定程序。公司章程是公司法的调整对象,公司自治是相对的,其内容不得违反公司法的强制性规范。《公司法》第 39 条规定,临时股东会代表 1/10 以上表决权的股东、1/3 以上的董事等提议召开临时股东会的应当召开临时股东会。中远公司作为占 72% 表决权的股东享有召开临时股东会的提议权。其提议后,董事会应当组织召开临时股东会。

董事会是有限责任公司的业务执行机构,享有业务执行权和日常经营决策权。《公司法》第 46 条规定了董事会的职权为召集股东会,并向股东会报告工作等。董事长的职权是主持股东会议,召集和主持董事会会议。公司法未赋予董事长召集股东会的职权,股东会的召集权属于董事会。董事长在没有经过董事会讨论并作出决定的情况下,无权擅自召集股东会。《花木公司章程》规定由董事长个人行使本应由董事会这个组织机构行使的职权,违反了《公司法》的规定,可能损害公司、股东的权益或董事会及其他董事的权力行使,应为无效条款。

河南省高级人民法院再审审理意见认为：《花木公司章程》规定的股东会会议的召集和主持人依次为董事长、监事、代表1/10表决权的股东。《花木公司章程》与《公司法》的相关规定尽管不一致，但并未构成实质性冲突，故《花木公司章程》及相关条款并不因此而无效。公司章程及其有关条款的效力判断，应以是否违反法律、行政法规的强制性规定为依据。原审判决认定《花木公司章程》第17条无效错误，该院依法予以纠正。

实务建议

1. 如何认定董事会或者监事会不履行召集职责

在笔者梳理的案例中，认定董事会或者监事会不履行召集职务的通常情形是董事会或者监事会未在提议人要求的合理期限内召集临时股东会议。《公司法》并未规定董事会或者监事会需要在收到临时股东会提议的多长时间内召集临时股东会。其中在案例2中，提议人给执行董事召集会议的时间是3天，但是执行董事在收到提议后的5天才召集临时股东会议，并按照《公司法》、公司章程规定提前15日通知股东，法院认为该种情形应视为执行董事已经履行召集股东会会议职责。

在案例1中，龙某在提议函件中要求阮某于收到提议后的16日内召集股东会议。但阮某在收到函件后，并未在相应时间内召集股东会议，也未对是否召开股东会议或者未能按时召开股东会议的原因进行答复和说明，法院认为龙某提议函中的16日为合理期限，董事会行为应视为不履行召集股东会议职责。所以，如果超过16日则视为未履行，而超过3日，在5日内召集则视为已经履行，法院的自由裁量权还是在合情合理的范围。

为了避免争议，笔者建议，事先可在公司章程中明确董事会或者监事会在收到召开股东会提议之日的多长时间之内需召集临时股东会议，以免就此产生纠纷。

2. 并不是所有的股东会会议均应由董事会或者执行董事召集

从实务案例来看，股东会有权选举和更换非由职工代表担任的董事。如果股东会会议议题就是要罢免唯一的执行董事，就不需要执行董事去召集股东会会议。

3. 公司能否在章程中自行约定与《公司法》第40条规定不一致的召集程序

基于公司章程自治，公司章程内可否约定与《公司法》第40条规定不一致的召集程序？对于该问题，在案例4中，二审法院与一审法院给出了不同的裁判观点。二审法院认为股东会的召集程序和董事会的议事规则等，均必须遵守法定程序。《公司法》第40条属于强制性规范，公司章程是公司法的调整对象，公司自治是相对的，其内容不得违反公司法的强制性规范，因此章程规定无效。

> 河南省高级人民法院再审时则认为公司章程与《公司法》第40条的相关规定尽管不一致,但章程中约定由董事长召集并主持临时股东会议与《公司法》第40条的规定并未构成实质性冲突,《花木公司章程》及相关条款并不因此而无效。
>
> 因此,为谨慎起见,股东在公司章程中对于临时股东会议召集程序的约定最好与《公司法》第40条保持一致,以免之后对此产生不必要的纠纷。

第六节 作出董事会决议的原因真实与否都不是撤销决议的理由

人民法院在审理公司决议撤销纠纷案件中应当审查会议召集程序、表决方式是否违反法律、行政法规或者公司章程,以及决议内容是否违反公司章程。在未违反上述规定的前提下,解聘总经理职务的决议所依据的事实是否属实、理由是否成立,不属于法院审查范围。

一、典型案例基本案情

案例来源:"李某诉佳动力公司公司决议撤销纠纷案"[(2010)沪二中民四(商)终字第436号]。

原告李某系被告佳动力公司的股东,并担任总经理。佳动力公司股权结构为:葛某持股40%,李某持股46%,王某持股14%。3位股东共同组成董事会,由葛某担任董事长,另外两人为董事。

公司章程规定:董事会行使包括聘任或者解聘公司经理等职权;董事会须由2/3以上的董事出席方才有效;董事会对所议事项作出的决定应由占全体股东2/3以上的董事表决通过方才有效。

2009年7月18日,佳动力公司董事长葛某召集并主持董事会,3位董事均出席,会议形成了鉴于总经理李某不经董事会同意私自动用公司资金在二级市场炒股,造成巨大损失,现免去其总经理职务,即日生效等内容的决议。该决议由葛某、王某及监事签名,李某未在该决议上签名。

李某主张撤销上述决议。

二、典型案例法院裁判观点

上海市黄浦区人民法院于2010年2月5日作出(2009)黄民二(商)初字第4569号民事判决:撤销被告佳动力公司于2009年7月18日形成的董事会决议。宣判后,佳动力公司提出上诉。上海市第二中级人民法院于 2010 年 6 月 4 日作出(2010)沪二中民四(商)终字第 436 号民事判决:(1)撤销上海市黄浦区人民法院(2009)黄民二(商)初字第 4569 号民事判决;(2)驳回李某的诉讼请求。

上海市第二中级人民法院认为:

根据《公司法》第 22 条第 2 款的规定,董事会决议可撤销的事由包括:(1)召集程序违反法律、行政法规或公司章程;(2)表决方式违反法律、行政法规或公司章程;(3)决议内容违反公司章程。从召集程序来看,佳动力公司于 2009 年 7 月 18 日召开的董事会由董事长葛某召集,3 位董事均出席董事会,该次董事会的召集程序未违反法律、行政法规或公司章程的规定。从表决方式来看,根据佳动力公司章程规定,对所议事项作出的决定应由占全体股东 2/3 以上的董事表决通过方才有效,上述董事会决议由 3 位股东(兼董事)中的 2 名表决通过,故在表决方式上未违反法律、行政法规或公司章程的规定。从决议内容来看,佳动力公司章程规定董事会有权解聘公司经理,董事会决议内容中总经理李某不经董事会同意私自动用公司资金在二级市场炒股,造成巨大损失的陈述,仅是董事会解聘李某总经理职务的原因,而解聘李某总经理职务的决议内容本身并不违反公司章程。

董事会决议解聘李某总经理职务的原因如果不存在,并不导致董事会决议撤销。首先,公司法尊重公司自治,公司内部法律关系原则上由公司自治机制调整,司法机关原则上不介入公司内部事务;其次,佳动力公司的章程中未对董事会解聘公司经理的职权作出限制,并未规定董事会解聘公司经理必须要有一定原因,该章程内容未违反公司法的强制性规定,应认定有效,因此佳动力公司董事会可以行使公司章程赋予的权力作出解聘公司经理的决定。故法院应当尊重公司自治,无须审查佳动力公司董事会解聘公司经理的原因是否存在,即无须审查决议所依据的事实是否属实,理由是否成立。综上,原告李某请求撤销董事会决议的诉讼请求不成立,依法予以驳回。

实务建议

上述案件中,一审法院之所以撤销涉案董事会决议的理由是"未经董事会同意私自动用公司资金在二级市场炒股,造成损失"的事实,存在重大偏差,在该失实基础上形成的董事会决议,缺乏事实及法律依据,其决议结果是失当的。从维护董事会决议形成的公正、合法性角度出发,李某某主张撤销 2008 年 7 月 18 日佳动力公司董事会决议,可予支持。

但是,二审法院提出决议所依据的事实是否存在重大偏差并不在考虑的范围内,作出该决议的程序、表决方式均合法有效,决议内容也属于章程规定的董事会的职权范围。那么,决议就没有可撤销事由。

解聘总经理职务与解聘董事具有共通性,法院均是进行形式审查,《最高人民法院关于适用〈中华人民共和国公司法〉若干问题的规定(五)》(2020年修正,以下简称《公司法解释五》)第3条规定:"董事任期届满前被股东会或者股东大会有效决议解除职务,其主张解除不发生法律效力的,人民法院不予支持。董事职务被解除后,因补偿与公司发生纠纷提起诉讼的,人民法院应当依据法律、行政法规、公司章程的规定或者合同的约定,综合考虑解除的原因、剩余任期、董事薪酬等因素,确定是否补偿以及补偿的合理数额。"2021年12月的《公司法(修订草案)》第66条规定:"股东会可以决议解任董事;无正当理由,在任期届满前解任董事的,该董事可以要求公司予以补偿。"《公司法(修订草案二次审议稿)》第71条规定:"股东会可以决议解任董事,决议作出之日解任生效;无正当理由,在任期届满前解任董事的,该董事可以要求公司予以赔偿。"2023年9月1日《公司法(修订草案三次审议稿)》在其第71条延续了二次审议稿的规定,并无变动。公司董事会与总经理之间属于委托合同关系,委托关系的解除具有无因性,解除董事、总经理的职务均应遵循该原则,人民法院不对解除董事、总经理职务的事由予以实质审查。虽然解任董事、总经理具有无因性,但解任董事、总经理的股东会决议、董事会决议的程序是否合法是可以进行审查的,如程序不合法,则可以撤销。如果程序合法,就仅是涉及是否进行经济补偿的问题。

通过此案,提醒那些权益如果真的因公司决议而受到侵害的当事人,不应将重点放在决议的效力问题上,该受害人可以提起劳动仲裁,主张自己被公司无故解聘,或者也可以就解聘的基础事实提起消极确认之诉,要求法院确认公司所述的自己给公司造成损失的侵权事实根本不存在。该案也同样警示公司,公司决议的作出一定要遵循法定和章程约定的程序,切不可漠视程序和规则。

第七节 从"当当公司公章事件"谈公司决议程序

2019年10月末,李某庆、俞某夫妇欲离婚。之后,李某庆宣布退出当当公司的管理,仅作为公司股东,当当公司由俞某作为执行董事,带领一众高级管理人员管理。

2010年4月下旬,李某庆带几位人员直奔公司行政管理办公室,取走公司行政印章,并在公司显眼位置张贴以下通告:"作为当当公司创始人和控股股东,李某庆先生已于2020年4月24日依法召开临时股东会,并作出决议,公司依法成立董事会,由李某庆、俞某、潘某新、张某、陈某均担任董事,同时通过新的《公司章程》,同日,公司依法召开了第一届董事会第一次会议,选举李某庆先生为董事长与总经理。"

按照李某庆的思路,有了上述铺垫之后,他就可以名正言顺地掌握公司的各种印章,包括行政公章、财务章等,进而开启他重新控制当当公司的总裁之路。但问题是,这个所谓的临时股东会议及相关的决议都有效吗?笔者结合近几年代理过的情节类似的案件,从公司法、公司治理的角度对此事进行分析。

一、公司召开临时股东会的程序要求

《公司法》相关规定如下。

《公司法》第39条规定:"股东会会议分为定期会议和临时会议……代表十分之一以上表决权的股东……提议召开临时会议的,应当召开临时会议。"

其第40条第2款、第3款规定:"有限责任公司不设董事会的,股东会会议由执行董事召集和主持。董事会或者执行董事不能履行或者不履行召集股东会会议职责的,由监事会或者不设监事会的公司的监事召集和主持;监事会或者监事不召集和主持的,代表十分之一以上表决权的股东可以自行召集和主持。"

其第41条规定:"召开股东会会议,应当于会议召开十五日前通知全体股东;但是,公司章程另有规定或者全体股东另有约定的除外。股东会应当对所议事项的决定作成会议记录,出席会议的股东应当在会议记录上签名。"

其第43条第2款规定:"股东会会议作出修改公司章程、增加或者减少注册资本的决议,以及公司合并、分立、解散或者变更公司形式的决议,必须经代表三分之二以上表决权的股东通过。"

笔者通过天眼查了解到,当当公司的股权结构是俞某持股64.2%,李某庆持股27.51%,其他投资者合计持股8.29%,公司不设董事会,俞某为执行董事。

所以,根据公司法规定,李某庆本人有权提议召开股东会临时会议,而且公司没有拒绝的权利,应当召开临时会议,且应由俞某召集和主持,如果俞某不召集主持,如果公司的监事也拒绝召集和主持,则李某庆自己就可以召集和主持临时会议,而且应该在会议召开15日前通知全体股东。

李某庆是否都按照这些合法合规的方式通知了俞某以及其他股东,不得而知。但从其率队取章涉嫌"暴力"操作的方式以及其与俞某二人的离婚诉讼以及互爆家丑的背景来看,可以推定很大可能是没有事先提议或者通知过。

二、未召开股东会的情况下能否形成有效的股东会决议和董事会决议

通报中写的是已经召开了临时会议并作出了决议,公司依法成立董事会,由李某庆、俞某、潘某新、张某、陈某均担任董事,同时通过新的《公司章程》,同日,公司依法召开了第一届

董事会第一次会议,选举李某庆先生为董事长与总经理。

第一,关于董事的任免。对董事的任免,属于股东会的职权。如果事后查明李某庆并没有主持召开过股东会临时会议,那么对于董事的任免就是无效的。基于无效任免形成的所谓董事会会议,也就无法作出任何有效的董事会决议,李某庆所述的其已被选举为董事长与总经理的说法就没有合法性根据。

第二,关于修改公司章程。修改公司章程必须经代表2/3以上表决权的股东通过。俞某本人为控股股东,如果她不同意,公司不可能作出修改公司章程的有效决议。所以,通报中所述的公司章程已被修改,恐怕是自说自话,没有法律根据。

第三,关于决议不成立。《公司法解释四》第5条规定:股东会或者股东大会、董事会决议存在下列情形之一,当事人主张决议不成立的,人民法院应当予以支持:(1)公司未召开会议的,但依据《公司法》第37条第2款或者公司章程规定可以不召开股东会或者股东大会而直接作出决定,并由全体股东在决定文件上签名、盖章的除外;(2)会议未对决议事项进行表决的;(3)出席会议的人数或者股东所持表决权不符合公司法或者公司章程规定的;(4)会议的表决结果未达到《公司法》或者公司章程规定的通过比例的;(5)导致决议不成立的其他情形。

所以,如果真没有召开过股东会会议,那么,所谓的任何股东会、董事会决议都是不成立的,不成立的决议当然无效力可言。

三、当当公司可以采取的维权途径

第一,刑事控告。如事件报道中描述的,李某庆率领了几位人员进入保管印章的办公室强行打开抽屉取走了行政印章,后又到另一处取走了财务章,公司还报了警。

若属实,此行为在性质上就是赤裸裸地暴力抢夺公司印章的行为,涉嫌"寻衅滋事罪""扰乱社会秩序罪""破坏生产经营罪"的刑事责任控告,当当公司有权向公安部门控告。

第二,要求返还印章和赔偿损失。公司印章属于公司的财产,任何人不得非法侵犯,当当公司有权要求李某庆返还印章,同时,李某庆应对于给公司带来的损失承担赔偿责任。

第三,登报声明印章遗失作废、发布公告。在李某庆拒不归还的情况下,当当公司也可以登报,说明公司印章遗失作废,然后补办新的印章。也可以向社会发布通知,说明此事(媒体报道其实已经帮当当公司做了这件事),但是,当当公司自己也需要说明李某庆持当当公司印章签订的任何合同或从事的任何交易对当当公司不发生效力,而是为李某庆的个人行为。如此,若还有人不明真相,不知此事,与李某庆达成任何与当当公司的交易,那么此人或主体在主观上就并非善意且无过失,应自行承担相应损失。

第十五章

股东除名与失权

《公司法解释三》第 17 条规定有限责任公司的股东未履行出资义务或者抽逃全部出资,经公司催告缴纳或者返还,其在合理期间内仍未缴纳或者返还出资,公司有权以股东会决议解除该股东的股东资格,此即为我国的股东除名制度。自 2011 年以来,法院受理的股东除名诉讼呈逐年递增趋势,此类案件大致可以分为两类:一类是被除名股东作为原告提起的要求撤销或宣告股东会决议无效的诉讼;另一类是公司作为原告提起的确认股东会决议有效,取消股东资格,并要求被除名股东配合办理股权变更登记的诉讼。通过将股东除名,可以保障公司资本的充实性和真实性,在一些情况下,还可以达到消除公司僵局、保障公司存续的目的。

2021 年 12 月的《公司法(修订草案)》和 2022 年 12 月 30 日发布的《公司法(修订草案二次审议稿)》、2023 年 9 月 1 日《公司法(修订草案三次审议稿)》规定了股东未足额缴纳出资,对其未缴纳部分的失权制度,该修改可谓是对股东除名规则的一个补充完善,原来的规定是股东全部未缴纳或抽逃全部出资才能被除名,修订草案的规定更为合理,出资多少就拿多少的股权比例,并不一定要除名股东,只是令该股东部分失权。

第一节 公司章程中可否规定除未足额出资之外的股东除名事由

就股东除名制度的适用事由而言,现行《公司法解释三》第 17 条并没有作出公司章程可以另行规定这样的表述,只规定了适用于未履行出资义务以及抽逃全部出资这两种情形。对此,最高人民法院民二庭负责人曾在《规范审理公司设立、出资、股权确认等案件》答记者问中指出,由于这种解除股东资格的方式相较于其他救济方式更为严厉,也更具有终局性,所以将其限定在股东未履行出资义务或者抽逃全部出资的场合,未全面履行出资义务或者抽逃部分出资的股东不适用该种规则。

虽然立法初衷无可厚非,但是对此法定除名事由多被学者和实务界人士诟病,他们认为规定事由过于狭窄。对此,全国人大常委会法制工作委员会于 2021 年 12 月 24 日发布的《公司法(修订草案)》、2022年12月发布的《公司法(修订草案二次审议稿)》、2023年9月1日《公司法(修订草案三次审议稿)》吸纳民意,在一定程度上扩大了失权事由,在该草案第46条和第109条及《公司法(修订草案二次审议稿)》的第51条、第107条,《公司法(修订草案三次审议稿)》的第51条、第52条、第107条分别规定了有限公司和股份公司的股东未足额缴纳出资的部分失权制度。

但其实,上述公司法修订还是将除名、失权限定于股东出资不足这一事由上,股东除对公司有积极的出资义务外,还负有其他义务,如不损害公司利益的义务,如果违反这类义务是否也能导致失权被除名呢?如果公司章程规定了其他除名、失权事由,法院是否会尊重公司章程规定?经全面检索案例,司法机构对此态度不一,正反两种态度同时并存,有的法院严格以法定除名事由为标准,认定与法律规定不一致的无效,又有法院认为公司章程是股东意思自治的产物,章程中另行规定的股东除名事由的效力应被认可。

一、司法实践中的正反两种裁判观点

(一)与立法规定不符的股东除名条款无效

1. 股东与公司解除劳动关系即丧失股东资格的章程条款无效

在"姚某虹与大连麦花食品集团有限公司民事纠纷案"[(2014)大民三终字第495号]中,关于公司章程规定的"股东调离、辞职或被公司辞退的,不再是本公司股东"的效力问题,一审法院认为:"依章程强制转让股东股权以将股东除名的行为,违反法律的公平性原则,违背了《公司法》保障中小股东在公司中的股东权益的目的。……公司可以将职工除名,但不可将股东除名。公司职工违反公司规章制度及《劳动法》的相关规定,公司可与其解除劳动合同,但公司职工身份和公司股东身份分属两个不同的法律关系,职工身份的变化和股东身份的变化依据完全不同的程序进行,分别由不同的法律法规进行规范,公司有权解除劳动合同,但是无权强制股东转让股权。股东可以不在公司工作,但不影响其持有公司股权。"

对此,也有学者认为此种章程条款涉及股权强制转让,它可以对公司的原始股东有效,但是对于章程修正时投反对票的股东以及公司运营过程中受让股权的股东(除非明确表示认可)不具有约束力。

2. 因股东违规交易而取消其股东资格的章程条款无效

在"上诉人赵某刚与被上诉人南京悦昌五金制品有限公司与公司有关的纠纷案"[(2015)宁商终字第737号]中,法院认为对股东除名适用的对象是未履行出资义务的股东,在股东已向公司履行了全部出资义务,亦不存在抽逃出资的情形下,即便其存在违规交易行为,公司章程修正案中有关取消股东资格和不享有分红权等条款也因违反法律规定而应属无效。

3. 因股东未全面履行出资义务而取消其股东资格的章程条款无效

在"金寨双河源农业技术开发有限公司与洪念成公司决议效力确认纠纷案"[(2014)六

民二终字第00281号]中,法院认为公司章程中规定的股东未按期限、数额缴纳出资,公司取消其股东资格的条款与《公司法解释三》第17条不符,法律规定仅是极端的违约情形才能除名,该章程条款无效。

(二)突破法定除名事由认定章程条款有效

1. 股东与公司解除劳动关系后丧失股东资格的章程条款有效

在"朱某与上海闵行置业发展有限公司公司决议纠纷案"[(2014)闵民二(商)初字第1949号]中,该法院指出:"被告章程第十八条约定:'未到法定退休年龄与公司主动解除劳动关系的应退出其拥有的股权;股东退股应按公司上一年度财务报表所反映的净资产比例与其结算。'该公司章程系经股东会决议表决通过,而原告在该章程上签名,也未对章程该条款提出异议,表示原告自愿受该章程的约束。该十八条规定从内容上看应为被告的除名制度,我国《公司法》对此并不禁止,且在《公司法解释三》中对于公司通过股东会决议方式对符合特定条件的股东进行除名的相关内容,也采取了肯定的态度。本案中,公司对于股东除名的条件以公司章程的方式予以确定,并且全体股东对于该除名制度均予以了认可,属于公司全体股东的意思自治,于法不悖。目前,也没有生效判决否定该章程的效力,因此系争章程第十八条系真实、有效,对全体股东具有约束力。"

该意见也为其他法院案例所认可,比如在"宋某军与西安市大华餐饮有限责任公司股东资格确认纠纷案"[(2014)陕民二申字第00215号]中,陕西省高级人民法院即为此种观点。

2. 对未全面履行出资义务的股东予以除名的章程条款有效

在最高人民法院处理的"上海高金股权投资合伙企业与许某荣、谢某楠损害公司利益责任纠纷案"[(2014)民一终字第295号]中,公司的全部股东在《增资协议》里约定投资款分三期缴纳,若未全面缴纳出资将取消出资资格,后来,其中一个股东缴纳了第一期、第二期出资,第三期未缴纳,后被股东会决议除名,最高人民法院确认了除名决议的效力,认定该股东丧失股东资格。

3. 对滥用股东权利损害公司或者其他股东利益的股东予以除名的章程条款有效

在"原告某电子公司诉被告肖某、第三人郑某、马某确认公司股东决议效力纠纷案"[(2013)容民初字第14号]中,法院指出,虽然我国公司法对滥用股东权利损害公司或者其他股东利益的股东没有作出可以除名的规定,但公司可以依照《公司法》有关减资的规定,结合股东在公司章程中的约定,通过召开股东会会议,对滥用股东权利、损害公司或者其他股东利益,致使公司股东之间丧失人合基础的股东作出除名的决议。

二、对法定除名事由范围的评价

从上述司法案例来看,确实有章程对除名事由另有规定,而且为法院所认可,这种司法实践已经突破了立法文义。其实,司法审查与章程自由规定之间的博弈关键涉及对被除名股东的利益保护问题,资本多数决原则下容易忽视小股东的利益,甚至不乏大股东随意以各种名目将小股东除名的可能性。所以,司法有必要进行适当干预,否定那些明显违背法律、行政法规的强制性规定,背离民法基本原则,侵犯股东友好型理念的章程条款的效力,但同时应该对章程规定的严重损害股东或公司利益的除名事由保持必要的谦抑,认可其效力。

从部门法的对比来看,我国在有限责任公司的除名事由规定上确实是过于谨慎的。对照《合伙企业法》第49条规定:"合伙人有下列情形之一的,经其他合伙人一致同意,可以决议将其除名:(一)未履行出资义务;(二)因故意或者重大过失给合伙企业造成损失;(三)执行合伙事务时有不正当行为;(四)发生合伙协议约定的事由……"合伙人的法定除名事由较股东除名事由要多,而且允许合伙协议另行约定,立法赋予了合伙经营充分的自治空间。对于与合伙具有相同的人合性特点的有限公司而言,在成员除名问题上,背后的法理也应该趋同。

从比较法的角度来看,《澳门商法典》第371条第1款规定,在章程所指之特别情况下得将股东除名。在德国公司实务中,有限责任公司章程中记有除名规定的比例高达90%。《俄罗斯联邦有限责任公司法》第10条规定:占公司注册资本10%以上份额的股东,有权要求按照司法程序开除严重违反义务或者以自己的行为(不作为)致使公司无法经营或造成实际困难的股东。

实务建议

在《公司法解释三》规定股东除名制度以前,关于股东除名的立法建议就有很多,司法实践中也不乏此类案件,当时,法院的一个基本立场是公司自治,章程自由。但是随着司法解释的出台,除名事由被法定化,法院也据此转变态度,将除名事由限于未出资和抽逃全部出资这两种情形,进而否定了很多章程约定的效力。2021年12月发布的《公司法(修订草案)》、2022年12月30日发布的《公司法(修订草案二次审议稿)》、2023年9月1日《公司法(修订草案三次审议稿)》也并没有再提到除出资问题之外的其他除名事由。由此可见,关于股东失权、除名问题,我国立法和司法都是非常谨慎的。

但是,公司自治的理念早已深入人心,司法实践中还是不乏认定章程有效的权威案例。所以,现在公司章程在设计时可以另行规定除名事由,毕竟也存在被认定有效的可能性。在强调保护股东利益的同时,除名事由扩大化是不可阻挡的趋势,我国立法与司法都在赋予公司章程更大的自治空间。

股东除名事由纷繁复杂,无论是立法还是公司章程多么详尽的列举都不可能穷尽实务中可能会出现的各种情况,公司可以根据实际需要进行灵活规定。参考德国判例发展起来的股东除名事由,以下这些情形都可以规定为股东除名事由,如财产关系不明和不正常的资金往来、有挥霍浪费的嗜好、长期重病、失去了合同中规定成为股东的前提条件、拒绝履行章程规定的合作义务、严重违反义务尤其违反诚信义务、购股时欺骗公司的行为、犯罪行为、损害公司经营和违反竞争规则的行为、不正当的损害其他股东名誉的言论等。此外，如果股东之间已经不具备基本的信任关系，而且相互之间的关系已经糟糕到不可调解的程度，这也是开除股东的一个重要理由。需要说明的是，该重大事由无须被除名股东存在过失，除名的原因包括股东年老体弱、丧失特定资格或身份等致使其不再适合保留股东资格的一切事实，而不是对股东过失的一种惩罚。

这些除名事由被规定在章程里，只需要股东会同意通过。若日后执行中也没有股东提出异议，将不失为一种公司灵活自治的手段。

第二节 股东除名或失权，应该有哪些法律程序

《公司法解释三》第 17 条第 1 款规定："有限责任公司的股东未履行出资义务或者抽逃全部出资，经公司催告缴纳或者返还，其在合理期间内仍未缴纳或者返还出资，公司以股东会决议解除该股东的股东资格，该股东请求确认该解除行为无效的，人民法院不予支持。"根据该规定，在除名之前，公司内部要履行一定的法定程序，按阶段划分，可以将其分为决议前置程序和决议表决程序。2021 年 12 月的《公司法(修订草案)》、2022 年 12 月 30 日发布的《公司法(修订草案二次审议稿)》、2023 年 9 月 1 日《公司法(修订草案三次审议稿)》对股东失权的程序进行了修订，下文也将一并分析。

一、股东除名决议的前置程序

(一) 向股东发出要求补正通知

除名是最终的结果，在此之前，公司应该给拟被除名股东以补正的机会，公司应向其通知催告限期缴纳出资，或者对于其他除名事由，应该向其通知要求限期消除除名事由，该期限的确定应该是合理的。

(二) 向股东发出会议通知

如果拟被除名股东未能在宽限期内消除除名事由，公司可以采取下一步措施，向其通知开会以解除其股东资格。《公司法解释三》第 17 条规定的决议机关是股东会，但是如果章程明确规定除名决议由董事会作出是否有效？对此，立法没有明确规定，但是鉴于章程是股东会决议作出的，相当于股东已向董事会授权作出此种决议，该章程规定就是有效的。如果章

程对此没有规定,那么除名决议就应该由股东会作出,董事会无权决议对股东除名,董事会作出的除名决议的效力存在瑕疵[参见莱州市人民法院"原告李某荣与被告莱州市泰和雕刻有限公司股东大会、董事会决议撤销纠纷案一审民事判决书",(2011)莱州商初字第270号]。

确定决议机关之后,就应向股东发出会议通知,这里需要注意如下事项。

(1)被通知的对象包括被除名的股东,在有的案件中,公司方面认为拟被除名股东无权表决,就不通知该股东,这将会被法院认定为程序瑕疵。

(2)通知方式要保证股东能够收到通知,比如,在有股东的其他联系方式时,就不能通过公告方式通知。

(3)通知的时间要符合公司章程的规定,比如,章程规定提前15天通知的,就要按照此规定执行。有的规模较小的公司,股东会存在随时通知、随时开会、立即讨论、决议并实施的习惯,但即便如此,如果公司还是以此方式作出股东除名决议,将会影响该决议的效力[参见六安市中级人民法院"金寨双河源农业技术开发有限公司与洪某成公司决议效力确认纠纷案二审民事判决书",(2014)六民二终字第00281号]。

(4)通知内容中要包含解除股东资格的决议事项。

根据《公司法解释四》第4条的规定:"股东请求撤销股东会或者股东大会、董事会决议,符合民法典第八十五条、公司法第二十二条第二款规定的,人民法院应当予以支持,但会议召集程序或者表决方式仅有轻微瑕疵,且对决议未产生实质影响的,人民法院不予支持。"股东会会议通知属于会议召集范畴,存在瑕疵的,存在被撤销的风险。

二、股东除名决议的表决机制

《公司法解释三》第17条没有规定股东会决议如何表决,被除名股东是否享有表决权,决议通过的比例或者说标准如何确定,以及谁有资格表决除名其他股东? 对此,本文结合相关案例,总结如下。

《公司法》第4条规定:"公司股东依法享有资产收益、参与重大决策和选择管理者等权利。"股东表决权是股东的固有权利,除非受到法律、公司章程或者股东会决议的限制;否则,股东表决权应受保护。

《公司法解释三》第16条规定:"股东未履行或者未全面履行出资义务或者抽逃出资,公司根据公司章程或者股东会决议对其利润分配请求权、新股优先认购权、剩余财产分配请求权等股东权利作出相应的合理限制,该股东请求认定该限制无效的,人民法院不予支持。"该条虽然没有明确列举表决权是可被限制的权利,但是其开放式的规定为表决权的限制留有可能。

1. 表决权并非不能被限制

有法院判决认为股东权利被限制的仅应是自益权,共益权不应受到限制(表决权属于共益权),如在"成都安能捷电气有限公司与何星海股东知情权纠纷案"[(2013)成民终字第5185号]中,成都市中级人民法院二审判决认为该条限制的是未履行或未全面履行出资义务股东的自益权,即股东获得财产利益的权利,而对于未出资股东的共益权原则上不应限制。但是,从本条文义解释来看,表决权并非不能限制。自益权本身与共益权就难以划清界限,共益权行使的目的实际上是自益权的实现,而且有时候行使共益权的对象就是自益权的取得问题,如果只限制自益权而不限制共益权,也不能达到限制自益权的效果。所以,认为自益权可以限制而共益权不能限制的观点并无可靠的理论根据,表决权作为共益权并非不能被限制。

2. 相关立法规定:利害关系人应对表决事项回避表决,表决权被排除

在股东、董事与决议事项存在利害关系、关联关系时,《公司法》规定了关联人员表决回避制度,即表决权限制制度。如《公司法》第16条规定公司为股东、实际控制人提供担保时,该股东、实际控制人支配的股东都不得参加表决,决议事项由其他股东所持表决权的过半数通过。《公司法》第124条规定上市公司董事对与其存在关联关系的决议事项不应表决,决议由其他无关联董事过半数通过。此外,《最高人民法院关于审理公司强制清算案件工作座谈会纪要》第26条规定公司强制清算中与争议事项有直接利害关系的清算组成员应该回避表决。

根据上述立法精神,就股东除名决议而言,由于拟被除名股东与所议事项存在直接利害关系,法谚有云"任何人都不能成为自身诉讼的法官",该股东自然也不应该就此事项进行表决,除名决议应由其余股东表决。如果不排除被除名股东的表决权,在该股东对公司绝对控股时,公司将无法解除其股东资格,股东会决议表决也仅是徒走流程,无任何实质意义。

3. 司法实践中多数观点:大股东表决权被排除,小股东有权解除大股东股东资格

在"上海万禹国际贸易有限公司、宋某祥与杭州豪旭贸易有限公司公司决议效力确认纠纷案"[(2014)沪二中民四(商)终字第1261号]中,一审上海市黄浦区人民法院认为其他股东以拟被除名股东违反出资义务,抽逃出资为由主张该股东不享有表决权,应该回避表决没有根据。二审上海市第二中级人民法院最终撤销了一审判决,改判公司的除名决议有效,法院认为"股东除名权是公司为消除不履行义务的股东对公司和其他股东所产生不利影响而享有的一种法定权能,是不以征求被除名股东的意思为前提和基础的。在特定情形下,股东除名决议作出时,会涉及被除名股东可能操纵表决权的情形。故当某一股东与股东会讨论的决议事项有特别利害关系时,该股东不得就其持有的股权行使表决权"。

在"孙某萍与上海臻兴钢结构工程有限公司(以下简称臻兴公司)、屠某某股东资格确认纠纷案"[(2015)松民二(商)初字第1223号]中,涉及解除持有臻兴公司40%股权的股东屠某某的股东资格,比较特别的是,臻兴公司章程规定股东会决议应由全体股东表决通过。屠某某辩称,除名决议程序违法,未获得2/3的表决权通过,不应得到法律支持。法院认为:"按常理并参照《公司法》第16条的规定,股东应回避与其存在利益冲突的表决事项。即屠某某(拟被除名股东)对臻兴公司股东会关于对其除名事项的表决权,应享有出席会议,并作陈述、抗辩等权利,但对除名事项不享有表决权。就此而言,臻兴公司2015年3月20日股东会决议已得到屠某某之外全体股东的同意,决议并无不当。"

4. 认识误区:其余股东的表决权为51%以上,除名决议才能生效

在"敬某明与重庆市顺凯地产发展有限公司(以下简称顺凯公司)、张某伟公司决议效力确认纠纷案"[(2013)渝高法民申字第00738号]中,重庆市高级人民法院指出:"敬某明(拟被除名股东)未出席股东会会议,但出席会议的张某伟代表的表决权为51%,在1/2以上,且该股东会决议事项不属于法律规定的需经代表2/3以上表决权通过的特别事项,顺凯公司章程对股东除名行为也无特别规定,仅由张某伟一人表决通过并不违反公司章程和法律规定。"

该案中,关于对除名决议的表决,张某伟的表决权其实是100%,并不是法院认为的51%,法院陷入了认识误区,并没有排除拟被除名股东的表决权。

5. 参与表决的股东的资格:是否应实缴出资

尽管《公司法》规定的是股东认缴出资,但在公司增资扩股时,一般对投资人的投资义务履行期限都有明确约定,而且期限不会太长,因为公司此时一般都处于急需资金的状态。如果投资人未履行出资,而原始股东的出资义务也没有全部履行,此时,原始股东是否有权通过股东会决议将违约投资人除名?对此,有人提出参与表决的股东应该是已经实缴出资的股东;否则,其表决权也应被质疑。

按照我国《民法典》关于履行抗辩权的规定,对于原始股东而言,其与公司形成了认缴出资协议,在出资期限尚未届至之前其都有抗辩履行的权利,而对于新的投资人,其履行期限已经陷入迟延,所以,此种情形下未完全出资的原始股东仍有权利通过股东会决议将违约投资人除名。

当然,如果股东的出资义务不存在履行时间先后的差异,那么在某一股东未出资的情况下,其通过股东会决议除名其他未出资股东的资格将受质疑。在这种情况下,股东相互之间可以行使同时履行抗辩权排除违约事实的成立,从而也就排除了股东除名制度的适用。此观点在"胡某华与南京通略文化传播有限公司、徐某等公司决议纠纷案"[(2013)宁商终字第822号]中就有体现,法院判定除名决议无效的一个理由是表决除名决议的3股东未完成补资手续,本身也是非诚信股东。

三、最新公司法修订草案关于股东失权程序的规定

2021年12月的《公司法(修订草案)》《公司法(修订草案二次审议稿)》对上述程序有所修订。《公司法(修订草案)》第46条规定:"有限责任公司成立后,应当对股东的出资情况进行核查,发现股东未按期足额缴纳出资,或者作为出资的非货币财产的实际价额显著低于所认缴的出资额的,应当向该股东发出书面催缴书,催缴出资。公司依照前款规定催缴出资,可以载明缴纳出资的宽限期;宽限期自公司发出出资催缴书之日起,不得少于六十日。宽限期届满,股东仍未缴纳出资的,公司可以向该股东发出失权通知,通知应当以书面形式发出,自

通知发出之日起,该股东丧失其未缴纳出资的股权。依照前款规定丧失的股权,公司应当在六个月内依法转让,或者相应减少注册资本并注销该股权。"

《公司法(修订草案二次审议稿)》第51条规定:

"有限责任公司成立后,董事会应当对股东的出资情况进行核查,发现股东未按期足额缴纳出资的,应当向该股东发出书面催缴书,催缴出资。

"公司依照前款规定催缴出资,可以载明缴纳出资的宽限期;宽限期自公司发出出资催缴书之日起,不得少于六十日。宽限期届满,股东仍未履行出资义务的,公司可以向该股东发出失权通知,通知应当以书面形式发出,自通知发出之日起,该股东丧失其未缴纳出资的股权。

"依照前款规定丧失的股权应当依法转让,或者相应减少注册资本并注销该股权;六个月内未转让或者注销的,由公司其他股东按照其出资比例足额缴纳相应出资。

"股东未按期足额缴纳出资,给公司造成损失的,应当承担赔偿责任。"

《公司法(修订草案三次审议稿)》第51条、第52条延续了上述《公司法(修订草案二次审议稿)》关于股东失权的程序性规定,仅是在第51条增加第2款规定了未尽职董事对公司的赔偿义务,以及在第52条删除了上述《公司法(修订草案二次审议稿)》第51条第4款规定的股东赔偿责任的规定,仅是为了避免与前面的第49条重复。

据此规定,公司只要履行"催缴通知+失权通知"即可,无须公司内部决议。但是,公司要向失权股东发出失权通知,肯定也是经过了内部决议,只是上述规定并未将决议程序明文显示出来。无论如何,公司法修订草案简化了股东失权、除名的程序要求,体现了一种立法态度,即出资是股东的一项法定义务,不足额出资是无法容忍的。

实务建议

在新的公司法修订尚未正式生效之前,实务中遵守的是现行规定履行严格的决议程序。从司法实践来看,法院都坚持对决议作出的程序予以严格审查。在会议召集方面,应严格按照章程规定的股东会召集程序进行。在决议表决方面,拟被除名股东的表决权应被排除,小股东也能解除大股东的股东资格,但是,前提是小股东本身不存在逾期未缴出资的不诚信行为。

第三节　股东被除名或失权后的利益结算和工商变更登记问题

由于我国现行规定的除名事由仅是股东未出资或者抽逃全部出资这两种严重的瑕疵出

资情形,所以不存在公司、其他股东或第三人向被除名股东支付对价的问题。如果股东因部分出资或者其他非出资事由被除名或失权的,就涉及与该股东的利益结算问题。

一、不同法律根据下的利益结算

由于股东与公司之间可能订有投资或增资扩股协议,股东因未完全出资可能构成根本违约,对此,有必要区分不同的请求权基础以及纠纷的性质来确定公司与投资人之间的结算方式。

1. 民法典角度的结算方式

公司增资扩股时,其和投资人签订的合同中约定了投资人的投资义务和取得的股权比例,在投资人未完全出资构成根本违约时,公司可以与投资人解除合同。根据《民法典》第566条[1]关于合同解除的法律效果的规定,股东向公司返还股权,公司向股东返还出资。

在"张某标等诉河源市芳源贸易有限公司等合同纠纷案"[(2014)河中法民二终字第127号]中,当事人就是如此主张,此主张后被一审、二审法院认可,该案中公司、公司的原股东、投资人三方签订《增资协议》,约定投资方向该公司投入货币资金2000万元,其中800万元应于签署《增资协议》5个工作日内作为注册资本金投入,剩余1200万元作为资本公积金投入,股东取得公司50%的股权。后来投资人实际出资900万元,公司及其原股东作为原告主张投资人根本违约,要求解除合同,恢复原状,一审、二审法院均支持了原告的诉讼请求。法院认为根据《增资协议》,投资方只有向公司支付2000万元投资才能成为公司的股东,占公司总注册资本的50%,投资方现尚有1100万元未支付,属未履行合同主要义务,在原告方催促下仍未履行,构成根本违约(该案认定投资人违约的另一个理由是投资人怠于对公司行使经营管理权),法院根据原《合同法》第94条、第97条判决恢复股权原状,公司向投资人返还900万元出资。

2. 公司法角度的结算方式

如果该公司章程中规定或者投资协议中约定了股东或者投资人未完全出资,公司可以将股东或者投资方除名。有学者指出此种情形下,应按照当时股权的市场价值来确定被除名股东的结算价格,其基准日为除名决议生效之日(该基准日或者是股东会决议作出之日,或者按国外的做法,法院确认除名决议的效力是其生效的先决条件,则以除名之诉判决生效之日为基准日)。

如股东因达到退休年龄、换工作等与公司解除劳动关系而丧失股东资格的,或者因损害公司利益(如违反竞业禁止规则、违规交易)被公司取消股东资格的,如果章程有规定,应按照章程来确定支付对价。比如,有的公司章程规定股东与公司解除劳动关系的,公司可以按照

---

[1] 在原《合同法》中规定为第97条。

上一年度财务报表所反映的净资产比例与股东结算。若章程没有规定,应以市场价值确定股权价格,如在"唐某与大连麦花食品集团有限公司请求公司收购股份纠纷、公司盈余分配纠纷案"[(2014)大民三终字第 487 号]中,二审法院就认为在股东与公司不能协商一致确定股权收购价格时,应由专业的评估机构评估确定。

存在一种可能是公司业绩良好,估值攀升,如上例中公司要收回的 50% 股权的价值早已大大高于当初约定的 2000 万元时,公司是否只需要退给股东其实际出资的金额 900 万元就可以收回该 50% 的股权? 从上述合同解除恢复原状的角度来看,当然是没有问题的。但是从公司法的角度来看,既然投资人已经被登记为持股 50% 的股东,而且该 50% 的股权价值已经翻倍,公司仅以返还 900 万元出资换得被除名股东的股权变更为 0 可能并不顺利,该股东可能要求享受公司股权增值的收益。

从公司利益的角度来看,最后股东被公司除名,说明公司与投资人之间没有相互妥协,不然双方也可以变更协议,按照实际出资调整投资人的持股比例。公司直接否定股东资格表明股东资格是或全有或者全无,部分出资并没有得到公司的认可,即便公司增值,增值的利益也只能由原股东享有,投资人不应获取溢价利益。对于收回 50% 股权,公司只需要将实际出资额返还投资人(至多加算利息)。

但是,从客观公平的角度来看,投资人毕竟已经投入了部分出资,比如投入了 900 万元,这部分出资成为公司财产的一部分,对公司的增值也具有贡献,所以,应该按照实际出资计算的股权比例并考虑该股权的市场估值与股东进行结算,相当于投资人将其实际持股比例进行了转让变现。尽管这与公司否定该投资人的股东资格有矛盾之处,但不失为一种较为公平地与被除名股东进行结算的方式。

二、按照实际出资确定股权比例的计算方式

这里需要特别提出的一个问题是,怎么计算投资人实际出资的持股比例? 不同的计算方式会得出不同的结果,以上述合同纠纷案为例,可能的计算方式有:(1)计算方式 1,2000 万元持股 50%,那 900 万元应该持股为 900÷2000×50% = 22.5%;(2)计算方式 2,投资人的 2000 万元投资中 800 万元为注册资本金,1200 万元为资本公积金,二者的比例是 2:3,那投资人实际投资 900 万元,注册资本金应为 360 万元,资本公积金为 540 万元,公司原注册资本金为 800 万元,投资人的持股比例应为 360÷(360+800) = 31.03%。

上述两种计算方式中,仅有第一种遵守了原来的增资协议的原则。计算方式 2 忽视了注册资本金与资本公积金 2:3 的比例是以投资 2000 万元为前提的,若投资仅为 900 万元,公司及原股东不会答应继续按照 2:3 的比例计算注册资本金的数额,可能会成为 1:3 或者 1:5,或者 1:10,投入金额不同,计入注册资本金和资本公积金的比例也可能不同。

三、股东不配合时,公司如何办理工商变更登记手续

(一) 工商变更登记面临的现实困境

股东被除名或失权后,公司需要按照办理减资或者股权变更手续。《市场主体登记管理条例》第 24 条第 1 款规定:"市场主体变更登记事项,应当自作出变更决议、决定或者法定变更事项发生之日起 30 日内向登记机关申请变更登记。"对除名或失权而言,实务中可能会存在两个问题:其一,被除名、失权股东不在决议上签字或盖章,而股权变更涉及该股东的权益变动;其二,在被除名、失权股东的股权比例超过 50% 时,在除名、失权决议上签字或盖章的股东所持表决权占全部股东表决权并未达到 1/2 以上,这两种情形任一种存在时,都可能导致工商变更登记手续受阻。

(二) 实现工商变更登记的方式

就目前来看,要想顺利完成工商变更,只能通过司法途径解决。若被除名或失权股东对除名或失权通知有异议而向法院起诉要求撤销除名决议或要求确认其完整的股权比例,公司应诉,之后公司可以将案件的生效判决提交给工商部门,并依此办理减资或者股权变更登记手续。若被除名或失权股东不提起诉讼,公司也可以主动向法院起诉,要求确认除名决议的效力或确认股东的真实股权比例,以及要求该股东配合办理工商变更登记手续(包括股东身份、持股比例及减资手续),如在"湖北武汉国宾大酒店股份有限公司与严某青、严某建与公司有关的纠纷案"[(2015)鄂武汉中民商初字第 00342 号]中,法院就确认公司除名决议有效,并判决被除名股东于判决生效之日起 30 日内到行政管理部门办理相应的工商变更手续。

实务建议

如果股东有部分出资,没有全部足额出资,计算部分出资的持股比例时,这里要提醒股东和公司双方,不同的计算方式可能得出不同的结果,双方可能会对此产生争议。笔者认为,不宜按照注册资本金和资本公积金的比例来确定股东实际出资的股权比例,而应该以实际投资占原定投资金额的比例来确定实际出资的持股比例。

如果投资人的出资为 0,公司有权取消其股东资格,无论是根据投资协议还是公司法规定都能解除股东资格。考虑到后期进行工商变更登记的难度,这里要提醒公司,应先行出资或者全部出资后再将投资人纳入股东名册和办理工商变更登记手续。在尚未出资的情形下,就进行工商变更的,可能会给公司带来麻烦,日后当投资人不仅不出资,还不配合办理工商变更登记手续时,公司可能就需要通过诉讼途径才能再次变更登记。

第十六章

股权转让

由于我国公司资本制度实行认缴制，股东的实际出资与认缴出资往往差距较大，而在股东全面履行出资义务之前，可能会基于自身利益的考虑将未出资或者未全面出资的股权转让给第三人。

在实务中，经常出现股东将其未全面出资的事实告知股权受让人的情形，此时，受让人是否仍需支付足额股权转让款，其能否主张原股东的行为构成欺诈？对于瑕疵股权转让，《公司法解释三》仅规定受让人知道瑕疵出资的，应与出让人连带承担补足义务，但是，如果原股东补足了出资后，其能否要求股权受让人返还已补足的出资款？股权转让，尤其是瑕疵股权转让，若股权受让人迟延支付股权转让款，转让人是否可以主张解除合同？股权转让合同中公司并不是合同当事人，股权受让人是否可以直接要求公司办理股权过户手续？

第一节 瑕疵出资的股权转让

一、瑕疵出资的股权受让人未行使撤销权，应按约付款

瑕疵出资包括未出资、未足额出资、虚假出资、抽逃出资、出资不实等情形，即便出资存在瑕疵，此类股权也可被转让，只可能会在价格上存在差异。基于诚实信用原则，转让人应该披露出资情况，但是，如果未披露，而受让人在协议签订之后通过审计了解了实际出资问题，但却未行使撤销权，受让人是否仍应继续足额支付股权转让款？下文通过典型案例来说明。

(一)股权受让人应对虚假出资以及欺诈承担举证责任

案例1 "蓝某等与雷某等股权转让纠纷上诉案"[(2015)民二终字第321号]。

蓝某、张某购买了雷某等人持有的新鸿基公司的股权，并支付了股权转让款。之后，两人认为其受让的股权存在出资瑕疵，新鸿基公司的注册资金未实际到位，雷某等人存在欺诈、隐瞒重要事实，主张撤销股权转让协议。

最高人民法院的再审意见认为:根据已查明的案件事实,雷某等4人在设立新鸿基公司时已实际出资;该院二审开庭过程中,双方当事人均认可在签订协议之前,经人介绍,蓝某、张某多次到新鸿基公司所在地考察,对新鸿基公司的整体状况,包括股权的构成、股东出资、土地使用权情况、公司债务等均有所了解,对案涉股权的价值形成了基本判断。蓝某、张某上诉主张雷某等4人设立新鸿基公司时虚假出资构成欺诈,但未提供相应的有效证据,该院对此不予支持。

(二) 受让人明知出资有瑕疵未及时撤销的,合同合法有效

案例2 "韩某等诉刘某等股权转让纠纷案"[(2016)吉08民初20号]。

2010年12月3日,韩某出资510万元、张某出资490万元申请注册吉林博德公司,韩某担任法定代表人。

2012年6月1日,韩某出让全部股权给刘某,根据股权转让合同,刘某应支付给韩某股金及前期投资和可得利润共计3000万元。支付方式为吉林博德公司将账面有现金400万元先支付韩某,协议签订后15天内刘某支付200万元,40天内支付400万元;2012年12月5日前支付500万元,保证不低于300万元,余款在售楼后和其他款项中优先支付给韩某。

合同签订后,韩某只取得了吉林博德公司的400万元,以及通过要求给付先期付款的诉讼所得600万元,仍有2000万元股权转让款未支付。

2012年7月6日,张某将其在博德公司的股权无偿转让给刘某。

2013年7月5日,刘某将其在博德公司的全部股权转让给王某,王某付给刘某6000万元。

现韩某请求刘某履行股权转让合同,给付剩余股权转让款2000万元,刘某以韩某成立吉林博得公司时存在虚假出资行为为由,拒付剩余股权转让款。一审、二审均支持了韩某的诉讼请求,刘某不服一审、二审判决,遂提起再审。

吉林省白城市中级人民法院认为,该案争议焦点是:(1)韩某与刘某签订的股权转让合同是否有效;(2)刘某应否向韩某支付股权转让款2000万元。结合当事人诉辩意见、庭审举证质证及当事人陈述,笔者作如下评判。

(1)涉案股权转让合同有效

第一,我国《公司法》及相关司法解释规定了瑕疵出资股东应对公司承担差额补充责任、对其他出资无瑕疵股东承担违约责任以及在瑕疵出资范围内对公司债权人承担补充赔偿责任,这些规定主要以瑕疵出资股东仍具备股东资格为前提的。《公司法》没有明文禁止瑕疵股权的转让,应当视为瑕疵的股权可以转让。由于股东出资瑕疵不影响股权的设立和享有,瑕疵出资股权仍具有可转让性,若未经过合法的除权程序,瑕疵出资股东具有股东资格,有权向外转让其持有的股权。

该案中,虽然韩某、张某在注册成立吉林博得公司时存在虚假出资行为,但其股东资格已经工商管理部门注册登记,在未经合法的程序除权的情况下,其股东资格不因瑕疵出资而丧

失,亦有权转让其享有的股权,不影响股权转让合同的效力。

第二,股东出资是合同义务更是法定义务。股东的瑕疵出资行为本身确实违反了我国《公司法》关于股东应当足额缴纳其所认缴的出资额等规定,故应承担相应的法律责任。但就所涉法律条款的属性而言,仍属于管理性规范,而非具有强制性要求的效力性规范,股东出资瑕疵不构成我国《合同法》第52条[1]规定的导致合同无效的"违反法律、行政法规的强制性规定"之无效情形,仅以出资瑕疵为由不能当然否定瑕疵股权转让合同的效力。

刘某主张韩某、张某虚假出资,转让出资瑕疵股权的行为构成欺诈,涉案股权转让合同以合法形式掩盖非法目的,应属无效合同。该院认为,刘某的主张与《合同法》第52条规定的"一方以欺诈、胁迫的手段订立合同,损害国家利益""以合法形式掩盖非法目的"导致合同无效的情形不符,其主张涉案股权转让协议无效没有法律依据。

第三,《合同法》规定当事人因为受到欺诈或胁迫,导致其意思表示不真实的,有权请求撤销合同。股权受让人不知转让人出资存在瑕疵的情况下,股权转让合同属于可撤销合同,股权受让人可在法定期间内决定是否行使撤销权,如果受让人知道后不愿意撤销的,则转让合同的效力得到追认。转让人与受让人签订股权转让合同时,将出资瑕疵的事情如实告知受让人,或受让人知道或者应当知道出资瑕疵的事实,仍然受让转让人转让的股权,不再适用《合同法》第54条[2]的规定,股权转让合同有效,不能撤销。

该案中,刘某与韩某系合作伙伴,其对吉林博得公司股东韩某、张某的出资情况理应了解,且对股权受让人来说,核实受让股权是否存在瑕疵是其基本义务,如果韩某向其转让股权时,故意向其隐瞒了出资瑕疵的事实,刘某作出有偿受让瑕疵股权的意思表示并不是基于错误,而是基于其自身的原因,故认定为不构成《合同法》上[3]的欺诈。刘某自称,其在股权转让合同签订后,通过对吉林博得公司的财务账进行委托审计,发现韩某、张某虚假出资的事实,但其未在法定期限内行使撤销权。

第四,《公司法》规定,有限责任公司的股东之间可以相互转让其全部或部分股权,但股东向股东以外的人转让股权应当经其他股东过半数同意。上述法律规定的股权转让通知系股东转让股权的程序性规定,并非效力性规定。故刘某主张韩某转让其股权未经股东张某同意,转让协议无效,没有法律依据。张某对韩某与刘某签订的股权转让合同未提出异议,并于2012年7月6日将其在博德公司享有的股权无偿转让给刘某。

综上,韩某与刘某签订的股权转让合同系当事人真实意思表示,不违反法律法规的效力

---

[1] 现为《民法典》第146条,即"行为人与相对人以虚假的意思表示实施的民事法律行为无效。以虚假的意思表示隐藏的民事法律行为的效力,依照有关法律规定处理"。第153条规定,"违反法律、行政法规的强制性规定的民事法律行为无效。但是,该强制性规定不导致该民事法律行为无效的除外。违背公序良俗的民事法律行为无效"。第154条规定:"行为人与相对人恶意串通,损害他人合法权益的民事法律行为无效。"

[2] 现为《民法典》第148条、第150条。

[3] 现为《民法典》第148条、第150条、第151条。

性强制规定,属合法有效。2015年《民诉法解释》第90条规定:"当事人对自己提出的诉讼请求所依据的事实或者反驳对方诉讼请求所依据的事实,应当提供证据加以证明,但法律另有规定的除外。在作出判决前,当事人未能提供证据或者证据不足以证明其事实主张的,由负有举证证明责任的当事人承担不利的后果。"刘某主张涉案股权转让合同无效,没有事实和法律依据,该院对其反诉请求不予支持。

(2)刘某应按股权转让合同约定向韩某支付股权转让款2000万元

第一,涉案股权转让合同合法有效,合同双方应按合同约定及诚实信用原则全面履行各自的合同义务。刘某接受受让股权后,办理了公司法人及股东变更登记,对受让的标的公司实际参与经营管理,且刘某又将其受让的吉林博得公司股权以6000万元转让也是不争的事实,刘某理应履行股权转让协议约定的合同义务。

第二,韩某、张某与刘某交易对象是股权,即使存在出资不实的情形,依据《公司法》的相关规定,转让人对公司应承担的补足、归还出资责任及对公司股东应承担的违约责任与股权转让协议分属不同的法律关系。刘某以出资不实为由拒付股权转让款,既不符合合同约定,也没有法律依据。在股权转让协议有效的前提下,受让方的救济途径不是拒绝支付股权转让款,而是由公司与韩某、张某另行解决出资问题。

实 务 建 议

《民法典》第148条规定:"一方以欺诈手段,使对方在违背真实意思的情况下实施的民事法律行为,受欺诈方有权请求人民法院或者仲裁机构予以撤销。"

《民法典》第152条规定:"有下列情形之一的,撤销权消灭:(一)当事人自知道或者应当知道撤销事由之日起一年内、重大误解的当事人自知道或者应当知道撤销事由之日起九十日内没有行使撤销权;(二)当事人受胁迫,自胁迫行为终止之日起一年内没有行使撤销权;(三)当事人知道撤销事由后明确表示或者以自己的行为表明放弃撤销权。当事人自民事法律行为发生之日起五年内没有行使撤销权的,撤销权消灭。"

上述规定是对于撤销权及其行使期限的规定,即除斥期间。

瑕疵出资的股权转让合同,如果存在隐瞒瑕疵的情况,需要受让人举证证明存在欺诈事实,此类合同属于可变更可撤销合同,但是,受让人没有在规定期限内行使撤销权或者提出任何变更诉求,那么,合同效力将被补正,成为合法有效的合同。受让股东就应该继续足额支付股权转让款,受让股东日后因此可能承担的相应责任,可另寻法律途径解决。这就提醒受让人,要及时主张权利,一旦错失除斥期间,将可能带来无法挽回的损失。

二、瑕疵股权转让的价款的认定

若股东出资不实,比如没有实际出资,其股权是否有价值,在当事人没有约定交易价格的情况下,是否能认定零对价转让?股东是否足额出资,可能公司之外的受让人无法知情,约定的交易价格是足额出资下的价格还是出资不实的价格,有时候可能也存在争议,在受让人主张转让方隐瞒欺诈的情况下,如何认定转让价格的合理性?下文探讨瑕疵出资与转让价格的关联性问题。

(一)股东未实际出资,股权转让也可有对价

案例3 "刘某诉郝某股权转让纠纷案"[(2014)三中民终字第10966号]。

理尔斯公司成立时的股东为刘某、郝某及案外人葛某,刘某出资225.4万元,郝某出资30.8万元,案外人葛某雁出资23.8万元。

2007年2月12日,刘某与郝某签订《股权转让协议书》,其中约定:刘某在理尔斯公司的225.4万元股权中的21万元转让给股东郝某,其他股东不再购买。

在《股权转让协议书》中,刘某与郝某并未约定股权转让对价。刘某认为本案中股权转让的对价为21万元;郝某对此不予认可,其称:理尔斯公司注册时所有股东均未实际出资,公司注册资本均由代办公司代垫,故工商登记的股权只是一个空的数字,并未有实际出资的内容,所以转让时没有约定对价,其也不可能以实际支付21万元转让款的代价来获取空的21万元股权。

北京市第三中级人民法院审理后认为:首先,尽管诉争《股权转让协议书》未明确约定股权转让的对价,但是从郝某在一审、二审的陈述来看,其认可诉争股权转让存在对价,且同意对理尔斯公司履行21万元的出资义务。其次,公司设立后,刘某将其持有的理尔斯公司21万元股权转让给郝某,故郝某就此应先向刘某支付股权转让款,而非支付股东出资款。综上,刘某要求郝某支付股权转让款21万元,于法有据,应予支持。

(二)原股东是否隐瞒未完全出资的事实存在欺诈行为,需比较股权交易价格与公司注册资本是否相符

案例4 "王某与濮某股权转让纠纷案"[(2019)苏民再226号]。

北极星公司于2016年6月16日登记设立,法定代表人为王某,股东为王某、赵某,该《公司章程》第6条载明,公司注册资本为200万元。

2016年8月17日,王某与濮某签订《股权转让协议书》,载明王某合法拥有北极星公司70%股权,同意将30%股权转让给濮某,对价为7.5万元。该协议第3条第2项载明,王某作为北极星公司股东,已经完全履行了公司注册资本的出资义务。

濮某称不知王某未完全履行出资义务,以王某构成欺诈主张撤销《股权转让协议书》。一

审、二审均认为王某未披露其未完全履行出资义务的事实构成欺诈，应撤销其《股权转让协议》，王某遂提起再审。

江苏省高级人民法院的观点如下：

《最高人民法院关于贯彻执行〈中华人民共和国民法通则〉若干问题的意见（试行）》第68条规定："一方当事人故意告知对方虚假情况，或者故意隐瞒真实情况，诱使对方当事人作出错误意思表示的，可以认定为欺诈行为。"[1]该案中，双方当事人在同一天既签订了一份《股东合作协议书》，又签订了一份《股权转让协议书》，因此王某在与濮某签订《股权转让协议书》时，是否存在故意隐瞒北极星公司注册资本金的情形，应当结合《股东合作协议书》的予以认定。

王某作为甲方在《股权转让协议书》中关于"甲方作为北极星公司股东已经完全履行了公司注册资本的出资义务"的声明，虽然对"公司注册资本"的具体数额没有明确，存在系履行北极星公司工商登记记载的认缴注册资本200万元的可能性，但如果结合《股东合作协议书》的相关内容，则认定"公司注册资本"数额为变更登记后的注册资本25万元更具合理性。因为如按濮某所称的200万元注册资本，其受让王某70%中的30%应为42万元，而其仅支付7.5万元转让款，相差较大，不合常理。

对此，濮某解释认为7.5万元转让款系双方多次协商的结果，但就其主张未提供证据予以证明。而《股东合作协议书》约定，北极星公司注册资本25万元，王某出资10万元，赵某出资7.5万元，濮某出资7.5万元。濮某出资7.5万元占注册资本25万元的30%，与《股权转让协议书》约定的其在支付7.5万元后享有北极星公司30%股权相对应。此外，王某主张其履行了公司注册资本的义务是指注册资本25万元中的10万元，提交了能够反映其购买设备、租用办公场所及支付工人工资的相关证据予以证明。

因此，一审、二审判决仅以王某在《股权转让协议书》中所作"声明"即认定对濮某构成欺诈，证据不足。濮某主张王某故意隐瞒真实情况，诱使其作出错误意思表示而签订《股权转让协议书》缺乏证据证明，其要求撤销《股权转让协议书》及返还股权转让款及利息的主张不能成立，该院不予支持。

实务建议

尚未出资的股权仍有交易价格可言，考虑到如果公司对外负债，股东出资可能加速到期，新的受让人还是要继续出资，或者说要在出资范围内承担公司债务，受让人应

---

[1] 已失效，现行无此规定。

该预见此种风险可能,从而合理确定交易价格。另外,即便是尚未进行任何的实际出资,也不能实现0元或1元转让,这里还涉及纳税申报问题,根据国家税务总局公告2014年第67号——《股权转让所得个人所得税管理办法(试行)》规定,如果被认定股权转让收入明显偏低的,税务部门将可按照净资产核定法来核定转让价款。

判断转让人是否足额出资,用持股比例和公司注册资本金相乘即可得出,但是,如果公司内部的股东协议和工商登记的注册资本金数额有别,应该以哪个数字计算应出资金额存在争议,此时,应该综合各种因素来合理认定公司的注册资本金数额,一个简单的方式就是分别以两个金额来计算,从而确定哪个金额更具有合理性。在此基础上,就可判断转让人是否足额出资,交易价格是否合理,是否存在欺诈问题。

上述两个案例,实质上都具有一个共同的问题,即合同约定不完善:第一个案例没有约定转让价格,第二个案例对于注册资本是多少(尤其是公司注册资本存在变更,且工商尚未显示变更后的数额的情形下)、出资了多少没有明确。无论如何,对股权受让人而言,应该在交易初始,对转让人是否足额出资施加必要的注意,并对转让价格的确定依据进行沟通,并将原股东的出资事实写入合同的鉴于条款或者合同的陈述与保证条款中,同时约定相关的救济途径,如果事后发现未足额出资,如何承担责任。

三、瑕疵股权转让后,股东补足出资的,能向受让方追索吗

瑕疵股权转让的价格一般都会低于足额出资的股权价格,如果日后转让方被公司追缴或返还了出资,相当于瑕疵已被补正,股权价格应该得到提升,基于公平原则,转让方有权向受让人主张承担自己补缴的出资。但是,这是否存在例外情形?虽然双方都明知股权瑕疵,但是,可能转让价格并不只是建立在瑕疵事实之上,因为同时转让方也有可能已经被追缴欠款,股权已趋于"完好"状态,建立在这些事实基础上确定的转让价格,日后转让方补缴后,再向受让人追讨可能就难了,因为可能当时的价格就已经考虑了全部事实,并不是低价贱卖的。下文以一则典型案例来说明。

案例5 "苏锦公司与徐某股权转让纠纷案"[(2020)苏民申1688号]。

恒锦公司由邢某出资150万元设立,占股100%。

2008年3月25日,恒锦公司的注册资本增加至200万元,其中邢某出资150万元,占股75%,徐某出资50万元,占股25%,法定代表人变更为徐某。

2009年9月8日,恒锦公司的股东由邢某、徐某变更为苏锦公司,法定代表人未变更。

2014年4月4日,苏锦公司将所持恒锦公司的全部股权以200万元的价格转让给徐某,双方办理了相应的工商变更登记。

恒锦公司认为邢某抽逃出资应补足其出资并提起诉讼,该案一审、二审均判决邢某即使已将其在恒锦公司的股权转让给苏锦公司,其仍负有将抽逃的出资款返还恒锦公司的义务。根据(2013)吴江商初字第0009号民事判决书,邢某将出资款本息共216万元返还给恒锦公司。

2018年12月15日,邢某和苏锦公司签订《权利让与书》,其载明:邢某已经收取了苏锦公司因恒锦公司起诉邢某返还出资款项即(2013)吴江商初字第0009号判决形成的出资款返还的216万元(其中出资款149.9万元,余款66.1万元为利息),故邢某确认因此产生的继续追偿的实体和程序权利转让给苏锦公司。

2018年11月,苏锦公司起诉徐某,主张其将恒锦公司100%的股权以200万元对价转让给徐某时,双方都应知道该股权存在瑕疵的事实,故该200万元的价格是瑕疵股权的对价;苏锦公司现根据(2013)苏中商终字第0868号民事判决指明的救济渠道以及根据公平原则,有权要求股权受让人徐某支付苏锦公司已承担的补足出资款。

江苏省高级人民法院的观点如下:

《公司法解释三》第18条规定,"有限责任公司的股东未履行或者未全面履行出资义务即转让股权,受让人对此知道或者应当知道,公司请求该股东履行出资义务、受让人对此承担连带责任的,人民法院应予支持……受让人根据前款规定承担责任后,向该未履行或者未全面履行出资义务的股东追偿的,人民法院应予支持。但是,当事人另有约定的除外"。邢某在设立恒锦公司时未全面履行出资义务,已经生效的苏州市吴江区人民法院(2013)吴江商初字第0009号民事判决予以确认,并判令邢某向恒锦公司返还出资款149.9万元及相应利息。根据苏州市吴江区人民法院于2015年12月9日作出的(2014)吴江执字第2098号执行裁定,目前邢某已返还的出资款数额为841,031.92元。

从该院查明的上述相关事实可见,苏锦公司和恒锦公司实际是由邢某和徐某出资设立,二人虽然在2008年2月先后签订7份分家合同,就苏锦公司的无形资产、土地、厂房、设备、原材料等资产进行了分割,但在上述分家合同签订后,双方仅履行了部分合同内容,且产生了多起诉讼。恒锦公司于2012年12月诉至苏州市吴江区人民法院,请求判令邢某向其返还抽逃的出资款本息,该院系于2013年7月31日作出(2013)吴江商初字第0009号民事判决,支持了恒锦公司的诉讼请求。

案涉股权转让协议签订于2014年4月,此时该一审判决虽已作出,但尚未生效,案件还处于二审期间,徐某时任恒锦公司法定代表人,邢某系该案被告,且是苏锦公司法定代表人,故该协议的签订双方均明知邢某存在瑕疵出资的事实,可以预见该案的诉讼后果,但双方在该份股权转让协议中未予提及,故不排除双方在确定股权转让对价时已将上述股权瑕疵及可能产生的诉讼后果予以综合考虑的可能,且股权转让双方均是成熟的商事主体,转让价格本身也无显失公平之处。

何况,就苏锦公司请求将其和徐某在该份股权转让协议项下的股权转让价款由 200 万元变更为 416.9239 万元案而言,苏州市吴江区人民法院已于 2014 年 12 月 5 日作出(2014)吴江商初字第 01250 号民事判决,驳回苏锦公司的诉讼请求,苏锦公司其后也未提出上诉。据此,该案中,一审、二审法院未支持苏锦公司要求徐某返还出资款 149.9 万元并支付 66.1 万元利息的诉讼请求,并无不当。

尽管江苏省苏州市中级人民法院在(2013)苏中商终字第 0868 号民事判决书中提及"股权转让人在承担向公司补足出资款或返还出资款的责任后,其有权要求股权受让人支付其已承担的补足出资款或返还出资款",但此缺乏明确的法律依据,且未考虑本案双方的具体交易背景,故苏锦公司依据上述内容要求支持其本案诉讼请求的依据不足。

实务建议

如果双方当事人都是内部人,明知转让方存在出资瑕疵,且转让方处于被公司追缴抽逃出资的诉讼中,该诉讼公司已经暂时胜诉,说明转让方即将会补足出资。此时转让股权,该价格就已经考虑到了诉讼结果,日后与预期一样,转让方将被公司追缴抽逃出资。即便如此,转让方也不能再向受让人追索,因为当时双方信息透明、风险自担。

这就提醒转让方,即便转让当时自己的股权存在瑕疵,也不能随意贱卖。因为日后还可能被公司追缴补足,如果日后真的补足了出资,原来按照瑕疵股权确定的转让价格就显失公平了,虽然还可再向受让人追索,但是无疑也存在各种不确定性。

第二节 股权转让合同的违约与合同解除

一、股权转让合同不能轻易解除

鉴于股权本身具有社员权特性,股权转让合同的签订与履行不仅直接影响合同当事人的利益,而且还会影响目标公司的员工、债权人及其他相关第三人的利益。股权转让合同不同于其他合同,即便存在一些未按约支付股权转让款的违约情形,也不能轻易解除合同。考虑到合同签订之后,股权已经变更登记,对外已经产生公示效力,且新的受让人已经接管并实际控制公司的经营管理,公司价值已经显著提升,早已今非昔比,此时,很难再去解除合同,因为已经无法恢复原状。下文结合具体案例,来分析哪些情形下合同将无法解除。

(一)在股权已经变更登记,受让方已经支付大部分款项且已经实际控制目标公司的情况下,合同已无法解除

案例1 "绿洲公司与锐鸿公司等股权转让纠纷上诉案"[(2017)最高法民终919号]。

绿洲公司主张锐鸿公司迟延履行付款义务导致合同目的不能实现,要求解除《股权转让协议书》。一审法院未支持绿洲公司的诉讼请求。绿洲公司上诉至最高人民法院,绿洲公司上诉认为,锐鸿公司拒不支付80%的股权转让款已超过两年,逃废债行为十分明显,《股权转让协议书》的合同目的已无法实现,依据原《合同法》第94条的规定应解除股权转让协议。

最高人民法院的观点如下:

绿洲公司依据《合同法》第94条第4项的规定主张解除《股权转让协议书》,即本案是否存在锐鸿公司迟延履行债务或者其他违约行为致使不能实现合同目的。锐鸿公司已支付股权转让款2.25亿元,占全部股权转让款的60%,尚未支付剩余1.5亿元股权转让款虽然构成违约,但并未致使《股权转让协议书》的目的不能实现。迟延履行不能实现合同目的是指迟延的时间对于债权的实现至关重要,超过了合同约定的期限履行合同,合同目的就将落空。

虽然锐鸿公司存在尚未支付剩余1.5亿元股权转让款的违约行为,但《股权转让协议书》并未约定锐鸿公司迟延支付该部分款项,绿洲公司将不接受《股权转让协议书》的履行。绿洲公司作为股权的出让方,其转让股权的目的在于收取股权转让款,迟延交付1.5亿元股权转让款虽使其遭受损失,但是通过股权买受人继续履行股权转让款支付义务并承担违约责任等,合同目的仍能实现。

股权是一种综合性的财产权利,不仅包括财产收益权,还包括公司经营决策权等多种权利。股权转让合同的签订与履行不仅直接影响合同当事人的利益,而且还会影响目标公司的员工、债权人及其他相关第三人的利益。因此,解除股权转让合同除应依据法律的明确规定外,还应考虑股权转让合同的特点。尤其在股权已经变更登记、受让方已经支付大部分款项且已经实际控制目标公司的情况下,解除股权转让合同应结合合同的履行情况、违约方的过错程度以及股权转让合同目的能否实现等因素予以综合判断。

该案中,绿洲公司已将海港城公司80%的股权变更登记至锐鸿公司名下,锐鸿公司已经实际接管海港城公司达两年多,占海港城公司20%股权的股东国升公司明确反对绿洲公司再次进入海港城公司,威斯汀酒店也开业在即,海港城公司在中国银行海口海甸支行的贷款本息已经还清,海港城公司也于2016年2月19日分立为海港城公司和绿创公司。与2015年11月19日案涉股权过户时相比,锐鸿公司持有的海港城公司股权的价值及股权结构均已发生较大变化,案涉股权客观上已经无法返还。综上,锐鸿公司虽然存在迟延支付股权转让款的违约行为,但是依据该案事实和相关法律规定,《股权转让协议书》并不符合法定解除条件,绿洲公司该项上诉请求不成立,该院不予支持。

(二) 合同未约定转让方享有约定解除权的,受让方即便存在逾期支付剩余价款的违约行为,转让方也无权解除股权转让合同

案例 2 "朱某、斯某股权转让纠纷案"[(2019)最高法民终 1833 号]。

该案中,朱某向方某 1 发出通知,要求及时付款,否则将于 2018 年 8 月 1 日解除股权转让合同。双方就股权转让合同是否应予以解除产生争议。

最高人民法院的观点如下:

该案的核心在于方某 1 是否构成根本违约并导致案涉股权转让法律关系应予解除。对此,该院认为,方某 1 存在一定的违约行为,但尚不足以据此解除案涉股权转让法律关系。朱某、斯某与大川公司签订的股权转让合同及补充协议约定的大川公司付款时间均在 2015 年,对应付且未付款的利息及违约金均约定从 2015 年起计算,而支持方某 1 优先购买权的(2017)黔 01 民初 242 号民事判决于 2017 年 7 月 20 日始生效。此时,方某 1 支付股权转让价款的时间及支付余款数额确实存有不明确之处,双方也因此产生了一定争议。但相关协议约定的股权转让价款非常清楚,约定的支付时间节点早已届满,争议仅在于应否支付违约金,在方某 1 主张优先购买权获得支持且股权已被强制执行过户至其名下时,其至少应支付无任何争议的剩余股权转让价款却未支付,其行为应认定为已构成违约。

然而,股权转让合同及补充协议仅约定受让方未按约支付股权转让价款时应支付违约金,并未约定朱某、斯某可据此解除协议,故方某 1 未支付剩余股权转让价款时,朱某、斯某不享有约定解除权。朱某、斯某举示的最高人民法院失信人信息公示,显示方某 2 作为失信被执行人行为具体情形是"有履行能力而拒不履行生效法律文书确定义务",不足以证明方某 1、方某 2 无履行能力,且方某 1 名下股权已质押用于保障股权价款的支付,而方某 1、方某 2 也一直表示愿意继续履行股权转让的付款义务。

股权已经过户,协议未履行部分只是剩余股权价款的支付,方某 1、方某 2 有履约意愿,用股权质押提供了履约保障,且协议履行存在一定争议的情况下,方某 1 未及时支付剩余价款的违约行为尚不足以构成根本违约和据此解除股权转让关系。故对朱某、斯某要求解除与方某 1 的股权转让法律关系的请求不予支持。

(三) 股权受让人将受让股权转让给第三人并办理工商变更登记之后,该登记具有对外公示的效力,为了保护公司的稳定以及既成的交易关系,原股权转让人不得再主张解除原股权转让合同

案例 3 "张某与宁某股权转让纠纷案"[(2014)庆中民初字第 51 号]。

该案中,宁某一直未按股权转让协议约定向张某支付股权转让金 900 万元,现张某主张解除与宁某的股权转让协议。

甘肃省庆阳市中级人民法院的观点如下：

张某与宁某之间关于庆阳市腾祥房地产开发有限责任公司的股权转让已经该公司的股东会议通过，形成的股东决议上有庆阳市腾祥房地产开发有限责任公司两名股东的签名和庆阳市腾祥混凝土有限责任公司的印章，应视为张某转让股权的行为征得了公司股东的同意。张某与宁某于2013年1月7日自愿签订的庆阳市腾祥房地产开发有限责任公司的股权转让协议约定，宁某在协议订立7日内以现金方式向张某支付股权转让金900万元。

张某在宁某未按期履行股权转让金给付义务的情形下，于股权转让协议签订的第三日便履行了股权变更义务，工商管理部门登记的公司股东由张某和庆阳市腾祥混凝土有限责任公司变更为宁某和庆阳市腾祥混凝土有限责任公司，股东变更已经产生了对外公示效力，且宁某在成为公司股东后又将股权全部转让给了案外人张雪某，公司的股东由宁某和庆阳市腾祥混凝土有限责任公司变更登记成张雪某和宁某1，由此可见，若解除张某与宁某签订的庆阳市腾祥房地产开发有限责任公司的股权转让协议，显然不利于公司的稳定和保护既成的交易关系。故张某要求解除其与宁某签订的庆阳市腾祥房地产开发有限责任公司股权转让协议的诉讼请求不能成立。至于宁某未按股权转让协议支付的股权转让金，经该院释明后，张某坚持解除协议的诉讼请求，该案对股权转让金不做处理。

（四）分期支付股权转让款时发生股权受让人延迟或者拒付等违约情形，不适用分期付款买卖中出卖人在买受人未支付到期价款的金额达到合同全部价款的1/5即可解除合同的规定

案例4 "汤某诉周某股权转让纠纷案"[（2015）民申字第2532号]。

最高人民法院的观点如下：

该案争议的焦点问题是周某是否享有《合同法》第167条[1]规定的合同解除权。

1.《合同法》第167条第1款规定，"分期付款的买受人未支付到期价款的金额达到全部价款的五分之一的，出卖人可以要求买受人支付全部价款或解除合同"。该条第2款规定，"出卖人解除合同的，可以向买受人要求支付该标的物的使用费"。2012年《最高人民法院关于审理买卖合同纠纷案件适用法律问题的解释》第38条规定，"合同法第一百六十七条第一款规定的'分期付款'，系指买受人将应付的总价款在一定期间内至少分3次向出卖人支付。分期付款买卖合同的约定违反合同法第一百六十七条第一款的规定，损害买受人利益，买受人主张该约定无效的，人民法院应予支持"。

依据上述法律和司法解释的规定，分期付款买卖的主要特征为：一是买受人向出卖人支付总价款分3次以上，出卖人交付标的物之后买受人分2次以上向出卖人支付价款；二是多

---

[1] 现为《民法典》第634条，即"分期付款的买受人未支付到期价款的数额达到全部价款的五分之一，经催告后在合理期限内仍未支付到期价款的，出卖人可以请求买受人支付全部价款或者解除合同。出卖人解除合同的，可以向买受人请求支付该标的物的使用费"。

发、常见在经营者和消费者之间,一般是买受人作为消费者为满足生活消费而发生的交易;三是出卖人向买受人授予了一定信用,而作为授信人的出卖人在价款回收上存在一定风险,为保障出卖人剩余价款的回收,出卖人在一定条件下可以行使解除合同的权利。

该案系有限责任公司股东将股权转让给公司股东之外的其他人。尽管案涉股权的转让形式也是分期付款,但由于本案买卖的标的物是股权,因此具有与以消费为目的的一般买卖不同的特点:一是汤某受让股权是为参与公司经营管理并获取经济利益,并非满足生活消费;二是周某作为有限责任公司的股权出让人,基于其所持股权一直存在于目标公司中的特点,其因分期回收股权转让款而承担的风险与一般以消费为目的分期付款买卖中出卖人收回价款的风险并不相同;三是双方解除股权转让合同,也不存在向受让人要求支付标的物使用费的情况。综上特点,股权转让分期付款合同,与一般以消费为目的分期付款买卖合同有较大区别。对案涉《股权转让资金分期付款协议》不宜简单适用《合同法》第167条规定的合同解除权。

2. 本案中,双方订立《股权转让资金分期付款协议》的合同目的能够实现。汤某和周某订立《股权转让资金分期付款协议》的目的是转让周某所持青岛变压器集团成都双星电器有限公司6.35%股权给汤某。根据汤某履行股权转让款的情况来看,除第2笔股权转让款150万元逾期支付两个月,其余3笔股权转让款均按约支付,周某认为汤某逾期付款构成违约要求解除合同,退回了汤某所付710万元,不影响汤某按约支付剩余3笔股权转让款的事实的成立,且在本案一审、二审审理过程中,汤某明确表示愿意履行付款义务。因此,周某签订案涉《股权转让资金分期付款协议》的合同目的能够得以实现。另查明,2013年11月7日,青岛变压器集团成都双星电器有限公司的变更(备案)登记中,周某所持有的6.35%股权已经变更登记至汤某名下。

3. 从诚实信用的角度来看,《合同法》第60条[1]规定,"当事人应当按照约定全面履行自己的义务。当事人应当遵循诚实信用原则,根据合同的性质、目的和交易习惯履行通知、协助、保密等义务"。鉴于双方在股权转让合同上明确约定"此协议一式两份,双方签字生效,永不反悔",因此,周某即使依据《合同法》第167条[2]的规定,也应当首先选择要求汤某支付全部价款,而不是解除合同。

4. 从维护交易安全的角度来看,一项有限责任公司的股权交易,关涉诸多方面,如其他股东对受让人汤某的接受和信任(过半数同意股权转让),记载到股东名册和在工商部门登记股权,社会成本和影响已经倾注其中。该案中,汤某受让股权后已实际参与公司经营管理、股权也已过户登记到其名下,如果不是汤某有根本违约行为,动辄撤销合同可能对公司经营管理的稳定产生不利影响。

---

[1] 现为《民法典》第509条,即"当事人应当遵循诚信原则,根据合同的性质、目的和交易习惯履行通知、协助、保密等义务"。
[2] 现为《民法典》第634条。

综上所述,该案中,汤某主张的周某依据《合同法》第167条之规定要求解除合同依据不足的理由,于法有据,应当予以支持。

实务建议

股权受让人迟延支付股权转让款,股权转让人一般难以主张解除股权转让合同。根据《民法典》第563条关于法定解除权的规定,在合同一方迟延履行主要债务,经催告后在合理期限内仍未履行,或者其迟延履行债务或者有其他违约行为致使不能实现合同目的即根本违约时,合同相对方可以解除合同。

具体到股权转让合同时,股权受让人迟延支付股权转让款是否可以主张解除股权转让合同则需证明股权受让人是否根本违约。对此,股权转让合同的解除不同于标的物为普通动产或者不动产的买卖合同。

第一,若股权已经变更登记,在受让方已经支付大部分款项且已经实际控制目标公司的情况下,法院一般认为,受让方未及时支付剩余价款的违约行为尚不足以构成根本违约。金钱给付并不存在履行不能的情形,因此合同目的并非不能实现,股权转让合同不应解除。

第二,在合同中仅约定了逾期支付应继续足额支付和支付违约金外,没有约定转让方有权解除转让合同,即意味着转让方无合同约定解除权。

第三,若股权受让人将股权再次转让给第三人并办理工商变更登记之后,该登记具有对外公示的效力,为了维护公司的稳定性以及保护既成的交易关系,原转让人不得再主张解除原股权转让合同。

第四,受让人延迟或者拒付转让款,不适用分期付款买卖中出卖人在买受人未支付到期价款的金额达到合同全部价款的1/5时即可解除合同的规定。

所以,这就提醒股权转让合同的转让方,签订此类合同具有很大的风险,受让人如果不能按约支付股权转让款,股权如果已经变更登记,受让人已经加入公司,参与了经营管理,那么转让方将会非常被动,一般很难解除合同、收回股权。所以,如果是大额交易,可以选择分笔支付价款,同时分次变更股权,以及将受让人成为股东和公司管理者的时间尽量后延。

二、股权受让的目的为绝对控股情形下的根本违约责任

在实务中,股东在还未取得目标公司股权的情况下就与第三人签订股权转让协议的情形也常有发生,第三人能否依照约定取得目标公司股权存在不确定性。一方未按照约定完成目

标公司的设立导致另一方无法取得将来目标公司股权的,受让人如何进行救济?考虑到此时仅是签订了转让合同,股权并未实际转移,所以,还存在解除合同、恢复原状的机会。

(一)典型案例基本案情

案例来源:"王某与布某、赵某股权转让纠纷案"[(2018)辽民初70号]。

2011年4月2日,布某、赵某(甲方)与王某(乙方)签订《股权转让协议》,协议载明:布某系正在办理转制的集体所有制企业冕宁县兴友稀土公司和其个人独资企业冕宁县金沙稀土厂两个企业的法定代表人,因矿权整合、扩界需要,布某将冕宁县兴友稀土公司和冕宁县金沙稀土厂整合为兴友稀土公司这一个企业,采矿证亦整合为冕宁县兴友稀土公司一个采矿证,矿权整合后冕宁县金沙稀土厂不再存在。协议约定:甲方布某、赵某承诺于本协议签订之日起15个工作日内,办理完结目标公司的企业转制事宜,使目标公司成为以甲方为出资人(其中布某持有80%股权,赵某持有20%股权)的有限责任公司。布某、赵某将整合后自己持有100%股权的冕宁县兴友稀土公司的全部股权转让给王某,转让股权总价款为12,000万元。

上述协议签订后,案外人郑某某于2011年4月2日至2012年1月17日先后分8笔向布某转账支付股权转让款50,999,999元。案外人郑某某在2012年3月13日至2013年1月18日还让其控制的辽铜公司,通过四川万凯峰公司向布某支付股权转让款共计5000万元。其中包含案外人温某直接向布某转款400万元。原告王某本人于2012年1月16日向布某转账支付股权转让款100万元。王某还于2016年10月委托胡某、王某娟向布某转账付款合计150万元,依据布某给王某出具的借条,其具有借款性质,不属于股权转让款。

协议履行中,作为股权出让人的布某、赵某,未依约在协议签订后的15个工作日内完成目标公司的转制设立事宜。布某按当地政府要求,将转制后的冕宁县兴友稀土公司、冕宁县金沙稀土厂分别折股41%和10%,于2012年1月12日与冕宁县矿产有限公司(折股49%)共同设立了一个注册资本1000万元的友盛稀土公司。

2013年1月8日,友盛稀土公司办理取得了公司采矿许可证,布某未将该采矿许可证交给协议约定的股权受让方王某。

2014年3月18日,布某将其原有的冕宁县兴友稀土公司和冕宁县金沙稀土厂的工商登记办完注销手续。此后,双方一直未协商办理股权转让变更登记,王某也未给付余欠6800万元股权转让款。王某主张解除股权转让协议,并要求返还已支付的股权转让款。

(二)典型案例法院裁判观点

辽宁省高级人民法院的观点如下:

1. 关于王某是否为案涉股权转让协议及补充协议的实际受让方,是否有权提起本案诉讼的问题

王某与布某、赵某签订的案涉股权转让协议及补充协议系双方真实意思表示,不违反法律及行政法规的强制性规定,合法有效。王某作为该股权转让协议及补充协议的受让方(乙方)在协议上签名,依据协议应该确认为案涉股权转让的合法受让方,具有合法的受让方主体资格。虽然依据股权转让协议已付的100,999,999元股权转让款均为郑某某及其控制的辽铜公司所付,王某本人只付了100万元转让款,但是认定郑某某为该股权转让协议及补充协议的合法受让主体,证据并不充分。

虽然有该院(2017)辽民终45号判决认定郑某某将案涉股权转让协议中的权益出让给王某,说明郑某某已经认可自己是相关协议的权利主体,王某与布某、赵某所签股权转让协议及补充协议系代郑某某所为,也只能在某种程度证明郑某某为案涉股权转让协议及补充协议的实际受让主体,并不能确切证明郑某某具有合法有效的受让主体资格。郑某某2013年2月26日与王某签订的具有矿产分割性质的《协议书》,亦为双方真实意思表示,不违反法律及行政法规的强制性规定,合法有效。该协议书的签订,较为充分证明在2011年4月王某与布某、赵某签订及履行股权转让协议时,郑某某与王某具有合伙经营性质的法律关系,双方当时共同拥有四川兴友稀土公司项目和内蒙古伟兴矿业的资产权利。双方2013年2月26日签订的协议是对双方共同拥有的这两处矿产企业附条件的资产分割与权利分配,附加的条件即为王某需另行给付郑某某4500万元。这一协议可以证明王某2011年4月与布某、赵某签订的股权转让协议及补充协议不只是代表其个人,而是代表其与郑某某的合伙经营主体,同时证明郑某某依据股权转让协议向布某、赵某所支付的100,999,999元股权转让款不仅代表其个人,也有为二人合伙经营共同取得受让股权而支付价款的属性。依据上述证据证明的事实及相关法律,不足以认定郑某某为案涉股权转让协议合法单独的实际受让方,也不能认定郑某某为案涉股权转让协议及补充协议的唯一合法有效的受让主体。

依据案涉股权转让协议及补充协议,王某和郑某某应为该股权转让协议的共同受让主体,且王某又为协议上确定的合法有效的股权受让主体,故此王某具有提起本案诉讼的主体资格。布某、赵某抗辩提出王某并非案涉股权转让协议及补充协议的实际受让方,无权提起本案诉讼的主张,证据不足,缺乏相应的事实和法律依据,不予支持。

2. 关于案涉股权转让协议及补充协议应否予以解除的问题

案涉股权转让协议虽然系双方当事人真实意思表示,总体合法有效,但是本案被告布某、赵某所要出让的股权在签订案涉股权转让协议时并未真实存在,故此,在股权转让协议中设立了一个前提,即布某办完企业转制后,把其持有的原冕宁县兴友稀土公司和冕宁县金沙稀土厂要整合成一个由布某、赵某共同持有100%股权的目标公司,即新的冕宁县兴友稀土公司。然而,案涉股权转让协议签订后,布某未能将完成转制后的冕宁县兴友稀土公司与冕宁县金沙稀土厂整合成为股权转让协议所约定的由布某持股80%、赵某持股20%的新冕宁县兴友稀土公司。

布某按当地政府要求,将转制后的冕宁县兴友稀土公司、冕宁县金沙稀土厂分别折股41%和10%,于2012年1月12日与冕宁县矿产有限公司(折股49%)共同投资成立了冕宁县友盛稀土开发有限公司。2013年11月,冕宁县兴友稀土公司、冕宁县金沙稀土厂将各自股权均转让给了布某,冕宁县矿产有限公司将股权转让给了裸某拉哈,现在是布某和裸某拉哈分别持有友盛稀土公司51%和49%股权。故此该院认为,由于布某未能依协议完成对所要转让股权的目标公司的设立,致使其无法将转让协议约定的股权实际出让给王某,构成履行股权转让协议的根本性违约。

该院审理中,王某提出其与布某、赵某签订股权转让协议约定的是收购兴友稀土公司这一个目标公司100%的股权,目的是绝对控股,而目前布某所能实际转让的只是其在友盛稀土公司持有的51%股权属于相对控股,违背了其受让公司股权的人合性,订立股权转让合同的根本目的已无法实现。布某提出,其已将其在友盛稀土公司持股的稀土矿坑口,连同生产设备、生产经营权移交给了案外人郑某某,履行了自己的部分转让义务,现查明,布某并未移交股权转让目标公司的营业执照、经营(安全生产)许可、税务登记等相关证照手续,未经友盛稀土公司股东会决议同意,也没有取得友盛稀土公司另一股东裸某拉哈放弃优先购买权的书面意见,故此布某虽然移交了稀土矿坑口、生产设备及生产经营权,但不符合《公司法》第71条关于有限责任公司股权转让之规定,不具有合法效力。

该院认为,由于布某未能设立股权转让协议所约定的由其夫妇持有100%股权的目标公司,无法实际出让协议约定的目标公司股权,王某无法实现订立股权转让协议受让目标公司100%股权的合同目的,该案符合《合同法》第94条[1]规定的法定解除条件,对于该案双方签订的股权转让协议,该院依法予以解除。

对于解除股权转让协议而产生的双方财产互返问题。依据《合同法》第97条的规定,合同解除后,尚未履行的,终止履行;已经履行的,根据履行情况和合同性质,当事人可以要求恢复原状、采取其他补救措施,并有权要求赔偿损失。原告王某诉讼请求布某返还其103,500,000元,现查明协议履行中,王某一方有郑某某向布某直接转账支付股权转让款50,999,999元(亦称5100万元,差1元);有郑某某让其控制的辽铜公司,通过四川万凯峰公司向布某支付股权转让款共计5000万元(不含温某控制的四川万凯峰公司向布某单独转款400万元);有王某本人向布某转账支付股权转让款100万元;还有王某委托胡某、王某娟向布某汇款150万元,合计103,499,999元(亦称10350万元,差1元)。

因其中王某委托胡某、王某娟向布某汇款150万元,有布某给王某出具的借条在卷,系布某用于办理友盛稀土公司环评报告的借款,不应认定为王某支付的股权转让款。王某向布某转账支付的股权转让价款合计应为101,999,999元,布某依法在判决确定的时间内向王某返

---

[1] 现为《民法典》第563条,即"有下列情形之一的,当事人可以解除合同:(一)因不可抗力致使不能实现合同目的;(二)在履行期限届满前,当事人一方明确表示或者以自己的行为表明不履行主要债务;(三)当事人一方迟延履行主要债务,经催告后在合理期限内仍未履行;(四)当事人一方迟延履行债务或者有其他违约行为致使不能实现合同目的;(五)法律规定的其他情形。以持续履行的债务为内容的不定期合同,当事人可以随时解除合同,但是应当在合理期限之前通知对方"。

还。对于温某通过四川万凯峰公司向布某转款 400 万元及布某向王某借款 150 万元，依法均应由相关各方另行处理。对于布某已经移交的稀土矿坑口、生产设备及生产经营权，以原来移交时共同签字确认的《冕宁县兴友稀土公司现场固定资产清单明细》为准，由王某在判决确定的时间内向布某返还。鉴于双方当事人或占用了对方的资金或占用了对方的资产，时间大体一致，价值基本相当，且原告王某的诉讼请求为返还所支付的股权转让款本金，故此双方互不赔偿。

综上，该案原告王某与被告布某、赵某所签订的股权转让协议及补充协议，系双方真实意思表示，合法有效，但因布某、赵某未依协议完成对所要转让股权的目标公司的设立，无法向王某履行协议约定的股权出让义务，王某无法实现订立股权转让协议受让目标公司 100%股权的合同目的，布某、赵某在协议履行中构成根本性违约，该案符合《合同法》第 94 条规定的法定解除条件。对于原告王某诉讼提出的解除股权转让协议返还转让款的请求，予以支持。

实务建议

以将来取得的或有股权作为转让标的存在风险。第三人可以在股权转让协议中约定在未能及时取得目标公司股权情形下，其可以解除该协议并主张赔偿。

当然，第三人在未约定解除权而又无法取得目标公司股权的情形下，也可以主张股权转让方根本违约，进而解除股权转让协议并要求赔偿。但是，事后主张根本违约对于第三方来说，举证成本大且可能如本案当事人一样面临长期的诉讼等情况，因此第三人在受让股权时需提前考虑股权转让的合同目的不能实现时的最佳退路。

受让人对于股权受让的目的是实现对目标公司的 100%控股，结果转让方最终只持股 50%，受让人因无法实现对目标公司的绝对控股，可主张转让方根本违约，要求解除协议。

第三节　股权转让中的阴阳合同

一、签订阴阳合同避税，受让人却拒付真实价款

股东转让股权需缴纳个人所得税，因此催生出股权转让人与受让人通过签订阴阳合同的方式避税、逃税的现象。在签订了两份价款悬殊的合同，并为受让人办理了股权过户登记后，受让人拒不按照真实合同价款支付的，转让人能否拿出真合同主张支付或者要求解除合同，恢复股权原状？

(一)即便受让人未按照真实意思表示的较高受让款支付股权转让对价的,法院也不会支持转让方要求解除合同恢复原状的主张

案例1 "傅某1、傅某2等与青海汇鑫水电能源股份有限公司(以下简称青海汇鑫公司)股权转让纠纷案"[(2018)鄂0104民初5809号]。

该案中,原告傅某1、傅某2主张,其二人与被告青海汇鑫公司于2015年10月19日签订《股权转让协议》,原告将其持有的武汉鑫达公司股权转让至被告名下。约定:(1)股权转让价格为4450万元;(2)付款方式为协议签订后被告预先支付500万元到原告指定账户,原告在收到此款后一个工作日内去工商部门办理相关的股权及法定代表人变更手续,并完成相关交接手续;(3)被告在受让股权后的两个月之内(2015年12月19日以前)足额向湖北银行支付4000万元以清偿武汉鑫达公司名下房产(某商网,建筑面积4462.12平方米)的银行贷款及利息,该行为履行后即视为向原告履行了付款义务;(4)若被告未按协议约定支付股权转让款,则原告可以解除协议,违约方应按股权转让款总价的20%支付违约金。协议签订后,被告未按协议约定向原告支付500万元。为达到减少缴纳所得税的目的,2016年7月1日,被告以原告二人的名义与被告签订了《股权转让协议》,约定原告傅某1将其在武汉鑫达公司的95%股权作价9.5万元转让给青海汇鑫公司、傅某2将其在武汉鑫达公司的5%股权作价0.5万元转让给青海汇鑫公司,并据此向工商部门申请股权变更,将原告持有的武汉鑫达公司股权变更登记至被告名下。原告于2016年7月4日协助被告到工商部门办理股权及法定代表人变更的相关手续,但被告未向原告支付股权转让款。2016年7月1日签订的《股权转让协议》并非原告的真实意思表示,只是为了办理工商变更登记之用,应属无效。

两原告主张解除2015年10月19日原告、被告签订的《股权转让协议》,确认2016年7月1日与被告签订的《股权转让协议》无效,武汉鑫达公司股权应恢复至两原告名下。

湖北省武汉市硚口区人民法院的观点如下:

本案争议的焦点为2015年10月19日《股权转让协议》(以下简称4450万元股权转让协议)与2016年7月1日两份《股权转让协议》(以下简称10万元股权转让协议)效力的问题。

首先,从协议的内容来看。4450万元股权转让协议明确载明了武汉鑫达公司的股权转让价格及支付方式、公司交接、交易费用承担或有债务处理及合同双方的权利义务等,而工商管理局登记在案的10万元股权转让协议仅简单地载明了原股东将所持股份的原数额作为转让股权的价格,内容类似于工商部门所要求的格式文本。协议载明一式4份,但被告提交的协议为工商备案登记的复印件,原告、被告均未提交该协议的原件。股权转让价款属于应明确约定的重大事项,在两份协议关于股权转让价款差价高达4440万元的情况下,若原告、被告双方重新达成合意,作为理性的商事主体,应该重新订立合同或签订补充协议。原告、被告双方均未能举证关于变更股权转让价格的合同原件,显然不符商事交易常理和一般理性人的通常判断。

其次,从价值衡量的角度来看。登记在武汉鑫达公司名下的某商网的建筑面积为4462.12平方米,虽然该房产作为抵押担保的借款及利息有4000多万元,但该房产还存在一定的残值。4450万元股权转让协议约定,在股权交割前除武汉鑫达公司名下房产为抵押担保的借款及利息外的其他对外负债及担保所产生的民事责任由原告承担。被告辩称因发现第三人公司存在其他未披露债务,在综合考量武汉鑫达公司资产和负债情况后变更股权转让价格为10万元,理由不充分。

因此,该院认为,10万元股权转让协议签订的目的只是基于行政管理需要,为了工商变更登记而签订,是为了完成4450万元的股权转让行为,并非为了变更4450万元股权转让协议约定的股权价格条款或者构成新的权利义务关系。

因此,4450万股权转让协议系当事人真实意思表示,且不违反法律、行政法规的强制性规定,该协议依法成立并生效。傅某1、傅某2已经将股权转让给青海汇鑫公司并完成工商变更登记,至今已有近3年时间,青海汇鑫公司已经取得股东身份并实际控制、经营武汉鑫达公司,公司资产负债情况已发生变更,即使将工商登记恢复至变更前的状态,公司的资产负债情况也无法恢复原状,还可能因被告经营行为后果承担问题而引起双方新的纠纷。结合原告配合被告办理股权变更工商登记的行为,原告傅某1、傅某2签订协议的真实目的是转让股权并获得相应对价。根据该案履行情况不适宜返还股权、恢复原状,而应采取其他补救措施。故原告请求判令解除2015年10月19日《股权转让协议》,确认原告傅某1享有第三人公司95%的股权、原告傅某2享有第三人公司5%的股权并办理工商变更登记的诉讼请求该院不予支持。

4450万元股权转让协议第9条第2款约定……若解除协议,乙方(青海汇鑫公司)承担股权转让过程中应缴纳的全部税费,并按股权转让总价款的20%向甲方(原告)支付违约金。适用该违约金条款的前提是解除协议,因该院未支持原告解除合同的诉讼请求,故原告请求被告支付8,900,000元违约金的诉讼请求该院不予支持。

关于确认10万元股权转让协议无效的诉讼请求,《合同法》第52条[1]之规定,有下列情形之一的,合同无效:(1)一方以欺诈、胁迫的手段订立合同,损害国家利益;(2)恶意串通,损害国家、集体或者第三人利益;(3)以合法形式掩盖非法目的;(4)损害社会公共利益;(5)违反法律、行政法规的强制性规定。

该案中,关于10万元股权转让协议涉及逃避税收损害国家利益的问题,如果依照国家税收管理规定确有逃避税收行为,属于行政处罚调整的范围,当事人应当依照相关法律、行政法规之规定承担相应责任,并不导致协议无效。现原告傅某1、傅某2以此为据主张10万元股权转让协议无效,法律依据不足,该院依法不予支持。

---

[1] 现为《民法典》第146条、第153条、第154条。

(二)受让人违背诚信以假合同为由拒不支付款项的,无法得逞

案例2 "刘某、夏某股权转让纠纷案"[(2020)粤01民终14389号]。

夏某提交2016年1月5日签订的《股份转让协议》原件1份,该协议载明内容如下:夏某以1000万元将其在公司拥有的31%股权转让给刘某。2016年1月8日,夏某将其名下持有的睿时尚公司31%的股权变更登记至刘某名下。

之后夏某称刘某未按上述股权转让协议约定向其支付股权转让款,遂提起本案诉讼。审理中,刘某提供双方在深圳市市场和质量监督管理局备案的《股权转让协议》1份,拟证明双方真实的股权转让价款为1元。该股权转让协议载明:夏某将其持有标的公司31%的股权以人民币0.0001万元转让给乙方。

夏某称该份备案的《股权转让协议》约定的转让价款为1元,实为双方为规避股权转让中的高额的税费而签订备案所用,并非双方真实的意思表示,双方应以私下另行签订的前述股份转让协议约定的内容为准,即股权转让价款为1000万元。

广州市中级人民法院认为:二审的争议焦点是本案是否应当按照在深圳市市场监督管理局备案登记的股权转让协议确定股权转让款。

刘某上诉主张应当按照在深圳市市场监督管理局备案登记的股权转让协议予以确定股权转让款,本院对其的该主张不予采纳,理由如下。

首先,在深圳市市场监督管理局备案登记的股权转让协议和夏某提交的股权转让协议均是在2016年1月5日由夏某和刘某签订,主要内容也基本相同,均约定夏某向刘某转让其在睿时尚公司拥有的全部股权(31%股权),只是转让价格不同,而其中约定转让价为1元的股权转让协议有前海股权交易中心(深圳)有限公司的见证,并在深圳市市场监督管理局备案。因此,夏某主张备案的协议是为了规避税费而签订具有可能性。

其次,睿时尚公司成立时的注册资本是1000万元,而夏某作为持股31%的股东,在睿时尚公司成立前后截至2015年10月23日共投入了700万元的投资款,因此在此后不到3个月的时间即2016年1月5日夏某将其持有的全部股份以1元的价格转让给刘某不符合市场商事主体的行为逻辑。

再次,夏某提交的短信记录内容与夏某提交的股权转让协议约定的还款方式可相互对应,而刘某对此并无合理解释。

最后,刘某主张双方在签订协议时睿时尚公司严重亏损,但其作为控股股东,仅提交了银行流水明细作为证据,不足以证明睿时尚公司当时存在严重亏损的事实。

综上所述,该院参考睿时尚公司的注册资本、股权结构以及相关协议的对价情况等,结合双方的陈述及举证情况,认定夏某的主张更具有盖然性。刘某的主张没有足够证据支持,一审法院不予采纳并无不当,该院予以维持。

实务建议

从上述案例可见，股权转让人通过阴阳合同来逃税的，其与股权受让人之间的股权转让合同并不因逃避税收的目的而无效，股权转让人逃避税收属于行政管理事项，由税务机关进行追缴税款或者行政处罚即可。

阴阳合同除有很大一部分行政处罚、刑事风险以外，即便真实的阴合同有效，还是存在一项无法控制的风险，那就是受让人的道德风险。低价合同的目的和用途双方肯定都是明知的，受让人却在获得股权之后，违背诚信，不再支付原定的真实的股权转让款，这对转让人而言，股权已经转让，受让人若已经实际参与公司的经营管理，将很难要求返还股权。所以，解除合同很难实现，只能寄希望于受让人自愿履行或者被法院强制执行。

这就提醒转让方，阴阳合同风险大，小心受让人到时候故意把假合同当真合同，拒不足额支付转让款。

二、阴阳合同被识破，转让方应补缴税款

签订阴阳合同避税，但可能事与愿违，最终被查出补交税款。一般而言，转让方缴纳税款，并且转让价款中就包含了税款，实际上是由受让人承担了税费义务。但是，如果双方笃信能够通过阴阳合同避税，从而在真实的阴合同里没有将税款计入转让款中，转让方获得的是"净得价款"。日后一旦被查实要补缴税款，转让方肯定是缴款义务人，在其缴纳后，能否向受让人追索呢？对此，下文通过一个案例说明。

（一）典型案例基本案情

案例来源："黄某诉杨某某等股权转让合同纠纷案"[（2015）盐商终字第00602号]。

2011年3月18日，杨某某与黄某签订《公司转让协议》，约定杨某某将名下伊格拉公司转让给黄某转让价格为450万元，该价款为杨某某净得价款（双方以约定方式过户）。合同订立后，黄某支付了450万元，杨某某办理了公司转让手续。

2014年4月，盐城地方税务局向杨某某征收股权转让个人所得税，杨某某要求黄某按约承担税款遭拒，杨某某于2014年5月12日被征收70万元税款。之后，杨某某诉请法院判令黄某、伊格拉公司互负连带责任支付杨某某代缴公司股权转让个人所得税70万元，并支付自2014年5月26日起诉之日起至判决履行之日止按照人民银行的同期贷款基准利率标准计算的利息。

黄某、伊格拉公司辩称：杨某某诉称的公司股权转让个人所得税不应由黄某、伊格拉公司承担，请求驳回杨某某的诉讼请求。

一审法院审理判决认为：黄某应当于本判决生效后 10 日内给付原告杨某某 70 万元，并自 2014 年 5 月 26 日起至实际付款之日按照中国人民银行同期人民币贷款利率的标准向原告杨某某支付利息。黄某不服一审判决，遂上诉。

（二）典型案例法院裁判观点

江苏省盐城市中级人民法院二审认为，本案争议焦点为：（1）涉案股权转让合同中有关甲方"净得价款"的约定是否有效？（2）合同条款中的"净得价款"应当如何理解，本案中的个人所得税应当由谁承担？

1. 关于涉案股权转让合同中有关甲方"净得价款"的约定是否有效的问题

上诉人黄某与被上诉人杨某某于 2011 年 3 月 18 日签订的《公司转让协议》是合同双方当事人的真实意思表示，内容不违反法律、行政法规的强制性规定，合法有效。合同第 2 条关于甲方"净得价款"的约定亦属有效约定，双方应按合同约定履行各自义务。

2. 关于合同条款中的"净得价款"应当如何理解，本案中的个人所得税应当由谁承担的问题

合同第 2 项约定"转让价格及过户费用：公司转让价格为人民币肆佰伍拾万元整，该价款为甲方净得价款（甲乙双方以约定方式过户）"。对该条款的理解，上诉人黄某认为该条款未对个人所得税进行约定，按照《中华人民共和国个人所得税法》（以下简称《个人所得税法》）应由被上诉人承担个人所得税。被上诉人认为"净得价款"就是转让人不承担公司股权转让产生的一切税费包括个人所得税。《合同法》第 125 条[1]规定，当事人对合同条款的理解有争议的，应当按照合同所使用的词句、合同的有关条款、合同的目的、交易习惯以及诚实信用原则，确定该条款的真实意思。

该院认为，根据合同第 2 项的约定及《个人所得税法》的规定，个人所得税应由杨某某缴纳。首先，从合同条款文义理解来看，合同第 2 项约定转让价格及过户费用由甲方（杨某某）"净得价款"450 万元，亦即该"净得价款"仅排除了过户费用，并未排除个人所得税。个人所得税是股权转让交易完成后，税务部门对转让人所获收益根据相关规定征纳的税收，即个人所得税不在公司股权转让过户过程中所必需缴纳的过户费范围之内。

其次，从合同签订时双方真实意思表示来看，2011 年 3 月 18 日上诉人黄某与被上诉人杨某某签订《公司转让协议》，约定转让价格为 450 万元，2011 年 6 月 16 日双方又签订 1 份《股权转让协议》，约定转让价格为 100 万元，可以看出双方在签订《公司转让协议》时轻信可以避免缴纳个人所得税，也就是说，双方进行股权转让时均认为个人所得税可以逃避而不用实际

---

[1] 现为《民法典》第 466 条，即"当事人对合同条款的理解有争议的，应当依据本法第一百四十二条第一款的规定，确定争议条款的含义。合同文本采用两种以上文字订立并约定具有同等效力的，对各文本使用的词句推定具有相同含义。各文本使用的词句不一致的，应当根据合同的相关条款、性质、目的以及诚信原则等予以解释"。

缴纳,且实际上也没有一方主动缴纳个人所得税。由此推断,在签订《公司转让协议》时,黄某及杨某某对个人所得税由谁缴纳没有约定。在此情况下,根据《个人所得税法》第8条的规定,股权转让产生的个人所得税应当由所得人为纳税义务人,即应由被上诉人杨某某承担此次股权转让产生的个人所得税纳税义务。

最后,双方通过签订两份股权转让协议的方式规避税收,杨某某作为出让方系法定的个人所得税纳税义务人,其为了促成交易,通过降低股权转让价款使应由其承担的法定纳税义务逃避被国家税务机关征收的行为,损害了国家的税收利益,不应当获得司法机关的认同。

综上,上诉人黄某主张应由被上诉人杨某某承担案涉个人所得税的上诉理由成立,该院予以支持。一审判决认定事实清楚,但对案涉股权转让个人所得税的责任主体认定错误,依法应予纠正。

实务建议

上述案例中,一个非常值得注意的事实是,股权转让发生在2011年6月,而2014年4月税务局向杨某某征收了个人所得税款。由此可见,过了近3年时间,双方的如意算盘最终还是落空了。这就提醒股权转让的双方当事人,签合同还是要诚实,不能逃避税款。

《股权转让所得个人所得税管理办法(试行)》第5条规定:"个人股权转让所得个人所得税,以股权转让方为纳税人,以受让方为扣缴义务人。"该办法第6条规定:"扣缴义务人应于股权转让相关协议签订后5个工作日内,将股权转让的有关情况报告主管税务机关。被投资企业应当详细记录股东持有本企业股权的相关成本,如实向税务机关提供与股权转让有关的信息,协助税务机关依法执行公务。"受让人要先进行纳税申报,才能办理工商变更登记。所以,在合同签订过程中,确定价款时就要考虑税款问题,不能存在侥幸心理。转让方如果在当时以可能避税为由有意降低转让款的,日后若被查实补缴税款,损失就要自己承担。

这里重点说明一下明显低价转让股权在税务稽查中面临的问题。

1. 阴阳合同或者是0元转让股权难逃税务机关的稽查

股权转让双方签订阴阳合同或者0元转让股权的,将会受到税务机关的审查,若涉嫌逃税罪,税务机关也会将案件移送给公安机关。根据《股权转让所得个人所得税管理办法(试行)》第11条的规定,股权转让人申报的股权转让收入明显偏低且无正当理由的,主管税务机关可以核定股权转让收入。从该条可以看出,只要明面上股权转让的价格太低,税务机关都会去核定股权转让收入到底是多少。一经核定股权转让人少交税款的,股权转让人仍需补缴税款,同时将被行政处罚,比如上述案例中,纳税义务人要多交一倍的罚款。

2. 什么情况可能会被视为转让收入明显偏低

《股权转让所得个人所得税管理办法(试行)》第12条规定:"符合下列情形之一,视为股权转让收入明显偏低:(一)申报的股权转让收入低于股权对应的净资产份额的。其中,被投资企业拥有土地使用权、房屋、房地产企业未销售房产、知识产权、探矿权、采矿权、股权等资产的,申报的股权转让收入低于股权对应的净资产公允价值份额的;(二)申报的股权转让收入低于初始投资成本或低于取得该股权所支付的价款及相关税费的;(三)申报的股权转让收入低于相同或类似条件下同一企业同一股东或其他股东股权转让收入的;(四)申报的股权转让收入低于相同或类似条件下同类行业的企业股权转让收入的;(五)不具合理性的无偿让渡股权或股份;(六)主管税务机关认定的其他情形。"

(1)税务机关如何核定股权价格

根据《股权转让所得个人所得税管理办法(试行)》第14条的规定,主管税务机关应依次按照净资产核定法、类比法以及其他合理方法核定。其中,股权转让收入按照每股净资产或股权对应的净资产份额核定。被投资企业的土地使用权、房屋、房地产企业未销售房产、知识产权、探矿权、采矿权、股权等资产占企业总资产比例超过20%的,主管税务机关可参照纳税人提供的具有法定资质的中介机构出具的资产评估报告核定股权转让收入。6个月内再次发生股权转让且被投资企业净资产未发生重大变化的,主管税务机关可参照上一次股权转让时被投资企业的资产评估报告核定此次股权转让收入。

(2)股权转让收入明显偏低的正当理由

股权转让人0元转让股权确实有正当理由的,比如,将股权赠与给配偶、子女、父母等事由,其可不必缴纳个人所得税。根据《股权转让所得个人所得税管理办法(试行)》第13条的规定,符合下列条件之一的股权转让收入明显偏低,视为有正当理由:①能出具有效文件,证明被投资企业因国家政策调整,生产经营受到重大影响,导致低价转让股权;②继承或将股权转让给其能提供具有法律效力身份关系证明的配偶、父母、子女、祖父母、外祖父母、孙子女、外孙子女、兄弟姐妹以及对转让人承担直接抚养或者赡养义务的抚养人或者赡养人;③相关法律、政府文件或企业章程规定,并有相关资料充分证明转让价格合理且真实的本企业员工持有的不能对外转让股权的内部转让;④股权转让双方能够提供有效证据证明其合理性的其他合理情形。

(3) 与转让股权具有同等性质的法律行为

根据《股权转让所得个人所得税管理办法(试行)》第3条的规定,出售股权;公司回购股权;发行人首次公开发行新股时,被投资企业股东将其持有的股份以公开发行方式一并向投资者发售;股权被司法或行政机关强制过户;以股权对外投资或进行其他非货币交易;以股权抵偿债务以及其他股权实质构成转移行为均视为股权转让行为,股权转让人均应依法纳税。

总而言之,股东在股权转让时缴纳个人所得税属于股东的纳税义务,除非法律规定其有豁免纳税的情形,否则股东不能以0元赠与或者低价转让的方式来规避股权转让时的纳税义务。

三、阴阳合同避税产生的行政处罚责任和刑事责任

当事人签订阴阳合同的目的是逃避纳税,该行为肯定是被法律所禁止的,一旦违反,行为人将会被追究哪些责任和承担哪些处分?

(一)股权转让方采用阴阳合同偷税需承担行政处罚责任

案例3 "国家税务总局台州市税务局第一稽查局税务处理决定书"[台税一稽处〔2020〕29号]。

台州市税务局认为:当事人胡某参与股权转让总价为250,000,000.00元的股权转让,股权转让的收入为81,031,952.89元,减去购入成本6,000,000.00元及税款128,000.00元,本次股权转让收益为74,903,952.89元。案件当事人胡某本次股权转让应缴印花税125,000.00元,应缴个人所得税14,980,790.58元,已缴印花税3462.24元,已缴个人所得税184,197.79元,少缴印花税121,537.80元,少缴个人所得税14,796,592.79元。

胡某取得上述股权转让所得,为了少缴税款,通过签订阴阳合同的方式,隐瞒股权转让收入,虽经主管税务机关评估调整,仍远远少于实际成交价,且在主管税务机关通知其办理纳税申报后,仍拒绝申报。属于《中华人民共和国税收征收管理法》(以下简称《税收征收管理办法》)第63条第1款所列之偷税行为。处理决定:(1)追缴胡某2011年9月印花税121,537.80元;(2)追缴胡某2011年9月个人所得税14,796,592.79元;(3)对追缴的印花税、个人所得税从滞纳之日起,按日加收0.05%的滞纳金。同时,对偷税行为,处少缴印花税、个人所得税税款一倍的罚款,计14,918,130.59元,限自处罚决定书送达之日起15日内到国家税务总局台州市黄岩区税务局缴纳入库。到期不缴纳罚款,每日按罚款数额的3%加处罚款。

(二)股权转让方采取欺骗、隐瞒手段进行虚假纳税申报,且涉及金额巨大,其行为构成逃税罪

案例 4 "鲍某逃税案"[(2021)皖 04 刑终 102 号]。

某公司系有限责任公司,被告人鲍某在 2017 年 2 月 17 日之前任该公司法定代表人,鲍某持股 20%,李某持股 40%,李某所持股份系帮助鲍某代持。

2017 年 1 月 17 日,鲍某、李某与殷某签订《股权转让协议》,将某公司 51.09%的股权(其中李某 40%股权,鲍某 11.09%股权)转让给殷某,转让价格 7000 万元。

2017 年 2 月 15 日,鲍某持虚假的《股权转让协议》到淮南市地方税务局经济开发区分局申报缴纳个人股权转让所得个人所得税,51.09%股份在虚假《股权转让协议》中仅作价 326.0506 万元。此后,淮南市公安局经济技术开发区分局对鲍某涉嫌逃税违法行为进行立案侦查。

安徽省淮南市中级人民法院的观点如下:

鲍某向他人转让股权获取 7000 万元后,明知应当纳税,但为了非法获利,采取欺骗、隐瞒手段进行虚假纳税申报,少缴税款合计 11,754,841.43 元。被税务机关发现并作出税务处理决定并催告后,鲍某仍拖延履行缴纳税款的义务,至公安机关对其立案时尚欠税款 6,954,841.43 元,逃税数额巨大并且占应纳税额的 30%以上,依法应处 3 年以上 7 年以下有期徒刑,并处罚金,故其犯罪行为不属于犯罪情节较轻,不符合宣告缓刑的法定条件,原判量刑并无不当。该上诉理由和辩护意见不能成立,该院不予采纳。

上诉人鲍某将其持有的公司股权转让他人后应当纳税 11,926,935.07 元,但是其采取欺骗、隐瞒手段进行虚假纳税申报,逃避缴纳税款 11,754,841.43 元,至案发时仍逃避缴纳税款 6,954,841.43 元,逃避缴纳税款数额巨大并且占应纳税额的 30%以上,其行为已构成逃税罪,依法应予惩处。鲍某归案后能如实供述自己的罪行,补缴了全部税款,有悔罪表现,依法可以从轻处罚。原审判决认定事实清楚,适用法律正确,量刑适当。审判程序合法。

实务建议

阴阳合同逃税、偷税行为将被处以行政处罚和承担刑事犯罪责任,所以,交易双方必须依法合规经营交易。目前国家财政吃紧,对一些重点行业,如带货直播、互联网、娱乐业等加大了财务稽查的力度。所逃的税以后可能要加倍承担,还可能涉及其他违法犯罪,得不偿失。

第四节 股权的让与担保

股权让与担保是指债务人将股权转让登记在债权人名下作为债权的担保,在债务人无法到期清偿债务时,债权人可以将股权拍卖、变卖、折价来优先实现自己的债权。

根据我国物权法定原则,股权让与担保并非法定的担保形式,但是法定的几种担保形式远不能满足商业交易需求。因此,在商业习惯上对融资租赁、让与担保等此类非典型担保,司法实践中采取了较宽松的认定。对于股权让与担保来说,将股权变更登记到债权人名下,该种登记足以对第三人产生公示效力,因此法律上也没有必要否定股权让与担保的效力。因股权已经变更登记到债权人名下的,该种担保能够产生物权效力,债权人可就该股权优先受偿。

股权让与担保在以前的《物权法》以及现在的《民法典》中均没有被规定,此后最高人民法院出台的《九民纪要》以及《民法典担保解释》全面规定了让与担保的几个核心要点,确立了让与担保属担保而非转让的基本规则,同时《民法典担保解释》还对股权让与担保作了专门规定,明确了让与担保权利人不对原股东的瑕疵出资问题承担责任,进一步厘清了让与担保的担保属性。

实践中当事人通常签订的是股权转让合同,较少出现"股权让与担保"字样,所以,只有结合当事人之间具体的交易情景才能判断当事人的真实意思表示是股权转让,还是股权的让与担保。关于让与担保,还存在一些需要厘清的问题,比如在认定是让与还是担保的问题上,应该考虑哪些因素;让与担保权人是否能够行使股东权利;让与担保权人能否选择成为股权受让人,以及如何才能成为受让人。在执行案件中,股东被追加为被执行人后,以其为让与担保权人抗辩的,执行申请人该如何应对等,下文将围绕司法实践中股权让与担保的热点问题展开分析。

一、认定是股权转让还是股权的让与担保的判断依据

股权转让中受让人将是实际的股权持有人,享有完整的股权。而在股权的让与担保中,受让人是担保权人,受让人持有股权仅是为了担保其债权的实现,存在返还股权的可能性。一旦股权升值,股权价值高于债权,受让人可能会存在道德风险,不再认可担保关系的存在,主张自己是股权的实际持有人。在发生此类性质争议的情况下,应该从哪些方面去区分呢?下文以一个典型案例来说明。

案例1 "修水巨通公司诉稀土公司等合同纠纷案"[(2018)最高法民终119号]。

2013年9月5日,稀土公司、修水巨通公司与江西巨通签订《股权转让协议》,协议约定,修水巨通公司将持有的江西巨通48%的股权转让给稀土公司。

上述协议第2.3.1条约定：中铁信托与修水巨通公司已经或者将签订一份或多份《借款合同》，稀土公司将其在本协议下目标股权转让后持有的江西巨通48%股权出质给中铁信托，为修水巨通公司履行《借款合同》项下的义务向中铁信托提供股权质押担保和连带保证担保。

2013年9月6日，江西巨通完成了股权变更登记，将合同标的48%股权变更到稀土公司名下。

股权转让后，江西巨通作出决议，全体股东一致同意修改江西巨通章程。稀土公司参与江西巨通的经营管理，行使了股东权利。

修水巨通公司无力偿还中铁信托的债务，稀土公司代为偿付。

修水巨通公司与稀土公司就《股权转让协议》的性质及48%股权的归属产生争议。修水巨通公司称，《股权转让协议》的性质为担保合同，修水巨通公司转让股权的目的系向稀土公司提供反担保，由稀土公司就修水巨通公司所负债务向中铁信托提供质押担保和连带责任保证。修水巨通公司在依约偿还债务后有权解除《股权转让协议》，将所涉股权恢复至其名下。稀土公司则辩称，《股权转让协议》的性质为股权转让，协议条款内容、股权变更登记及其已经实际行使股东权利等事实均可佐证。

最高人民法院二审认为：关于案涉《股权转让协议》的性质，该案中，修水巨通公司与稀土公司之间关于《股权转让协议》是担保合同抑或股权转让的性质之争，系让与担保司法认定中的常见争议。通常所谓的让与担保，是指债务人或第三人为担保债务人的债务，将担保标的物的所有权等权利转移于担保权人，而使担保权人在不超过担保之目的范围内，于债务清偿后，担保标的物应返还于债务人或第三人，债务不履行时，担保权人得就该标的物优先受偿的非典型担保。作为一种权利移转型担保，让与担保是以转让标的物权利的方式来达成债权担保的目的，包含让与和担保两个基本要素。这两个基本要素的存在，使司法实践中对让与担保的定性争议集中在担保抑或转让的性质之争上，存在区分困难。法院认为，案涉《股权转让协议》在性质上应认定为让与担保。理由如下：

第一，稀土公司与修水巨通公司之间存在债权债务关系。2013年9月5日，修水巨通公司与稀土公司签订《股权转让协议》，该协议第2.3.1条"背景情况"约定，中铁信托与修水巨通公司签订《借款合同》，向修水巨通公司提供8亿元的融资贷款；为担保修水巨通公司履行《借款合同》项下的义务和责任，稀土公司与中铁信托签订《质押合同》《保证合同》，向中铁信托提供股权质押担保和连带责任保证；同时，修水巨通公司、刘某平、邹某英与稀土公司签订《担保和反担保协议》，向稀土公司提供反担保。前述所涉协议均已签订并实际履行，稀土公司作为修水巨通公司所负借款债务的担保人及反担保权人，对修水巨通公司享有将来债权。如修水巨通公司将来未依约偿还借款债务，稀土公司作为担保人承担担保责任后，对修水巨通公司享有追偿权。需要指出的是，虽该债权系具有不特定性的将来债权，但在让与担保的设定中，被担保债权不以已经存在的现实债权为必要，将来变动中的不特定债权，亦可成为担保对象。

第二,债务人修水巨通公司与债权人稀土公司之间具有转让案涉股权的外观。《股权转让协议》标题中采用了"转让"的用语,并在第2条、第3条、第4条分别约定了转让安排、转让价款和变更登记等事项。2013年9月5日,修水巨通公司作出《股东会决议》,全体股东一致同意转让其在江西巨通的48%股权。同日,江西巨通作出《股东会决议》,全体股东一致同意修水巨通公司的股权对外转让,其他股东书面确认放弃优先购买权。虽修水巨通公司上诉主张,其股东在《股东会决议》上签字,目的系出于提供担保而非转让,但并未否定《股东会决议》上签字的真实性。2013年9月6日,目标公司江西巨通完成股权变更登记,案涉48%股权变更登记在稀土公司名下。案涉股权转让,在转让人和受让人等各方当事人之间已经达成合意,符合《公司法》上有限公司股权转让的条件和程序,并已经公示、变更登记至受让人名下,在外观上实现了权利转移。

第三,案涉股权虽已变更登记至稀土公司名下,但该转让系以担保债权实现为目的,稀土公司作为名义上的股权受让人,其权利范围不同于完整意义上的股东权利,受担保目的等诸多限制。

(1)案涉股权转让与借款债务是否清偿、担保责任承担与否密切关联。《股权转让协议》第2.3.1条约定,该协议应与《借款合同》《质押合同》《保证合同》《担保与反担保协议》作整体考量。

(2)案涉股权转让附有解除条件,无论条件满足与否,均有目标股权恢复至修水巨通公司名下的可能。《股权转让协议》第2.3.2条、第2.3.3条约定,案涉股权转让附有解除条件,在修水巨通公司按时足额向中铁信托清偿了《借款合同》项下的债务,未发生稀土公司为修水巨通公司承担质押担保责任或保证责任的情况,修水巨通公司向稀土公司按时足额付清了《担保与反担保协议》项下的担保费,且《担保与反担保协议》及其附件所述应付款项本息已经付清时,修水巨通公司、稀土公司均享有合同解除权,将目标股权恢复至本协议生效之前的状态。在上述解除条件未满足时,稀土公司作为受让人仍有权要求终止或解除该协议的全部或者部分内容,其拒绝受让目标股权的,修水巨通公司应返还相应转让价款,并清偿所欠相应债务。

(3)案涉股权转让价款受合同是否解除、稀土公司是否承担保证责任代为清偿借款本息等因素影响,并未确定。《股权转让协议》第3.1.1条、第3.1.2条约定,案涉股权的转让价款在协议签订时并未确定,须待修水巨通未清偿债务、合同解除条件未满足,且稀土公司决定受让目标股权后,委托具备资质的资产评估机构对目标股权价值进行评估。而且评估价值并非就是目标股权的转让价款,尚需依据评估价值是否超出10亿元、稀土公司是否代修水巨通公司垫付《借款合同》项下利息等情形予以确定。

(4)稀土公司作为受让人,其股东权利的行使受到诸多限制。《股权转让协议》第2.3.4

条约定,在合同解除条件满足与否之前,目标股权对应的未分配利润不作实际分配;第 4.3 条约定,协议生效后,目标公司的高级管理人员中原由修水巨通公司委派、推荐或者选任的人士,暂时保持不变,在修水巨通公司未清偿债务、合同解除条件未成就且稀土公司选择受让股权后,才改由稀土公司依其持股比例选派。

综上,《股权转让协议》在转让目的、交易结构以及股东权利等方面,均具有不同于单纯的股权转让的特点,其权利义务内容及实际履行情况,符合让与担保的基本架构,系以股权转让的方式实现担保债权的目的,其性质应认定为股权让与担保。

实务建议

股权转让协议到底是不是真的股权转让,应该从其转让目的、交易结构以及股东权利等方面去审查。

让与担保双方之间存在基础债权债务关系,这是股权让与的原因,也是担保的目的。该债权不一定是已经实际发生的债权,还可能是将来不特定的债权。例如,上例中的承担担保责任后的追偿权,有可能债务人清偿了债务,不需要受让人来承担担保责任,因而也不会产生追偿权。

让与担保存在解除让与的条件约定,解除条件就是债务人清偿了债务,担保的对象消失。在解除条件成就之前,受让人不支付股权转让款,也不实际享有股东权利。如果解除的条件始终不成就,那么受让人存在从担保权人变为受让人的可能,届时,需要确定股权的转让价格,如通过评估方式来确定,从而真正地发生转让的效力。如果解除条件成就,股权将回转给转让人。

转让双方需要注意的是,对于转让人而言,应避免约定当无法清偿债务时股权即归担保权人所有,应该先对股权进行价值评估,尤其是公司经营日趋向好、股权已经升值的情况下。同时,对于股权的实际权益,在清偿债务之前,可暂时不予变动,保留转让方对公司的经营管理权利,避免让与担保影响目标公司的稳定性。对于受让人而言,应注意所谓的股权担保是否是足额担保,在担保过程中,关注股权价值的波动,一旦发生下降,应该要求债务人补充担保措施。

二、已经让与担保的股权还可质押给其他第三人

让与担保的股权已经登记在担保权人名下,经过其同意,还可为债务人的其他债务进行质押担保。根据物权的优先顺位规则,一般成立在先的物权优先于成立在后的物权,但是,因为质押担保经过了担保权人同意,此时,成立在后的股权质押优先于在先的让与担保权利。

案例 2 "闽成公司与西林钢铁集团有限公司(以下简称西钢公司)、第三人刘某民间借贷纠纷案"[(2019)最高法民终 133 号]。

该案中,2014 年 6 月 20 日,西钢公司将其持有翠宏山矿业公司 64%股权转让给刘某以担保刘某的债权实现,之后西钢公司未能如约偿还借款,并进入破产重整程序,一审法院已经认定了闽成公司为上述借款的实际支付者,有权向西钢公司主张上述债权。闽成公司上诉主张,一审判决以《企业破产法》第 16 条有关禁止个别清偿之规定为由不予支持其就翠宏山公司 64%股权优先受偿,属适用法律错误,应根据《企业破产法》第 109 条的规定认定其享有优先受偿的权利。西钢公司主张,只有《物权法》《担保法》[1]规定的法定担保物权人,才可依据《企业破产法》第 109 条的规定在破产程序中享有优先受偿权;如判定刘某享有对翠宏山公司 64%股权的优先受偿权,将损害其他债权人利益,对西钢公司等 40 家公司破产重整造成不利影响。

最高人民法院观点如下:

1. 让与担保权人就已设定让与担保的股权享有优先受偿权利。

认定刘某对讼争股权享有优先受偿权,不构成《企业破产法》第 16 条规定所指的个别清偿行为。《企业破产法》第 16 条之所以规定人民法院受理破产申请后的个别清偿行为无效:一是因为此种个别清偿行为减少破产财产总额;二是因为此类个别清偿行为违反公平清偿原则。在当事人以股权设定让与担保并办理相应股权变更登记,且让与担保人进入破产程序时,认定让与担保权人就已设定让与担保的股权享有优先受偿权利,是让与担保法律制度的既有功能,是设立让与担保合同的目的。

该案中,翠宏山公司 64%股权已经变更登记至刘某名下,刘某就该股权享有优先受偿权利。根据在案证据,尽管案涉一系列借款合同、抹账协议、以翠宏山公司股权设定让与担保的协议及补充协议均以刘某名义与西钢公司等签订,但银行转账记录等相关证据显示,除关某与卢某提供的借款外,其他借款均由闽成公司或其关联公司(铭祺公司、闽龙公司)账户汇出,关某、卢某先后将其债权转让给刘某,刘某本人亦承认真正的权利人为闽成公司,其名下翠宏山公司的股份只是为闽成公司代持。鉴于此,在闽成公司与西钢公司之间存在真实的债权债务关系、闽成公司与刘某之间对于股权代持关系并无争议的情况下,闽成公司主张就翠宏山公司 64%股权优先受偿,应予支持。

2. 经让与担保权人同意,债务人又将股权出质的,质权人可优先受偿。

该案二审中,各方当事人确认,经刘某同意,案涉翠宏山公司 64%股权已为西钢公司对案外人民生银行大连分行金融借款设定股权质押。民生银行大连分行诉西钢公司、伊春市百佳实业有限公司、刘某、四川省达州钢铁集团有限责任公司、翠宏山公司金融借款合同纠纷案,

---

[1] 现由《民法典》规定。

2017年10月17日,辽宁省高级人民法院作出(2017)辽民初44号一审民事判决,该判决现已发生法律效力。民生银行大连分行对刘某持有的翠宏山公司64%股权在债权本金5亿元及相应利息、逾期利息、复利和实现债权费用范围内就质押财产享有优先受偿权。法院认为,闽成公司对翠宏山公司64%股权享有优先受偿权。基于该案各方确认并经刘某同意,将为担保闽成公司债权已设立让与担保的股权又出质给西钢公司债权银行,民生银行大连分行对翠宏山公司64%股权应优先于刘某(闽成公司)受偿。

实务建议

股权让与担保中,股权登记在债权人名下,债权人对股权享有优先受偿权。在上述案例中,债务人将股权再出质给第三人,经债权人和其他当事人同意,第三人可就该股权优先于债权人受偿,一般而言,应该按照登记的时间先后确定优先受偿顺序。但二次担保为当事人协商一致的结果,办理质押也需要担保权人作为出质人配合办理相应的质押手续。

担保权人是否能够利用登记在其名下的股权为其个人债务提供担保?答案是不能的。让与担保还是担保,而非让与,真正的权利人还是转让人,担保权人未经允许为自己或他人债务提供二次担保,属于无权处分。这里涉及善意取得问题,取得物权的第三人只有在符合善意取得条件下才能够享有相应的物权,比如所有权或者质权。

三、让与担保有归属清算型和处分清算型两种实现方式

在"修水巨通公司诉稀土公司等合同纠纷案"中,关于稀土公司能否取得江西巨通48%的股权的问题,修水巨通公司上诉主张,稀土公司恶意阻却《股权转让协议》解除条件的成就,应视为该条件已成就,其有权解除该协议。稀土公司委托出具的评估报告严重低估案涉股权价值,嗣后对江西巨通进行增资扩股亦属非法,不能取得江西巨通48%的股权。稀土公司辩称,稀土公司已代修水巨通公司清偿了9.2亿元债务,《股权转让协议》约定的解除条件不能成就。稀土公司依约委托资产评估机构对案涉股权价值进行了评估,并对价值差额部分另有处理。因此,稀土公司能够取得现已登记在其名下的江西巨通48%的股权。

最高人民法院认为,修水巨通公司虽上诉主张稀土公司具有恶意阻却《股权转让协议》解除条件成就的行为,但并未提供充分证据予以证明,不能成立。修水巨通公司未能依约清偿债务,不享有解除协议、使目标股权恢复至其名下的权利。需要指出的是,虽江西巨通48%股权已在2013年9月6日变更登记至稀土公司名下,但此时的变更登记仅具让与担保设定中的权利转移外观,无论依据《股权转让协议》的约定还是让与担保制度的基本原理,稀土公司是

否享有完整意义上的股权,尚待所担保债权的清偿状态以及让与担保的实现方式而确定。

一般而言,让与担保有归属清算型和处分清算型两种实现方式,前者指让与担保权人将标的物予以公正估价,标的物估价如果超过担保债权数额的,超过部分的价额应交还给让与担保设定人,标的物所有权由让与担保权人取得;后者指让与担保权人将标的物予以拍卖、变卖,以卖得价金用以清偿债务,如有余额则返还给债务人,具体采取何种实现方式,可由当事人依意思表示一致选择。《股权转让协议》第2.2.2条、第2.3.3条、第3.1.1条、第3.2.2条约定,若修水巨通公司未依约清偿债务、解除条件未满足的,稀土公司有权选择实际受让全部或部分目标股权,并指定具备相应资质的资产评估机构对目标股权价值进行评估,从而确定股权转让价款,在比较股权转让价款和稀土公司代偿债务金额的基础上,双方本着多退少补的原则支付差额。

上述约定表明,案涉让与担保的实现方式即为归属清算型。根据该案已查明事实,借款合同履行期间届满后,修水巨通公司无力偿还债务,稀土公司已代偿本金及利息总金额为918,444,444.43元。《股权转让协议》解除条件未满足,稀土公司在有权并已实际决定受让全部目标股权,并依约指定资产评估机构出具评估报告、对股权价值进行了评估的基础上,能够取得江西巨通48%的股权。

至于《评估报告》是否依据《股权转让协议》约定确定评估基准日、是否完整考虑江西巨通及其下属公司的价值、是否客观体现所涉矿产资源储量,属评估结果及因此而确定的股权转让价款是否公平合理的问题。鉴于稀土公司在该案中的诉讼请求主要为要求确认《股权转让协议》及其项下的股权转让合法有效,其因此享有江西巨通48%的股权,修水巨通公司亦未就股权转让价款提出反诉,故该问题不属于该案审理范围,不足以影响稀土公司取得江西巨通48%的股权。修水巨通公司可就股权转让价款问题另诉处理。

实务建议

禁止流质、流押是法律的强制性规定,债权人和债务人约定,在债务人到期未能偿还债务时,由债权人直接取得股权的,该约定条款无效。当事人须在担保合同中约定清算条款,即使不约定,在实现担保物权时,法院也会给债权人施加强制清算的义务。股权让与担保的清算方式有两种,即归属清算型和处分清算型。前者是指让与担保权人将标的物予以公正估价,标的物估价如果超过担保债权数额的,超过部分的价额应交还给让与担保设定人,标的物所有权由让与担保权人取得;后者是指让与担保权人将标的物予以拍卖、变卖,以卖得价金用以清偿债务,如有余额则返还给债务人,具体采取何种实现方式,可由当事人依意思表示一致选择。

> 所以，无论如何，让与担保都不是在基础债务逾期清偿后，由名义上的受让人直接取得股权，而是要进行清算的，或者是进行评估后由受让人取得，或者是向其他第三人转让，总之，让与担保都是以让与之名行担保之实。

四、实现股权让与担保的清算内容

让与担保权的实现须经清算，该清算包括两个方面，一个是对用于担保的股权的价值的确定，另一个是对担保的债权金额的确定，二者缺一不可。股权价值除前文所述的评估、拍卖、变卖等之外，还可由当事人合意确定。债权金额在让与担保设立之初一般都已确定下来，但是，也存在对不特定债权的担保，这就需要在实现担保时据实结算确定债权金额。

案例3 "奕之帆公司、侯某与兆邦基公司、康诺富公司、鲤鱼门公司、第三人立兆公司合同纠纷案"[（2018）最高法民终751号]。

奕之帆公司、兆邦基公司、侯某、立兆公司分别签订4.2《项目合作协议》、4.25《股权担保协议》以及8.26《协议书》及《补充协议》。为确保奕之帆公司能够承担债务偿还和后续资金的支付义务，该公司愿意将其持有的鲤鱼门公司30%股权以过户的方式抵押给奕之帆公司与兆邦基公司共同持股的康诺富公司。

奕之帆公司、侯某与兆邦基公司、第三人立兆公司股权让与担保的实现方式产生争议

最高人民法院认为：关于实现让与担保的清算问题。在让与担保的设定中，标的物的所有权通常已经转移给债权人。为保护债务人的利益，防止出现债权人取得标的物评价额（标的物价值）与债权额之间差额等类似于流质、流押的情形，让与担保权利的实现应对当事人科以清算义务。本案当事人在4.25《股权担保协议》亦明确约定了清算条款，即经结算如奕之帆公司完全履行了偿还和支付义务，则奕之帆公司可要求归还30%股权；如未能履行偿还和支付义务或由兆邦基公司代偿，兆邦基公司可要求以奕之帆公司在鲤鱼门公司中所占的30%股权所对应的权益份额（依股权比例可分得的房地产物业）来抵偿，具体抵偿方式为评估所得的市场销售价格的90%。清算需就标的物评价额（标的物价值）与债权额进行比较，通常涉及让与担保标的物评价额（标的物价值）的确定，但也会涉及债权数额的确定。

首先，关于让与担保标的物价值的确定。虽然4.25《股权担保协议》要求以专业评估机构的评估结果为准，但根据此后签订的8.26《协议书》，当事人显然已经改变了原有约定，而就让与担保标的物价值4.06亿元达成合意。该4.06亿元的数额是协议各方共同商定的结果，体现了各方当事人的意思自治。奕之帆公司与侯某并未提交证据证明案涉协议的签订存在违反意思自治原则的情形，故该案以各方合意的4.06亿元确定让与担保标的物的价值并

无不当。

其次,关于债权数额的确定。8.26《协议书》明确兆邦基公司等需在总额4.06亿元范围内负责解决前述5笔债务,并就该5笔总计4.06亿元债务的具体数额作出分配,据此,可认定让与担保标的物价值与债务总额已初步确定且数额等同。但考虑到奕之帆公司等对案外人的债务数额可能发生变化,当事人就此又约定了在对债务数额据实结算基础上的清算义务。如8.26《协议书》约定兆邦基公司和鲤鱼门公司据实与各债权人清结;《补充协议》则更明确地约定,关于用于高某案件1.2亿元部分以该案审理结束时实际发生的数额为准,向债权人实际清偿的债务不足原定债务数额的余额部分归侯某所实际控制的信诺电讯公司(奕之帆公司的关联方)所有。事实上,就其中建邦公司的5000万元债务,兆邦基公司在向建邦公司支付4800万元清偿该笔债务后,相关案外人亦根据兆邦基公司的委托将200万元余额支付给信诺电讯公司。由此可见,该案中经当事人合意让与担保标的物价值已经确定,但因债务数额可能发生变化,当事人的清算义务主要体现在根据最终据实结算的债务数额,向让与担保义务人即奕之帆公司一方返还该债务数额与标的物价值之间的差额。案涉当事人不仅约定而且实际履行了清算义务,奕之帆公司等有关案涉让与担保未经清算的主张,法院不予支持。

实 务 建 议

双方当事人就让与担保标的物价值达成的合意,可认定为确定标的物价值的有效方式。在担保标的物价值已经确定,而债务数额不确定的情形下,当事人的清算义务主要体现在根据最终据实结算的债务数额,向让与担保义务人返还该债务数额与标的物价值之间的差额。

五、让与担保权人并不享有股东权利

股权让与担保在书面的股权让与协议签订之后,还需要办理股权的工商变更登记,符合股权转让的全部权利外观,受让人是否能据此享有股东权利?

案例4 "余某等与熊某等股东资格确认纠纷再审案"[(2020)最高法民申3880号]。

双方就股东权利由谁享有产生争议,最高人民法院认为:余某、徐某、李某虽与熊某、哦客公司于2014年12月2日签订《股权转让协议》,并办理了股权过户登记,具备了股权变动的外观要件,但其未能提供有效证据证明其与熊某、哦客公司之间存在真实的股权转让意思表示。余某、徐某、李某主张其向熊某转款共计人民币7329.2万元,其中1000万元为股权转让款,2287.2万元为工程前期投资补偿款,160万元为返聘熊某管理工程的报酬,3882万元为委

托熊某投入该工程款项,其提交的借条、双方沟通录音、证人证言以及双方当事人的表述能够相互印证,二审法院据此认定案涉 7329.2 万元为借款并无不当。余某、徐某、李某与熊某、哦客公司之间虽然没有签订书面的股权让与担保合同,但结合双方的沟通情况及《股权转让协议》的实际履行情况,二审法院认定双方之间签订的书面《股权转让协议》不具有股权转让的真实意思表示,而是以债务担保为目的,应认定为股权让与担保,有事实及法律依据。余某、徐某、李某以双方未签订书面形式的股权让与担保合同为由,主张案涉担保不具有法律效力,不能成立。鸿荣公司由熊某及哦客公司共同出资设立,并无其他股东,熊某、哦客公司与余某、徐某签订《股权转让协议》,对案涉股权转让真实意思为股权让与担保均系明知。余某、徐某受让鸿荣公司股权虽已办理工商变更登记,实质上享有的仅为担保物权,并不享有股东权利。熊某、哦客公司主张其作为股权真实权利人,要求确认股权变更登记不发生股权变动的法律效力,二审法院予以支持并无不当。

案例 5 "胡某与北京博源工贸有限责任公司(以下简称博源公司)等股东资格确认纠纷案"[(2018)京 0107 民初 29633 号、(2019)京 01 民终 2736 号]。

博源公司系依法设立的有限责任公司,股东为胡某、曹某,法定代表人为胡某。

2013 年 12 月,甲方(金威中嘉公司)与乙方(西藏信托公司)以及丙方(颐海出租车公司、鑫颐海出租车公司、恒通出租车公司、东华门出租车公司、胡某、曹某),胡某为(颐海出租车公司、恒通出租车公司、东华门出租车公司)的实际控制人。三方签订股东借款合同约定:甲方向乙方借款 9950 万元,丙方同意作为共同借款人履行甲方在该合同项下的义务。

2015 年 5 月 5 日,博源公司作出股东会决议,同意胡某将其在博源公司 80%的股权(880万元货币出资)转让给西藏信托公司。同日,胡某与西藏信托公司签署股权转让协议,约定胡某将其在博源公司 80%股权转让给西藏信托公司。2015 年 6 月 17 日,博源公司办理工商变更登记手续,西藏信托公司被登记为博源公司股东。

胡某起诉请求:(1)确认西藏信托公司不是博源公司股东;(2)确认胡某具有博源公司的股东资格,持有博源公司 80%的公司股权。事实和理由:西藏信托公司与胡某虽签署了股权转让合同,但没有实际进行股权转让的真实意思表示。双方真实目的为以股权过户方式实现担保、偿还债务后再过户回转,属股权让与担保性质。西藏信托公司就所受让的股权未支付任何对价,故胡某具有博源公司股东身份。

一审北京市石景山区人民法院经审理认为:从客观价值立场判断,该案胡某与西藏信托公司的缔约目的在于:胡某通过转让股权并办理变更登记,使西藏信托公司取得名义股东地位,在债务不能清偿时,西藏信托公司可依其股东身份取得资产处置的主动权。因此,胡某及西藏信托公司之间的股权转让行为系双方通谋虚伪意思表示,实为以涉案股权为标的的让与担保性质。

让与担保作为非典型担保形式并不违反法律及行政法规禁止性规定,应属有效。而股权让与担保的法律构造为:债务人将股权转移至债权人名下,债务清偿后,股权应返还于债务人;债务人履行不能时,债权人可就股权变价并经过债务清算后受偿。

因此,该案西藏信托公司依据股权转让协议在工商登记中公示为股东,但相关记载应为名义股东性质,并非实际股东。有限公司股权权能中包含财产权及社员权,而股权让与担保本身仅涉及其中的财产权部分,但不应影响实际股东社员权利的行使。胡某并不因此完全丧失股东身份,故该案胡某仍为博源公司的实际股东并行使相应的股东权利,而西藏信托公司作为名义股东,其权利的行使应受到实际股东权利的合理限制。

关于西藏信托公司在工商登记仍记载为股东的情况,系双方为实现债权担保及特定商业目的的自主安排,名义股东与实际股东并存之情形并不违反公共利益及法律、行政强制性规范,也符合常见的商业惯例,故应尊重当事人的商业判断和权利处分。综上所述,石景山区法院判决:第一,确认胡某系持有博源公司80%股权的实际股东;第二,驳回胡某的其他诉讼请求。

北京市第一中级人民法院经审理认为:西藏信托公司与胡某均否认双方之间的协议是股权买卖或股权质押关系,故该案应当着重分析涉案协议是否属于股权让与担保。在让与担保关系中,通常存在主从两份合同,股权让与担保作为从合同,是为了担保主合同项下的债务而订立的,这也是判断一个协议是股权转让还是股权让与担保的重要标准。

该案中,当事人均认可博源公司与西藏信托公司之间存在3笔债权债务关系,涉及本金约3亿元,故案件涉及的3份借款合同应为主合同,胡某与西藏信托公司之间的股权转让协议应当属于为了担保上述主合同的履行而签订的从合同。否则,博源公司名下房产及土地价值几亿元,而胡某与西藏信托公司之间的股权转让协议未约定任何对价,这显然与理性的商事主体的交易行为相悖,无法让人信服。同时,让与担保亦包括便于债权人实现债权的功能,这与西藏信托公司关于涉案股权转让协议是为了防范胡某和博源公司处置八大处不动产,保障西藏信托公司抵押权的实现,方便西藏信托公司处置八大处不动产的主张完全相符。综上,一审法院认定该案系股权让与担保关系正确,予以维持。根据《民法总则》第146条第2款"以虚假的意思表示隐藏的民事法律行为的效力,依照有关法律规定处理"的规定,[1]虚假的意思表示即股权转让协议因其并非当事人的真实意思表示。而隐藏的行为即担保本身并不存在违反法律、行政法规的强制性规定的情形,依法应当认定有效。该案中,西藏信托公司为名义股东性质,胡某系实际股东,一审已充分认定,不再赘述。综上所述,北京一中院判决驳回上诉,维持原判。

---

[1] 现为《民法典》第146条第2款。

> **实务建议**
>
> 债务人通过将股权转让至债权人名下为债务提供担保的,成立股权让与担保法律关系。股权让与担保属于一种非典型担保形式,在实务中非常普遍,《民法典担保解释》第69条对其效力予以认可。
>
> 对股权让与担保中涉及的法律关系进行实质判断,债权人属于目标公司的名义股东,并不实际享有股东权利,不能参与公司的决策与管理,也不能享有股权的收益权,真正的股东仍然是债务人,债务人亦可据此主张其股东资格。
>
> 如何对担保权人的股东权利进行限制?可以在股权转让协议中约定,在合同解除条件满足与否之前,目标股权对应的未分配利润不作实际分配。还有约定协议生效后,目标公司的高级管理人员中原由转让人委派、推荐或者选任的人士,暂时保持不变,在转让人未清偿债务、合同解除条件未成就且受让人选择受让股权后,才改由受让人依其持股比例选派。

六、让与担保权人对公司债权人承担责任与否

让与担保权人仅是名义股东,而非实际股东,所以,在公司存在对外债务,且股东未足额出资的情况下,担保权人并不对公司债务承担补充清偿责任。这就容易滋生道德风险,股东很可能据此提出自己是担保权人,进而伪造与他人(所谓的实际股东)的基础债权债务关系,来免除自己的股东补充清偿责任。

(一)担保权人不对公司债务承担补充清偿责任

案例6 "北京中通财富投资管理中心(以下简称中通财富中心)、山东华易建筑规划设计有限公司股东损害公司债权人利益责任纠纷案"[(2021)鲁03民终773号]。

天邦公司为华易设计公司的债权人公司,也是中通财富中心的子公司。该案中,原告、被告就债务人公司的股东是否应对公司债务承担补充清偿责任产生争议,山东省淄博市中级人民法院认为:

如二审查明的事实,天邦公司在2014年3月26日作出决议,将案件涉及的800万元出资款和新增的1000万元出资款的认缴期限一并定为2023年7月19日。上述变更内容已经依法公示,天邦公司股东对此具有期限利益。涉案债权债务合同签订于2014年4月16日,华易设计公司依据原出资期限主张股东在出资范围内承担补充赔偿责任,于法无据,不能成立。

另外,人民法院已经生效的裁判文书认定,中通财富中心与天邦公司股东祁某、杨某之间系让与担保关系。《民法典担保解释》第69条规定:"股东以将其股权转移至债权人名下的方式为债务履行提供担保,公司或者公司的债权人以股东未履行或者未全面履行出资义务、抽

逃出资等为由,请求作为名义股东的债权人与股东承担连带责任的,人民法院不予支持。"据此,无论涉案出资是否到期,中通财富中心均不对天邦公司股东未履行或者未全面履行出资义务、抽逃出资等事由承担民事责任。

(二) 被执行人无法证明自己为让与担保权人的,应对公司债务承担清偿责任

案例7 "郭某、赵某案外人执行异议纠纷案"[(2021)辽01民终3243号]。

该案中,郭某作为帅亨公司的债权人向法院申请追加帅亨公司工商档案记载的四位股东郑某、郑某1、秦某、赵某为该案被执行人,其中就赵某是否承担责任产生争议。赵某主张其系股东郑某1的债权人,通过股权让与担保取得涉案股权,实际为名义股东,其不应承担责任。

辽宁省沈阳市中级人民法院观点如下:

让与担保的前提为赵某与郑某1存在真实的借贷关系,现赵某为证明其与郑某1之间的借贷关系,提交了《协议书》一份。对于该《协议书》,在该案第一次一审庭审中,郑某陈述"我(郑某)从赵某借款,不是要真实给他股权,我用郑某1的股权作的担保,郑某1都不知道这个事,当时借款上郑某1的签字是我找别人签的……"该陈述与《协议书》记载及赵某主张的郑某1向赵某借款、收取款项并签订《协议书》的事实不符,作为《协议书》的签订方,双方在郑某1是否存在真实的借贷意思表示、签名是否真实等基础事实的表述上均存在矛盾,故仅凭《协议书》无法认定赵某与郑某1之间存在借款事实。同时赵某未提供双方之间款项往来凭证,其提供的案外人赵杨杨的银行卡流水,无法证明系双方之间借贷款项往来,故现有证据不足以证明赵某与郑某1之间存在真实的债权债务关系,赵某主张的股权让与担保缺乏事实基础。因此,一审对此认定并无不当,法院予以维持。

赵某虽不是公司发起人,但其在与郑某1签订的《股权转让协议》中约定,股权转让前及转让后公司的债权债务由公司承担,如果依法追究股东承担赔偿责任或连带责任的,由新股东承担相应责任,故赵某主张其10%公司股权的法律责任应由郑某1和郑某承担的上诉理由缺乏事实及法律依据,法院不予支持。

实务建议

1. 股权让与担保中的债权人不承担因股权瑕疵出资产生的对债权人的连带清偿责任

股权让与担保的实质是以股权担保债权,债权人并非公司的股东亦不享有股权,因此其不承担因股权瑕疵出资产生的对债权人的清偿责任。《民法典担保解释》第69条明确规定:"股东以将其股权转移至债权人名下的方式为债务履行提供担保,公司或者公司的债权人以股东未履行或者未全面履行出资义务、抽逃出资等为由,请求作为名义股东的债权人与股东承担连带责任的,人民法院不予支持。"

2. 执行追加股东为被执行人案件中,防止股东主张其为让与担保权人的虚假诉讼

因股权的让与担保权人不承担股东瑕疵出资的责任,所以,在追加股东的执行案件中,可能会产生道德风险,即股东主张自己为担保权人,并且提供其与案外人的"借款协议""股权转让协议"作为证据,力求证明自己仅是名义股东,应由原瑕疵出资的股东承担责任。对此,申请执行人应该审查借款的真实性、借贷资金流水以辨别真伪,防止股东以此脱逃责任。如果发现伪造借贷事实的,应向法院提出被执行人涉嫌虚假诉讼的犯罪行为。

第五节 婚姻关系下的股权转让与离婚股权分割

股权资产属于夫妻共同财产,但股权不仅包含财产价值,其权利内容还包括基于股东身份的经营管理权,如表决权、知情权等权利。婚姻关系存续期间,股权转让是否也要经过配偶方同意?夫妻离婚时,共同财产的分割一直是离婚双方的主要纠纷,当该共同财产涉及股权时,则问题更为复杂。因此,夫妻在离婚时是直接分割股权还是就股权的财产价值折价补偿,以及法院在对股权进行分割时考虑哪些因素都值得我们予以关注。下文拟针对上述问题,梳理归纳裁判观点,总结相关实务要点。

一、股东不需要经过配偶的同意即可转让股权

股权除是财产权外,还具有身份权的特性,股东转让股权,根据是否转让给股东以外的第三人进行区分,其他股东视不同的买受人享有同意与优先购买权之分。但是,《公司法》并未规定股权转让还需要经过股东的配偶同意。实际上,股东转让股权所得款项一般属于夫妻共同财产,但是,是否转让股权却可以股东一人说了算。

在"夏某萍与李某1股权转让纠纷案"[(2015)西中民四终字第00473号]中,陕西省西安市中级人民法院认为:根据法律规定,股东转让股权必须征得过半数股东的同意,并非必须征得其配偶的同意。即使有限责任公司的出资系夫妻共同财产,但非公司股东的配偶,要成为公司的股东,还须征得其他股东的同意,只有在其他股东明确表示放弃优先购买权的情况下,股东的配偶才可以成为该公司的股东。在过半数股东不同意转让,但愿意以同等价格购买该出资额的情况下,只能对转让出资所得财产进行分割。股东的配偶虽对夫妻共有的股权享有财产权利,但没有参与公司重大决策和选择管理者等权利。综上,公司股东转让股权可以独立行使,并非必须要征得其配偶的同意。因联森公司已召开股东会,并形成决议同意股

东李某 2 转让部分股权,其他公司股东亦未提出异议,且协议内容不违反法律法规的强制性规定,故本案李某 2 与上诉人李某 1 签订的股权转让协议应为有效转让协议。

> **实务建议**
>
> 婚姻关系存续期间,若房屋登记在配偶一人名下,未经配偶同意,登记人无权转让房屋。而登记在配偶一人名下的股权的转让,却无须配偶同意。这主要在于效率的考虑,即使股权转让所得款项属于夫妻共同财产,但股东权利当然由登记人行使,而不是夫妻共同行使。

二、因公司人合性的特点,配偶可能无法直接分得股权

涉及分割夫妻共同财产中以一方名义在有限责任公司的出资额,另一方不是该公司股东的,若夫妻双方不能就股权分割问题达成一致意见,为了保证公司的人合性,应对另一方请求分割的股权折价补偿,拒绝补偿的,请求分割股权的诉讼请求不被支持。

案例 1 "刘某与王某离婚后财产纠纷再审案"[(2018)最高法民申 796 号]。

卓某公司成立于 2004 年,该公司是在刘某、王某夫妻关系存续期间由王某出资设立的有限责任公司。2006 年 9 月 18 日,二人离婚,当时签订的《离婚协议书》中未就该公司股权分割问题进行处理。现刘某请求对上述股权进行分割,而王某不同意。

最高人民法院认为:卓某公司成立于 2004 年,是在刘某、王某夫妻关系存续期间由王某出资设立的有限责任公司,应认定是夫妻共同财产。因二人离婚时签订的《离婚协议书》中未就该公司股权分割问题进行处理,二审判决认定该公司股权属于离婚时未处理的夫妻共同财产,并无不当。

根据《婚姻法解释二》第 16 条[1]的规定,人民法院审理离婚案件时,涉及分割夫妻共同财产中以一方名义在有限责任公司的出资额,另一方不是该公司股东的,若夫妻双方不能就股权分割问题达成一致意见,为了保证公司的人合性,应对另一方请求分割的股份折价补偿。因在该案二审审理过程中,刘某坚持要求分割股权,不同意折价补偿,也不同意评估股权价值,二审判决对刘某要求分割股权的诉讼请求不予支持,并无不当。

案例 2 "郭某、何某 1 离婚后财产纠纷再审审查与审判监督案"[(2020)粤民申 7771 号]。

该案中,郭某与何某 1 离婚,现郭某诉请将登记在欧某名下的实际由何某 1 持有的童畅公司 40%股权的 70%登记至其名下。

---

[1] 现为《最高人民法院关于适用〈中华人民共和国民法典〉婚姻家庭编的解释(一)》第 73 条。

广东省高级人民法院认为:依据《婚姻法解释二》第 16 条的相关规定,夫妻双方协商一致将出资额部分或者全部转让给股东的配偶是其配偶成为公司股东的前提条件,本案因何某 1 已明确表示不同意将股权分割并登记至郭某名下,即便潘某等过半数股东同意郭某成为童畅公司股东,也不能对抗何某 1 的权利,故郭某的该项请求缺乏法律依据,二审法院不予支持是正确的。郭某可另寻法律途径分割股权取得财产折价补偿款。

案例 3 "李某与杨某离婚后财产纠纷上诉案"[(2013)鄂民一终字第 00103 号]。

湖北省高级人民法院认为:根据《最高人民法院关于适用〈中华人民共和国婚姻法〉若干问题的解释(三)》第 18 条[1]"离婚后,一方以尚有夫妻共同财产未处理为由向人民法院起诉请求分割的,经审查该财产确属离婚时未涉及的夫妻共同财产,人民法院应当依法予以分割"的规定,因杨某持有的湖北绿洲生物公司 1200 万元出资额属其与李某婚姻存续期间的夫妻共同财产,应予以分割。

湖北绿洲生物公司已更名为湖北绿洲投资公司,在李某与杨某离婚后该公司经过增资扩股注册资本增加至 3000 万元,杨某持有该公司出资额的 95%,另一股东持有出资额的 5%,由于湖北绿洲投资公司系有限责任公司,李某要求对杨某持有的该公司 1200 万元出资额进行分割,享有相应的出资额,意味着其要求分割杨某在该公司的出资额而成为公司的股东。

虽然《婚姻法解释二》第 16 条规定涉及分割夫妻共同财产中以一方名义在有限责任公司的出资额,另一方不是该公司股东的,在夫妻双方就对出资额进行分割协商一致,并经该公司过半数股东同意的,该股东的配偶可以成为该公司的股东,但是因杨某在一审、二审中均不同意对其持有的湖北绿洲投资公司出资额进行分割,该案不适用上述司法解释的规定。因有限责任公司系依人合原则而设立,李某能否成为该公司的股东应由公司的章程及法律规定确定,而非由人民法院判定,故李某的该诉讼请求因缺乏法律依据,法院不予支持。李某可另行主张对杨某持有的湖北绿洲投资公司 1200 万元出资额所对应的财产价值进行分割。

案例 4 "上诉人张某甲因与被上诉人姚某离婚纠纷案"[(2014)浙嘉民终字第 776 号]。

张某甲与姚某离婚,姚某主张分割张某甲追加的对海宁人民机械有限公司的出资及其婚前持有股权婚后的收益。

浙江省嘉兴市中级人民法院认为:张某甲在婚姻关系存续期间追加的出资,无证据表明该出资非源于夫妻共同财产,故认定该笔 2,500,000 元的出资系张某甲使用夫妻共同财产的投资行为。根据《公司法》的有关规定,股东在公司登记后,不得抽回出资,公司依法取得由股东投资形成的全部法人财产权,故应明确姚某主张分割的财产是指出资份额相对应的依法可

---

[1] 现为《最高人民法院关于适用〈中华人民共和国民法典〉婚姻家庭编的解释(一)》第 83 条。

分割的其他权益,而非出资本身。双方关于张某甲持有的海宁人民机械有限公司股权的分割方案协商不成,张某甲及案外人海宁人民机械有限公司拒不配合审计,按市价分配确有困难,故对姚某要求按市价分割股权的分割意见,无法采纳。但考虑到该出资产生的夫妻共同财产客观存在,为减少当事人诉累,按双方各享有50%的比例分割该出资对应股权的份额。

该案系离婚纠纷,对出资对应股权份额的分割,仅系对该部分夫妻共同财产进行分割的比例的确认,不直接产生股权转让的法律效力,亦不影响案外人海宁人民机械有限公司及该公司其他股东的合法权益,姚某并未因此获得海宁人民机械有限公司的股权及股东资格,其享有的股权份额对应的股权权益,应依照《公司法》的有关规定另行主张。

案例5 "王某与宋某离婚后财产纠纷二审案"〔(2021)吉04民终269号〕。

王某与宋某于2018年11月29日登记结婚,星展公司成立于2019年12月3日,宋某是该公司的主要股东和发起人,现在双方离婚,王某要求分割宋某持有的星展公司股权。

吉林省辽源市中级人民法院认为:星展公司成立于宋某与王某婚姻关系存续期间,故股东权益即股权的财产价值应视为夫妻共同财产。因公司人合性的特点,股权无法直接分割,若夫妻双方不能就股权分割达成一致意见,应对另一方请求分割的股权折价补偿。宋某不认可公司股权为夫妻共同财产,亦不同意将股权折价补偿给王某。王某向法院提交了股权价值评估申请,法院予以准许。评估程序启动后,王某向法院提出撤回股权价值评估申请,故法院无法确认案涉股权具有可供分割的财产价值,王某的该项诉请应予驳回。

夫妻中非股东一方希望通过分割股权成为股东,而股东一方不同意分割,又不愿意以市场价格给予补偿,但公司其他股东表示同意非股东一方进入公司的,法院可以认定非股东一方分割股东一方一半的股权。

实务建议

股东权益即股权的财产价值应视为夫妻共同财产,夫妻双方协商一致将出资额部分或者全部转让给股东的配偶是其配偶成为公司股东的前提条件,若股东不同意转让,即使其他股东过半数同意,股东配偶也无法成为股东。

若无法成为股东,就只能折价补偿,折价补偿的主要情形包括:(1)离婚双方未就股权转让达成合意,确定股权归属登记股东一方所有,股东一方给予非股东一方金钱补偿;(2)离婚双方就股权转让达成合意,但是其他股东不同意或者同意后行使优先购买权,此时,非股东一方获得对价款。从我们处理此类案件的经验来看,股权折价补偿所需的审计以股东和公司的配合为必要,如不配合,股东配偶将无法切实获得分割利益。

> 如果股东既不同意股权分割,也不同意折价补偿,而公司其余股东又同意股东配偶进入公司的,法院可以判决股东配偶分得股权成为股东。如在"张某某诉吴某某离婚股权分割案"[(2007)东民初第48号]中,[1] 天津市河东区人民法院认为:"婚姻关系存续期间,以夫或妻一方名义取得的股权,如夫妻间无特殊约定,应认定为夫妻共同财产。离婚时,夫妻中非股东一方希望通过分割股权成为股东,而夫妻中股东一方既不同意分割股权,又不同意对诉争股权进行审计、评估并以市场价格向对方支付一定补偿,但公司的其他股东表示同意非股东一方进入公司的,综合考虑《婚姻法》[2] 和《公司法》的规定、诉争股权的性质及案件实情,认定夫妻中非股东一方分割股东一方一半的股权。"

三、股权分割比例并非统一为五五分

婚后设立的公司,股权为夫妻共同财产,法院将根据公司设立情况、双方对公司的贡献情况酌情确定离婚二人的股权比例,并不会"一刀切"全部对半分。

案例6 "申请人喻某为与被申请人黄某甲离婚纠纷案"[(2015)浙金民再字第6号]。

在该案中,浙江靖祥文具有限公司的前身义乌市靖祥文具有限公司成立于1997年,喻某和黄某甲于2002年登记结婚,之后两人离婚,喻某主张将双方持有的浙江靖祥文具有限公司的股权平分。

浙江省金华市中级人民法院认为:喻某主张该公司财产系其与黄某甲夫妻关系存续期间共同生产、经营的收益,股权应由其与黄某甲各享有50%。黄某甲主张其与喻某已就公司股权分配作了书面约定,应按约定比例确定股权分配比例。

该案中,黄某甲、喻某于2002年6月28日签订的《财产分割协议》,系双方在义乌市靖祥文具有限公司增加注册资金至500万元时对该资金的归属所作的约定,而不是对公司股权所作的比例分配。在该协议中,双方对婚姻关系存续期间义乌市靖祥文具有限公司(后名称变更为浙江靖祥文具有限公司)生产经营取得的收益归属并未作出约定,故在双方婚姻关系存续期间浙江靖祥文具有限公司生产经营取得的收益应归黄某甲、喻某共同所有。黄某甲称该协议约定的比例即双方对公司股权分配比例的抗辩理由不能成立。

根据该协议的约定、双方在原审时确认的浙江靖祥文具有限公司资产及负债情况以及浙江靖祥文具有限公司前身义乌市靖祥文具有限公司成立及经营情况等因素综合考虑,法院酌

---

[1] 参见李杰编著:《民商事疑难案件裁判标准与法律适用(婚姻家庭卷)》,中国法制出版社2011年版,第224~230页。
[2] 现由《民法典》规定。

定由黄某甲享有浙江靖祥文具有限公司70%的股权,由喻某享有浙江靖祥文具有限公司30%的股权,喻某的再审理由部分成立。原二审判决以分割协议约定的出资归属比例作为公司股权分配的比例不当,应予纠正。

案例7 "上诉人朱某为与被上诉人汪某甲离婚纠纷案"[(2015)浙嘉民终字第990号]。

该案中,朱某和汪某甲共同设立了一家公司,之后两人离婚,双方就该公司的股权比例产生纠纷。浙江省嘉兴市中级人民法院认为:关于公司股权比例的问题。虽然该公司登记的股本结构为:朱某投资比例系90%,汪某甲投资比例系10%。但对于公司股东仅为夫妻二人的公司,注册的夫妻股权比例往往带有一定的随意性或是仅仅出于形式上的需要,并不当然反映实际权益的分配,故工商登记不能当然作为财产所有权份额的依据。如果有证据证明夫妻当初在工商登记的股权比例只是为设立公司而作的表面文章,其真实意思并非如此,那么还是应根据真实意思认定财产份额。

由于该案公司设立于夫妻婚姻关系存续期间,在朱某并无相反证据证明的情况下,应当推定该公司的资金源于夫妻共同财产。而当初在公司设立时登记的股权投资比例系朱某一人签字,汪某甲并未签字确认,且汪某甲也主张该比例并非双方对公司财产所作出的份额约定,故在此情形下,应当认定该比例仅是为设立公司而作的形式登记,并不能仅依此认定双方的投资比例。由于双方均不愿意退出公司,原审判决由双方各自继续持股经营,并无不当。

该公司资金源于夫妻共同财产,但考虑到朱某对公司所作贡献大于汪某甲,原审酌定由朱某持股60%,汪某甲持股40%,也比较合理。朱某上诉认为原审关于股权的分配会导致今后公司在重大决议上无法达成合意,影响公司经营。对此,法院认为,是否会导致公司经营困难,在股权分割前无法确定,如今后发生朱某所称的情形,双方也可通过解散公司、收购股权等方式予以处理,不能仅以今后公司可能出现经营困难为由,而不对夫妻共同财产公司股权进行分割。

实 务 建 议

双方若未能就股权分割比例达成一致,股权分割以对半分为原则,但法院也会考虑一方婚前初始出资、对公司经营管理贡献等因素酌情考虑其他分配比例。

在夫妻双方离婚前均为公司股东的情形下,二人股权比例并不代表二人分配夫妻共同财产的约定比例,法院仍然要重新确定股权分割比例,双方可继续同为股东。但已离婚的二人同为公司股东时可能会引发公司治理难题,比如,容易形成公司僵局,但是法院并不认为上述因素是阻止配偶取得股权的理由,公司僵局问题可以通过司法解散、协商等途径解决。

四、股权价值的确定以提起财产分割诉讼时为基准日

配偶无法取得股权,就只能就股权折价补偿。股权的价值并非恒定,而是受公司经营、状况波动,所以,确定股权价值的基准日就显得尤为重要。在离婚财产分割案件中,基准日的确定并不简单,比如,有的案件离婚判决作出的同时财产也分割完毕,而有的离婚判决中并不涉及财产分割,因而只可能在之后单独提起的财产分割案件中确定股权价值。而离婚财产分割案件中,若财产种类繁多,案件程序也可能持续数年,是以提起诉讼之日为基准日,还是以分割之时为基准日,这里也会涉及道德风险问题,尤其是对配偶并不参与公司经营的情况下的股权分割。

案例8 "孙某与崔某离婚后财产纠纷案"[(2015)豫法民一终字第70号]。

该案中,河南省高级人民法院认为:关于崔某持有的天禄公司23%的股权是否属于夫妻共同财产问题。崔某取得该23%的股权的时间是在与孙某夫妻关系存续期间,按照《婚姻法》第17条[1]的规定,除非存在法律规定的除外情况,否则均为夫妻共同财产。崔某上诉主张该23%的股权是崔某父母无偿转让给子女的,其性质应认定为赠与,但崔某在原审中并未提交证据证明其与父母当时签订有赠与合同,当然也就不可能证明该赠与确定只归其一方所有。故而原审认定该23%股权属于夫妻共同财产并无不当。崔某上诉主张该23%的股权系其个人财产缺乏事实依据,法院不予采信。

对该23%的股权如何处理。按照《婚姻法》第39条[2]的规定,孙某对该23%的股权享有1/2的权益。原审中,天禄公司的其他股东不同意孙某成为公司股东;二审中,孙某明确表示不要求实际分割股权,要求对其应得股权折价补偿。崔某对此无异议。天禄公司的另两位股东崔某禄、崔某林也出具书面声明不同意孙某成为公司股东。因此,本案双方就23%的股权仍由崔某持有已达成一致,天禄公司其他股东也无异议。

该案双方的分歧在于折价补偿时以何时为基准日确定股权价值。对此,二审法院认为,根据该案情况,应以孙某提起本案诉讼之日即2014年5月为基准日。理由是:

第一,在2014年4月终审判决离婚时,分割夫妻共同财产的条件已经成就。婚姻关系与夫妻共同财产分割在一案中一并处理时,终审判决离婚时共同财产也分割完毕。

第二,在婚姻关系和共同财产分割分成两个案件起诉时,如果原告一方在判决离婚后较长时间内未起诉要求分割财产,那么在此期间,由于经济环境变化、产业政策调整等不可归责于被告的原因导致公司净资产减少,此时仍以判决离婚的时间点作为基准日确定补偿价格,则对被告明显不公平。

第三,当原告提起该案诉讼明确要求分割共同财产时,由于案件审理周期以及何时作出判决并非双方当事人所能控制和决定,以分割财产案件的判决作出之时为基准日具有不确定

---

[1] 现为《民法典》第1062条。
[2] 现为《民法典》第1087条。

性。而且,具体到该案,由于天禄公司是一家完全的家族型公司,孙某并不参与公司经营,不了解公司运营情况。如果不以该案起诉日为基准日,客观上有可能加大另一方利用自身便利地位损害对方利益的道德风险。

在确定基准日后,关于如何确定股权价值问题。虽然通过鉴定评估能够更准确地确定股权价值,但崔某二审申请评估鉴定后,因未按期缴纳鉴定费用导致该案未能进行鉴定。根据双方一审、二审提交的证据,二审法院认为,二审中,崔某提交了2014年1月至12月天禄公司向有关部门申报纳税的资料,其中附有天禄公司同期1月至12月的资产负债表。其内容与二审法院委托原审法院向有关部门调取的材料内容一致。因为该组证据系天禄公司向税务机关纳税时自行申报的,以正常理性判断,一个公司向税务机关报税时虚增公司资产的可能性较低,而且孙某对该组证据的真实性表示认可。

故而,以该组证据中天禄公司的资产负债表为依据认定股权补偿价款不会损害崔某的利益。因此,应认定天禄公司2014年5月净资产为42,725,090元,并以此为基数确定孙某应得股权份额折价款。

实务建议

若离婚诉讼未对财产进行分割,此后又单独提起离婚财产分割诉讼的,对股权的折价补偿,应以提起财产分割诉讼之日作为基准日来确定股权价值,并以此确定股东应向对方补偿的金额。

股权价值与公司资产密切相关,所以,配偶应该适时提起财产保全程序,防止公司财产被移转、隐匿,这对于家族企业尤其如此。

第六节　隐名股东的显名按照股权外部转让的规则处理的例外

根据《公司法解释三》第24条的规定,有限责任公司的实际出资人与名义出资人订立的股权代持协议一般均为有效,实际出资人如果要显名,即将其登记为股东,需要经公司其他股东半数以上同意,未经其他股东过半数同意的,将无法显名。所以,隐名股东的显名化应参照股权的外部转让规则。但是,如果事实上,公司其他股东都知道该股权代持的事实,是否不经其他股东过半数同意,也可强制要求显名?

一、典型案例基本案情

案例来源:"黄某元与陆某军、李某祥、华伦公司股东资格确认纠纷案"[(2014)吴江商初字第01230号(一审)、(2014)苏中商终字第01176号(二审)]。

2005年4月5日,华伦公司设立,注册资本为1000万元,法定代表人为黄某元。初始股东为王某、黄某元、黄某,其出资额分别为420万元、360万元、220万元。

2011年3月3日,陆某军、李某祥、张某分别受让王某、黄某元、黄某各自持有的华伦公司股权,转让价与出资额同,但未支付股权转让费。随后登记股东也完成变更,法定代表人也变更为陆某军。

2011年5月23日,华伦公司股东会达成增资决议,由登记股东按出资比例增资。其中,陆某军增资420万元,增资后出资额为840万元;李某祥增资360万元,增资后出资额为720万元;张某增资220万元,增资后出资额为440万元。

2011年5月2日,由黄某元实际控制的油脂公司向陆某军账户汇入420万元,后陆某军将420万元汇入华伦公司账户;油脂公司出纳徐某由其个人账户向李某祥的账户汇入360万元,后李某祥由其该账户将360万元汇入华伦公司账户;黄某元从其个人账户向张某账户汇入220万元,后张某将220万元汇入华伦公司账户。2011年5月31日,华伦公司在有关部门作增资变更登记。

2013年1月29日,黄某元作为隐名投资人(实际股东,甲方),黄某作为保证人,分别与作为显名投资人(名义股东,乙方)的陆某军、李某祥签订隐名股东投资协议书。两份协议书分别约定:由甲方向华伦公司投资,乙方则作为名义股东登记于公司的章程、股东名册、工商登记或其他材料中,注册资本为2000万元,其中以陆某军名义登记的出资额为840万元,以李某祥名义登记的出资额为720万元,上述两项出资全部由甲方实际投入,包括以后以乙方名义增资部分。甲方享有完全的公司管理参与权、股息和其他股份财产权益,并承担投资风险。乙方不享有公司参与权,也不享有股息及其他股份财产权益的分配,不承担投资风险等,并明确乙方应积极配合办理公司登记设立及其他法定的相关手续,履行相应的义务等。

2011年8月、9月、10月,2012年12月,黄某元作为付款审批人在华伦公司的相关付款单、报销单、员工工资统计表上签字。2013年4月16日,华伦公司在太原市中级人民法院审理的(2013)并民初字第171号案件中,向该院出具证明,载明黄某元是该公司的实际控制人,其以该公司名义对外的所有行为均视为该公司的行为,该公司承认其全部效力,并愿意承担相应的法律责任。陆某军、张某同时在该份证明上签字。后黄某元诉请判令确认陆某军、李某祥为黄某元代持的华伦公司42%的股权为黄某元所有,并由华伦公司、陆某军、李某祥协助黄某元办理股东工商登记变更手续。

二、典型案例法院裁判观点

法院裁判认为:首先,法院认定各方当事人已在协议书中确认陆某军名义出资的840万元和李某祥名义出资的720万元全部系由黄某元实际出资。

其次,法院认为,《公司法解释三》第24条第3款所规定的"实际出资人未经公司其他股东半数以上同意,请求公司变更股东、签发出资证明书、记载于股东名册、记载于公司章程并办理公司登记机关登记的,人民法院不予支持",涉及的是在公司及公司其他股东不知晓实际出资人与名义出资人之间的协议时,为保障有限责任公司的人合性不被破坏,维护公司内部关系的稳定,而要求参照股权外部转让的规则,经由公司其他股东过半数同意时,实际出资人才能取代名义出资人成为公司股东。

该案中,经工商登记的3位股东陆某军、李某祥、张某均与实际出资人黄某元签署了隐名股东投资协议书,结合黄某元在2011年、2012年华伦公司的相关财务资料作为审批人签字以及华伦公司在相关案件中出具证明确认黄某元系公司实际控制人的具体情况,可以认定华伦公司以及公司的登记股东对于该案所涉隐名股东投资协议书均是知晓的,故黄某元要求将其股东身份显名化并不存在破坏公司人合性的情形。

实务建议

实际生活中,大量的股权代持真实存在,司法裁判也认可其效力,并保障实际出资人即隐名股东的投资权益。但是,对于隐名股东的显名化的问题,因有限公司的人合性、封闭性,尚须经其他股东过半数同意,如果其他股东不同意并购买,或者其他股东同意但行使优先购买权,隐名股东的显名都将存在障碍。但是,如该案所示,若其他股东对股权代持都是知情的,就可以不参照股权外部转让规则来处理。无论其他股东是否同意,隐名股东都有权要求公司进行变更登记,将其记载于公司章程中。

第七节　收款方开具发票是法定义务,不能约定免除

根据我国发票相关的管理规定,发票是收款人应向付款方提供的法定票据,如果双方在股权转让合同中约定转让方收取股权转让款不需要提供任何形式的发票,该约定是否有效?如果认定无效,能否影响整个合同的效力?

一、典型案例基本案情

案例来源:"简阳三岔湖旅游快速通道投资有限公司(以下简称三岔湖公司)、刘某与成都山鼎阳光房地产投资有限公司(以下简称山鼎公司)股权转让纠纷案"[(2012)民二终字第22号]。

原审判决称"不需提供任何形式的发票属共同涉嫌逃避纳税,损害国家利益"。在确定该条无效的认定中,三岔湖公司、刘某(股权转让方)上诉称,该认定与事实不符且无法律依据,请求二审法院纠正;而山鼎公司(股权受让方)则对此上诉称,该认定属事实不清,主张应据此认定《目标公司股权转让协议》无效。

二、典型案例法院裁判观点

最高人民法院认为:发票是社会经济活动中记录经营活动的一种原始凭证,也是国家进行税务征收的依据和凭证。依据《中华人民共和国发票管理办法》(以下简称《发票管理规定》)第19条"销售商品、提供服务以及从事其他经营活动的单位和个人,对外发生经营业务收取款项,收款方应当向付款方开具发票"的规定,双方关于"不需提供任何形式的发票"的约定,显然违反了国家强制性的规定,原审据此认定该约定无效,于法有据。而依据《合同法》第56条[1]"……合同部分无效,不影响其他部分效力的,其他部分仍然有效"的规定,原审作出"该条无效并不影响双方之间股权转让行为的效力"的认定亦属正确合法。因此,三岔湖公司、刘某和山鼎公司关于合同性质和效力的上诉请求缺乏法律依据,均不能成立,二审法院予以驳回。

综上,三岔湖公司、刘某与山鼎公司之间签订的《目标公司股权转让协议》是双方当事人的真实意思表示,协议的形式和内容不违反股权转让的相关法律、行政法规的强制性规定,应认为合法有效。原审关于《目标公司股权转让协议》的性质属于股权转让而非土地使用权转让的认定合法正确,二审法院予以维持。

实 务 建 议

开具发票是双方存在交易的凭证,也是国家税务管理的依据,《发票管理办法》对此有明确规定,违反该规定必然导致相关条款无效,但是不影响其他条款的效力。发票是先款后票还是先票后款,两种方式都普遍存在于合同条款中,一般根据双方的交易地位、公司实力来确定不同的发票开具时间。

---

[1] 现为《民法典》第156条。

第十七章

一人有限责任公司

根据《公司法》的规定，一人有限责任公司，是指只有一个自然人股东或者一个法人股东的有限责任公司。一个自然人只能投资设立一个一人有限责任公司。该一人有限责任公司不能投资设立新的一人有限责任公司。一人有限责任公司应当在公司登记中注明自然人独资或者法人独资，并在公司营业执照中载明。在财务上，一人有限责任公司应当在每一会计年度终了时编制财务会计报告，并经会计师事务所审计。在公司治理方面，一人有限责任公司不设股东会，股东作出本应由股东会作出的决定时，应当采用书面形式，并由股东签名后置备于公司。在公司外部责任方面，一人有限责任公司的股东不能证明公司财产独立于股东自己的财产的，应当对公司债务承担连带责任。

这些规定在一人公司内部无法提供有效制衡的情形下，能对债权人提供保护。而值得注意的是，2021年12月的《公司法(修订草案)》删除了上述这些规定，但2022年12月30日发布的《公司法(修订草案二次审议稿)》第23条又予以恢复。该条第3款规定："只有一个股东的公司，股东不能证明公司财产独立于股东自己的财产的，应当对公司债务承担连带责任。"2023年9月1日发布的《公司法(修订草案三次审议稿)》第23条第3款延续了《公司法(修订草案二次审议稿)》的这一规定。如该修订草案的这些变化获得正式通过，如何有效地保护债权人利益将是商业和司法实践中一个值得观察的新课题。

2021年12月的《公司法(修订草案)》关于一人公司还有另一个重要修改，2018年《公司法》仅允许设立一人有限责任公司，不允许设立一人股份有限公司，而《公司法(修订草案)》则允许设立一人股份有限公司，其第93条第2款规定："一个自然人或者一个法人以发起设立方式设立的股份有限公司为一人股份有限公司。"但是，2022年12月30日发布的《公司法(修订草案二次审议稿)》第92条、2023年9月1日发布的《公司法(修订草案三次审议稿)》第92条均删除了上述规定。

无论一人有限公司的相关规定是怎样的，原一人有限公司在治理中存在的问题都还会继续，不会因规则的变化而不存在。下文将探讨一人有限责任公司中的几个热点问题，如公司对外担保的程序规定是否适用于一人公司？夫妻公司是否属于一人公司？夫妻公司的财产可否认定是股东的共同财产，并在离婚时直接进行分割？

第一节　关联担保回避制度不适用于一人公司

《公司法》第 16 条规定,公司为他人提供担保,由董事会或者股东会、股东大会决议;公司为公司股东或者实际控制人提供担保的,必须经股东会或者股东大会决议。受拟被担保的股东或者实际控制人支配的股东,不得参加担保事项的表决,该项表决由出席会议的其他股东所持表决权的过半数通过。该规定的目的在于防止大股东利用其表决权控制公司为自己提供担保,损害公司和中小股东的权益。但是,如果该公司为一人有限责任公司,公司为股东提供担保,并没有其他无关联股东,也不会存在其他利益受损的股东,所以,关联担保回避的规则并不适用于一人有限公司。

案例来源:"中国工商银行股份有限公司东营胜利支行(以下简称工商银行胜利支行)与胜利油田胜利动力机械集团有限公司(以下简称胜动集团)、山东胜动燃气综合利用有限责任公司(以下简称胜动燃气公司)金融借款合同纠纷案"[(2019)鲁 05 民初 904 号]。

山东省东营市中级人民法院认为:为保证工商银行胜利支行债权的实现,胜动燃气公司、胜动凯莱公司分别与工商银行胜利支行签订了最高额保证合同,涉案借款发生于双方约定的债权发生期间,工商银行胜利支行主张胜动燃气公司、胜动凯莱公司对涉案本息承担连带清偿责任,符合法律规定和双方约定,但承担责任范围应以双方约定的最高余额 10,500 万元为限。

胜动燃气公司、胜动凯莱公司辩称,两公司作为胜动集团设立的一人有限责任公司,在股东会表决时股东胜动集团必须回避,所以无法召开股东会同意胜动燃气公司为胜动集团提供担保,根据《公司法》第 16 条的规定,胜动燃气公司、胜动凯莱公司与工商银行胜利支行签订的《最高额保证合同》无效,两公司不应承担担保责任。

法院认为,《公司法》第 16 条的规定是为了防止大股东和实际控制人滥用表决权以损害公司、小股东和公司债权人的利益。对于一人有限责任公司而言,只有唯一的股东,不存在大股东利用关联交易损害公司利益或者小股东利益的情形。同时,法律并未禁止一人有限责任公司为其股东提供担保。综上,对胜动燃气公司、胜动凯莱公司的上述抗辩,法院不予支持。

实务建议

《民法典担保解释》第 10 条明确规定,一人有限责任公司为其股东提供担保,公司以违反《公司法》关于公司担保决议程序的规定为由主张不承担担保责任的,人民法院不予支持。一人有限公司本身只有一名股东,对于关联担保,由非关联股东决议无法实现,所以,一人公司不能以公司未进行股东会决议为由抗辩公司对母公司债务的担保责任。

第二节　夫妻公司应认定为实质的一人公司向债权人担责

一人公司中,股东既是所有者,又是管理者,个人财产和公司财产极易混同,极易损害公司债权人利益。故而通过举证责任倒置,可强化一人有限责任公司的财产独立性,从而加强对债权人的保护。如果公司的注册资本源于夫妻共同财产,全部股权属于夫妻婚后取得的财产归双方共同共有,那么可以认为,公司的全部股权实质源于同一财产权,并为一个所有权共同享有和支配,该股权主体具有利益的一致性和实质的单一性,应认定为实质的一人公司,应按照一人公司的规则向公司债权人承担责任。

一、典型案例基本案情

案例来源:"熊某、沈某申请执行人执行异议之诉再审案"[(2019)最高法民再372号]。

2011年8月3日,熊某与沈某登记结婚。2011年11月,熊某、沈某出资成立青曼瑞公司。青曼瑞公司为有限责任公司,注册资本为200万元,实收资本200万元,熊某、沈某各持股50%。

2015年6月24日,武汉市中级人民法院(以下简称武汉中院)作出(2015)鄂武汉中民商初字第00494号民事调解书,确认青曼瑞公司于2015年7月31日前一次性支付猫人公司货款2,983,704.65元。该民事调解书生效后,猫人公司于2015年8月5日向武汉中院申请执行。同日,武汉中院以(2015)鄂武汉中执字第00707号立案受理。

因青曼瑞公司未履行财产申报义务,武汉中院将其纳入最高人民法院失信被执行人名单库。2016年6月2日,武汉中院依法裁定扣划被执行人青曼瑞公司在交通银行南昌抚河支行账号中的存款13,069.31元,并发还申请执行人猫人公司。武汉中院还依职权对被执行人其他银行存款、房地产登记、车辆登记信息进行了查询,未发现被执行人可供执行的财产线索。2016年6月15日,武汉中院裁定终结案件的该次执行程序。

猫人公司认为(2015)鄂武汉中执字第00707号案件执行过程中,被执行人青曼瑞公司无财产可供执行,青曼瑞公司符合"一人公司"的实质要件,请求依据《变更、追加规定》第20条的规定追加熊某、沈某为被执行人,对青曼瑞公司所欠债务承担连带责任。2017年10月11日,武汉中院作出(2017)鄂01执异986号民事裁定书,驳回猫人公司追加熊某、沈某为该案被执行人的请求。猫人公司遂提起该案诉讼。

二、典型案例法院裁判观点

最高人民法院再审观点如下:

1. 关于青曼瑞公司是否属于一人有限责任公司问题。

《公司法》第 58 条第 2 款规定:"本法所称一人有限责任公司,是指只有一个自然人股东或者一个法人股东的有限责任公司。"本案中,青曼瑞公司虽系熊某、沈某两人出资成立,但熊某、沈某为夫妻,青曼瑞公司设立于双方婚姻存续期间,且青曼瑞公司工商登记备案资料中没有熊某、沈某财产分割的书面证明或协议,熊某、沈某亦未补充提交。《婚姻法》第 17 条规定的除该法第 18 条规定的财产,以及该法第 19 条规定的约定财产外,夫妻在婚姻存续期间所得财产归夫妻共同共有。[1]

据此可以认定,青曼瑞公司的注册资本源于熊某、沈某的夫妻共同财产,青曼瑞公司的全部股权属于熊某、沈某婚后取得的财产,应归双方共同共有。青曼瑞公司的全部股权实质源于同一财产权,并为一个所有权共同享有和支配,该股权主体具有利益的一致性和实质的单一性。

另外,一人有限责任公司区别于普通有限责任公司的特别规定在于《公司法》第 63 条,该条规定:"一人有限责任公司的股东不能证明公司财产独立于股东自己的财产的,应当对公司债务承担连带责任。"即一人有限责任公司的法人人格否认适用举证责任倒置规则。之所以如此规定,原因系一人有限责任公司只有一个股东,缺乏社团性和相应的公司机关,没有分权制衡的内部治理结构,缺乏内部监督。

股东既是所有者,又是管理者,个人财产和公司财产极易混同,极易损害公司债权人利益。故而通过举证责任倒置,可强化一人有限责任公司的财产独立性,从而加强对债权人的保护。该案青曼瑞公司由熊某、沈某夫妻二人在婚姻关系存续期间设立,公司资产归熊某、沈某共同共有,双方利益具有高度一致性,亦难以形成有效的内部监督。

熊某、沈某均实际参与了公司的管理经营,夫妻其他共同财产与青曼瑞公司财产亦容易混同,从而损害债权人利益。在此情况下,应参照《公司法》第 63 条的规定,将公司财产独立于股东自身财产的举证责任分配给股东熊某、沈某。综上,青曼瑞公司与一人有限责任公司在主体构成和规范适用上具有高度相似性,二审法院认定青曼瑞公司系实质意义上的一人有限责任公司并无不当。

2. 关于猫人公司申请追加熊某、沈某为被执行人应否支持问题。

如上分析,青曼瑞公司系实质意义上的一人有限责任公司,适用《公司法》第 63 条的规定,而《变更、追加规定》第 20 条的实体法基础亦在于《公司法》第 63 条规定。据此,熊某、沈某应对青曼瑞公司财产独立于双方其他共有财产承担举证责任,在二审法院就此事项要求熊某、沈某限期举证的情况下,熊某、沈某未举证证明其自身财产独立于青曼瑞公司财产,应承担举证不力的法律后果。二审法院支持猫人公司追加熊某、沈某为被执行人的申请,并无不当。

---

[1] 现为《民法典》第 1062 条。

> **实务建议**
>
> 夫妻以共同财产出资设立公司，公司全部股东为夫妻两人且两人均参与公司的经营管理，该公司可视为实质的一人公司，夫妻需承担公司财产与夫妻共同财产分离的举证责任。如果举证不能，夫妻二人都应该对公司债务承担连带清偿责任。

第三节 "夫妻公司"的资产不能在离婚纠纷中直接进行分割处理

夫妻公司即夫妻二人同为公司股东，且公司无其他股东的公司。此类公司在司法实践中，多被认定为一人公司，一人公司的财产与股东财产一般都存在混同的情况。但是，即便存在人格混同，在离婚的财产分割中，配偶一方也无权要求直接对公司财产进行分割。

在"吴某与张某离婚纠纷案"[（2016）京03民再26号]中，北京市第三中级人民法院认为，在未经法定程序分割处理前，"夫妻公司"在夫妻关系存续期间经营所得资产（含未分割利润）、债权债务不属于夫妻共同财产。

首先，在不能否认耀瑞德星公司（吴某、张某共同创办的公司）法人人格的情况下，该公司在张某、吴某夫妻关系存续期间的利润未经法定程序分割前不属于夫妻共同财产，不可在离婚诉讼中分割。根据《公司法》的相关规定，有限责任公司利润分配方案应由公司董事会制定并由公司股东会审议批准或公司股东书面一致同意。在公司董事会、股东会未就公司利润分配方案进行决议之前，公司股东直接向人民法院起诉请求判令公司向股东分配利润缺乏法律依据。以此类推，在"夫妻公司"中，未经过公司利润分配方案的公司决议或公司股东书面一致同意前，相关公司利润属于公司法人财产范畴，而非夫妻共同财产。因此，即使存在公司财产与家庭财产的混同情形，也不能径行认定公司利润属于夫妻共同财产。

该案中，在双方当事人均认可耀瑞德星公司从未作出股东会决议分割公司利润的情况下，且未提交一致同意分割公司利润的书面文件，该公司的经营利润及资产问题应当另行解决。

其次，对于耀瑞德星公司的债权债务问题，同样属于公司法人财产制的范畴，双方当事人可另行解决。

综上，法院认为，未经法定程序处理前，耀瑞德星公司在夫妻关系存续期间经营所得的资产（含未分割利润）、债权债务不属于夫妻共同财产，而是公司财产，不能在离婚纠纷中直接进行分割处理。原审判决将耀瑞德星公司的汽车、机器设备和办公用品等资产、耀瑞德星公司的债权债务判归张某所有及享有错误，二审法院予以纠正。

实务建议

有限责任公司利润分配方案应由公司董事会制定并由公司股东会审议批准或公司股东书面一致同意。在公司董事会、股东会未就公司利润分配方案进行决议之前,公司股东直接向人民法院起诉请求判令公司向股东分配利润缺乏法律依据。以此类推,在"夫妻公司"中,未经过公司利润分配方案的公司决议或公司股东书面一致同意前,相关公司利润属于公司法人财产范畴,而非夫妻共同财产。因此,即使存在公司财产与家庭财产的混同情形,也不能径行认定公司利润属于夫妻共同财产。

如果要分割夫妻公司的财产,首先公司内部应该就公司利润分配形成股东会决议,根据该决议,配偶可以要求公司分配,公司不予分配的,可以公司为被告诉讼解决。

第十八章

董事、监事、高级管理人员的责任

根据我国《公司法》的规定，董事、监事、高级管理人员应当遵守法律、行政法规和公司章程，对公司负有忠实义务和勤勉义务。董事、监事、高级管理人员不得利用职权收受贿赂或者其他非法收入，不得侵占公司的财产。

关于董事、高级管理人员的忠实义务，《公司法》第148条规定，董事、高级管理人员不得有下列行为：(1)挪用公司资金；(2)将公司资金以其个人名义或者以其他个人名义开立账户存储；(3)违反公司章程的规定，未经股东会、股东大会或者董事会同意，将公司资金借贷给他人或者以公司财产为他人提供担保；(4)违反公司章程的规定或者未经股东会、股东大会同意，与本公司订立合同或者进行交易；(5)未经股东会或者股东大会同意，利用职务便利为自己或者他人谋取属于公司的商业机会，自营或者为他人经营与所任职公司同类的业务；(6)接受他人与公司交易的佣金归为己有；(7)擅自披露公司秘密；(8)违反对公司忠实义务的其他行为。董事、高级管理人员违反对公司的忠实义务所得的收入应当归公司所有。

就其中第1款第5项规定"未经股东会或者股东大会同意，利用职务便利为自己或者他人谋取属于公司的商业机会，自营或者为他人经营与所任职公司同类的业务"，即公司董事、高级管理人员、高级技术人员以及其他保密人员对公司负有的竞业禁止义务，具体而言，这些特定人员在任职或劳动关系存续期间或结束后的一定时期内，被限制或被禁止兼职于业务竞争单位，包括不得在生产同类产品或经营同类业务且有竞争关系或其他利害关系的其他单位任职或兼职，也不得自己生产与原单位有竞争关系的同类产品或经营同类业务，总而言之，就是不得篡夺公司的商业机会。

如果董事、监事、高级管理人员违反法律、行政法规或者公司章程的规定，给公司造成损失的，应当承担赔偿责任。对于董事、监事、高级管理人员违法违规行为给公司造成的损失，股东有权提起股东代表诉讼，但前置程序是股东先行要求董事会（执行董事）或监事会（监事）向人民法院提起诉讼。在监事会、不设监事会的有限责任公司的监事，或者董事会、执行董事收到股东书面请求后拒绝提起诉讼，或者自收到请求之日起30日内未提起诉讼，或者情况紧急、不立即提起诉讼将会使公司利益受到难以弥补的损害的，股东有权为了公司的利益以自己的名义直接向人民法院提起诉讼。

董事、高级管理人员违反法律、行政法规或者公司章程的规定,损害股东利益的,股东可以向人民法院提起诉讼。

第一节　公司法修订草案的相关修改

关于董事、监事、高级管理人员勤勉义务、忠实义务,2021年12月的《公司法(修订草案)》、2022年12月30日发布的《公司法(修订草案二次审议稿)》、2023年9月1日发布的《公司法(修订草案三次审议稿)》较2018年《公司法》有所加强,修订草案与原文的比较规定如表18-1所示:

表18-1　《公司法》及其修订草案关于董事、监事、高级管理人员的相关规定

《公司法》	《公司法(修订草案)》 2021年12月24日	《公司法(修订草案二次审议稿)》 2022年12月30日
第147条第1款　董事、监事、高级管理人员应当遵守法律、行政法规和公司法规和公司章程,对公司负有忠实义务和勤勉义务。	第180条　董事、监事、高级管理人员应当遵守法律、行政法规和公司章程,对公司负有忠实义务,不得利用职权谋取不正当利益。 董事、监事、高级管理人员对公司负有勤勉义务,执行职务应当为公司的最大利益尽到管理者通常应有的合理注意。	第179条　董事、监事、高级管理人员应当遵守法律、行政法规和公司章程。 第180条　董事、监事、高级管理人员对公司负有忠实义务,应当采取措施避免自身利益与公司利益冲突,不得利用职权谋取不正当利益。 董事、监事、高级管理人员对公司负有勤勉义务,执行职务应当为公司的最大利益尽到管理者通常应有的合理注意。
第150条第1款　股东会或者股东大会要求董事、监事、高级管理人员列席会议的,董事、监事、高级管理人员应当列席并接受股东的质询。	第181条　股东会要求董事、监事、高级管理人员列席会议的,董事、监事、高级管理人员应当列席并接受股东的质询。	第181条　股东会要求董事、监事、高级管理人员列席会议的,董事、监事、高级管理人员应当列席并接受股东的质询。
第147条第2款　董事、监事、高级管理人员不得利用职权收受贿赂或者其他非法收入,不得侵占公司的财产。 第148条　董事、高级管理人员不得有下列行为: (一)挪用公司资金; (二)将公司资金以其个人名义或者以其他个人名义开立账户存储;	第182条　董事、监事、高级管理人员不得有下列行为: (一)侵占公司财产、挪用公司资金; (二)将公司资金以其个人名义或者以其他个人名义开立账户存储; (三)利用职权收受贿赂或者其他非法收入; (四)接受他人与公司交易的佣金归为己有; (五)擅自披露公司秘密; (六)违反对公司忠实义务的其他行为。	第182条　董事、监事、高级管理人员不得有下列行为: (一)侵占公司财产、挪用公司资金; (二)将公司资金以其个人名义或者以其他个人名义开立账户存储; (三)利用职权收受贿赂或者其他非法收入; (四)接受他人与公司交易的佣金归为己有; (五)擅自披露公司秘密; (六)违反对公司忠实义务的其他行为。

续表

《公司法》	《公司法(修订草案)》 2021年12月24日	《公司法(修订草案二次审议稿)》 2022年12月30日
(三)违反公司章程的规定,未经股东会、股东大会或者董事会同意,将公司资金借贷给他人或者以公司财产为他人提供担保; (四)违反公司章程的规定或者未经股东会、股东大会同意,与本公司订立合同或者进行交易; (五)未经股东会或者股东大会同意,利用职务便利为自己或者他人谋取属于公司的商业机会,自营或者为他人经营与所任职公司同类的业务; (六)接受他人与公司交易的佣金归己有; (七)擅自披露公司秘密; (八)违反对公司忠实义务的其他行为。 董事、高级管理人员违反前款规定所得的收入应当归公司所有。	第183条 董事、监事、高级管理人员,直接或者间接与本公司订立合同或者进行交易,应当就与订立合同或者进行交易有关的事项向董事会或者股东会报告,并按照公司章程的规定经董事会或者股东会决议。董事会决议时,关联董事不得参与表决,其表决权不计入表决权总数。 董事、监事、高级管理人员的近亲属,董事、监事、高级管理人员或者其近亲属直接或者间接控制的企业,以及与董事、监事、高级管理人员有其他关联关系的关联人,与公司订立合同或者进行交易,适用前款规定。 第184条 董事、监事、高级管理人员,不得利用职务便利为自己或者他人谋取属于公司的商业机会。但是,有下列情形之一的除外: (一)已经向董事会或者股东会报告,并经董事会或者股东会决议; (二)已经向董事会或者股东会报告,但董事会或者股东会明确拒绝该商业机会; (三)根据法律、行政法规或者公司章程的规定,公司不能利用该商业机会。 第185条 董事、监事、高级管理人员未向董事会或者股东会报告,并经董事会或者股东会决议,不得自营或者为他人经营与本公司存在竞争关系的同类业务。 第186条 董事、监事、高级管理人员违反本法第182条至第185条规定所得的收入应当归公司所有。	第183条 董事、监事、高级管理人员,直接或者间接与本公司订立合同或者进行交易,应当就与订立合同或者进行交易有关的事项向董事会或者股东会报告,并按照公司章程的规定经董事会或者股东会决议。董事会决议时,关联董事不得参与表决,其表决权不计入表决权总数。出席董事会的无关联关系董事人数不足三人的,应将该事项提交股东会审议。 董事、监事、高级管理人员的近亲属,董事、监事、高级管理人员或者其近亲属直接或者间接控制的企业,以及与董事、监事、高级管理人员有其他关联关系的关联人,与公司订立合同或者进行交易,适用前款规定。 第184条 董事、监事、高级管理人员,不得利用职务便利为自己或者他人谋取属于公司的商业机会。但是,有下列情形之一的除外: (一)已经向董事会或者股东会报告,并经董事会或者股东会决议通过; (二)已经向董事会或者股东会报告,但董事会或者股东会明确拒绝该商业机会; (三)根据法律、行政法规或者公司章程的规定,公司不能利用该商业机会。 第185条 董事、监事、高级管理人员未向董事会或者股东会报告,并经董事会或者股东会决议,不得自营或者为他人经营与本公司存在竞争关系的同类业务。 第186条 董事、监事、高级管理人员违反本法第182条至第185条规定所得的收入应当归公司所有。

续表

《公司法》	《公司法(修订草案)》2021年12月24日	《公司法(修订草案二次审议稿)》2022年12月30日
第149条　董事、监事、高级管理人员执行公司职务时违反法律、行政法规或者公司章程的规定，给公司造成损失的，应当承担赔偿责任。	第187条　董事、监事、高级管理人员执行职务违反法律、行政法规或者公司章程的规定，给公司造成损失的，应当承担赔偿责任。	第187条　董事、监事、高级管理人员执行职务违反法律、行政法规或者公司章程的规定，给公司造成损失的，应当承担赔偿责任。
第151条　董事、高级管理人员有本法第149条规定的情形的，有限责任公司的股东、股份有限公司连续一百八十日以上单独或者合计持有公司百分之一以上股份的股东，可以书面请求监事会或者不设监事会的有限责任公司的监事向人民法院提起诉讼；监事有本法第149条规定的情形的，前述股东可以书面请求董事会或者不设董事会的有限责任公司的执行董事向人民法院提起诉讼。 监事会、不设监事会的有限责任公司的监事，或者董事会、执行董事收到前款规定的股东书面请求后拒绝提起诉讼，或者自收到请求之日起三十日内未提起诉讼，或者情况紧急、不立即提起诉讼将会使公司利益受到难以弥补的损害的，前款规定的股东有权为了公司的利益以自己的名义直接向人民法院提起诉讼。 他人侵犯公司合法权益，给公司造成损失的，本条第一款规定的股东可以依照前两款的规定向人民法院提起诉讼。	第188条　董事、高级管理人员有前条规定的情形的，有限责任公司的股东、股份有限公司连续一百八十日以上单独或者合计持有公司百分之一以上股份的股东，可以书面请求监事会向人民法院提起诉讼；监事有前条规定的情形的，前述股东可以书面请求董事会向人民法院提起诉讼。 监事会或者董事会收到前款规定的股东书面请求后拒绝提起诉讼，或者自收到请求之日起三十日内未提起诉讼，或者情况紧急、不立即提起诉讼将会使公司利益受到难以弥补的损害的，前款规定的股东有权为公司利益以自己的名义直接向人民法院提起诉讼。 他人侵犯公司合法权益，给公司造成损失的，本条第一款规定的股东可以依照前两款的规定向人民法院提起诉讼。 本条第一款、第二款所称的董事会董事、高级管理人员、监事会、监事，包括全资子公司的董事会、董事、高级管理人员、监事会、监事。	第188条　董事、高级管理人员有前条规定的情形的，有限责任公司的股东、股份有限公司连续一百八十日以上单独或者合计持有公司百分之一以上股份的股东，可以书面请求监事会向人民法院提起诉讼；监事有前条规定的情形的，前述股东可以书面请求董事会向人民法院提起诉讼。 监事会或者董事会收到前款规定的股东书面请求后拒绝提起诉讼，或者自收到请求之日起三十日内未提起诉讼，或者情况紧急、不立即提起诉讼将会使公司利益受到难以弥补的损害的，前款规定的股东有权为公司利益以自己的名义直接向人民法院提起诉讼。 他人侵犯公司合法权益，给公司造成损失的，本条第一款规定的股东可以依照前两款的规定向人民法院提起诉讼。 本条第1款、第2款所称的董事会董事、高级管理人员、监事会、监事，包括全资子公司的董事会、董事、高级管理人员、监事会、监事。

续表

《公司法》	《公司法(修订草案)》2021年12月24日	《公司法(修订草案二次审议稿)》2022年12月30日
第152条 董事、高级管理人员违反法律、行政法规或者公司章程的规定,损害股东利益的,股东可以向人民法院提起诉讼。	第189条 董事、高级管理人员违反法律、行政法规或者公司章程的规定,损害股东利益的,股东可以向人民法院提起诉讼。	第189条 董事、高级管理人员违反法律、行政法规或者公司章程的规定,损害股东利益的,股东可以向人民法院提起诉讼。
	第190条 董事、高级管理人员执行职务,因故意或者重大过失,给他人造成损害的,应当与公司承担连带责任。	第190条 董事、高级管理人员执行职务,给他人造成损害的,公司应当承担赔偿责任;董事、高级管理人员存在故意或者重大过失的,也应当承担赔偿责任。
	第191条 公司的控股股东、实际控制人利用其对公司的影响,指使董事、高级管理人员从事损害公司或者股东利益的行为,给公司或者股东造成损失的,与该董事、高级管理人员承担连带责任。	第191条 公司的控股股东、实际控制人指示董事、高级管理人员从事损害公司或者股东利益的行为,与该董事、高级管理人员承担连带责任。 第192条 公司可以在董事任职期间为董事因执行公司职务承担的赔偿责任投保责任保险。公司为董事投保责任保险或续保后,董事会应当向股东会报告责任保险的投保金额、承保范围及保险费率等内容。

2023年9月1日发布的《公司法(修订草案三次审议稿)》较《公司法(修订草案二次审议稿)》在董事、监事、高级管理人员的义务部分并无实质变动,仅在第180条第3款增加规定"公司的控股股东、实际控制人不担任公司董事但实际执行公司事务的,适用前两款规定"。强化了控股股东、实际控制人的责任。

除表18-1所示的在公司董事、监事、高级管理人员的资格与义务部分关于忠实、勤勉义务的修改之外,2021年12月的《公司法(修订草案)》也增加了董事、监事、高级管理人员维护公司资本充足的责任,规定如下:

第47条 有限责任公司成立后,设立时的股东未按期足额缴纳出资,或者作为出资的非货币财产的实际价额显著低于所认缴的出资额的,应当由该股东补足其差额并加算银行同期存款利息,给公司造成损失的,还应当承担赔偿责任;设立时的其他股东承担连带责任。

董事、监事、高级管理人员知道或者应当知道设立时的股东有前款规定行为未采取必要措施,给公司造成损失的,应当承担赔偿责任。

第52条 公司成立后,股东不得抽逃出资。

股东有前款规定情形的,应当由该股东返还出资并加算银行同期存款利息;给公司造成损失的,还应当承担赔偿责任。

董事、监事、高级管理人员知道或者应当知道股东有本条第一款规定行为未采取必要措施,给公司造成损失的,应当承担赔偿责任。

第109条 本法第46条关于有限责任公司股款缴纳情况核查、催缴出资的规定,适用于股份有限公司。

本法第47条关于有限责任公司设立时股东欠缴出资的责任的规定,本法第52条第2款、第3款关于有限责任公司股东抽逃出资的责任的规定,适用于股份有限公司。

总结起来,强化董事、监事、高级管理人员的义务具体体现在以下几个方面。第一,完善董事、监事、高级管理人员忠诚义务和勤勉义务的具体内容。《公司法(修订草案)》第180条将该义务细化为不得利用职权谋取不正当利益和执行职务应当为公司的最大利益尽到管理者通常应有的合理注意。《公司法(修订草案二次审议稿)》《公司法(修订草案三次审议稿)》第180条也作了同样的规定。第二,加强关联交易的范围,扩大关联人的范围,增加关联交易报告义务和回避表决规则。第三,增加董事、监事、高级管理人员不得利用职务便利为自己或者他人谋取属于公司的商业机会的除外情形。第四,新增规定,董事、监事、高级管理人员执行职务,因故意或者重大过失,给他人造成损害的,应当与公司承担连带责任。第五,增加规定公司的控股股东、实际控制人利用其对公司的影响,指使董事、高级管理人员从事损害公司或者股东利益的行为,与该董事、高级管理人员承担连带赔偿责任。第六,强化董事、监事、高级管理人员维护公司资本充足的责任。具体而言,包括董事、监事、高级管理人员知道或者应当知道设立时股东欠缴出资或者抽逃出资未采取必要措施给公司造成损失的,应当承担赔偿责任。为他人取得本公司股份提供财务资助,给公司造成损失的,负有责任的董事、监事、高级管理人员应当承担赔偿责任。

第二节 股东知情权因账册灭失无法行使,董事对股东的赔偿责任

根据《公司法解释四》第12条规定,公司董事、高级管理人员等未依法履行职责,导致公司未依法制作或者保存股东依知情权可查阅复制的公司文件资料,给股东造成损失的公司董事、高级管理人员应承担民事赔偿责任。因该条文规定比较抽象,仅规定民事赔偿责任,对赔偿责任的构成要件,以及赔偿金额如何确定均没有具体规定,导致司法实践中存在至少两个问题:一是原告在证明其损失时存在困难;二是在司法审判中,也容易产生司法自由裁量权过大的问题。本节将结合典型案例来分析归纳股东知情权赔偿的裁判规则,希望对知情权被侵

害的股东们进行权益救济提供经验参考。

一、裁判要旨

公司实际控制人未履行制作、保管会计账簿的法定义务使投资人无法行使股东知情权,客观上影响了投资人的决策能力的,在投资人无证据证明其损失时,法院可酌情确定赔偿额。

二、典型案例基本案情

案例来源:"叶某与周某损害股东利益责任纠纷二审案"[(2020)沪01民终3550号]。

2015年5月18日,A公司设立,股东为叶某、周某及案外人韩某,周某为执行董事及法定代表人,公司筹备期间,叶某于2015年5月14日向周某个人账户汇款100万元,用途为A公司投资款。

2018年7月5日,叶某以A公司为被告提起股东知情权诉讼,法院判令A公司提供2015年5月18日至2018年8月14日的财务会计报告供叶某查阅、复制,后叶某向法院申请强制执行,嘉定法院于2019年6月18日出具(2019)沪0114执2132号执行情况告知书,告知叶骅:(1)A公司未到庭履行义务;(2)未查询到A公司名下的其他财产;(3)执行中,双方当事人均称被执行人A公司已于2015年12月关门并停止营业,执行人员于2019年5月8日将A公司法定代表人予以司法拘留,并要求叶某提供被执行人的其他可供执行的财产线索,若不能提供则依法终结该次执行程序。

叶某向法院主张周某应承担侵害其知情权的损害赔偿责任,赔偿金额为868,000元。

三、典型案例争议焦点

周某是否履行了置备A公司相关文件材料的义务,以及周某若未履行前述义务致叶某无法行使股东知情权而造成损失的举证责任应如何分配?

如若叶某有损失,则该损失的金额应如何确定?

四、典型案例法院裁判观点

(一)一审法院的观点

虽然叶某有权认为公司董事、高级管理人员的行为损害其自身经济利益,依法可以提起诉讼,但叶某需要举证证明由于公司董事、高级管理人员的行为导致其利益受损。股东因公司未依法置备文件材料遭受的损失,主要是公司会计账簿被故意隐匿或者销毁所导致,损失主要包括难以证明公司具备可分配利润并请求公司分配利润、难以证明公司具有可分配剩余财产并请求相应分配,以及因无法组织公司清算而依法应承担赔偿责任等带来的损失。

叶某现未提供新的证据证明A公司存在可分配利润或可分配剩余财产,亦无证据证明其对A公司之债务存在赔偿责任等。故而叶某以其投入A公司投资款作为其经济利益受损的金额进行主张，于法无据，一审法院对叶某之诉讼请求难以支持。据此，一审法院判决驳回叶某的全部诉讼请求。

（二）二审法院的观点

1. A公司执行董事应就A公司已建立和保存了财务会计报告、会计账簿和会计凭证进行举证，否则应承担举证不能的后果。

首先，如前所述，该案系因叶某作为A公司的股东因无法行使股东知情权而引发的侵权损害赔偿之诉。由于公司是否置备有关文件材料并非股东所能证明，故股东只对公司不能提供有关文件资料，导致其无法查询、复制的事实承担举证责任。叶某已提供证据证明，相关股东知情权诉讼判决生效后，因A公司未履行义务而被嘉定法院终结执行程序，且A公司的法定代表人周某（该案被上诉人）亦被予以司法拘留。故而在此情况下，关于A公司依法制作或保存了相关财务会计报告、会计账簿和会计凭证的举证责任应当转移，周某作为A公司的执行董事应当对此承担举证责任。

其次，二审法院注意到，周某在该案一审、二审过程中均称A公司置备有财务会计报告、会计账簿和会计凭证，因A公司欠付办公场所的租赁费被查封，该些文件材料均被一并查封。然而，在（2018）沪0114民初11858号股东知情权纠纷案中，作为A公司法定代表人的周某并未就此提出抗辩。结合周某在（2019）沪0114执2132号股东知情权案件的执行过程中关于A公司于2014年租赁办公场所的陈述，以及A公司实际成立于2015年5月18日的客观事实，二审法院有理由认为，周某所述办公场所（××路××号××商务楼××楼××座）实际并非A公司的租赁物业。又鉴于周某未能提供相关租赁合同及相关文件材料被查封的证据等，故周某关于因办公场所被查封导致财务会计报告、会计账簿和会计凭证无法获得的辩解，缺乏事实依据，二审法院难以采信。

综上所述，周某作为A公司的执行董事就A公司已建立和保存了财务会计报告、会计账簿和会计凭证未能提供证据证明，应当承担举证不能的后果，其关于A公司已建立和保存了上述文件材料的主张，二审法院不予采信。

2. 因执行董事未依法制备公司财务资料，导致股东遭受了"难以证明"公司资产状况的损失，执行董事应对公司的资产状况承担证明责任。

因被上诉人周某没有建立和保存A公司的财务会计报告、会计账簿和会计凭证，该行为导致叶某作为A公司的股东无法通过行使股东知情权查阅、复制前述文件材料，并致其遭受了包括难以证明公司具备可分配利润并请求公司分配利润、难以证明公司具有可分配剩余财产并请求相应分配，以及因无法组织公司清算而依法应承担赔偿责任等带来的损失。对于上述"难以证明"的损失，一审法院要求叶某承担举证责任，系举证责任分配不当。法院认为，周某因其未依法履行职责，应当对A公司有无可分配利润或剩余财产等承担举证证明的责任。

现周某未能对此予以举证证明,应承担举证不能的后果。

3. 法院酌定执行董事因未尽职责而应对股东承担的赔偿金额。

关于叶某的主张的赔偿金额。法院认为,上诉人叶某在该案中主张的损失赔偿金额为868,000元,该损失组成的实质仍为返还其向A公司投资的剩余投资款,故叶某以该剩余投资款金额为据作为其未能行使股东知情权遭受的损失金额于法无据,二审法院难以支持。

综合周某作为A公司执行董事应当承担的职责,其在股东知情权诉讼中未反映上述公司文件材料"被查封"的情况,以及周某在股东知情权案件执行过程中未如实陈述并最终被法院予以司法拘留的客观情况,二审法院酌定周某应向叶某支付10万元赔偿金。

五、延伸阅读

(一)公司实际控制人未履行制作、保管会计账簿的法定义务使投资人无法行使股东知情权,客观上影响了投资人的决策能力,在投资人无证据证明其损失时,法院可酌情确定赔偿额。

案例1 "熊某与刘某军损害股东利益责任纠纷案"[(2019)沪0117民初755号]。

原告熊某向法院提出诉讼请求:判令被告刘某军赔偿原告人民币100,000元。事实和理由:原、被告共同出资设立上海渝椒旺餐饮管理有限公司(以下简称渝椒旺公司),被告任执行董事,亦是实际控制人。因渝椒旺公司从未向原告送交财务会计报告,原告曾提起股东知情权纠纷诉讼,案号为(2018)沪0117民初6483号。在该案庭审时,渝椒旺公司称公司没有做账。原告认为该行为违反了《公司法》《中华人民共和国会计法》(以下简称《会计法》)等规定,造成原告无从知晓公司财务状况。被告作为渝椒旺公司的执行董事,负有勤勉义务,应承担相应赔偿责任。庭审中,原告称其主张的100,000元损失,按照每年2万元利润计算的。

上海市松江区人民法院认为:置备公司财务账簿是有限责任公司的法定义务。该案被告作为渝椒旺公司的执行董事,是制作、保管公司会计账簿的直接责任人。被告称公司筹备期间的相关账册被原告取走,但并未提供相应证据,该院不予采信。被告关于公司成立后没有开展经营的抗辩意见,有违其自身法定义务,法院亦不予采信。

关于原告的损失,原告主张按照每年20,000元的利润计算其损失,但未举证证明渝椒旺公司的盈利情况。相反,被告称渝椒旺公司不存在盈利,被告提供了其向案外人转包公司经营权、免费出借公司证照的凭证,结合各方在(2018)沪0117民初6483号案件庭审中所作的陈述,法院认为被告的意见较为可信,原告所述的利润损失缺乏事实依据,法院无法采信。但考虑到被告未履行制作、保管会计账簿的法定义务使原告无法行使股东知情权,客观上影响了原告作为公司投资人的决策能力,法院综合渝椒旺公司的经营情况、原告占股比例以及被告行为的违法程度等因素,酌情判令被告赔偿原告损失1万元。

(二)公司董事、高级管理人员对于未依法制备公司的账册存在可归责的过错才可能对股东承担赔偿责任。

案例2 "海门市万年燃气有限责任公司与陆某龙、季某兴损害股东利益责任纠纷案"[(2020)苏06民终2243号]。

万年公司主张,根据《会计法》第4条的规定,单位负责人对本单位的会计工作和会计资料的真实性、完整性负责。联合公司账册原件丢失,单位负责人陆某龙、季某兴理应承担责任、赔偿损失。

江苏省南通市中级人民法院认为:陆某龙、季某兴分别作为联合公司董事长、总经理,负有置备和保存公司文件的法定义务。联合公司设立的目的,在于将各股东公司共同经营、共享利益,但事实上该公司未实际运营,各股东仍各自经营且均未将盈亏归于联合公司,陆某龙、季某兴未履行置备会计账簿的义务不应完全归咎于其主观过失。就联合公司而言,其账目基本清晰,现有证据并不能证明万年公司是因联合公司会计账簿不全导致其知情权受到侵害而发生损失,故对其提出的损害赔偿之请求,不能予以支持。

实务建议

1. 股东知情权诉讼的前置程序

股东知情权更多的是作为一种手段性权利,是股东行使表决权、利润分配请求权、剩余财产分配权等其他权利的前提。股东知情权遭受公司侵害时,需要首先穷尽内部救济,向公司提出行使知情权的书面通知并说明目的。如果公司拒绝提供查阅,那么股东可以请求人民法院要求公司提供查阅。若股东未履行公司内部救济程序,直接向人民法院起诉要求行使会计账簿查阅权的,人民法院将不予受理。

2. 股东知情权损害赔偿责任的构成要件

知情权诉讼经过了法院判决,确认了股东的知情权和被告公司提供查阅的义务后,公司仍未能提供查阅的,原告股东将向法院申请强制执行。在执行中,若发现公司没有制备或保存应提供查阅的文件资料时,股东则有权向相关董事、高级管理人员主张损害赔偿责任。该损害赔偿责任的构成要件如下:

(1)主体要件:公司的董事、高级管理人员。一般应依据公司章程来确定制备、保存公司文件资料的人员,公司章程没有规定的,要根据公司内部实际履行职责的情况确定相关责任人。

(2)行为要件:董事、高级管理人员未依法制作和保存《公司法》第33条或者第97条规定的公司文件材料。依据《公司法》第33条的规定,有限责任公司须置备公司章程、股东会会议记录、董事会会议决议、监事会会议决议和财务会计报告、公司会计账簿。依据《公司法》第97条的规定,股份有限公司应当置备公司章程、股东名册、公司债券存根、股东大会会议记录、董事会会议决议、监事会会议决议、财务会计报告。

另外,对于该不作为的行为一般也要求董事、高级管理人员具有过错,即其本应制作或者保存相关资料而没有相应作为。如果公司情况特殊,未制备或保存资料并不应该归责于董事和高级管理人员,那么不应对他们追责。

(3)结果要件:造成股东利益损失。股东因公司未依法置备文件材料遭受损失,主要是由于公司会计账簿被故意隐匿或者销毁所导致,股东因此遭受的损失主要包括难以证明公司具备可分配利润并请求公司分配利润,难以证明公司具有可分配剩余财产并请求相应分配,以及因无法组织公司清算而依法承担赔偿责任等带来的损失等。

(4)因果关系要件:董事、高级管理人员的不作为行为与股东损失之间具有因果关系。就责任成立因果关系而言,采取"条件因果说",查阅权乃至股东知情权的损害均与该不作为的行为有因果关系;就责任范围因果关系而言,采取"相当性说",因导致股东无法获得收益或者遭受了损失,以本应获得的收益金额或者已经遭受的经济损失作为赔偿依据。

关于赔偿金额,在以往案件中,原告股东一般以其对公司的投资金额为限主张赔偿,或者以自己本应从公司获得的利润分配额主张损失赔偿。如果原告股东没有提供确实的证据证明其损失金额的,法院一般对其主张的损失金额不予支持,然后法院会综合公司的经营状况、相关责任人的违法行为,酌定一个赔偿金额,比如在前述两个案件中,一个酌定为10万元,一个酌定为1万元。

3. 董事、高级管理人员免除其赔偿责任的举证责任

作为被告的董事、高级管理人员也可以举证证明其已经制备或保存了资料,无法提供查询是由于其他原因导致,比如在上述案例中,被告主张是因为这些资料被法院查封因此无法提供查阅,但因其无法证明自己的主张,法院认定其并没有制备保存资料。

被告为解脱责任,还可以对公司有无可分配利润或剩余财产等承担举证责任,比如,被告若证明公司实际已无可分配利润或无剩余财产可供分配,就算制备了资料,股东也无法获得分配,那么,可以认为股东不存在经济损失。但是,如果被告不能证明公司的资产状况,则认定公司本应有盈余分配,股东因此遭受了未能分配的经济损失。

第三节　公司无法清算,大股东对小股东或债权人的赔偿责任

根据《关于审理公司强制清算案件工作座谈会纪要》第28条、第29条的规定,公司在强制清算案件中,若主要财产、账册、重要文件等灭失将导致无法清算或无法全面清算,法院将终结强制清算程序。在终结裁定中,法院应载明债权人有权要求股东、董事、实际控制人等清算义务人对其债务承担偿还责任,或者载明股东可以向控股股东等实际控制公司的主体主张有关权利。所以,公司无法清算并不就此结束清算程序,因无法查实公司资产负债情况致债权人无法实现债权,或致其他股东对公司剩余财产的分配权无法实现,相关责任人对于无法清算的后果应该承担清偿或赔偿责任。

一、典型案例基本案情

案例来源:"叶某翔与过某益损害股东利益责任纠纷上诉案"[(2015)宁商终字第885号]。

佳益公司在强制清算过程中,因该公司部分账册、重要文件等灭失,之后法院以佳益公司无法全面清算终结了强制清算程序。过某益作为该公司持股30%的股东,向法院诉称:叶某翔(持有佳益公司股权比例为70%)在公司清算过程中隐匿公司财务资料,致公司清算非正常终结,请求判令叶某翔以佳益公司2007年12月31日的所有者权益为基数计算的股东权益赔偿过某益的损失。

二、典型案例法院裁判观点

江苏省南京市中级人民法院认为:该案中,叶某翔系佳益公司控股股东,在佳益公司清算程序中,经清算组向其释明,其仍拒不提供持有的佳益公司的财务账册及会计凭证,以致佳益公司无法全面清算而被终结强制清算程序。叶某翔滥用股东权利造成过某益无法获得佳益公司应有的剩余财产,其对过某益的损失应予赔偿。

关于佳益公司剩余财产的数额问题。过某益提交了佳益公司在税务机关备案的2007年12月资产负债表,并据此主张其上记载的佳益公司2007年12月股东权益3,305,209.76元为佳益公司的剩余财产数额。法院认为因佳益公司最后一次年检的时间为2008年,故以2007年12月佳益公司年检报告书中的资产负债表上记载的所有者权益(或股东权益)期末数总计3,305,209.76元作为公司吊销时的实际资产金额较为合理。

叶某翔辩称该资产负债表不能反映佳益公司真实的资产负债情况,并在二审中提交了部分未入账的现金支出凭证以及财务账册和会计凭证,申请对佳益公司的账册、凭证进行审计鉴定。但从叶某翔提供的凭证看,部分凭证系其自制单据和白条,且凭证上记载的业务发生

时间已过多年,其真实性难以通过该案审计予以核实。而且公司的资产和负债情况只有通过清算程序才能得到全面清理,而审计仅为公司清算的一项内容,依据审计结论无法全面查实佳益公司的资产负债情况。况且叶某翔在佳益公司清算时拒不提供账册、凭证,以致清算程序因无法全面清算而终结,叶某翔对佳益公司未能全面清算而无法查实公司资产负债情况存在过错,其理应对此承担责任。因此,该案中法院对叶某翔的鉴定申请不予准许,对其作为证据提交的财务账册和凭证亦不予采纳。对过某益认为佳益公司剩余财产数额为3,305,209.76元的主张,法院予以支持。

关于对过某益的损失赔偿金额的计算,法院认为,佳益公司经强制清算后,过某益认可已实际分配公司剩余资产为32,021.4元。另外,因破产清算费用中有存在预交工商注销费用暂定为1万元,该费用暂未结算,过某益自愿在总诉讼请求中减去3000元。因此,法院认定过某益应享有的股东权益为3,305,209.76元×30%-32,021.4元-3000元,计956,541.53元。最后法院判决叶某翔于判决生效之日起10日内向过某益支付人民币956,541.53元。

实务建议

股东、董事、实际控制人都是公司的清算义务人,应该妥善保管公司资产、账册和重要文件,若因未妥善保管而使得公司无法清算,清算义务人可能要对公司债务承担连带清偿责任,或被股东要求赔偿对公司剩余财产的分配损失。当然,提示这些责任人也可以进行抗辩,比如,举证证明公司无法清偿债务的原因是没有财产,公司无经营、无收入,并非资产流失或账册文件的毁损灭失导致。

第四节 竞业禁止义务中同类业务的判断标准

董事、高级管理人员的一项忠实义务是不得未经股东会或者股东大会同意,自营或者为他人经营与所任职公司同类的业务,此即为竞业禁止义务。那么,如何判断是否属于"同类"业务,司法实践中一般有如下两种判断标准。

一、标准一:以公司登记的经营范围来判断是否构成同类业务

案例1 "南京南华擎天资讯科技有限公司(以下简称南华擎天公司)与辛某、汪某、张某、南京擎天科技有限责任公司(以下简称擎天科技公司)损害公司利益纠纷案"[(2015)苏商终字第00680号]。

江苏省高级人民法院认为:竞业禁止的业务范围应以营业执照载明为准。辛某、汪某、张

某等主张竞业禁止的范围应限于实际经营范围,南华擎天公司的经营范围仅为系统集成产品的开发、生产和销售等,该案诉争的软件业不应纳入竞业禁止的范围。

法院认为,首先,应从诚信角度来理解《公司法》规定的董事的忠实义务。公司营业执照上的经营范围是公司可能开展的业务范围,如果仅将竞业禁止范围限缩于实际经营范围,负有竞业禁止义务的主体就有机会利用公司资源为私利开展业务,剥夺公司开展其他业务的机会,使得公司不能开展经营范围内的其他业务,这与《公司法》设立董事、高级管理人员等人的忠实义务的制度目的是相违背的,故竞业禁止的业务范围应以营业执照载明的内容为准。南华擎天公司的营业执照上经营范围载明"开发、生产计算机硬、软件、系统集成产品及售后相关综合服务;销售自产产品",辛某、汪某、张某等人在此范围内从事的业务均为竞争业务,南华擎天公司有权要求将其相关收益归入公司。

其次,已经生效的中国国际经济贸易仲裁委员会(2005)中国贸仲京裁字第28号裁决书认定竞业禁止的范围应为南华擎天公司登记的经营范围,虽然该仲裁在合作双方晋皓公司与擎天科技公司之间进行,但对于竞业禁止范围的理解应当是一致的。

最后,虽然擎天科技公司成立在先,其经营范围与南华擎天公司部分重合,但辛某、汪某和张某在南华擎天公司任副董事长和董事后,应当通过将擎天科技公司业务转型、股权转让等方式履行竞业禁止义务,而非以擎天科技公司设立在先为由继续从事竞争业务,甚至还操纵设立擎天软件公司从事竞争业务,故三自然人违反了对南华擎天公司的竞业禁止义务。

二、标准二:以公司实际经营的范围来判断是否构成同类业务

案例 2 "东莞市浩迈机电科技有限公司与邓某等公司利益责任纠纷上诉案"[(2017)粤19 民终 8120 号]。

广东省东莞市中级人民法院认为:浩迈公司主张邓某、康某作为浩迈公司的股东,滥用股东权利,成立睿信公司,经营与浩迈公司同类业务,请求判决邓某、康某的违法所得归浩迈公司所有。根据《公司法》第148条第1款第5项"未经股东会或者股东大会同意,利用职务便利为自己或者他人谋取属于公司的商业机会,自营或者为他人经营与所任职公司同类的业务"的规定,浩迈公司需证明邓某、康某的行为符合"未经股东会或者股东大会同意","利用职务便利为自己或者他人谋取属于公司的商业机会"和"自营或者为他人经营与所任职公司同类的业务"等要件,但浩迈公司于该案一审、二审中所提交的证据均未能直接反映出邓某、康某成立、经营睿信公司的行为中存在利用其为浩迈公司股东或在浩迈公司担任高级管理人员的职务便利,谋取了属于浩迈公司的商业机会的情形,亦未能充分反映出睿信公司所经营的业务与浩迈公司的业务为同类业务,且邓某目前亦非睿信公司的股东,故浩迈公司主张的前述事实缺乏证据支持,二审法院不予采纳。一审判决仅以睿信公司与浩迈公司于相关部门登记的经营范围相近即认定邓某存在违反公司法前述规定行为的说理不当,二审法院予以纠

正。由于浩迈公司未能充分举证证明其主张的前述事实，故对其该项诉请二审法院依法不予支持。

实务建议

公司在有关部门登记的经营范围一般都比其实际经营范围要多，实际经营的业务可能仅是工商登记中的一两项，如果以工商登记的经营范围来认定董事、高级管理人员的竞业禁止范围，无疑有限制他人从业之嫌，过于严苛。所以，在实务中，以公司实际经营的业务来判断是否构成"同业"竞争更具有合理性。当然也要具体问题具体分析，如果公司已经在为开拓某项新的业务作出了资金、人力、物力的准备，那么篡夺该业务的商业机会也违反对公司的竞业禁止义务。

对于原告提出的同业竞争、谋取公司商业机会的主张，其应该承担举证责任，不能仅以被告公司与原告公司的经营范围相近即认定被告违反了竞业禁止义务，原告应证明被告存在利用其为股东或在公司担任高级管理人员的职务便利，谋取了属于公司的商业机会的情形，被告所任职的被告公司所经营的业务与原告公司的业务为同类业务。同时，根据2021年12月《公司法（修订草案）》第184条、《公司法（修订草案二次审议稿）》第184条、《公司法（修订草案三次审议稿）》第184条关于谋取公司商业机会的例外规定，如果董事、监事、高级管理人员已经向董事会或者股东会报告，并经董事会或者股东会决议；或者已经向董事会或者股东会报告，但董事会或者股东会明确拒绝该商业机会；又或者是根据法律、行政法规或公司章程的规定，公司不能利用该商业机会，符合其中任一情形，董事、监事、高级管理人员都不构成谋取公司商业机会的违法行为。

如果被告公司先行成立，在被告又成立新的公司的时候，新的公司与被告公司有部分业务重合，那么为了避免构成同业竞争，被告应通过将在先设立的公司业务转型、股权转让等方式履行竞业禁止义务，而非以公司设立在先为由继续从事竞争业务，甚至还继续设立其他公司从事竞争业务。

第五节　大股东谋取原公司的商业机会，应担何种责任

董事、监事、高级管理人员对利益高度关联的全资子公司同样承担义务，若违反竞业禁止义务，抢夺子公司商业机会，应对子公司进行赔偿。如无法查明董事、监事、高级管理人员个人违反竞业禁止义务的具体收入，应结合公司对该商业机会的投入、董事、监事、高级管理人

员个人对该商业机会的贡献,商业机会的发展前景,公司丧失该商业机会的损失及预期利益等因素综合确定赔偿数额。

一、典型案例基本案情

案例来源:"深圳市华佗在线网络有限公司(以下简称华佗在线公司)、深圳市美谷佳科技有限公司(以下简称美谷佳公司)损害股东利益责任纠纷案"[(2019)粤民终1027号、(2021)最高法民申1686号]。

美谷佳公司设立于2008年11月21日,李某作为股东持股51%,并担任法定代表人、董事长、总经理职务,之后法定代表人变更为杨某。华佗在线公司为美谷佳公司的全资子公司。

2014年1月10日,华佗在线公司与省二医签订《合作框架协议》,约定共建广东省医学影像阅片中心等医疗项目,同年2月10日,双方再签订《补充(修订)协议》,约定了合作项目的收益分配。2014年9月23日,省二医向华佗在线公司发通知函请求终止上述协议。

友德医公司设立于2014年8月7日,李某为友德医公司的实际控制人。2014年11月20日,友德医公司与省二医签订《友德医网络医院合作协议》,约定共同合作组建"友德医"网络医院等。

2014年12月4日,宜华地产以6000万元向友德医公司增资,取得友德医公司10%的股权,再以6000万元受让友德医公司股东谷糠公司10%的股权。

牧某、邝某和吴某等美谷佳公司其他股东认为,李某让其控制的友德医公司与省二医签订上述《友德医网络医院合作协议》的行为,实际利用职权抢夺了本属于美谷佳公司的全资子公司华佗在线公司的公司机会,违背竞业禁止义务,要求李某向美谷佳公司和华佗在线公司承担损害赔偿责任,同时省二医承担连带赔偿责任。

二、典型案例争议焦点

李某是否对美谷佳公司和华佗在线公司负有忠实义务和竞业禁止义务?李某是否违反其对美谷佳公司和华佗在线公司所负忠实义务和竞业禁止义务?如何认定李某对华佗在线公司的赔偿责任?省二医的连带赔偿责任是否成立?

三、典型案例法院裁判观点

最高人民法院观点如下:

1. 关于李某是否对美谷佳公司和华佗在线公司负有忠实义务和竞业禁止义务的问题

李某为美谷佳公司的董事和总经理,依据《公司法》的规定,对美谷佳公司负有法定的忠实义务和竞业禁止义务。

关于李某作为母公司美谷佳公司的董事和高级管理人员,是否对子公司华佗在线公司负有忠实义务的问题。美谷佳公司是华佗在线公司的全资股东,子公司华佗在线公司的利益和母公司美谷佳公司的利益具有显见的一致性。因此,李某对母公司所负忠实义务和竞业禁止义务应自然延伸至子公司华佗在线公司,方能实现《公司法》为母公司董事、监事、高级管理人员设置忠实义务的立法目的,才能实现对母公司美谷佳公司及其股东合法权益的保护。

2. 关于李某是否违反其对美谷佳公司和华佗在线公司所负忠实义务和竞业禁止义务的问题

2014年1月10日华佗在线公司和省二医签署的《合作框架协议》约定合作内容包括"广东省医学影像阅片中心平台、检验分析中心平台和互联网医院、应急无线医疗建设项目",2014年2月10日双方签署的《补充(修订)协议》对双方收益分配方式作出进一步约定。2014年10月25日,广东省原卫计委复函同意省二医建立广东省应急医疗网络中心和网络医院。2014年10月27日至11月14日,多家媒体对华佗在线公司与省二医合作开展的"网络医院"项目进行报道。据此,无论华佗在线公司是否已经实际运营网络医院,其通过和省二医签署《合作框架协议》,早在2014年1月就已经获得了和省二医合作网络医院项目的商业机会。

2014年11月20日,友德医公司与省二医签订《友德医网络医院合作协议》,约定"共同合作组建友德医网络医院,并对用户提供网上诊疗、双向诊疗等医疗服务",省二医转而与友德医公司合作网络医院项目并终止与华佗在线公司就网络医院项目的合作。2014年12月4日,宜华地产向友德医公司增资6000万元以取得友德医公司10%股权,以6000万元的价格从谷糠公司处购得友德医公司10%股权时,宜华地产发布公告称2014年10月,友德医公司与省二医合作的广东省网络医院在省二医正式上线启用,是全国首家获得有关部门许可的网络医院。网络医院是未来医疗服务行业发展的大趋势,未来市场空间巨大,公司看好网络医院的发展前景,即友德医公司确实获得了原本由华佗在线公司与省二医合作的网络医院项目机会,并借此获得了宜华地产为代表的资本市场的青睐。在宜华地产入资友德医公司前,友德医公司由李某实际控制85%的股权,李某系友德医公司的实际控制人和控股股东。从李某出具的情况说明中关于其代表的美谷佳公司技术方、创始人团队,和牧某等资本方在经营美谷佳公司、华佗在线公司过程中出现矛盾等陈述,可以证明李某作为美谷佳公司股东,在担任美谷佳公司董事长、总经理及技术团队主要负责人期间,在未向美谷佳公司股东会披露的情况下,另行操控友德医公司,将华佗在线公司与省二医合作的网络医院项目交由友德医公司经营,非法获取了本属华佗在线公司的商业机会,确实损害了华佗在线公司及其母公司美谷佳公司的利益。根据《公司法》第148条的规定,李某应当向华佗在线公司进行赔偿。

3. 关于如何认定李某对华佗在线公司的赔偿责任问题

在李某个人收入无法查明、华佗在线公司有实际损失的情况下,一审综合考虑宜华地产的定价依据、友德医公司和谷糠公司的运营成本、网络医院项目的发展前景等因素,酌定李某须向华佗在线公司的赔偿金额,二审法院认为一审的处理思路并无不妥。二审法院另考虑李某及其技术团队和牧某等资本团队对网络医院项目的投入、贡献情况,认可民间资本对科技创新的支持,更认可科技创新的社会价值。据此,二审法院认为一审酌令李某向华佗在线公司赔偿 2916 万元,应当能够补偿华佗在线公司和美谷佳公司及其背后的牧某等投资人的实际损失及合理期待利益。华佗在线公司和美谷佳公司上诉请求判令李某向华佗在线公司赔偿 1.2 亿元,缺乏事实依据,二审法院不予支持。

4. 关于省二医对李某的赔偿责任是否应当承担连带赔偿责任的问题

华佗在线公司上诉称省二医和李某构成共同侵权,诉请省二医就李某的赔偿责任承担连带责任。但华佗在线公司提交的证据不足以证明省二医存在和李某抢夺华佗在线公司网络医院商业机会的共同故意,华佗在线公司诉请省二医和李某承担共同侵权责任缺乏事实依据和法律依据,二审法院不予支持。如华佗在线公司认为省二医终止《合作框架协议》的行为构成违约,可另循法律途径解决。

实务建议

1. 资本方与技术方共同经营的公司,谨防公司资产或商业机会被"金蝉脱壳"转移给公司控制人的关联公司

在上述案件中,李某作为公司创始团队的骨干人员,在资本方投资入股公司后,在公司之外,又设立与公司相竞争的友德医公司,并抢走了属于公司的全资子公司的商业机会,而该商业机会对公司的升值和发展前景又至关重要,由此导致资本方投资目的落空。

民间资本向新兴科技公司投资入股的持股比例一般都比较低,外部投资人一般并不实际管理公司,这可能导致公司继续由创始团队核心人员控制,进而产生很大的道德风险,即公司资产或者商业机会被转移给公司实际控制人在公司之外的其他关联公司。

所以,资本方在与公司的投资入股协议中,应该明确约定公司创始团队成员的竞业禁止义务,以及一经违反,创始人个人应承担诸如股权回购、业绩补偿以及根本违约责任等。

2. 董事、高级管理人员对母公司的竞业禁止义务自然延伸于子公司

母公司的董事和高级管理人员,是否对子公司负有忠实义务?子公司的利益和母公司的利益具有显见的一致性,因此,对母公司所负忠实义务和竞业禁止义务应自然延伸至子公司,方能实现公司法为母公司董事、监事、高级管理人员设置忠实义务的立法目的,才能实现对母公司及其股东合法权益的保护。

3. 第三方的共同侵权应以具有共同故意为要件

董事、监事、高级管理人员篡夺了公司的商业机会,所合作的第三方原来是与公司合作,之后转而与董事、监事、高级管理人员或其控制的主体合作,那么该第三方是否构成共同侵权?从上述案件的判决来看,应以该第三方是否具有共同故意为要件。一般而言,商业合作都是遵循利益最大化,第三方与原来公司解约转而与他方合作,很难说是为了故意侵害原来合作者的利益,解约可被要求承担违约责任,但是要与新的合作者承担对原先合作者的连带侵权责任,将很难成立。

4. 违反竞业禁止义务的赔偿责任：法院酌定赔偿金额

从笔者代理的此类案件和研究相关案件来看,虽然董事、高级管理人员抢夺公司的商业机会,或者在公司之外经营同类业务时,公司对董事、高级管理人员所得的收入享有归入权,但是,在很多情形下,这里的"所得的收入"难以确定。比如,在上述案例中,李某抢夺了公司的商业机会,使自己控制的公司商业地位攀升,受到资本市场的青睐,如此,最直接的受益方是该关联公司,而非该董事、高级管理人员本人,所以,其收入很难确定。

对于原告而言,在起诉或仲裁之时,应该合理确定诉讼请求的赔偿金额,上述案例中原告直接以资本方投资和受让股权的合计金额1.2亿元主张赔偿。一方面,这增加了原告一方在案件启动之初的诉讼成本,比如支付了高额的诉讼或仲裁费用;另一方面,不合理的赔偿要求可能会适得其反,比如上述案例中,原告要求1.2亿元赔偿,而一审和二审法院都只酌定赔偿额为2916万元,与原告诉讼请求金额相差巨大。所以,如果原告在一开始就能自行确定一个较为合理的金额,并提供翔实的证据支持,能得到支持的可能性反而会更高一些。

第六节 大股东将公司业务交由其关联公司经营下的共同侵权责任

在上述"华佗在线公司、美谷佳公司损害股东利益责任纠纷案"中,原告公司起诉了李某和省二医,但并未起诉李某所成立的友德医公司,即最后实际与省二医达成合作的主体。在省二医的共同侵权责任难以成立的情形下,其实可以尝试将友德医公司列为共同被告,毕竟李某与该公司也是独立的两个主体,该公司实际上实施了篡夺公司商业机会的违法行为,下文案例可以为该观点提供支撑。

在"杨某、新疆亚欧大陆国际物流有限责任公司损害公司利益责任纠纷二审民事裁定书"〔(2019)最高法民终350号〕中，最高人民法院认为：根据一审查明，大陆桥公司为天博公司的控股股东，中铁物流公司、中铁外服公司与大陆桥公司之间存在关联关系。天博公司作为博钢铁路专用线的产权人，其有权决定是否允许他人在该专用线上从事货运代理，并且其自身有资格、有能力在该专用线上从事国内货物运输代理业务，但控股股东大陆桥公司滥用其控股股东地位，将该业务交由与其具有关联关系的公司经营，并且对此不能作出合理的解释，篡夺属于公司的商业机会，违反同业禁止的义务，损害了天博公司的利益。根据《公司法》第21条的规定，大陆桥公司在此范围内应当对天博公司在博钢铁路专用线损失的代理费承担赔偿责任。此外，《中华人民共和国侵权责任法》(以下简称《侵权责任法》)第8条[1]规定："二人以上共同实施侵权行为，造成他人损害的，应当承担连带责任。"大陆桥公司的相关关联公司与大陆桥公司构成共同侵权，应当对天博公司的损失承担连带赔偿责任。

一审中，杨某申请法院调取大陆桥公司、中铁物流公司、中铁外服公司于2008年至2013年在博钢铁路专用线经营代理业务时签订的运输代理服务相关合同，因该期间的国内运输代理服务相关合同涉及上述三公司在博钢铁路专用线代理服务费收入及利润的查明，与认定天博公司的损失有关，一审法院未调取上述证据，违反法定程序，影响了当事人的诉讼权利与实体权利，导致事实认定不清。考虑到该案的特殊情况，为充分保障当事人的诉权，根据2017年《民事诉讼法》第170条第1款第4项[2]的规定，裁定撤销一审判决，发回重审。

实务建议

如果大股东将公司的业务交由其关联公司经营，那么大股东与关联公司构成共同侵权。这里就给权利受侵犯的原告提供了一种维权策略，要将公司内的"叛徒"与其"影子"公司一起列为共同被告，并非只追究董事、监事、高级管理人员或股东单个人的责任。

第七节　董事离任后不受竞业禁止的限制

我国《公司法》第148条规定的董事、监事、高级管理人员不得有"未经股东会或者股东大会同意，利用职务便利为自己或者他人谋取属于公司的商业机会，自营或者为他人经营与所任职公司同类的业务"的同业竞争行为的一个前提是该董事、监事、高级管理人员处于在公司任职的情形下，并未规定离职后还负有该法定义务。如果要求董事、监事、高级管理人员离职

---

[1] 现为《民法典》第1168条。
[2] 现为《民事诉讼法》(2021年修正)第177条第1款第4项。

后还要承担该竞业禁止义务,应该有合同约定,一般就是劳动合同的约束,如果劳动合同没有约定,或者也没有其他竞业禁止的合同约定,董事、监事、高级管理人员离职后则不再承担该义务。

案例来源:"李某与荣成市铸钢厂(以下简称铸钢厂)权益纠纷再审案"[(2013)民提字第129号]。

最高人民法院认为:该案争议涉及的铸钢厂系股份合作制企业,2013年我国未颁行实施股份合作制企业法律法规。股份合作制企业兼具有公司制企业或者合伙制企业组织的部分特征,但其既不是公司企业,也不是合伙企业,因此,有关股份合作制企业纠纷的处理,应首先尊重企业内部的规定、决定或者约定等,在企业内部没有约定的情况下,可以参照《公司法》或者《合伙企业法》的相关规定处理。铸钢厂起诉时称李某是在2002年年底离开铸钢厂后投资设立的四维铸钢厂,根据该案查明的事实,李某在投资设立四维铸钢厂后未在铸钢厂行使董事职权,未领取过工资报酬,应认定李某在成立四维铸钢厂时已经不再参与铸钢厂的管理事务,不存在同时担任董事职务和开办其他企业的行为。

在该案的审理中铸钢厂始终未能提交其企业有关于董事离任后应不得经营与本企业同类业务等涉及竞业禁止义务内容的相关规定、决议或者约定等,其主张李某离开企业设立其他同类企业违反董事忠实义务等没有合同依据。《公司法》第148条对在任董事忠实义务有明确规定,对董事离任后是否应当承担相关义务等没有明确规定,因铸钢厂诉讼主张李某是在离开铸钢厂后发生的设立其他公司行为,《公司法》中没有类似的规定可以参照适用。

《合伙企业法》第32条规定,合伙人不得自营或者同他人合作经营本合伙企业相竞争的业务。因铸钢厂是以李某为董事和副厂长身份起诉的,并非以李某的股东身份起诉,且在山东省文登区人民法院(2011)文商初字第472号民事案中,铸钢厂主张李某离开该企业后即丧失股东身份,该案一审判决和山东省威海市中级人民法院(2011)威商终字第310号终审民事判决支持了铸钢厂的主张,自李某离开铸钢厂之日起对其股东身份予以除名,故对李某离厂后的行为也不宜参照适用《合伙企业法》。原二审、再审法院参照适用《公司法》和《合伙企业法》,属于适用法律错误,应予以纠正。

因铸钢厂未能提交关于李某利用其在铸钢厂的职务身份侵占其利益,四维铸钢厂的经营收入与李某在铸钢厂的职务有直接关系等方面的证据,其主张四维铸钢厂的经营收入应归其所有,不符合承担侵权民事责任的法律规定。综上分析,铸钢厂请求李某承担赔偿责任的依据不足,其诉讼请求应当予以驳回。

实务建议

结合前文,笔者总结违反竞业禁止义务的构成要件如下。

1. 主体要件

公司中的董事、高级管理人员、高级技术人员和其他负有保密义务的人员,以及合伙企业中的合伙人均负有竞业禁止义务。是否为公司高级管理人员往往会成为案件的一个争议焦点,根据《公司法》的规定,高级管理人员是指公司的经理、副经理、财务负责人,上市公司董事会秘书和公司章程规定的其他人员。

2. 行为要件

利用在公司担任职务的便利,从事了未经公司允许的同类业务或者谋取了公司的商业机会。行为要件包含3个要素:其一,利用担任公司职务的便利;其二,未经公司允许,即未向股东会或者董事会报告,未经董事会或者股东会决议;其三,构成同类业务或者谋取了公司的商业机会。

根据2021年12月《公司法(修订草案)》第184条、《公司法(修订草案二次审议稿)》第184条、《公司法(修订草案三次审议稿)》第184条关于谋取公司商业机会的例外规定,如果董事、监事、高级管理人员已经就商业机会向公司报告并经公司决议同意董事、监事、高级管理人员可取得该商业机会或者从事该同类业务,那董事、监事、高级管理人员的行为就无可责性;或者已经报告了商业机会,但是,公司明确拒绝了该商业机会,日后如果该董事、监事、高级管理人员因此获益颇丰,公司也不能提出董事、监事、高级管理人员篡夺了属于公司的商业机会;再者,公司根据法律、行政法规或者公司章程的规定,不能利用该商业机会,说明公司本就不享有该商业机会,那就无从主张任何权利。

关于同类业务的认定有"登记经营范围说"和"实际经营范围说"两种,在具体案件中二者可有机结合,综合认定。首先,无论如何,董事和高级管理人员不得从事实际经营范围内的同类业务;其次,登记经营范围作为公司可能经营的范围,如果公司已经为将来从事某个目前还未做的但属于登记经营范围内的业务而做了人员、资金等准备,董事和高级管理人员同样不得从事公司将要从事的同类业务。

3. 时间要件

我国《公司法》仅仅规定在职期间的竞业禁止义务,对于离职之后并无明确规定。根据《劳动合同法》的规定,公司可以与董事、高级管理人员另行约定,但离职后的竞业禁止义务期限不得超过两年。

> **4. 关于损害标的及损失认定**
>
> 公司往往损失的是商业机会,而公司商业机会多体现为预期利益,其价值受未来市场环境、公司管理水平、政策因素等条件的影响较大,无法在案件审理当时就其价值作出相对准确的认定,但公司的损失是确实存在的,故法院一般参照《公司法》第148条第2款的规定,将行为人因此获得的收入归公司所有进而弥补公司的损失。
>
> **5. 主观过错要件**
>
> 违反忠实义务构成侵权责任,要求行为人具有主观过错。对于董事、监事、高级管理人员,如果已经符合行为要件,根据客观标准,其主观过错就显而易见。如果要追究董事、监事、高级管理人员所操控的同业公司的共同侵权责任,也应该以该公司具有共同故意为要件,对此类篡夺了其他公司的商业机会的侵权,多以故意为主观要件,过失侵权可能性很低,试想一个公司不可能因疏忽大意或者过于自信而取得了本该属于其他公司的商业机会,而且该公司还是与董事、监事、高级管理人员具有高度关联和利益捆绑的主体。当然,原告应该对于被告的主观过错承担证明责任。

第八节　高级管理人员与本公司进行交易,本公司对相关收入享有归入权

《公司法》第148条规定,董事、高级管理人员不得"违反公司章程的规定或者未经股东会、股东大会同意,与本公司订立合同或者进行交易",董事、高级管理人员违反该规定所得的收入应当归公司所有。该条并未规定该交易是否一定会导致公司遭受损失,只要董事、高级管理人员个人因此获得了收入就应该归入公司。

案例来源:"江苏乐辉医药科技有限公司(以下简称乐辉公司)诉谢某等公司利益责任纠纷再审案"[(2016)苏民再296号]。

江苏省高级人民法院认为:公司行使归入权,并不以董事、高级管理人员的交易行为获得溢出利益,或者其行为给公司造成损害或损失为前提。只要董事、高级管理人员的交易行为违反公司章程的规定或者未经股东会、股东大会同意,其与公司进行交易获得收入即应归公司所有。

该案中,首先,谢某作为乐辉公司的总经理,根据我国《公司法》的相关规定,应属乐辉公司高级管理人员。在一审、二审法院均认定谢某为乐辉公司高级管理人员的情形下,谢某并未提起二审上诉及再审申请。再审过程中,谢某虽申请证人杨某出庭作证,但是从杨某的证人证言中,并不能得出谢某不属于乐辉公司高级管理人员的结论。故而对谢某抗辩其不属于

乐辉公司高级管理人员的主张，再审法院不予支持。

其次，谢某虽陈述信好公司与乐辉公司进行交易已经获得乐辉公司董事长李某樵的同意，但是其并未提交任何证据证明，且乐辉公司对此亦不予认可。因此，可认定谢某在担任乐辉公司总经理期间与谢某担任股东的信好公司进行交易，并未经乐辉公司股东会、股东大会的同意。

综上，谢某作为乐辉公司的高级管理人员，未经乐辉公司股东会、股东大会同意，以其担任股东的信好公司与乐辉公司进行交易所获得收入，均应归乐辉公司所有。乐辉公司主张行使归入权具有事实和法律依据，应予支持。二审法院认定该收入部分不能适用归入权有误，再审法院予以纠正。

实务建议

1. 不能忽视决议程序

对于董事、监事、高级管理人员违反对公司的忠实义务获得的收入，公司享有归入权。这里对公司而言，更多的是程序正义的问题，如果董事、监事、高级管理人员个人与公司订立合同或者进行交易经过了公司股东会或者董事会的决议同意，那么，该合同或交易行为就是有效的。注意董事会或者股东会决议时，关联董事或关联股东不得参与表决，其表决权不计入表决权总数。

在此提醒在公司担任职务的高级管理人员，一切应该程序为重，自己与公司进行交易或者签订合同，有时候可能对公司是有利的。但是，即便如此，也应该召开股东会进行决议，否则将会存在违法违规风险。

2. 与公司交易的关联人的范围扩大至董事、监事、高级管理人员的近亲属或其控制的企业以及其他关联关系人

董事、监事、高级管理人员可能是直接与公司交易，也可能是间接交易，比如委托一个代理人来完成交易。同时，《公司法(修订草案)》《公司法(修订草案二次审议稿)》《公司法(修订草案三次审议稿)》扩大了关联交易中关联人的范围，董事、监事、高级管理人员的近亲属，董事、监事、高级管理人员或者其近亲属直接或者间接控制的企业，以及与董事、监事、高级管理人员有其他关联关系的关联人，与公司订立合同或者进行交易，都要向公司报告并经公司决议，否则，公司对关联人的收入都享有归入权。

第十九章

公司的对外责任

法定代表人代表公司对外与第三人发生法律行为,公司要承受法定代表人行为的法律责任。2021年12月《公司法(修订草案)》第11条及2022年12月30日发布的《公司法(修订草案二次审议稿)》第11条、2023年9月1日发布的《公司法(修订草案三次审议稿)》第11条均特别增加规定:"法定代表人以公司名义从事的民事活动,其法律后果由公司承受。公司章程或者股东会对法定代表人职权的限制,不得对抗善意相对人。法定代表人因执行职务造成他人损害的,由公司承担民事责任。公司承担民事责任后,依照法律或者公司章程的规定,可以向有过错的法定代表人追偿。"可见,立法对法定代表人地位的重视。

如果法定代表人或者以公司名义所盖的公章本身就是"假的",那么就产生公司是否还应承担被代表的行为的法律后果的问题。本章从法定代表人代表公司从事诉讼、雇佣、合同交易、对外担保等行为,来看公司被代表情形下承担责任与否的问题。

第一节 结合"真功夫"案件看"法定代表人"的是与非

公司法定代表人登记只是行政机关对公司全体股东的法定代表人意思表示的确认。公司法定代表人依法登记具有对外公示效力,但不具有确定公司在法定代表人问题上真实意思表示的效力。因此,在对内效力方面,公司法定代表人应当以章程体现出来的股东意志表示为准。下文以"真功夫"案为例,来看"法定代表人"的责任。

一、典型案例基本案情

案例来源:"真功夫餐饮管理有限公司(以下简称真功夫公司)、潘某海等损害公司利益责任纠纷案"[(2021)最高法民终2号]。

真功夫公司章程规定:公司董事会由5名董事组成,其中,董事长应由蔡某标任命;董事长、副董事长或董事的任期为3年,经原任命一方继续任命可以连任,如董事会的董事职位出现空缺,应由造成空缺的董事的原任命一方填补;董事长是公司的法人代表,只依照董事会的具体决定、决议和指示行事;当董事长不能履行其职责时,董事长应授权副董事长或另一位董事代表合营公司;章程的修正应有全体5名董事(本人或派代理人出席)在按规定程序召开的董事会议上一致投赞成票方可通过。

2011年3月17日,蔡某标出具委托书,委派蔡某红担任真功夫公司董事和董事长职务。

2013年12月9日,真功夫公司董事会作出《2013年度真功夫餐饮管理有限公司第二次临时董事会会议决议》,通过了选举潘某为公司董事长等议案。

2013年12月31日,广东省东莞市原工商行政管理局根据申请将真功夫公司的法定代表人由蔡某标变更为潘某。

2016年7月20日,广州市天河区人民法院就蔡某标提起的公司决议撤销纠纷案,作出(2014)穗天法民二初字第1246号民事判决,判决真功夫公司董事会于2013年12月9日作出的《2013年度真功夫餐饮管理有限公司第二次临时董事会会议决议》于该判决发生法律效力之日起撤销。

广州市中级人民法院于2018年6月29日作出(2017)粤01民终9139号民事判决,维持了广州市天河区人民法院的上述判决。该判决已生效。

真功夫公司、潘某等人以蔡某标、蔡某红、王某等人损害公司利益责任纠纷为由,向广东省高级人民法院递交了具有潘某签名以及真功夫公司加盖公章的《起诉状》;广东省高级人民法院作出(2016)粤民初50号之三民事裁定,驳回潘某作为真功夫公司法定代表人提起的起诉。

真功夫公司、潘某等人不服(2016)粤民初50号之三民事裁定,以蔡某标、蔡某红、王某等人为被上诉人,向最高人民法院提起上诉,最高人民法院于2021年1月5日立案后,依法组成合议庭审理该案。

二、典型案例法院裁判观点

最高人民法院裁判观点如下:

该案为损害公司利益责任纠纷。二审争议的焦点问题为潘某能否作为真功夫公司法定代表人提起该案诉讼。

《民事诉讼法》第51条第2款规定:"法人由其法定代表人进行诉讼。其他组织由其主要负责人进行诉讼。"由有限责任公司股东会或董事会依据公司章程通过决议授权的人,也有权代表公司进行诉讼。《公司法》第13条规定:"公司法定代表人依照公司章程的规定,由董事长、执行董事或者经理担任,并依法登记。公司法定代表人变更,应当办理变更登记。"公司法定代表人的确定是公司通过章程表达全体股东共同意志的结果。《民事诉讼法解释》第50条第1款规定"法人的法定代表人以依法登记的为准,但法律另有规定的除外……"这并不意味着公司法定代表人是公司登记机关赋予的。

公司法定代表人登记只是行政机关对公司全体股东的法定代表人意思表示的确认。公司法定代表人依法登记具有对外公示效力，但不具有确定公司在法定代表人问题上真实意思表示的效力。因此，在对内效力方面，公司法定代表人应当以章程体现出来的股东意志表示为准。该案中，虽然工商登记资料中载明真功夫公司的法定代表人仍是潘某，但其被推选为董事长的真功夫公司董事会决议已被生效民事判决撤销。因此，一审判决不认可潘某为真功夫公司法定代表人，该认定事实有证据支持。潘某关于一审裁定认定其并非真功夫公司合法的法定代表人错误的上诉理由不能成立。

该案起诉状除潘某签字外，还加盖了真功夫公司公章。但根据已经查明的事实，蔡某标被羁押至今，真功夫公司实为潘某控制，公司公章亦为潘某掌管。迟至二审期间，真功夫公司也没有证据证明该公司又召开新的董事会，并形成提起该案诉讼或明确授权潘某提起该案诉讼的决议。因此，仅根据起诉状加盖真功夫公司公章的事实，不足以认定该案诉讼为真功夫公司的真实意思表示。

关于该案是否属于公司外部侵权纠纷的问题。在该案中，真功夫公司不仅对股东蔡某标提起诉讼，还对蔡某红、王某等股东之外的人员提起诉讼。尽管蔡某红和王某不是真功夫公司股东，但蔡某红和王某夫妻均为蔡某标的亲属。从真功夫公司的创立、发展及股权构成来看，其具有鲜明的家族企业特征。该案的实质仍是公司股东之间的纠纷，且不符合表见代表的适用情形。因此，该案纠纷不符合公司外部侵权纠纷的本质特征。

实务建议

在市场交易中，真实意思表示与交易安全二者的平衡问题一直是一个难点，很多个案因此发生争议，为了交易安全，在大多数情形下，法院多会向第三人的合理信赖倾斜，认定法律行为有效。而在另一些特定情形下，如该案是公司控制权之争背景下引发的诉讼，法院探究当事人真意并以此裁判，不让不轨企图得逞。

就该案而言，我们可以得到两方面启示：一方面，工商部门登记公示的法定代表人一般代表公司意志，但是如果有证据证明此人的法定代表人身份已经被公司内部决议撤销，那么"登记为王"的规则将被打破。另一方面，在特定背景下，公司盖章的文件也并不一定就代表公司的真实意思表示，比如该案中，蔡某标被羁押，真功夫公司实为潘某控制，公司公章亦为潘某掌管，所以，盖章属于潘某私下的个人行为，并非公司意志，公司不应为法定代表人的个人行为买单。

> 值得一提的是,该案真功夫公司创始人蔡某一方之所以能够胜诉,保卫他们对公司的话语权,原因就在于他们善用公司章程设计,比如规定"章程的修正应有全体5名董事(本人或派代理人出席)在按规定程序召开的董事会议上一致投赞成票方可通过",此后,公司据此通过诉讼方式,撤销了委派潘某为董事长的董事会决议。另外,在公司控制权之争的背景下,要非常重视对公司印章的保管和对盖章流程的规范,以防后患。

第二节 法定代表人以公司名义签署担保合同,应经公司内部决议

公司出具的担保合同虽然有法定代表人签名,并加盖公司的公章,但是,担保行为不是法定代表人所能单独决定的事项,而必须以公司股东(大)会、董事会等公司机关的决议作为授权的基础和来源,法定代表人未经授权擅自为他人提供担保的,构成越权代表,担保合同应当认定为无效,下文以一则典型案例来说明。

一、典型案例基本案情

案例来源:"湖北润达工程机械有限公司(以下简称润达公司)、郑某等买卖合同纠纷案"[**(2020)最高法民终1143号**]。

2011年1月1日至2015年1月1日,厦门厦工公司与润达公司每年的1月1日均签订了厦工产品经销协议,协议中均约定了,该协议期满,若双方未签订新的合同且该合同所述的相关业务尚在继续,则视为双方同意延长该协议有效期并按该协议的条款继续履行,同时不影响厦门厦工公司对润达公司及相关担保人的债权追索权。

2012年1月12日、2012年4月9日、2013年4月10日、2014年3月31日、2015年4月13日、2016年7月15日,厦门厦工公司均向润达公司发出厦工应收账款确认函,确认截至前述日期润达公司(含润达公司承诺承担连带还款责任的下属分公司、子公司、直销客户等与厦门厦工公司的往来业务)应付厦门厦工公司货款。润达公司均在"数据证明无误签章"处盖章确认。

2011年,中建公司向厦门厦工公司出具《第三方单位担保书》,承诺为润达公司在与厦门厦工公司业务往来中对厦门厦工公司所承担的一切责任与义务承担连带责任保证担保。保证范围包含但不限于:(1)出具该担保书之前润达公司所欠厦门厦工公司的货款;(2)出具本担保书之后润达公司在经销厦门厦工公司的铲运机械、挖掘机、道路机械、工业车辆、配件等

产品业务中所欠贵公司的货款。保证责任期间为自润达公司对厦门厦工公司所负债务的履行期限届满之日起3年。

厦门厦工公司分别于2013年11月28日、2015年10月19日通过邮政特快专递服务向中建公司法定代表人沈某寄送了律师函,要求中建公司按照讼争《第三方单位担保书》的约定,对厦门厦工公司承担保证责任。

二、典型案例法院裁判观点

最高人民法院裁判观点如下:

中建公司2011年出具的《第三方单位担保书》虽然有沈某在法定代表人处签名,并盖有中建公司的公章,但是《公司法》第16条第1款规定:"公司向其他企业投资或者为他人提供担保,依照公司章程的规定,由董事会或者股东会、股东大会决议;公司章程对投资或者担保的总额及单项投资或者担保的数额有限额规定的,不得超过规定的限额。"

根据该条规定,担保行为不是法定代表人所能单独决定的事项,而必须以公司股东(大)会、董事会等公司机关的决议作为授权的基础和来源。法定代表人未经授权擅自为他人提供担保的,构成越权代表。厦门厦工公司并未提供证据证明以中建公司名义为该案提供的担保经过了中建公司董事会或者股东会的同意,故而该担保属于法定代表人未经授权擅自为他人提供担保。因此,《第三方单位担保书》应当认定无效。

《最高人民法院关于适用〈中华人民共和国担保法〉若干问题的解释》第7条[1]规定,主合同有效而担保合同无效,债权人无过错的,担保人与债务人对主合同债权人的经济损失,承担连带赔偿责任;债权人、担保人有过错的,担保人承担民事责任的部分,不应超过债务人不能清偿部分的1/2。

该案中,厦门厦工公司未审查中建公司的董事会决议或者股东会决议,对案涉《第三方单位担保书》无效负有过错。同时,中建公司法定代表人未经董事会决议或股东会决议擅自以公司名义出具案涉《第三方单位担保书》且加盖公司公章,存在内部管理不规范等问题,对于案涉保证合同无效亦存在过错。《第三方单位担保书》出具之后,厦门厦工公司及时主张了担保权利,并未超出中建公司的保证期间及诉讼时效,而因担保合同无效,中建公司应赔偿相应损失。因此,中建公司对厦门厦工公司的货款损失,应承担债务人润达公司不能清偿部分1/2的赔偿责任。

---

[1] 现为《最高人民法院关于适用〈中华人民共和国民法典〉有关担保制度的解释》第17条第1款,即"主合同有效而第三人提供的担保合同无效,人民法院应当区分不同情形确定担保人的赔偿责任:(一)债权人与担保人均有过错的,担保人承担的赔偿责任不应超过债务人不能清偿部分的二分之一;(二)担保人有过错而债权人无过错的,担保人对债务人不能清偿的部分承担赔偿责任;(三)债权人有过错而担保人无过错的,担保人不承担赔偿责任"。

> **实务建议**
>
> 法定代表人代表公司对外签署合同，在一般情况下，有法定代表人签名和公司盖章，合同效力即不存在形式上的瑕疵，为了保护交易安全，一般均可认定有效。但是，对于公司担保则有不同的规定，必须要公司有权机关形成担保的决议。
>
> 《公司法》第16条、《九民纪要》、《民法典》、《民法典担保解释》均对法定代表人以公司名义为他人担保规定了明确的要求，即需要公司内部决议，而且也以此判断相对人是否善意，即相对人是否审查了该内部决议。关于该内部决议到底是股东会决议还是董事会决议，则区分关联担保与非关联担保有所区分，关联担保要求必须有股东会决议，非关联担保则股东会或董事会均可做出决议。担保权人主张担保有效，需对自己的善意承担举证责任，担保权人有证据证明已对公司决议进行了合理审查，应当认定其构成善意。
>
> 因此，债权人在接受公司担保时，一定要审查公司内部是否存在有效的股东会或董事会决议，以防止在之后纠纷中被认定为非善意而导致担保合同无效。

第三节 股东控制权争夺背景下的劳动合同的效力

《民法典》规定法定代表人以法人名义从事的民事活动，其法律后果由法人承受。那么，如果法定代表人以法人名义签订的是劳动合同，是否也因此认定劳动关系成立？其实并不如此，劳动关系的成立须以实际用工为前提。下文以笔者代理的一起股东控制权争夺背景下的劳动合同纠纷案为例，分析该案例情形下劳动合同的成立与否问题，从中可见《公司法》与《劳动合同法》的不同价值取向，以及公司治理中的风险与防范问题。

一、典型案例基本案情

甲公司共有3个股东，分别为A(持股40%)、B(持股44%)、C(持股16%)，A为公司法定代表人，B为公司总经理，A因个人原因长期不参与公司经营管理，对公司的经营状况不了解，公司实际由B安排的领导团队管理。因公司长期未分红，A非常不满，加上B与A之间姻亲关系破裂，导致A、B二人矛盾激化。

A偶然认识W，W声称能为A夺得属于他的全部权益，A信以为真，私自将其法定代表人的职权授权W行使。

在甲公司的其他股东和管理人员不知情的情况下，A配合W，使用A法定代表人的身份，谎称甲公司营业执照正副本丢失，并伪造了股东B和C的签名，向所在区域的相关部门重新申请补办了甲公司的营业执照，继而又刻制了一套公司印章。

此后，W一直使用这套新刻制的印章，以甲公司名义从事各种行为，如W用甲公司的名义与他人签订了劳动合同，并且在甲公司为其缴纳社保，并将甲公司原缴纳社保人员全部减员，导致甲公司社保断档。实际上，这些签订劳动合同的人员从未从甲公司领取过工资。

W指挥这些人员实施了一系列对甲公司的暴力滋扰行为，这一系列行为的目的在于帮助A夺取对甲公司的控制权。另外，这些人员中有人被A授权代表甲公司参与了公司的诉讼活动。

在长达一年半的双方股东对峙斗争中，一直由A为W的这些人员提供经济支持，为这些人提供日常生活的物质需要。最后，在A无法继续出资的情况下，W以甲公司名义签订劳动合同的人员纷纷离开。

这些人员中的卢某、丁某、付某3人以其曾与甲公司签订过劳动合同为由，对甲公司提起劳动仲裁，主张甲公司应按照劳动合同支付其工资及利息、加班费。3人诉请的合计金额达400多万元人民币。

二、典型案例争议焦点

甲公司是否与涉案3人成立劳动关系？

三、典型案例法院裁判观点

北京市一中院判决认为，涉案3人与甲公司之间不存在劳动关系。理由如下：

涉案3人主张其与甲公司之间存在劳动关系，应当对其主张所依据的事实提供证据加以证明，未能提供证据或者证据不足以证明其事实主张的，由其承担不利的后果。

根据《劳动合同法》第7条的规定，用人单位对劳动者是否存在用工，是判断争议双方劳动关系是否建立的标准。3人的证据既不足以证明系甲公司作出的真实意思表示，亦不足以证明甲公司对他们进行过实际用工。

关于丁某参与甲公司多起诉讼的行为，法院认为，A基于其个人利益从事了相关获取公司控制权的行为，而丁某在明知A与其他股东存在矛盾的情况下，基于A的授权，代表甲公司参与多起诉讼的行为实系为A个人取得甲公司的控制权提供帮助。丁某的行为并非甲公司业务的组成部分；并且其接受W、A的管理，并未进入甲公司的管理体系中，从未受到甲公司的劳动管理。

最终，甲公司在二审中胜诉，避免了近千万元的损失。

四、典型案例评析

在劳动仲裁阶段，涉案3人的仲裁请求被驳回。理由是他们不能证明自己实际为甲公司提供了劳动,且他们没有实际在岗上班。

3人不服,提起一审诉讼,法院支持了他们的诉请。法院认为,原告提交的参保人员增加表、劳动合同、工作卡、任命书、授权委托书等证据已经形成了一个完整的证据链,足以证明劳动关系成立。甲公司应向3人支付的合计金额达420万元人民币。

此后,听闻这几位所谓的"同事"一审胜诉,W以甲公司名义签订劳动合同的其他人员也提起了法律程序,诉求及事实理由与前述3人一致。

公司上下对法院一审判决结果非常焦虑和不满,如果二审甲公司上诉请求被驳回,那么甲公司将面临近千万元的资金支出。在此种情况下,甲公司向北京市第一中级人民法院提起上诉。

笔者接受甲公司委托后,首先细致地审查了对方提供的证据,发现其证据存在各种漏洞,不符合常理,于是提出"先破后立"的思路。

(一)"破":瓦解对方的关键证据

1. 对方提供的劳动合同、工作卡、工作联系单中所述的岗位职责前后不一

付某的工作岗位在其提供的证据"劳动合同""工作联系单""免职通知"上各有不同记载,分别记载为"办公室主任""办公室副主任""办公室安保部副部长"这些不同职位,卢某、丁某也存在同样情况。庭审中涉案3人各自陈述了他们的劳动合同的签订过程,这些劳动合同都是在W安排下签订的,岗位职责由W随意定,涉案3人对于他们的岗位职责也无法准确说明,更无法描述他们具体负责的事务。

2. 涉案劳动合同中的工资远高于甲公司的工资标准

3份劳动合同中明确写明,卢某税后月薪10万元、丁某8万元、付某2.6万元,结合甲公司二审补充提交的证据"公司自2017年5月至2018年11月的员工工资发放情况统计表"所显示的甲公司的工资标准可知,涉案劳动合同中的工资远远高于甲公司的工资标准。所以,涉案劳动合同的签订其实是W自行随意确定,与甲公司的人事任用无关。

3. 涉案3人的社保增员情况不符合常理

首先,涉案3人的社保增员的起始时间远远滞后于3人所称的劳动起始时间,不符合常理。

其次,从甲公司二审补充提供的证据"公司在2017年11月的社保人员异常增减情况"以及区政府关于甲公司股东内部矛盾纠纷有关事宜的会议纪要这两份证据结合起来可以证明,甲公司社保存在异常增减情况,涉案3人加入社保并非甲公司的正常社保增员。

4. 涉案3人提供的考勤记录不合常理,也与甲公司的加班制度不符

首先,针对对方提供的他们的考勤表证据,甲公司二审补充提供了公司对应时间的考勤记录表,可以证明二人提供的考勤记录与甲公司的考勤记录严重不符,甲公司是指纹打卡,不是涉案3人主张的手动打钩的考勤方式。

其次,涉案三人提供的考勤表显示,他们一年时间内每天都在打卡工作(他们以此要求甲公司向其支付加班工资和年假补贴),可是,这一方面有悖常理;另一方面该考勤表也与甲公司的员工加班制度不符,甲公司员工并不存在节假日加班的情况。

最后,结合涉案3人对其考勤表的庭审陈述,以及证人证言,可知所谓的考勤与甲公司没有任何关系。

5. 在长达一年半的时间内涉案3人从未从甲公司领取过工资与甲公司从未拖欠员工工资的事实之间的巨大反差

针对涉案3人提出的他们从未从甲公司领取过工资的主张,甲公司二审补充提交了甲公司的员工工资发放情况统计表,可知,甲公司从未拖欠过员工工资,不可能发生拖欠员工一年半工资的情况,涉案3人的情况只能说明他们与甲公司不存在劳动关系。

(二)"立":事实结合法理,展开全方位攻击

1. 并非法定代表人的全部行为都由公司承担责任

若法定代表人也是公司股东,法定代表人与股东的身份集合在一个人身上,就不能认为该人从事的全部行为都是公司行为,还有可能是其基于股东利益的个人行为。该案中,A以公司名义从事的行为,包括授权 W 签订系列劳动合同,都是为争夺对甲公司的控制权,为其股东私利,劳动合同虽名义上由公司签订,但不是公司意志。

2. A私自委托他人行使法定代表人职权,该等行为对甲公司不产生效力

A未经公司董事会同意私自授权公司以外的第三人 W 代为行使法定代表人职权,包括公司管理、经营、对外签订合同、处置公司财产及抵押、担保等一切事项。根据甲公司章程的有关规定,该授权应当经公司董事会决议通过方为有效,W 本人也明知不可能得到公司的同意,该授权行为对甲公司不产生法律效力。后续 W 所从事的一系列行为,包括与涉案3人签订劳动合同,指使他们从事的一系列行为,都不能代表甲公司的意志,仅是 A 的个人意志和行为,与甲公司无关。

3. 劳动关系的成立并不依赖于书面合同的订立,而是以接受用人单位管理和安排、实际为用人单位提供其业务组成部分的劳动为必备要件

《劳动合同法》第7条规定:"用人单位自用工之日起即与劳动者建立劳动关系……"本法第10条第1款又规定:"建立劳动关系,应当订立书面劳动合同。"从这两条的表述可以得出:国家鼓励用工单位签订劳动合同,但签订劳动合同不代表建立或存在劳动关系,劳动关系自"用工"时产生。

根据《关于确立劳动关系有关事项的通知》第1条的规定,判断真实劳动关系的3要素:(1)用人单位和劳动者符合法律、法规规定的主体资格;(2)用人单位依法制定的各项劳动规章制度适用于劳动者,劳动者受用人单位的劳动管理,从事用人单位安排的有报酬的劳动;(3)劳动者提供的劳动是用人单位业务的组成部分。

就本案而言，双方并不存在实际的用工关系，理由如下：

第一，从工作地点来看，3人并未在甲公司的办公场所工作过。

涉案3人庭审所述的他们平时的活动场地根本不在甲公司的办公场所，所以，他们并不接受甲公司出勤管理约束，甲公司从未安排涉案3人向其提供劳动。

涉案3人曾在W授意下，数次暴力强占甲公司的办公场所，导致甲公司无法正常经营，该暴力强占有公安机关的报案记录证明。这些事实说明涉案3人并没有为甲公司提供劳动，仅有的去过甲公司办公场所的暴力行为，也只是在为A争夺对公司的控制权，为A个人服务，并不是在为甲公司劳动。

第二，从工作内容来看，3人的工作不是甲公司业务的组成部分。

甲公司的业务范围为物业管理、投资管理、房地产开发、销售百货商品等业务。根据涉案3人提供的证据以及他们的庭审所述，他们平时的工作是W的私人活动，而与甲公司业务无关。

3人中，其中丁某还提供证据，证明其曾代理甲公司参与过众多诉讼案件，为甲公司提供了劳动。对此，笔者认为，丁某之所以能够以甲公司名义代理这些诉讼案件，仅仅是因为A为法定代表人的身份授权使然，但这些诉讼代理行为都没有得到甲公司的授权，仅是A的个人行为；另外，这些案件或者是起诉甲公司原管理团队，要求原管理人员退出公司；或者是起诉甲公司的商户，要求商户向A控制的账户进行资金支付；这些诉讼均围绕股东矛盾以及为A争夺公司控制权展开。

所以，从3人工作的实际情况来看，他们不接受甲公司的管理，没有为公司提供过劳动，相反却总是为了A的个人利益，在W的安排下实施各种侵害公司的行为。

4. A个人向涉案3人转账的事实，说明他们是受雇于A个人，与甲公司无关

3人提供的证据以及公司二审补充提交的A的银行流水，均显示A通过微信、银行转款的方式，多次向涉案3人转款。

对此，笔者提出：一方面，甲公司有规范的财务管理制度，不可能产生由公司董事长、法定代表人以自有资金从个人账户向员工长期、频繁、大额转款的情况。另一方面，从转账所备注的款项用途来看，里面涉及大量由涉案3人处理A个人私事的记录，这些说明3人是在为A个人提供劳动，与甲公司无关。

实务建议

1. 该案的案情特征

该案是在股东控制权争夺中延伸出来的劳动合同纠纷，相比于一般的劳动合同案件，该案存在以下特征：

第一,在股东争夺对公司控制权的背景下引发了劳动合同纠纷,这些所谓的劳动者都是一方股东在股权争夺中为自己招收的人,受该股东指挥管理。

第二,"股东大战"中的一方股东恰好又是公司法定代表人,这就容易产生混淆和误认,须判定该法定代表人以公司名义签订的劳动合同到底是公司的行为还是该股东的个人行为。

第三,该案中,股东利用法定代表人这一身份便利,通过伪造其他股东签名的不正当方式补办公司的营业执照,进而刻制公司印章,有了印章后招收员工成立团体组织。这一系列的操作可以认为公司法定代表人在原公司之外,成立了另一个组织,该组织成员有自己的工作目标、社保福利、职权分工、工资级别和考勤管理,单从形式上看,构成劳动关系的各要素"五脏俱全",这也是一审法院认定劳动关系成立的原因。

2. 经验总结

第一,在劳动案件中须注意的事项。

(1)劳动合同是否成立以是否存在实际用工为标准,不在于是否签订过劳动合同;是否存在实际用工关键要从两个方面去把握,首先,是否接受用人单位的管理,从事用人单位安排的有报酬的劳动;其次,所提供的劳动是否是用人单位的业务组成部分。

(2)劳动关系是否成立的案件中,若劳动者出庭,由法官当庭询问原告的工作内容,将有助于案件事实的查明。若原告不出庭,被告公司也可以让公司的管理人员或者与原告身份相似的人员出庭,以陈述原告的实际工作内容,以确定劳动关系是否成立。

第二,关于公司治理的经验。

(1)对法定代表人的选择应该知人善任。

法定代表人一旦与公司离心,将会严重损害公司利益,即使法定代表人不控制公司营业执照和印章,也可能如上述案例那样,通过伪造股东签名的不当方式申请补办营业执照和刻制公司印章,有了印章之后,法定代表人若想损害公司利益,将轻而易举。

但是,对于该补办营业执照的行为,并没有有效的制裁方式,相关部门仅是形式审查,即便公司提供了虚假材料,只要形式上没有问题,将很难撤销补发营业执照的行政行为。

如上述事件中另有一个事实是甲公司的其余股东在知晓A补办公司营业执照后,希望相关部门撤销其补发的营业执照。因A同时为法定代表人,A当然不予配合,甲公司无法以公司名义起诉工商局要求撤销该补发的行政行为,于是,就以B股东的名义起诉,但是,法院认为相关部门补发的营业执照与原营业执照在工商登记事项上并未发生变化,该补发营业执照的行政行为并未设定新的权利义务关系,补发行为对B的合法权益并未产生实际影响。B要求撤销补发的营业执照的请求,没有法律依据。所以,对于法定代表人的选择应该慎重,一定要知人善任。

(2)劳动合同区别于其他合同,法定代表人以法人名义签订的劳动合同并不一定由法人承担后果。

《九民纪要》第41条第2款规定:"法定代表人或者其授权之人在合同上加盖法人公章的行为,表明其是以法人名义签订合同,除《公司法》第16条等法律对其职权有特别规定的情形外,应当由法人承担相应的法律后果……"《民法典》第61条第2款规定:"法定代表人以法人名义从事的民事活动,其法律后果由法人承受。"上述规定的目的在于保护善意相对人的信赖利益,但是,对此应该具体情况具体分析,在相对人知道法定代表人并无公司授权的情况下,法定代表人从事的行为并不代表公司,不能要求公司承担法律后果。而且,对于劳动关系,并不以成立劳动合同为依据,最关键的是要有实际用工的事实,法定代表人以法人名义签订了劳动合同,并不足以认定劳动关系成立。

第四节 未同时满足签字并盖章,合同效力如何

当事人在签订合同时,关于合同成立的形式条件,有的约定"签字或盖章",有的约定"签字并盖章",还有的约定"签字、盖章""签字盖章",那么到底是同时满足法定代表人或授权人员签名并加盖公司印章合同才生效,还是二者满足其一合同即可生效?此问题之所以产生广泛争议,与实践中当事人不按合同的约定进行规范操作密切相关,比如在约定"本合同经双方签字并盖章后生效"的合同中,当事人都只签字未盖章,或都只盖章未签字,或一方只签字另一方只盖章等。结合合同关于签字盖章的条件约定,以及《民法典》关于合同生效条件的规定,本书结合最高人民法院以及其他法院有代表性的案例,对此问题展开分析。

一、裁判要旨

《保证合同》明确约定"本合同经签约双方法定代表人(负责人)或授权代理人签字并加盖公章或合同专用章之日起生效"。该条约定的"法定代表人(负责人)或授权代理人签字"与"加盖公章或合同专用章"系并列关系,且《保证合同》末尾部分专门设定了双方加盖公章

与法定代表人签字的栏目,说明只有在法定代表人(负责人)或授权代理人签字与加盖公章或合同专用章同时具备的条件下,该《保证合同》才生效。

二、典型案例基本案情

案例来源:"太原市城区农村信用合作社兴华街分社(以下简称兴华街信用社)与山西郡宇房地产开发有限公司(以下简称郡宇公司)等保证合同纠纷再审案"[(2018)最高法民再94号]。

2013年9月22日,兴华街信用社与兴锴悦公司签订《流动资金贷款合同》,贷款金额为2000万元。同日,兴华街信用社与郡宇公司签订《保证合同》,合同约定:郡宇公司为兴锴悦公司与兴华街信用社签订的上述贷款合同提供连带责任保证,合同经签约双方法定代表人(负责人)或授权代理人签字并加盖公章或合同专用章之日起生效。但是,该《保证合同》上仅有郡宇公司法定代表人的签名,没有郡宇公司公章或合同专用章。该笔借款期限届满,兴锴悦公司未清偿完毕,兴华街信用社要求郡宇公司承担连带保证责任。

三、典型案例争议焦点

《保证合同》仅有法定代表人签字而未加盖公司印章,是否有效?郡宇公司是否应当承担保证责任?

四、典型案例法院裁判观点

最高人民法院认为:2013年9月22日兴华街信用社与郡宇公司签订的《保证合同》明确约定"本合同经签约双方法定代表人(负责人)或授权代理人签字并加盖公章或合同专用章之日起生效"。该条约定的"法定代表人(负责人)或授权代理人签字"与"加盖公章或合同专用章"系并列关系,且《保证合同》末尾部分专门设定了双方加盖公章与法定代表人签字的栏目,说明只有在法定代表人(负责人)或授权代理人签字与加盖公章或合同专用章同时具备的条件下,《保证合同》才生效。双方当事人该约定意思表示清楚,不存在歧义。因《保证合同》上郡宇公司仅有法定代表人签字而未加盖公司印章,不具备双方约定的生效条件,二审法院认定《保证合同》生效要件未成立并无不当。虽然在签订《保证合同》之前,郡宇公司曾向兴华街信用社提交了郡宇公司"股东会议决议"及"情况说明",有拟对兴锴悦公司案涉借款提供担保的意思表示,但在双方就担保形成合意且生效之前,郡宇公司签约过程中有放弃盖章拒绝签约的权利,兴华街信用社主张郡宇公司拒不加盖公章属于恶意阻却《保证合同》生效的理由,缺乏足够的证据支持。《保证合同》因不符合合同约定的生效条件而未生效,兴华街信用社依据《保证合同》主张郡宇公司承担保证责任依据不足。

五、延伸阅读

(一) 协议约定双方当事人"签字、盖章"时合同生效,只有在签字与盖章均具备的条件下,协议方可生效

案例 1 "浙江顺风交通集团有限公司(以下简称顺风公司)与深圳发展银行宁波分行(以下简称宁波分行)借款合同纠纷上诉案"[(2005)民一终字第 116 号]。

最高人民法院认为:关于 2004 年 10 月 26 日宁波分行与顺风公司签订的《还款协议》的效力问题,认为宁波分行与顺风公司对还款协议的生效条件作出特别的约定,即协议在双方当事人签字、盖章时生效。关于该协议中"签字、盖章"之间的顿号应如何理解,即签字与盖章应同时具备还是具备其一即可认定协议生效。双方当事人签订的协议中所表述的"签字、盖章"中的顿号,是并列词语之间的停顿,其前面的"签字"与后面的"盖章"系并列词组,它表示签字与盖章是并列关系,只有在签字与盖章均具备的条件下,该协议方可生效。双方当事人该项约定意思表示清楚、真实,应认定为有效。另外,从双方当事人签订的《还款协议》内容来看,其专门设定了双方加盖公章与负责人签字栏目,在该协议中宁波分行既签署了负责人姓名也加盖了单位印章,而顺风公司仅有法定代表人签名未加盖单位印章。由于顺风公司未在《还款协议》上加盖单位印章,不具备双方约定的生效条件,因此,宁波分行依据该协议主张权利,事实依据不足,二审法院不予支持。

(二) 双方约定合同在法定代表人签字并盖章时生效,一方当事人签订合同时明知对方仅有法定代表人签名,但对此无异议且接受履行,后又以对方当事人未盖章为由主张合同无效,不予支持

案例 2 "周某诉浙江东航建设有限公司(以下简称东航公司)装饰装修合同纠纷案"[(2017)浙民申 896 号]。

浙江省高级人民法院认为:该案中,双方当事人于 2010 年 6 月 27 日签订《建设工程施工合同》一份,约定涉案工程发包人为周某,承包人为东航公司,并约定了其他相关权利义务等。周某及东航公司的法定代表人在合同落款处签字。周某主张该合同因东航公司未盖章而无效,但东航公司对合同真实性予以认可,而周某自认其签名确由本人签署,亦没有提供其他有效证据证明涉案合同存在违反法律法规强制性规定的情形,故原判认定合同真实有效,并无不当。周某在签订合同时已明知仅有东航公司法定代表人签名,但对此并无异议,在该案中却以东航公司未盖章为由主张合同无效,缺乏依据,不能成立。东航公司原审中提供的《建设工程施工合同》、代收款说明与确认、对账单、交易明细单、胡某明证人证言等,可以形成证据链,足以证明东航公司对涉案工程进行施工的事实,原判据此认定双方主体适格,并无不当。

(三)双方约定合同在法定代表人签字并盖章时生效,协议书上只有法定代表人签字而没有加盖印章,因法定代表人代表公司对外进行经营活动,即使协议书上没有加盖公司印章,合同也生效

案例3 "肖某学与七喜集团公司、关某婵等股权转让纠纷上诉案"[(2016)粤01民终14171号]。

广东省广州市中级人民法院认为:该案中,肖某学作为受让方在《股权转让协议书》上签字,七喜集团公司(原广州七喜资讯产业有限公司)的法定代表人易某忠代表七喜集团公司在转让方一栏处签字,应当认定该《股权转让协议书》自双方当事人在该协议书上签字时该协议书即成立且生效。至于肖某学称由于案涉《股权转让协议书》上没有七喜集团公司的盖章,不符合协议的约定故该协议书未生效的意见,因该协议书上有七喜集团公司的法定代表人易某忠的签字,法定代表人代表公司对外进行经营活动应当视为公司的行为,故该协议书上即使没有加盖七喜集团公司的公章,也应当视为七喜集团公司对该协议书予以确认,故原审法院对肖某学的该主张不予支持。肖某学与七喜集团公司签订的《股权转让协议书》是当事人的真实意思表示,不违反法律、行政法规的效力性强制性规定,应属合法有效。肖某学按照案涉《股权转让协议书》的约定向该协议书指定的关某婵的银行账户内转入股权转让款,应视为肖某学履行了向七喜集团公司支付股权转让款的义务。因此,肖某学认为其将股权转让款支付给关某婵属于支付错误故关某婵应当向其返还该款项的意见,于法无据,原审法院不予支持。

(四)双方约定合同在法定代表人签字并加盖公司公章之时生效,虽缺乏法定代表人签字,但后续实际履行了该合同,则该合同成立并生效

案例4 "广州岷昕顺饲料有限公司(以下简称岷昕顺公司)与江门市丹谷饲料有限公司(以下简称丹谷公司)买卖合同纠纷案"[(2015)穗天法民二初字第997号]。

广东省广州市天河区人民法院认为:关于涉案《销售合同》是否有效的问题。首先,原告、被告双方均在该合同上加盖了公司公章,表明双方均对合同的内容予以了确认。其次,原告依据《销售合同》所约定的内容向被告交付了货物49.28吨,被告接收该货物并向原告支付了部分货款2万元。原告、被告双方均已以自己的行为实际履行了该合同。因此,法院对被告以《销售合同》的签订形式不符合合同的约定为由而认为合同无效的主张不予采纳。《销售合同》的签订为双方的真实意思表示,原告、被告双方之间的买卖合同关系成立、有效,双方均应依约履行。原告已向被告交付了豆粕49.28吨,总价值为180,364.8元,被告仅向原告支付了货款2万元,已构成违约,依法应当承担违约责任。原告要求被告支付尚欠的货款160,364.8元及其利息有理,法院依法予以支持。

实务建议

1. 实际履行行为弥补合同成立的形式瑕疵

在"岷昕顺公司与丹谷公司买卖合同纠纷案"[(2015)穗天法民二初字第997号]中,实际履行即补正合同成立和生效的瑕疵,"合同成立—生效—履行"是逻辑递进的结果,既然双方当事人已经到达履行阶段,那么合同自然也就成立、生效。

在"肖某学与七喜集团公司、关某婵等股权转让纠纷上诉案"[(2016)粤01民终14171号]、"周某诉东航公司装饰装修合同纠纷案"[(2017)浙民申896号]中,均是一方当事人以对方公司未盖章为由主张合同不成立,但是,对于该情况,他们都没有提出异议,且实际履行了合同或接受了对方公司的履行。因此,从诚实信用原则考虑,公司未盖章这一缺陷已经通过当事人的行为得到弥补。

上述裁判规则与已经失效的《合同法》以及现在实施的《民法典》关于合同成立的规定都是一致的,如《民法典》第490条规定:"当事人采用合同书形式订立合同的,自当事人均签名、盖章或者按指印时合同成立。在签名、盖章或者按指印之前,当事人一方已经履行主要义务,对方接受时,该合同成立。法律、行政法规规定或者当事人约定合同应当采用书面形式订立,当事人未采用书面形式但是一方已经履行主要义务,对方接受时,该合同成立。"所以,实际履行行为可弥补合同成立的形式瑕疵。

2. 在保证合同或者还款协议这种纯金钱给付的单务合同中,若约定"双方签字并盖章后合同生效",缺失一项或可产生合同不生效的后果

在"兴华街信用社与郡宇公司等保证合同纠纷再审案"[(2018)最高法民再94号]、"顺风公司与宁波分行借款合同纠纷上诉案"[(2005)民一终字第116号]中,双方当事人均约定"合同在双方签字并盖章(签字、盖章)时生效"并在协议末尾专门设置双方用于加盖公章和法定代表人签字的栏目,此时,形式要件非常醒目,最高人民法院认为,必须在专栏处同时签字和盖章才可以让合同生效。

对此,我们认为,之所以法院会作此认定,是与上述案件中所涉的合同性质有关,其中一个是保证合同,另一个是还款协议,均属于单务合同,且以金钱给付为履行内容。在保证人或还款义务人没有金钱给付的行为时,合同成立的形式瑕疵无法被弥补,合同效力当然存疑。并且当事人关于签字并盖章合同才有效的约定优先于原《合同法》规定的签字或盖章即可有效的规则,所以,只能按照当事人约定来确定合同效力,缺失其一合同都不生效。

> 上述裁判规则也与《民法典》的关于合同生效的规则相一致,原《合同法》第32条规定:"当事人采用合同书形式订立合同的,自双方当事人签字或者盖章时合同成立。"可见,只要签字或盖章一项条件满足,合同即可成立。但是,《民法典》第490条规定:"当事人采用合同书形式订立合同的,自当事人均签名、盖章或者按指印时合同成立。"明确将签名与盖章并列,且须同时满足,可见,《民法典》在合同成立的形式要件方面更为严格,缺失其一都会产生合同不生效的后果。

第五节　无担保决议时,非上市公司担保的效力规则

《公司法》第16条规定,公司担保以公司机关出具担保决议为必需条件,那么无担保决议时,公司担保是否有效?对此问题,《九民纪要》《民法典担保解释》均进行了明确规定,基本规则就是在必须存在公司机关决议的原则下,还有几种情形可以无须机关决议,担保合同仍属有效。在相关法律文件明文规定的无须机关决议的情形之外,还有哪些无须机关决议仍应认定担保合同有效的情形?下文以数个有代表性的最高人民法院的案例为基础,对担保决议与担保合同效力的关系认定问题进行归纳分析,同时对《民法典担保解释》较《九民纪要》的修改进行比较分析。

一、裁判要旨

公司为他人提供担保未经过股东会或董事会表决程序,但担保合同上的签字所持表决权已经符合章程规定的,签字股东的决定可视为全体股东决议,表明公司已作出对外担保的意思表示,担保合同合法有效。

二、典型案例基本案情

案例来源:"中国信达资产管理股份有限公司辽宁省分公司(以下简称信达公司)、贾某1金融借款合同纠纷案"[(2019)最高法民终332号]。

2012年8月28日,工行长兴岛支行与乾亿装备公司签订《固定资产借款合同》,向后者发放贷款3.5亿元。同日,乾亿装备公司的股东乾亿重工公司、贾某1出具"股东承诺书",承诺书中第三段载明:"全体股东承诺……7. 对本笔贷款承担连带责任保证",股东成员签字处有乾亿重工公司的盖章及贾某1签字。

2017年11月3日前,乾亿装备公司的股东为乾亿重工公司、贾某1,持股比例分别为88%、12%,乾亿重工公司股东为贾某1、贾某某,持股比例分别为70%、30%,二人为父女

关系。

2018年2月28日,案涉贷款全部到期,乾亿装备公司未按期清偿债务。2018年3月27日,工行长兴岛支行与信达公司签订《债权转让协议》,约定工行长兴岛支行将债务人乾亿装备公司欠付的本金33,876万元及利息10,463,653.8元转让给信达公司,并于2018年4月27日,工行长兴岛支行与信达公司发布债权转让暨债务催收联合公告。

三、典型案例争议焦点

乾亿重工公司是否应对乾亿装备公司的债务承担连带保证责任?

四、典型案例法院裁判观点

最高人民法院认为:信达公司主张乾亿重工公司应承担连带保证责任的主要依据为"股东承诺书",该承诺书有乾亿装备公司股东贾某1签字及股东乾亿重工公司盖章,承诺书第三段载明"全体股东承诺……7. 对本笔贷款承担连带责任保证"。信达公司和乾亿重工公司对该部分承诺内容能否构成保证法律关系有较大争议。因此,该案应对该"股东承诺书"内容的法律效力作出认定。

乾亿重工公司否定"股东承诺书"为乾亿重工公司作为公司股东对乾亿装备公司债务所作的连带保证承诺,具体理由有4点,其中一点,认为乾亿重工公司内部股东并未作出决议认可乾亿重工公司对外担保。虽然信达公司未能提交乾亿重工公司关于对乾亿装备公司提供保证担保的内部决议,但是,贾某1作为乾亿重工公司持股70%的控股股东,根据《大连乾亿重工有限公司章程》第9条第2项关于"按其出资比例依法享有分取红利和行使表决权"的规定,具有乾亿重工公司控股表决权。在乾亿重工公司、贾某1均在"股东承诺书"上盖章、签字的情况下,应视为乾亿重工公司已作出了对外担保的意思。

五、延伸阅读

(一)借贷资金实际由公司使用,虽未经机关决议,也可推定公司具有担保的意思表示

案例1 "海南中度旅游产业开发有限公司(以下简称中度旅游公司)、徐某英民间借贷纠纷案"[(2017)最高法民终865号]。

最高人民法院认为:该案二审中的争议焦点是中度旅游公司应否对案涉中度实业公司向徐某英的借款承担连带保证责任。

关于中度旅游公司为该案提供担保是否符合其利益的问题。首先,徐某英与徐某宪等人签订的《借款协议》中对借款用途约定为,借款人从出借人处所借款项将专项用于投资中度旅游公司国有建设用地使用权出让合同的项目。而根据该案二审中度旅游公司提交的该份出让合同及其附件,该合同项下土地上的建设项目为长江商学院三亚校区、三亚温泉谷度假村及休闲养生中心项目。其次,根据案涉中融信托、中度实业公司、达简合伙、莱韵公司、中度旅游公司签订的《监管协议》约定,中度旅游公司系为开发位于上述长江商学院三亚分院、三亚温泉谷度假村及休闲养生中心项目之目的设立的一家有限责任公司。最后,法院二审中,中度旅游公司亦认可上述项目全部登记在其名下由其进行开发建设,且承认案涉借款的一部分应当用于上述项目的后续开发。由此,原审判决认定中度旅游公司作为用款人对该案借款提供担保符合其利益,有事实依据。中度旅游公司虽主张其未使用案涉借款,但其未能提交有效证据证明上述项目开发建设资金非源于案涉借款,不能推翻原审判决基于上述证据认定的事实。

该案中,徐某宪在案涉借款明细及还款承诺函中加盖中度旅游公司公章,并承诺中度旅游公司为该案提供连带保证责任,虽因未经中度旅游公司股东会决议而属于越权签订担保合同的行为,但根据该案事实,徐某英有理由相信徐某宪上述行为系中度旅游公司的真实意思表示。因此,该案担保合同对中度旅游公司发生法律效力。原审判决基于徐某英在该案中属于善意相对人,以及结合该案借款实际系因中度旅游公司房地产开发项目资金需要而发生,该公司作为用款人对本案借款提供担保亦符合其利益的事实,认定中度旅游公司应当为该案借款承担连带保证责任,有事实依据和法律依据,并无不当。

由该案可知,债权人证明债务款项实际由担保人使用,则担保人即使不出具决议,也应推定为其真实意思,公司对外担保仍然对公司有效。

(二)实际控制人同意担保视为公司具有担保的意思表示,未经机关决议不影响担保的效力

案例2 "和昌(福建)房地产开发有限公司(以下简称和昌公司)与泉州台商投资区永亨小额贷款有限公司借款合同纠纷再审案"[(2018)最高法民申313号]。

最高人民法院认为:《公司法》第16条第1款规定:"公司向其他企业投资或者为他人提供担保,依照公司章程的规定,由董事会或者股东会、股东大会决议……"据此,在公司为他人提供担保这一可能影响股东利益的场合,立法规定了公司机关决议前置程序以限制法定代表人的权限,这一制度安排的规范趣旨在于确保相关担保行为符合公司的意思,不损害公司、股东的利益。而在该案中,虽然和昌公司的章程规定为他人提供担保须经董事会决议,但考虑到案涉借款、担保行为发生之时,和昌公司的董事均由潘某民委派这一事实,可以认定和昌公司股东实际赋予了潘某民就公司经营中的所有事项作出决定的权利。故而和昌公司关于案涉担保行为未经董事会决议,系潘某民越权私刻公章实施的申请理由,事实依据并不充分,法院不予支持。

由该案可知,对公司经营所有事项进行实际控制的人同意担保,也应当认为该担保行为系公司的真实意思表示,公司对外担保即便未经公司机关决议,也仍然对公司有效。

(三)《九民纪要》规定公司"为直接或者间接控制公司提供担保"无须机关决议

案例 3 "深圳市比克电池有限公司(以下简称深圳比克公司)等与北京当升材料科技股份有限公司买卖合同纠纷案"[(2020)京民终 798 号]。

北京市高级人民法院认为:在《民法典担保解释》作出明确规定前,对于公司为其直接或者间接控制的公司开展经营活动而向债权人提供担保的,即便债权人知道或者应当知道该行为没有经过公司机关决议,此时认定担保合同系公司的真实意思表示,该合同有效,也符合法律规定。案涉两份保证合同虽然仅显示签订的年份,没有写明签订的具体日期,但该事实并不能否定保证合同的真实性及其效力,一审法院认定案涉两份保证合同签订日期在 2015 年 12 月 31 日前并无不当。在案涉两份保证合同签署时,深圳比克动力公司、郑州比克公司系深圳比克公司直接或间接控制的公司,深圳比克公司为其直接或者间接控制的公司开展经营活动提供担保,一审法院据此认定案涉两份保证合同合法有效亦无不当。

由该案可知,《民法典担保解释》出台之前,按照《九民纪要》第 19 条第 2 项的规定,公司为其直接或者间接控制的公司开展经营活动向债权人提供担保,此种情况下无须公司机关决议,担保合同亦有效。

(四)《民法典担保解释》规定公司为其全资子公司开展经营活动提供担保无须决议

案例 4 "宁波奉化德朗能动力电池有限公司(以下简称宁波奉化德朗能公司)、杉杉能源(宁夏)有限公司(以下简称杉杉能源公司)买卖合同纠纷案"[(2020)湘 01 民终 11994 号]。

湖南省长沙市中级人民法院认为:该案中,上海德朗能公司出具担保函为宁波奉化德朗能公司提供连带责任保证担保,及与杉杉能源公司签订《应收账款质押合同》为宁波奉化德朗能公司提供应收账款质押担保,均未出具公司机关决议,但依据国家企业信用信息公示系统显示,上海德朗能公司系宁波奉化德朗能公司的唯一股东,且结合《应收账款质押合同》,该合同明确载明宁波奉化德朗能公司系上海德朗能公司的全资子公司,故上海德朗能公司的上述担保行为虽无公司机关决议,但属于"公司为其直接或者间接控制的公司开展经营活动向债权人提供担保"的情形,应认定为上海德朗能公司的真实意思表示,合法有效。故而对杉杉能源公司要求上海德朗能公司对宁波奉化德朗能公司的货款本金 15,594,000 元及违约金(以 2,104,512 元为上限)承担连带清偿责任的诉请(上海德朗能公司在承担清偿责任后,有权向宁波奉化德朗能公司追偿),及杉杉能源公司对上海德朗能公司在浙江伊卡新能源汽车有限公司处的应收账款 29,020,671.1 元,在浙江零跑科技有限公司处的应收账款 200 万元享有优先受偿权的诉请,法院予以支持。

由此案可知,《民法典担保解释》规定"公司为其全资子公司开展经营活动提供担保"无须公司机关决议,此较《九民纪要》规定的"公司为其直接或者间接控制的公司开展经营活动向债权人提供担保"更加严格。

(五)担保合同由持有 2/3 以上对担保事项有表决权的股东签字同意,虽未经公司决议,但此担保仍为有效

案例 5 "369 利辛县龙腾置业有限公司(以下简称龙腾公司)与皇甫某庆、张某海等民间借贷纠纷案"[(2019)苏 08 民终 369 号]。

江苏省淮安市中级人民法院认为:公司虽然是独立的民事主体,但作为代表公司主体资格的印章仍由自然人持有、使用,因此,加盖公司印章的行为并不必然代表公司的真实意思表示。债权人在审查公司为债务人的债务盖章担保是否为公司真实意思表示时,应审查公司是否按照《公司法》和公司章程的规定经过股东会或者董事会决议,但因债权人客观上无法审查股东会决议的效力、股东签名的真实性、公司印章的真实性等实质性内容,故债权人仅对股东会、董事会决议负有形式审查义务。该案中,皇甫某庆已经要求龙腾公司提供股东会决议,虽然该决议中没有另外两名股东签字,但该决议中有占股 70%的股东郭某签字,符合《公司法》第 16 条第 3 款"所持表决权的过半数通过"的规定,因此,皇甫某庆已尽到合理的形式审查义务,其有理由相信持有涉案龙腾公司印章的人有权代表龙腾公司在涉案借款合同上加盖印章。

由该案可知,如果未经股东会决议,但是,担保合同系由单独或者共同持有公司 2/3 以上对担保事项有表决权的股东签字同意,也应该认定该担保有效。关于此规定,《民法典担保解释》第 8 条第 1 款第 3 项较《九民纪要》第 19 条第 4 项而言,在表述上添加了"对担保事项有表决权"的表述,使其内容更加严谨。

实务建议

1. 公司为债务人的债务担保盖章的行为并不必然代表公司的真实意思表示,还须有公司同意担保的机关决议

公司虽然是独立的民事主体,但作为公司主体资格代表的印章仍由自然人持有、使用,因此,加盖公司印章的行为并不必然代表公司的真实意思表示。

为防止法定代表人随意代表公司为他人提供担保给公司造成损失,损害中小股东利益,《公司法》第 16 条对法定代表人的代表权进行了限制。根据该条规定,担保行为不是法定代表人所能单独决定的事项,而必须以公司股东(大)会、董事会等公司机关的决议作为授权的基础和来源。所以,债权人在审查公司为债务人的债务盖章担保是否为公司真实意思表示时,应审查公司是否按照《公司法》和公司章程的规定经过股东会或者董事会决议。

2. 债权人的善意认定

债权人的善意,是指债权人在订立担保合同时不知道且不应当知道法定代表人超越权限。如果债权人有证据证明已对公司决议进行了合理审查,人民法院应当认定其构成善意,但是公司有证据证明债权人知道或者应当知道决议系伪造、变造的除外。《公司法》第16条对关联担保和非关联担保的决议机关作出了区别规定,相应地,在善意的判断标准上也应当有所区别,根据《九民纪要》第18条的规定,对债权人的善意的判断规则如下:

(1)对于关联担保,债权人主张担保合同有效,应当提供证据证明其在订立合同时对股东(大)会决议进行了审查,决议的表决程序符合《公司法》第16条的规定,即在排除被担保股东表决权的情况下,该项表决由出席会议的其他股东所持表决权过半数通过,签字人员也符合公司章程的规定。

(2)对于非关联担保,只要债权人能够证明其在订立担保合同时对董事会决议或者股东(大)会决议进行了审查,同意决议的人数和签字人员符合公司章程的规定就应当认定其构成善意,但公司能够证明债权人明知公司章程对决议机关有明确规定的除外。

因债权人客观上无法审查股东会决议的效力、股东签名的真实性、公司印章的真实性等实质性内容,故债权人仅对股东会、董事会决议负有形式审查义务,标准不宜太过严苛。公司以机关决议系法定代表人伪造或者变造,决议程序违法,签章(名)不实、担保金额超过法定限额等事由抗辩债权人非善意的,人民法院一般不予支持。

3. 法定不须担保决议即可认定担保有效的情形

在担保决议与担保合同的关系问题上,原则上,前者是后者的前提,除非该担保合同符合前述不须担保决议的法定情形和意思推定情形。

应当注意,《民法典担保解释》第8条和第10条就《九民纪要》第19条进行了修改,从该司法解释看,主要有以下区别:

(1)删除了"公司与主债务人之间存在相互担保等商业合作关系"的情形。

刘贵祥法官在"最高人民法院贯彻实施民法典 全面完成司法解释清理情况和首批司法解释"新闻发布会上,就此问题,明确:"关于企业之间相互担保的问题,以往的司法实践倾向于认为,相互担保往往是互惠互利的,因而即便没有进行决议,也应认定担保有效。但新担保解释没有采用原来的裁判思路,而是规定,即便是相互担保,也必须由公司进行决议,否则就构成越权担保,可能影响担保合同的效力。新担保解释的规定,有利于防止法定代表人违规提供相互担保,避免因相互担保引发债务危机连锁

> 反应,有效防范化解金融风险。"[1]
>
> (2)将"公司为其直接或者间接控制的公司开展经营活动向债权人提供担保"调整为"公司为其全资子公司开展经营活动提供担保",豁免审查担保决议的范围进一步缩小。
>
> (3)将"担保合同系由单独或者共同持有公司三分之二以上有表决权的股东签字同意"修改为"担保合同系由单独或者共同持有公司三分之二以上对担保事项有表决权的股东签字同意",表述更加严谨。

第六节 公司是否应对伪造合同担责

起初腾讯公司诉老干妈公司拖欠广告费1600多万元并申请对老干妈公司进行财产保全,法院已经作出了保全裁定。随后,老干妈公司发布公告称,从未与腾讯公司有过任何广告推广合作。之后贵阳公安机关发布通告称,有3个自然人伪造老干妈公司印章,冒充该公司市场经营部经理与腾讯公司签订合作协议,目的是获取腾讯公司在推广活动中配套赠送的网络游戏礼包码,之后通过互联网倒卖非法获取经济利益。3人被刑拘后,腾讯公司与老干妈公司就此事和解,腾讯公司撤诉,法院也解除了对老干妈公司的保全措施。[2]

《最高人民法院关于在审理经济纠纷案件中涉及经济犯罪嫌疑若干问题的规定》(以下简称《经济纠纷案件涉及犯罪嫌疑规定》)第5条规定,行为人盗窃、盗用单位的公章、业务介绍信、盖有公章的空白合同书,或者私刻单位的公章签订经济合同,骗取财物归个人占有、使用、处分或者进行其他犯罪活动构成犯罪的,单位对行为人该犯罪行为所造成的经济损失不承担民事责任。

行为人私刻单位公章或者擅自使用单位公章、业务介绍信、盖有公章的空白合同书以签订经济合同的方法进行的犯罪行为,单位有明显过错,且该过错行为与被害人的经济损失之间具有因果关系的,单位对该犯罪行为所造成的经济损失,依法应当承担赔偿责任。

根据上述规定,原则上,3个自然人私刻老干妈公司印章与腾讯公司签订合同,骗取经济利益归个人所有的,腾讯公司的损失应该自担,老干妈公司无责。但是,如果有证据证明老干妈公司在合同签订过程中有明显过错,腾讯公司的信赖是合理的,那么老干妈公司就须对腾讯公司损失承担赔偿责任。

---

[1] 参见最高人民法院贯彻实施民法典全面完成司法解释清理和首批司法解释新闻发布会,载最高人民法院网2020年12月30日,https://www.chinacourt.org/article/subjectdetail/id/MzAwNMgtMIABAA.shtml。
[2] 笔者仅就该案最初涉及的伪造公章问题展开分析,不涉及该案其他实际情况。

此类事件多发，笔者列举3种案例类型：一是被伪造印章的公司存在过错，要承担责任；二是公司没有过错，无须承担责任；三是双方均有过错，应该分担损失。

一、印章是否系伪造不影响成立表见代理，公司管理存在疏漏，应担责

在北京市高级人民法院作出的"达州市建筑工程总公司（以下简称达州公司）与北京金梁博宇商贸有限责任公司（以下简称金梁博宇公司）买卖合同纠纷案"[（2016）京民终26号]中，符某国以达州公司的名义承揽了天外天建设工程项目，袁某受符某国指使代表达州公司与金梁博宇公司签订《北京市工业品买卖合同》采购钢材，金梁博宇公司向法院起诉称达州公司拖欠其钢材货款660余万元。

虽然事实上涉案《北京市工业品买卖合同》上加盖的达州公司含"（京）"的公章属伪造所得，但二审法院并未认定该事实，并认为该事实并不影响成立表见代理。法院认为袁某代表达州公司签订《北京市工业品买卖合同》时，向金梁博宇公司出具了盖有达州公司含"（京）"的公章和达州公司北京分公司负责人廖某明名章的授权委托书。达州公司虽否认袁某系其公司员工，但是袁某持有的授权委托书，足以使得金梁博宇公司相信袁某有权代理达州公司。金梁博宇公司对此已经尽到合理的注意义务，不存在疏忽和懈怠。《合同法》第49条规定："行为人没有代理权、超越代理权或者代理权终止后以被代理人名义订立合同，相对人有理由相信行为人有代理权的，该代理行为有效。"[1]因此二审法院认为袁某的行为构成表见代理，其行为后果应当由达州公司承担。

达州公司主张根据《经济纠纷案件涉及犯罪嫌疑规定》第5条第1款的规定，"行为人盗窃、盗用单位的公章、业务介绍信、盖有公章的空白合同书，或者私刻单位的公章签订经济合同，骗取财物归个人占有、使用、处分或者进行其他犯罪活动构成犯罪的，单位对行为人该犯罪行为所造成的经济损失不承担民事责任"，达州公司不应该承担责任。

达州公司向最高人民法院提起再审。最高人民法院"关于袁某是否构成表见代理问题"指出：

达州公司对袁某的代理人身份不予认可，无论案涉买卖合同加盖达州公司印章是否真实，均涉及袁某是否有权代理达州公司的问题。二审判决认定袁某构成表见代理与未认定案涉买卖合同加盖印章虚假并不相悖。达州公司在北京设有分公司，案涉工程系以达州公司的名义承包，达州公司北京分公司的负责人是廖某明。袁某签订案涉买卖合同时出示了加盖达州公司印章及北京分公司负责人廖某明名章的授权委托书。金梁博宇公司有理由相信袁某有代理权。达州公司未妥善保管《进京许可证》，其北京分公司负责人廖某明的私章由符某国持有，达州公司对符某国以其名义承揽天外天项目负有过错。金梁博宇公司基于对达州公司

---

[1] 现为《民法典》第172条。

是天外天项目承包人的信赖,与达州公司的委托代理人袁某签订钢材供应合同,并无明显过失。根据《经济纠纷案件涉及犯罪嫌疑规定》第5条第1款的规定,刑事判决并未认定签订案涉买卖合同属于符某国的犯罪行为,达州公司主张该案应适用该规定,依据不足。

二、公司的前负责人伪造公司印章对外签订合同,公司没有过错,无须担责

在安徽省高级人民法院作出的"宿州市浩海商贸有限责任公司(以下简称宿州浩海公司)与安徽四环置业开发有限公司、江苏阳江建设集团有限公司(以下简称江苏阳江公司)买卖合同纠纷案"[(2016)皖民终250号]中,梁某杰私刻伪造了江苏阳江阜阳分公司的印章,向宿州浩海公司采购钢材,用于梁某杰从阜阳鸿顺公司承包的工程建设之用。

法院认为涉案《钢材购销合同》及销货单上加盖的江苏阳江阜阳分公司的印章系梁某杰私刻伪造。虽然梁某杰除了是涉案工程的实际施工人,曾经也是江苏阳江阜阳分公司的负责人,但梁某杰在签订涉案《钢材购销合同》前已被江苏阳江公司收回其持有的江苏阳江阜阳分公司的印章,其加盖伪造的江苏阳江阜阳分公司印章购买钢材的行为,事前既没有得到江苏阳江公司授权,事后也没有得到江苏阳江公司追认,而江苏阳江公司作为建筑施工企业非钢材销售单位,其亦不大可能从宿州浩海公司购买钢材再出售给阜阳鸿顺公司用于阜阳鸿顺公司承建的涉案工程,且宿州浩海公司在向涉案工程工地供应钢材时,也应知晓涉案工程的承建单位是阜阳鸿顺公司而非江苏阳江公司,故该案不能当然认定梁某杰行为就是代表江苏阳江公司的职务行为。

涉案工程既非江苏阳江公司承建,涉案钢材也非江苏阳江公司所用,江苏阳江公司在该案中无任何过错,根据《经济纠纷案件涉及犯罪嫌疑规定》第5条之规定,江苏阳江公司不应对梁某杰个人行为造成的宿州浩海公司的经济损失承担给付责任。

三、印章被伪造的单位与相对人均有过错,应根据各自过错程度分担损失

在最高人民法院审理的"农民日报社诉潍坊新东方艺术学校(以下简称潍坊艺校)财产损害赔偿纠纷抗诉案"[(2011)民抗字第85号]中,付某军系原中国乡镇企业报青岛记者站的站长,其以中国乡镇企业报青岛记者站名义与潍坊艺校签订投资协议书,并加盖了由其刻制未经公安机关备案的"中国乡镇企业报青岛记者站"印章,从而骗取了潍坊艺校投资款600万元。

该案经山东省高级人民法院二审判决认定,潍坊艺校在与中国乡镇企业报青岛记者站签订合同及支付"保证金"时未尽到足够的注意义务,有一定过错,应对其损失承担10%责任。农民日报社承担90%的责任。

农民日报社不服,向山东省人民检察院提出申诉,该院审查后提请最高人民检察院抗诉。最高人民法院受理抗诉后,依法组成合议庭提审该案。

最终,最高人民法院判决认为:原判决认定事实清楚,证据确实充分,但确定的潍坊艺校和农民日报社过错程度不当,未能适当划分双方的责任,应予纠正。农民日报社对于潍坊艺校因被诈骗造成的损失承担45%的赔偿责任,其余55%的损失由潍坊艺校自行承担。

实务建议

根据上述法院裁判观点,公章被伪造的情况下公司是否要担责,关键在于相对人是否有理由相信行为人有代理权以及公章被伪造的公司是否具有过错,至于公章是否属于伪造所得,行为人是否构成犯罪行为,都不影响对合同效力和公司责任的认定对应到腾讯公司与老干妈公司拖欠广告费合同纠纷案,该案中并不是老干妈公司报了警,之后涉案3位当事人被判决认定构成犯罪,老干妈公司就可脱责。

此案最关键的问题是,腾讯公司是否有理由相信此3人具有代理权,比如此3人持有公司的授权委托书,持有公司负责人的私章,挂着公司市场营销部经理的工作牌,在老干妈公司的经营办公场所或者办公室与腾讯公司人员接触,周围还有老干妈公司的其他工作人员,若这些事实中的任何一个事实成立,就可能说明老干妈公司管理失责、具有过错,无论公章真假,老干妈公司都无法推脱支付义务。至于是全额支付还是部分支付就要看腾讯公司是否也存在过错,比如腾讯公司是否在合同签订过程中疏忽懈怠、审查不严,在合同履行过程中,没有对风险进行必要的警觉、注意和防范。

在贵阳警方只是通告3人伪造了老干妈的印章,但并没有披露此3人与腾讯签订合同的事实细节的情况下,公章被伪造并不是老干妈公司脱责的充分条件,只是必要条件之一,腾讯公司可以举证证明其信赖是合理的,老干妈公司在此3人行为过程中存在管理失严的过错,若腾讯公司无法证明,老干妈公司才可能完全脱身。[1]

第七节 利用人格混同规则实现债权的路径

公司法人人格独立和股东有限责任是《公司法》的两大基石,是《公司法》司法实务中必须坚守的两项基本原则。当股东利用其有限责任"掏空"公司,致使公司成为没有偿债能力的空壳,从而损害公司债权人利益时,允许债权人通过提起司法诉讼,例外地否定公司法人人

---

[1] 该案后续有新的变化,本节仅是从法律角度分析,新的变化与此分析不符的,不影响上文法律分析的成立。

格、揭开公司面纱,由股东与公司承担连带责任,以避免债权人与股东之间的利益失衡。《九民纪要》关于"人格混同"的规定指明认定人格混同的最根本标准为公司是否具有独立意思和独立财产。下文拟探究司法实务中"人格混同"的适用情形,区分其中的关键要件和补强要件,并进一步剖析混同企业责任承担的问题。

一、裁判要旨

关联公司的人员、业务、财务等方面交叉或混同,导致各自财产无法区分,丧失独立人格的,构成人格混同。

因外部债权人难以全面知晓公司内部财务信息,所以,在债权人已经提供人格混同的盖然性证据后,应适用举证责任倒置规则,由被诉人格混同的被告举证证明其不存在人格混同的情形,尤其是财务上未混同。

二、典型案例基本案情

案例来源:"海南鹿业发展公司(以下简称鹿业发展公司)与海南联合资产管理有限公司(以下简称联合资产公司)借款合同纠纷再审案"[(2018)最高法民申4702号]。

海南省鹿场基于借贷合同,对中国工商银行琼山县支行有3,350,000元本金尚未偿还。2004年10月28日,中国工商银行海南省分行向联合资产公司转移上述贷款债权。此后多年间,联合资产公司多次在海南日报上向海南省鹿场催收上述贷款债权,因此诉讼时效一直中断。2006年10月26日,海南省鹿场与鹿业发展公司同时出具证明,证实"海南省鹿场(海南鹿业发展公司)是海南省农牧业发展总公司(鹿业发展公司)下属国有企业,为一套人马,两块牌子"。在历年的海南省鹿场及鹿业发展公司的人员任命中存在一人同时或前后担任海南省鹿场及鹿业发展公司领导职务的情形。海南省鹿场作为出租人与数家单位签订的租赁协议中,出租的土地位于灵山143亩土地范围内,该土地实际登记在鹿业发展公司名下。

三、典型案例争议焦点

鹿业发展公司与海南省鹿场是否构成人格混同,鹿业发展公司是否应对涉案借款承担连带清偿责任?

四、典型案例法院裁判观点

最高人民法院认为:第一,根据现有证据,该案可以认定鹿业发展公司和海南省鹿场人格混同。首先,鹿业发展公司与海南省鹿场存在财产混同。原审查明,鹿业发展公司是案涉灵山143亩土地所登记的国有土地使用权人,但长期以来实际是海南省鹿场在使用该土地。海南省鹿场在1997年以自己的名义将该土地抵押给中国农业银行原琼山市支行,自2002年以来又以自己的名义与数家公司签订了该土地的租赁协议,还于2016年以自己的名义为鹿业发展公司补缴了该土地的相关税款。由此可见,两公司对该土地共同享有权益,二者财产明显混同。其次,鹿业发展公司和海南省鹿场存在财务混同。海南省鹿场为鹿业发展公司补缴灵山土地的相关税款,海南省社会保险费通用缴款书和两公司向海南省工商行政管理局出具的证明可证明两公司为共同的员工共同缴纳一份社保,可见二者在财务上是混同的。最后,鹿业发展公司和海南省鹿场存在人员混同。鹿业发展公司和海南省鹿场存在一人同时或者前后兼任两公司法定代表人的情况,农牧业总公司、鹿业发展公司和海南省鹿场亦曾在不同时期不同场合均出具证明称该两公司是"一套人马,两块牌子",足以证明两公司在人员上是混同的。综上,鹿业发展公司和海南省鹿场在财产、财务、人员等方面均有混同,足以认定二者人格混同。

第二,鹿业发展公司和海南省鹿场的人格混同,损害了债权人联合资产公司的合法利益。该案中,农牧业总公司向海南金城国有资产管理公司发出的关于省鹿场土地合同开发有关遗留问题的请示载明:"省鹿场原背负的金融机构及其他债务本金近3000万元,都需要盈金公司从合作盘活该资产中予以解决……鹿场其他债务的偿还也将难以兑现。"由此可见,除了鹿业发展公司名下的143亩土地,海南省鹿场已无其他资金来源可供偿还案涉借款。在此情形下,只有认定鹿业发展公司与海南省鹿场人格混同,才能保障债权人联合资产公司的利益得以实现。因此,虽然鹿业发展公司与海南省鹿场表面上是彼此独立的公司,但两公司之间已实际构成了人格混同,其行为违背了法人制度设立的宗旨,违反了诚实信用原则,损害了债权人利益。因此,该案与最高人民法院指导案例15号的基本案情相类似,原审判令鹿业发展公司对案涉借款承担连带清偿责任,并无不当。

五、延伸阅读

(一)财产混同是认定人格混同的核心标准,人员混同、业务混同、决策混同等仅可作为补强要件,而不能单独作为认定人格混同的依据

案例1 "山东临淄农村商业银行股份有限公司(以下简称临淄农商行)与淄博明珠物资有限公司(以下简称明珠公司)、淄博泉泰经贸有限公司、金旗瑞公司等金融借款合同纠纷申请再审案"[(2015)民申字第213号]。

最高人民法院认为:该案中,临淄农商行主张明珠公司与金旗瑞公司人格混同,导致各自财产无法区分,请求判令明珠公司对金旗瑞公司在该案所涉担保债务承担连带责任,并为此提供了相关证据。针对临淄农商行的该项诉请,原审判决确认如下事实:明珠公司与金旗瑞公司的工商登记联系电话及工商登记住址一致;两公司工商登记的经办人为同一人吕某,其在经办两公司工商登记手续时,既不是明珠公司的职工,也不是金旗瑞公司的职工;两公司均在吉林延边农村商业银行股份有限公司开立有银行账户;在2007年4月至2009年1月间,王某刚在两公司均任股东,此后,两公司股东不再有重合;两公司的股东成员之间存在亲属关系;金旗瑞公司于2012年年底将215辆汽车所有权过户于明珠公司名下。上述事实表明,金旗瑞公司与明珠公司存在关联关系,并且金旗瑞公司向明珠公司转移了资产。因此,确认金旗瑞公司与明珠公司是否存在人格混同的情形,应进一步查明金旗瑞公司与明珠公司是否存在财产混同,以及其向明珠公司转移资产是否有合法的依据。该案中临淄农商行无法进一步举证金旗瑞公司与明珠公司具体财务状况,明珠公司抗辩认为其与金旗瑞公司不存在财产混同,其应当承担相应的举证责任。原审判决没有查明相关事实即认定明珠公司与金旗瑞公司不存在财产混同,事实依据不足,适用法律不当。

由该案可知,公司之间在经营场所、经营范围、高管任职等方面存在时间或者空间交叉的情形并不足以认定公司丧失独立承担民事责任的资格,确认是否存在人格混同,应进一步查明财产是否混同。在财产混同的举证方面,应适用举证责任倒置规则,由有能力提供抗辩证据的被告来证明其不存在财产混同的事实,如若不能证明的,应认定关联方存在财产混同的事实。

案例2 "国电华北电力有限公司太原第一热电厂(以下简称一电厂)、国电太一发电有限责任公司(以下简称太一公司)买卖合同纠纷案"[(2018)最高法民申656号]。

最高人民法院认为:对公司的法人人格否认问题,应从严把握。原判决根据查明的交易流程、三家公司地址相同,以及中国国电集团网站公布的"一电厂和太一公司是一套人马,两块牌子"认定一电厂和太一公司两个公司属于人员混同有一定的依据,但是认定一电厂、太一公司、晋阳公司3个公司构成混同明显依据不足。在此基础上判令一电厂、太一公司对案涉欠款承担责任,属适用法律错误。再审审查中,太原公司认为,贾某生、孟某燕、赵某是太一公司的工作人员,却在晋阳公司任职,晋阳公司委托太一公司人员签订合同,故证明3家公司存在混同。对此再审法院认为,首先,太一公司作为晋阳公司的股东,派员到晋阳公司任职属于正常现象,并不能证明3家公司在人员上存在混同。其次,在公司业务上,虽然3家企业实际经营中涉及电力生产等相关业务,但是3家公司在厂区均有各自的独立发电机组,五期属于一电厂,六期属于太一公司,十六号机组属于晋阳公司,业务上相互独立。最后,在公司财务上,3家公司在结算上相互独立,各自开具结算发票等。太原公司所主张的一电厂、太一公司和晋阳公司构成人格混同的理由亦不能成立。

由该案可知,首先,法人股东派员到下属公司任职属于正常现象,不能认定人员混同;其次,虽然经营范围相同,但生产资料各自独立,不能认定业务混同;最后,由于各公司在结算上各自开具发票,财产相互独立,不能认定财务混同。

(二)控股公司对子公司的一体化管理及合并报表并不必然导致子公司丧失法人人格

案例3 "中国华融资产管理股份有限公司深圳市分公司与青海水泥厂、青海水泥厂股份有限公司(以下简称青海水泥公司)、青海盐湖新域资产管理有限公司(以下简称盐湖新城公司)、青海盐湖工业股份有限公司(以下简称盐湖股份公司)金融借款合同纠纷案"[(2015)民二终字第244号]。

最高人民法院认为:盐湖股份公司是盐湖新域公司的控股股东,盐湖新域公司是青海水泥公司的控股股东,盐湖股份公司通过盐湖新域公司间接控股青海水泥公司,对青海水泥公司等企业的统一管理,可以是基于股权法律关系,通过行使股权来实现,因此,不能简单认为控股公司对子公司的一体化管理必然会导致子公司丧失独立法人人格。

关于合并报表是否表明青海水泥公司丧失独立人格。根据财政部制定的《企业会计准则第33号——合并财务报表》,合并财务报表是指反映母公司和其全部子公司形成的企业集团整体财务状况、经营成果和现金流量的财务报表;母公司是指控制一个或一个以上主体(含企业、被投资单位中可分割的部分,以及企业所控制的结构化主体等)的主体;控制是指投资方拥有对被投资方的权力,通过参与被投资方的相关活动而享有可变回报,并且有能力运用对被投资方的权力影响其回报金额。可见,合并报表仅表明母公司对子公司的控制,并不能以合并表报为由简单得出子公司丧失独立法人人格的结论。

由该案可知,母公司基于股权法律关系实现的一体化管理不能直接得出子公司丧失独立法人人格的结论,合并财务报表表明母公司对子公司的控制与投资收益,仅为形式上的合并,并不属于不作财务记载或账簿不分的情形,不能认定财务混同。

(三)公司向股东的单笔转账行为尚不足以证明公司和股东构成人格混同

案例4 "海南碧桂园房地产开发有限公司(以下简称碧桂园公司)与三亚凯利投资有限公司(以下简称凯利公司)、张某男等确认合同效力纠纷案"[(2019)最高法民终960号]。

最高人民法院认为:2017年8月7日,碧桂园公司向凯利公司转账3.2亿元,次日凯利公司向张某男转账2951.8384万元。张某男提交了《借款协议》《还款协议书》以及凯利公司向河南省驻马店市中级人民法院转账3000万元的转账凭证,但未提交其向凯利公司支付《借款协议》约定的2000万元借款的银行转账凭证,未能形成完整证据链证明张某男与凯利公司之间存在真实有效的借款关系。原审判决认定,张某男所提交证据不能证明凯利公司向张某男转账支付的2951.8384万元是凯利公司向其归还的借款,并无不当。但是,认定公司与股东人格混同,需要综合多方面因素判断公司是否具有独立意思、公司与股东的财产是否混同且无法区分、是否存在其他混同情形等。

该案中,凯利公司该单笔转账行为尚不足以证明凯利公司和张某男构成人格混同。并且,凯利公司以《资产转让合同》目标地块为案涉债务设立了抵押,碧桂园公司亦未能举证证明凯利公司该笔转账行为严重损害了其作为债权人的利益。因此,凯利公司向张某男转账2951.8384万元的行为,尚未达到否认凯利公司的独立人格的程度。原审法院依据《公司法》第20条第3款径行判令张某男对该案中凯利公司的全部债务承担连带责任不当,二审法院予以纠正。

作为凯利公司股东的张某男在未能证明其与凯利公司之间存在交易关系或者借贷关系等合法依据的情况下,接收凯利公司向其转账2951.8384万元,虽然不足以否定凯利公司的独立人格,但该行为在客观上转移并减少了凯利公司资产,降低了凯利公司的偿债能力,张某男应当承担相应的责任。该笔转款2951.8384万元超出了张某男向凯利公司认缴的出资数额,根据举重以明轻的原则并参照《公司法解释三》第14条关于股东抽逃出资情况下的责任形态的规定,张某男应对凯利公司的3.2亿元及其违约金债务不能清偿的部分在2951.8384万元及其利息范围内承担补充赔偿责任,其中利息以2951.8384万元为基数按中国人民银行公布的同期同档次贷款利率自2017年8月8日起计算至2019年8月20日,按全国银行间同业拆借中心公布的贷款市场报价利率自2019年8月21日起分段计算至张某男实际履行完毕补充赔偿责任之日止。

由该案可知,公司向股东单笔转账行为尚不足以证明公司和股东构成人格混同,但该行为在客观上转移并减少了公司资产,降低了公司的偿债能力,股东应当对公司债务在转账财产范围内承担补充赔偿责任。

(四)人格混同的举证责任分配规则:合理怀疑证明+举证责任倒置

案例5 "三亚嘉辰房地产开发有限公司因与海马汽车集团股份有限公司股东损害公司债权人利益责任纠纷案"[(2015)民二终字第85号]。

最高人民法院认为:根据2008年《最高人民法院关于民事诉讼证据的若干规定》第7条"在法律没有具体规定,依本规定及其他司法解释无法确定举证责任承担时,人民法院可以根据公平原则和诚实信用原则,综合当事人举证能力等确定举证责任承担"的规定,在审理法人人格否认案件时,考虑到债权人处于信息劣势而举证困难等因素,人民法院通常会根据上述规定合理分配举证责任,在债权人用以证明股东滥用公司法人独立地位和股东有限责任的证据令人产生合理怀疑的情形下,将没有滥用的举证责任分配给被诉股东。但上述举证责任调整的前提,应是作为原告方的债权人已举出盖然性的证据证明股东存在滥用公司法人独立地位和股东有限责任的行为以及由此产生了损害的结果,而不是当然的举证责任倒置。

由该案可知,股东通过操纵公司侵害公司债权人利益的行为,往往比较隐蔽。公司债权人作为外部主体,通常因信息不对称而举证困难。此时,人民法院可依据公平原则和诚实信用原则,合理分配案件各方当事人的举证责任,但如果债权人举证未达到法人人格混同的合理怀疑程度,不适用举证责任倒置规则。

实务建议

1. 举证责任分配规则:合理怀疑证明+举证责任倒置

根据"谁主张,谁举证"这一民事诉讼的基本举证规则,外部债权人请求滥用权利的股东对公司不能清偿的债务与公司一同承担连带赔偿责任,首先应由债权人承担相应事实的举证责任,具体包括:

(1)存在股东对法人独立地位和股东有限责任的滥用,符合人格混同情形;

(2)产生了严重损害公司债权人利益的结果,一般为债权无法得以实现;

(3)滥用权利行为与损害后果之间存在因果关系。

在债权人提供盖然性证据令人产生人格混同的合理怀疑后,据上述(2015)民二终字第85号案例,最高人民法院考虑到债权人处于信息劣势的地位,将没有滥用权利的举证责任分配给被告股东实为公平原则在举证责任分配过程中的一个体现。

2. 财产混同是法人人格混同判定的关键要件,决策混同、管理人员混同、业务混同等其他混同是补强要件

《九民纪要》中第10条明确规定:认定公司人格与股东人格是否存在混同,最根本的判断标准是公司是否具有独立意思和独立财产,最主要的表现是公司的财产与股东的财产是否混同且无法区分。在出现人格混同的情况下,往往同时出现以下混同:公司业务和股东业务混同;公司员工与股东员工混同,特别是财务人员混同;公司住所与股东住所混同。人民法院在审理案件时,关键要审查是否构成财产混同,而不要求同时具备其他方面的混同,其他方面的混同往往只是人格混同的补强。

据此,财产混同是认定法人人格混同的充分条件,而决策混同等其他混同仅仅是补强要件,从前述(2015)民申字第213号、(2018)最高法民申656号两个案例来看,司法实务中的判决观点和《九民纪要》规定一致。之所以强调财产混同在判定法人人格混同中的关键地位,主要是因为公司拥有独立的财产是公司内部运行、外部交易的基本物质条件。

第八节 资本显著不足情形下的法人人格否认

《公司法》第20条第3款规定:"公司股东滥用公司法人独立地位和股东有限责任,逃避债务,严重损害公司债权人利益的,应当对公司债务承担连带责任。"此条款即规定了法人人格否定制度。实践中法人人格否认的常见情形包括人格混同、过度支配与控制、资本显著不足等。《九民纪要》就法人人格否认进行了规则完善,其中第12条专门就"资本显著不足"进行了规定,下文将结合多个司法案例,专就资本显著不足的表现形式进行归纳总结。

一、裁判要旨

公司经营过程中,股东实际投入公司的资本数额与公司经营所隐含的风险相比明显不匹配,股东利用较少资本从事力所不能及的经营,表明其没有从事公司经营的诚意,构成"资本显著不足",应对公司债务承担连带责任。

二、典型案例基本案情

案例来源:"上海福佩克石油化工有限公司(以下简称福佩克公司)、中海外赛宝(上海)实业有限公司(以下简称赛宝公司)买卖合同纠纷案"[(2019)最高法民终1069号]。

茂昌公司成立于2016年10月25日,注册资本2000万元,股东张某认缴出资1000万元,李某如认缴出资1000万元,出资时间为2038年10月25日,该案诉讼时,股东实缴出资为0元。原告福佩克公司、赛宝公司向三角洲公司采购货物,并通过茂昌公司将款项支付给三角洲公司。自2016年11月28日至12月5日,福佩克公司、赛宝公司共计向茂昌公司账户转款107,134,710.17元,三角洲公司收到自茂昌公司账户转来的贷款103,051,710.17元,相差约408.3万元,福佩克公司、赛宝公司遂向法院起诉,要求茂昌公司返还多余的408.3万元,股东张某、李某如未完成出资,应对该款项承担连带支付责任。

三、典型案例争议焦点

如茂昌公司需返还408.3万元,张某、李某如应否对该项债务承担连带清偿责任?

四、典型案例法院裁判观点

最高人民法院认为:关于张某、李某如应否对茂昌公司的前述债务承担补充赔偿责任问题。该案中,茂昌公司的注册资本尽管为2000万元,但股东的认缴出资期限则为2038年10月25日,到二审庭审之时其实缴出资仍为0元。而其从事的经营行为,仅与该案有关的合同纠纷标的额就高达1亿多元。茂昌公司在设立后的经营过程中,其股东实际投入公司的资本数额与公司经营所隐含的风险相比明显不相匹配。股东利用较少资本从事力所不能及的经营,表明其没有从事公司经营的诚意。不仅如此,在股东没有任何实际出资,而茂昌公司的股东张某又在缺乏合法原因的情况下,擅自转走茂昌公司的账内资金408.3万元,这势必导致茂昌公司缺乏清偿能力,从而严重损害公司债权人的利益,其实质是滥用公司独立人格和股东有限责任把投资风险转嫁给债权人。根据《公司法》第20条第3款之规定,张某应当在其转走的408.3万元范围内与茂昌公司承担连带责任。

五、延伸阅读

(一) 资本规模与经营风险不匹配,适用法人人格否认规则

案例1 "高某、襄阳和德汽车贸易有限公司买卖合同纠纷案"[(2019)鄂06民终2802号]。

湖北省襄阳市中级人民法院认为:综合判断上诉人提交的证据以及被上诉人提交的证据,虽然不足以认定和德汽车贸易公司的财产与其股东葛某的财产混同且无法区分,但被上诉人认可其控股股东实际投入和德汽车贸易公司的资本仅为15万元。而和德汽车贸易公司系从事汽车及配件销售等业务的公司,其设立后在经营过程中,从事了多笔汽车销售业务,故其股东实际投入和德汽车贸易公司的资本数额与和德汽车贸易公司经营所隐含的风险相比明显不匹配,和德汽车贸易公司的资本显著不足。和德汽车贸易公司股东利用较少资本从事力所不及的经营,表明其没有从事和德汽车贸易公司经营的诚意,实质是恶意利用公司独立人格和股东有限责任把投资风险转嫁给债权人,被上诉人也认可和德汽车贸易公司现无资产清偿上诉人高某的债权。上述情形属于《公司法》第20条第3款规定的"公司股东滥用公司法人地位和股东有限责任,逃避债务,严重损害公司债权人利益"的情形。根据该法第20条第3款的规定,和德汽车贸易公司的控股股东葛某应当对和德汽车贸易公司的债务承担连带责任。

由该案可知,公司资本规模与经营风险不匹配,具体是实际投入资本规模与经营性资产规模不匹配,此为"资本显著不足"的含义所在。

(二) 股东没有实缴资本,公司实为"空壳公司",适用法人人格否认规则

案例2 "广州市广善美投资有限公司(以下简称广美公司)、甘某银建设工程施工合同纠纷案"[(2020)粤01民终2454号]。

广东省广州市中级人民法院认为:关于甘某银、甘某腾是否应当对该案债务承担补充赔偿责任的问题。根据《公司法》第20条第3款的规定,"公司股东滥用公司法人独立地位和股东有限责任,逃避债务,严重损害公司债权人利益的,应当对公司债务承担连带责任",该案中甘某银、甘某腾作为股东仅有认缴资本且其认缴期限至2036年,广美公司作为投资性质的公司与对方进行交易时没有实缴资本,实为"空壳公司",与其经营风险明显不匹配。这一行为实质是恶意利用公司独立人格和股东有限责任把投资风险转嫁给债权人,属于滥用公司法人独立地位和股东有限责任情形中的资本显著不足,应适用上述关于公司人格否认的规定认定甘某银、甘某腾应对该涉案债务承担连带责任。

由该案可知,股东实缴出资为0元,公司实际为"空壳公司",此为"资本显著不足"的一种情形。

(三)股东对公司进行不正当支配或控制,挪用公司财产,适用法人人格否认规则

案例 3 "邱某新等与葛某霞买卖合同纠纷再审案"[(2017)吉民申 886 号]。

吉林省吉林市中级人民法院认为:该案中,葛某霞提供的证据可以证明森东公司与其股东邱某新、宋某辉之间发生了多笔、多次的银行转款,而森东公司自 2011 年 7 月 4 日收到葛某霞货物,至今尚有 105 万元货款并未支付;再结合一审、二审中查明的其他事实,可以认定邱某新、宋某辉对森东公司支付葛某霞 105 万元货款的债务应当承担连带给付责任,故一审判决结果正确,应予维持。

吉林省高级人民法院认为:葛某霞提供的证据可以证明森东公司与其股东邱某新、宋某辉之间发生了多次、巨额的资金流动,且森东公司的偿债能力不足。邱某新、宋某辉未能提供证据证明发生资金流动的原因。因此,可以认定森东公司存在其股东邱某新、宋某辉对公司进行不正当支配和控制情形,致使森东公司资本显著不足,影响公司对外承担清偿债务的物质基础。二审法院根据《公司法》第 20 条第 3 款"公司股东滥用公司法人独立地位和股东有限责任,逃避债务,严重损害公司债权人利益的,应当对公司债务承担连带责任"的规定,维持一审判决,适用法律并无不当。

由该案可知,造成资本显著不足的原因可能是股东对公司进行不正当的支配和控制,挪用公司财产,导致公司资本显著不足,偿债能力下降(净资产减少),最终由股东对公司无法清偿的债务承担连带责任。

(四)公司资本不足以维持公司必需的经营支出,适用法人人格否认规则

案例 4 "湖南麟辉建设集团有限公司诉湖南力邦湘博仓储管理有限公司(以下简称力邦湘博公司)等建设工程施工合同纠纷案"[(2013)天民初字第 1412 号]。

湖南省长沙市天心区人民法院认为:该案中,虽然力邦湘博公司与其三股东之间在财产、财务、人员、机构、业务等方面均是相互独立的,三股东也已经足额缴纳了出资且没有抽逃注册资金的行为,但从该公司股权资本看,力邦湘博公司的注册资本只有 500 万元,而力邦湘博公司第一年需要支付的土地租金达 200 万元,力邦湘博仓储项目基建工程这一土建项目的投资预算总价需要 480 余万元(被告力邦湘博公司招标文件要求报价不高于 490 万元,原告实际投标中标价为 4,881,881.44 元)。除以上两笔大额支出外,力邦湘博公司明显需要支出的其他大额费用还有护坡设计费、护坡工程款(实际支出了 437,260 元)、货场设计费(实际支出了 48,800 元)、变电箱移位款(实际支出了 139,000 元)、钢结构厂房款(实际支出了 520,000 元)。此外,力邦湘博公司维持运转还需要其他如管理人员工资、员工工资、办公费、水电费、业务费等日常开支。从以上几笔明显需要的大额支出即可看出力邦湘博公司在设立时其注册资本 500 万元明显不足,该公司在刚刚注册成立 9 个月内即不能维持正常经营,其注册资金已经全部用完,但是该公司仅仅支付了 80 万元的工程款,无法付清正常的工程进度款。被告力邦湘博公司已无其他财产,被告力邦物流公司、博长钢铁公司、联创控股公司作为力邦湘

博公司的股东,其投入的资本500万元显然不足以维持和应付力邦湘博公司独立经营的基本需求,该500万元注册资本与力邦湘博公司经营的规模和隐含的风险相比较明显不足。这意味着股东的目的在于利用公司独立人格和股东有限责任将其投资风险降到最低,并通过公司独立人格形式把过多的投资风险转嫁给公司债权人即该案原告。

因此,从公平正义和诚信信用原则和禁止权利滥用原则角度考虑,该案中可认定三股东的行为系滥用公司法人独立地位和股东有限责任,逃避债务,严重损害公司债权人利益,根据《公司法》第20条第1款、第3款之规定,三股东应当对力邦湘博公司的债务承担连带责任。

由该案可知,股东出资形成的公司资本不足以维持和应付公司独立经营的基本需求,推定股东存在滥用法人独立地位和股东有限责任逃避债务的主观恶意,因此,应对公司债务承担连带责任。

(五) 高风险行业公司资本显著不足,股东应担责

案例5 "王某与安徽腾龙创富金融信息服务有限公司(以下简称腾龙公司)、季某龙委托理财合同纠纷案"[(2017)皖0123民初4502号]。

安徽省肥西县人民法院认为:就该案查明的事实来看,腾龙公司符合我国《公司法》规定的法人人格否认情形,原股东蒋某生、季某龙依法应就案涉债务在未出资本息范围内承担连带责任。理由如下:

期货市场风云变幻,损益难测,高风险和高回报并存。腾龙公司从事的是期货代理业务,用专业知识代理原告操作期货资金账户,属从事较高风险业务的经营活动。从腾龙公司所从事的行业性质和该行业容易发生的风险程度来看,腾龙公司应当具备一定数量的合理资本以应付资本市场的风险损失。但是,腾龙公司在成立时,两原始股东实缴出资皆为0元,且在设立登记后的经营过程中直至对外转让全部股权之日,亦未缴纳一分钱出资,腾龙公司资本显然不符合公司经营业务、规模和经营风险的最低要求,呈现出公司资本显著不足的状态。

腾龙公司法人人格应被否认,公司面纱应被刺穿,两个原始股东不应再享受股东有限责任的庇护,也不宜再享受认缴制下出资期限利益的保护,而应当在未出资本息范围内对案涉债务承担连带清偿责任。

由该案可知,考虑特殊行业的经营目的是从事高风险的经营活动,如从事期货交易业务,属于风险较高的经营活动,这就要求公司具有一定数量的资本以应对资本市场的风险。若期货公司实缴资本为0元,其资本显著不足,则公司法人人格应被否定,股东应对公司债务在其认缴出资本息范围内承担连带责任。

实 务 建 议

1. 公司法人人格否认制度的理论依据

公司法人人格独立与股东有限责任是公司制度得以确立的基石,但是股东为了追求利益的最大化而利用其在法人制度中的优势地位,实施滥用法人人格的行为,损害债权人的利益,而在其受到法律追究时又主张只承担有限责任,这导致了股东与债权人之间明显的利益失衡。为此,《公司法》第20条第1款、第3款明确规定,"公司股东应当遵守法律、行政法规和公司章程,依法行使股东权利,不得滥用股东权利损害公司或者其他股东的利益;不得滥用公司法人独立地位和股东有限责任损害公司债权人的利益","公司股东滥用公司法人独立地位和股东有限责任,逃避债务,严重损害公司债权人利益的,应当对公司债务承担连带责任"。这是对公司法人人格否认制度的规定。

2. 公司法人人格否认的认定条件

对于究竟如何界定公司股东滥用法人独立地位和股东有限责任,《公司法》和相关司法解释没有明确规定,对此,法院一般是根据公平正义、诚实信用和禁止权利滥用等民法基本原则进行判断,进而认定股东是否需对公司债务承担连带责任。

一般认为,股东对公司债务直接承担连带责任应满足以下条件:

(1)股东实施了滥用公司人格和股东有限责任逃避债务的行为。

(2)严重损害公司债权人的利益。

(3)滥用公司人格行为与债权人利益损害之间具有因果关系。

关于何为滥用公司法人人格逃避债务,法院一般认为滥用公司法人人格在实践中主要表现为公司股权资本显著不足,或者公司股东与公司在财产、财务、人员、机构、业务等方面高度混同,或者股东对公司进行不正当支配和控制等情形。

3. 股东的出资义务与公司资本显著不足的认定

注册资本是公司最基本的资产,确定和维持公司一定数额的资本,对于奠定公司基本的债务清偿能力,保障债权人利益和交易安全具有重要价值。股东出资是公司资本确定、维持原则的基本要求,出资是股东最基本、最重要的义务。股东创业时,应当诚实地投入足以应付生意损失和风险的充足资本。在判断公司法人人格是否应被否认时,公司资本是否相对充足是需要考量的一个重要因素。如果股东只有名义资本或者没有注入任何资本,或投入的资本与其从事的生意及其包含的风险相比,只是象征性的和微不足道的,那么在资本不足以对债权人承担责任的基础上成立公司从事经营活动,这本身就构成对公司独立人格的滥用,就可能成为否认公司独立主体资格的一个重要理由。

股权资本显著不足,是指股东投入公司的股权资本与公司从债权人筹措的债权资本之间明显不成正比的公司资本现象,具体有以下情形:

(1)股东尚未实缴出资,或者虽已实缴,但显著低于该公司从事的行业性质、经营规模、雇工规模和负债规模所要求的股权资本。

(2)股东出资低于最低注册资本的情况,如某些商事特别法中对保险公司、保理公司、融资租赁公司等仍然具有最低注册资本要求。

(3)股东滥用权利,对公司过度支配和控制,挪用公司资金,抽逃出资,导致公司无清偿能力。

4. 对公司法人人格否认的举证

公司独立人格和股东有限责任乃是公司常态,法人人格否认则为个案例外和极端情形,非有充分正当证据,法院难以支持当事人关于法人人格否认的诉讼主张。

《九民纪要》确定滥用行为包含人格混同、过度支配与控制、资本显著不足等情形。在公司人格否认情形下,控股股东往往会同时存在过度支配与控制、挪用公司资金、与公司财产混同、不当减少公司资本等违法行为,原告方应尽可能从多方面搜集证据进行举证,增强人格否认认定的事实基础。同时,在已经提出了具有高度盖然性证据的情况下,应向法院主张举证责任倒置,由被告股东对自己行为的合法性承担举证责任。

5. 公司人格否认的结果:股东对公司债务承担连带责任

彻底否认法人独立地位和股东有限责任,股东应该对公司债务承担连带清偿责任,并不应受其认缴出资本息范围的限制,从上述案例来看,大多数法院也都是作此责任认定。

但是,有的法院却判决股东在其未出资本息范围内对公司债务承担清偿责任,比如上述"王某与腾龙公司、季某龙委托理财合同纠纷案"[(2017)皖0123民初4502号]中,法院就认定股东在其认缴而未实缴出资的本息范围内承担连带责任。

后一种判决观点值得商榷,因为这实际上还是在坚守股东的有限责任,而法人人格否认规则下,股东并不以其出资为限承担公司债务。

第二十章

公司盈余分配

获得盈余分配是股东最重要的权益,也是股东投资入股的初衷和目的,而进行盈余分配是公司的决定,需要通过召开股东会决议。不同股东基于不同的考虑可能会有不同的想法,如有的股东认为公司应该用利润扩大再生产,大家应该"勒紧裤腰带先过苦日子",以后"赚大钱"后再分配,而有的股东是"知足常乐"的心理,希望公司赚一点就分一点。这种关于创业格局的分歧虽然在所难免,但是都能够通过公司的治理获得解决,比如资本多数决规则下公司是否分配以及如何分配的方案由代表 1/2 以上多数的股东通过即可形成公司的最终决议。这是合法有效的处理公司盈余分配分歧的途径。

但是,道德风险无处不在,大股东可能并不是基于公司发展的需要不愿意分配,而是认为公司是自己一手管理经营出来的,小股东并未参与经营,公司所取得的成就都是自己的功劳,公司所有的可分配利润都应该归属于自己,所以,大股东可能就会通过各种方式转移公司资金,如职务侵占、关联交易、挪用资金,对关联人的贷款、担保等。如此造成公司表面上无可供分配的利润,此时小股东该如何维权?

《公司法》第 20 条第 2 款规定,"公司股东滥用股东权利给公司或者其他股东造成损失的,应当依法承担赔偿责任";第 21 条规定,"公司的控股股东、实际控制人、董事、监事、高级管理人员不得利用其关联关系损害公司利益。违反前款规定,给公司造成损失的,应当承担赔偿责任";第 149 条规定,"董事、监事、高级管理人员执行公司职务时违反法律、行政法规或者公司章程的规定,给公司造成损失的,应当承担赔偿责任";第 152 条规定,"董事、高级管理人员违反法律、行政法规或者公司章程的规定,损害股东利益的,股东可以向人民法院提起诉讼"。可见,大股东滥用权利损害公司或者其他股东权益的,公司和其他股东都有权要求大股东赔偿损失。

《公司法解释四》第 14 条规定:"股东提交载明具体分配方案的股东会或者股东大会的有效决议,请求公司分配利润,公司拒绝分配利润且其关于无法执行决议的抗辩理由不成立的,人民法院应当判决公司按照决议载明的具体分配方案向股东分配利润。"第 15 条规定:"股东未提交载明具体分配方案的股东会或者股东大会决议,请求公司分配利润的,人民法院应当驳回其诉讼请求,但违反法律规定滥用股东权利导致公司不分配利润,给其他股东造成损失的除外。"

根据上述规定,可以将股东的利润分配请求权根据公司是否已经形成了有效的分配决议分为抽象的利润分配请求权和具体的利润分配请求权。若公司已经形成分配决议,则股东有权依据该决议要求分配,公司拒不分配的,股东可通过诉讼主张权利。若公司尚未形成任何关于分配方案的股东会决议,则股东很难要求公司分配利润,除非,公司或大股东、实际控制人存在违反法律规定滥用股东权利导致不分配利润的情况。

第一节 具有分配内容的股东协议能否作为盈余分配的根据

股东提起利润分配请求的依据应该是载有利润分配方案的股东会决议,但是,实务案例中,很多发生争议的案件,都是因为原告据以主张利润分配的证据不够严谨,比如股东之间关于公司净资产的分配约定,或者对某项公司收入的分配约定,这些协议能否替代股东会决议? 根据如下典型案例,可以发现法院对此的要求较严,不仅要求有公司利润分配的内容要求,还要有股东会决议的形式要求。

案例1 "廖某宁、深圳市中鸿科技发展有限公司(以下简称中鸿公司)等公司盈余分配纠纷案"[(2021)最高法民申6570号]。

最高人民法院认为,廖某宁的再审申请事由依法不成立,理由如下:

《公司法解释四》第15条规定:"股东未提交载明具体分配方案的股东会或者股东大会决议,请求公司分配利润的,人民法院应当驳回其诉讼请求,但违反法律规定滥用股东权利导致公司不分配利润,给其他股东造成损失的除外。"即股东请求利润分配的前提是提交载明具体分配方案的决议,而廖某宁认为2015年1月15日签订的《关于几家公司股东股份更改协议》即中鸿公司利润分配协议。但该协议内容主要是廖某宁、邓某及尹某对包括中鸿公司在内的4家公司股份占有情况进行重新调整,其中第6条明确约定,在此协议生效的前提下进行一次分配,廖某宁获得公司净资产的75%,邓某获得其余的25%,公司的固定资产及库存将以货币的形式折算。该条款是对中鸿公司净资产进行结算和分配的约定,不是公司利润分配协议,廖某宁主张该条款为公司利润分配方案依据不足。同时根据该条款规定,分配资产或利润的前提条件是协议生效,但该协议主要约定的是包括中鸿公司在内的4家公司的股权变更情况,廖某宁未提供4家公司的所有股东构成(代持)情况、公司章程及相应的股东会决议,无法证实该协议经4家公司法定程序认可,该协议是否生效无法确定,廖某宁要求分配资产或利润的条件不成就。即使该协议第6条是中鸿公司利润分配的约定,廖某宁据此主张按照资产负债表或公示的财务报表进行利润分配,但资产负债表及公示的财务报表未经双方共同签字确认,亦非中鸿公司股东共同确认的结算结果,中鸿公司股东未达成利润分配的一致,廖某宁也未举证证明邓某存在违反法律规定滥用股东权利导致公司不分配利润,给其他股东造成损失的情况。因此廖某宁请求中鸿公司分配利润,缺乏理据。

案例2 "陈某仰、商洛市商州区金岭矿业有限公司(以下简称金岭矿业公司)等公司盈余分配纠纷案"[陕西省商洛市中级人民法院(2022)陕10民终227号]。

该案的争议焦点为上诉人要求分配公司盈余是否具有法律和事实依据。

二审法院认为:首先,《公司法解释四》第14条规定,股东请求公司分配利润的,应提交载明具体分配方案的股东会或者股东大会决议。本案中,上诉人提交的确认书和《股东协议》虽约定有相关矿山转让款的分配内容,但其形式与股东会或者股东大会决议不同,股东要求利润分配仍需通过召开股东会形成具体有效决议。

其次,公司盈余分配的前提是公司必须具有可分配盈余。该案中,金岭矿业公司营业执照虽已被吊销,但其并未解散、清算、注销,相关善意债权人的权益、公司财务状况均不明,仍需通过召开股东会或清算确定具体盈余后再行分配,且上述股东协议亦有"待成本确定后,扣除成本再行分配"之约定。

因此,上诉人请求判决分配公司利润缺乏事实及法律依据,相关上诉请求二审法院不予支持,一审法院裁定驳回起诉并无不当。上诉人相关股东权利可另行主张。

实务建议

股东协议中关于公司净资产结算和分配的约定,以及对公司某项收入进行分配的约定都很难成为公司盈余分配的依据,他们在形式和内容上都有所欠缺。另外,股东的利润分配请求权只有在公司存在盈余之时才能实现,是否有盈余,也须对公司财务进行清算才能确定。如果公司已经面临破产清算,股东基于股权产生的利润分配请求权当然无实现的条件。如果公司已经对利润分配方案进行了有效的决议,股东与公司之间就形成了一项债权请求权,那么可以在公司破产清算中申报,但也只能在普通破产债权得到破产清偿后进行清偿。

从此类案件的裁判标准可知,对股东而言,要想在盈余分配案件中胜诉,除非有证据证明股东存在滥用权利转移公司资金的违法行为,否则载有利润分配方案的股东会决议是必不可少的。另外,还须公司存在可分配盈余,欠缺上述任何一项,该项请求权都不会得到司法支持。

第二节 滥权股东对公司盈余分配给付不能承担赔偿责任

盈余分配义务的给付主体是公司,当公司的应分配资金因被部分股东变相分配利润、隐瞒或转移公司利润而不足以现实支付时,不仅直接损害了公司的利益,也间接损害了其他股东的利益,股东有权通过司法途径强制进行盈余分配,在公司无法给付时,由实施违法行为的股东承担赔偿责任。

一、典型案例基本案情

案例来源:"甘肃居立门业有限责任公司(以下简称居立门业公司)与庆阳市太一热力有限公司(以下简称太一热力公司)、李某军公司盈余分配案"[(2016)最高法民终528号]。

2006年3月,李某军和张某龙设立太一热力公司,李某军是公司执行董事和法定代表人。此外,李某军还是兴盛建安公司法定代表人。

2007年4月,张某龙和居立门业公司签订股权转让协议,将其在太一热力公司的350万元股权转让给居立门业公司,同年5月,进行了工商变更登记。

2007年5月,李某军与太一工贸公司、居立门业公司签订股权转让协议,将其在太一热力公司的股权600万元转让给太一工贸公司,50万元转让给居立门业公司。太一工贸公司持股比例60%,居立门业公司持股比例40%,并在相关部门进行变更登记。

2009年9月29日,庆阳市人民政府决定对太一热力公司进行整体收购,同年10月6日,签订《庆阳市西峰区新区集中供热站工程回购合同》,约定支付收购价款7000万元。

2010年9月,李某军利用其同为两个公司法定代表人的身份,从太一热力公司向兴盛建安公司进行巨额转账。

居立门业公司认为李某军利用关联交易转让公司财产,导致公司存在大量盈余却无法分配利润,要求李某军对太一热力公司的盈余分配给付不能承担赔偿责任。

二、典型案例法院裁判观点

最高人民法院认为:首先,根据《公司法解释四》第15条的规定,"股东未提交载明具体分配方案的股东会或者股东大会决议,请求公司分配利润的,人民法院应当驳回其诉讼请求,但违反法律规定滥用股东权利导致公司不分配利润,给其他股东造成损失的除外"。太一热力公司有巨额的可分配利润,具备公司进行盈余分配的前提条件;李某军同为太一热力公司及其控股股东太一工贸公司法定代表人,未经公司另一股东居立门业公司同意,没有合理事由将5600万余元公司资产转让款转入其关联公司兴盛建安公司账户,转移公司利润,给居立门业公司造成损失,属于太一工贸公司滥用股东权利,符合《公司法解释四》第15条但书条款规定应进行强制盈余分配的实质要件。

关于李某军是否应对太一热力公司的盈余分配给付不能承担赔偿责任的问题。

最高人民法院认为,《公司法》第20条第2款规定,"公司股东滥用股东权利给公司或者其他股东造成损失的,应当依法承担赔偿责任";第21条规定,"公司的控股股东、实际控制人、董事、监事、高级管理人员不得利用其关联关系损害公司利益。违反前款规定,给公司造成损失的,应当承担赔偿责任";第149条规定,"董事、监事、高级管理人员执行公司职务时违反法律、行政法规或者公司章程的规定,给公司造成损失的,应当承担赔偿责任";第152条规定,"董事、高级管理人员违反法律、行政法规或者公司章程的规定,损害股东利益的,股东可以向人民法院提起诉讼"。

盈余分配是用公司的利润进行给付,公司本身是给付义务的主体,当公司的应分配资金因被部分股东变相分配利润、隐瞒或转移公司利润而不足以现实支付时,不仅直接损害了公司的利益,也损害了其他股东的利益,利益受损的股东可直接依据《公司法》第20条第2款的规定向滥用股东权利的公司股东主张赔偿责任,或依据《公司法》第21条的规定向利用其关联关系损害公司利益的控股股东、实际控制人、董事、监事、高级管理人员主张赔偿责任,或依据《公司法》第149条的规定向违反法律、行政法规或者公司章程的规定给公司造成损失的董事、监事、高级管理人员主张赔偿责任。

该案中,首先,李某军既是太一热力公司法定代表人,又是兴盛建安公司法定代表人,其利用关联关系将太一热力公司5600万余元资产转让款转入关联公司,若李某军不能将相关资金及利息及时返还太一热力公司,则李某军应当按照《公司法》第21条、第149条的规定对该损失向公司承担赔偿责任。

其次,居立门业公司应得的盈余分配先是用太一热力公司的盈余资金进行给付,在给付不能时,因李某军转移太一热力公司财产的行为损及该公司股东居立门业公司利益,居立门业公司可要求李某军在太一热力公司给付不能的范围内承担赔偿责任。

最后,《公司法》第152条规定的股东诉讼系指其直接利益受到损害的情形,该案中李某军利用关联关系转移公司资金直接损害的是公司利益,应对公司就不能收回的资金承担赔偿责任,并非因直接损害居立门业公司的股东利益而对其承担赔偿责任,一审判决对该条法律规定适用不当,二审法院予以纠正。综上,一审判决判令太一热力公司到期不能履行该案盈余分配款的给付义务则由李某军承担赔偿责任并无不当,李某军不承担责任的上诉主张,二审法院不予支持。

三、典型案例评析

该案例为最高人民法院的公报案例,也是中小股东分红权救济的典型案例。《公司法解释四》第15条规定,"股东未提交载明具体分配方案的股东会或者股东大会决议,请求公司分配利润的,人民法院应当驳回其诉讼请求,但违反法律规定滥用股东权利导致公司不分配利润,给其他股东造成损失的除外"。可见我国司法裁判对于股东分红权,更倾向于股东意思自治,认为利润分配属于公司自治范畴,不便于进行过多的干预,但存在例外情形,即滥用股东权利导致其他股东利益损害的情况。

然而,在较早的最高人民法院经典案例"河南思维自动化设备有限公司(以下简称**思维公司**)与胡某公司盈余分配纠纷案"[(2006)民二终字第 110 号]中,一审法院认为思维公司成立以来,盈利丰厚,截至 2004 年年底,思维公司未分配利润已有 1 亿元以上,但公司成立以来至今没有向股东分红。思维公司有巨额利润而长期拒不向股东分配,违反了《公司法》规定,特别是在股东之间发生纠纷时,长期不分配利润损害了占股比例小的股东的利益。但最高人民法院认为,利润分配应尊重公司自治,有限责任公司利润分配方案应由公司董事会制定并由公司股东会审议批准。在有限责任公司董事会、股东会未就公司利润分配方案进行决议之前,公司股东直接起诉要求公司向股东分配利润的,不符合法律规定,因此其诉求不能获得支持。

控股股东是公司的实际控制者,拥有绝对的话语权,公司决策层面的资本多数原则使得控股股东为了自己的利益,可能作出不符合公司发展或者有损其他中小股东权益的决议。在公司经营层面,中小股东对公司的决策基本无话语权,亦无法将自己意志体现在股东会决议中。此外,大股东与中小股东之间存在明显的利益冲突,导致大股东在决策时,容易只考虑自己的利益而无视中小股东的权益,以此实现自己投资利益的最大化。从上述最高人民法院的裁判规则的演变及《公司法解释四》的出台可以看出,在公司自治的基础上,存在利润分配实质条件下,司法裁判更加倾向于维护中小股东的分红权。

实务建议

从上述案例我们可以看出,根据目前的裁判规则,未形成股东会决议时,原则上不分配利润。在《公司法解释四》出台后,除可以证明股东滥用权利之外,公司是否分配利润属于公司自治范畴,应由公司内部组织决定,司法机关不宜过多干涉。因此,中小股东在入股企业时,可以在相关协议中约定利润分配时间、条件,股东分配利润的议事规则,以及董事会或执行董事不按照每年利润分配议事规则制定利润分配方案或者公司股东特别是大股东否决利润分配方案时的救济条款,如设定回购权等,并约定创始股东违反相关约定的违约责任。例如,可以约定,如果公司在符合一定财务条件时未作出分配利润的股东会决议,大股东或对分配决议投反对票的股东应当向投资人承担相当于应分利润的违约金。

《公司法解释五》第 4 条规定:"分配利润的股东会或者股东大会决议作出后,公司应当在决议载明的时间内完成利润分配。决议没有载明时间的,以公司章程规定的为准。决议、章程中均未规定时间或者时间超过一年的,公司应当自决议作出之日起一年内完成利润分配。决议中载明的利润分配完成时间超过公司章程规定时间的,股东可以依据民法典第八十五条、公司法第二十二条第二款规定请求人民法院撤销决议中关于该时间的规定。"从以上规定,我们可以看出利润分配决议最好明确利润分配时间,未明确可以公司章程为准,公司章程未明确的,以一年为期限。

2021年12月的《公司法(修订草案)》第208条、2022年12月30日发布的《公司法(修订草案二次审议稿)》第208条、2023年9月1日发布的《公司法(修订草案三次审议稿)》第212条均规定:"股东会作出分配利润的决议的,董事会应当在股东会决议作出之日起六个月内进行分配;公司章程或者股东会决议另有规定的除外。"

可见,《公司法》的修订有意缩短利润分配的时间,如果公司章程或者决议没有规定,利润应该在决议作出之日起6个月内进行分配,这对股东利润分配请求权的保护更进一步。

投资人应及时了解被投企业的财务及经营状况,了解控股股东是否存在滥用权利的情形。按照最高人民法院的解读,如公司不分配利润,但董事、高级管理人员领取过高薪酬,或者由控股股东操纵公司购买与经营无关的财物或服务用于其自身使用或消费,或者隐瞒或转移利润等,均构成滥用股东权利损害公司及中小股东的权益,此时中小股东可以要求起诉并进行利润分配。

投资人应时刻拥有证据意识,在日常的沟通中,保留书面的证据与沟通记录。在利润分配诉讼过程中,根据"谁主张,谁举证"的原则,请求公司分配利润,除满足利润分配财务条件外,最好取得记录有具体的利润分配方案的股东会决议。如果没有,也要注意去收集、掌握证据,证明控股股东存在滥用权利阻止分配,或恶意不予分配利润的情况。

第三节 大股东擅自注销公司,法院酌定大股东赔偿小股东的可分配利润

公司具有解散事由后须经清算才能完成注销手续。清算中,公司财产在分别支付清算费用、职工的工资、社会保险费用和法定补偿金,缴纳所欠税款,清偿公司债务后的剩余财产,有限责任公司按照股东的出资比例分配,股份有限公司按照股东持有的股份比例分配。如果大股东未通知小股东,擅自解散清算并注销公司,导致小股东丧失分配公司剩余财产的机会,应该对小股东因此遭受的损失承担赔偿责任。

一、典型案例基本案情

案例来源:"王某明、潘某雅损害股东利益责任纠纷案"[(2019)粤01民终8514号]。

一审法院认为:该案为损害股东利益责任纠纷。王某明作为天养公司股东,在其未就天养公司注销事宜行使表决权以及未能实际参与天养公司清算工作的前提下,潘某雅以虚假的股东会决议以及清算材料向行政管理机关申请注销天养公司,其行为带有明显恶意。鉴于王某明此前没有参与天养公司管理事务,且王某明未能参与清算程序,亦未能对清算报告进行审核,故潘某雅擅自注销天养公司的行为确有侵害股东利益的可能性,王某明有权向潘某雅主张赔偿。一审庭审中,潘某雅已经确认股东会决议及清算材料上王某明的名字并非王某明本人所签,而是潘某雅委托中介公司在注销公司的过程中所为,故潘某雅应对由此造成王某明的利益损失承担赔偿责任。

关于利益受损的数额问题,王某明主张以其最后一次查账时公司的公账户余额953,730.59元的40%即381,492元作为其损失。

二、典型案例法院裁判观点

一审法院认为,王某明所主张的该部分损失的实质是其在天养公司应得而未得的分红或者可分配利润损失。该部分损失是王某明在天养公司所享有利益,故其对损失的举证应基于天养公司的资产状况才能确定,而天养公司由潘某雅实际负责经营,在潘某雅已将天养公司注销的情况下,对王某明是否存在损失以及损失数额依赖潘某雅对天养公司财务状况的披露,故潘某雅对其否认王某明存在该方面的财产损失负有举证责任。

该案中,潘某雅在该案限定的时间内不能提供会计账册及财务资料,而仅提供大额支出,且无法一一证明与该案的关联性,缺乏合理依据。但潘某雅在举证上的缺陷并不能直接得出王某明主张成立的结论。综合考虑王某明查账时公司账户余款,以及潘某雅公司注销中存在的严重过错,该案酌情要求潘某雅向王某明赔偿经济损失30万元,对于王某明其余的诉求,一审法院依法予以驳回。广州市中级人民法院二审维持上述原判。

实务建议

公司治理乱象表现多样,像上述案例中,大股东不通知小股东,直接将公司清算注销,侵犯了小股东的各项权利,如知情权、参与公司经营管理的权利、分红权,对小股东而言,最关键的是对其公司剩余财产分配权利的侵犯。

> 在此情况下如何认定损失？损失的举证应基于公司的资产状况才能确定，而公司由大股东实际负责经营，在大股东已将公司注销的情况下，对小股东是否存在损失以及损失数额依赖大股东对公司财务状况的披露，故大股东对其否认小股东存在该方面的财产损失负有举证责任，应提供会计账册及财务资料来证明公司资产状况。
>
> 小股东可能举证提出自己曾经在公司查账，应以该查账金额确定损失，但是，该主张是否能够得到支持应综合判断，毕竟账面金额是否确实能反映公司的实际资产状况是不得而知的，法院可能会综合考虑小股东查账时公司账户余款以及大股东公司注销中存在的严重过错，酌情要求大股东向小股东赔偿经济损失。

第四节 借款未清偿之前不得分配利润的约定能否阻止公司分配利润

公司已经形成了关于利润分配方案的股东会决议，而公司对外借款签署的借款合同约定了"在当年贷款本息未清偿前不分红"，且公司确有大量银行欠款未还的情况下，股东分配利润的条件是否尚不具备？

一、典型案例基本案情

案例来源：在"金安桥水电站有限公司（以下简称金安桥公司）、云南省能源投资集团有限公司（以下简称云南能投公司）公司盈余分配纠纷民事申请再审审查案"[（2022）最高法民申111号]。

再审申请人金安桥公司向最高人民法院申请再审。金安桥公司对外借款签署的《固定资产借款合同》约定了"在当年贷款本息未清偿前不分红"等分红条件，且2014年至2016年公司确有大量银行欠款未还，股东分配利润的条件尚不具备。原审仅凭2014年至2016年的审计报告认定金安桥公司在上述3个年度内有可分配的利润，事实认定不清，证据不足。《固定资产借款合同》约定的分红条件对所有股东具有法律约束力，而股东会决议与《固定资产借款合同》约定和董事会决议相互矛盾，是对先前贷款行为的违约，有违诚信原则。而且因履行借款合同违约，造成金安桥公司存在大量的诉讼和执行，在此情况下，继续分配利润有损债权人的权益。金安桥公司存在大量债务未能清偿时，云南能投公司等股东试图提前收回投资并要求分红，实为滥用股东权利，严重损害了金安桥公司及其他债权人的合法权益，股东会决议应属无效。金安桥公司确实存在经营变化和财务困难等客观原因，没有能力执行决议，拒绝分配利润的法定抗辩事由成立。即使该案关于股东分配利润的决议有效，也出现了无法执行股东会决议的事由,法院不应支持金安桥公司向股东分配利润,应待无法执行抗辩事由消除后,由金安桥公司按照具体分配方案再向股东支付利润。

二、典型案例法院裁判观点

最高人民法院再审认为:原审已查明,金安桥公司股东即云南能投公司、云南华电金沙江中游水电开发有限公司、汉能控股集团有限公司,其占股比例分别为8%、12%、80%。2015年5月8日、2016年11月18日、2018年6月1日,金安桥公司召开董事会及年度股东会会议,分别制订年度利润分配议案,决定按各股东出资比例分配2014年至2016年利润,并载明了利润分配到位的时间等。2018年5月16日、2018年12月26日、2019年6月19日,金安桥公司先后向云南能投公司发出3份函件并随函附送2014年至2016年未支付股利资金占用费计算统计表,金安桥公司2019年6月19日向云南能投公司发函及随函附送的2014年至2016年未支付股利、2019年1月1日至5月31日时间段资金占用费计算统计表,对2014年至2016年累计欠云南能投公司的股利77,110,716.12元以及自2019年1月1日至5月31日的资金占用费1,536,323.92元予以确认。

据此,原审法院认为,案涉2014年至2016年年度的利润分配方案系金安桥公司依据当年度审计报告载明的利润情况,通过董事会决议作出后报经股东会决议同意,公司利润分配方案的决议符合法律规定并经各方股东认可,不存在无效事由,金安桥公司亦多次确认。至此,股东会作出利润分配决议后,抽象利润分配请求权转化为具体利润分配请求权,性质等同于普通债权,股东可以债权人身份要求公司根据利润分配决议分配利润,依照《公司法》第4条"公司股东依法享有资产收益、参与重大决策和选择管理者等权利"及《公司法解释四》第14条"股东提交载明具体分配方案的股东会或者股东大会的有效决议,请求公司分配利润,公司拒绝分配利润且其关于无法执行决议的抗辩理由不成立的,人民法院应当判决公司按照决议载明的具体分配方案向股东分配利润"的规定,云南能投公司作为金安桥公司持股比例8%的股东,有分配利润的请求权。原审上述认定不缺乏依据,适用法律并无不当。

原审另查明,金安桥公司(甲方)在与中信银行昆明分行(乙方)等金融机构签订的《固定资产贷款合同》中约定在合同项下借款全部清偿完毕前,未经乙方书面同意,甲方不得以任何方式向其股东分配本项目的经营利润;审计报告记载,从2014年到2016年12月31日,金安桥公司的另一股东汉能控股集团有限公司以"资金归集"方式(每年度的审计报告"财务报表附注"中记载为关联方交易中的"关联方未结算项目余额"),划走了金安桥公司的资金1,040,144万(概数,取整万最小值)(2014年为578,368万元,2015年增加到698,009万元,2016年增加到1,040,144万元)。据此,原审认为,《固定资产借款合同》中虽有"合同项下贷款全部清偿完毕前,未经银行方书面同意,金安桥公司不得以任何方式向其股东分配本项目的经营利润"的约定,但该约定不应构成对股东基本权利的限制,违反该约定的后果也不应导致前述股东会关于利润分配方案决议内容无效。而且 2014 年至 2016 年金安桥公司不存在未归还当期银行贷款的情形,2014 年之前金安桥公司正常向其股东进行利润分配,也并未出现有关金融机构主张该分配无效的情形。因此原审判令金安桥公司支付云南能投公司欠付股利等,并不缺乏依据,适用法律亦无不当。

实务建议

1. 股东会作出利润分配决议后,抽象利润分配请求权转化为具体利润分配请求权,性质等同于普通债权,股东可以债权人身份要求公司根据利润分配决议分配利润。

2. 贷款协议阻止利润分配的约定并未对公司分配利润形成障碍。

最高人民法院认定借款合同中虽有"合同项下贷款全部清偿完毕前,未经银行方书面同意,公司不得以任何方式向其股东分配本项目的经营利润"的约定,但该约定不应构成对股东基本权利的限制,违反该约定的后果也不应导致股东会关于利润分配方案决议内容无效。

最高人民法院作出上述结论的一个事实依据是金安桥公司的控股股东(汉能控股集团有限公司,占股比例 80%)以"资金归集"方式划走了金安桥公司的巨额资金。而且,之前金安桥公司正常向其股东进行利润分配,也并未出现有关金融机构主张该分配无效的情形。

可见,是否对公司利润分配形成约束或障碍,要视具体情况来判断,公司此前已经以实际行为向股东进行了分配,所以,就不得再以借款合同约定来抗辩股东的利润分配请求。

第五节　股东利润分配请求权劣后于公司的普通债权受偿

公司作出了关于利润分配方案的股东会决议之后,股东因此产生对于公司的债权请求权,如果公司破产清算,股东的该项债权劣后于公司普通债权人受偿。

在"四川长虹电器股份有限公司(以下简称四川长虹)与华夏证券股份有限公司(以下简称华夏证券)破产债权确认纠纷上诉案"中,一审法院认为,四川长虹主张的债权是基于其持有华夏证券的股权所产生的,该债权不同于普通破产债权,其性质应为劣后债权。如果普通破产债权完全清偿后,债务人仍有剩余破产财产,劣后债权才能获得清偿。因此,四川长虹主张的 1996 年可分配红利 65 万元及相应利息属于华夏证券的破产债权,应劣后清偿。

二审法院认为,四川长虹主张的债权是其作为股东的投资权益,对于此种债权是否属于破产债权以及属于什么性质的破产债权,《企业破产法》并没有具体规定,但显然股东与普通债权人属于完全不同的两种性质的主体,二者所享有债权的清偿顺序亦应有所不同。原审法院在不违反立法目的和法律规定的原则下,认定四川长虹的红利分配请求权为破产债权,并应在普通破产债权得到破产清偿后进行清偿,体现了公平公正保护全体债权人的合法权益,该认定是妥当的。

实务建议

《最高人民法院关于审理企业破产案件若干问题的规定》第61条规定:"下列债权不属于破产债权……(五)破产企业的股权、股票持有人在股权、股票上的权利……"

股东的分红、盈余分配都是基于股权而生的权利,如果公司正常经营,一旦作出了分红决议,股东也将成为公司的债权人,有权主张公司分配。但是,如果公司破产清算,那么股东的分配债权将不属于破产债权,不得参与破产分配,公司应优先实现其他债权人的利益。

其实,若公司已经具备破产条件,而不具备盈余分配的条件,该决议因为违反《公司法》规定也属于无效决议,《公司法》第166条第5款规定:"股东会、股东大会或者董事会违反前款规定,在公司弥补亏损和提取法定公积金之前向股东分配利润的,股东必须将违反规定分配的利润退还公司。"股东应将分配所得退还公司。

第六节　股东同时又是公司债权人,股东能否和外部债权人一起平等受偿

股权和债权都属于现代企业的投融资工具,因此,针对同一公司,股东具有股东和债权人双重身份的现象越来越多。这种投资安排无可厚非,法律也并未加以禁止。但是,当公司陷入负债、破产,尤其当股东未如实出资,或者存在滥用权利虚构债权的情形时,兼具股东身份的债权人与非股东债权人的利益冲突就凸显出来了。

针对该问题,我国《公司法》和《企业破产法》均未加以规定,有学者提出次级债权理论,用以解决控股股东滥用权利的问题,该理论分为自动居次和衡平居次原则。自动居次是指股东对于其公司的债权一律劣后于公司的非股东债权人;衡平居次(又称深石原则)是在判断股东债权是否劣后于非股东债权时,要看股东是否有不公平行为。目前学者对于自动居次原则大多持批评的态度,认为衡平居次原则更为公平合理,最高人民法院公布的典型案例"沙港公

司诉开天公司执行分配方案异议案"便是借鉴了衡平居次原则。下文拟从该典型案例出发,针对股东债权是否与外部债权平等受偿这一问题,归纳梳理此类典型案例。

一、裁判要旨

在股东出资不实同时又属公司债权人的情况下,若允许股东和外部债权人一起就该股东补足的出资额同顺位受偿,则对外部债权人不公平。因此,在该情况下股东对于其补足的出资额的受偿顺位劣后于外部债权人。

二、典型案例基本案情

案例来源: "沙港公司诉开天公司执行分配方案异议案" [(2010)松民二(商)初字第275号]。[1]

2010年6月11日,上海市松江区人民法院判决茸城公司向沙港公司支付货款以及相应利息损失。该判决生效后进入执行程序,因未查实茸城公司可供执行的财产线索,终结执行。

茸城公司被注销后,经沙港公司申请,松江法院裁定恢复执行并追加茸城公司股东开天公司及7名自然人股东为被执行人,并在各自出资不实范围内向沙港公司承担责任,扣划到开天公司和4个自然人股东款项共计696,505.68元(包括开天公司出资不足的45万元)。

2012年7月18日,开天公司向松江法院提起两个诉讼,要求茸城公司8个股东在各自出资不实范围内对茸城公司欠付开天公司借款以及相应利息、房屋租金以及相应逾期付款违约金承担连带清偿责任。该两案判决生效后均进入执行程序。

2013年2月27日,沙港公司收到松江法院执行局送达的被执行人茸城公司追加股东执行款分配方案表。该分配方案表将上述三案合并,确定执行款696,505.68元在先行发还三案诉讼费用后,余款再按31.825%的比例分配,若今后有继续执行到的款项,再行分配处理。

沙港公司后向松江法院提交执行分配方案异议书,认为开天公司不能就其因出资不到位而被扣划的款项参与分配,开天公司对沙港公司上述执行分配方案异议提出反对意见,要求按原定方案分配。

三、典型案例争议焦点

出资不实股东因向公司外部债权人承担出资不实的股东责任并被扣划款项后,能否以其对于公司的债权与外部债权人就上述款项进行分配?

四、典型案例法院裁判观点

上海市松江区人民法院认为:有关公司的相关法律明确规定有限责任公司的股东以其认

---

[1] 此为最高人民法院发布的四起典型案例(2015)之一。

缴的出资额为限对公司承担责任。开天公司因出资不实而被扣划的45万元应首先补足茸城公司责任资产并向作为公司外部的债权人原告沙港公司进行清偿。开天公司以其对茸城公司也享有债权要求参与其自身被扣划款项的分配,对公司外部债权人是不公平的,也与公司股东以其出资对公司承担责任的法律原则相悖。696,505.68元执行款中的45万元应先由原告沙港公司受偿,余款再按比例进行分配。

五、延伸阅读

(一) 出资不实的股东对公司形成的债权禁止与其出资义务抵销,且该债权劣后于非股东债权受偿

案例1 "巫溪县国华置业有限公司(以下简称巫溪国华公司)与陈某力普通破产债权确认纠纷案"[(2021)渝02民终612号]。

重庆市第二中级人民法院认为:陈某力存有侵害普通债权人利益的过错,即陈某力在作为巫溪国华公司股东时未全面履行出资义务便转让股权。因陈某力未按期足额缴纳出资,严重降低巫溪国华公司的偿债能力,危及其他债权人的合法权益。从诚信义务角度而言,陈某力作为巫溪国华公司的股东,未履行如实出资的义务,若允许陈某力就其对巫溪国华公司的债权与其他普通债权人处于同等受偿顺位,与《公司法》对于出资不实股东科以的法律责任相悖,会造成对其他普通债权人不公平的结果。故而陈某力因未履行或未全面履行出资义务而对公司负有债务,其债权在未履行或未全面履行出资义务的部分应确定为劣后债权,安排在其他普通债权之后受偿。

案例2 "上海永胜半导体设备有限公司(以下简称永胜公司)买卖合同纠纷案"[(2016)沪0117执异117号、(2016)沪0117执异127号]。

上海松江区人民法院:该案中,据已查明的事实,永胜公司的注册资金明显不实。首先,第三人福城公司、清琛公司主张通过代替被执行人永胜公司偿债的形式履行了补足出资义务,但其未能提供验资机构出具的证明,又没有经过相关部门变更登记;其次,即使第三人福城公司、清琛公司为被执行人永胜公司偿还借款的事实存在,但其实质是股东对被执行人永胜公司享有债权,如果允许股东的出资义务和其债权相抵销,等于赋予股东债权具有优先于其他债权受偿的地位,会损害其他债权人的利益。东洋公司申请追加福城公司、奉化市匡磊半导体照明有限公司、清琛公司为被执行人,请求上述三公司在注册资金不实的5500万元范围内承担还款责任,符合法律规定。

(二)认定股东债权劣后于非股东债权,应满足公司注册资本明显不足以负担公司正常运作和公司运作依靠向股东或实际控制人负债筹集两个条件

案例 3 "重庆交通运输控股(集团)有限公司(以下简称重庆交运公司)与湖南建工集团有限公司普通破产债权确认纠纷案"[(2020)渝 05 民终 1126 号]。

重庆市第五中级人民法院认为:双方二审的争议焦点仍为重庆交运集团对荣惠畜牧公司的借款债权是否属于公司注册资本明显不足以负担公司正常运作,公司运作依靠向股东或实际控制人负债筹集形成的债权,因而属于劣后债权。

关于公司正常运作依靠向股东或实际控制人负债筹集的认定问题,关键在于如何认定"依靠"。所谓"依靠",是指望或仰仗某种力量来达到一定目的,就筹集资金维持正常运作而言,被"依靠"的股东或实际控制人所提供的资金,应构成公司正常运作资金的主要部分,也即公司正常运作资金主要源于股东或实际控制人提供的借款,如果仅少部分或少量源于上述借款,则不宜将此类债权认定为劣后债权。

原审第三人荣惠畜牧公司成立至该公司被裁定破产清算时,该公司获取的维持公司运作的各种资金(包括注册资金、银行借款、股东及关联公司借款、政府补助及经营收入)合计29,387.15914 万元,其中荣惠畜牧公司向股东借款 24 笔共计 7305.375 万元(其中向商业投资集团即原渝惠食品集团借款 6680.38 万元)。对比荣惠畜牧公司所筹集的各种运作资金和向股东的借款,向股东借款仅占荣惠畜牧公司运作所需资金的 24.9%,应认定只有少部分公司正常运作资金源于向股东借款。

综上所述,荣惠畜牧公司通过各种方式弥补成立时注册资金不足,启动并推进了项目的部分建设,但公司注册资本金仍然明显不足负担公司正常运作。尽管如此,由于公司正常运作的资金并非主要源于股东或实际控制人提供的借款,所以不宜将该案股东借款债权认定为劣后债权。

(三)不存在股东利用控股股东地位损害公司和其他债权人利益的情形下,股东债权与非股东债权同等受偿

案例 4 "广州金鹏源康精密电路股份有限公司(现改名为广州源康精密电子股份有限公司)(以下简称金鹏源康公司)、惠州市德赛集团有限公司(以下简称德赛集团公司)普通破产债权确认纠纷案"[(2020)粤民终 2115 号]。

广东省高级人民法院认为:该案是破产债权人金鹏源康公司对其他债权人德赛集团公司的债权持异议而提起的债权确认纠纷,金鹏源康公司认为,德赛集团公司是德赛电子公司的控股股东,持股 75%,债权数额占债权总额 97.48%,且债权形成原因非正常的市场公开交易,而是单一的关联公司往来款项,管理人未对交易真实性进行实质审查,审计结论没有说服力。根据衡平居次原则、公平原则和诚信原则并结合相关案例,金鹏源康公司认为德赛集团公司的债权应劣后于其他债权。对此二审法院分析如下:

首先，金鹏源康公司主张德赛集团公司的涉案债权应劣后于其他债权，缺乏事实依据。德赛集团公司对德赛电子公司的债权应否劣后于其他债权，应考虑该债权是否真实，德赛集团公司是否存在利用控股股东地位损害德赛电子公司或其他债权人利益的行为，以及德赛集团公司是否存在出资不足等情形。经查明的事实显示，德赛集团公司并不存在以上情形。德赛集团公司对德赛电子公司的涉案债权已经多个程序审核并经生效裁定书确认，并未发现存在股东出资不实、借款虚假、借款后资金回流等情况。相比之下，金鹏源康公司以德赛集团公司是德赛电子公司的控股股东，债权形成原因是单一的关联公司往来款项为由，认为德赛集团公司的涉案债权应劣后于其他债权，缺乏理据，无法支持。

其次，金鹏源康公司在已有生效裁定确认德赛集团公司涉案债权的情况下，再提起该案诉讼要求对该债权进行审查并确认其劣后地位，缺乏法律依据。德赛集团公司的债权已经一审法院在2018年9月11日作出生效裁定予以确认，一审法院认为该案无权对该债权再行审查，并驳回金鹏源康公司的起诉，该处理并无不当。

案例5 "中铁十八局集团建筑安装工程有限公司（以下简称十八局建筑公司）与锦西化工机械集团有限公司（以下简称锦西化工集团公司）等破产债权确认纠纷上诉案"[（2019）辽民终1568号]。

辽宁省高级人民法院认为：该案争议焦点是锦西化工集团公司对葫芦岛公司的债权是否应劣后于十八局建筑公司等对葫芦岛公司的债权。

首先，一审法院2018年11月7日所作出的（2018）辽14破4号民事裁定已确认被上诉人锦西化工集团公司所申报的案涉99,152,315.14元债权为普通债权，该裁判业已发生法律效力，对包括上诉人在内的所有债权人均有约束力。

其次，一审法院在2018年11月7日作出（2018）辽14破4号民事裁定前，业已充分保障了上诉人作为债权人对葫芦岛公司其他债权人所申报债权提出异议的权利。葫芦岛公司进入破产程序后，管理人依照《企业破产法》的规定对包括锦西化工集团公司在内的所有债权人申报的债权进行了审查、确认，并依法编制债权表，提交债权人会议审查。葫芦岛公司债权人会议审议通过该债权表后，一审法院又在债权人会议上明确告知与会债权人：债务人、债权人对债权表记载的债权有异议的，可以在该次债权人会议结束后15日内，向一审法院提起诉讼；债务人、债权人在上述期限内未向一审法院提起诉讼的，视为同意管理人的债权审查意见，一审法院将依照《企业破产法》第58条规定择日裁定确认上述债权。上诉人在一审法院指定的期限内并未对案涉债权被确认为普通债权提出异议，也未向法院提起诉讼，应视为其对管理人编制债权表的认可。

最后，《全国法院破产审判工作会议纪要》第39条虽然规定"关联企业成员之间不当利用关联关系形成的债权，应当劣后于其他普通债权顺序清偿，且该劣后债权人不得就其他关联企业成员提供的特定财产优先受偿"，但上诉人并未提供证据证明案涉债权系被上诉人锦西化工集团公司不当利用其与葫芦岛公司之间的关联关系所形成,依法应承担举证不能的法律后果。

实务建议

1. 股东在出资不实范围内对应的债权部分劣后于非股东债权受偿

股东未按期足额缴纳出资,严重降低了公司的偿债能力,危及其他债权人的合法权益。就诚信义务角度而言,若允许出资不实股东就其对公司的债权与其他普通债权人处于同等受偿顺位,则与《公司法》对于出资不实股东科以的法律责任相悖,会造成对其他普通债权人不公平的结果。出资不实股东的债权在未履行或未全面履行出资义务的部分应确定为劣后债权,安排在其他普通债权之后受偿。

2. 股东债权并非一概劣后受偿:若股东已经如实出资,且其对公司的债权合法有效,则与普通债权平等受偿

若股东对公司的债权已经多个程序审核并经生效裁定书确认,并未发现存在股东出资不实、借款虚假、借款后资金回流等情况,即便股东是控股股东,其债权也应该与外部债权人一起平等受偿。

3. 公司运作是依靠向股东或实际控制人负债筹集的,股东或实际控制人因此对公司形成的债权,可以确定为劣后债权

公司注册资本明显不足以负担公司正常运作,公司运作依靠向股东或实际控制人负债筹集,这意味着股东投入的资本数额与公司经营所隐含的风险相比明显不匹配,其实质是将股权投资转化为债权投资,恶意利用公司独立人格和股东有限责任把投资风险转嫁给债权人。因此,对于公司注册资本明显不足以负担公司正常运作,公司运作依靠向股东或实际控制人负债筹集的,股东或实际控制人因此对公司形成的债权,可以确定为劣后债权,安排在普通债权之后受偿。

关于公司注册资本是否明显不足以负担公司正常运作,首先,要考察不足以负担公司正常运作是否达到"明显"的程度。这需要根据一般商业交易原则、商业惯例、行业监管要求等结合案件具体情况综合分析,而不能仅将公司注册资本与项目运作所需资金作简单对比进行判断。其次,公司注册资本与公司经营所隐含的投资风险不匹配应持续一定时间,如果只是一时的不匹配,那么不宜轻易将股东或实际控制人对公司享有的债权做劣后处理。

4.主张股东债权存在劣后情形的外部债权人应承担证明责任

这类案件中,一般是外部债权人主张股东债权应劣后受偿,该外部债权人应举证证明股东存在出资不实、利用控股地位、不当关联交易以及损害其他债权人利益的情形。

在笔者所查找的案例中,法院在判决中确认了该举证责任分配规则,如在上述"十八局建筑公司与锦西化工集团公司等破产债权确认纠纷上诉案"中,法院就认为:"《全国法院破产审判工作会议纪要》第39条虽然规定'关联企业成员之间不当利用关联关系形成的债权,应当劣后于其他普通债权顺序清偿,且该劣后债权人不得就其他关联企业成员提供的特定财产优先受偿',但上诉人并未提供证据证明案涉债权系被上诉人锦西化工集团公司不当利用其与葫芦岛公司之间的关联关系所形成,依法应承担举证不能的法律后果。"

第二十一章

公司减资

第一节 公司法修订草案新增简易减资制度

对于公司减资,一种观点认为,仅是指减少公司的资本;另一观点认为,不限于资本,应指的是减少资本或资产,但从我国《公司法》框架而言,减资仅指减少注册资本。减资有其存在的制度价值,在公司实际运营所需远低于资本时,可以减资,避免资本闲置、浪费;在公司亏损时,可以通过减资,使公司的资本反映公司的真实财务状况。

常见的减资类纠纷是公司减资损害债权人的债权实现,因而债权人在执行程序中申请追加股东为被执行人,理由是股东抽回了出资,而股东则抗辩在公司减资中,自己并未从公司取回任何出资。此类纠纷争议的核心就是公司减资是否向股东退回了出资,如果存在资金退回的情况,属于实质减资,债权人有权追加股东为被执行人。若不存在资金退回,就是形式减资,仅是一种财务上的技术性操作,并不影响公司的偿债能力,股东不能被追加执行。

《公司法》规定的减资程序,如通知债权人、公告、清偿债务或者提供担保,实际上是针对公司在减资中向股东退回出资的实质减资,对于形式减资,因不影响公司的偿债能力,大可不必适用该严格的减资程序。2021年12月的《公司法(修订草案)》、2022年12月30日发布的《公司法(修订草案二次审议稿)》、2023年9月1日发布的《公司法(修订草案三次审议稿)》对此有所回应,在一般的普通减资程序规定(第220条)之外,又在第221条规定了公司亏损情形下的简易减资制度,相关修改对比如表21-1所示:

表 21-1 《公司法》及前两次公司法修订草案对公司减资的规定

《公司法》	《公司法(修订草案)》2021年12月24日	《公司法(修订草案二次审议稿)》2022年12月30日
第177条 公司需要减少注册资本时,必须编制资产负债表及财产清单。公司应当自作出减少注册资本决议之日起十日内通知债权人,并于十日内在报纸上公告。债权人自接到通知书之日起三十日内,未接到通知书的自公告之日起四十五日内,有权要求公司清偿债务或者提供相应的担保。	第220条 公司减少注册资本,必须编制资产负债表及财产清单。公司应当自股东会作出减少注册资本决议之日起十日内通知债权人,并于三十日内在报纸上或者统一的企业信息公示系统公告。债权人自接到通知之日起三十日内,未接到通知的自公告之日起四十五日内,有权要求公司清偿债务或者提供相应的担保。	第220条 公司减少注册资本,必须编制资产负债表及财产清单。公司应当自股东会作出减少注册资本决议之日起十日内通知债权人,并于三十日内在报纸上或者统一的企业信息公示系统公告。债权人自接到通知之日起三十日内,未接到通知的自公告之日起四十五日内,有权要求公司清偿债务或者提供相应的担保。
	第221条 公司依照本法第210条第2款的规定弥补亏损后,仍有亏损的,可以进行简易减资,但不得向股东进行分配,也不得免除股东缴纳股款的义务。简易减资不适用前条第2款的规定,但应当在报纸上或者统一的企业信息公示系统公告。公司简易减资后,在法定公积金累计额超过公司注册资本前,不得分配利润。	第221条 公司依照本法第210条第2款的规定弥补亏损后,仍有亏损的,可以减少注册资本弥补亏损,但不得向股东分配,也不得免除股东缴纳出资或者股款的义务。按照前款规定减少注册资本的,不适用前条第2款的规定,但应当在报纸上或者统一的企业信息公示系统公告。公司按照前两款的规定减少注册资本后,在法定公积金累计额达到公司注册资本百分之五十前,不得分配利润。
	第222条 违反本法规定减少注册资本的,股东应当退还其收到的资金并加算银行同期存款利息;给公司造成损失的,股东及负有责任的董事、监事、高级管理人员应当承担赔偿责任。	第222条 违反本法规定减少注册资本的,股东应当退还其收到的资金,减免股东出资的应当恢复原状;给公司造成损失的,股东及负有责任的董事、监事、高级管理人员应当承担赔偿责任。

2023年9月1日发布的《公司法(修订草案三次审议稿)》较前两次审议稿的变动是增加了禁止定向减资的规定,如其第224条第3款增加规定了"公司减少注册资本,应当按照股东出资或者持有股份的比例相应减少出资额或者股份,本法或者其他法律另有规定的除外"。大众普遍认为,此处仅规定了按比例减资,而禁止了定向减资,自发布以来,此规定饱受理论和实务界的诟病,认为其忽视了市场需求,与商业实践脱钩。

简易减资较普通减资,在程序上省去了通知债权人的程序,但还是要在报纸上或者在企业信息公示系统上公告。简易减资的适用前提条件是公司无法弥补亏损。简易减资中,公司不得向股东进行分配,也不得免除股东缴纳股款的义务。简易减资后,在法定公积金累计额超过注册资本前,不得向股东分配利润,这些禁止性规定都是为了防止公司通过简易减资损害债权人的利益。

第二节 公司减资,是否应向股东退还减资款

公司减资后,是否应该将减资款返还给股东,就此问题,《公司法》并未明确规定。分别以"减资纠纷""与公司有关的纠纷""形式减资""退还减资款""返还"等关键词,从各个角度在各个案例库收集案例,可以将该争议问题细分拆解为如下3个问题:(1)公司减资的定性是形式名义减资还是实质减资?(2)公司减资是否直接导致公司要向股东退还股本金?(3)减资后向股东退还股本金是否需要以股东会作出处置决议为前提?

下文从上述3个方面,通过典型案例来归纳法院的裁判观点并总结实务经验以供参考。

(一)减资分为实质减资和形式减资,形式减资只是变更工商登记的注册资本,并不会发生公司向股东的资金流动

案例1 "中国华融资产管理股份有限公司河北省分公司、鞍山拓普金属复合板有限公司、葛某智等借款合同纠纷案"[(2018)冀11民初173号]。

该案中,法院认为:"有限责任公司的注册资本为在公司登记机关登记的全体股东认缴的出资额,在公司经营过程中,注册资本仅对公司承担责任的能力具有一般参考价值,公司对外承担责任的基础是公司的责任财产。公司注册资本减少并不必然导致公司清偿债务能力的下降。公司减资形态多样,既包括股东收回出资的实质减资,也包括仅变更对外公示的注册资本而不减少公司财产的形式减资。形式减资仅变更对外公示的注册资本,不导致公司财产减少。"

案例2 "上海锦惠复洁环境工程有限公司与李某平等股东损害公司债权人利益责任纠纷案"[(2015)二中民(商)终字第11003号]。

一审法院判决认为,公司减资,即公司注册资本减少,是指公司依法对已经注册的资本通过一定的程序进行削减的法律行为。公司减资分为实质减资和形式减资。实质减资是指减少注册资本的同时,将一定资产返还给股东,从而减少公司的净资产。形式减资是指只减少注册资本额,注销部分股份,不减少公司净资产的减资,这种减资往往是亏损企业的行为,目的是使公司的注册资本与净资产水平保持相当。该案二审维持原判。

案例3 "浙江省浙商资产管理有限公司、马某波、陆某英等股东损害公司债权人利益责任纠纷案"[(2021)浙02民终3001号]。

一审法院判决认为,公司减资形式多样,既包括股东收回出资的实质减资,也包括仅变更

对外公示的注册资本而不减少公司财产的形式减资。形式减资仅变更对外公示的注册资本，不会导致公司财产减少。二审维持原判。

法院的基本裁判观点可归纳为：公司减资根据净资产流出与否划分，减资分为实质减资和形式减资。实质减资发生时，是公司净资产从公司流向股东，而形式减资发生时，仅仅是导致公司注册资本额减少，而不发生公司净资产的流动。

(二)公司形式减资，并不导致公司向股东返还减资款，股东无权要求返还多出的股本金

案例4 "祖某龙、福州东鑫矿业技术有限公司与公司(以下简称东鑫公司)有关的纠纷案"[(2020)闽01民终1342号]。

该案中，原告股东祖某龙主张：(1)东鑫公司进行减资并办理工商变更登记手续后，减资部分的股本已经转为东鑫公司对股东的负债，在上诉人提出返还请求时，东鑫公司应当立即将相应部分的股本返还给上诉人。(2)公司减资后，公司是否应当返还股本不属于公司股东会职权。东鑫公司2019年8月14日股东会未形成决议，且对公司是否应当返还股本不发生法律约束力。

被告东鑫公司辩称，未分配利润转增股本后，其性质转化为公司资产；减资后，减资部分的股本性质也未转为负债。应付股东股本明细表不属于股东会决议的内容，股东会会议未对减资款如何处理形成决议。同时，从办理减资前的资产负债表及损益表可以看出，东鑫公司的货币资金仅为6,891,270.61元，未分配利润仅为1,018,604.57元，净利润为-1,362,362.92元，根本不足以返还所谓的减资款1500万元。故而事实上，东鑫公司无法实现向股东返还1500万元的目的，否则有违资本维持原则。综上，东鑫公司的该次减资并非实质性减资，仅是为了对国有企业经营中的风险进行整改，属于形式减资，不存在应在办理减资手续后向股东返还资本的情形。

二审法院裁判结论为：祖某龙关于减资部分的股本已经转为东鑫公司对股东的负债的上诉意见缺乏依据，法院不予采纳。

案例5 "文某明与敖某、兴双公司减资纠纷案"[(2019)渝01民终1341号]。

股东文某明主张：兴双公司应向文龙明返还股本金693万元整，并支付利息。

二审法院认为：一审已查明了兴双公司案涉增资和减资都只是为了走账，增资实际是虚假增资，不存在减资后需要向股东返还的问题。各方当事人也确认兴双公司未因减资而向敖某(名义股东)返还投资款。文某明(实际股东)虽主张兴双公司为实质性减资，但并未举示充分证据予以证明。

案例6 "高某平与周某莲公司减资纠纷案"[(2019)皖0203民初3043号]。

法院认为：首先，公司减资分为实质性减资和形式性减资，前者是公司在出现资本过剩的情况下将盈余现金返还各股东，后者是在公司实有资本与注册资本总额悬殊过大的情况下，公司仅从计算上减少注册资本额以弥补差额。是否减资、进行什么性质的减资均是公司股东会行使的职权,股东会决议进行形式性减资时,公司股东无权要求按实质性减资返还减资款,但可针对股东会的减资决议提出异议。原告对公司作出的减资决定并无异议,认为并不损害原告的利益,通过减资避免了出资不足的法律风险,且原告清楚该减资实为形式性减资,该4000万元减资款只是在账面上挂在周某莲的名下,因此在减资后原告无权要求返还超比例出资款。

(三)公司并未就减资款如何处置形成股东会决议,减资款仍属于公司资产,一审法院支持股东退还减资款诉请的裁判行为,侵犯了公司的自主权,二审法院有必要进行纠正

案例7 "郴州城宇房地产开发有限公司(以下简称城宇公司)、孙某公司减资纠纷案"[(2019)湘10民终3391号]。

孙某(股东)向一审法院起诉请求:(1)判令城宇公司立即返还孙某202.86万元减资款;(2)判令城宇公司赔偿逾期返还造成孙某利息损失1.61527万元。

该案争议焦点:孙某能否有权请求城宇公司返还因减资相应比例而分配减资款。

二审法院认为:公司减资及其对减少资本的处置均系公司股东会的法定职权,但需按法定程序进行。案涉减资决议仅明确了公司减少注册资本的金额和股东减少注册资本的金额,确认了减资后的股本结构。对因此而减少的注册资本如何处置并未形成决议内容,在修改后的公司章程中也未对此作出规定,故依法仍属于公司资产。城宇公司主张减资归华程公司所有与孙某诉请的返还其名下的减资款,均无法律依据,二审法院不予支持。一审法院认为孙某具有城宇公司股东资格,按照其在城宇公司的出资比例享有分取减资款的权利,属法律适用上的理解偏差,亦侵犯了公司的自主权,二审法院予以纠正。孙某主张城宇公司的其他股东均已分配了案涉减资款,但其并未提交证据证实。至于孙某认为城宇公司将减资款支付给华程公司冲抵其涉嫌挪用、侵占公司资金,其他公司股东以取得商品房销售方式收回了减资款,侵害了其民事权利这一情况,系另一法律关系,孙某可依《公司法》及相关法律的有关规定,依法维权。

案例8 "胡某盛与文成县百川小额贷款股份有限公司小额借款合同纠纷案"[(2018)浙0328民初294号]。

法院认为:公司注册资本减少,是指公司依法对已经注册的资本通过一定的程序进行削减的法律行为,由此形成的公司与股东之间的关系受公司法规范的调整。股东实际缴纳的出资即转化为公司自有的财产,公司作为法人,享有对出资财产的所有权。《公司法》对于公司减资过程中是否必须对股东的股权进行回购并无强制性规定,因此,公司减少注册资本的行为并不必然造成将被减资本所对应资产返还给股东的结果。在全体股东按持有的股份同比减资的情况下,原告享有的股权权益未受损害。原告主张被告应退回给原告减资款200万元,有责任提供证据证明,因原告未能举证证明其主张,故法院不予支持。

实务建议

公司减资并不意味着一定要向股东返回减资款,这涉及公司债权人的保护、公司资本的维持,但也并不是说没有返还的可能。无论如何,股东出资进入公司之后,就成为公司资产,减资款是否返还都是公司的内部自治事项,法院不能在公司没有相关意思表示的情况下,强制要求公司向股东返还。

1. 公司被股东起诉要求返还减资款的抗辩思路

第一,股东并未足额出资,公司减资才能使注册资本与公司资产更为贴近。公司减资属于形式减资,只是登记的注册资本发生变化,没有实际的资金流动行为。

第二,股东的出资成为公司的资产后,均投入运营,且公司在减资当时并没有盈余资金,根本无法向股东返回减资款。

第三,公司减资程序依法合规,在减资的报审材料,如资产负债表中并没有将减资款记为对股东的应付款。

第四,公司并未对减资款如何处置形成股东会决议,也没有就返还减资款与股东达成任何协议。

在举证方面,公司应对其为形式减资提供证据证明,比如公司当时的实收股本金为多少,公司当时运营状况,以此来证明公司当时处于亏损状态,或者公司对外有负债,不可能实质减资。

需注意的是,如果公司确实返还过减资款,应注意在转账中备注是减资款,如无备注,且公司与股东存在其他账务往来的,就可能混淆转账目的,不排除股东继续要求公司返还减资款的可能。

2. 股东向公司主张减资款的维权策略

股东提供证据证明各股东已经足额出资,公司减资属于实质减资而非形式减资;公司已经将减资款在减资财务报表中记为向股东的应付款,如减资过程中形成的专项审计报告中明确载有应付各股东的退股本金金额,且达成过返还减资款的股东会决议或者股东协议;公司实际上向其他股东尤其是大股东返还过减资款。

第三节 形式减资下,股东不构成抽逃出资

公司减资是将公司的注册资本和股东的出资额同时降低,那是否会导致股东从公司取回

部分出资,进而损害公司的偿债能力? 情况未必如此。

一、典型案例基本案情

案例来源:"丰汇世通公司与黑龙江省农业生产资料公司(以下简称省农资公司)案外人执行异议之诉纠纷再审案"[(2019)最高法民再144号]。

2008年11月,省农资公司投资5000万元设立了寒地黑土集团。2011年12月13日,省农资公司与丰汇世通公司等四方签订《增资扩股协议书》,约定丰汇世通公司以货币资金9800万元出资入股寒地黑土集团。2012年7月13日,省农资公司与丰汇世通公司等四方做出会议决议,四方终止合作。

2012年9月18日和10月11日,知之征信公司和美龙公司分别出资2000万元和4000万元入股寒地黑土集团,寒地黑土集团注册资金增至1.1亿元。

2013年1月10日,寒地黑土集团召开全体股东会议,决定将寒地黑土集团注册资本1.1亿元减至3000万元,股东知之征信公司和美龙公司的出资全部撤出,省农资公司以经营期间亏损为由将出资减至3000万元,寒地黑土集团股东为省农资公司。

2014年7月11日,丰汇世通公司与寒地黑土集团在履行《增资扩股协议书》过程中发生纠纷,丰汇世通公司提起民事诉讼,经审理并判决寒地黑土集团返还丰汇世通公司投资款1500万元及利息。在案件执行过程中,2016年6月21日,哈尔滨市中级人民法院作出(2016)黑01执异11号执行裁定,追加省农资公司为被执行人,在其抽逃注册资金2000万元的范围内对丰汇世通公司承担责任。

2017年8月16日,哈尔滨市中级人民法院作出(2017)黑01执异84号执行裁定认为,省农资公司在未通知债权人的情况下,提供虚假材料申请减资2000万元的变更登记,违反减资程序的规定,致使被执行人寒地黑土集团无可供执行财产,该行为应认定为名为减资、实为抽逃出资,省农资公司的异议缺乏事实及法律依据,裁定驳回省农资公司的异议。嗣后,省农资公司提起该案诉讼。

二、典型案例法院裁判观点

最高人民法院认为:根据《变更、追加规定》第18条的规定,作为被执行人的营利法人,财产不足以清偿生效法律文书确定的债务,申请执行人申请变更、追加抽逃出资的股东、出资人为被执行人,在抽逃出资的范围内承担责任的,人民法院应予支持。

该案中,寒地黑土集团在减少注册资本过程中,存在先发布减资公告后召开股东会、变更登记时提供虚假材料等违反《公司法》关于公司减资程序规定的情形,但作为寒地黑土集团股东的省农资公司并未利用寒地黑土集团减资实际实施抽回出资的行为。省农资公司虽将其登记出资由5000万元减至3000万元,但寒地黑土集团的权益并未因省农资公司的行为受到损害,资产总量并未因此而减少、偿债能力亦未因此而降低。省农资公司的行为不属于《公司法解释三》第12条规定的情形,不存在抽逃出资的行为,不应当被追加为被执行人。二审法院判决不得追加省农资公司为被执行人,并无不当。丰汇世通公司的再审请求缺乏事实依据和法律依据,再审法院不予支持。

实务建议

《公司法》第177条对公司减资程序作了严格限定,公司减资须作出股东会决议,通知债权人并公告,其规范目的在于防止公司任意减资损害债权人的利益。但是公司减资并不一定会导致公司资产的减少,比如只是减少公司注册资本,股东并不从公司取回出资款的形式减资。而对债权人来说,更值得信赖的是公司的资产而并非载于公司章程中的注册资本,在形式减资中,债权人无权要求股东清偿公司债务。

第二十二章

公司解散

第一节 公司解散事由

与自然人的生死类似,在新的企业不断设立的同时,也有很多企业因为各种原因倒闭、解散,最终退出市场。下文针对市场上实际存在的各种违法经营行为,说明哪些情形构成公司的解散事由。

《公司法》第180条规定:"公司因下列原因解散:(一)公司章程规定的营业期限届满或者公司章程规定的其他解散事由出现;(二)股东会或者股东大会决议解散;(三)因公司合并或者分立需要解散;(四)依法被吊销营业执照、责令关闭或者被撤销;(五)人民法院依照本法第一百八十二条的规定予以解散。"

该条规定的5种解散事由中,根据公司解散的原因不同,可以将公司解散分为自行解散、行政强制解散、司法诉讼解散。其中,该条规定的前三项属于自行解散,第四项属于行政强制解散,第五项属于司法诉讼解散。

一、自行解散

公司自行解散是指依据公司或其出资者的意志决定解散公司,具体包括:(1)基于公司章程规定的解散事由出现解散。(2)基于股东大会或股东会决议或者全体股东同意解散。(3)公司吸收合并的,吸收公司存续,被吸收公司解散,新设合并的,被合并的各公司解散;公司分立的,原公司继续存续,则不解散,如果原公司分立后不再存续,就需解散。公司合并或分立事项均应由股东会或者股东大会决议,且属于特别决议事项。

《公司法》第181条规定,若章程规定的解散事由出现,公司可以通过修改公司章程而存续。关于修改公司章程的决议,有限责任公司须经持有2/3以上表决权的股东通过,股份有限公司须经出席股东大会会议的股东所持表决权的2/3以上通过。

二、行政强制解散

1. 吊销营业执照

根据《公司法》第213条"利用公司名义从事危害国家安全、社会公共利益的严重违法行为的,吊销营业执照",以及《行政处罚法》第8条关于行政处罚的种类的规定,吊销营业执照是针对公司严重违法行为的最为严厉的行政处罚。

可被吊销营业执照的违法行为包括:公司存在不正当竞争行为,比如进行商业贿赂、对其商品作虚假或者引人误解的商业宣传;公司不按规定接受年度检查等;用人单位违反《中华人民共和国劳动法》非法招用未满16周岁的未成年人;违反《中华人民共和国广告法》发布虚假广告等。

2. 责令关闭

责令关闭与作为行政处罚方式的责令停产停业不同,主要是在卫生安全领域,针对不符合卫生安全标准的行为,行政机关禁止相关主体继续从事生产经营活动。

比如,根据《中华人民共和国药品管理法》的相关规定,未取得药品生产许可证、药品经营许可证或者医疗机构制剂许可证生产、销售药品的,责令关闭。

又如,根据《中华人民共和国职业病防治法》的相关规定,用人单位的工作场所的卫生安全防护措施不达标的,情节严重的,将被责令关闭。

3. 撤销

撤销是针对资质、资格的取消行为,即某自然人、法人持有的资质资格由于过期或者不再符合资质、资格要求,由资质发放管理方采取的一种取消行为。撤销是一种对行政许可的法律收回行为,具有剥夺性和不可逆转性以及补救性。

比如,根据《公司法》的相关规定,虚报注册资本、提交虚假材料或者采取其他欺诈手段隐瞒重要事实,取得公司登记的,公司会被撤销登记。

三、司法诉讼解散

司法诉讼解散往往是因为股东之间矛盾深重、无法调解所引发。根据《公司法》第182条的规定,持股10%以上的股东在公司经营管理发生严重困难,继续存续会使股东利益遭受重大损失,通过其他途径无法解决时,有权申请法院解散公司,即俗称的"公司僵局"下的解散。

根据《公司法解释二》第1条第1款的规定,存在以下3种情形就可以认定公司的经营管理发生严重困难,(1)在公司持续两年以上无法召开股东会或者股东大会;(2)股东表决时无法达到法定或者公司章程规定的比例,持续两年以上不能做出有效的股东会或者股东大会决议;(3)公司董事长期冲突,且无法通过股东会或者股东大会解决。除此之外的经营管理发生其他严重困难的,在符合《公司法》第182条规定的时候,股东也可以向法院起诉解散公司。

综上，公司被注销丧失主体资格，退出市场环境的前提是具有解散事由，这些解散事由可以是基于公司权力机关形成的有效决议；也可能是因为公司从事了严重的违法行为而被行政机关处罚，强制要求其退市；也可能是某个被大股东长期损害其利益的小股东通过法院，由法院判决解散公司。无论何种原因，都将造成公司面临无法再继续经营、只能进行清算的后果。

第二节　瑕疵出资股东也可提起解散公司之诉

《公司法解释三》第 16 条规定："股东未履行或者未全面履行出资义务或者抽逃出资，公司根据公司章程或者股东会决议对其利润分配请求权、新股优先认购权、剩余财产分配请求权等股东权利作出相应的合理限制，该股东请求认定该限制无效的，人民法院不予支持。"根据该条规定，股东在未履行或者未全面履行出资或者抽逃出资的情形下，公司可以根据公司章程约定或者股东会决议，对瑕疵出资股东的利润分配请求权、新股优先认购权、剩余财产分配请求权进行合理限制。由此产生的问题是：该条"等"字之后的股东权利应该包括哪些？除上述 16 条明确规定的 3 种权利之外，公司章程或者股东会决议能否对股东提起司法解散之诉的权利进行限制？

根据股东行使权利是为了自己利益还是股东的共同利益来划分，股东权利可分为自益权和共益权。自益权是指股东仅为自己的利益而行使的权利，比如利润分配请求权、新股优先购买权以及剩余财产分配请求权等；共益权是股东为了全体股东利益而参与经营管理的权利，比如股东的表决权、知情权等。通说认为在股东瑕疵出资时，公司章程或者股东会决议可对股东的自益权作出限制，共益权是基于股东资格而享有的参与公司经营管理的权利，该种权利不应当被限制。依照该逻辑，股东瑕疵出资时，其表决权不应受限，相应的瑕疵出资股东提起公司司法解散的权利不应被限制。

但是公司解散不同于股东行使表决权参与公司经营管理的情形，该权利的行使关乎公司的存亡以及其他股东的重大利益。因此，瑕疵出资股东是否能够提起解散公司之诉，公司章程或者股东会决议能否限制其提起司法解散的权利仍是值得探讨的问题。

一、在股东未履行或者未全面履行出资义务或者抽逃出资等瑕疵出资的情况下，对股东权利的限制并不及于请求公司解散的权利

案例 1　"西北车辆公司、兰驼公司等公司解散纠纷案"［(2021)最高法民申 2928 号］。

兰驼公司以房产作价 2500 万元向西北车辆公司出资，并进行了工商登记。之后，兰驼公司依据《公司法》第 182 条的规定向法院提起公司解散之诉。

西北车辆公司认为，兰驼公司在甘肃省兰州市中级人民法院审理的西北车辆公司诉兰驼公司股东出资纠纷一案的庭审中，兰驼公司明确表示其出资财产中的房产属于案外第三人所有，并非兰驼公司所有，属于无效的出资，无法履行出资义务。

若兰驼公司对于2500万元的房产出资为无效出资,则其现有有效出资仅有400万元,占西北车辆公司注册资本10,000万元的4%,占西北车辆公司全部股东表决权9550万元的4.19%,兰驼公司属于无效出资,其不具有提起公司解散之诉的资格。

一审、二审法院均支持了兰驼公司的诉讼请求。西北车辆公司不服二审判决,遂提起再审。

最高人民法院认为:

1. 根据该案原审法院查明的事实,截至该案诉讼时,工商登记及股东名册均记载兰驼公司在西北车辆公司出资比例29%,超出了《公司法》规定的10%的持股比例。根据《公司法》第182条关于"公司经营管理发生严重困难,继续存续会使股东利益受到重大损失,通过其他途径不能解决的,持有公司全部股东表决权百分之十以上的股东可以请求人民法院解散公司"的规定,兰驼公司具备《公司法》第182条规定的提起解散公司之诉的主体资格。原审判决以工商登记及股东名册为依据认定兰驼公司的原告资格并无不当。

2. 对于以房屋、土地使用权等财产出资的,办理变更权属手续解决的是出资财产的法律归属和处分权利的问题,而财产实际交付解决的是该项出资财产能否为公司实际利用并发挥资本效能的问题。

《公司法解释三》第10条规定:"出资人以房屋、土地使用权或者需要办理权属登记的知识产权等财产出资,已经交付公司使用但未办理权属变更手续,公司、其他股东或者公司债权人主张认定出资人未履行出资义务的,人民法院应当责令当事人在指定的合理期间内办理权属变更手续;在前述期间内办理了权属变更手续的,人民法院应当认定其已经履行了出资义务;出资人主张自其实际交付财产给公司使用时享有相应股东权利的,人民法院应予支持。出资人以前款规定的财产出资,已经办理权属变更手续但未交付给公司使用,公司或者其他股东主张其向公司交付、并在实际交付之前不享有相应股东权利的,人民法院应予支持。"

根据上述法律条文的规定,西北车辆公司未提交证据证明其以兰驼公司未将土地使用权及房屋交付给西北车辆公司实际使用向兰驼公司主张权利,却又以该理由主张兰驼公司不具有提起公司解散之诉的主体资格,与上述法律规定精神不符。故而其关于兰驼公司不具有提起公司解散的股东身份,无权以股东身份提起公司解散之诉的再审请求,再审法院不予支持。

3. 根据《公司法解释三》第16条关于"股东未履行或者未全面履行出资义务或者抽逃出资,公司根据公司章程或者股东会决议对其利润分配请求权、新股优先认购权、剩余财产分配请求权等股东权利作出相应的合理限制,该股东请求认定该限制无效的,人民法院不予支持"的规定,在股东未履行或者未全面履行出资义务或者抽逃出资等瑕疵出资的情况下,对股东权利的限制并不及于请求公司解散的权利。故而对于西北车辆公司关于兰驼公司无权提起该案之诉的再审请求,再审法院不予支持。

4. 关于西北车辆公司在再审程序中提交的新证据是否足以推翻原审判决的问题。经审查,西北车辆公司所称新证据为西北车辆公司诉兰驼公司股东出资纠纷案中兰驼公司的陈述,该证据无法推翻西北车辆公司工商登记及股东名册记载的内容,且上述证据不符合《民事诉讼法解释》第386条规定的新证据情形。故而西北车辆公司的该项再审请求不符合《民事诉讼法》第207条第1项的再审情形,再审院不予支持。

二、公司章程或工商登记信息显示股东单独或合计持有公司全部股东表决权10%以上的,即使该股东没有实际出资到位或未实际支付受让股权的转让款,也不影响其具有提起解散公司诉讼的主体资格

案例2 "兴华公司等与金濠公司等公司解散纠纷上诉案"[(2019)最高法民终1504号]。

金濠公司股东兴华公司、侨康公司认为金濠公司于2014年6月14日董事会召开之后,至该案诉讼之日再没有召开过董事会,请求法院判令解散公司。金濠公司则认为兴华公司、侨康公司未实际出资或者出资未到位,实际出资仅占总出资的4.76%,不具备提起该案诉讼的主体资格。

安徽高级人民法院认为:根据金濠公司章程及工商公示信息等证据显示,兴华公司、侨康公司分别受让取得金濠公司10%、14%的股权,符合《公司法》第182条规定的起诉条件。最高人民法院二审审理认为,金濠公司已经符合《公司法》及《公司法解释二》关于股东提起公司解散之诉的条件。

三、股东出资不到位并不影响其股东资格的取得,但享有股东权利的前提是承担股东义务,与出资义务相对应的股东权利只能按出资比例行使,瑕疵出资股东的权利应当受到限制

案例3 "毛某诉杭州中哲公司公司解散纠纷案"[(2017)浙民申2811号]。

毛某为中哲公司的股东,其认为中哲公司事务瘫痪,经营陷入僵局,通过其他途径不能解决,没有继续存在的必要,已经给毛某利益造成重大损害,且继续存续势必给毛某造成新的损害,遂向法院提起公司解散之诉。一审、二审均认为毛某未足额出资,其股东权利应当受到相应限制。毛某不服提起再审。

浙江省高级人民法院认为:《公司法》第182条规定,公司经营管理发生严重困难,继续存续会使股东利益受到重大损失,通过其他途径不能解决的,持有公司全部股东表决权10%以上的股东,可以请求人民法院解散公司。

毛某作为中哲公司的股东,应认缴货币出资98万元,占注册资本的49%。根据在先生效判决的认定,毛某应支付中哲公司出资98万元,但其至今未履行上述出资义务,存在出资不

到位的情形。虽然根据《公司法》的相关规定,股东的出资不到位并不影响其股东资格的取得,但享有股东权利的前提是承担股东义务,与出资义务相对应的股东权利只能按出资比例行使。该案中毛某出资不实不影响其股东资格取得,但由于其未履行出资义务,作为瑕疵出资的股东,其股东权的行使应当受到一定的限制。

一审、二审法院就此认定其请求解散中哲公司的权利受限并无不当。况且,根据毛某所述,其与中哲公司及另一股东之间的纠纷已陆续通过司法或行政程序予以解决,中哲公司解散与否并不影响其权利的救济。

四、股东未实际出资影响其资产收益权,但一般不影响其参与管理权。只要具备股东身份,即便未出资到位,也只是承担补缴和违约责任,其仍然享有相应表决权,并可行使公司解散的诉权

案例4 "亚太房地产公司、路桥兴泰物业管理有限公司公司解散纠纷案"[(2019)浙10民终1791号]。

浙江省台州市中级人民法院认为:即便原告未实际出资,也不应影响其享有请求解散公司的权利。股东的权利可分为两类:一是参与管理权,二是资产收益权。前者也称为共益权,后者称为自益权。参与管理权即参与公司意思形成、决定公司事务的权利,包括了表决权、查阅权、代表诉讼的提起权、解散公司的诉权等。股东未实际出资影响其资产收益权,但一般不影响其参与管理权。只要具备股东身份,即便未出资到位,也只是承担补缴和违约责任,其仍然享有相应表决权,并可行使公司解散的诉权。

— 实务建议 —

1. 瑕疵出资股东一般可提起公司解散之诉

瑕疵出资股东仍可提起公司司法解散之诉属于多数法院包括最高人民法院以及地方法院的观点,在检索案例中地方中级人民法院也普遍持此观点,比如"昌隆公司、唐某公司解散纠纷案"[(2019)赣01民终2229号]、"上诉人南京安某3厂炉料有限公司、安某2与被上诉人安某、原审第三人安某1公司解散纠纷案"[(2019)苏01民终6053号]等。也有法院对此持相反的观点,认为股东的瑕疵出资虽不影响其股东资格的取得,但享有股东权利的前提是承担股东义务,与出资义务相对应的股东权利只能按出资比例行使,瑕疵出资股东的权利应当受到限制,但是笔者在检索案例时发现此种裁判观点仅属个例。

> 因此,股东具有股东资格是法院判断股东可以提起公司解散之诉的核心依据。股东的股东资格已经进行工商登记或者已经被载入公司章程则可认为该股东具有股东资格。因此,公司章程或工商登记信息显示股东单独或合计持有公司全部股东表决权10%以上的,股东就可提起公司解散之诉,其瑕疵出资行为不影响权利的行使。
>
> **2. 瑕疵出资股东仍可提起公司解散之诉的内在逻辑**
>
> 股东的权利可分为自益权和共益权。股东的自益权主要是资产收益权,比如利润分配请求权、新股优先认购权等;股东的共益权主要是股东参与经营管理的权利,比如表决权、知情权等。股东瑕疵出资时,应对其收益权进行限制,但是不应限制其参与管理权。股东提起公司解散之诉,属于在行使对于公司的参与管理权,该种权利不应该受到限制。从某方面来说,股东的表决权不应受到限制,进而其持股比例超过10%的表决权就是有效且可行使的,股东也就当然满足提起公司司法解散的前提条件。
>
> 在公司解散之际,已属逾期的出资应该缴纳,未届出资期限的出资也可被加速到期,所以,瑕疵出资股东提起解散公司之诉,实际上代表着其对自身义务的认可与履行意愿,法院自无必要否定其诉讼主体资格。

第三节 股东压制情形下的司法公司解散

公司股东(大)会的表决一般实行资本多数决规则,对于普通决议事项,公司章程一般多规定由代表1/2以上表决权的股东通过,特别决议事项由代表2/3以上表决权的股东通过。如果股东人数较少,持股比例相差悬殊,比如有的股东持股比例超过50%或者超过67%,那么持股比例低于50%的股东,就对公司的普通决议事项无法形成影响;如果持股比例低于33%,就对公司的特别决议事项不会造成任何影响,其是否参会都不会影响股东会作出有效决议。

对于这类持股比例较低的股东,其股东权利容易被大股东忽视。更有甚者,公司控股股东独掌公司经营管理大权,公司不召开股东会,控股股东的意志直接上升为公司的意志,并由公司贯彻执行,小股东的权利长期被剥夺,其知情权、分红权、经营管理权均无法实现,被迫游离于公司之外,此种情形学理上称为"股东压制"。

如果被压制的股东无法通过股权被收购或者股权转让的方式退出公司,能否向法院提起解散公司诉讼以止损呢?

一、《公司法》及相关司法解释所规定的"公司僵局"

《公司法》第2条规定:公司经营管理发生严重困难,继续存续会使股东利益受到重大损失,通过其他途径不能解决的,持有公司全部股东表决权10%以上的股东,可以请求人民法院解散公司。

《公司法解释二》第1条第1款规定:单独或者合计持有公司全部股东表决权10%以上的股东,以下列事由之一提起解散公司诉讼,并符合《公司法》第182条规定的,人民法院应予受理:(1)公司持续两年以上无法召开股东会或者股东大会,公司经营管理发生严重困难的;(2)股东表决时无法达到法定或者公司章程规定的比例,持续两年以上不能做出有效的股东会或者股东大会决议,公司经营管理发生严重困难的;(3)公司董事长期冲突,且无法通过股东会或者股东大会解决,公司经营管理发生严重困难的;(4)经营管理发生其他严重困难,公司继续存续会使股东利益受到重大损失的情形。

上述规定的几种情形其实是将公司僵局作为解散公司的唯一事由,比如第1项,无法召开股东(大)会,一般是因为股东之间反目,人合性基础已经丧失,不可能再有心平气和商量的余地,股东(大)会会议无法召开;第2项一般是由于股东意见不合,无法达到决议作出所需的比例,需要股东意见一致才能形成有效决议;第3项一般也是因为股东矛盾造成的董事之间的矛盾,因为董事是不同股东委派,代表不同股东的利益。此类僵局的形成通常以股东势均力敌、能够形成对峙为前提。

二、最高人民法院指导案例8号关于"公司内部运营机制失灵"的立场

在股东压制情形,股东之间并不会形成对峙,公司多数都还在正常运营,从表面来看,经营并未出现任何困难,公司内部一直都在作出和执行所谓的"决策",公司并没有出现僵局的局面。

对于如何理解"经营管理严重困难",最高人民法院在其指导案例"林某清诉常熟市凯莱实业有限公司(以下简称凯莱公司)、戴某明公司解散纠纷案"[指导案例8号,最高人民法院审判委员会讨论通过2012年4月9日发布]中认定:

首先,凯莱公司的经营管理已发生严重困难。根据2005年《公司法》第183条(2018年《公司法》第182条)和《公司法解释二》第1条的规定,判断公司的经营管理是否出现严重困难,应当从公司的股东会、董事会或执行董事及监事会或监事的运行现状进行综合分析。"公司经营管理发生严重困难"的侧重点在于公司管理方面存有严重内部障碍,如股东会机制失灵、无法就公司的经营管理进行决策等,不应片面理解为公司资金缺乏、严重亏损等经营性困难。

其次,由于凯莱公司的内部运营机制早已失灵,林某清的股东权、监事权长期处于无法行使的状态,其投资凯莱公司的目的无法实现,利益受到重大损失,且凯莱公司的僵局通过其他途径长期无法解决。

结合该指导案例的立场,如果公司的股东会机制失灵,未能就公司的经营管理进行决策,

部分股东的股东权、监事权长期处于无法行使的状态,投资公司的目的无法实现、利益受到重大损失,且公司的僵局通过其他途径长期无法解决,利益受损的持股比例达到10%以上的股东就可以提起公司解散之诉,公司应被司法强制解散。

在股东压制情形,公司被大股东单方控制,公司沦为实现大股东意志和利益的工具。公司常年不召开股东会会议,小股东无法得知公司的内部决策和运营,无法对大股东滥用股东权利损害公司利益的行为形成制约。虽然公司尚在正常运营,但是,这种运营并不是建立在公司股东会有效决策的基础上,而是以损害被压制股东利益为代价,就符合司法强制解散公司的条件。

三、不同的裁判观点

对于"股东压制"能否成为公司解散的事由,司法实践中存在如下两种裁判观点。

(一) 支持股东压制为公司解散事由

持此观点的案例较少,典型案例如下:

案例1 "重庆正浩实业(集团)有限公司(以下简称正浩实业)与重庆正浩机电工业有限公司(以下简称正浩机电)股东知情权及公司解散纠纷案"[(2007)民二终字第31号]。

最高人民法院认为:正浩实业利用大股东的控制地位,违反公司章程规定,使小股东始终不能行使决策经营权、不能享有知情权,且小股东在股东会决议上对大股东做出的相关报告始终表示反对,对正浩实业通过相关转嫁投资、交易及利用公司资产为自己贷款作抵押等行为提出严重异议,正浩机电已形成经营管理僵局。由于大股东在诉讼前及诉讼中的相关表现,法院有理由认为如果公司继续存续,会使股东权利受到重大损失。法案这种情况判决公司解散,有利于保护小股东的合法利益。

上述案例是在《公司法解释二》出台之前作出的,当时,还没有将公司僵局规定为公司解散的唯一理由。

案例2 "重庆市戈韵建筑设计咨询有限公司(以下简称戈韵公司)、郭某志与青某、张某方公司解散纠纷申请再审案"[(2013)渝高法民申字第00494号]。

重庆市高级人民法院认为:戈韵公司符合《公司法》规定的公司解散条件。2005年《公司法》第183条规定:"公司经营管理发生严重困难,继续存续会使股东利益受到重大损失,通过其他途径不能解决的,持有公司全部股东表决权百分之十以上的股东,可以请求人民法院解散公司。"从立法本意看,"经营管理发生严重困难"应包括管理方面存在严重内部障碍,如股东会机制失灵、无法就公司经营管理进行决策等,不应只理解为资金缺乏、亏损严重等经营性困难。如果将公司亏损作为认定"公司经营管理发生严重困难"的必要条件,将会给大股东、实际控制股东压制其他股东提供"合法"借口,使其他股东在公司盈利的状态下既享受不到投资的利润,又无法及时从公司退出。该案中,戈韵公司符合公司解散的条件:其一,戈韵公司自成立以来,从未召开股东会议,股东会机制已经失灵;其二,青某、张某方从未参与公司经营管理和利润分红,亦未对公司经营进行监督;其三,戈韵公司继续存续将会使股东青某、张某方的利益受到重大损失;其四,戈韵公司的僵局通过其他途径长期无法解决。因此,戈韵公司虽然经营正常,但公司亏损并非认定"公司经营管理发生严重困难"的必要条件。因此,原审判决解散戈韵公司并无不当。

案例3 "王某玲与连云港市精彩传媒广告有限公司(以下简称精彩公司)公司解散纠纷案"[(2014)苏商终字第00360号]。

江苏省高级人民法院认为:精彩公司经营管理已经发生严重困难。公司的正常经营管理有赖于公司内部治理机构的正常运行,因此判断公司经营管理是否发生严重困难,通常应当综合分析公司权力机构(股东会)、执行机构(董事会或执行董事)、监督机构(监事会或监事)能否有效运行,有无出现股东僵局、董事僵局等内部机构失灵的情形。该案中,精彩公司的上述内部机构均已无法正常运行,应认定其经营管理已发生严重困难。

精彩公司认为,该公司章程规定股东会会议对一般事项作出决议仅需代表1/2以上表决权的股东表决通过即生效,而大股东朱某持股比例为60%,所代表的表决权已超过1/2,王某玲不通过股东会行使表决权不会导致股东会机制失灵。

江苏省高级人民法院认为,精彩公司的上述观点不能成立。一方面,不召开股东会会议即就应由股东会所议事项作出决定,违反法律规定。根据《公司法》第37条第2款规定,只有在股东对股东会所议事项以书面形式一致表示同意的情况下,才可以不召开股东会会议,直接作出决定,并由全体股东在决定文件上签名、盖章。进而言之,只要股东之间对股东会所议事项存在争议,就必须依法召开股东会。另一方面,股东只有通过股东会依法行使股东权才可能将其意志上升为公司的意志。股东会是股东行使股东权的平台。参加股东会的各股东通过行使表决权对公司待议事项作出自己的意思决定,众股东分散之意思决定通过法定或约定的表决权规则,汇集形成股东统一的集体意志,股东会决议表达出的股东的集体意志即为有法律约束力的公司的意思决定。大股东不通过股东会依法行使股东权,其意志无法上升为公司的意志,对其他股东无约束力。

案例4 "长春东北亚物流有限公司(以下简称东北亚公司)与吉林荟冠投资有限公司(以下简称荟冠公司)及董某琴、东证融成资本管理有限公司公司解散纠纷案"[(2016)吉民终569号]。

吉林省高级人民法院认为:由于东北亚公司董事之间的长期冲突系股东之间矛盾冲突的具体表现,荟冠公司与董某琴双方股东之间的矛盾方为董事长期冲突的根本原因,股东双方无法通过股东会决议对董事的长期冲突加以解决。东北亚公司的对外经营管理未受影响,系因东北亚公司经营决策由股东董某琴一方所控制,并非基于合法有效的股东会及董事会的决策进行,是在违反《公司法》相关规定及东北亚公司章程约定的情况下,在侵害其他股东合法权益的前提下的运营模式,这并非作为一家有限责任公司健康的公司治理结构下的经营管理状态。

案例 5 "宏运集团有限公司(以下简称宏运集团公司)、吉林省金融资产管理有限公司(以下简称金融管理公司)与吉林省金融控股集团股份有限公司(以下简称金融控股公司)公司解散纠纷案"[(2018)吉民终 619 号]。

该案中,最终判决被解散的金融管理公司的两大股东金融控股公司、宏运集团公司分别占股 20%、80%,持股 20%的小股东金融控股公司向法院起诉解散公司。

法院在判定金融管理公司经营管理确已出现严重困难时指出:当控股股东有能力通过公司决议贯彻其意志,却利用实际控制公司的便利排挤非控股股东参与公司管理的权利,导致公司仅接受控股股东的单方指示而不经公司决议处理公司事务,股东会、董事会等公司权力和决策机构失灵。该案中,金融管理公司虽处于账面盈利状态,但其股东会、董事会运行机制失灵无法解决,内部管理发生严重障碍,已陷入僵局状态。

在判定金融管理公司出现的公司僵局无法通过公司内部治理机制解决时,法院认为:虽然金融管理公司 80%的股权由宏运集团公司单独持有,且宏运集团公司提名的董事也在董事会中占据多数,假如股东会、董事会能够有效运作行使其职权,并不会发生公司僵局。但这其实是预设公司严格依照《公司法》和公司章程规定的治理结构和机制运作的假定情形,与该案中金融管理灵,其职权已被宏运集团公司委派的经营管理人员架空,不经股东会、董事会公司股东会、董事会机制失灵,公司仅接受控股股东宏运集团公司指示处理公司事务的事实不符。该案中金融管理会公司虽设有股东、董事会,但实际上形同虚设、机制失审议决定就可直接作出改变经营宗旨、将巨额资金借出的重大经营决策,金融控股公司与宏运集团公司之间的实质性分歧,已无法通过失灵的股东会、董事会机制解决。

(二)不支持股东压制为公司解散事由

笔者在案例调研中发现多数法院不支持小股东以股东压制提起解散公司的诉求,这类裁判观点虽然认可小股东的利益受到严重损害的事实,但是,其认为公司经营管理并未发生《公司法》及其司法解释所定义的严重困难的情形。

案例 6 "徐某与北京安方达科技有限公司(以下简称安方达公司)公司解散纠纷案"[(2018)京 01 民终 4908 号]。

一审北京市海淀区人民法院判决驳回了徐某要求解散安方达公司的诉讼请求,二审法院维持了一审判决。

二审法院认为:根据公司法关于司法解散制度的上述规定,解散的情形主要限于公司僵局,股东受到其他股东压迫,无法直接参与公司的经营管理,无法得知公司的经营状况等,不是认定"经营管理发生严重困难"的直接依据,徐某依据其受到了大股东喻某以及实际控制人方某娆的压迫,无法行使对公司的知情权和有效的经营管理的权利,要求解散安方达公司,不符合《公司法》及相关司法解释的规定。综合上述认定,一审法院对徐某诉讼请求未予准许并无不当,二审法院对徐行的上诉请求及事实理由亦不予支持。

案例7 "高某青与康得新电(北京)科技有限公司(以下简称新电公司)、康得投资集团有限公司公司解散纠纷案"[(2008)海民初字第15743号]。

北京市海淀区人民法院认为,该案中,高某青持有新电公司25%的股东表决权,符合法律规定提起公司解散之诉的主体资格。诉讼中,高某青要求解散新电公司的理由是:其作为小股东不能正常行使其股东权利,包括参加股东会、知情权、分红权等;大股东转移公司资产,造成公司资不抵债、经营困难;股东之间矛盾不可调和等。法院认为,高某青主张的上述解散公司事由均不属于我国2005年《公司法》第183条及相关司法解释中规定的公司解散的法定事由,高某青如认为其股东权利或者新电公司的利益受到损害,其可以通过其他途径寻求救济。事实上,高某青已经陆续通过向法院提出股东知情权、分红权、要求确认股东会议决议效力等一系列诉讼主张权利。综上,高某青在该案中要求解散新电公司的事由因不属于法律规定的解散公司事由,高某青亦未提交相关证据证明"公司经营出现严重困难,继续存续会使股东利益受到重大损失"事实的存在,故法院对其诉讼请求不予支持。

实务建议

股东只有通过股东会依法行使股东权才可能将其意志上升为公司的意志。股东会是股东行使股东权的平台。参加股东会的各股东通过行使表决权对公司待议事项作出自己的意思决定,众股东分散之意思决定通过法定或约定的表决权规则,汇集形成股东统一的集体意志,股东会决议表达出的股东的集体意志即为有法律约束力的公司的意思决定。大股东不通过股东会依法行使股东权,其意志无法上升为公司的意志,对其他股东无约束力。

如果大股东有能力通过公司决议贯彻其意志,却利用实际控制公司的便利排挤非控股股东参与公司管理的权利,导致公司仅接受控股股东的单方指示而不经公司决议处理公司事务,公司虽设有股东会、董事会,但实际上形同虚设、机制失灵。在此种情形下,公司的对外经营管理未受影响系因公司经营决策由大股东所控制,并非基于实施合法有效的股东会及董事会的决策进行,是在违反《公司法》相关规定及公司章程约定的情况下,在侵害其他股东合法权益的前提下的运营模式,这并非健康的公司治理结构下的经营管理状态。

> 公司继续存续,只会使股东权益受到持续侵害,如果通过其他途径无法解决,无论公司表面上是否在正常运营甚至盈利,权益受到侵害的小股东或者被压制的股东应有权通过司法途径解散公司。

第四节 过错方股东也有权提起公司解散之诉

公司内部股东存在利益冲突的情况下,司法解散无疑成为除股权转让之外的另一股东退出渠道。司法解散制度的功能就是打破公司僵局,避免持续性的公司内部损耗。认定公司司法解散的核心标准是公司经营管理发生严重困难,而引起该经营管理严重困难的原因是否应归咎于主张司法解散公司的股东在所不问。

在"仕丰科技有限公司(以下简称仕丰公司)与富钧新型复合材料(太仓)有限公司(以下简称富钧公司)、第三人永利集团有限公司(以下简称永利公司)解散纠纷案"[(2011)民四终字第29号]中,仕丰公司和永利公司为富钧公司的股东,仕丰公司诉讼请求解散富钧公司。

最高人民法院认为:公司能否解散取决于公司是否存在僵局以及是否符合2005年《公司法》第183条规定的实质条件,而不取决于公司僵局产生的原因和责任。2005年《公司法》第183条没有限制过错方股东解散公司,因此即使一方股东对公司僵局的产生具有过错,其仍然有权依据该条规定,请求解散公司。该案中仕丰公司提出解散富钧公司的背景情况为,富钧公司已陷入公司僵局并由永利公司单方经营管理长达7年,仕丰公司持有60%的股份,其行使请求司法解散公司的诉权,符合2005年《公司法》第183条的规定,不属于滥用权利、恶意诉讼的情形。至于仕丰公司委派的董事张某是否存在违反董事竞业禁止义务的过错行为,应否承担赔偿富钧公司损失的民事责任,由富钧公司通过另案解决,与该案无涉。

第五节 "未召开"股东会并非意味着"无法召开"股东会

公司持续两年以上无法召开股东会或者股东大会是认定公司经营管理发生严重困难的一种表现,"无法召开"与"未召开"是两个概念,前者是股东发生矛盾导致无法召开,后者是事实上未召开,到底原因为何,不得而知,也可能是各股东意见一致,不召开股东会会议,直接作出决定。

在"杨某、吉林市隆硕房地产开发有限公司(以下简称隆硕公司)公司解散纠纷案"[(2021)最高法民申1650号]中,杨某(隆硕公司的股东之一)向最高人民法院申请再审提出:隆硕公司的法定代表人兰某作为公司的执行董事享有章程规定的每6个月定期召集并主持召开股东会会议的义务,但自2015年起至该案起诉时,隆硕公司已连续两年以上没有召开股东会。法定代表人兰某、实际控制人王某、股东薛某为达到控制公司使之成为个人财产的目的,以伪造签名的方式意图修改公司章程剥夺杨某的股东资格,上述事实表明隆硕公司已无法正常运转。2017年,兰某、王某在未取得隆硕公司其他股东同意且没有召开股东会的情况下,将大额款项从公司转移至其个人账户,并且将公司资产低价抵偿给王某的关联公司,严重损害公司和股东的合法权益。杨某无法行使股东权利,无法参与或者要求参加股东会,股东会机制已经失灵,隆硕公司经营管理已经陷入僵局。

最高人民法院认为:该案中,杨某提出要求解散隆硕公司的主要理由为股东之间矛盾激化,股东会长期无法有效召集和进行表决,导致公司治理结构无法正常运转。但是股东矛盾激化并非公司解散的法定事由,公司未召开股东会的原因存在多种情形,未召开股东会并不意味着无法召开股东会。在杨某并未提供证据证明其曾经提出召开股东会的要求,亦未提供证据证明公司经营发生严重困难的情况下,其提请解散公司缺乏事实和法律依据。就此而言,二审法院以杨某提出的解散公司的主张缺乏事实和法律依据为由驳回其诉讼请求并无不当。

实务建议

1. 两股东各占50%股权的公司易形成公司僵局

公司若只有两名股东,两人各占50%的股份,拥有对等的表决权,在股东会的决议须经持股半数以上股东同意的表决规则下,公司只有在两位股东意见一致的情况下才能做出有效的股东会决议,该持股比例与议事规则无异于赋予股东一票否决权,只要两位股东的意见存有分歧、互不配合,就无法形成有效表决,进而影响公司的运作。此类关于股东持股比例、议事方式与表决程序的制度设计本身,使该公司更易于出现表决僵局,而且僵局一旦形成,难以打破。所以,股权比例、议事规则的制度设计应该刻意避免形成公司僵局,各自一半的持股比例不可取。

2. 持股10%以上的股东才有机会以强制解散公司的方式退出公司

在公司僵局之下,如果不能通过股权转让、股权回购、公司减资的方式退出公司,那么提起强制解散公司诉讼也不失为一种股东退出渠道。但是,只有持股10%以上的股东才有此权利。所以,提醒投资人,在投资入股之时,持股比例最好不要少于10%,为自己留一个退出的最后机会。

3. 投资人应利用公司治理措施谨防公司沦为大股东谋私利的工具

在公司经营中,有的股东只是财务投资,并不参与公司经营管理,在公司缺乏有效监管的情况下,容易滋生大股东滥用权利损害公司和股东利益的问题,比如公司向股东或股东的关联方借款,没有与之对应的股东会或董事会决议;以公司名义向银行贷款用于股东利益所需;公司持续盈利,但多年并未分红等。所以,无论是大股东还是小股东,若不实际参与公司经营管理,也应该利用公司治理的各项措施比如委派董事、监事、财务人员,对公司进行必要的监督,而不要做一个"甩手掌柜"。若问题已经非常严重,再通过法律途径主张权益救济,将会事倍功半。

4. 股东提起公司解散之诉之前需穷尽其他救济方式,所以,在投资入股的开始前就应该掌握《公司法》的基本规则,切不可盲投

公司解散意味着公司独立的法人地位的消失,公司面临被彻底清算的命运。尤其是对于盈利状况良好的公司,这种公司被解散可能会影响社会整体经济利益,因此,法院对于司法解散的认定非常谨慎。如果股东在请求司法解散之前没有采取过如召开股东会、内部协商等其他方式解决问题或者股东间矛盾产生的时间不长,法院将不会支持股东解散公司的诉讼请求。

根据笔者处理此类案件的经验,一旦公司陷入僵局,投资人很大可能会越陷越深,有些人甚至历时数年无法脱身。投资入股,"进入容易出来难",因此在投资入股之初,投资人应该委托专业律师把关指导,切不可盲目上阵。

5. 未召开股东会并非意味着无法召开股东会,股东有权自行提议召开股东会

根据《公司法》的规定,有限公司代表1/10以上表决权的股东,1/3以上的董事,监事会或者不设监事会的公司的监事提议召开临时会议的,应当召开临时会议。在提议之后,董事会应该召集股东会会议,就股东会会议向股东进行通知。所以,如果股东没有提议召开股东会,却以公司两年以上没有召开股东会为由主张解散公司,将无法得到支持。

第六节 股东均无继续经营管理公司的意愿与行为,公司可被司法解散

在公司各股东均无继续经营管理公司的意愿与行为的情况下,公司设立的目的落空,应当认定符合《公司法解释二》第1条第1款第4项"经营管理发生其他严重困难"的情形。

在"天津大洋物流有限公司(以下简称大洋物流公司)等诉怡海(天津)投资有限公司(以下简称怡海公司)公司解散纠纷案"[(2017)津02民终5716号]中,大洋物流公司向一审法院起诉请求判令怡海公司解散,主要事实和理由:(1)大洋物流公司与海欣方舟公司、华龙益海公司出资设立怡海公司前协议约定,如果怡海公司未能中标"天津市复兴门海河沿岸大洋物流地块",则各方同意通过清算程序解散公司;(2)怡海公司自成立以来长达6年时间没有经营,近5年来未召开过股东会、董事会,且董事之间长期存在矛盾,经营管理发生严重困难。一审法院认为,虽然双方认可公司两年未召开股东大会及董事会,但大洋物流公司并未提供公司经营管理发生严重困难以及出现公司解散事由的证据,遂判决驳回大洋物流公司诉讼请求。大洋物流公司向天津市第二中级人民法院提起上诉。

天津市第二中级人民法院认为:

怡海公司的经营管理存在严重困难。《公司法》第182条以及《公司法解释二》第1条是判断公司是否符合司法解散情形的主要法律依据,其核心在于公司经营管理存在严重困难。虽然通常情况下公司经营管理困难多由股东、董事的正面积极冲突造成,但若各股东或董事对公司漠不关心亦可导致经营管理困难。

具体到本案,怡海公司成立前各股东签订的《框架协议》内容可以清楚地表明怡海公司是为取得特定项目而成立的公司。但怡海公司于2011年成立后,并未能按照《框架协议》的约定取得"复兴门海河沿岸大洋物流地块"开发权,各股东设立怡海公司的主要目的落空,之后各股东均未再依约进行第二期投资,怡海公司也一直未能开展正常经营。怡海公司自2012年起未再进行工商年检,自2013年后未再召开董事会与股东会,自2015年起申报纳税额为零元并列入经营异常名录,各方当事人均无法说明公司的人员、财产、经营等具体情况。海欣方舟公司、华龙益海公司虽不同意解散怡海公司,但对于怡海公司继续存续的价值及经营亦无明确规划。

上述事实表明,在项目落空后,各股东实际上均无继续经营管理公司的意愿与行为,怡海公司已经长期处于停业状态,应当认定符合《公司法解释二》第1条第1款第4项"经营管理发生其他严重困难"的情形。二审法院对大洋物流公司要求解散公司的诉讼请求予以支持。

第七节　在股东矛盾初期即提起解散之诉视为未穷尽其他救济方式

公司经营管理发生严重困难，继续存续会使股东利益受到严重损害，通过其他途径无法解决，才能提起司法解散之诉，解散公司是股东最后的权利救济方式，股东应首先尝试其他解决矛盾、打破僵局的途径。

在"北京三中院发布二十个公司类纠纷典型案例之二十：某经贸公司诉某咨询公司解散纠纷案"中，某文化公司于2017年年底至2018年年初通过受让某经贸公司部分股份成为某咨询公司股东，在2018年4月该文化公司委派人员当选为某咨询公司的董事，双方自2018年10月矛盾激化后，某经贸公司即提起该案公司解散之诉。

北京市第三中级人民法院认为：《公司法解释二》第1条第1款第3项就公司解散事宜作出的规定，体现的是股东僵局和董事僵局所造成的公司经营管理上的严重困难，即自治的公司治理结构完全失灵，公司处于事实上的瘫痪状态。

首先，某文化公司正式委派董事管理公司仅仅半年，难谓公司经营管理出现严重困难，股东之间争议长期得不到解决。

其次，《公司法》规定"通过其他途径不能解决"，是基于对公司永久存续性特征考虑的，即当公司经营管理发生严重困难，继续存续会使股东利益受到重大损失时，还是寄希望于公司能够通过公司自治等方式解决股东、董事之间的僵局，从而改变公司瘫痪状态，而不轻易赋予股东通过司法程序强制解散公司的权利。从公司自力救济之角度来看，公司僵局势必是一个从量变到质变的过程，而内部纠纷之救济，亦应当是一个多方面尝试的过程。

现有证据表明，某经贸公司与某文化公司自2018年8月就公司理念发生冲突后，2018年10月发生某经贸公司所主张的其委派董事被违法召开的股东会予以免除的事宜，但事后双方仅在2018年10月、11月尝试召开几次股东会、董事会，而某经贸公司2018年10月即提起公司解散之诉。也就是说，某经贸公司尚未穷尽自力救济之途径而直接采取公司司法解散方式处理争议，故法院不予支持。

第八节　从"土豆条款"看夫妻离婚分割股权导致的公司僵局及应对

"土豆条款"起源于土豆网创始人王某与前妻杨某的离婚风波。2005年4月，王某等人一同创立了土豆网，2007年9月，土豆网创始人王某与杨某登记结婚，之后，王某向法院起诉离婚，法院于2010年3月判决王某与杨某正式离婚，但夫妻二人未对土豆网股权进行分割，此时,王某已为土豆网进行了数轮融资。2010年11月,土豆网向美国证券交易委员会提交上市申请,申请提交的次日,杨某提起诉讼,要求分割夫妻共同财产,法院根据其申请保全冻结股权,土豆网上市申请被迫中止。王某与杨某于2011年6月达成和解之后,土豆网于2011年6月重新向美国证券交易委员会提交上市申请,最终完成上市。但是由于上市被推迟,导致优酷网先一步上市,土豆网被抢占了先机,其上市后的市值远低于优酷网的上市市值,最终土豆网被优酷网并购。

土豆网事件之后,许多私募股权投资者意识到创始股东的婚姻关系变动可能导致企业股权产生不确定性的风险,不少投资者试图在风险投资协议中加入"创始股东、实际控制人结婚和离婚必须经过董事会同意"的条款,即所谓的"土豆条款"。

一、对"土豆条款"的法律评价

我国《中华人民共和国宪法》(以下简称《宪法》)第49条第4款明确规定禁止破坏婚姻自由。《民法典》第1041条第1款规定我国实行婚姻自由的婚姻制度,第1042条第1款规定禁止包办、买卖婚姻和其他干涉婚姻自由的行为。《民法典》第153条第1款规定,违反法律、行政法规的强制性规定的民事法律行为无效。

"创始股东、实际控制人结婚或离婚必须经过股东会同意"这一条款因违反了上述法律对于婚姻自由的强制性规定而无效。因此,风险投资协议中的上述条款对于创始股东及其配偶是没有法律约束力的,违反该约定,创始股东仍能够实现离婚自由,而离婚必然涉及夫妻共同财产的分配,对公司股权的分割也将无法避免。

二、夫妻离婚股权分割对公司的负面影响

土豆条款的核心在于防止创始股东婚姻状况变化导致其股权被冻结或者发生变动,进而给投资者以及目标公司带来不利影响。

一般而言,创始股东股权被冻结或者被分割对目标公司可能产生的影响包括:(1)目标公司正处于上市准备阶段时,股权被冻结或分割导致上市计划被推迟甚至失败;若目标公司已上市,也会导致公司股票价格动荡;(2)目标公司未启动上市计划,创始股东股权一旦被冻结,创始股东将不能转让股权或者设定质押等,这将给目标公司的资本运作造成严重影响;(3)配偶分割股权后,目标公司或将陷入控制权争夺战,严重影响公司的经营管理,比如当当网夫妇的控制权争夺事件。

三、夫妻股权分割与公司僵局的形成

在上述3种影响中,夫妻离婚分割股权对公司经营管理的负面影响比较常见,也是诉讼中股东和公司拒绝股权分割的理由。由既往案例可知,在夫妻二人均为一家公司股东的离婚

案件中,关于股权分割,一方提出的股权分割将导致公司陷入僵局的主张,因难以举证而无法得到法院支持,甚至法院认为即便形成公司僵局,也可以通过协商或诉讼解散公司的方式来解决。

案例 1 "李某与魏某离婚纠纷上诉案"[(2017)最高法民终 336 号]。

该案中李某和魏某婚姻关系破裂,魏某主张对双方在 5 家公司的出资及股份平均予以分配,李某主张双方在公司之中各自名下的出资及股权依双方对夫妻财产的约定,一审法院认为,应归各自所有,不应作为夫妻共同财产进行分割。

公司股权应判归一方,由一方给另一方财产补偿,而不应将公司股权平分,否则将使公司进入清算,无法经营,给社会带来负面影响。法院认为,《婚姻法》第 17 条规定:"夫妻在婚姻关系存续期间所得的下列财产,归夫妻共同所有:(一)工资、奖金;(二)生产、经营的收益;(三)知识产权的收益;(四)继承或赠与所得的财产,但本法第十八条第三项规定的除外;(五)其他应当归共同所有的财产。夫妻对共同所有的财产,有平等的处理权。"第 19 条规定:"夫妻可以约定婚姻关系存续期间所得的财产以及婚前财产归各自所有、共同所有或部分各自所有、部分共同所有。约定应当采用书面形式。没有约定或约定不明确的,适用本法第十七条、第十八条的规定。夫妻对婚姻关系存续期间所得的财产以及婚前财产的约定,对双方具有约束力。夫妻对婚姻关系存续期间所得的财产约定归各自所有的,夫或妻一方对外所负的债务,第三人知道该约定的,以夫或妻一方所有的财产清偿。"[1]

虽然李某主张在婚姻关系存续期间登记在各自名下的股份应归各自所有,但并未提供相应的证据予以证明,不符合《婚姻法》第 19 条的有关规定,故一审法院对其主张不予支持。根据《婚姻法》第 17 条的规定,以双方或者一方名义登记在上述 5 家公司中的出资额及股份应为夫妻共同财产。依据《婚姻法》第 39 条第 1 款关于"离婚时,夫妻的共同财产由双方协议处理;协议不成时,由人民法院根据财产的具体情况,照顾子女和女方权益的原则判决"的规定及魏某的主张,在双方协议不成的情况下,一审法院认为上述 5 家公司的股份应由双方平均予以分割。

李某主张公司股权平均分配,将导致公司股东会无法作出有效决议以致公司僵局,严重损害李某及公司全体员工的权益。对此,最高人民法院审理认为:在二审法院调解过程中了解到,李某与魏某共同创立案涉 3 家公司,且魏某经营公司多年,李某对此亦予以认可。魏某明确表示其一直以公司利益为主,公司运营并未因离婚受到影响,李某对此未提出异议。以上事实表明,将案涉 3 家公司的股权平均分割,并不必然导致公司僵局。若李某担心股权平均分割不利于公司经营,可以在该案确认股权权属之后,与魏某另行协商解决。

---

[1] 现为《民法典》第 1062 条、第 1065 条。

案例 2 "陈某诉张某等股东资格确认纠纷案"[(2014)沪一中民四(商)终字第 1557号]。

该案中,陈某、张某夫妻二人与嘉兴时代合伙共为新川崎公司的股东,之后陈某、张某离婚,张某要求分割陈某持有的新川崎公司的股权。

原审法院认为,夫妻婚姻关系存续期间用于开办公司的资金属于夫妻共同财产的一部分,离婚后应当分割。夫妻共有股权的分割,实质上是股权转让。根据《公司法》的相关规定,有限责任公司的股东之间可以相互转让其全部或者部分股权。张某与陈某均为新川崎公司股东,不存在向股东之外第三人转让股权,也不存在一方退出而变更公司,故张某与陈某之间的股权分割并不违背有限责任公司的人合性。至于陈某称分割股权易导致公司僵局,原审法院认为,一方面,离婚分割股权并不必然导致公司僵局;另一方面,《公司法》第 182 条赋予了持公司全部股东表决权 10%以上的股东在公司经营管理发生严重困难时的解决途径。

因此,原审法院认为,新川崎公司系张某与陈某婚姻关系存续期间设立,张某与陈某对新川崎公司的出资属于夫妻共同财产。按照《婚姻法》分割夫妻共同财产的基本原则,对夫妻共有股权在二人之间进行平均分割。

但是新川琦公司以及嘉兴时代合伙提出异议,新川崎公司认为张某与陈某离婚后,张某干扰公司经营,使公司陷入解散、员工失业的困境。嘉兴时代合伙则认为张某与陈某某经营理念不同,若张某胜诉,将破坏张某、陈某以及嘉兴时代合伙之间关于持股比例的约定,导致嘉兴时代合伙与陈某股权比例合计低于 2/3,从而使新川崎公司在重大事项上无法作出决策,不符合嘉兴时代合伙的投资预期。

二审法院认为,新川琦公司提出的主张并没有证据证明,对于嘉兴时代的主张,首先,张某、陈某以及嘉兴时代合伙之间持股比例的现状并不代表三方已达成持股比例必须维持不变的书面协议;其次,张某、陈某以及嘉兴时代合伙之间签订的《新川崎公司增资协议书》第 5条明确约定了第一期增资完成后公司除一般事项以外的事项应由全体股东中代表 4/5(并非2/3)以上表决权的股东同意。无论股权分割与否,陈某与嘉兴时代合伙持股比例合计都未能超过 4/5,因此张某与陈某的股权分割并不必然对嘉兴时代合伙在新川崎公司的持股比例以及投资决策等产生不利影响。因此,嘉兴时代合伙提出的主张并无依据。

案例 3 "全利公司等与刘某公司解散纠纷上诉案"[(2009)一中民终字第 2831 号]。

该案中,郭某和刘某是全利公司的股东。郭某持有全利公司 70%股份,并任公司法定代表人;刘某持有全利公司 30%股份。公司章程亦规定,股东会会议由股东按照出资比例行使表决权。2005 年 3 月,刘某、郭某经北京市高级人民法院调解离婚,之后刘某以离婚后财产纠纷为由将郭某诉至北京市第一中级人民法院,2005 年 12 月,北京市第一中级人民法院以(2005)一中民初字第 4604 号判决书判决全利公司 35%股份归刘某所有,该判决已生效。之后刘某认为公司已陷入僵局,向法院请求解散全利公司。

北京市第一中级人民法院审理认为:首先,刘某依据本院作出的(2005)一中民终字第4604号民事判决书已经实际取得郭某持有的全利公司股权中占公司全部股份35%的股权,刘某作为全利公司的股东,其所持公司股权比例符合法律规定的提起公司解散之诉的股东持股比例。

其次,全利公司的全部股东为刘某及郭某二人,在该案中,刘某以全利公司超过两年时间未召开过股东会为由请求解散公司,全利公司及郭某不能提交证据证明全利公司在起诉之日前二年内召开过股东会的事实,故二审法院认定全利公司已经形成股东僵局,由此导致全利公司经营管理发生严重困难。属于法律规定的解散公司之情形。

最后,在该案的审理过程中,股东二人均表示就股东僵局如何解决已经进行过多次协商,均无法解决,亦不能在该案中调解解决。因此,应认定已无其他途径解决全利公司股东间僵局。

综上,依照《公司法》及相当司法解释之规定,刘某请求解散全利公司,符合法律规定之情形。后二审法院支持该一审判决。

四、避免负面影响的措施

1. 婚前或婚内的财产分割措施

对于创始股东而言,一种可行的规避股权被分割的操作是在婚前与配偶签订财产分割协议并进行婚前财产公证,约定股权及产生的收益属于创始股东一方所有,从而避免之后股权被冻结或者分割。另外,在婚姻关系存续期内,也可以约定分别财产制,即便日后离婚,也可避免股权被分割。所以,进行婚前财产公证是规避股权被分割一个比较谨慎的选择。

另一个比较妥善的选择是股权信托,即将股权转让给信托机构,股权由信托机构持有,不再属于股东的个人财产,夫妻离婚时,股权不属于共同财产,不存在分割问题。

2. 投资协议约定创始股东的相关义务与违约责任

鉴于离婚股权分割对公司造成的不利影响,关于投资人可以采取的风险防控措施,笔者建议在投资协议中投资人可以与创始股东约定创始股东若主动提起离婚诉讼需向投资人承担违约责任或者股权回购/现金补偿义务,以此降低创始股东的离婚可能性和对公司造成的影响。

3. 股东与其配偶达成一致行动协议

为了防止已经离婚的夫妻二人同为公司股东可能造成的公司僵局局面,股东在离婚时可与其配偶达成以下两种协议之一:其一,一致行动协议。该协议是指股东的配偶取得目标公司股权之后,在对公司事项表决时其应该与股东保持一致。其二,表决权委托协议。该协议是指股东的配偶取得股权之后承诺将其在目标公司的表决权委托给股东行使,从而使得公司控制权仍然在原股东手中,不会影响公司的经营决策。

非股东的配偶要成为股东,须经其他股东同意并放弃优先购买权,所以,这就给上述协议的达成提供了可能性,其他股东可提出签订上述协议作为创始股东的非股东配偶进入公司成为股东的条件。

4. 降低对重大事项的表决权比例

投资人在进行增资时,可约定对于公司重大事项的表决权比例,使创始股东配偶一方即使以后取得部分股权,也无法影响目标公司的经营决策。可行的举措就是不要约定过高的表决权比例,类似如需全体股东通过,或者如上述案例中的 4/5 的通过比例都将很容易导致公司僵局。《公司法》规定了对重大事项的表决须经持有 2/3 以上表决权的股东通过方可,这是最低限度,公司章程与此比例保持一致即可。

第二十三章

公司清算

　　公司具有解散事由之日起15日内,应该成立清算组进行清算。关于组织清算的义务人,《公司法》第183条规定,有限公司的清算由股东组成,股份公司的清算由董事或者股东大会确定的人选组成。2021年12月的《公司法(修订草案)》、2022年12月30日发布的《公司法(修订草案二次审议稿)》、2023年9月1日发布的《公司法(修订草案三次审议稿)》对清算义务人统一修改为董事,同时公司章程另有规定或者股东会决议另选他人的除外,股东不再是法定的清算义务人。该修改对于不参与公司经营管理的小股东是"重大利好",免于被债权人以未尽清算义务为由追加承担公司债务。

　　清算义务人不及时成立清算组,或者成立清算组后不清算的,可能会给公司或者债权人造成损失,比如导致公司资产流失、账册、重要资料灭失等,可能引发清算义务人的赔偿责任。

　　根据《公司法解释二》第18条、第19条、第20条的规定,存在5种有限责任公司股东需对债权人承担清算责任的情形:(1)未及时清算。股东未在法定期限内成立清算组开始清算,导致公司财产贬值、流失、毁损或者灭失,债权人可主张其在造成损失范围内对公司债务承担赔偿责任。(2)无法清算。股东因怠于履行义务,导致公司主要财产、账册、重要文件等灭失,无法进行清算,债权人主张其对公司债务承担连带清偿责任。(3)恶意处置清算财产。股东在公司解散后,恶意处置公司财产给债权人造成损失,债权人可主张其对公司债务承担相应赔偿责任。(4)骗取注销登记。未经依法清算,股东以虚假的清算报告骗取公司登记机关办理法人注销登记。(5)未经清算即注销。公司未经清算即办理注销登记,导致公司无法进行清算,债权人可主张其对公司债务承担相应赔偿责任。

　　解散事由出现之后,公司清算义务人应自行组织清算,如果怠于履行清算义务,则债权人或者其他的利害关系人如股东,可向法院申请司法强制清算,如《最高人民法院关于审理公司强制清算案件工作座谈会纪要》规定,公司债权人或者股东向人民法院申请强制清算应当提交清算申请书。申请书应当载明申请人、被申请人的基本情况和申请的事实和理由。同时,申请人应当向人民法院提交被申请人已经发生解散事由以及申请人对被申请人享有债权或者股权的有关证据。公司解散后已经自行成立清算组进行清算,但债权人或者股东以其故意拖延清算,或者存在其他违法清算可能严重损害债权人或者股东利益为由,申请人民法院强制清算的,申请人还应当向人民法院提交公司故意拖延清算,或者存在其他违法清算行为可能严重损害其利益的相应证据材料。

清算组在清算期间行使下列职权:(1)清理公司财产,分别编制资产负债表和财产清单;(2)通知、公告债权人;(3)处理与清算有关的公司未了结的业务;(4)清缴所欠税款以及清算过程中产生的税款;(5)清理债权、债务;(6)处理[2021年12月的《公司法(修订草案)》将"处理"修改为"分配"]公司清偿债务后的剩余财产;(7)代表公司参与民事诉讼活动。

清算组应当自成立之日起10日内通知债权人,并于60日内在报纸上公告,或者在统一的企业信息公示系统公告[2021年12月发布的《公司法(修订草案)》、2022年12月30日发布的《公司法(修订草案二次审议稿)》、2023年9月1日发布的《公司法(修订草案三次审议稿)》新增加的公告方式]。债权人应当自接到通知书之日起30日内,未接到通知书的自公告之日起45日内,向清算组申报其债权。债权人申报债权,应当说明债权的有关事项,并提供证明材料。清算组应当对债权进行登记。在申报债权期间,清算组不得对债权人进行清偿。

清算组在清理公司财产、编制资产负债表和财产清单后,应当制订清算方案,并报股东会或者人民法院确认。公司财产在分别支付清算费用、职工的工资、社会保险费用和法定补偿金,缴纳所欠税款,清偿公司债务后的剩余财产,有限责任公司按照股东的出资比例分配,股份有限公司按照股东持有的股份比例分配。清算期间,公司存续,但不得开展与清算无关的经营活动。公司财产在未依照规定清偿前,不得分配给股东。

清算组在清理公司财产、编制资产负债表和财产清单后,发现公司财产不足清偿债务的,应当依法向人民法院申请宣告破产。公司经人民法院裁定宣告破产后,清算组应当将清算事务移交给人民法院。

2021年12月的《公司法(修订草案)》、2022年12月30日发布的《公司法(修订草案二次审议稿)》均在其第234条,2023年9月1日发布的《公司法(修订草案三次审议稿)》在其第238条明确规定,清算组成员履行清算职责,负有忠实义务和勤勉义务。清算组成员怠于履行清算职责,给公司造成损失的,应当承担赔偿责任;因故意或者重大过失给债权人造成损失的,应当承担赔偿责任。

清算完毕之后,即应注销公司。2021年12月的《公司法(修订草案)》在其第235条增加了简易注销制度,该条规定:"公司在存续期间未产生债务,或者已清偿全部债务,经全体股东承诺,可以通过简易程序注销登记。通过简易程序注销登记,应当通过统一的企业信息公示系统予以公告,公告期限不少于二十日。公告期限届满后,未有异议的,公司可以在二十日内向公司登记机关申请注销公司登记。公司通过简易程序注销登记的,全体股东应当对注销登记前的债务承担连带责任。"2022年12月30日发布的《公司法(修订草案二次审议稿)》第236条以及2023年9月1日发布的《公司法(修订草案三次审议稿)》第240条均延续了上述修订。

第一节　股东未履行清算义务与债权无法清偿之间的因果关系抗辩

随着股东清算义务和责任的确立,实务中出现了《九民纪要》中提到的股东清算责任的异化现象,职业债权人在公司解散多年后对众多小股东追责。因此,在实务中急需厘清股东承担清算赔偿责任的性质、构成要件以及股东的清偿范围。

一、典型案例基本案情

案例来源:"上海丰瑞投资咨询有限公司(以下简称丰瑞公司)与上海汽车工业销售有限公司(以下简称上汽公司)等借款合同纠纷再审案"[(2016)最高法民再37号](以下简称2016年37号案)。

2011年11月8日,丰瑞公司通过债权转让的方式取得了对上汽扬州公司的债权。2012年11月1日,丰瑞公司向上汽扬州公司和上汽公司(上汽扬州公司股东,另一股东为机电公司)通过特快专递邮寄了债权转让通知书,要求债务人向丰瑞公司履行债务。

2013年9月17日,丰瑞公司向一审法院申请对上汽扬州公司强制清算清偿该案债务。清算过程中清算组发现被清算公司早已无营业场所和营业活动,经调查亦未能发现被清算公司的任何财产。其股东之一机电公司(该公司也于2013年被吊销了营业执照)的法定代表人表示被清算公司的所有资料都不知去向。另一股东上汽公司仅保存并提供了被清算公司设立、增资时的合资协议、章程,被清算公司1995年至1997年的审计报告,以及上汽公司1999年起诉被清算公司的民事判决书及相关执行裁定书等资料,但该部分资料无助于开展强制清算工作。法院遂于2013年12月17日裁定终结了对上汽扬州公司的强制清算程序。

2014年1月21日,丰瑞公司向扬州市中级人民法院提起本案诉讼,请求判令机电公司、上汽公司对上汽扬州公司欠丰瑞公司借款本金400万元、利息2,073,754.22元承担连带清偿责任。一审法院驳回了其对上汽公司的诉讼请求,丰瑞公司遂向江苏省高级人民法院上诉。

二、典型案例法院裁判观点

最高人民法院认为:《公司法解释二》第18条第2款规定:"有限责任公司的股东、股份有限公司的董事和控股股东因怠于履行义务,导致公司主要财产、账册、重要文件等灭失,无法进行清算,债权人主张其对公司债务承担连带清偿责任的,人民法院应依法予以支持。"该条规定的是清算义务人怠于履行清算义务应承担的对债务人的债权人的侵权责任。其适用的法理基础是法人人格否定理论和侵害债权理论。因此,清算义务人承担上述清算赔偿责任,应符合以下构成要件:第一,清算义务人有违反法律规定,怠于履行清算义务的行为,即在公司解散后未在法定时间内开展清算事务或未在法定时间内完成清算事务,主观上存在不作为的过错,或者不适当执行清算事务,侵犯债权人利益。第二,清算义务人的行为造成了公司债权人的直接损失。第三,清算义务人怠于履行清算义务的行为与公司财产或债权人的损失之间具有法律上的因果关系。

该案中,尽管案涉被清算公司上汽扬州公司在2001年11月2日被吊销了营业执照后应予解散并清算,至今作为其清算义务人的两个股东上汽公司和机电公司均未履行清算义务,但对于上汽公司而言,该案并不符合《公司法解释二》第18条第2款规定的清算义务人应履行连带清偿责任的条件,上汽公司不应承担案涉丰瑞公司对上汽扬州公司债权的连带清偿责任。理由如下:

从上汽公司在主张自己对上汽扬州公司享有债权而申请强制执行的行为可以得出,上汽公司已对上汽扬州公司的资产进行了清理,其未履行清算义务与丰瑞公司的损失之间并无因果关系。1999年12月21日作出的(1999)扬经初字第163号民事判决书,判令上汽扬州公司给付上汽公司货款9,424,216.95元。根据上汽扬州公司工商档案,该公司最后一次年检是1999年度,相关表格中显示该公司此时的资产总额426万元,负债总额663万元,上汽扬州公司负债大于资产。

根据再审法院再审查明的事实,扬州公司实际运作中,没有独立聘用工作人员,其财务的具体的业务由机电公司的汽车科工作人员负责;也没有专门的财务管理部门,其财务管理实际由机电总公司财务科代管,财务也由扬州机电公司管理,被清算公司的董事长由机电公司的人担任。上汽公司申请强制执行后,在强制执行程序中,负责上汽扬州公司财务的机电公司以及上汽扬州公司也向法院出具了上海汽车扬州销售有限公司现状汇报、资产负债表、损益表、上汽扬州公司债权清单等证据,用以核查公司资产,清偿债务。上述证据表明,该公司当时已无资产可供还债。正因如此,扬州市中级人民法院于2000年12月27日作出的(2000)扬执字第96号民事裁定书载明:"在执行过程中查明,被执行人扬州公司因经营亏损,已处于歇业状态,对外债权因其债务人均歇业或者破产而难以收回。本院曾于2000年9月1日裁定中止执行,期间申请人销售公司亦提供不出被执行人的财产线索。"该院据此裁定终结执行。

由上述事实可见,基于保护自己债权的考虑,上汽公司在强制执行案中已尽其所能清查上汽扬州公司的责任资产,机电公司也提供了相关财务报表和说明,但该公司已无偿债资产。在上汽扬州公司于2001年已无偿债能力且被吊销营业执照的情形下,即使当时进行清算,其也无责任资产偿还丰瑞公司的案涉债权,故上汽公司未履行清算义务的行为并未造成丰瑞公司的损失,上汽公司未履行清算义务的行为与丰瑞公司案涉债权未得到清偿所致损失并无因果关系。

因此，再审法院最终认定上汽公司虽然是清算义务人，但其无须对上汽扬州公司所欠丰瑞公司的债务本息承担连带清偿责任。

实务建议

最高人民法院在2016年37号案中认为债权人无法受偿的原因是债务人公司无资产可供清偿，因为在另一案件中，债务人公司因无财产清偿股东的债权，而中止执行，并最终被法院裁定终结执行。所以，股东未履行清算义务的行为并非造成债权人损失的原因，二者之间不存在因果关系。最终最高人民法院未支持债权人要求股东承担连带清偿责任的请求。

2012年最高人民法院在9月发布了第9号指导案例"上海存亮贸易有限公司诉蒋某东、王某明等买卖合同纠纷案"，该案是上海市第一中级人民法院于2010年9月1日作出的(2010)沪一中民四(商)终字第1302号民事判决。9号指导案例的案情与上述2016年37号案相同的一点是在债权人起诉之前，债务人公司在其他案件中也因无财产可供执行而被裁定中止执行。

对于债务人公司股东提出的公司在被吊销营业执照前已背负大量债务，即使其怠于履行清算义务，也与公司财产灭失之间没有关联性的抗辩意见，法院认为公司在其他案件中因无财产可供执行被中止执行的情况，只能证明人民法院在执行中未查找到公司的财产，不能证明公司的财产在被吊销营业执照前已全部灭失。所以，公司股东怠于履行清算义务与公司的财产、账册灭失之间具有因果联系，二股东的该项抗辩理由不成立。

可以看出，虽然两个案件都肯定了因果关系是必要条件，但是，在股东怠于履行清算义务与公司无法清算、债权受损之间的因果关系认定上，2016年37号案要比2012年9号指导案例对此的认定更为合理、宽松，对股东也更优待。

最高人民法院在2019年11月发布的《九民纪要》第15条继续秉持2016年37号案的观点，明确规定股东可以主张因果关系抗辩，即有限责任公司的股东举证证明其"怠于履行义务"的消极不作为与"公司主要财产、账册、重要文件等灭失，无法进行清算"的结果之间没有因果关系，主张其不应对公司债务承担连带清偿责任的，人民法院依法予以支持。

所以，因果关系抗辩可为股东所用，但是，股东须举证证明公司无偿债能力的事实，以及该事实发生在其清算义务发生之前。

第二节　在《公司法解释二》出台之前,不应溯及既往,追究股东的清算责任

第一节所述的 2016 年 37 号案除在否定因果关系上具有借鉴意义外,该案中最高人民法院认定股东不应承担清算赔偿责任的第二个理由,也很有借鉴意义。引述如下:

"……第二,从法律、司法解释的规定、司法实务的现实以及避免当事人滥用连带责任规定的角度进行分析。在 2008 年,《公司法规定(二)》颁布实施前,我国并无关于清算义务人未履行清算义务应承担连带清偿责任的规定。本案被清算公司发生清算事由在 2001 年。在当时,尽管公司法有关于清算义务的规定,但并没有关于未履行清算义务应承担何种责任的明确规定,故在司法实务中,对清算义务人追究法律责任的案例极少。虽然根据'补缺例外'的法无溯及力的除外原则,本案应适用《公司法规定(二)》的规定,但考虑到对于当事人期限利益的保护,让当事人根据法律事实出现多年之后才颁布实施的《公司法规定(二)》的规定承担连带清偿责任,有失公正,尤其是在清算义务人已尽其所能未能在强制执行程序中使自己对被清算主体的 900 万元债权得到清偿的情形下。"

上述意见在其他法院判决书中也曾被引用提及,如北京市第二中级人民法院作出的"惠州市东方联合实业有限公司与白某本等股东损害公司债权人利益责任纠纷案"[(2018)京 02 民终 5474 号]就引用了上述观点。

但是,也并不是所有法院都认可上述观点,比如北京市第一中级人民法院在其作出的"柳某等与张某等股东损害公司债权人利益责任纠纷案"[2019 京 01 民终 503 号]中就指出:"《公司法解释二》颁布前,虽然没有清算义务人未履行清算义务对公司债务承担连带责任的相关规定,但《公司法》仍然规定了清算义务人的清算义务,也就是说对符合解散情形的公司进行清算是公司清算义务人的法定义务。苏某祥等人未履行法律规定的清算义务在先,却又认为让其承担赔偿责任有失公平,其主张显然难以成立,也无法让人信服。"

由此来看,若解散事由发生在 2008 年以前,清算义务人如果提出根据 2008 年 5 月实施的《公司法解释二》要求其承担连带责任对其不公平的抗辩,还是存在被法院采纳的可能性的。

第三节　有限责任公司小股东无清算责任

在有限公司的公司治理中,小股东不参与公司经营管理非常普遍,尽管公司法规定股东为清算义务人,可是,小股东根本都不参与公司的任何经营管理,更谈不上组织公司清算或履行清算义务,此情况被职业债权人投机利用,在公司解散多年后职业债权人对小股东下手,以小股东负有清算义务而不履行,损害债权人的债权实现为由,要求小股东承担清算赔偿责任。

最高人民法院对小股东是否应该承担清算赔偿责任经历了一个修正的过程。

一、《九民纪要》发布以前，小股东应承担清算责任

在"中昊公司、张某再审审查与审判监督案"[（2019）最高法民申3683号]中，中昊公司再审称中昊公司作为占金樱公司出资比例2.66%的小股东，按照《公司法》第38条和第182条的规定，无权提请公司召开临时股东会，也无权提请人民法院解散公司，中昊公司并无怠于履行法律义务的行为。在债权人未提起清算程序时由小股东提起强制清算程序并不是小股东的法律义务。

最高人民法院认为：根据《公司法》第180条第4项、第183条的规定，有限责任公司的股东应在公司被吊销营业执照后15日内成立清算组进行清算。对被吊销营业执照的公司负有清算义务的是全体股东，并不因持股比例不同而有所区分，并且法律并未限制小股东在清算事由发生时提起清算的权利，中昊公司该项抗辩不能成立。

二、《九民纪要》发布之后，小股东不再承担清算责任

《九民纪要》第14条对上述裁判观点进行了修正，更确切地说是改正，该条明确规定"小股东举证证明其既不是公司董事会或者监事会成员，也没有选派人员担任该机关成员，且从未参与公司经营管理，以不构成'怠于履行义务'为由，主张其不应当对公司债务承担连带清偿责任的，人民法院依法予以支持"。

该条规定的合理性在于，对于小股东而言，其并没有积极参与公司经营管理的动力。在现实经济活动中，小股东不参与公司经营管理的情况并不少见，若要求其在公司解散时积极履行清算义务，比如要求其在公司没有自行清算的情况下，向法院起诉申请强制清算，有些"强人所难"，也不太现实。

实务建议

小股东要想免于承担清算赔偿责任，股权比例较小是一点，最重要的是，小股东自己并不担任公司董事或监事，也没有选派人员担任董事或监事，且从未参与公司的经营管理。如此，小股东才能免于承担清算责任。

第四节 公司尚未完成清算，要求股东承担清算责任的条件尚不成熟

公司尚未完成清算，股东是否存在怠于履行清算义务，造成公司账册文件灭失，无法进行

清算等事实还处于未知状态,债权人请求股东对公司债务承担连带清偿责任的条件尚不具备,后续查明后可根据公司的清算情况另行主张。

一、清算未完成,不能要求股东承担清算赔偿责任

案例1 "国电公司、达源公司买卖合同纠纷案"[(2017)最高法民申2856号]。

国电公司与达源公司签订买卖合同。2013年7月31日达源公司被注销,但其股东未启动清算程序。国电公司认为达源股东王某、孙某、乔某怠于履行清算义务应对达源公司债务承担连带赔偿责任。

最高人民法院认为:根据《公司法》第180条、第183条之规定,公司股东应在公司被吊销营业执照之日起15日内成立清算组,开始清算。该案中达源公司于2013年7月31日被吊销营业执照,于2016年6月15日启动清算程序,其股东确实存在怠于履行清算义务的情形,原判决对此已有认定。但是,股东是否因此要为公司的债务承担连带清偿责任,还应根据《公司法解释二》第18条第1款、第2款的规定进行审查和认定。该两款规定:有限责任公司的股东、股份有限公司的董事和控股股东未在法定期限内成立清算组开始清算,导致公司财产贬值、流失、毁损或者灭失,债权人主张其在造成损失范围内对公司债务承担赔偿责任的,人民法院应依法支持。有限责任公司的股东、股份有限公司的董事和控股股东因怠于履行义务,导致公司主要财产、账册、重要文件等灭失,无法进行清算,债权人主张其对公司债务承担连带清偿责任的,人民法院应依法予以支持。

也就是说,有限责任公司的债权人主张公司股东就公司债务承担责任的情形有两种:一是因股东未在法定期限内成立清算组开始清算导致公司财产贬值、流失、毁损或者灭失的,债权人有权主张其在造成损失范围内对公司债务承担赔偿责任;二是因股东怠于履行义务导致公司主要财产、账册、重要文件等灭失无法清算的,债权人有权向其主张连带清偿责任。

而该案的情况是,国电公司在收到达源公司申报债权通知后已在公告期限内向达源公司申报了债权,至二审程序终结达源公司尚未完成清算,因此国电公司主张的达源公司股东王某、孙某、乔某怠于履行清算义务,造成公司账册文件灭失,无法进行清算等事实是否存在,还处于未知状态。在此种情况下,原判决认定国电公司请求达源公司股东对该案债务承担连带清偿责任的条件尚不具备,并释明其应根据达源公司的清算情况另行主张,并无不当。国电公司申请再审主张该案应当直接判决达源公司股东对公司债务承担连带责任的理由,不能成立。至于达源公司清算组的组成是否合法,不属于该案的审查范围。

二、清算尚未启动，不能要求股东承担清算责任

案例 2 "哈药集团医药有限公司（以下简称哈药医药集团）、陈某英与公司有关的纠纷案"[（2020）最高法民申 2293 号]。

再审申请人哈药医药公司再审主张，陈某、吴某（二者为蓝天虹公司股东）因怠于履行清算义务，应对公司债务承担连带责任。

最高人民法院认为：哈药医药公司申请再审的理由不能成立。《公司法解释二》第 18 条第 2 款规定：有限责任公司的股东、股份有限公司的董事和控股股东因怠于履行义务，导致公司主要财产、账册、重要文件等灭失，无法进行清算，债权人主张其对公司债务承担连带清偿责任的，人民法院应依法予以支持。据此，有限责任公司的股东承担清算责任的前提是其因过错导致公司无法清算。该案中，蓝天虹公司因被吊销营业执照而解散后未自行清算，哈药医药公司亦未申请法院强制清算，蓝天虹公司是否无法清算的事实尚未确定，哈药医药公司主张蓝天虹公司股东承担清算责任的前提条件尚不具备。故而哈药医药公司径行要求陈某二人承担连带清偿责任的主张，缺乏事实基础和法律依据，法院不予支持。

实务建议

只有在清算程序正式启动以及进行了实质的清算之后，才能认定股东是否怠于清算导致公司财产贬值、流失、毁损或者灭失，或者公司资产、账册、重要文件等是否已经灭失无法清算或者无法全面清算。如公司被吊销营业执照而解散后未自行清算，债权人亦未申请法院强制清算，公司是否无法清算的事实尚未确定，债权人主张公司股东承担清算责任的前提条件尚不具备。

对于司法强制清算，根据《关于审理公司强制清算案件工作座谈会纪要》第 29 条的规定："债权人申请强制清算，人民法院以无法清算或者无法全面清算为由裁定终结强制清算程序的，应当在终结裁定中载明，债权人可以另行依据公司法司法解释二第十八条的规定，要求被申请人的股东、董事、实际控制人等清算义务人对其债务承担偿还责任。股东申请强制清算，人民法院以无法清算或者无法全面清算为由作出终结强制清算程序的，应当在终结裁定中载明，股东可以向控股股东等实际控制公司的主体主张有关权利。"也只有在法院作出终结强制清算程序后，才可以追究股东的清算赔偿责任。

所以，总体来讲，股东承担清算赔偿责任的前提都是先要对公司进行清算，在公司股东不自行清算的情况下，债权人可向法院申请对公司进行强制清算，否则不能直接要求股东承担清算责任。

第五节 名义股东也应对公司未经清算即被注销向债权人承担赔偿责任

股东承担的清算赔偿责任并未区分过错大小,或者是否存在代持股事实,在对外部债权人的责任方面,名义股东也应承担同样的清算赔偿责任。

一、典型案例基本案情

案例来源:"温某才等诉深圳市南头城实业股份有限公司(以下简称南头城公司)借款合同纠纷案"[(2015)民申字第2509号]。

南头城公司对方圆公司享有1500万元的借款债权,但在诉讼的过程中,方圆公司被案外人李某以虚假的清算报告办理了注销登记,由此南头城公司申请追加方圆公司的股东温某、李某和实际控制人(北泰公司)对案涉债务承担清偿或赔偿责任。温某、李某实际为北泰公司代持股权。

二、典型案例法院裁判观点

一审法院认为,北泰公司系方圆公司唯一出资人和实际控制人,怠于履行监管职责,造成方圆公司未经依法清算即被注销,应对涉案债务承担清偿责任。温某、李某代北泰公司持有方圆公司的股权,且解散方圆公司的相关股东会决议及清算报告上温某、李某的签名系伪造,故不支持南头城公司要求温某、李某对涉案债务承担连带赔偿责任的诉讼请求。

广东省高级人民法院二审认为:方圆公司未经依法清算即被注销,导致无法进行清算。温某、李某系方圆公司在相关机关登记备案的股东,作为清算义务人,应依法承担相应的清算责任,温某、李某和北泰公司应向南头城公司清偿借款本金1500万元及相应利息。温某、李某不服,向最高人民法院申请再审。

最高人民法院认为:即使实际控制人确实实施了《公司法解释二》第19条规定的以虚假的清算报告骗取公司登记机关办理注销登记的行为(此种情况下,根据《公司法解释二》第21条的规定,实际控制人不得请求其他股东分担相应责任),也并不能当然排除对其他股东,包括名义股东适用《公司法解释二》第20条第1款的规定追究责任。在《公司法解释二》第19条之后设置第20条的规定,可以理解为增加了公司债权人追究股东或实际控制人责任的途径选择,而并不能推断出在符合《公司法解释二》第19条规定的情况下,当然解除其他股东或名义股东责任的意思。

因此,温某、李某主张应以《公司法解释二》第19条的规定为依据,判决北泰公司承担公司债务责任,同时不能适用第20条的规定判决温某、李某承担责任这一诉求,系混淆该案的基本事实,同时并无充分法律依据。

根据商法上的公示公信和外观主义原则,第三人对公司登记信息的信赖利益应当受到保护。代持股关系属于代持股人与被代持股人之间的合同法律关系,不能以此对抗公司债权人。在公司的外部关系方面,经工商登记备案的代持股的名义股东属于法律意义上的公司股东,其是对外承担股东责任的直接主体,无论实际控制人是否承担相应的责任,只要未实际向债权人承担责任,代持股的名义股东就应当对外承担股东的责任。

这一原则在《公司法解释三》第26条中关于经公司登记机关登记的股东不得以其仅为名义股东而拒绝债权人要求其履行出资义务的规定中,已经明确体现。《公司法解释二》第21条规定中也隐含股东不管过错有无、过错大小,对外必须承担股东责任,不能以自己没有过错为由对抗公司债权人的原则。

温某、李某虽系代北泰公司持有方圆公司的股权,但并非被北泰公司冒名登记为股东,代持股是符合其自己的意志和利益的行为,且也并无证据显示南头城公司在向方圆深圳分公司提供借款时知悉并认可温某、李某的代持股人身份及北泰公司的实际出资人地位,故温某、李某应当承担相应的法律责任风险。温某、李某尽管没有签署决定解散方圆公司的股东会文件和清算报告,并称其也不知道方圆公司已被解散并依据虚假的清算报告办理了注销登记,即未直接实施损害公司债权人利益的行为,但作为方圆公司经登记的股东,上述情形亦属于其怠于行使股东权利和履行股东监管职责及清算义务,导致公司被非法注销而无法清算,损害公司债权人利益。

该情形已经符合《公司法解释二》第20条第1款规定的承担责任的条件。该案二审判决依据该条款判令温某、李某对公司债务承担责任,并无不当。

实务建议

股权代持关系属于代持人与被代持人之间的合同法律关系,不能以此对抗公司债权人。在公司的外部关系方面,经工商登记备案的代持股的名义股东属于法律意义上的公司股东,其是对外承担股东责任的直接主体,所以,名义股东不能以其系名义股东为由抗辩其应承担的清算责任。

所以,对于名义股东,即便仅是代持股权,在公司清算之时,也应该积极履行清算义务;否则,会产生被债权人要求承担清算赔偿责任的风险。

第六节 成立清算组后应开展实质性清算工作,否则也可被追责

公司法规定的"清算义务",不仅是指股东成立清算组着手清算工作,还包括实质性地清

理公司的债权债务,如果拖延、消极不作为,或者不积极作为,导致公司财产贬值、流失、毁损或灭失的,将会被追责。

一、典型案例基本案情

案例来源:"王某1、夏某标等与太仓市金鑫铜管有限公司(以下简称金鑫公司)、王某2股东损害公司债权人利益责任纠纷案"[(2016)苏民终189号]。

2014年4月30日,王某1等4人向盱眙县人民法院(以下简称盱眙法院)申请旭星公司破产清算,后因债务人旭星公司已无财产偿还债权,亦无财产清偿破产费用,盱眙法院于2014年5月7日裁定终结旭星公司破产清算程序。债权人王某1等4人主张金鑫公司、王某2(旭星公司股东)未在法律规定的限期内未履行清算义务,应就旭星公司财产贬值、流失、毁损、灭失赔偿债权人损失。双方就清算义务人是否履行了清算义务产生争议。

金鑫公司、王某2上诉称,依据《公司法解释二》的规定,如要求股东承担赔偿责任应当具备主观过错要件。而该案中,金鑫公司、王某2曾在2006年企业资不抵债时准备成立清算组,是王某1等4人不同意清算。也就是说,即使金鑫公司、王某2未在规定的期限内组织清算,王某1等4人作为债权人亦可向人民法院申请破产清算。在旭星公司被吊销营业执照后,股东已及时成立清算组并向债权人通知清算事项,故金鑫公司、王某2不存在主观过错。

二、典型案例法院裁判观点

江苏省高级人民法院二审认为:公司法规定的清算义务,不仅是指股东成立清算组着手清算工作,还包括实质性地清理公司的债权债务等工作,而旭星公司在2006年形成解散决议后,除成立清算组、通知债权人外,并未及时清理债权债务,因此依据《公司法解释二》第18条第1款之规定,股东对由此造成的公司财产贬值、流失、毁损或灭失,应在其造成的损失范围内承担相应的赔偿责任。

实务建议

根据《公司法》第184条的规定,成立清算组后,清算义务人的职权应该包括:清理公司财产,分别编制资产负债表和财产清单;通知、公告债权人;处理与清算有关的公司未了结的业务;清缴所欠税款以及清算过程中产生的税款;清理债权、债务;处理公司清偿债务后的剩余财产;代表公司参与民事诉讼活动。

这些职权范围也是清算义务人的义务范围,如果不积极履职,未能实质开展工作,

> 造成公司财产损失或者账册、重要文件灭失的,导致公司无法全面清算或者无法清算,股东将被追究清算责任。

第七节　股东的清算赔偿责任并不因股权转让而消灭

公司进入清算阶段,股东的清算义务已经发生,此时转让股权,也不会免除其清算义务和责任。

一、典型案例基本案情

案例来源:"宁波富邦精业集团股份有限公司(以下简称富邦公司)与上海文盛投资管理有限公司(以下简称文盛公司)等借款合同纠纷再审案"[(2015)民申字第2736号]。

文盛公司合法受让债权后,向债务人信联讯公司主张了债权,同时要求担保人宏基兴业公司承担连带保证责任。后信联讯公司进入强制清算程序,文盛公司要求中拍公司和富邦公司作为信联讯公司的股东应承担因怠于清算而产生的连带清偿责任。而在案件中止期间,富邦公司将信联讯公司的股东变更为了双园公司。双方就富邦公司是否承担怠于履行清算义务的连带清偿责任发生争议。

二、典型案例法院裁判观点

最高人民法院认为:根据已生效的(2010)一中民特字第450号民事裁定书的认定可知,富邦公司作为信联讯公司在强制清算程序中相关部门登记的股东,应当履行清算义务,但其与信联讯公司其他股东均存在怠于履行清算义务的情形,导致信联讯公司事实上无法进行清算。故而原审判决据此认定文盛公司可以另行依据《公司法解释二》第18条的规定,要求信联讯公司的股东等清算义务人对信联讯公司的债务承担连带清偿责任,并判决富邦公司对信联讯公司的债务承担连带赔偿责任并无不当,应予维持。

实务建议

> 强制清算程序开始后,股东转让股权,也不会免除其怠于履行清算义务产生的赔偿责任。同时,股权受让人因在公司清算过程中受让股权,也应该履行清算义务并承担清算责任。

第八节　未通知债权人,以虚假清算报告骗取注销登记应担责

股东未书面通知债权人仅在报纸上公告公司清算事宜的,属于未履行清算义务,之后股东以虚假的清算报告骗取公司注销登记的,应对债权人未获申报和清偿的债权承担赔偿责任。

一、典型案例基本案情

案例来源:"王某、青海昆源矿业有限公司(以下简称昆源公司)再审案"[(2020)最高法民申5085号]。

王某为森和公司股东,原审法院判决其以虚假的清算报告骗取公司登记机关办理法人注销登记,存在重大过错,王某对昆源公司未获申报和清偿的债权承担赔偿责任,王某不服原审判决,认为自己已经履行了清算义务。

二、典型案例法院裁判观点

最高人民法院认为:王某申请再审称,其已向当地报纸刊登森和公司解散清算公告,履行了通知义务。而《公司法解释二》第21条第1款规定:"公司清算时,清算组应当按照公司法第一百八十五条的规定,将公司解散清算事宜书面通知全体已知债权人,并根据公司规模和营业地域范围在全国或者公司注册登记地省级有影响的报纸上进行公告。"据此,公司在解散清算时,清算组除需在报纸上刊登公告外,还应书面通知全体已知债权人,王某自认清算组未向昆源公司书面告知森和公司解散清算事宜,原审法院认定其未履行通知义务并无不当,王某该项主张不能成立。

《公司法解释二》第19条规定,"有限责任公司的股东、股份有限公司的董事和控股股东,以及公司的实际控制人在公司解散后,恶意处置公司财产给债权人造成损失,或者未经依法清算,以虚假的清算报告骗取公司登记机关办理法人注销登记,债权人主张其对公司债务承担相应赔偿责任的,人民法院应依法予以支持"。

根据原审查明事实,森和公司自2015年1月1日至2018年4月30日因经营亏损,无法清偿其全部债务,王某、顾某作为森和公司清算组成员,于2018年8月1日签字确认《青海省森和煤业有限责任公司清算报告及确认清算报告的决定》,并称注销清算已结束,公司债权债务已清理完毕,清算报告所列事项准确无误、合法、有效,公司债权债务如有遗漏由公司股东承担,同日,市场监督管理部门准予森和公司注销登记。王某作为清算组组长以及森和公司唯一股东,明知森和公司债务未清理完毕,未书面通知债权人申报债权,以虚假的清算报告骗

取公司登记机关办理法人注销登记,存在重大过错,原审法院判决王某对昆源公司未获申报和清偿的债权承担赔偿责任,符合前述法律规定。

实务建议

根据《公司法解释二》第20条第2款的规定,公司未经依法清算即办理注销登记,股东或者第三人在公司登记机关办理注销登记时承诺对公司债务承担责任,债权人主张其对公司债务承担相应民事责任的,人民法院应依法予以支持。

所以,即便已经办了注销登记,在债权未处理完毕的情况下,股东还是要承担公司债务。

第九节　公司被托管,股东仍应履行清算义务和责任

股东将公司委托给第三人(主要是资产管理公司)经营管理不构成股东履行清算义务的障碍,股东仍需承担清算义务。

一、典型案例基本案情

案例来源:"张某与太原市来盈资产管理有限公司等公司其他借款纠纷上诉案"[2017]最高法民申808号]。

张某为东民集团股东,2005年8月7日东民集团与太原投资公司签订《委托管理意向书》,约定东民集团由太原投资公司接管,之后东民集团被吊销营业执照,原审法院判决张某怠于履行清算义务对债权人承担连带清偿责任。张某认为依据上述意向书的约定,东民集团的公章、财务专用章及股东名章都被接管,托管人全权行使人、财、物的管理、经营权,故股东无法履行清算义务,而非原判决认定的股东怠于履行清算义务,遂申请再审。

二、典型案例法院裁判观点

最高人民法院认为:2005年8月7日东民集团与太原投资公司签订的《委托管理意向书》不足以推翻原二审判决。该意向书载明,太原投资公司系基于东民集团的委托对东民集团进行经营管理,该项委托并不构成东民集团股东履行清算义务的障碍,故张某的该项主张不足以推翻原二审判决。二审判决适用法律并无不当。

根据《公司法》第183条有关"逾期不成立清算组进行清算的,债权人可以申请人民法院指定有关人员组成清算组进行清算"的规定,债权人来盈公司有权申请人民法院指定有关人

员组成清算组进行清算,但债权人的申请既非债权人的法定义务,亦非公司清算必经的法定程序。

根据《公司法解释二》第18条第1款有关"有限责任公司的股东、股份有限公司的董事和控股股东未在法定期限内成立清算组开始清算,导致公司财产贬值、流失、毁损或者灭失,债权人主张其在造成损失范围内对公司债务承担赔偿责任的,人民法院应依法予以支持"的规定,张某作为东民集团的股东,系东民集团的清算义务人。东民集团于2007年7月16日被相关部门吊销营业执照后,东民集团的股东至今未成立清算组对公司进行清算。张某未足额向东民集团交纳股权转让价款,且于2007年11月19日与郝某、赵某、马某等达成执行和解协议,以东民集团资产个别偿还郝某、赵某1282万元,其行为导致公司资产的流失,符合上述规定。二审判决适用该条规定并无不当。

实务建议

基于委托代理的法律原理,委托人的义务和责任不因委托而免除,所以,将公司委托给他人经营之后,还是不会免除股东的清算责任。

第十节　执行终结之日可以作为追究股东清算责任的诉讼时效起算日

执行程序因无财产可供执行的裁定终结之日推定为债权人应当知道股东未尽清算义务而致使债权人权利受损之时,该日可以作为债权人诉请股东承担清偿责任的诉讼时效起算日。

一、典型案例基本案情

案例来源:"张某诉魏某、丁某等清算责任纠纷案"[(2018)闽01民终703号]。

张某于2012年12月24日依据生效判决对中港公司的债权申请强制执行,后因无财产可供执行,该案于2015年3月1日裁定终结执行程序。另外查明,中港公司于2013年12月20日被吊销营业执照。2016年10月14日,张某诉至法院,要求魏某、丁某共同向其清偿债权。

二、典型案例法院裁判观点

福建省福州市中级人民法院认为:该案中,根据工商档案材料,中港公司于2013年12月20日被吊销营业执照而出现公司解散的情形。根据《公司法》第183条关于公司法定解散事由出现之日起 15 日内应当成立清算组的规定,中港公司的清算义务人最迟应于 2014 年 1 月 14 日成立清算组履行清算义务。但张某系于 2012 年 12 月 24 日依据生效判决对中港公司的债权申请强制执行,该案于 2015 年 3 月 1 日裁定终结执行程序,中港公司的解散事由发生于债权执行期间,现无其他证据证明该案存在张某即时知道上述解散事由之事实,故该执行程序终结之日推定为其应当知道清算义务人未尽清算义务而致使权利受损之时,该案诉讼时效应从 2015 年 3 月 1 日起算。

根据《民法总则》第 188 条[1]关于"向人民法院请求保护民事权利的诉讼时效期间为三年。法律另有规定的,依照其规定。诉讼时效期间自权利人知道或者应当知道权利受到损害以及义务人之日起计算……"的规定,张某于 2018 年 3 月 1 日前主张清算赔偿责任即可,故其于 2016 年 10 月 14 日提起该案诉讼并未超过诉讼时效。上诉人关于该案超过诉讼时效的上诉意见,于法无据,不予采纳。

实务建议

要主张股东的清算责任,前提是债权人遭受了损害,而只有在执行程序终结之后才能确认债权人的实际损失。在执行过程中,公司是否有财产可供执行就已经清楚明了,该后果与股东未尽清算义务或许存在因果关系,所以债权人可以股东未尽清算义务为由向股东追责。当然股东也可抗辩主张,公司在解散事由出现之前就无财产可供执行,与其是否尽职清算无关。

第十一节　职业债权人在受让债权之日起算诉讼时效

要求股东对公司债务承担连带清偿责任时,股东固然可以主张诸如小股东不参与公司经营管理、因果关系不成立的抗辩理由,除此之外,股东承担的是独立的侵权责任,当然也可以主张侵权责任的诉讼时效抗辩。法院不能以股东未履行清算义务的行为一直延续至债权人起诉之日,就否定股东的诉讼时效抗辩。

关于诉讼时效起算点,《九民纪要》第 16 条第 2 款规定:"公司债权人以公司法司法解释(二)第 18 条第 2 款为依据,请求有限责任公司的股东对公司债务承担连带清偿责任的,诉讼时效期间自公司债权人知道或者应当知道公司无法进行清算之日起计算。"这里的"无法进行清算之日"即是债权受到侵害之日,与诉讼时效期间自权利人知道或者应当知道权利受到损

---

[1] 现为《民法典》第 188 条。

害以及义务人之日起计算的规定是一脉相承的。那么,如何判断知道或者应当知道的时日呢?

如《九民纪要》在"(五)关于有限责任公司清算义务人的责任"这一部分提到的,司法实践中很多对股东提起的此类诉讼是职业债权人所为。

根据湖南省高级人民法院的"广西贵港市鸿达置业有限公司与中国工商银行股份有限公司长沙汇通支行、涟钢振兴企业公司等金融不良债权追偿纠纷二审案"[(2016)湘民终230号],可以发现在债权受让而来的背景下,按照一般商业规则和习惯,在办理相关转让手续时,受让人会对债务人的经营状况、资产情况等进行核实和评估,以确定是否受让、以多少价款受让该债权。

所以,债权人在受让债权之时就已对债务人公司是否存在无法清算的事实有所了解,因此,受让债权之日就是诉讼时效期间的起算点。

假如有限责任公司在2012年5月10日被吊销营业执照,那么股东应该在5月25日以前成立清算组,自2012年5月26日开始即构成怠于履行清算义务。而债权人的债权是在2014年6月1日受让取得,同日,债权人知道债务人公司早在2012年5月就被吊销营业执照且股东在当时及至其受让债权之日都未对公司进行清算,那么债权人诉讼时效的起算点就是2014年6月1日。